盐都年鉴

YANDU ALMANAC

盐城市盐都区人民政府 主办
盐都年鉴编纂委员会 编制

2017

（总第19卷）

方志出版社
Publishing House of Local Records

图书在版编目（CIP）数据

盐都年鉴. 2017 / 《盐都年鉴》编辑部编. —北京：方志出版社. 2017. 10

ISBN 978-7-5144-2666-3

Ⅰ. ①盐… Ⅱ. ①盐… Ⅲ. ①区（城市）—盐城—2017—年鉴 Ⅳ. ①Z525.34

中国版本图书馆CIP数据核字（2017）第280758号

盐都年鉴（2017）

编　　者：《盐都年鉴》编辑部

责任编辑：范　静

出 版 人：冀祥德

出 版 者：方志出版社

地址　北京市朝阳区潘家园东里9号（国家方志馆4层）

邮编　100021

网址　http://www.fzph.org

发　　行：方志出版社发行中心

电话（010）67110500

经　　销：各地新华书店

印　　刷：南京四彩印刷有限公司

开　　本：889×1194　　1/16

印　　张：22

字　　数：950千字

版　　次：2017年10月第1版　　2017年10月第1次印刷

印　　数：0001～1200册

ISBN 978-7-5144-2666-3　　定价：228.00元

《盐都年鉴》编纂机构及人员名单

编纂委员会

编　辑　部

《盐都年鉴》编辑部地址：盐城市新都路618号盐都行政中心一楼

电话：0515—88426071

邮箱：yddsb123@126.com

Q Q：211521116(盐都年鉴群)

邮编：224005

荣誉盐都

- 国家生态区
- 全国基层中医药工作先进单位
- 全国渔业健康养殖示范县
- 全国产城融合示范区
- 列入国家全域旅游示范区创建名单
- 全国休闲农业和乡村旅游示范县
- 全省促进义务教育均衡发展先进区
- 首批平安校园建设示范区
- 全省县级体育工作先进单位
- 被确定为全省唯一的普通高中课程基地建设实验区
- 江苏省法治建设示范县（市、区）

数字盐都

- 总面积：1015平方千米
- 年末总人口：71.49万人
- 地区生产总值：443.62亿元
- 规模以上工业增加值：227.09亿元
- 固定资产投资：354.81亿元
- 进出口总额：57000万美元
- 社会消费品零售总额：208.7亿元
- 人均地区生产总值：69592元
- 财政总收入：54.32亿元
- 一般公共预算收入：33.79亿元
- 城镇居民可支配收入：32796元
- 农民人均纯收入：18827元

2016 年 12 月 30 日，中国共产党盐城市盐都区第十四届委员会第二次全体会议

2017 年 1 月 16 日，盐城市盐都区第十六届人民代表大会第一次会议

2017 年 1 月 1 日，政协盐城市盐都区第十四届委员会第一次会议

2017 年 7 月 18 日，中国共产党盐城市盐都区第十四届委员会第三次会议

2017 年 5 月 31 日，市委书记王荣平在大冈镇把学习用品送到孩子们的手中

2017 年 4 月 29 日，区长吴本辉与枫叶教育集团签订合作办学协议

2016 年 10 月，全区旅游发展暨国家全域旅游示范区创建工作动员大会

2017 年 6 月 17 日，与上海签约旅游项目

盐城高新区研创大厦

东九重工

国家风电质检

服务大厦

国家高新区

专家公寓

2017 年 7 月 12 日，东山精密电子项目开工仪式

居然之家

2017 年 7 月 23 日，吉林大学与盐城国家高新区合作共建智能终端产业研究院签约仪式

南京师范大学盐城实验学校

2016 年 1 月 18 日，博爱送万家启动仪式

2017 年 10 月 16 日，盐淮大米参加世界粮食日宣传

2017 年 6 月 17 日，身边好人交流现场活动

2017 年 7 月 11 日，“致敬英雄” 活动

2017 年 9 月，盐都区尚庄镇乐彩悦（右一）在十三届全运会自行车比赛中夺得金牌

2017 年 8 月 5 日，大冈镇在全区首家集中发放社会保障卡

2017 年 10 月 30 日至 31 日，淮剧《送你过江》晋京献礼十九大

2016 年 11 月，中国盐城沿海湿地国际公路自行车赛

2016 年 10 月 18 日，首届休闲中国高峰论坛暨“中国休闲 30 人”盐都金秋行

2016 年 8 月 24 日，2016' 畅游盐都金秋行第三届盐都旅游（上海）推介会

2017年9月16日，盐城南京旅游直通车首发仪式

2016年9月17日，杨侍美食节

大纵湖民俗节目

狮舞邀请赛

2017盐都（上海）旅游招商推介会

喜庆的氛围吸引众多市民驻足观看

人气爆满的万达广场

万达广场夜景

万达广场开业盛典现场

醒狮采青助兴开市

气势磅礴的开场鼓舞

滨湖街道倪杨村

尚庄镇塘桥村入口外景

三官村望湖阁

三湾新村水环境

大纵湖度假区入口

龙冈桃花园

郭猛镇杨侍村游龙湖

大纵湖湿地

台创园菊园

盐都七星现代化农场

油麻地小學

油麻地小学

美丽盐都
Mei Li Yan Du
(1919—1949)
中共盐城县历史
第一卷
(1949—1978)
中共盐城县历史
第二卷
盐都年鉴
YANDU ALMANAC
2016
盐城市盐都区志
1983~2005

史志成果

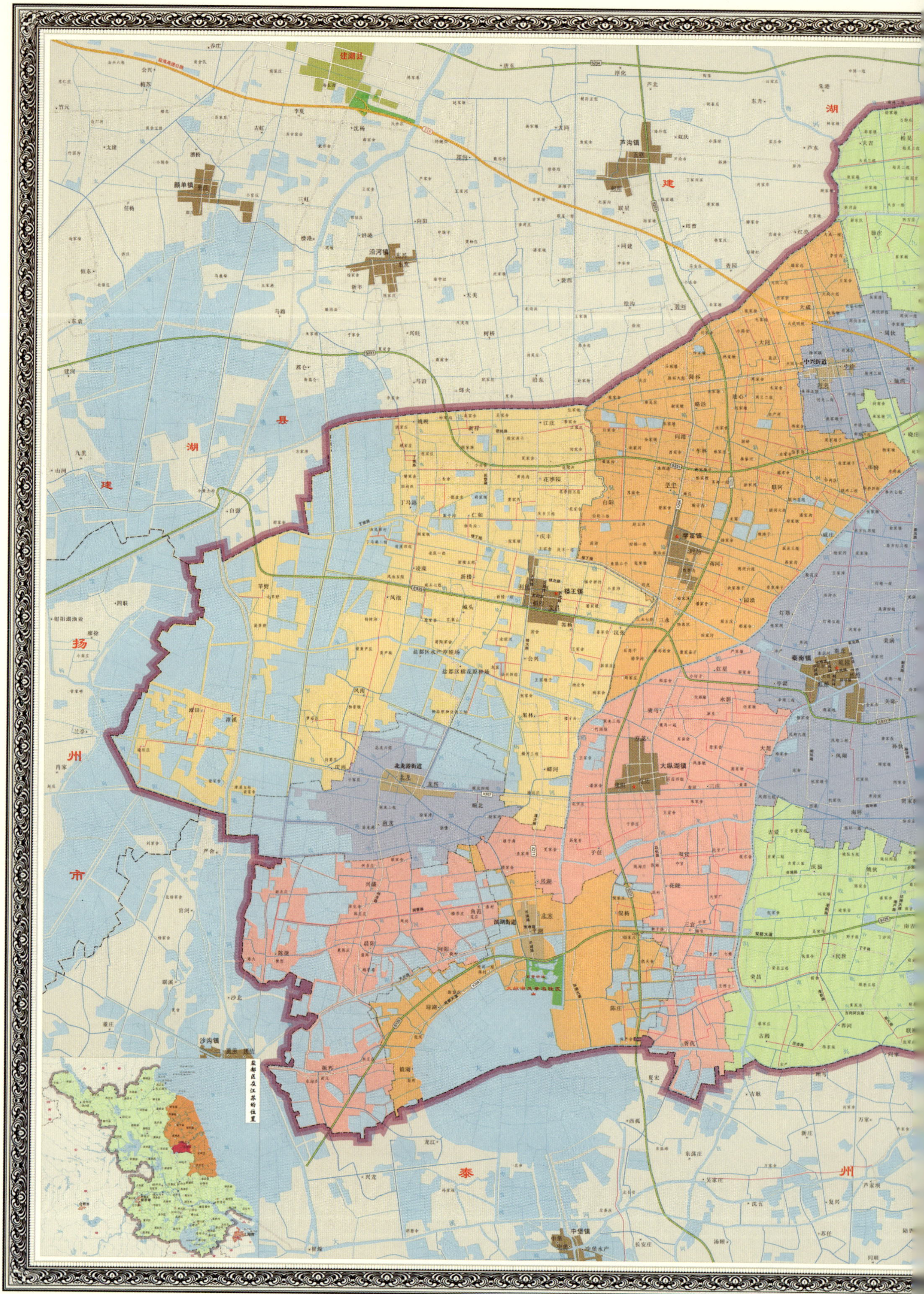

江苏省基础地理信息中心　盐城市国土资源局盐都分局　联合编制　盐城市国土资源局　监制

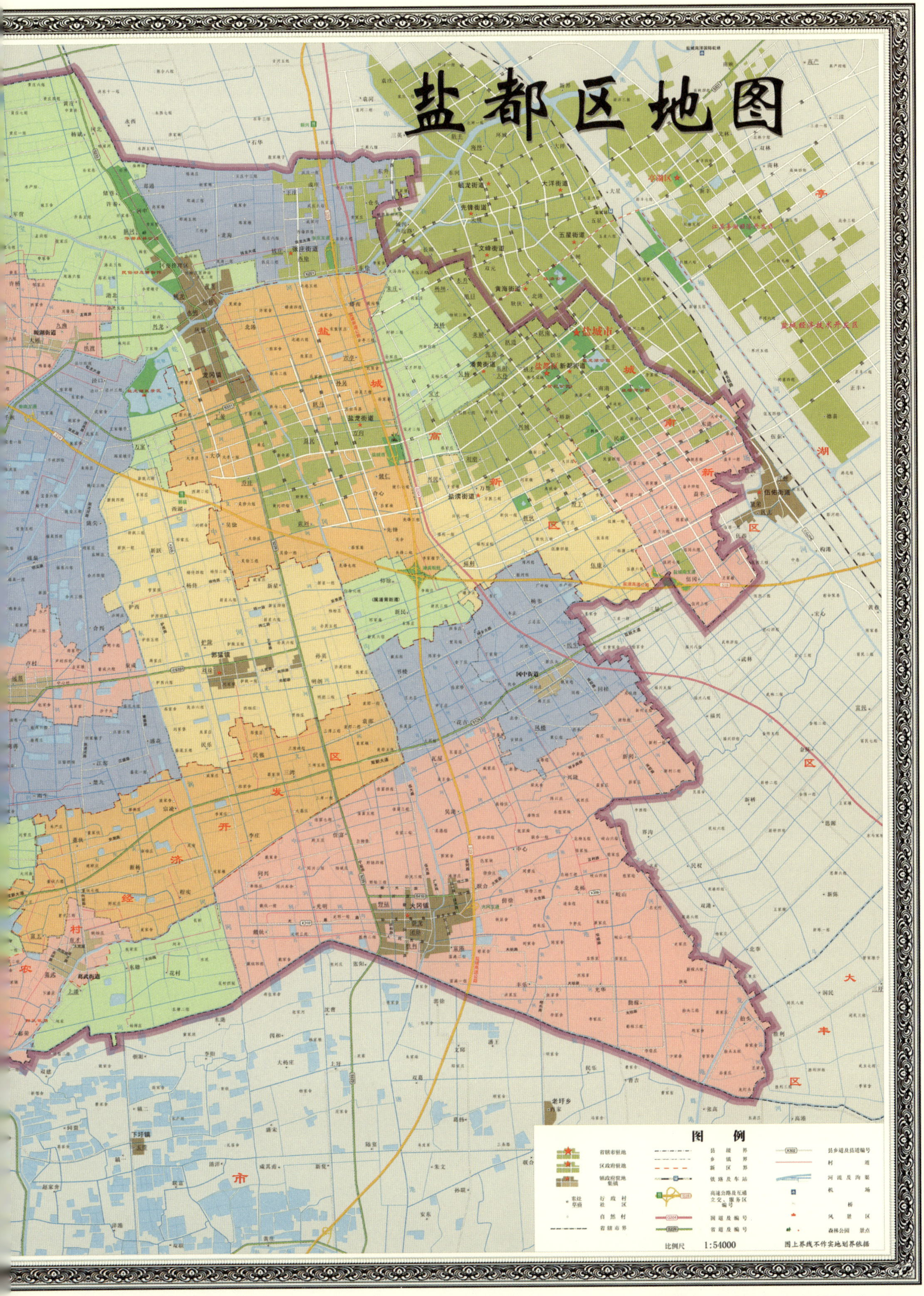

地图审查号：苏S（2015）133号 2015年12月印刷 定价：198元

盐城市区图
射阳县
亭湖区
大洋湾旅游风景区（建设中）
盐城南洋国际机场
盐城市环保产业园
新兴镇
张庄
湖
区
盐城经济
盐读公园
亭湖新区
欢乐谷游乐园

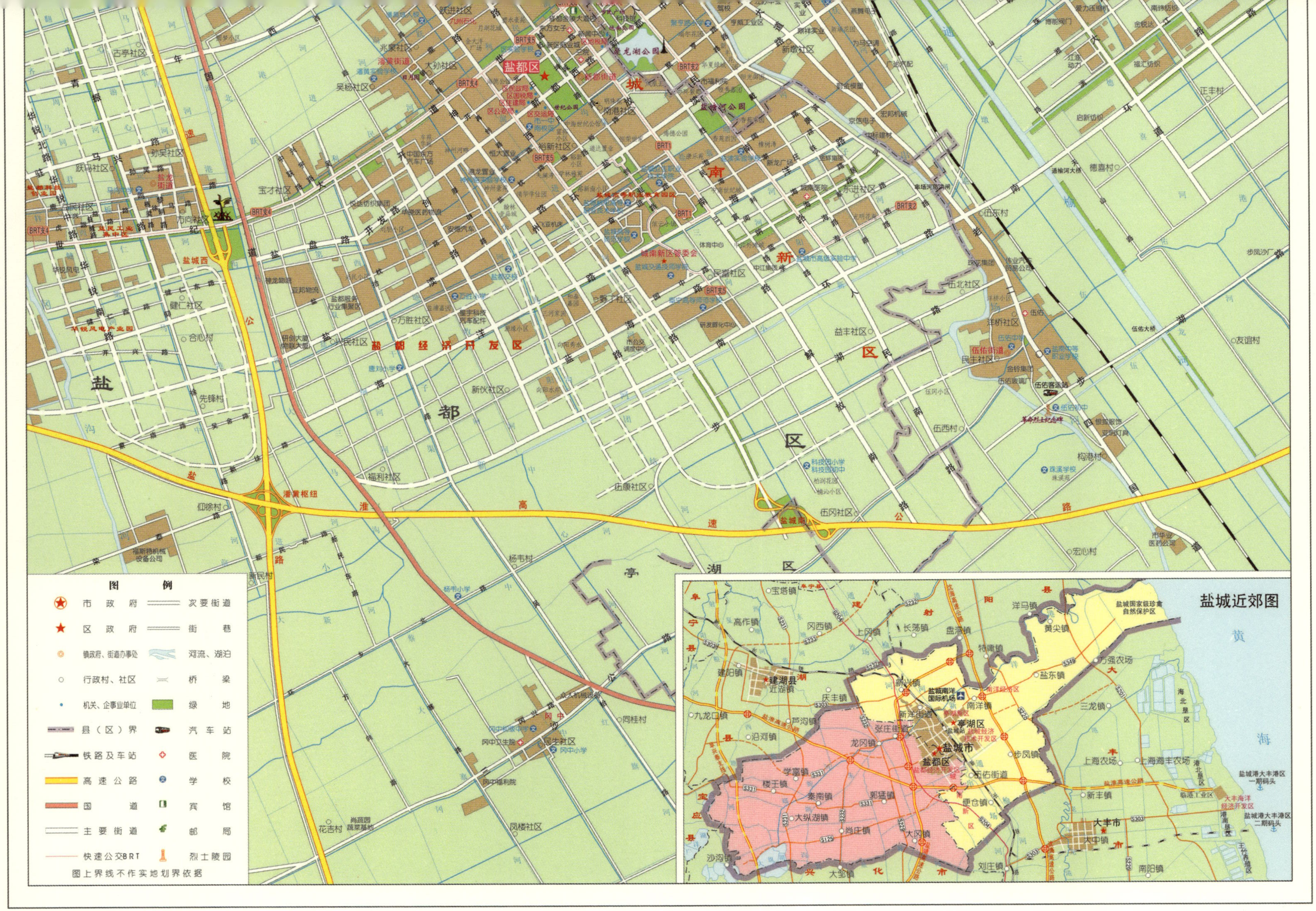
盐城近郊图
图例
市政府
区政府
镇政府、街道办事处
行政村、社区
机关、企事业单位
县（区）界
铁路及车站
高速公路
国道
主要街道
快速公交BRT
次要街道
街巷
河流、湖泊
桥梁
绿地
汽车站
医院
学校
宾馆
邮局
烈士陵园
图上界线不作实地划界依据
盐都区
盐城市
亭湖区
盐南新区
盐都经济开发区
盐城西
盐城南
大丰市
建湖县
黄海
盐都
城南新区
亭湖区

编辑说明

一、《盐都年鉴》是盐城市盐都区人民政府主办,《盐都年鉴》编纂委员会编辑的综合性资料工具书,创刊于 1994 年。《盐都年鉴(1983—1996)》和《盐都年鉴(1996—1999)》为综合年鉴,2001 年起一年一鉴。《盐都年鉴(2017)》是《盐都年鉴》第 19 卷,采用四色印刷,三栏排版。

二、《盐都年鉴(2017)》以马克思列宁主义、毛泽东思想、邓小平理论、“三个代表”重要思想、科学发展观和习近平新时代中国特色社会主义思想为指导,全面、系统地记载 2016 年盐城市盐都区政治、经济、文化、社会等方面取得的新成就、新经验和需要解决的新问题,为各界人士了解盐都、研读盐都、建设盐都,提供一部信息量大、准确度高的地情材料,为各级领导决策提供参考依据,为开展对外交往、招商选资以及全民创业提供窗口和桥梁,为广大干部群众和青少年提供乡土教材,为续修地方志积累资料。图照根据情况适当上溯下延。

三、全书采用分栏法编辑,条目式纪事体。按事业、行业性质设立栏目,分栏目、分目、条目 3 个结构层次,共设 33 个栏目、280 个分目、1484 个条目。正文中共有 145 张图片,36 个表格。

四、组织机构及负责人名录,收录中共盐城市盐都区委、区人大、区政府、区政协及其列入党政序列(含直属单位、人民团体和双管单位)副科(局)级以上机构的党政负责人以及纪委书记和纪检组长;镇(区、街道)领导人名录对象为党委(党工委)、人大、政府(管委会、办事处)正副职,纪委书记,以及组织委员、宣传委员、统战委员、政法委员、人武部长。凡任职时间 2016 年 1 月至 12 月的,一律不标明时间。各村(居)书记、主任均为 2016 年年底在职人员。

五、人物栏目收录盐都籍或在盐都境内工作的中共十八大代表、全国人大代表、全国五一劳动奖章获得者、省(部)级授予的劳动模范、先进工作者和表彰的先进个人。同时,本书将在社会上有较大影响的盐都籍(或在盐都工作和学习过)的个人代表也收录在“新闻人物”中。以前年鉴已经收入的人物,该年鉴只作简述。荣誉栏收录受省(部)、市(厅)级表彰的先进单位和市(厅)级表彰的先进个人。

六、年鉴中所使用的资料由全区各部门、各单位、各镇(区、街道)专人撰稿和提供,并经单位负责人审定,撰稿人姓名统一在条目、资料后署名。年鉴中出现“区、区内、区属、区某某局”的“区”都指“盐城市盐都区”,“镇(区、街道)”中的“区”专指“盐城高新技术开发区”,“市一中”指“盐城市第一中学”,“市三院”指“盐城市第三人民医院”,“市二小”指“盐城市第二小学”。

七、统计资料由区统计局提供。因统计口径不尽相同,有些数据稍有差异。“特载”栏目中的领导讲话报告以及文件选编栏目中的重要文件摘录基本保持原状,对有关数据未作改动。数据中的计量单位除耕地、地域等面积部分使用亩或公顷,其余一律使用国际单位。

总　目

Head

目　录

Contents

区情总貌

特　载

大 事 记

改革开放　园区建设

中共盐城市盐都区委员会

重要活动

组织建设

宣传教育

统战工作

农村工作

政策研究工作

对台事务

机关工委

老干部工作

保密工作

档案管理

盐城市盐都区人民代表大会

盐城市盐都区人民政府

检　察

法　院

司法行政

人口　资源　环境

人口和计划生育工作

国土资源开发与管理

供　电

信息化建设

电子政务管理

邮　政

电　信

农　业

综　述

农业结构调整

农业产业化

农副产品加工与销售

种植业

畜牧业

水产养殖业

林果特产业

财政　税务　审计

财　政

国家税务

地方税务

审　计

金　融

中国工商银行股份有限公司盐城盐都支行

中国农业银行股份有限公司盐城盐都支行

中国银行盐城盐都支行

中国建设银行股份有限公司盐城盐都支行

交通银行盐城盐都支行

中国农业发展银行股份有限公司盐城盐都支行

江苏银行股份有限公司盐城盐都支行

江苏盐城农村商业银行股份有限公司

综合管理与监督

科学技术

综　述

科技活动

科技成果

教　育

综　述

学前教育

九年制义务教育

高中教育

卫　生

综　述

卫生改革

妇幼保健

疾病控制

基层卫生

关心下一代工作

盐都诗书画社

防震减灾

气象服务

镇　街道

盐龙街道

盐渎街道

潘黄街道

滨湖街道

龙冈镇

统计资料

索　引

表格目录

Contents

General Situation

Chronogical Events

Reform and Opening & Foreign Trade and Park Construction

Yancheng Yandu District Committee of the Communist Party of China

Yancheng Yandu District People's Congress

Yancheng Yandu District People's Government

Yancheng Yandu District Committee of the Chinese People's Political Consultative Conference

Inspecting Discipline and Supervision

Democratic Party

Mass Organization

Armed Forces and Security

Rule by Law

Population, Resources and Environment

Urban and Rural Construction & Communication and Transportation

Information Construction

Agriculture

Industry

Construction and Real Estate

Business Service Industry

Construction in a Market

Finance, a Tax Matter and Audit

Finance

General Management and Supervision

Science and Technology

Education

Culture and News

Health

Sport

People's lives & Social Affairs

Town & Street

Figures & Advanced Group

Appendix

Index

特　载
Special Articles

·领导讲话和报告摘要·

重抓一极一园一业　致力创新生态富民 为高水平全面建成小康社会而不懈奋斗

——在区委十四届二次全体会议上的讲话

（2016年12月30日）

区委书记　羊维达

这次会议的主要任务是，高举中国特色社会主义伟大旗帜，全面落实党的十八大和十八届三中、四中、五中、六中全会精神，深入贯彻习近平总书记系列重要讲话精神，按照中央、省、市经济工作会议和省、市党代会部署要求，客观总结今年工作，深入分析当前形势，研究部署明年任务，动员全区上下凝心聚力、创新实干，为高水平全面建成小康社会而不懈奋斗。

一、团结拼搏，务实奋进，取得开局之年新业绩

今年以来，我们在省、市委的正确领导下，坚持真心看齐、精心谋划、公心决策、用心落实，主动适应经济新常态，自觉践行新发展理念，统筹做好稳增长、调结构、促改革、惠民生、防风险各项工作，较好地完成了年度目标任务，实现了“十三五”良好开局。综合实力稳步提升。预计全年地区生产总值增长9.8%，规上工业增加值增长10.2%，11项主要经济指标中有6项指标增幅居全市前列。产业结构不断优化，二三产业占GDP比重达90.4%，高新技术产业产值占规上工业产值比重达32%。扎实开展“项目载体提升年”活动，全年新签约、新开工、新竣工亿元以上项目分别为68个、53个、46个；智能终端产业园建成和在建多层厂房66万平方米，落户项目55个，实现开票销售30亿元；电商快递产业园创成省市共建互联网产业园，累计落户项目125个；全民双创园新建标准厂房43万平方米，新入驻企业138个，荣获省土地利用节约集约示范区称号。农业现代化跨入全省先进行列，高效设施农业占比全市领先。改革创新不断深化。坚持以推进供给侧结构性改革为主线,积极落实“三去一降一补”任务,精简行政许可事项117项,“营改增”工作稳步推进,土地承包经营权确权颁证基本完成,农村产权交易全省领先,获批省农村改革试验区。创新创牌再创佳绩,新增国家高新技术企业36家、全市第一,创成国家级火炬特色产业基地2家;引进千人计划、长江学者4人,领军人才56名。有效对接多层次资本市场,国投13亿元企业债成本全省最低,驰翔齿轮直接融资总额突破2亿元;中恒宠物进入主板上市辅导期,苏力机械、剑桥涂装等6家企业“新三板”成功挂牌。城乡面貌持续改善。入选全国首批、苏北唯一国家级产城融合示范区,城建交通重点工程开工建设124项、竣工39项。中央环保督察反馈问题全部整改落实到位,工业企业和畜禽养殖污染专项整治成效显著,林木覆盖率达23%,生态环境持续向好。被评为省四好农村公路示范区,提档升级农村公路62公里,投放新能源公交车80辆,城乡交通路网进一步完善。成功举办首届休闲中国高峰论坛和第二届“畅游盐都金秋行”活动,进入国家全域旅游示范区创建名单,获评全国休闲农业和乡村旅游示范县,游客接待量、旅游总收入分别增长42.2%、59.4%。民生事业扎实推进。呼应群众关切、民生期盼,投入15.8亿元基本完成十大类36项为民办实事项目。新增城镇就业1.3万人,城乡居民人均可支配收入分别达33348元、18998元,增长8%和9.5%。社会保险覆盖率98.7%,新农合人均筹资标准增至580元、全市最高,居家养老日均服务量突破1000人次。获批全省促进义务教育均衡发展先进区,淮剧《菜籽花开》获省文化艺术节特别奖,村级卫生室标准化建设任务提前一年完成。全面落实精准扶贫、精准脱贫各项政策措施,30%的低收入人口、50%的省定经济薄弱村实现脱贫。深入开展全国文明城市创建,涌现出中国好人乐绍琪等一批先进典型。社会大局和谐稳定,被表彰为全省法治建设示范县。党的建设全面加强。深入开展“两学一做”学习教育,区委常委班子以上率下,带头参加支部活动、交流学习研讨、讲好专题党课,各级干部从严对标“四讲四有”,党性修养和宗旨意识普遍增强。胜利召开区第十四次党代会,圆满完成区镇村三级党组织集中换届工作。扎实开展“作风效能提升年”活动,严格落实全面从严治党“两个责任”,全年共立案查处违纪违法案件264件,推动党风政风和社会风气进一步好转。人大、政协工作不断加强,区镇人大、村(居)委会换届选举顺利进行,基层政权建设进一步巩固。统战、人武、工会、共青团、妇联、老干部、党史、关工委等各项工作取得新的成效。

在肯定成绩的同时,我们也要清醒看到存在的问题和不足:产业集聚度不够,结构优化调整面临较大压力;实体经济发展还不充分,降本增效难度加大,部分企业运营困难;经济外向度不高,外资利用总量和层次有待提升,产品出口竞争力不强;党的建设仍存在薄弱环节,一些干部践行新发展理念的能力和作风跟不上形势要求,极少数干部不作为、慢作为以及不收敛、不收手现象依然存在,等等。对此,我们必须高度重视,采取有力措施,切实加以解决。

二、把准方位,创新实践,走出特色发展新路径

2017年是党的十九大召开之年、供给侧结构性改革的深化之年,也是全面落实省、市党代会精神和区党代会部署的开局之年。全区工作的指导思想是:全面贯彻党的十八大和十八届三中、四中、五中、六中全会精神,深入贯彻习近平总书记系列重要讲话精神,统筹推进“五位一体”总体布局和协调推进“四个全面”战略布局,坚持稳中求进工作总基调,牢固树立和贯彻落实新发展理念,适应把握引领经济发展新常态,坚持以提高发展质量和效益为中心,以推进供给侧结构性改革为主线,以“两聚一高”为引领,重抓“一极一园一业”,致力产业强区、生态立区、富民兴区,推动各项事业发展和全面从严治党迈上新台阶,加快建设“强富美高”新盐都,在高水平推进全面小康社会建设中迈出坚实步伐,以优异成绩迎接党的十九大胜利召开。

主要预期目标是:地区生产总值增长9%左右,一般公共预算收入同口径增长高于全市平均水平,全社会研发投入占GDP比重达2.4%,高新技术产业产值占规上工业产值比重达35%,新增城镇就业1万人,城乡居民收入增长与经济增长同步,万元GDP能耗降幅、主要污染物减排、大气及水环境质量等约束性指标完成上级下达任务。

观大势才能识大局,识大局才能谋大事。科学认识和把握经济社会发展所处的新方位,是保障各项工作“不落空”、经济运行“稳得住”的关键。做好明年工作尤其是经济工作,一方面,需要我们以新眼界把准新方位,清醒认识到前进道路上虽充满风险挑战,更蕴含难得机遇,“一带一路”、长江经济带、江苏沿海开发、长三角城市群发展等国家战略规划交汇叠加,国家高新区虹吸效应持续显现,智能终端等新兴产业快速崛起,生态红利不断释放,“高铁时代”扑面而来,为我们谋求更高层次转型跨越开辟了广阔空间、注入了强劲动力。另一方面,需要我们以新作为标注新方位,全面贯彻中央、省、市经济工作会议精神,将省委“两聚一高”方略、市委“产业强市、生态立市、富民兴市”要求与我区实践有机融合,坚持发展至上、特色制胜,聚焦主攻方向、关键重点,重抓“一极一园一业”,打牢实体经济基础,迈实稳中求进步伐,致力形成更高质量、更有效率、更可持续的内涵式发展。

重抓“一极”,突出创新引领,彰显高新特色。高新区是高新产业的第一载体、创新驱动的第一引擎,理应在科技创新上作引领,在产业升级上当标杆,在项目集聚上挑大梁,加快构筑创新人才产业高地,成为全市经济社会发展新的重要增长极。增强创新驱动力。着眼技术前沿、产业高端,集聚要素提升创新能力,整合资源增强内生动力。搭建高水平创新平台,建设电子商务、软件信息等10个科技创新中心,提升南大电子商务研究院孵化能力,力促北大科技园尽早落地,争创国家知识产权强县工程示范区。重点打造智能终端创新平台,启动总部研发区建设,加快智能终端产业研究院市场化运作步伐。发挥企业创新主体作用,鼓励企业建立技术研究院、重点实验室、院士工作站,力争新建省级以上企业研发机构5家,新增国家高新技术企业

台创园

20家。充分用好市“515”人才政策，建立人才发展专项资金正常增长机制，营造人才引得进、留得住、用得好的环境，全年新招引国际化、领军型人才50名以上，各类大学生3000人以上。推进产业高端化。主动对接智能制造和“互联网+”行动计划，多措并举、培育壮大战略性新兴产业和现代服务业，着力构建质态更优、效益更高的产业转型“动车组”。紧扣智能终端、高端装备、新能源关键环节，集聚产业粘合度高、科技含量高、投资规模大、亩均贡献大“两高两大”项目，打造百亿产业集群、五十亿园区板块、十亿企业方阵；突出智能终端产业首位度，深化“转移+转型”合作模式，力争新引进产业链、创新链和供应链项目50个，整机、关联企业和方案公司30家，实现开票销售100亿元。推动汽车服务、现代物流等生产性服务业做优做强，电商快递、软件外包等新业态新经济做精做特，力促顺丰盐城智慧电商物流产业园、北京恩源科技、EMS盐城分拨中心等重大项目竣工运营，海外海汽车城、华兴平行进口车等项目快开建快达效。提升产城融合度。以获批国家产城融合示范区为契机，坚持“地上地下”一起抓、“面子里子”一起建，推动城市产业生态一体化发展。加快建设盐渎路跨宁靖盐高速立交、华锐路北延等路网项目，提速推进邻里中心、科技广场等功能配套，实施城市地下综合管廊、海绵城市建设等示范工程，推进装配式绿色科技住宅和万达广场等新型商业综合体建设，持续提升宜业宜居水平。把握“眼球经济”时代特点，与“大院大所”和央企国企、行业龙头紧密携手，合力打造具有影响力的活动展示平台，在更大范围内富集资源要素。特别是智能终端产业园要在做大做强产业的同时，深度融入旅游和文化元素，做优基础设施和生态环境，实施贴心管理和定制服务，致力打造产业发达、功能完备的智创小镇。

重抓“一园”，繁荣镇村经济，彰显富民特色。创新镇村经济发展方式，高度重视以全民双创园为代表的镇级工业园建设，促进城乡经济均衡、集聚、特色发展，带动农民就近创业就业、增收致富。持续发力双创经济。充分挖掘盐都人脉资源，组织开展“在外有成人士家乡行”“返乡圆梦”“创业恳谈”等活动，鼓励有志青年、科技人员、农村能人投身创新创业，努力形成“草根经济”铺天盖地竞相发展格局。突出抓好返乡创业、下乡创业、科技创业，引导人才回归、资金回流、企业回迁，力争形成500个以上有质量的创业项目，招引100个在外能人回乡创业。进一步降低创业门槛，推出简单明了、对路管用的政策“红包”，发挥创业引导资金、创业小额贷款贴息资金效应，开展针对性、实用性强的创业培训，构建众创、众包、众筹、众扶“四众”平台，让群众创新创业有政策、有资本、有舞台。持续宣传“双创”先进典型和成功经验，有重点地邀请优秀企业家、创业成功人士现身说法，激励一层人、调动一群人，引导形成鼓励创业、支持创新的社会风气。加快改造传统产业。坚持智能化、绿色化、服务化、品牌化方向，对骨干企业、规模企业、小微企业强化分层扶持，推动存量创新，开展“争星创优”活动，打造规模化的企业集团、专业化的行业冠军。放大六个特色产业优势，深化“一镇一产一院”产学研合作模式，共建产业创新联盟，攻克关键共性技术，新创省级特色产业基地1-2个；支持其他板块选准适合自身发展的主导产业和特色产业，明确方向、持续用力，打造各具特色、竞相攀高的“块状经济”版图。弘扬企业家精神和工匠精神，引导企业加强品牌建设，全面对接智能制造、行业龙头、资本市场、科研院所、“互联网+”，力促亚特电缆等10家企业完成合作重组，维尔思等5家企业在“新三板”挂牌，盐电阀门等企业加快股改步伐，培育一批主业突出、竞争力强、成长性高的“小巨人”企业。大力开展“暖企行动”，紧扣供给侧结构性改革“三去一降一补”五大任务，落实企业降本减负、降费减税等方面的系列政策，以“店小二”精神解决企业实际困难、结交企业家朋友，构建“亲”“清”新型政商关系，切实增强企业稳中奋进、转型发展的信心和定力。着力完善载体功能。坚持集聚节约、高效利用原则和“六统一”要求，促进镇级工业集中区与小微企业创业园融合发展，适度超前建设道路、供电、通信等基础设施，建立健全金融、物流、研发等服务功能，不断提高园区承载水平和吸附能力。推动12个全民双创园提升发展规划，完善招工培训、融资担保、技术检测、电商物流等公共服务，健全“苗圃+孵化器+加速器+产业园”创新创业孵化链条，为小微企业和个人创业提供低成本、便利化、全要素的开放式综合服务平台，打造省级中小企业示范基地1~2个。探索“政府主导、企业运作”区镇共建园区模式，推广村居投资建设、创业主体自建、工业地产开发等方式，新建标准厂房50万平方米以上，全年入驻特色项目和创新创业项目200个以上。

重抓“一业”，推进全域旅游，彰显生态特色。绿色生态是盐都最宝贵的资源、最亮丽的名片。要抢抓休闲度假市场蓬勃兴起机遇，以全域旅游理念做好乡村旅游文章，发挥生态优势，厚植绿色基因，全力争创国家全域旅游示范区，把旅游业打造成新的支柱产业。完善工作机制。从景点旅游走向全域旅游，是发展理念的创新、发展模式的创新、发展路径的创新。要积极探索适应全域旅游建设发展的管理体制和运行机制，着力构建“政府引导、部门协同、市场运作、社会参与”的工作格局。区旅委会要充分发挥统筹协调职能，通过强化策划规划、要素整合、投资引导，提升对旅游产业发展的引领能力和整合能力；各板块、相关部门要把旅游产业发展作为战略任务，“一把手”要亲自参与重要决策、盯紧重大项目，切实把旅游业从旅游部门的“独角戏”变为全区上下的“大合唱”。建设精品景区。旅游的出发点和竞争力在景区，精品景区是一个地方旅游产业快速发展的龙头引擎。要从旅游业的供给端发力，聚焦“一湖两带一圈”，开发建设一批个性化、特色化、体验化新产品新业态，不断满足消费者观光、休闲、度假等复合型需求，提升全区旅游业整体发展水平。大纵湖旅游度假区，要加快东晋古城、炬通温泉等重点项目建设，打造旅游风情小镇，全力创建国家级旅游度假区和国家AAAAA级景区。蟒蛇河水上游览风光带，要紧扣“水、绿、趣、文、健”要素，建设集生态观光、亲水体验、文化游览、户外运动等功能于一体的水上廊道。双新大道乡村旅游产业带和大市区都市休闲度假圈，要提升观光农业、田园采摘、农事体验等业态内涵，推动龙冈桃花园创成国家生态公园、进入国家AAAA级景区创建名单，杨侍、仰徐等争创五星级乡村旅游区。强化市场运营。成熟的旅游市场，来自成功的旅游营销。要摒弃“酒香不怕巷子深”的传统思维，创新营销手段，加大宣传力度，激活市场潜力，不断扩大“多彩盐都、欢乐水乡”品牌的覆盖面和影响力。突出抓好智慧营销，以“智慧旅游”建设为载体，利用微博、微信、微电影、APP应用等新兴网络方式，拓宽旅游产品“线上+线下”营销渠道，推动重点景区免费Wi-Fi、智能导游、在线预订等功能全覆盖，让“指尖旅游”更智慧更便捷；突出抓好活动推介，针对特定游客群体和重点客源地市场，进行全方位立体式的宣传推介，积极争办国家、省级旅游节庆和跨区域旅游会展活动，做精做优畅游盐都金秋行、大纵湖湿地生态节、龙冈桃花节等特色节会，不断提升盐都旅游的知名度、美誉度和吸引力。

三、统筹推进，奋发作为，推动各项事业新进步

高水平全面建成小康社会，不仅经济发展要有更高质量，还要让人民生活更加幸福、生态环境更加优美、文化发展更加繁荣、城乡区域更加协调、社会治理更加完善。要准确把握高水平全面小康的丰富内涵，结合盐都实际和阶段特征，统筹抓好“五个坚持”，促进经济社会全面协调可持续发展。

坚持改革开放双轮驱动，激发经济增长新动能。始终把改革开放作为推动发展的关键之举，以深化改革优化体制机制，以扩大开放集聚资源要素，为新一轮发展增添强劲动力。打好深化改革攻坚战。充分发挥改革“深刺激”“强刺激”作用，在推进中央和省、市既定改革举措落地生根的同时，聚焦重点领域和关键环节，精准发力、先行先试。深化农业农村改革，全面完成承包土地确权颁证工作，开展农户以土地承包权入股各类合作组织试点，推进农村集体资产股份合作制改革，扩大农村产权交易品种和范围，完善农业资产抵质押担保机制。深化投融资体制改革，按照“控规模、调结构、降成本、强规范、保兑现、可持续”要求，主攻直接融资和低成本、中长期政策性银行贷款，增强投融资平台实体化运营能力，稳健管控政府债务，精准防范风险；加大对实体经济金融扶持力度，以市场化方式筹建3支以上10亿级规模产业基金，促进新兴产业和现代服务业蓬勃发展。深化行政审批制度改革，落实“放管服”各项政策措施，有效降低制度性交易成本；推行“互联网+政务服务”模式，健全投资项目全程代办制度，打造全市最优政务环境。提高招商选资精准度。把招商选资作为组织经济工作的第一抓手，坚持“追高求新、非大即特”招商导向，深入开展“产业项目推进年”活动，确保全年新招引亿元以上项目60个。强化产业招商，立足现有产业基础和配套条件，突出“建链、补链、强链”要求，引进一批行业龙头企业和产业链关键项目；紧扣智能终端产业集群的打造，推动上下游配套、前后道延伸，做强从核心部件到品牌整机、从硬件生产到软件研发的全产业链条。强化专业招商，贯彻落实市专业化招商队伍建设三年行动计划，培养一支懂产业、通政策、善谈判的“招商劲旅”，提高13个专职招商局“啃硬骨头”能力，在5亿元以上重特大项目上实现持续突破。强化精准招商，精心编制产业地图、企业地图和招商方案，锁定重点区域和重要对象，开展一对一、点对点的定向招商，提高招商成效。增创对外开放新优势。实施“科技兴贸”战略，提高自主品牌和技术产品出口比重，打造规模化、集约化出口产业集群，培育宠物用品、智能终端等省市级出口基地，力争智能终端产业出口占全区30%以上。创新外贸发展模式，支持跨境电商企业做大做强，推动进出口企业借助亚马逊、阿里巴巴等网络平台开拓国际市场。加大外资招引力度，组织实施日韩港台招商推介活动，重点招引境外优势产业和世界500强企业，提升利用外资质量水平。加快企业“走出去”步伐，支持中恒宠物、东九重工等具有比较优势的本土企业外向拓展，在境外尤其是“一带一路”国家设立生产基地和贸易窗口、办事处等机构，全方位参与国际市场的竞争与合作。

坚持城乡统筹融合互动，开创协调发展新局面。通盘考虑、统筹谋划城乡发展，体现差异性、互补性，增强整体性、协调性，构建核心板块支撑、快速通道连接、特色小镇点缀、现代农业衬托的城乡发展新格局。扎实推进新型城镇化。高水准建设品质城区，加快产城融合、板块联动步伐，集聚更多优质教育、卫生等公共资源，提升城市管理数字化、精细化、长效化水平，建设“紧凑城市”，实现“精明增长”；坚持“房子是用来住的、不是用来炒的”定位，加强房地产市场管控，引导房企合理定位房价，重点压降商业用房、集镇商品住房库存，实现房地产市场平稳健康发展。高起点培育特色小镇，大纵湖镇要对照特色小镇创建标准，提升规划、整合资源、编排项目，争创全国特色小镇；其他板块也要按照“宜工则工、宜农则农、宜游则游”的发展定位，深入挖掘产业特色、人文底蕴和生态禀赋，高起点规划、高水平建设，致力成为产业发展“特而强”、功能叠加“聚而合”、建设形态“精而美”、制度供给“活而新”的特色小镇。高标准打造美丽乡村，持续开展城乡环境综合治理和城乡河道综合整治，全力推进农村危旧房改造，提前完成农村康居工程建设任务；加强张本、丁马港等传统村落保护，培植光明、塘桥等25个康居美丽乡村，展现里下河风情和田园风貌。加快实现农业现代化。深入推进农业供给侧结构性改革，把增加绿色优质农产品供给放在突出位置，调整优化农业生产、经营和产业体系。大力培育家庭农场等各类新型经营主体和职业农民，重点发展土地流转、托管、联耕联种等多种形式的适度规模经营，提高农业生产综合效益。突出农业园区提质增效，推动台创园厚植台湾元素、七星农场放大示范效应，打造全省一流的花卉产业基地，做强优质水稻、生态水产、水生蔬菜“三

慰问军转干部陈宝根

水”产业，争创全国渔业健康养殖示范县。紧盯国内外农产品中高端市场，推进标准化生产、全程化监管，提高优质品牌农产品市场占有率，以品牌建设引领结构调整和产业发展。加快农产品加工集中区建设，招引培育一批农业龙头企业，全面提升农业资源价值和农产品附加值。大力发展现代农业新型业态，重点在农业电商、观光农业、创意农业、外向型农业上做足文章，寻求一二三产融合发展新的增长点。致力提升城乡一体化。以基础设施配置合理化、基本公共服务标准化为取向，推动更多资源向镇村倾斜、更多要素向镇村汇聚。持续推进农村公路提档升级，进一步优化城乡公交线路设置，加快形成高效便捷的区域路网体系。不断加大全社会公共产品供给力度和投入强度，明确基本公共服务清单和分类建设标准，科学确定公共设施服务半径和覆盖人群，切实打破进城农民与城市居民间的“隔离墙”，加快农业转移人口市民化，提高留居农民公共服务需求可及性。健全农村环境“五位一体”长效管护机制，稳步推进生活垃圾分类收集处理，不断改善城乡人居环境，提高居民生活质量。

坚持以人为本共建共享，提升民生幸福新内涵。把增进人民福祉、促进人的全面发展作为一切工作的出发点和落脚点，不断加大保障和改善民生力度，扎扎实实办好民生实事，努力让老百姓有更多获得感、更高满意度。聚焦富民见实效。实施更加积极的就业政策，强化就业援助和技能培训，拓展就业门路，拓宽增收渠道，千方百计充实居民“口袋”。把脱贫攻坚作为第一民生工程来抓，组织千名党员干部进村入户助贫大走访，开展“三清三实三帮”活动，全力推动精准扶贫、精准脱贫各项政策措施落地；持续开展“结一门穷亲、找一份事做”主题帮扶活动，促进有就业条件的低收入农户通过就业实现脱贫；围绕支出型贫困等难点问题，深化完善医疗保险和救助制度，切实缓解群众因病致贫、因病返贫问题。强化社会保障，大力发展社会福利和慈善事业，深入实施农村留守儿童关爱工程，加大棚户区改造货币化安置力度，不断扩大社会保险覆盖面，让人民群众持续稳定得益受惠。着眼均衡促普惠。加大城郊学前教育和义务教育学校布点密度，新建张庄小学、海阔路小学等学校，创建省首批教育现代化示范区；推动多元办学体制改革，加快盐城枫叶国际学校和南京师范大学盐城实验学校建设，提升优质教育资源供给能力和水平。广泛开展全民健身活动，提速推进小马沟体育公园建设，力促镇（街道）多功能健身广场全覆盖。加快基层医疗卫生机构标准化建设，加大卫生人才引进培养力度，建成区公共卫生服务中心。全面实施分级诊疗，健全不同级别医疗机构的医保差异化支付政策，新农合人均筹资标准提高至 680 元。推进居家养老、医养融合提档升级，紧扣精准分类、精确服务要求，保障基本需求，繁荣养老市场，提升服务质量。崇尚文明建高地。大力弘扬和践行社会主义核心价值观，扎实开展全国文明城市创建，组织干群积极参与道德实践，推动“厚德盐都榜”进校入企到村，着力提升全社会文明程度。加强基层综合性文化服务中心建设，精心组织公益性展演、淮剧大家唱等文化惠民活动，让文化的“源头活水”流进群众的“田间地头”。实施文艺精品工程，鼓励优秀文化产品创作，推动淮剧新作《过江》争创全国“五个一”工程奖。提升文化产业整体实力，以文化创意园、盐渎明城为载体，积极发展创意设计、广告服务、工艺美术、演艺娱乐等业态，力争文化产业增加值占 GDP 比重提高到 4.5%。

坚持生态优先标本兼治，展现美丽盐都新形象。以创建省生态保护引领区为目标，深入开展“两减六治三提升”专项行动，全面提高生态文明建设水平，让生态优、环境美成为盐都的闪亮标识。控减源头污染排放。坚持从末端治理向源头防治转变，以减高能耗项目、减高污染排放为重点，下大力气调整能源结构、产业结构，加快构建科技含量高、资源消耗低、环境污染少的绿色产业体系。加大减排任务落实力度，按照“减量化、再利用、可循环”原则，鼓励企业进行工艺技术装备升级，着力推进循环经济示范企业建设，实施一批重点节能减排项目，确保实现能源消耗、污染排放的强度和总量“双下降”。整治突出环境问题。下决心向重点环境问题宣战，打好治气、治水、治土三大攻坚战。加强烟、粉尘、挥发性有机物总量控制，开展燃煤烟气、工业废气、汽车尾气、工地扬尘专项整治，扎实做好秸秆双禁工作，完善空气质量预测预警，让群众享有更多蓝天。加强饮用水源管护，控制和减少畜禽养殖、水产养殖和农业面源污染，加快污水处理厂、畜禽粪便处理中心及配套管网建设，确保饮用水源安全、国省控断面全面达标。加强工业废弃场地土壤修复，做好农业园区、农产品基地土壤环境安全评估和保护，切实保障农产品质量和人居环境安全。提升生态保护实效。积极投身国家森林城市创建，推进以蟒蛇河、朱沥沟等骨干河道为代表的生态林带建设，实施小马沟城市绿廊、高新区科技广场等园林绿化工程，打造大纵湖旅游度假区百里绿色长廊、千亩苗木基地，建设一批特色鲜明的森林小镇、森林村庄。完善生态文明绩效评价考核、生态补偿和政策激励等制度，把生态环境保护纳入法治化轨道。加大对环保违法行为查处力度，推进环保监管体制机制改革，实行生态环境损害责任终身追究制，为生态文明建设提供更加有力的保证。

坚持民主法治协同并进，构建社会治理新格局。扎实抓好社会主义民主法治建设，创新社会治理方式，全力推进依法治区，为经济社会发展保驾护航。发展民主政治。积极支持人大及其常委会依法履职，支持政府依法行政，支持政协协商议政，支持法院、检察院依法独立行使职权，支持人民团体按章开展工作。巩固壮大爱国统一战线，充分发挥工青妇等群团组织的重要作用，做好民族、宗教、对台、侨务、老干部和关心下一代等工作，推动军民融合深度发展，为盐都事业进步提供广泛持久的力量支持。强化法治建设。完善政府权力清单，健全党政机关法律顾问制度，严格落实重大决策法定程序，深化政务信息公开，促进权力透明规范运行。严格规范司法裁量权，加强司法全过程监督，深化司法规范化建设，切实维护公平正义。扎实推进“七五”普法宣传教育，推动全社会形成办事依法、遇事找法、解决问题用法、化解矛盾靠法的浓厚法治氛围。创新社会治理。深化平安盐都建设，完善立体化信息化治安防控体系，持续开展外流涉羟犯罪专项整治，严厉打击非法集资、网络诈骗等侵财类犯罪行为，切实提高群众安全感。深入推进信访稳定工作，健全领导干部接访包案和联席会议月度会办机制，全面推行阳光信访、责任信访、法治信访，全力化解信访矛盾，依法规范信访秩序。加强社会诚信体系建设，强化信用信息的收集和使用，建立健全“红黑榜”制度，让守信者受激励、失信者受惩戒。继续加大对食品药品、安全生产等重点领域的执法力度，坚决杜绝重特大安全事故发生，维护社会大局和谐稳定。

四、全面从严，管党治党，谱写党的建设新篇章

党的十八届六中全会的召开，标志着全面从严治党进入新的阶段。全区各级党组织要牢牢把握新形势下从严治党新要求，切实强化主责主业意识，深入推进党建创新工程，为高水平全面建成小康社会提供坚强政治保障。

牢牢把握正确政治方向。方向涉及根本、关系全局、决定长远，坚定正确的政治方向，是推进各项事业健康发展的基本保证。要充分发挥党委总揽全局、协调各方的领导核心作用，突出把方向、管大局、作决策、保落实，完善党委全会、常委会、党组会议工作机制，有效加强党对各个领域的领导。要强化理论武装，以“两学一做”学习教育为契机，深入开展党委(党组)中心组学习会、盐都大讲堂、交流研讨会等活动，全面加强党章党规和总书记系列重要讲话的学习，教育引导各级党员干部坚定“四个自信”，把绝对忠诚的政治品格融入血脉、成为基因。要把严守政治纪律、政治规矩摆在更加突出位置，进一步增强全体党员干部的政治意识、大局意识、核心意识、看齐意识，确保各级党员干部始终做政治上的“明白人”。

严格规范党内政治生活。党要管党必须从党内政治生活管起，从严治党必须从党内政治生活严起。要认真执行关于新形势下党内政治生活的若干准则，突出用好组织生活这个经常性手段，用好批评和自我批评这个有力武器，让党内生活真正成为党员干部加强党性锤炼、提高党性修养的大熔炉。各级党组织主要负责同志要严格遵守民主集中制各项规定，增强民主意识，发扬民主作风，提高民主素养，严格按程序、按规则、按集体意志办事；班子成员要增强全局观念、执行意识，在研究工作时充分发表意见，决策形成后坚决付诸实施。要严格落实“三会一课”、民主评议党员、基层党组织统一活动日等制度，赋予每次组织活动实质性内容，畅通党员参与讨论党内事务的途径，帮助广大党员干部分清是非、辨别真假，统一意志、增进团结，营造党内民主的良好氛围。

大力加强干部队伍建设。全面从严管党治党，关键在于打造一支信念坚定、为民服务、勤政务实、敢于担当、清正廉洁的干部队伍。要牢固树立德才兼备、以德为先和凭实绩用干部导向，旗帜鲜明地选用挑战面前敢为人先、矛盾面前敢于担当的干部，推动部门、镇际间干部动态交流，加大年轻干部使用力度，真正把政治强、作风正的同志选拔到重要岗位上来。要加强干部能力培养，统筹安排综合素质好、发展潜力大的优秀干部到发达地区挂职锻炼，到“两重一实”“双招双引”等重点工作一线实践历练，促进各级干部在推进发展中增长才干、在解决问题中提升能力。要健全干部监管机制，深入贯彻党内监督条例，严格执行领导干部重大事项报告、“三责联审”等制度，加强干部日常管理和“八小时之外”监督，特别是对单位“一把手”和重点岗位人员的权力监管，促使各级干部公正用权、依法用权、廉洁用权。

切实提升基层党建水平。基层党组织是党凝聚群众力量的战斗堡垒，必须统筹抓好各领域党建工作，推动全面从严治党向基层末梢延伸。要以“基层党建示范带”建设为抓手，加大在开发园区、“两新”组织等建立党组织力度，完善区镇村一站式服务平台体系，循环整顿软弱涣散基层党组织，推动基层党建工作全面过硬、全面进步。要强化带头人队伍建设，注重从大学生村官、退役军人、致富带富能手等群体中选优配强村居“两委”班子，完善报酬待遇稳定增长和政治激励机制，让村居干部收入有保障、事业有奔头。要深入推进学习型、服务型、创新型党组织建设，持续开展“双融双解”“真情家家到、争当五大员”活动，不断提升“580”平台综合服务能力，切实增强基层党组织的凝聚力和向心力。要全面落实“四议四公开一监督”制度，保证村级事务管理规范透明。

巩固拓展作风建设成果。作风就是形象，作风建设永远在路上。要严守“三严三实”要求，毫不松懈抓好中央八项规定精神和省市区委十项规定的落实，推动作风建设不断深化、党风政风持续好转。要牢记宗旨意识，践行党的群众路线，经常深入基层、深入群众，倾听人民呼声、关心百姓冷暖，进一步密切党同人民群众的血肉联系。要大力弘扬求真务实作风，脚踏实地、苦干实干，不搞形式主义，不做表面文章，在抓重点、抓具体、抓到位中做出实实在在的业绩。要强化担当精神，健全完善干事创业容错免责、正向激励机制，坚决查纠“为官不为、为官乱为”现象，激励广大党员干部想干事、敢干事。各级干部特别是领导干部要当好作风建设的表率，坚持“言传不如身教、榜样力量无穷”，带头做到有定力、善创造、敢担当、重落实、守规矩，带动形成聚力改革创新、矢志干事创业的良好氛围。

深入推进反腐倡廉工作。党风廉洁建设和反腐败工作事关人心向背，必须坚持“激浊”“扬清”两手抓，坚决遏制腐败滋生蔓延势头，推动干部清正、政府清廉、政治清明。要全面落实党风廉洁建设主体责任，支持纪检监察机关从严履行监督责任，扎实开展巡察工作，对管党治党重视不到位、履职不尽责的严肃追究问责。要坚持抓早抓小、挺纪在前，充分运用好监督执纪“四种形态”，尤其要在用好“第一种形态”上多下功夫，实现从“管少数”向“管多数”、从“盯违法”向“盯违纪”转变。要坚持标本兼治，持续开展系列警示教育活动，突出抓好行政审批、公务支出、公共资源交易等重点领域制度建设，真正用制度管人管事管权。要保持惩治腐败“零容忍”高压态势，坚持力度不减、节奏不变、尺度不松，坚决查处领导干部违纪违法行为，切实解决发生在群众身边的“四风”和腐败问题，全力构建“山清水秀”的政治生态。

盐城市盐都区第十六届人大一次会议闭幕词

（2017 年 1 月 16 日）

区人大常委会主任　顾其斌

在大会主席团的正确领导下，在全体代表的共同努力下，盐都区第十六届人民代表大会第一次会议，圆满完成了预定的各项任务，马上就要胜利闭幕了。这次会议，以党的十八大和十八届三中、四中、五中、六中全会精神为指导，全面贯彻落实区第十四次党代会和区委十四届二次全会精神，紧密联系盐都实际，认真审议政府工作报告和其他报告，坚定了信心，理清了思路，明确了目标，落实了任务，研究了措施，为盐都实现发展新跨越奠定了坚实基础。这次大会是回顾过去五年的总结大会，是展望未来五年的鼓劲大会，是重抓“一极一园一业”、落实“五个坚持”要求的部署大会，是充分发扬民主、共商发展大计的决策大会，是纪律作风严明、换届风清气正的成功大会。

这次大会选举我担任区十六届人大常委会主任，这是各位代表对我的信任，也是全区人民对我的重托，我深感责任重大、使命光荣，在此我向各位代表和全区人民表示衷心的感谢！我和今天当选的新一届人大常委会，将在区委的正确领导下，牢记宗旨、求真务实，忠实履行宪法和法律赋予的职责；发扬民主、广开渠道，充分发挥人大代表的重要作用；恪尽职守、廉洁奉公，为盐都发展和人民幸福尽心竭力，努力向全区人民交上一份满意的答卷。我们将继承发扬十五届人大常委会的好传统、好经验、好做法，不忘初心，继往开来，以服务发展大局为己任，以推进依法治区为根本，以促进民生改善为重点，充分发挥地方国家权力机关作用，为推进产业强区、生态立区、富民兴区奉献心力。

各位代表回到自己的工作岗位后，要以不负众望的使命感、争当表率的责任感、只争朝夕的紧迫感，积极宣传大会精神，特别是羊书记的讲话精神，在推动转型发展、深化改革创新、坚持依法治区、促进民生改善中发挥积极作用。

希望区、镇政府紧紧围绕区第十四次党代会和区十六届人大一次会议确定的各项目标任务，牢固树立和贯彻落实新发展理念，适应把握引领经济发展新常态，重抓“一极一园一业”，突出创新生态富民，坚持改革开放双轮驱动，坚持城乡统筹融合互动，坚持以人为本共建共享，坚持生态优先标本兼治，坚持民主法治协同推进，以“强富美高”新盐都建设的优异成绩迎接党的十九大胜利召开！

慰问

政府工作报告

——2017年1月13日在盐城市盐都区第十六届人民代表大会第一次会议上

区　长　吴本辉

本届政府工作回顾

2012年4月换届以来，在上级党政组织和区委的坚强领导下，在区人大和区政协的监督支持下，我们紧紧依靠全区人民，主动适应经济新常态，深入践行新发展理念，牢牢把握稳中求进工作总基调，紧紧围绕“打造新高地、迈上新台阶”总定位，克难求进，奋发有为，全面建成小康社会综合得分苏北领先，连续五年跻身全国综合实力百强市辖区，圆满完成区十五届人大一次会议确定的各项目标任务。

综合实力显著增强。预计2016年实现地区生产总值448亿元、规模以上工业增加值222亿元、服务业增加值186亿元，分别是2011年的1.57倍、1.9倍、2.1倍；完成一般公共预算收入33.8亿元、固定资产投资347亿元、社会消费品零售总额190亿元，年均分别增长12.5%、18.2%、10.5%。运行质态稳步提升，“四上”企业从641家发展到937家，开票销售超亿元工业企业从26家发展到36家，企业上市总量和“新三板”挂牌数全市第一，中国驰名商标、省著名商标分别增加到9件、44件。经济结构不断优化，三次产业比重从12.9:56.2:30.9调整为9.6:48.9:41.5，高新技术产业产值占规模以上工业产值比重达32%，中恒宠物创成国家级电子商务示范企业，柚尊家具、东九重工列入全省100家服务型制造示范企业。发展后劲持续增强，实施华星光电、峰汇智联、亚邦物流、东风李尔等5亿元以上重大产业项目36个；盐高新集团、城镇化公司组建运营，创成AA信用等级平台公司6家。

转型升级取得实效。盐城高新区成功跻身“国家队”，城西南现代物流园获批全国优秀物流园区，电商快递产业园成为省市共建互联网产业园，智能终端产业园集聚项目55个，初步形成从核心部件到品牌整机、从硬件生产到软件研发的全产业链条。6个特色产业园牵手知名高校共建特色产业研究院，大纵湖、张庄、龙冈等镇被认定为国家级特色产业基地，涂装设备、制鞋机械、输变电产业成为细分行业全国单打冠军。农业现代化跨入全省先进行列，家庭农场、农民专业合作社、产业化龙头企业分别发展到561家、824家和147家，3只农产品成功注册国家地理标志证明商标，家庭农场（专业大户）规模经营比重提高到49.3%，连续五年被表彰为全省发展现代高效农业成效显著县。乡村旅游蓬勃兴起，游客接待量、旅游总收入年均增幅都在40%以上，获批全国休闲农业和乡村旅游示范县，被授予全省首家乡村旅游创新发展示范区，大纵湖风景区获评省级旅游度假区，龙冈桃花园获评省级生态旅游示范区。

创新创业成果丰硕。创成国家科技富民强县试点区、国家知识产权强县工程试点区和省创新型试点区，5个镇被确定为省创新型试点镇，高新区获批全市首家国家知识产权试点园区；建成国家级科技创新平台5个，规模以上工业企业研发机构覆盖率超过70%，国家高新技术企业数、省级以上高新技术产品数、省首台套重大装备认定数、PCT国际专利申请量均列全市第一。市“515”人才政策全面落实，引进高层次人才186人，其中院士7人、国家“千人计划”专家15人，省级人才项目入选数全市领先。全民创业深入推进，12个全民双创园建成标准厂房180万平方米、入驻企业340家，创成国家级众创空间1家、省级2家，建成省科技企业孵化器3家，区中小企业园成为国家级科技企业孵化器；淘宝村级服务站覆盖率全市第一，大纵湖、郭猛被认定为省级电子商务示范镇。成立创业银行、科技银行，“苏科贷”立项数和贷款额连续三年全省第一。

城乡面貌焕然一新。规划编制实现全覆盖，统筹发展走在全市前列。城市品质不断提升，高新区盐龙、盐渎、潘黄三大板块形成一体规划、联动发展格局，恒大、碧桂园、万达等品牌地产先后入驻，润都、丽都、大马沟等生态公园建成开放，医院学校、购物中心、农贸市场等配套功能加快完善，城市管理信息化水平不断提高,创成国家产城融合示范区。镇村建设彰显特色,大冈、大纵湖创成全国重点镇,杨侍获评中国最美休闲乡村,仰徐、三湾被命名为全省最具魅力休闲乡村。基础设施日臻完善,229省道、新331省道等骨干道路建成通车,新建改造城市道路59条,实施农村公路提档升级638公里,新建改建农村桥梁1534座,创成省"四好农村路"示范区;市镇村公交率先苏北实现一体化,国标校车安全工程"先路后车"模式全省推广;区域集中供水通村达户,城市防洪能力显著增强,农村排涝模数提高到1.0以上。

生态环境持续优化。在全市率先通过国家生态区创建考核验收,创成国家生态镇9个,国家园林城市、国家卫生城市、全国文明城市创建工作走在大市区前列。连续四年被省表彰为造林绿化成效显著县,城镇绿化覆盖率达到43.2%,林木覆盖率从13.5%提高到23%。城乡环境综合整治和"清洁乡村"行动有力推进,"五位一体"长效管理机制全面建立,创成省星级康居乡村271个、省美丽乡村5个。城乡河道三年整治行动扎实开展,整治城市河道21条,疏浚农村河道2485公里;新建集镇污水处理厂9座,铺设污水管网117公里,城镇污水集中处理率提高到85%。秸秆禁烧连续三年实现卫星监测"零火点"、省市巡查"零通报",被省认定为秸秆综合利用示范区。土地节约集约"双提升"行动成效显著,被评为全省国土资源节约集约利用模范区。

群众生活日益改善。新增城镇就业6.7万人,转移农村劳动力4.5万人,城乡居民人均可支配收入分别达到33348元、18998元。新增各类参保人员25.9万人,被征地农民基本生活保障制度和农村居民大病保险全面落实,城乡居民基本养老、医疗保险水平稳步提升,新农合人均筹资标准从275元提高到580元。建成保障性住房5136套,安置渔民上岸199户,住房公积金扩面增量增幅全市第一。创成省现代民政建设示范区,"一门受理、协同办理"的社会救助机制初步建立,发放托底救助资金8308万元,惠及困难群众18万人次,城乡低保标准分别提高到530元和430元。荣获全国养老服务示范区,区社会福利院一期工程顺利建成,18家敬老院全部通过省星级验收,居家养老服务实现区域全覆盖。

社会建设扎实推进。社会事业繁荣发展,被表彰为全国义务教育发展基本均衡区,创成省促进义务教育均衡发展先进区和省首批平安校园建设示范区,新建中小学10所,乡镇公办幼儿园实现全覆盖;被评为全国基层中医药工作先进区、全国慢性病综合防治示范区、省"十二五"人口协调发展先进区,市三院创成苏中苏北唯一县级三甲医院,建成国家卫生镇4家、省示范卫生院11家,新建改建标准化村级卫生室95个;获评全国文化先进区,区属"四馆一团一中心"建成使用,农家书屋村村全覆盖,淮剧《半车老师》荣获第十三届中国戏剧节优秀剧目奖和省首届文华大奖。社会治理不断加强,区镇村三级综治中心规范化建设扎实推进,社区网格化服务管理体系基本建立,农村技防"村村通"工程快速推进,连续12年获评省平安建设先进区;区法律援助中心创成省级示范窗口,仰徐、三官被授予全国民主法治示范村;信访联席会议制度进一步完善,领导干部接访下访成为常态;食品药品监管体系不断健全,安全生产形势持续稳定,创成国家地震安全示范社区3家。大纵湖镇获得全国文明镇称号,涌现出中国好人程来品、武红梅、乐绍琪以及北京暴雨救人农民工团体等一批先进典型。

改革开放攻坚突破。行政审批、商事登记、财税体制改革扎实推进,农业农村改革成效明显。精简合并行政审批事项117项,"先照后证""五证合一、一照一码"先后施行,财政预决算、部门预决算和"三公"经费全面公开;国有粮食购销企业重组改革、小型水利工程管理体制改革推进到位,区镇两级农村产权流转交易服务体系建成运行,农村承包土地确权登记颁证基本完成,在全省率先开展农业贷款弱抵质押和风险补偿试点,被省确定为新一轮农村改革试验区。整合设立13个专职招商局开展精准招商,与德国茨维考市成功缔结友好城市,与深圳手机行业协会、韩国汽车产业协会建立常态化合作机制,开创了"转移+转型"产业合作新模式。注册外资累计到账5.88亿美元,中韩产业园盐都联动区集聚汽配企业31家;进出口总额年均增长10%,培育进出口超千万美元以上企业11家;新设境外投资企业8家。

从严治政全面加强。权力运行严格规范,制定公布5张清单,坚持定期学法制度,成立区法律顾问团,出台重大行政决策程序规定,制定政府投融资平台和重点工程建设资金管理意见,邀请区人大、政协领导参加政府常务会议。作风建设不断深化,扎实开展党的群众路线教育实践活动、"三严三实"专题教育和"两学一做"学习教育,严明政治纪律和政治规矩,重抓中央和省委巡视组反馈意见整改落实,"四风"顽症得到有效遏制。行政服务更加高效,"两办两中心" 组建运行,"互联网+政务服务"推广应用,区政务服务中心完成搬迁升级,创成国家级行政服务标准化试点单位。反腐倡廉推进有力,认真执行党纪党规和廉洁从政各项规定,加强机关单位行政监察,深化重点领域审计监督,查处了一批违法违纪案件。与此同时,人武、统计、物价、人防、双拥、气象、消防、保险、邮政、电信、妇儿、残联、老龄、慈善、红十字、民族宗教、关心下一代等工作也都取得了新成绩。

2016年,是本届政府的收官之年,也是"十三五"规划的起步之年。一年来,面对经济下行压力,全区上下坚持重点重抓、聚力突破,经济社会继续保持良好发展势头,预计列市考核的11项主要指标中有6项增幅位于全市前列,实现"十三五"良好开局。项目建设有了新突破。坚持产业为基、项目为要,主攻招商选资,会战重点项目,产业强区迈出坚实步伐。招商选资精准发力,推动"招企业"转向"招产业",紧盯京沪广深、日韩港台,聚焦智能终端、高端装备、新能源产业,开展四季招商、专题推介,全年新签约亿元以上项目68个,赛博宇华、迈腾电子等8个5亿元以上重大项目正式落户。项目推进注重实效,从解决土地、资金、办证等突出问题入手,统筹抓好供地、开工、投产等关键环节,全年新开工亿元以上项目53个、竣工46个,列市"三重"项目、"三百" 工程和区八大类重点工程完成年度任务。载体能级实现新提升。以载体扩容拓空间、平台升级聚项目,深入开展"项目载体提升年"活动,增强园区吸

慰问人武部全体官兵

附力。智能终端产业园新建标准厂房 40 万平方米，智能终端产业研究院、惠普智慧盐都云服务中心建成使用。全民双创园新建标准厂房 43 万平方米，大纵湖涂装设备产业园、张庄齿轮产业园获批国家火炬特色产业基地，新增国家高新技术企业 36 家，省创新创业大赛获奖数全省第一。新农产品加工集中区启动建设，七星农场列入全省稻田综合种养十大示范基地。以“一湖两带一圈”布局开启全域旅游时代，成功举办首届休闲中国高峰论坛等系列活动，进入国家全域旅游示范区创建名单。关键改革迈出新步伐。把供给侧结构性改革作为产业转型升级的重中之重，有效承接和制定出台系列政策，推动重点任务落地见效。主动施策去产能，开展打击取缔“地条钢建筑用材”等专项整治行动，退出“四小”企业 17 家。多措并举去库存，大力推进住房公积金扩面，全面推行房屋征收货币化安置，全区商品房销售突破 190 万平方米。精准发力去杠杆，以直接融资调整结构，以规范管理防控风险，区国投公司成功发行企业债 13 亿元，争取政府性债务置换债券资金 27.5 亿元。积极作为降成本，深入开展“暖企行动”，国家减税清费政策全面落实，清理行政事业性收费 58 项，“营改增”全面试点减税近 3 亿元，为 25 家企业补办了土地、房产“两证”。民生实事取得新成效。十大类 36 项为民办实事项目完成投资 16.1 亿元，为 3.7 万名企业退休人员免费体检，区域卫生信息平台、食品安全快速检测室、张庄农贸市场建成使用，“四类人群”和 D 级危房改造基本完成。精准扶贫扎实推进，开展“结一门穷亲、找一份事做”主题活动，支持 30 个经济薄弱村上好增收项目，30% 的低收入人口、50% 的省定经济薄弱村实现脱贫。工业和畜禽污染专项整治深入开展，关停搬迁企业 8 家，关闭养殖场 213 个、生猪屠宰场 21 个，中央环保督察组交办问题整改到位。社会大局和谐稳定，潘黄水上集中居住点重大消防隐患完成整治，安全事故起数、死亡人数实现双下降；外流涉毬犯罪得到有效管控，公众安全感不断提升，被表彰为全省法治建设示范区。

各位代表，五年来，面对复杂的宏观经济形势和繁重的改革发展任务，取得这样的成绩，确属来之不易。这是上级党政组织和区委正确领导的结果，是区人大、区政协和社会各界支持监督的结果，是全区干群同心同德、奋力拼搏的结果。在此，我谨代表区人民政府向各位代表和委员，向全区工人、农民、知识分子、各级干部和离退休老同志，向驻盐都部队官兵、驻盐都单位干部职工，向各民主党派、人民团体和社会各界人士，向在盐都投资创业的各位客商和本土企业家，向关心支持盐都经济社会发展的各级领导、海内外朋友，表示衷心的感谢和崇高的敬意！

在肯定成绩的同时，我们也清醒地看到了存在的问题和不足：产业集聚规模还不够，重特大项目突破不快，外资利用总量和层次有待提升；实体经济转型发展还不充分，部分企业运行困难，大企业大集团培育成效不明显；城乡居民持续增收难度加大，环境保护、城市管理、产业扶贫等方面还存在薄弱环节；一些干部适应新常态、践行新发展理念的能力还不强，不作为、慢作为现象时有发生，等等。对此，我们将采取有效措施，认真加以解决。

新一届政府工作总体要求和奋斗目标

今后五年，是我区全面建成小康社会的决战阶段，也是转型升级爬坡过坎的关键阶段。综合分析各方面因素，我们仍处于大有可为的战略机遇期，我国发展进入速度变化、结构优化、动力转换的新常态，长三角区域发展一体化、江苏沿海开发等国家战略叠加实施，盐城现代综合交通体系加快完善，将重塑新一轮区域发展格局，为盐都在更大范围内融入产业分工体系提供了重要契机。经过多年的接续奋斗，我区综合实力持续增强，新产业新业态不断成长，园区载体扩容升级，城市功能加速提升，为经济转型奠定了坚实基础。我们必须准确把握盐都发展阶段性特征和新的任务要求，保持清醒头脑，抢抓机遇，应对挑战，不断开创经济社会发展新局面。

根据区第十四次党代会精神，新一届政府工作的总体要求是：高举中国特色社会主义伟大旗帜，全面贯彻党的十八大和十八届三中、四中、五中、六中全会精神，深入贯彻习近平总书记系列重要讲话精神，科学把握“五位一体”总体布局和“四个全面”战略布局，牢固树立新发展理念，主动引领经济发展新常态，以提高发展质量和效益为中心，以推进供给侧结构性改革为主线，突出“两聚一高”，重抓“一极一园一业”，推动产业强区、生态立区、富民兴区，高水平全面建成小康社会，奋力打造经济强、百姓富、环境美、社会文明程度高的新盐都。

经济和社会发展的主要目标是：经济发展更稳健。工业化与信息化深度融合，先进制造业与现代服务业双轮驱动，现代产业体系和科技创新体系基本形成。地区生产总值年均增长9%左右，一般公共预算收入增幅高于全市平均水平，全社会研发投入占GDP比重达3%，科技进步贡献率提高到65%，居民收入、企业利润、财政收入“三个口袋”更加充实。群众生活更富裕。坚持“创业富民、就业利民、保障惠民”协同发力，每年将新增财力的90%以上用于民生，基本公共服务水平显著提升，在“七个更”上取得更大进展。到2020年，城乡居民人均可支配收入分别达到46000元和27000元，社会保险参保率达99.8%，建成覆盖城乡的养老服务体系。生态环境更优美。生态文明推进机制建立健全，绿色生产水平不断提升，低碳生活方式加快形成，资源节约型、环境友好型社会建设成效明显。单位地区生产总值能源消耗大幅下降，主要污染物减排完成市定目标，林木覆盖率达25%，城镇绿化覆盖率提升到44.2%，村庄环境整治达标率100%，率先全市建成国家生态文明建设示范区。城乡发展更协调。新型城镇化和城乡一体化扎实推进，城市辐射作用显著提升，镇村经济实力持续增强，交通网络互联互通，公共资源均衡配置，城乡要素平等交换，以高新区为主体、重点镇为支撑、新型社区为节点的城镇体系基本形成，常住人口城镇化率达到68%。社会风尚更文明。社会主义核心价值观深入人心，公民思想道德素质、科学文化素质明显提高。文化事业和文化产业繁荣发展，公共文化服务体系更加健全，群众精神文化生活更加丰富。社会治理全面加强，民主法制不断完善，政府执行力和公信力进一步增强，公众安全感和社会满意度持续提升。

做好今后五年工作，我们必须深入贯彻落实省市区党代会的战略部署，深刻把握“既急不得、也慢不得”的内涵要求，放大自身优势，闯出发展新路，切实做到“四个坚定不移”。一是坚定不移推进产业强区。产业是发展的基石，也是全面小康的根基。必须针对我区产业发展还不充分的实际，牢固确立“产业强则盐都强”的理念，以“中国制造2025”为引领，着眼“追高求新、非大即特”，持续突破重大项目，做优做强园区载体，推动智能终端、高端装备、新能源等新兴产业拉长链条，引导汽车配件、机械制造等传统产业向高端攀升，力促电商物流、乡村旅游等现代服务业繁荣发展，以新型工业化带动新型城镇化和农业现代化，实现一二三产业协调发展。二是坚定不移聚焦创新驱动。相比沿海地区，我区环境容量较小、资源禀赋不足，能不能在新一轮竞争中占据先机、赢得优势，取决于创新驱动发展的新引擎能不能成为主动力。必须以时不我待的紧迫感，紧紧抓住科技创新这个牛鼻子，放大国家高新区品牌效应，集聚高端要素，提升孵化能力，建成智创小镇，打造创新人才产业高地，实现创新链与产业链、人才链、服务链协同对接，走出一条以创新引领转型、以转型促进发展的路子。三是坚定不移秉持生态优先。盐都率先全市通过国家生态区创建考核验收，具备良好的生态基础；作为大市区饮用水源保护地，应有更高的生态追求。必须把生态作为发展的最重要资源，深入践行绿色发展理念，从生产和生活两头齐抓、治理和保护两手并重，统筹实施森林、河流、湿地、农田等生态保护和修复工程，着力打好治气、治水、治土三大攻坚战，全面优化产业结构、能源结构和生态结构，让生态成为盐都最靓丽的名片。四是坚定不移致力富民惠民。补齐民生短板，提高百姓富裕程度和生活质量，既是增强群众获得感的关键所在，更是践行为民宗旨的本质要求。必须把人民对美好生活的向往作为我们的工作追求，深入实施民生幸福工程，促进城、镇、村协调发展，推动教育、卫生、文化等公共资源均衡配置，做到民生改善与经济增长齐头并进，确保困难人口小康路上一个不少、一户不落，让全面小康得到人民群众的普遍认可。

2017年主要工作安排

2017年，是党的十九大召开的喜庆之年，也是实施“十三五”规划的重要一年。我们将认真贯彻落实中央、省市经济工作会议和区委全会精神，坚持稳中求进工作总基调，进一步深化供给侧结构性改革，突出“一极一园一业”，统筹抓好“五个坚持”，全面推进稳增长、调结构、促改革、惠民生、优生态、防风险各项工作，以优异成绩迎接党的十九大胜利召开。主要预期目标是：地区生产总值增长9%左右，规模以上工业增加值增长9%，服务业增加值增长10.5%，一般公共预算收入同口径增长6%，固定资产投资增长11%，社会消费品零售总额增长10%，进出口总额增长8%，全社会研发投入占

GDP 比重达 2.4%，高新技术产业产值占规模以上工业产值比重达 35%，城乡居民收入与经济保持同步增长，完成市下达的资源环境约束性指标。围绕上述目标，着重抓好以下六个方面工作：

一、突出创新引领，加快新旧动能转换。放大高新区创新主阵地作用，完善创新政策，富集创新资源，健全创新体系，致力形成以科技创新为核心驱动力的发展方式。全面构建创新载体。瞄准打造高科技孵化器，突出智创小镇建设，尽快开建智能终端总部研发区，创成省级科技孵化器 2 家、省级以上众创空间 4 家。致力建设高端技术服务平台，发挥现有国家级科技创新机构作用，提升南大电子商务研究院功能，启动北大科技园、南理工技术转移分中心建设，智能终端产业研究院争创省级检验检测中心。着眼构建"产业+研发"创新发展模式，积极主动与大院大所对接，加强"一镇一产一院"建设，年内中国矿大龙冈输变电节能技术与装备研究院、江苏大学张庄精密齿轮制造研究院等 5 所产业研究院建成运营。积极培育创新主体。以创新企业培育计划为抓手，实施知识产权行动，推进产学研合作，强化自主研发，加快培育一批创新型企业。扶持企业开展重大科技专项攻关，突破一批具有领先水平的核心技术，全年授权发明专利 80 件以上，实现高新技术企业"专利墙"全覆盖，争创国家知识产权强县工程示范区；组织开展"教授走基层、企业院校行"活动，新签约产学研合作项目 100 项，实施科技成果转化项目 80 项；引导企业提升自主研发能力和创新发展水平，新建省级以上企业技术中心和工程技术研究中心 5 家，通过省级新产品投产鉴定 100 只、省首台套重大装备认定 5 只，新增国家高新技术企业 20 家、省高新技术产品 100 只。着力聚合创新要素。探索开展科技保险试点，全面落实高新技术企业所得税优惠等政策，争取"苏科贷"项目 100 项，发放科技贷款 3 亿元。统筹企业转型、产业升级等财政专项资金，推行"拨改投"运作模式，综合应用政策性资金、股权投资、债权投资等方式支持创新型企业发展。深入实施"515"人才计划，围绕新兴产业、重点园区，发挥科技镇长团作用，推进"双招双引"工程，全年新引进国家"千人计划"、长江学者等专家 6 人、领军型人才 50 人，各类大学生 3000 人以上。

二、重抓产业培植，筑牢实体经济根基。以塑创特色为取向，开展"产业项目推进年"活动，引导企业"争星创优"，促进产业向高端攀升、向顶端进军。推动制造业转型升级。围绕建链、补链、强链，聚焦智能终端、高端装备、新能源产业，着力突破产业链龙头项目、创新链关键项目和价值链高端项目，尤其突出智能终端产业首位度，以手机整机和关联企业为重点，以承接抱团转移为路径，以拓展全产业链为目标，深化"转移+转型"合作模式，力争到年底智能终端产业园建成厂房 100 万平方米、智能手机出货量 1000 万部、实现开票销售 100 亿元。坚持高端化、智能化、信息化，加快提升汽车配件、机械制造等传统产业，实施"四新"技术改造项目 50 个，推动中恒宠物主板上市报会、5 家企业"新三板"挂牌，创建省级示范智能车间 2 个、"两化融合"示范(试点)企业 3 家以上，力争创成 1~2 个省级特色产业基地。深入实施"增品种、提品质、创品牌"行动计划，弘扬工匠精神，加强质量、标准和品牌建设，新创驰名商标 1~2 个、著名商标和江苏名牌 5 只。推动建筑产业现代化，争创省建筑强县。提升服务业发展质效。做强现代物流业，依托天地汇物流信息平台、神龙公路港物联网，加快推进标准化公共仓和公共配送项目建设，构建专业化、信息化、网络化、集约化的快速物流体系，打造国家级示范物流园区。壮大电商快递业，推动淘宝、京东、苏宁地方特色馆建设，引导宠物银行、第六通道等本土电商裂变发展，力促顺丰智慧电商物流产业园、恩源科技、EMS 盐城分拨中心等项目竣工运营，争创国家级电子商务示范基地。提升汽车消费业，加快海外海汽车城、华兴平行进口车等项目建设，完善商用车检测、上牌等一条龙服务，打造全市最大的汽车后服务市场。拓展总部经济空间，放大金航财富大厦、盐西大厦等平台集聚效应，开展主题楼宇创建活动，全区招引总部经济企业不少于 500 户。加快农业现代化进程。深化农业供给侧结构性改革，增加绿色优质农产品供给。调优农业种养结构，依托特色园区，推广种养结合、农牧循环、立体套种等多种模式的复合经营，做特优质水稻、生态水产、水生作物等传统产业，打造全省一流的花卉产业基地。转变农业发展方式，培育家庭农场、专业大户、为农服务社等新型经营和服务主体，发展土地流转、农田托管、联耕联种等多种经营形式，把适度规模经营比重再提高 5 个百分点。实施农业"接二连三"工程，加快新农产品加工集中区建设，开辟特色农产品"进城入市"直销渠道，推动农村淘宝行政村全覆盖，农产品网上销售额突破 3 亿元。健全标准化生产体系，提升农产品质量，新增农业"三品"30 个，新注册国家地理标志证明商标 1 只，争创全国渔业健康养殖示范县。增强农业发展保障能力，新建物联网技术应用示范点 10 个，把农业综合机械化水平提升到 83%以上。

三、坚持共建共享，提升民生幸福指数。以百姓真实感受为衡量指标，以办好民生实事为主要抓手，补短板、保基本、兜底线，让群众有更多获得感。厚实大众创业土壤。按照"六统一"标准，加快 12 个全民双创园建设，搭建技术创新、众创空间、产业协作等公共服务平台，新建多层标准厂房 50 万平方米，争创 1~2 家省级小微企业创业创新示范基地。开展创业培训进社区、进企业、进农村行动，支持年轻大学生、返乡能人、企业高管、科技人员创业，推广众创、众包、众扶、众筹新模式，全年新发展一般纳税人企业 500 户。设立无障碍创业绿色通道，提供工商登记、创业培训、政策咨询、融资贷款等"一站式"服务，让创业者准确把握政策方向、科学选择创业项目、及时了解市场动态，提高创业成功率。大力弘扬创业文化，组织参加创新创业大赛，深入挖掘创业先进典型，让群众学有榜样、做有标尺、干有示范。拓宽富民增收路径。强化技能培训和就业援助，促进高校毕业生、下岗失业人员、被征地农民等群体就业取酬，全年新增城镇就业 1 万人，转移农村劳动力 3300 人。提高城乡居民经营性收入水平，支持群众就近发展乡村旅游、网店经营、家政服务等项目，鼓励更多农村劳动力走出去从事疏浚打捞、高空维修、彩钢瓦等特色产业。用好土地确权成果，支持农民通过土地流转、入股、抵押等途径获得更多财产性收入。继续精准实施结对帮扶计划，年内确保省定经济薄弱村、区定低收入村和50%建档立卡低收入家庭摘帽脱贫。增加公共服务供给。优化城乡教育布局，开建张庄小学、海阔路中小学，加快盐城枫叶国际学校建设，确保南师大盐城实验学校、崇礼路小学二期、义丰小学建成使用。完善全民健身设施，年内实现乡镇省标健身广场全覆盖。深化公立医院改革，开展分级诊疗试点，推进医师多点执业，发挥医联体作用，加快区级优质医疗资源向镇村下沉，健全不同级别医疗机构医保差异化支付政策，把重点人群家庭医生签约服务率提高到60%以上。提升计生服务管理水平，严厉打击“两非”行为，孕前优生健康检查率稳定在90%以上。丰富群众文化生活，加强基层综合文化服务中心建设，全年送戏送演出500场次，淮剧《过江》争创全国“五个一”工程奖。完善社会保障体系。扩大社会保险覆盖面，将新农合人均筹资标准再提高100元，完善“新农合基本医疗+新农合大病保险+医疗救助补充保险”机制，缓解群众因病致贫返贫问题。推广自然灾害民生保险、特别重大疾病专项保险、失能失智老人护理保险，提高城乡低保户、残疾人、孤儿等困难对象供养补助标准。推动居家养老转型升级，促进医养融合发展，高标准运营区社会福利院，满足日益增长的养老服务需求。积极开展形式多样的留守儿童关爱活动，建立健全家庭、学校、社会互动沟通交流机制，促进留守儿童健康成长。加快推进农村康居工程，全面完成4698户危房改造任务。

四、彰显生态底色，打造宜业宜居家园。将生态文明建设融入经济社会发展全过程，深入开展“两减六治三提升”专项行动，争创省生态保护引领区。建设优美生态环境。围绕打造森林城市、森林小镇、森林村庄，组织实施造林绿化“33511”工程，全年新造生态防护林1万亩、四旁植树150万株，华都森林公园创成国家级生态公园，大冈、楼王争创国家森林小镇，大纵湖镇创建国家园林城镇；加快实施小马沟城市绿廊、冈沟河滨河绿带等43项城市绿化重点工程，新增城镇绿地441公顷。加强农村环境“五位一体”长效管理，开展垃圾分类收集试点，推动餐厨垃圾和建筑垃圾资源化利用。加大饮用水源保护区生态修复力度，保护好现有林木、湖泊、河流、湿地等绿色空间，大纵湖风景区创建国家级湿地公园。加强污染综合治理。全面落实气、水、土“十条”刚性要求，狠抓源头、精准发力，推动环境质量持续好转。在大气污染防治上见成效，建成大气自动监测站，强化区域环境监测预警，严格控制煤炭消费总量，扎实做好秸秆综合利用工作，减少工业挥发性有机物排放，完成黄标车淘汰任务。在水体污染防治上抓提升，加大26条城市非骨干河道整治力度，实施重点河道截污工程，新建城镇污水收集管网40公里，加强污水处理厂运行监管，加快消除城市黑臭水体；认真落实“河长制”和“断面长制”，扎实抓好蟒蛇河水环境整治，严格执行畜禽养殖“三区”制度，开展水产养殖专项整治行动，确保国省控断面稳定达标。在土壤污染防治上求突破，加强对涉重金属、危险化学品、难降解有机物等有毒有害物质企业的监管，开展测土配方施肥，引导农民使用高效、低毒、低残留农药，推进工业污染废弃场地生态修复。强化资源节约利用。坚守项目生态底线，重抓铸造行业整治，推进企业节能减排。大力发展循环经济，加快传统产业绿色转型，实施清洁生产审核企业5家，高新区争创国家级生态工业示范园区。增强全社会生态文明意识，倡导绿色生活，鼓励绿色出行，推广绿色建筑，抓好交通运输、公共机构等重点领域节能，新增市级以上绿色社区4家、绿色学校4所。严守耕地保护红线，健全土地高效利用制度，推进低效用地再开发，争创全国国土资源节约集约利用模范区。

五、强化统筹协调，提升城乡一体水平。以构建新型城镇体系为目标，推动城市板块强功能、镇村建设创特色、乡村旅游快提升，不断增强发展的整体性和协调性。提升城市内涵品质。把“以人为本”理念贯穿城市建设管理始终，提升国家产城融合示范区创建成果，增强城市可持续发展能力。围绕基础设施短板，全力推进腾飞路、盐渎路跨宁靖盐高速立交等重点工程，加快城市地下综合管廊、市区公共停车场、小马沟体育公园、城市健身步道等重点项目建设。瞄准功能配套需求，编制特色街区规划，开建高新区医院、智创园邻里中心、盐渎农贸市场等项目，抓好碧桂园、华兴·黑森林等高品质住宅小区开发，确保万达广场、科技广场、公共卫生服务中心等项目如期运行，完成内环高架两侧绿化、亮化、美化任务。紧扣文明城市创建，深入开展老旧小区整治、城中村和棚户区改造，强化物管行业监管，提升群众满意度；完善智慧城管信息系统，依托互联网和数字化平台，实现城市精细化、长效化管理。塑造镇村特色风貌。坚持产业、文化、生态三位一体，集中打造一批集约紧凑、生态良好、功能完善、管理高效的特色小镇，重点抓好大纵湖、大冈、龙冈等镇的高起点规划和高水平建设，力争大纵湖镇创成全国特色小镇。坚持田园风貌、宜居环境、民俗传承有机结合，加大鞍湖张本、楼王丁马港等古村落修缮力度，重点培植大冈光明、尚庄塘桥等25个康居美丽乡村，年内创建省美丽乡村2家以上，申报省人居环境范例奖1家。策应镇村发展，加快农村基础设施建设，重点实施康庄大道、盐渎路西延等一批骨干道路，提档升级农村公路337千米、桥梁135座，年内燃气管网铺至楼王、滨湖等6个镇（街道）；优化市镇公交、镇村公交站点线路，使群众出行更加便利、更加快捷。做强乡村旅游产业。围绕“一湖两带一圈”布局，在整合资源上下功夫、“旅游+”上求突破、优化线路上出实招，聚力争创国家全域旅游示范区。立足打造精品旅游产品，加快建设蟒蛇河水上游览风光带，确保草房子儿童文学主题乐园、台海花卉港等景点按期建成，龙冈桃花园争创国家AAAA级景区，三官、仰徐、杨侍等争创五星级乡村旅游区；突出大纵湖旅游风情小镇打造，提速推进东晋古城建设，注重招引健康养生、文化体育、养老休闲等补链项目，争创国家级旅游度假区和国家AAAAA级景区。着力提升旅游公共服务，推进全域旅游咨询服务中心、自驾车营地等配套设施建设，新改扩建旅游厕所15座、停车场6个，培育精品民宿、农家客栈20家，实现重点景区免费Wi-

慰问军转干部胡兆瑞

Fi、智能导游、在线预订、信息推送等智慧旅游功能全覆盖。全面叫响盐都旅游品牌，继续举办“畅游盐都金秋行”活动，提升龙冈桃花节、仰徐草莓节、泾口狮舞大赛等节庆知名度和影响力，确保旅游人数和旅游收入均增长30%以上。

六、深化改革开放，激发体制机制活力。放开市场无形之手，用好政府有形之手，在推进改革、扩大开放中集聚资源要素、释放发展潜能。加速改革措施落地。突出企业降本增效，深化供给侧结构性改革，继续开展“暖企行动”，当好服务发展“店小二”，组织银企对接、劳务招聘活动，与企业家交朋友，帮企业解难题，构建“亲”“清”政商关系；扎实抓好城市区商业用房、集镇商品住房去库存，保持房地产市场平稳健康发展。坚持“放管服”协同推进，深化行政审批制度改革，加快构建“双随机一公开”事中事后监管机制，加强“互联网+政务服务”建设与应用，努力做到网上办、集中批、联合审、区域评、代办制、不见面，打造法治化便利化营商环境。围绕构建多元投入机制，深化投融资体制改革，加大政府购买服务力度，推行PPP合作模式，成立创投母基金，设立智能终端、旅游发展等10亿元级产业基金，推动盐高新集团、城镇化公司实体化转型，加强政府性债务管理，实现“控规模、调结构、降成本、强规范、保兑现、可持续”的目标。以还权赋能为核心，深化农村产权制度改革，全面完成农村承包土地确权登记颁证，拓展农村产权交易品种和范围，扩大农业贷款弱抵质押担保规模，启动供销合作社综合改革，组建社区股份合作社20家。扩大开放合作空间。突出招大引强，完善考核激励机制，充实招商政策“工具箱”，更加注重对接央企、500强和行业龙头企业，开展各类招商活动不少于10场次，在5亿元以上重大项目上实现持续突破。重抓区域合作，加强驻韩、驻沪、驻深招商平台建设，提升与区域性产业协会合作内涵，精准挖掘目标企业投资信息，增强招商选资实效性，全年招引亿元以上产业项目60个。拓展外贸外经，组织企业抱团参加境内外展会，大力发展跨境电子商务，重点培育宠物用品、智能终端等省市级出口基地，积极支持悦达纺织、东九重工等优势企业开展境外投资，全年新增外贸进出口企业20家。创新社会治理机制。把加强社会治理作为深化改革、促进发展的“压舱石”，维护和谐稳定的社会大局。大力践行社会主义核心价值观，推动“厚德盐都榜”进校入企到村，提升居民文明素质。推进社会诚信建设，完善“红黑榜”发布制度，建立守信联合激励和失信联合惩戒机制。加强民主法治建设，推进“七五”普法教育，建成省级民主法治示范村12个。全面推行阳光信访，完善矛盾纠纷多元化解机制，做到合理诉求解决到位、无理诉求思想教育到位、生活困难帮扶救助到位、违法行为依法处理。深化平安盐都建设，依法打击外流涉羟犯罪等违法犯罪活动，构建立体化、信息化社会治安防控体系。重抓企业安全生产标准化建设，从严落实企业主体责任、行业监管责任和属地管理责任，完善应急管理体系，确保全区安全形势平稳可控。

致力建设人民满意政府

民心所望，施政所向。我们将进一步强化政治意识、大局意识、核心意识、看齐意识，严明政治规矩，严守政治纪律，加强自身建设，以新作为引领新常态，以新业绩展示新形象，向组织和人民交出一份满意答卷。

推进依法行政，建设法治政府。注重运用法治思维和法治方式推动工作，加强政府治理能力现代化建设。规范行政决策流程，拓展公众参与的广度和深度，健全专家论证体系，推行重大政策举措第三方评估，发挥法制机构和法律顾问作用，严格规范性文件和重大行政决策合法性审查。进一步深化政务公开，完善权力清单、责任清单和负面清单，运用传统媒体、新兴媒体和网络平台第一时间回应社会关切。全面落实行政执法责任制，推进相对集中行政处罚权和综合执法，强化行政复议和行政应诉工作。加强行政权力制约，自觉接受党内监督、人大法律监督、政协民主监督，健全社会监督和舆论监督机制，确保权力在法治轨道上正确运行。

强化担当意识，建设责任政府。始终把改革发展稳定的重任扛在肩上，对确定的目标、部署的任务，精准发力抓推进，久久为功促到位，确保各项工作善始善终、善作善成。坚持在抓关键、解难题、攻热点上以上率下，扑下身子抓实改革攻坚、"双招双引"等关键环节，沉下心来化解要素筹措、外向开拓等发展难题，不避矛盾查处违规建设、环境污染等热点问题，致力形成敢闯敢试、敢作敢为、敢抓敢管的浓烈氛围。注重运用正反"双向激励"推动干事创业，完善绩效考核评价体系，健全容错免责机制，开展专项督查，有效遏制不作为、慢作为、乱作为现象，让想干事、会干事、干成事成为各级干部的自觉追求。

改进工作作风，建设务实政府。大力倡扬学习调研之风，注重运用新技术、新产业、新业态、新金融等方面知识提升本领，努力在培育创意经济、分享经济、眼球经济等新经济的实践中增长才干；主动问需于民、问计于民、问情于民，着力解决服务群众"最后一公里"问题。进一步弘扬"马上就办、真抓实干"的作风，保持昂扬向上、奋发有为的精神状态，推动工作"创特色、出精品、争一流"，对排定的112项"两重一实"项目，建立"单月会办、分级会办，双月督查、分级督查"推进机制，以项目落地见效支撑全年任务的完成。坚持说真话、办实事、求实效，不为经济指标的一时波动而纠结，引导全区上下在创新创业、富民惠民上出新招出实招，在产业培育、生态建设上见行动见成效，致力实现有质量、有效益、不含水分的增长。

狠抓源头治理，建设廉洁政府。全面落实政府系统党风廉政建设责任制，认真履行"一岗双责"，深入开展反腐倡廉警示教育，始终把纪律挺在前面，坚决守住廉洁从政底线。坚持以制度管权管事管人，进一步规范土地招拍挂、工程招投标、政府采购、房屋征收等重点领域的运行机制，加强重大事项、重要岗位和关键部位的行政监察，推动公共资金、国有资产资源和领导干部履行经济责任情况审计全覆盖。立足抓早抓小，健全完善提醒谈话、函询、约谈等制度，对问题相对集中的单位进行及时提醒，以"零容忍"的态度查办腐败问题，积极构建不敢腐不能腐不想腐的有效机制，营造风清气正的政治生态。

《政府工作报告》有关名词解释

1."四上"企业：规模以上工业企业、限额以上批零住餐企业、规模以上服务业企业、具有资质的建筑业企业和房地产开发经营企业。

2.新三板：全国中小企业股份转让系统。

3.PCT：Patent Cooperation Treaty（专利合作协定）的简写，是专利领域的一项国际合作条约。

4.市"515"人才计划：全市每年引进50000名大学生、10000名专门人才、500名领军人才。

5.四好农村路：建好、管好、护好、运营好。

6.四馆一团一中心：图书馆、文化馆、博物馆、群艺馆，淮剧团，艺术中心。

7.先照后证：从事后置许可经营项目的市场主体，先向工商部门申请办理营业执照，再到许可审批部门办理许可审批手续。

8.五证合一、一照一码：将企业申请的营业执照、组织机构代码证、税务登记证、社会保险登记证、统计登记证等五证合为一证，并使用统一的社会信用代码。

9.两办两中心：两办即区政务服务办公室、区公共资源交易办公室，两中心即区政务服务中心、区公共资源交易中心。

10."四小"企业：小建材、小铸造、小印染、小塑料粒子企业。

11.农村危房改造"四类人群"：五保户、低保户、贫困残疾人家庭、贫困农户。

12.一极一园一业："一极"指国家高新区，"一园"指以全民双创园为代表的镇级工业园，"一业"指乡村旅游业。

13.七个更：更好的教育、更稳定的工作、更满意的收入、更可靠的社会保障、更高水平的医疗卫生服务、更舒适的居住条件、更优美的环境。

14.区委"五个坚持"：坚持改革开放双轮驱动，激发经济增长新动能；坚持城乡统筹融合互动，开创协调发展新局面；坚持以人为本共建共享，提升民生幸福新内涵；坚持生态优先标本兼治，展现美丽盐都新形象；坚持民主法治协同并进，构建社会治理新格局。

15.医师多点执业：指符合条件的执业医师经卫生行政部门注册后，受聘在两个以上医疗机构执业的行为。

16.省"两减六治三提升"专项行动：减少煤炭消费总量、落后化工产能，治理太湖水环境、生活垃圾、黑臭水体、畜禽养殖污染、挥发性有机物污染、环境隐患，提升生态保护水平、环境经济政策调控水平、环境执法监管水平。

17.绿化"33511"工程：每镇完成河堤绿化30公里以上，每镇新建经济林果300亩以上，着力建设朱沥沟生态防护林、盐渎海洋路城市生态林、盐龙湖"三化"示范片、大纵湖风景区湖滨绿地、S125东延段绿色通道等5个千亩景观林，每镇新建1个高标准绿化示范村、打造1条高规格的"草镶边"示范带。

18.放管服：简政放权、放管结合、优化服务的简称。

19.畜禽养殖"三区"：禁养区、限养区和适养区。

20.双随机一公开：在监管过程中随机抽取检查对象，随机选派执法检查人员，抽查情况及查处结果及时向社会公开。

21.PPP模式：即公私合作模式，鼓励私营企业、民营资本与政府进行合作，参与公共基础设施的建设。

22.两重一实：重大项目、重点工程和为民办实事项目。

政协盐城市盐都区第十四届委员会第一次会议闭幕词

2017年1月15日

区政协主席　张建洋

中国人民政治协商会议盐城市盐都区第十四届委员会第一次会议，在中共盐都区委的正确领导下，经过全体委员和与会同志的共同努力，圆满完成了各项议程，即将胜利闭幕了。

这次会议，是在全面贯彻党的十八大和十八届三中、四中、五中、六中全会精神，深入贯彻习近平总书记系列重要讲话精神，满怀信心朝着省市区党代会确定的奋斗目标，加快建设“强富美高”新盐都的关键时期召开的一次重要会议。中共盐都区委书记羊维达同志在开幕式大会上所作的讲话，对十三届区政协的工作给予了充分肯定，对新形势下做好政协工作提出了新的要求。羊书记的讲话鼓舞人心、催人奋进，充分体现了区委对政协的重视和关心，对委员的信任和尊重，必将极大地激励广大委员围绕发展目标履职尽责、献计出力，必将极大地推动全区政协工作在继承历届好传统的基础上再创新佳绩、再上新台阶。我们要深刻学习领会讲话精神，认真抓好贯彻落实。

会议听取并讨论了吴本辉区长所作的政府工作报告，审议通过了区政协常委会工作报告和提案工作报告，列席了区人大十六届一次会议，通过了政治决议。在分组讨论和建言献策大会上，大家以饱满的政治热情和认真负责的态度，紧扣全区经济社会发展重点工作，各抒己见、共商大计，奉献智慧、广谋良策，体现了人民政协围绕中心、服务大局的履职理念，展示了新一届政协委员致力发展、履职为民的崭新风采。会议自始至终洋溢着团结共事、民主协商、共谋发展、和谐融洽的良好氛围，是一次团结民主、催人奋进的大会，是一次继往开来、接力前行的大会。

过去五年，十三届区政协在中共盐都区委的领导下，在区政府的大力支持下，自觉服从服务于全区发展大局，有效履行政治协商、民主监督、参政议政职能，为促进我区经济建设和社会发展发挥了重要作用，为新一届政协工作的开展积累了宝贵经验，奠定了坚实基础。由于工作变动、年龄和结构等原因，本次会议之后，十三届区政协的几位领导和部分常委、委员不再担任新一届区政协职务，这些同志识大体、顾大局，服从组织安排，体现了坚强党性、高尚情操和宽广胸怀。顾其斌主席在政协工作期间，以高度的责任感和使命感，团结和带领广大政协委员，坚持围绕中心，服务大局，履职尽责，为盐都改革发展稳定做出了积极贡献。徐守清同志1996年起，担任区政协副主席，连任五届，单际平同志2007年起，担任区政协副主席，连任两届，他们始终围绕中心，服务大局，兢兢业业、恪尽职守、无私奉献，是我们学习的榜样。在此我提议，让我们以热烈的掌声，向十三届区政协主席、各位副主席、常委、委员，向历届区政协老领导、老委员以及长期关心支持政协工作的同志们、朋友们，表示崇高的敬意和衷心的感谢！

这次大会选举我担任区政协主席，并选举产生了副主席、秘书长和常务委员。我们由衷地感谢组织的培养和全体委员的信任，我们一定不负重托，不忘初心，奋发作为，在区委的坚强领导下，在区人大、区政府以及社会各界的大力支持下，紧密团结各党派团体和各界别委员，继承发扬历届区政协的好传统、好作风，真诚合作共事，携手团结奋斗，扎实履职尽责，奋力开创全区政协工作新局面。

一、始终坚持党的领导，坚定正确政治方向。毫不动摇地坚持中国共产党的领导，是人民政协开展工作必须始终遵守的根本原则。全区各级政协组织和广大政协委员一定要深入学习中国特色社会主义理论，认真领悟习近平总书记系列重要讲话精神，准确把握人民政协的定位、性质、功能和作用，在思想上、政治上、行动上始终同以习近平同志为核心的中共中央保持高度一致。要认真贯彻区委各项决策部署，积极支持政府推进各项工作，确保政协工作始终与党委、政府方向一致、目标一致、行动一致，确保区委、区政府的重大决策部署在政协工

慰问

作中得到全面贯彻落实。要积极发挥政协党组作用，主动当好参谋助手，确保政协工作始终沿着正确方向前进。

二、围绕全区工作大局，全力推动加快发展。紧扣中心、服务大局是人民政协履行职能必须遵循的基本原则。要围绕发展谋大局，围绕大局做实事，把政协工作的着力点和结合点放在对经济社会发展趋势的科学把握上，放在对改革发展稳定深层次问题的准确分析上，放在对党委政府关注和群众关心的热点难点问题的深入研究上，充分发挥"人才库"和"智囊团"的作用，以"两聚一高"为引领，聚焦"一极一园一业"，就深化改革、创新驱动、创业富民、镇村经济、绿色生态、城乡统筹、民生幸福等方面的重大问题，建睿智之言、献务实之策、谋创新之举，积极履职，主动作为，为盐都新一轮发展贡献力量。

三、努力践行为民宗旨，不断增进民生福祉。促进民生改善、维护群众利益，是人民政协履行职能的出发点和落脚点。要当好反映民意的"代言人"，充分发挥政协接触面广、包容性强的优势，深入基层、深入一线，接地气、察民情，把各界群众的意愿与心声反映上来，使政协真正成为体现民意、集中民智的重要渠道。要当好关注民生的"有心人"，坚持把人民群众对美好生活的向往作为奋斗目标，重点围绕事关群众切身利益的医疗卫生、教育文化、养老服务、食品安全等问题，深入开展调研协商，提出有价值的意见和建议，共同把好事办好、实事办实，不断提高人民群众的幸福指数。要当好维护群众利益的"贴心人"，时刻把群众利益放在心上，广泛开展送温暖、献爱心、扶贫助困等公益活动，积极做好协调关系、理顺情绪、化解矛盾、凝聚人心的工作，为促进共享发展、和谐稳定尽责出力。

四、突出团结民主主题，广泛汇聚各方力量。团结和民主是人民政协性质的集中体现，团结聚合力量，民主兼收众益。要高举爱国主义和社会主义旗帜，不断巩固和发展最广泛的爱国统一战线，积极营造广开言路、平等协商、合作共事的政治氛围，切实发挥各民主党派、工商联和无党派人士、新阶层人士在人民政协中的作用，使政协团结的界面越来越宽，团结的群体越来越广，让社会各界人士更多地关心盐都、支持盐都、发展盐都，形成推进我区高水平全面建成小康社会的强大合力。要认真履行政治协商职能，选择具有综合性、全面性、前瞻性的重大课题，开展专题协商、对口协商、界别协商和提案办理协商，不断推进协商民主广泛多层制度化发展。要深入开展民主监督，做到决策部署到哪里，民主监督就跟进到哪里，监督力量就汇聚到哪里。要切实提高参政议政实效，抓住全区经济社会发展中的重大问题，深入调查研究，积极建言献策，推动工作落实。

五、切实加强自身建设，着力提高履职能力。强化自身建设，是人民政协开展工作的关键所在。要坚定理想信念，提高政治把握能力，树立问题导向，提高调查研究能力，突出履职为民，提高联系群众能力，坚持民主协商，提高合作共事能力，真正做到懂政协、会协商、善议政。要加强协商民主建设，准确把握新时期政协工作的特点和规律，建立健全履行职能的各项制度和运行机制，推进政协工作的规范化、制度化、程序化、信息化。要充分发挥广大委员作用，在工作理念上坚持以委员为中心，在履职实践中坚持以委员为主体，多层面全方位为委员搭平台，让委员唱主角，充分激发委员履职的主动性、积极性和创造性。要带头遵纪守法，严格廉洁自律，加强机关建设，努力打造一支政治坚定、协商有方、作风优良的政协干部队伍。

各位委员、同志们，新起点开启新征程，新目标赋予新使命。让我们在中共盐都区委的坚强领导下，以更加饱满的精神、更加开放的视野、更加务实的作风，同心同德、群策群力、开拓进取，奋力谱写人民政协事业新篇章，为加快建设"强富美高"新盐都做出新的更大的贡献。

盐都概况

General Situation of Yandu

·区情概要·

【位置面积】 盐城市盐都区位于江苏省中部偏东，地理坐标：北纬33°07′52″~33°25′22″，东经119°40′49″~120°13′22″，紧临盐城市亭湖区，最大纵距33.4千米，最大横距50.2千米，北、东北、东、东南与盐城市亭湖区相连，南隔兴盐界河与兴化市相望，西、西北与宝应、建湖两县毗邻。全区土地面积1015.0平方千米，耕地面积56467公顷，人口71.49万人(不含住亭湖区人口)，区人民政府驻盐都新区，距省会南京290千米。

【地形地貌】 盐都区地形东西宽，南北窄，呈不规则的长条形。全区地势平坦，河网稠密。由于河流、海洋堆积程度的差异及人类开挖河道、兴修水利、改良土壤等经济活动影响程度的不同，地面呈现出一些低冈和洼地，形成局部微小的起伏。境内略呈东高西低，地面高程一般在1.8~2.2米之间。串场河沿岸是全区最高处，地面高程2.8米以上；朱沥沟、仇垛河、直挺河以东为次高地，地面高程均在2米左右；西部湖荡地区是全区最低点，地面高程1.5米左右。区境属里下河平原地貌单元。平原上还分布有残存的古沙堤，俗称“沙冈”。

【土壤】 境内土壤分为水稻土、沼泽土两大类，其中水稻土分布面积最广，占耕地面积的90%以上，由于长期开发，土壤得到改造，有利于种植业、养殖业的发展。

【河流】 区境河网纵横交错，所有河流均属淮河流域。所有河流均属于里下河水系。客水从西南入境，向东北流出。境内主要河流为蟒蛇河，边缘河流为串场河。蟒蛇河源于区境西南大纵湖，到九里窑与新洋港相连，干流为自然河流，支流主要有朱沥沟、东涡河、冈沟河等，流域面积约640平方千米，覆盖区境西、中部大部分区域。区境河流水位变化受降水量和上游来水量以及新洋港等闸启闭的影响，汛期大致为每年6~9月，年最高水位一般出现在7月中旬~9月上旬，年最低水位，通常出现在冬、春或6月上、中旬，一般在1.5米左右，也有超过1.6米警戒线水位的年份。兴盐界河古殿堡站历年平均水位为1.9米，历年最高水位3.22米，大纵湖北宋庄站历年平均水位1.06米，历年最高水位为2.80米，串场河盐城站历年平均水位为0.98米，历年最高水位为2.66米。

【气候】 2016年全区的气候特点是：全年平均气温正常偏高，降水量总体偏多，日照时数正常略偏少。寒潮、大风、暴雨、连阴雨、雾和霾等灾害性天气均有发生，给人民的生产生活造成严重影响。冬季平均气温正常略高，降水量偏少，日照时数偏少；春季平均气温正常偏高，降水量偏多，日照时数正常略偏少；夏季平均气温正常偏高，降水量偏多，日照时数偏少；秋季平均气温正常略偏高，降水量偏多，日照时数偏少。入梅正常、出梅偏晚，梅期偏长。全年平均气温15.8℃，与常年相比偏高1.1℃。4月平均气温比常年同期异常偏高2.2℃，3月、8月、12月平均气温比常年同期显著偏高1.7℃、1.8℃、1.9℃，9月、10月平均气温比常年偏高1.2℃、1.3℃，其余月份平均气温与常年相比正常，极端最高气温38.0℃，出现在7月24日；极端最低气温-12.3℃，出现在1月24日。全年≥35℃的高温日数14天。全年降水总量为1460.3毫米，比常年偏多4成。降水时空分布不均。其中：4月、5月、7月、9月、10月、11月、12月降水量与常年同期相比偏多；2月、3月、8月降水量比常年偏少。全年总雨日120天。

重要天气事件及其影响：(1)强冷空气、寒潮：1月上旬和下旬有2次较强冷空气影响，分别是1月4—5日，1月22—24日，24日早晨最低气温-12.3℃到-14℃，创造近30年最低气温极值。2月出现3次较强冷空气分别为5—7日、13—15日、23日。11月21日后期到23日、12月5日、12月15—17日、12月27日和29日也出现寒潮天气。(2)大风：5月多大风天气，5月2—3日出现7~9级的西北大风、5月12日出现7~8级的阵风天气，并造成受灾183人，转移安置人数6人，经济损失83.28万元，总受灾面积共42.81公顷；6月30日夜间到7月1日白天，出现一次强降水天气过程，同时伴有短时强降水、雷雨大风等对流性天气，极大风速出现在北龙港镇为每秒26.1米(10级)；8月3日、11月7日、12月5日都出现6~8级大风。(3)暴雨：6月21日，全区出现暴雨局部大暴雨的天气。6月30日夜间到7月1日白天，出现一次强降水天气过程，达到大暴雨。7月3日出现明显的降水天气，4日到5日早上出现暴雨到大暴雨。8月3日全区大部分地区出现雷阵雨天气，局部雨量达到暴雨到大暴雨，最大雨量出现在张庄107.2毫米。9月15—16日，受第14号台风“莫兰蒂”影响，出现大到暴雨，降水量210.8毫米。9月29—30日，受第17号台风“鲇鱼”影响，全区出现明显降水，部分地区出现暴雨天气。10月1日，全区出现阵雨或雷雨天气，雨量大到暴雨，局部大暴雨。10月2日，出现阵性降水天气，雨量小到中等局部大到暴雨。10月6日夜间到7日，全区出现降水，雨量中等局部暴雨。10月27日出现大到暴雨。(4)连阴雨5月26—31日，出现两次明显的降水过程，仅在29日夜间到30日降水出现短暂的间歇，其余时段均为持续的降水天气，并且雨量较大。10月，出现两次的连阴雨天气，为11—18日、20—29日。长时间持续的降水天气导致部分田块墒沟出现积水、在田农作物出现不同程度的倒伏。(5)雾霾：1月和2月与上年相比，雾和霾的天气有所减少。1月1—3日、1月9日傍晚到10日白天出现霾天气。1月15日、2月11日夜间至12日早晨以及12日夜间多次出现大雾天气，2月12日凌晨出现能见度50米的浓雾，大部分地区能见度低于200米。12日晚上再次出现能见度200米的雾。2月23日出现浓雾。2月28日出现雾。3月霾频发，3日、7日、15日均出现霾。4—5月共出现9次大雾天气。秋季全区雾和霾天气多发，10月2—5日出现大雾天气；11月共出现5次大雾天气，在3、13日早晨、13日夜间、19和

27日。12月雾和霾天气频发。8日出现雾或浓雾和霾。16—18日空气质量下降,出现中度到重度霾。19日、22到23日均伴有霾天气。(6)暴雪:1月11日、12日、21日、22日、23日、31日,2月1日,11月23日出现小雪天气、3月8日出现雨夹雪(7)低温冰冻、道路结冰:11月22日,全区出现低温冰冻以及道路结冰现象,但没有对交通造成严重影响。(8)雷暴:5月2日、31日出现明显的降水过程,大部分地区出现雷电活动。6月30日夜间到7月1日白天,出现一次强降水天气过程,同时伴有短时强降水、雷雨大风等对流性天气。7月15日、7月19日、7月26日傍晚到27日大部分地区出现阵雨或雷雨天气。8月3日大部分地区出现雷阵雨天气,同时局部伴有7级雷雨大风、短时强降水和雷电等强对流天气。(9)台风:影响全区的台风有4个,分别是14号台风"莫兰蒂"、16号"马勒卡"、17号"鲇鱼"以及22号"海马"。影响次数与常年同期持平,除"莫兰蒂""鲇鱼"风雨天气外,其他均影响不大。(10)梅雨:入梅正常、出梅偏晚,梅期偏长。6月18日入梅,较常年相比正常(常年6月18日);7月20日出梅,出梅偏晚(常年7月10—12日)。梅雨期长32天,梅期偏长(常年23~24天)。降水总量大,梅雨期降水总量434.2毫米,比常年异常偏多8~9成。强降水集中在梅雨前段,后段出现分散性暴雨。梅雨前段,强降水过程频繁。6月21日出现大到暴雨局部大暴雨;30日夜到7月1日,出现暴雨到大暴雨、并伴有强雷电、短时强降水和8~10级的雷雨大风;7月3—4日出现暴雨,局部大暴雨。7月5日后,降水强度明显减弱,出现分散性暴雨到大暴雨。梅雨期间有极端灾害性天气影响,常伴有雷暴、雷雨大风等强对流天气,雷暴日数达9天。(11)高温:7月出梅以后,出现持续性、大范围的高温天气7月20—31日共12天。8月13、19日出现高温天气。

【自然资源】 境内有丰富的土地资源和水资源,地势平坦,土地肥沃,河湖密布,适宜农、林、牧、副、渔综合开发和全面发展。据区统计局2011年统计年鉴,全区土地面积1045.5平方千米,其中耕地53433公顷。境内湖荡、河沟纵横交错,水资源比较丰富,素有"鱼米之乡"之称。年降水量为1120.7毫米。除蒸发、作物吸收及下渗入土以外,约有25%成为地表径流,排入河沟。境内已发现的矿产资源主要有黄沙、砖瓦粘土、高硅土等,其中高硅土分布在郭猛镇境内,可作保温制品原料。境内野生动物资源中,鱼纲类有鲤鱼、鲫鱼、乌鱼、鳊鱼等30余种;爬行纲类有龟、鳖、蛇等20余种;鸟纲类有野鸡、野鸭、鹰、雀等30余种。哺乳纲类有野兔、刺猬、鼠等10余种。另有野生无脊椎动物数10种。野生植物资源较为丰富,有数十科几百个品种,分布在田间、河边、滩地,用于农牧渔业生产、手工编织及治疗疾病。

【建置沿革】 区境在商周时为"淮夷地"。春秋时始属吴,后属越,战国时属楚。西汉元狩四年(前119),始设盐渎县(一说元狩四年前置)。东晋安帝义熙七年(411),改盐渎县为盐城县。北齐于此设射阳郡,陈时改为盐城郡。隋末,韦彻起义据此置射州。民国22年(1933),江苏省于盐城设行政督察区,后改为盐城区。1936年,又改为第六督察区,盐城县先后隶属之。1940年10月,盐城县成立抗日民主政府。1946年4月,改盐城县为叶挺县。1949年4月复名为盐城县。自1940年10月后,盐城县先后隶属盐阜区、盐阜分区、苏皖边区第五行政区、苏北盐城行政区、苏北盐城专区、江苏省盐城专区、江苏省盐城地区。1983年初,实行市管县(区)体制,盐城为省辖市,盐城县撤销,盐城镇成立盐城市城区,其余乡镇为盐城市郊区。1996年9月,国务院批准撤销盐城市郊区,设立盐都县,隶属盐城市。2004年初,国务院批准撤销盐都县,设立盐城市盐都区,仍隶属盐城市。

【行政区划】 2016年底,全区共有建制镇8个、4个街道、1个国家级高新区和1个省级度假区,拥有250个村(居)、3个管理区、1311个村民小组。

【交通】 区行政中心以西4千米有204国道和宁靖盐高速公路,90千米有京沪高速公路;以南4千米有盐徐高速公路;以东2千米,6千米有新长铁路,10千米有盐通、盐连高速公路,13千米有盐城机场,50千米有大丰港、70千米有射阳港,204国道东侧还有国家三级航道通榆河。经高速公路驱车到达南京只需2.5小时、上海3.5小时、北京10小时,铁路南接京沪线和宣杭铁路,北接陇海线,除开通货运外,还开通南通至淮安、连云港至南京、泰州至成都、兰州、哈尔滨、青岛,南通至北京、太原以及扬州至四方、成都的往返客运列车。国内航线开通北京、广州、西安、重庆、温州、南通往返航班,国际航线开通韩国首尔航班。除此,境内还有盐淮、盐兴、盐金省道公路和盐邵、盐宝线和兴盐界河等级航道。镇村公路普遍实施黑色和硬化工程,公路网四通八达。

【旅游景点和人文景观】 境内主要旅游景点和人文景观共有12处,分别为:大纵湖旅游度假区、龙冈华都森林公园、新区世纪公园、大纵湖清代书法家宋曹祖居、北龙港明代翰林院大学士朱升墓、潘黄名人徐铎园、大纵湖名人郑板桥教书馆、郭猛名人沈拱山墓、秦南宋泽夫烈士塑像园和墓园、鞍湖胡乔木故居、龙冈现代草书书法家胡公石墓、葛武原国民党台湾行政院长郝柏村旧居。

【土特产品】 境内土特产品主要有:大纵湖清水大闸蟹,北龙港青虾、荷藕、无铅松花皮蛋,龙冈荏梨、鸭梨、柳编制品,葛武嫩姜片,学富腊香鹅,秦南水牛肉,潘黄龙须粉丝、豆制品,义丰茨菰,尚庄蕃茄,郭猛花卉,张庄绿田牌葡萄等。

(年鉴编辑部)

·区划调整·

【概述】 以"便于管理、集约发展"为原则,合理划分区域管理范围。围绕推进城乡一体化进程目标,全方位做好区划调整后的地名梳理和规范命名工作,着力推动区域经济社会全面、协调、可持续发展。做好第二次全国地名普查工作。年内,完成对全区范围内11家新建小区命名,7家道路命名工作。

(郑 军)

·国民经济和社会发展计划执行情况·

【概述】 2016年，全区上下适应经济新常态，践行新发展理念，坚持稳中求进总基调，推进供给侧结构性改革，突出“一极一园一业”建设，谋求“六大提升”，经济运行呈现“总体平稳、稳中有进”态势。

【经济运行总体平稳】 全区全年实现地区生产总值443.62亿元，占计划96.9%，增长9.8%；一般公共预算收入33.8亿元，占预算100.2%，同口径增长1.5%；固定资产投资354.8亿元，占计划102.2%，增长15.4%；社会消费品零售总额208.8亿元，占计划99.9%，增长11.2%。农业生产总体稳定。粮食单产每公顷7609千克，新增设施农业面积533.33公顷；创成部省级稻麦绿色高产高效万亩示范片12个，建成市级农产品质量可追溯示范基地12个，新增农业“三品”23个；实施联耕联种3.33万公顷，新增家庭农场192家。工业经济运行平稳。实现规模工业增加值227.1亿元，增长9.7%，占计划100.5%；工业投资210亿元，增长15.4%；全口径工业开票销售277亿元，增长12.3%。50强重点企业完成开票销售102亿元、入库税收4.8亿元，分别占规模企业的60%和58.3%，开票销售超10亿元企业3家、超5亿元3家。全年新增定报企业38家。万元GDP能耗降低3.5%。服务业快速发展。实现服务业增加值185.8亿元、投资109亿元、地税收入17亿元，分别增长11.4%、21%和1%。30家服务业重点企业完成销售126亿元、税收4.85亿元，分别增长7%和8%。8家物流龙头企业实现销售45亿元、税收2.3亿元，分别增长8%和5%。东方汽车广场实现营业总额56亿元、税收3.9亿元，分别增长16.7%和10%。电商快递产业园入驻项目66个，实现线上交易额160亿元。旅游业接待游客455万人次、实现总收入51亿元，分别增长42.2%和59.4%。

【加快转型升级】 优化产业结构，三次产业结构比例为9.8:48.3:41.9，三产增加值占地区生产总值比重提高2%。实现战略性新兴产业增加值40亿元，增长12%，占地区生产总值比重达9%，同比提高1.2%；高新技术产业实现产值320亿元，增长14.5%，占规模工业比重达32%，比上年提高2%。加大技改力度。全区110项工业技改项目完成投资44.7亿元，列市49项重大技改项目完成投资30亿元，东风李尔汽车座椅、中恒宠物尿垫生产线等一批投资超3亿元的重大技改项目竣工投产。全社会研发经费支出占地区生产总值比重达2.2%。增强创新能力。亚特电缆、沙子电器等7家企业通过省级企业技术中心认定，自强环保、步高汽配等企业通过省级研究生工作站认定，盐电阀门、苏力机械被认定为省科技小巨人企业。新增国家高新技术企业36家，总量达108家。8种新产品开发列入省115个重点技术创新项目计划，85种新产品通过省级新产品新技术鉴定，3种新产品入选市十大新技术新产品推广应用示范工程项目。

【投资保持稳定增长】 加大基础设施投资。全年完成农村公路提档升级62千米、改造桥梁150座，331省道盐都境内接线工程全部完成，125省道四期、盐邵线航道五期护岸、盐邵线疏浚工程竣工；盐渎路跨宁靖盐高速大桥、纬五路跨冈沟河大桥、康庄大道西延工程开工建设。整治城市河道32.6千米、农村河道985.64千米，完成“最后一匡田”桥梁建设604座。增强项目带动作用。全年实施区八大类重点工程项目218个，完成投资234亿元，列市“三重”项目完成投资35.5亿元，列市工业“三百工程”项目新开工10个，竣工10个，完成投资50亿元。全民创业势头良好。新发展私营企业3000户，个体工商户7500户，新增工业一般纳税人企业210家。支持创业2670人，创业带动就业9776人。

【深化改革开放】 重点改革稳步推进。围绕落实“三去一降一补”五大重点任务，出台《盐都区关于推进供给侧结构性改革的实施方案》。继续推进行政审批制度改革，精简合并行政审批事项117项，共取消非行政许可审批事项128项，将涉及全区31个部门296项审批事项精简为行政许可事项179项，精简率39.5%。不断深化农村综合改革，农村承包土地确权登记颁证基本完成，区镇两级农村产权流转交易服务体系建成运行，成交交易项目223宗，交易额1.2亿元。加快投融资体制创新，制定出台关于规范政府投融资平台发展和加强重点工程建设资金筹集管理的意见，涵盖4大类20条举措。成功获评4个AA级信用评审，区国投公司发行13亿元企业债，成本创全省最低。开放合作取得成效。注册外资实际到账1亿美元，增长15.5%；完成进出口6.3亿美元，增长23.5%。新批总投资超3000万美元项目4个。中恒宠物公司、盐城龙湖文化产业公司在香港新设立境外投资企业2家，驰翔齿轮公司在澳大利亚矿产资源项目完成增资。载体建设不断突破。完成1.5平方千米的外资工业园一期基础设施建设，东风李尔等27家汽车配件企业落户。高新区智创园建成标准厂房40万平方米，成功招引项目55个，实现开票销售30亿元，自营出口7000万美元。12个全民双创园新建标准厂房43万平方米，新入园项目138个，实现开票销售89亿元，占镇域工业比重达77%。

【改善社会民生】 实现城镇、农村居民人均可支配收入32796元、18827元，分别增长8.2%、9%。生态文明扎实推进。新增城市绿地207.6公顷，新增集镇绿地118公顷，新增植草面积360公顷；新造成片林733.33公顷，四旁植树67.7万株；新建湿地保护小区10个，创成省级绿化示范村6个。民生实事进展顺利。十大类36个项目有序推进，全年完成项目投入16.13亿元。张庄农贸市场、多功能运动场、区食品安全快速检测室、农村公路提档升级、公交候车亭建设、技防“村村通”工程等一批项目建成投入使用。新增城镇就业1.32万人，完成全民参保登记工作，新增各类参保人员3.8万人。提升公共服务。教育体育成绩显著，高考本二以上上线率全市第一；被表彰为全国义务教育发展基本均衡区、省促进义务教育均衡发展先进区和省首批平安校园建设示范区；新增省优质园5所，新增全国青少年校园足球特色学校5所，参加全市首届中小学生运动会，获团体、男团、女团三项总分第一，成功承办中国盐城沿海湿地国际公路自行车赛盐都段赛事。卫生计生再登台阶，被表彰为省人口协调发展先进县(市、区)，通过“全国社区中医药工作先进单位复评验收”。全区医疗机构基本药物制度覆盖率100%，新农合镇、区住院实际补偿比分别为67%、50%；重大疾病补偿1096人、计2463.2万元，大病保险赔付3635人次、计1288.5万元；完成农村改厕12022座，在全市率先实现农村改厕行政村全覆盖。文化建设成果丰硕，区博物馆、群艺馆建成开发，建成图书馆分馆150家，数字化农家书屋222家；开展各类公益性展演展示活动260多场次，惠及群众近30万人次；“四送工程”送戏入村84场、送电影4100多场、送图书20000册、送展览56场次，现代公共文化服务体系建设得到有效提升。 （刘 伟）

·民主法治建设·

【概述】 区人大常委会深入贯彻关于全面推进依法治国的决策部署，认真履行法律监督职能，采取普法教育与规范执法、代表视察与调研审议、指导与督查相结合的办法，充分发挥依法治区主导作用，推进全区民主与法治建设进程。

【扩大人民民主】 常委会根据选举法的有关规定和省、市、区委的统一部署，充分发扬民主、严格依法办事，精心组织实施，年内，完成区、镇两级人大换届选举，选举产生新一届区人大代表288名，保障和维护人民群众当家作主的民主权利。常委会坚持邀请代表列席常委会，参加执法检查、视察、调研、听庭和讲座活动，悉心为代表履职创造条件、搞好服务。全年共有45名代表列席常委会会议，代表参加各类考察调研活动120多人次。

【督办代表建议】 区十五届人大五次会议期间，收到代表建议和意见68件，常委会整理分类，召开交办会议，明确办理要求。在举全区之力重点办好《整合资源，疑心聚力，将高新区打造成国家级产城融合示范区》1号议案的同时，围绕提高代表建议办成率，加大集中交办、联席会办、跟踪督办的工作力度，推动各承办单位改进办理方式、健全办理制度、增强办理实效。全年代表建议办成41件，占60.29%，列入规划和计划逐步予以解决的26件，占38.24%，因受政策、管理权限等因素制约暂时不能解决并作出说明解释的有1件，占1.47%。

【维护法制统一】 保证法律法规在盐都正确实施，是宪法和法律赋予区人大及其常委会的重要职责。年内，常委会根据《规范性文件备案审查实施办法》的规定，完善工作机制，严格审查程序，依法对政府报送的规范性文件进行备案审查，有效监督抽象行政行为。

【推进“七五”普法】 从“一五”普法到“六五”普法，法治宣传教育工作取得成效：宪法以及与人民群众生活密切相关的法律法规得到广泛普及，广大人民群众的法治观念普遍增强，各级领导干部依法决策、依法行政、依法管理的能力逐步提高。年内，常委会参与区“六五”普法验收工作，在总结经验的同时，督促区政府制定“七五”普法方案，并在区十五届人大常委会第38次会议通过关于开展第七个五年法治宣传教育的决议。

【开展执法检查】 推动法律法规贯彻实施，年内采用听取汇报与实地察看、问卷调查与重点检查相结合的方式，开展《电力法》《江苏省水资源管理条例》贯彻执行情况进行检查，依法对政府规范性文件进行备案审查，针对法律条例执行过程中的存在问题提出科学合理的建议，进一步维护法律法规的严肃性和权威性。

【加强司法监督】 依法对“一府两院”行使监督权，是宪法和法律赋予人大及其常委会的重要职权。年内，常委会分别审议考察法院立案工作、检察院控申工作、公安局网路安全保卫情况，提高“一府两院”依法行政、公正司法水平。

【处理来信来访】 把做好人大信访工作作为倾听民声、为民解忧的重要途径，推动社会矛盾化解。按照信访制度要求，规范信访工作程序，加大信访督办力度，明确专人协调处理，确保批转信访件有回执、有答复、有结果。常委会领导带头接访和阅批重要信访件，并深入挂钩镇村，驻点指导信访积案和突出矛盾化解。共接收处理来信28件，接待处理来访77人次。 （苏 诚）

·精神文明建设·

【概述】 全区精神文明建设围绕中心、服务大局，以新发展理念为引领，聚焦培育和践行社会主义核心价值观，以创建全国文明城市为主线，从最能形成共识的“爱、敬、诚、善”着手，实施公民道德培育、社会诚信建设、志愿服务普及、未成年人思想道德建设提升、群众性精神文明创建深化行动，推进道德风尚高地建设，为建设“强富美高”新盐都提供强大的价值引导力、文化凝聚力和精神推动力。

【培树先进典型】 表彰年度“十佳文明新事”。连续22年组织“十佳文明新事”评选活动，经过基层群众推荐评选、评审，“建立儿童文学馆，点燃孩子文学梦——盐城市神州路小学”“言而有信，一诺千金”“反哺社会，不忘初心——葛成奇”“解邻里纠纷，树文明新风——福利社区‘和事佬’群体”“爱岗敬业舍小家，甘为平凡铺路石——宋大龄”“小康路上带头人，新民村里好书记——董兆付”“五保老人好邻居，久病床前好儿媳——王瑞霞”“奋不顾身，勇救落水老人的好司机——陈志敏”“同事赞‘好人’，群众夸‘人好’——任郝”“情系贫困生，助圆大学梦——罗华军”“天灾无情，人间有爱——盐城市第三人民医院”10件新事被评为年度“十佳文明新事”。推荐身边好人等典型。尚庄镇姚伙村67岁的农民乐绍琪当选4月助人为乐“中国好人”。乐绍琪自费创办“农技咨询点”，开通“农技热线”，免费为群众测土配方、平衡施肥和提供咨询服务，是当地有名的“庄稼医生”。他自筹资金50多万元，建设全国有影响的“绍琪农家书屋”，免费为群众和留守儿童服务。他热心公益事业，多方争取支持，筑梦“农民梦想大舞台”，通过“舞动乡村”丰富群众的精神文化生活。他还参加“盐都区好人志愿服务队”，助推新农村思想文化建设。区农委畜牧兽医站水电工丁德勤当选12月江苏好人。丁德勤多年来无论是上下班途中,还是平时出行办事买菜,都会骑着吸钉车,义务吸(捡)在路上的车胎“杀手”。自2012年起,他骑车行程数万公里,吸(捡)起废钉子、螺丝、螺母、钢筋头、铁丝段等车胎“杀手”1000多千克,为城乡居民安全出行做出积极贡献。全面启动道德文化阵地建设。组织镇(区、街道)、相关部门赴山东日照等地学习,建设一批好人文化长廊、好人文化主题公园、一批公民道德教育馆。大冈尚德长廊、郭猛好人公园、张庄“凡人善举”广场等阵地成为本地公民道德教育的有效载体。

【推进志愿服务】 用好用活志愿服务平台。做好志愿者注册登记工作,加强平台的使用效率,及时发布志愿服务项目、录入志愿服务时长。加大志愿服务工作的考核力度,每月对各地各部门的参与度和活跃度进行通报。组织志愿江苏(盐都)平台推广应用暨志愿者服务工作培训,全区120多个镇(区、街道)、部门单位参加。全区全年注册志愿者近9万人、占城镇人口的22.9%;志愿者队伍不断壮大,各类志愿服务队达477个;发布活动2592次。每月5日左右发布志愿活动竞赛优秀志愿者获奖名单,在《双新盐都报》《盐都新闻》等媒体发布。组织广大志愿者关注“志愿江苏365”微信订阅号,组织投稿,郭猛派出所警长孙益海的《我的志愿情公益梦》、尚庄农民乐绍琪《30年传唱一首歌》、乐华泽《“书”写青春奉献歌》、李勇《爱心洒满邮路》、胡建军《献血达人播洒爱与希望》、丁德勤《创新“土专家”快乐“吸钉人”》、花锦霞《热心公益传递爱心》等故事入选。8月23日,举办“德耀盐都”盐都区表彰“优秀志愿者”暨第三届“乐童节 行知剧场”汇报演出活动。启动智慧社区网络化111工程。创新推进开元路社区工作站志愿服务网格化“1图1表1册”111工程。“1”是指一批示范点,即在全区23个社区(9个城市社区)建设网格化志愿服务示范基地;“1”是指1个平台,即依托社区文明驿站微信公众号等新媒体作为线上平台;“1”是指1个服务品牌,即心·温暖社区志愿服务品牌。通过将志愿服务项目化,把实事办实;突出网格覆盖,让难事不难;注重示范引领,将好事办好;创新社区共建方式,着力在探索“微服务”,推广“微自治”上下功夫,在推进社区文体活动中心、儿童乐园、社区孩子4:30课堂、居民学堂讲座等方面,实现服务项目全覆盖。网格化志愿服务111工程助推社区文明创建的工作经验在《江苏宣传工作动态》和《盐城宣传信息》刊登。福才社区当选为全国志愿服务“四个100”先进典型最美志愿服务社区。

【提升文明城市创建成果】 全区通过召开动员大会、现场会办会、督查推进会等,健全文明创建组织网络体系,明确创建重点工作责任分解,细化考察点具体要求,完善督查指导管理制度。围绕测评标准、考察要求,实施典型引路、示范带动战略,以大冈镇、区人民检察院(道德讲堂)、盐渎街道福才社区(小区创建)、潘黄宝才居委会(志愿服务孵化园)、大纵湖三官村(文明驿站)、郭猛实验学校(乡村学校少年宫)、新都路(公益宣传)、开元路(背街小巷)等为创建示范点,通过先进带后进,实现全区镇(街道)、社区(小区)面貌焕然一新,创建质量不断提升。10月19日,全市创建现场会在盐都召开。通过召开现场会、经验交流会等,进一步增强基层创建的责任心和紧迫感。区级以上文明单位挂钩49个老旧小区、机关部门联系47个社区(村居),集中人力、智力、物力、财力支持、指导,合力解决重点社区(村居)和老旧小区难点问题,确保各个现场点全面达标。抽调区委组织部、区住建、城管、交通、公安等职能部门分管负责人,成立五个督查指导工作组,坚持问题导向,发现问题现场督办,限期整改,督出质量,创出成效。

【开展系列群众性创建活动】 推选文明创建先进集体。潘黄街道、大冈镇等5个镇、盐都国税、交运局等20个单位、大纵湖三官村、大冈佳富等8个村、毓龙路实验学校分别评为2013—2015省级文明创建先进集体和省文明校园。开展“盐渎杯·好家风好家训”“六个一”活动。活动共征集家风家训233条,家风故事126篇,经过基层组织推荐,万名群众点评(点赞)、评委会评议评审,评出优秀家风家训18条,优秀家风故事9篇。12月4日,区“推动移风易俗 树立乡风文明”志愿服务进村镇暨“好家风家训”万人评选活动走进尚庄镇姚伙村。组织“文明旅游盐都行”系列活动。结合潘黄仰徐草莓节、龙冈桃花节、尚庄蕃茄节等旅游节庆活动开展“文明旅游盐都行”八大活动,印制《文明旅游宣传册》发送给游客,形成强大的文明旅游宣传氛围。按照“生态、休闲、人文、乡村”四大主题、在相似度高的旅游产品中深度挖掘差异化;加强旅游景区文化设施建设、丰富文化产品供给、加大“种”文化的力度,使旅游景点成为旅游胜地、道德高地的经验,在省文明旅游倡导工程暨“为中国加分”文明旅游公益行动以及全省文明旅游推进会上推广。

【未成年人思想道德建设】 组织道德实践系列活动。年内,开展纪念建党95周年暨长征胜利80周年系列活动,组织红色经典影片进校园征文活动。开展“七彩的夏日”“缤纷的冬日”等主题活动,举办第三届“七彩乐童节 缤纷游学营”,组织开展“童心里的诗篇”少儿诗会、“童声里的中国·成长的歌谣”优秀作品征集吟诵传唱活动。深化“文明礼仪”养成教育。注重“八礼”到“四仪”拓展教育,探索从“认知认同”到“自觉践行”的有效途径,注重从校园为主向社会和家庭延伸,开展“文明礼仪进万家”活动,组建文明礼仪宣讲队,推动“八礼四仪”养成教育进社区、进家庭、进社区、进乡村学校少年宫、进社会实践基地、进文博场馆。开展未成年人心理健康教育。围绕构建家庭、学校、社会三位一体教育网络,区未成年人成长指导站建设相关网站并进行试运行,招募心理健康教育志愿者,强化心理健康教育工作。注重家庭教育和引导,引导家长确立孩子成长的合理预期。加强校外活动阵地建设管理,推动城乡社区校外教育辅导站建设,实施中央和省专项彩票公益金支持乡村学校少年宫建设项目“家家到”。深入开展“扫黄打非”专项行动和净化社会文化环境专项治理“蓝天行动”。开展“阳光网络伴我成长”系列活动,推动“五老”义务监督常态化。

(柏　菁)

·2016年度盐都区“十佳文明新事”事迹·

一、建立儿童文学馆，点燃孩子文学梦——盐城市神州路小学

2016年儿童节前夕，神州路小学给全校2600多名学生送上一份特别的节日礼物——曹文轩儿童文学馆盛大开馆。这是全国首家校园曹文轩儿童文学馆，馆内收藏了曹文轩各种版本的书籍、生平资料及其荣获“国际安徒生奖”相关新闻报道资料。神州路小学充分利用家乡的文化名人资源，成立“文轩”文学社、“草房子”班；创办曹文轩教授题写刊名的校报《小露珠》；举办首届“草房子”杯校园作文竞赛活动；邀请曹文轩教授走进校园与“草房子”班、“文轩文学社”的孩子们零距离互动，点燃了孩子们心中的文学梦。文学馆引导孩子读好书、教育孩子懂礼仪、培养孩子讲文明，既是孩子们习文舞墨的小天地，更是孩子们励志人生的大舞台。该校先后被授予市“全民阅读示范学校”、市“书香校园”装备示范学校荣誉称号。

二、言而有信，一诺千金；反哺社会，不忘初心——葛成奇

葛成奇，男，49岁，江苏闪奇有限公司董事长。

葛成奇同志凭借“厚德名天下，诚信以双赢”的经营理念，成为诚信榜样。质量诚信，让市场满意。他把产品质量视为企业“生命线”，“闪奇”品牌实现了从盐城市知名商标、江苏省著名商标到中国驰名商标的连续跨越。经营诚信，取信于客户。2016年11月，铜价上涨，20多笔订单如按原价执行，将亏损100多万元，但为了践行承诺，他如期履约交货。“讲诚信、赢天下”，企业现有代理商300多家，年签订合同近千份，总标额超5亿元，产品产销率、货款回笼率均达100%。回报社会，让社会满意。他热心公益事业，向社会各界捐款300多万元。葛成奇于2016年当选为盐城市百名诚信经营之星，获“盐城市优秀企业家”荣誉称号。

三、解邻里纠纷，树文明新风——福利社区“和事佬”群体

盐渎街道福利社区大部分土地被征用，拆迁户已超过半数，邻里之间矛盾纠纷频发。针对这一现象，老党员李茂新发起创立了福利社区“和事佬”协会，11名成员深入社区居民家中调研走访、把脉诊断，他们为邻居纠纷、家庭矛盾磨破嘴皮跑断腿，使一批矛盾纠纷调停化解，一帮不和的兄弟握手言和，一些上访户息访致富，社区呈现一派和谐景象，协会成员被称为“金牌调解员”。为倡导移风易俗，树立文明新风，他们不顾年老体弱，心怀真诚，常年走街串巷，发“明白纸”、开广播会，利用宣传栏、手机短信等方式倡导居民“红白喜事，勤俭节约”，弘扬社会新风尚，推动乡风文明建设。中国新闻网、人民论坛、《中国信息报》、江苏文明网、江苏先锋、《盐城晚报》等10多家新闻媒体先后对福利社区“和事佬”协会进行了宣传报道。

四、爱岗敬业舍小家，甘为平凡铺路石——宋大龄

宋大龄，女，45岁，中共党员，区交通工程质量监督站副站长。

20多年来，她始终坚持“技术指导施工，管理保证质量”的理念，勤奋敬业，任劳任怨。盐都区125省道盐都段四期、盐渎路跨204国道大桥、冈沟河大桥、331省道连接线、农村公路提档升级、农桥新建改造等工程相继动工，宋大龄共参加了126次日常巡查、3次专项检查、3次飞行检查。她善于创新，125省道软基处理工程中，采用了石灰+水泥综合土快速形成硬壳层的新方法，得到专家认可。“晴天一身灰，雨天一身泥”，星期假日上班是常态，加班加点是常事。繁重的工作，使她顾不上家庭，老人有意见，小孩有抱怨，她却舍小家顾大家，不计个人得失。她先后被市政府、市高指、盐都区委评为“先进个人”、“先进工作者”和“个人功臣”。

五、小康路上带头人，新民村里好书记——董兆付

董兆付，男，49岁，中共党员，潘黄街道新民村党总支书记。

他扎根农村，向组织承诺不改变村容村貌就辞职。他协调引进项目及资金3000多万元，新建新204国道连接线，扩建新民西路，安装300多盏太阳能路灯，农田节水灌溉全覆盖，实现了村容村貌美化、亮化、绿化。他向村民承诺不致富就下台。带着农民干，干给农民看，建设设施草莓、精品葡萄、景观园林、礼品果蔬、优质稻米五大都市特色农业3000多亩；大力发展乡村旅游，开拓电商销售，户均纯收入达10万元。他向超市承诺不合格不发货，引导种植户争当“诚信果农”，种植户李某的草莓杀菌剂残留超标，他说果子烂了也不允许出售。他向贫困户承诺不脱贫不撒手。他主动开车送困难户李长新去市三院看病，垫付药费。与困难户孙同存、孙同楼结对精准扶贫。董兆付先后获“中国乡村旅游致富带头人”、江苏省“吴仁宝式优秀村书记”“科技致富明星”“盐城市劳动模范”等称号。

六、五保老人好邻居，久病床前好儿媳——王瑞霞

王瑞霞，女，32岁，秦南镇南环村居民。

2013年，王瑞霞的公公因出门带小孩，发生车祸，留下了瘫痪、痴呆的后遗症，日常生活不能自理。为了支持丈夫外出打工，她担起了照顾公公的重任。几年来，她像女儿一样精心伺候患病在床的公公，为其端屎端尿，洗澡擦身，换衣服，让公公穿戴得清清爽爽。在冬天，她每天坚持帮公公泡脚，促进血液循环。村里有一位五保老人，70多岁了，生活困难，王瑞霞过年过节都会去看望他，每逢春节更是会捎上一些肉、鱼、水果及现金给老人。她把“孝”字深深刻在自己的心里，以朴素的言行诠释着人世间最温暖的真情。

七、奋不顾身，勇救落水老人的好司机——陈志敏

陈志敏，男，49岁，张庄街道郑通村村民。

陈志敏是一名普通的卡车司机。2016年9月4日下午，他在市久泰混凝土有限公司东侧清理废土渣时，忽然听到河里有呼救声，他立即停下手中的活，边脱衣服边冲向河边。身高1.77米的陈志敏跳入水中，河水便与他的脖子相齐了。他见溺水老人伏在水花生上，便一只手伸向随后赶过来的市久泰混凝土有限公司副总经理邱月栋，一边侧着身子，手拉手，结成人梯，小心翼翼地上前将水花生往自己身边拽。直到够着老人，他立即将老人奋力托起，递给岸边的人。上岸后他又陪同76岁的溺水老奶奶至医院直到老人家属赶来。事后有人问他：“水那么深，你不害怕吗？”他只

是很平静地说：“听到呼救声，我没有想太多，就跑过来了，因为救人要紧。以后遇到这样的事情，我还会第一时间去做的。”他的救人行为赢得了群众广泛赞誉，受到区见义勇为基金会奖励。

八、同事赞“好人”，群众夸“人好”——任郝

任郝，男，30岁，中共党员，区交警大队龙冈中队副指导员。

他立足本职，兢兢业业工作，踏踏实实做人，自觉维护法律尊严，维护公平正义，为公安事业的发展无怨无悔地奉献着青春和汗水，树立了人民满意的“公仆”形象。身边同事遇到难题时，他迎难而上；当事群众产生误解时，他循循善诱；困难群众需要帮助时，他伸手援助。凡与这位交警接触过的人，都夸他“人好”。2016年5月30日，他作为江苏公安系统首批支援青海的成员，来到青海黄南藏族自治州尖扎县交警大队工作。在工作期间他经常到藏族自治州儿童福利院，反学习用品及书籍赠送给这里的孤儿，为他们献上一份爱心。他先后被评为优秀公务员、十佳执法标兵，被授予盐城公安青年岗位能手、盐城市新长征突击手、盐城市优秀人民警察等多项殊荣。

九、情系贫困生，助圆大学梦——罗华军

罗华军，男，43岁，中共党员，龙冈镇党政办主任。

2016年8月，他到农村联系点三旺村了解工作，得知今年19岁的陈婕被江苏师范大学英语专业录取，可父亲残疾，家中还有

爷爷、奶奶和弟弟，就靠母亲一人支撑。陈婕准备放弃上大学，减轻家庭负担。他了解情况后，主动登门给陈婕送去了2000元现金，劝她不要放弃上大学的机会。随后又给陈婕的银行卡里汇了8000元，作为第一年的学费。罗华军和妻子还商定，每年资助陈婕1万元。中秋、国庆节期间，夫妻俩还专门购买了礼物到陈婕家中看望她的家人。此前，罗华军在部队时，就一直资助河南山区贫困家庭的三个孩子，每年汇去1500元，坚持了6年，直到三个孩子高中毕业。中国文明网、人民网、光明网、《新华日报》视觉江苏、《现代快报》、《盐阜大众报》等媒体都先后报道了他的事迹。

十、天灾无情，人间有爱——盐城市第三人民医院

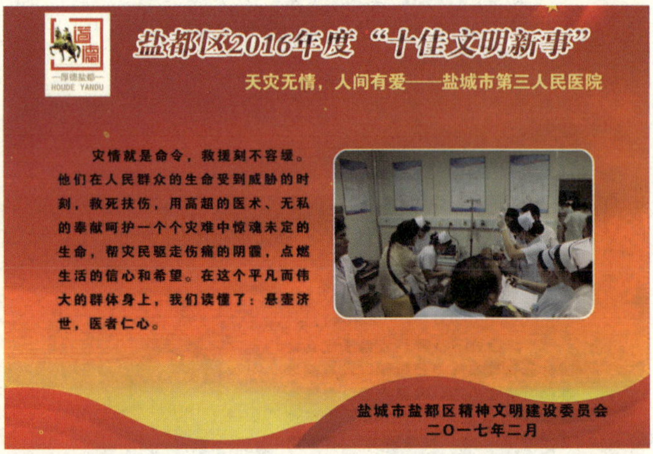

2016年6月23日，阜宁、射阳等地突发龙卷风冰雹特大灾害，造成重大人员伤亡和财产损失，大批危重伤员转送至上级医院进行救治。下午4:00市三院立即启动突发事件卫生应急一级响应机制，第一时间调集人员、物资、车辆，全面做好接收伤病员紧急医疗救治的准备工作，并于下午6:00组建好随时出发支援灾区的医疗队。医院急诊科所有的工作人员下班后主动要求留在医院待命；驻盐休假人员自觉取消休假赶到医院参与救治；部分下班的医护人员冒雨主动返回工作岗位。当晚全院共有500多名工作人员直接参与灾民伤员的现场救治工作，在整个行动中共接收伤病员总计98人(南院39人，北院59人)。全院数十名党员、团员结对对受伤住院患者进行心理疏导；全院职工响应“向灾区伸出一双援手，为灾区人民献出一份爱心”的倡议，踊跃捐款50多万元。

大事记

Chronogical Events

- ◆1月
- ◆2月
- ◆3月
- ◆4月
- ◆5月
- ◆6月
- ◆7月
- ◆8月
- ◆9月
- ◆10月
- ◆11月
- ◆12月

1月

6—8日　下午3点，政协盐都区第十三届委员会第五次会议在东方玄武大酒店开幕。8日下午2点，举行闭幕式。区委副书记、区政协党组书记顾其斌当选政协盐都区第十三届委员会主席。通过《中国人民政治协商会议盐城市盐都区第十三届委员会第五次会议决议》。

7—9日　上午8点30分，区第十五届人民代表大会第五次会议在区文化艺术中心开幕。区长吴本辉作《政府工作报告》。9日上午，大会闭幕前，举行第三次大会，韩标当选区人民法院院长。钱亚祥当选区人民检察院检察长。区委书记羊维达作题为《践行五大发展理念，推进全面小康建设，合力打造创业开放生态幸福厚德的美丽盐都》的讲话。

8日　省商务厅和省知识产权局联合发文，确定盐城高新区等15个开发区为江苏省知识产权示范园区。

9日　区委书记羊维达会见上海旭日资产管理有限公司董事长朱晓冬一行。

14日　省委常委、政法委书记、省公安厅厅长王立科，省公安厅常务副厅长陈逸中在大冈镇走访慰问部分困难群众，看望基层公安干警。市委书记朱克江、区委书记羊维达、区长吴本辉等陪同。

16日　江苏草莓产业发展论坛暨首届江苏·杨侍草莓节开幕。

19日　江苏金贸建设集团有限公司员工王新亮在第三届江苏省住房城乡建设系统百万农民工职业技能竞赛中获涂裱工第三名，被授予“江苏省五一创新能手”。

20日　区政府与南京大学在盐城迎宾馆举办新年论坛。论坛以“经济发展新理念”“新形势下盐城经济发展的机遇与挑战”“‘互联网+’与江苏经济发展”等为主题进行研讨。市委书记朱克江、区委书记羊维达、区长吴本辉等出席。

21日　2015年度盐城市创业之星颁奖活动在市文化艺术中心大剧院举行，左洪亮、吴峰高、范兰获“2015盐城十大创业之星”称号，袁健获“2015盐城全民创业之星”称号。

△　盐都区在全省农村工作会议上获“全省发展高效农业成效显著县”称号。

△　11日和19日，央视7套分别报道区示范户养殖创业典型林益明和陈长荣。

22日　“江苏省乡村旅游创客基地”启动仪式在高新区潘黄街道仰徐村游客服务中心举行。副市长张京麒，市旅游局局长童健，南京农业大学人文学院院长杨旺生，区委常委、副区长张建洋等出席并为基地揭牌。

△　市委常委、组织部长尹卫东在张庄街道、盐龙街道和盐渎街道慰问新中国成立前老党员和困难群众。

23日　省委第三巡视组副组长焦富民向区委书记羊维达反馈巡视情况。省委第三巡视组副组长周政兴、市委副书记戴元湖出席。

29日　2015年区政府申报实施的28个土地整治全部通过验收，新增耕地2807亩，新增耕地面积是2014年的2.3倍。“十二五”期间，共实施土地整治项目208个，建设规模185005亩，新增耕地29695亩，总投资49959万元。

30日　区委书记羊维达走访慰问城乡困难群众和敬老院老人，向大家致以新春祝愿。

△　盐都区在全市绿色盐城建设工作会议上被市委、市政府表彰为2015年度“绿色盐城建设综合先进”。

△　龙冈华虹嘉园社区获批“国家级地震安全示范社区”，秦南泽夫中学获批“江苏省科普示范学校”，区地震局获评“2015年度全省防震减灾工作综合考核县级优秀单位”。

2月

2日　市委常委、盐城军分区政委宋修明一行在神龙物流、昆仑紫源加气站、中恒宠物用品有限公司等企业督查春节前安全生产工作。

△　由区委宣传部、区教育局、区科技局等20多个部门联合开展的2016年文化、科技、卫生、理论、政策、法律“六下乡”活动在大冈镇启动。

4日　“2016新春返乡圆梦行动·创业项目推介暨引才用工大型招聘会”在

盐城国家高新区研创大厦举行。

5日 盐城博物馆、水浒文化博物馆和盐都民俗博物馆开馆活动在盐渎明城广场举行。市委书记朱克江出席并为博物馆揭牌。区委书记羊维达、区长吴本辉等参加。

14日 市委书记朱克江在盐都调研企业节后复工复产情况及新一年的工作计划。区委书记羊维达、区长吴本辉等陪同。

△ 市长王荣平在盐都考察新产业和镇村经济发展情况。区委书记羊维达、区长吴本辉等陪同。

17日 市长王荣平在盐都调研城建重点工程建设情况，实地察看盐城万达广场、腾飞路西延工程、小马沟体育公园等项目。区长吴本辉等陪同。

18日 2015年“江苏人居环境范例奖”评选结果揭晓，盐都区乃至全市首次获此奖。

20日 中共盐城市盐都区第十三届纪律检查委员会第六次全体会议在区行政中心召开。

23日 区委书记羊维达主持召开全区投融资工作会办会。

24日 全区工业经济转型升级创新发展暨全民创业工作会议召开。

27日 在全市民政工作会议上，高新区潘黄街道、大冈镇、张庄街道被表彰为首届市级“现代民政示范镇(街道)”，数量位列全市第一。

3月

1日 区政府召开服务韩资企业交流会。江苏悦达投资股份有限公司总经理杨玉晴，区长吴本辉等参加。

4日 区政府举行纪念“三八”国际劳动妇女节106周年暨“巾帼美丽靓盐都”风采展示活动，活动主要内容为“创新创业耀盐都”“博爱厚德满盐都”“崇善尚德美盐都”的展示和慰问贫困单亲母亲、表彰2015年度妇女工作先进集体等。

5日 由区文广新局主办，区图书馆承办的雷锋系列主题活动启动，展出1000多件雷锋专题藏品。

6日 “盐都乡村一日游”首发仪式在区政府南门举行，首发线路为仰徐乡村乐园、杨侍农业生态园一日游。

10日 区文明委组织开展“审计杯”2015年度“十佳文明新事”评选活动，“不顾安危、见义勇为的邮政职工——李勇”等10件新事被评为2015年度“十佳文明新事”“乡村旅游致富带头人——董兆付”等6件新事获2015年度“十佳文明新事”提名奖。

12日 区政府根据省人社厅、财政厅《关于提高全省城乡居民基本养老保险基础养老金最低标准的通知》精神，将城乡居民养老保险基础养老金由每人每月105元调增至115元。此次调增养老金从1月起执行，惠及全区13万余名60周岁以上的城乡居民。

14日 区政府发放首批养老护理员一次性补贴资金，84名符合条件的养老护理员拿到4.35万元一次性补贴。

15日 省水产质量检测中心随机抽查全区生产的河蟹、克氏螯虾、南美白对虾、泥鳅、黄颡鱼、鳜鱼、沙塘鳢、鳙鱼、鲫鱼、鲢鱼10个品种20个样品，检验结果全部合格。

20日 以“都市乡野、快乐仰徐”为主线，以“春日寻芳、‘莓’力四射，文明旅游、你我同行”为主题的2016盐城·美丽仰徐第五届草莓节暨文明旅游盐都行正式启动。

22日 大冈、尚庄、龙冈、学富、秦南5个镇最后一批镇村公交10条线路营运情况通过省交通运输厅检查验收。至此，全区所有行政村实现镇村公交全覆盖。

23日 省教育厅考核组一行对创建省平安校园建设示范区工作进行考核验收。

24日 江苏省“乡镇糖医培训计划”在盐都启动。

△ 省委省政府在南京召开全省教育工作会议，盐都区被表彰为全省促进义务教育均衡发展工作先进区，是继获得全国义务教育发展基本均衡区和省义务教育优质均衡发展区后，获得的又一项荣誉。

△ 大冈镇华东砂轮有限公司获由国家工商总局颁发的“中国驰名商标”牌匾。

25日 2016年度全省首台(套)重大装备及关键部件名单公布，全区共有8家企业的8个产品获得认定，入选企业产品数量位居全市第一。

30日 深圳市手机行业协会会长孙文平及来自全国各地的100多家企业代表参加盐城国家高新区智能终端产业园推介会。区委书记羊维达作讲话，区长吴本辉主持会议。

4月

1日 龙冈镇第四届桃花节在桃园景区开幕。中央电视台(简称“央视”)《新闻联播》在“春季美丽生态——清明踏春赏生态美景”中介绍龙冈桃花园。

4日 14:50(北京时间20:50)，盐都籍中国儿童文学作家曹文轩在第53届意大利博洛尼亚国际童书展上获2016年“国际安徒生奖”，这是中国作家第一次获得此奖项。

8日 “文史盐都”建设工作座谈会在盐城宾馆举行。

9日 省政府教育督导委员会发文授予盐都区“全省中小学校责任督学挂牌督导创新区”称号，全省仅有26个县(区)获此称号。

12日 全区白蚁防治工作通过省住建厅白蚁防治工作抽检小组的检查。

13日 市返乡创业工作考核组在盐都检查2016年春节期间返乡创业工作。

14日 高新区盐龙街道的江苏东九重工股份有限公司董事长、总经理刘祥斌被省委省政府评为“江苏省优秀企业家”。

19日 盐城市广告协会入驻暨盐都区“百团百企”文化产业招商推介会在盐城高新区召开。市委宣传部副部长薛万昌，区委常委、宣传部长葛建华出席。

21日 由区关工委、司法局、教育局联合开展的青少年“学党史、学国史、听党话、跟党走”主题教育活动启动仪式在郭猛实验学校举行。

22日 盐城大纵湖旅游度假区参加由江苏省自驾游协会与南京市旅游委、德国斯图加特展览公司联合举办，在南京国际博览中心举行的“2016南京国际度假休闲及房车展览会”。

23 日　盐城市和盐都区新四军研究会联合举办纪念盐城命名为叶挺县70 周年座谈会。

26 日　“五一”国际劳动节暨表彰大会召开。

27 日　“五四”运动 97 周年暨第十一届“十大杰出青年”表彰活动在市一中学术报告厅举行。

30 日　尚庄镇姚伙村村民乐绍琪当选 2016 年 4 月份“中国好人”。

5月

2 日　雕塑大师吴为山在南京大学雕塑艺术研究所现场比照“中国好人”徐兆学本人，修改初步成型的半身塑像，塑像雕成后将放置于盐渎公园内的盐城好人馆。

3 日　全区正式启动“企业付费登记卡”制度。

5 日　中国农业发展银行行长祝树民率队考察盐龙湖新水源地节点、郭猛镇杨侍村农村人居环境和新城镇建设及郭猛镇护西路工程项目。省农发行行长丁伟、市长王荣平、区委书记羊维达、区长吴本辉等陪同。

7 日　省海洋与渔业局发布《关于表彰“十二五”全省渔业科技入户工作先进集体和优秀个人的通知》，盐都区被评为先进集体。在全省 59 个实施渔业科技入户工程的县(市、区)中，仅有 9 家获此称号。农委水产站站长宋长太等 3 人被表彰为优秀专家，大冈镇农业服务中心工程师陈万友等 7 人被表彰为优秀技术指导员，尚庄镇养殖户范玉琪等 3 人被表彰为优秀示范户。

△　中共盐城市盐都区第十三届委员会第九次全体会议召开，区委书记羊维达主持并讲话。通过《关于召开中国共产党盐城市盐都区第十四次代表大会的决议(草案)》。

8 日　首届“盐城仰徐杯”全国乡村旅游创客大赛落幕。

10 日　省妇联主席缪志红、副主席张勤率领省妇联调研组一行在盐都调研妇女工作。区委书记羊维达、区长吴本辉等陪同。

12 日　华晓医药物流有限公司省级医药物流标准化试点项目通过省质监局考核组验收。

15 日　盐城市淮剧团创作演出的大型现代淮剧《半车老师》在上海兰心大戏院举行。

16 日　“省级设施番茄产业标准化示范区”项目通过由省质监局委托，市质监局组织市蔬菜研究所、江苏沿海地区农科所等部门组成的考核组验收。

△　省经信委下发《关于公布第五批江苏省特色产业集群名单的通知》，盐都区齿轮产业集群是此批次盐城市唯一入选单位。全市目前共成功创建省级特色产业集群 8 家，全区创成数位居全市各县(市、区)首位。

17 日　由盐城国家高新技术产业开发区、江苏康杰机械股份有限公司主办，中国汽车工业协会散热器委员会和上海交通大学、南京理工大学承办的江苏康杰·第三届国际钎焊与智能装备研讨会，在盐城高新区举行。

18 日　省政协副主席、党组副书记罗一民率省政协调研组调研盐都居家养老服务工作。市政协主席李驰、区长吴本辉等陪同。

△　2016 年秦南泾口湿地风情园，夏日休闲体验之旅系列活动正式启动。

20 日　全国供销合作总社监事会主任诸葛彩华一行在盐都调研社有资产监管工作。副市长吴晓丹，区委常委、组织部长冯明印等陪同。

21 日　盐城市齿轮行业协会第四届全体会员大会在张庄街道召开。

△　全区“作风效能提升年”活动大会在区文化艺术中心召开。

23 日　盐城市淮剧团在由省委宣传部、省文化厅、省文联、省新闻出版局联合举办为纪念毛泽东《在延安文艺座谈会上的讲话》发表 74 周年而召开的2016 年基层文化工作座谈会上被表彰为第五届江苏省“服务农民服务基层文化建设先进集体”，市淮剧团副团长、国家一级演员程红被表彰为全省“深入生活、扎根基层”先进个人。

25 日　大纵湖镇涂装设备产业基地获批“国家火炬盐都涂装设备特色产业基地”。

27 日　2016 盐都(深圳)智能终端招商推介会在深圳举办。推介会共签约项目 30 个，协议投资 37.8 亿元，其中智能终端产业项目 23 个，协议投资 31.7亿元。市委副书记戴元湖作讲话，区委书记羊维达致辞。

28 日　全国老龄办印发《2015 年全国“老有所为”先进典型人物推选结果的通知》，区老龄办协会会长沈光吼获选2015 年“全国老有所为先进典型人物”。

31 日　区委书记羊维达、区长吴本辉率区党政代表团赴城南、亭湖、开发区考察学习。

6月

2 日　全国戏曲期刊主编年会在区博物馆学术报告厅举行，《上海戏剧》《东方艺术》《剧影月报》等 20 多家戏剧期刊主编出席。

△　省卫计委对“全国基层中医药工作先进单位”进行复查复审。

4 日　全国首届“万步有约”职业人群健走激励大奖赛盐都分赛区启动仪式在世纪公园广场举行。

6 日　市委书记朱克江，市长王荣平在盐都考察高考准备工作。区委书记羊维达、区长吴本辉等陪同。

△　全市留守儿童摸底排查工作推进会在大冈镇召开。

7 日　惠普软件集团中国区总裁李时一行在盐都考察中国惠普战略合作伙伴城市及软件创新基地建设情况，并就深化合作事宜进行座谈交流。副市长周绍泉、区委书记羊维达、区长吴本辉等陪同。

8 日　南京师范大学副校长张序余一行在盐城高新区就基础教育合作办学、共同创办南京师范大学盐城实验学校等事宜进行考察洽谈。

13 日　粮食科技产业园一期工程项目在秦南粮油收储有限公司秦南粮库正式开工建设。该期工程投资 2500 万元，新建 3 幢高大平房仓，建成后总仓容将达 5.7 万吨，填补全区无亿斤粮库的空白。

14 日　市委副书记戴元湖、副市长葛启发在盐都考察“三夏”工作。

15日　市科技局下发《关于认定2016年盐城市第一批高新技术企业的通知》，江苏恒力组合机床有限公司、江苏华盛电气股份有限公司、江苏闪奇电器集团有限公司等73家企业被认定为市高新技术企业，获得认定数占全市的51%。

△　省邮政管理局局长张水芳一行在盐都调研电子商务及快递业的发展运行情况。区长吴本辉等陪同。

△　盐都区在全省教育系统平安建设暨维护稳定工作会议上被表彰为全省首批平安校园建设示范区，是全市唯一一家，并作为全省唯一大会交流的县作题为《夯实基础保安全，重抓示范争一流》的经验介绍。

20日　2015年度国家艺术基金资助项目——盐城市淮剧团创作演出的《半车老师》巡演暨盐都区无党派知识分子联谊会“送戏下乡”首演在尚庄镇姚伙村绍琪书屋文化广场上演。

21日　区政府组织区文广新局和盐城市淮剧团与天津市江苏商会、天津市盐城商会筹委会开展文化交流活动，举办“2016江苏盐都·盐城市淮剧团京津文化交流招商推介会”。

23日　盐都区在全省节约集约模范市、县(市、区)表彰大会暨第26个全国“土地日”纪念大会上被授予“2015年度江苏省国土资源节约集约利用模范县(市、区)”称号，排名位列全省第一。

△　市委常委、市委统战部长倪峰在盐都调研非公有制经济企业生产经营情况。

25日　阜宁县、射阳县龙卷风冰雹灾害发生后72小时，区文化广电新闻出版局、区红十字会携盐城市淮剧团举行“祈福·阜宁射阳”慈善义演。本次义演共筹集善款34310.20元，通过区红十字会汇往灾区。

26日　区长吴本辉，区委常委、常务副区长陈志会一行代表区委区政府和盐都80万人民看望慰问受灾群众，并向阜宁县灾区人民捐赠400万元。阜宁县委常委、常务副县长吴晓飞接受捐赠。

27日　市长王荣平在市第三人民医院南院看望在阜宁、射阳“6·23”龙卷风冰雹重大灾害中受伤住院的部分群众，慰问参与救治的医护人员。副市长葛启发、区委书记羊维达、区长吴本辉等陪同。

△　区委常委、常务副区长陈志会在射阳县“6·23”龙卷风冰雹重大灾害受灾地区，代表区委区政府慰问灾区群众和奋战在抗灾救灾一线的工作人员，并捐赠50万元救灾款。

7月

2日　区政府与上海中鹰投资有限公司签订绿色科技建筑产业合作框架协议。

5日　市委督查组组长朱德平一行在盐都督查指导换届工作。

6日　南京信息工程大学雷丁学院大学生社会实践基地揭牌仪式在尚庄镇绍琪书屋举行。

△　盐城市苏力机械股份有限公司、盐电阀门有限公司获2016年度省“科技小巨人企业”称号。至此，全区共有5家企业获此称号，获评数全市领先。

6—7日　由区科技局主办，以“科技引领，创业盐都”为主题的首届科技创业大赛开幕，来自全区90家企业组、22家团队组参加比赛。

8日　由区慈善会和区教育局、民政局、团区委联合举办的盐都2016“献爱心·圆梦想”资助困难大学生行动正式启动。

11日　区长吴本辉在区行政中心一楼大厅会见德国茨维考市学生代表团。

12日　深圳市手机行业协会会长孙文平、深圳市创捷供应链公司总裁文健君等一行24人在盐都参观考察。区委书记羊维达等陪同。

△　赛龙舟品美食玩水上冲浪二日游（盐城大纵湖旅游度假区—秦南镇泾口村—郭猛镇杨侍村）入选农业部“初夏到农村品美食”精品景点线路。

△　全国新教育实验第十六届研讨会在山东诸城召开。新教育理事会秘书长陈东强和区教育局局长熊新华进行新教育加盟实验区签约仪式，盐都区正式成为全国新教育加盟实验区。

△　区政府与大连枫叶国际教育集团联合创办盐城枫叶国际学校签约仪式在盐都举行。枫叶国际教育集团董事长任书良，区长吴本辉出席并签约。

14日　武汉大学盐城创客中心在盐城高新区研创大厦举办揭牌仪式。

△　全市首批农村土地承包经营权证书颁发仪式在楼王镇公兴村举行，市委副书记戴元湖为楼王镇公兴村村民黄文洋颁发区第一号证，也是全市颁发的第一本证书。

15日　市长王荣平在盐城高新区调研。市委常委、常务副市长庄兆林，区委书记羊维达，区长吴本辉等参加。

19—21日　上午8点30分，中国共产党盐城市盐都区第十四次代表大会在区文化艺术中心开幕。区委书记羊维达代表中国共产党盐城市盐都区第十三届委员会向大会作题为《践行发展新理念，提升区域竞争力，为率先全面建成小康社会而努力奋斗》的报告。区委常委、纪委书记朱金南代表中共盐城市盐都区第十三届纪律检查委员会作题为《忠诚科学履职，全面从严治党，为率先全面建成小康社会提供坚强纪律保障》的工作报告。21日举行闭幕式，通过《中国共产党盐城市盐都区第十四次代表大会关于十三届区委工作报告的决议》《中国共产党盐城市盐都区第十四次代表大会关于区纪律检查委员会工作报告的决议》。

20日　省委政法委调研组在盐都调研涉法涉诉信访改革工作。

21日　中共盐城市盐都区第十四届委员会举行第一次全体会议。选举羊维达、吴本辉、冯明印、朱金南、陈志会、王铁根、葛建华、商建明、陈育群、沈潜辉、张云云为中共盐城市盐都区第十四届委员会常务委员会委员；选举羊维达为中共盐城市盐都区第十四届委员会书记，选举吴本辉、冯明印为中共盐城市盐都区第十四届委员会副书记。

△　中国共产党盐城市盐都区第十四届纪律检查委员会举行第一次全体会议。选举朱金南、王建忠、朱正成、张永忠、刘春英、蔡丽莉、朱道红为中共盐城市盐都区纪律检查委员会常务委员会委员。朱金南当选为中共盐城市盐都区纪律检查委员会书记，王建忠、朱正成当选

为副书记。

22日　由盐城国家高新技术产业开发区、全国大学生机器人大赛Robotac组委会共同主办，市人社局、市科技局、盐城技师学院协办的全国大学生机器人大赛盐城邀请赛在盐都开幕。

27日　全市律师志愿者与妇女儿童之家结对共建暨“法律服务进万家”签约启动仪式在区法律援助中心举行。市妇联副主席、区委常委徐丹主持启动仪式。区委常委、组织部长王铁根出席。

29日　由盐城高新区承办，也是市乃至苏北首次承办的第四届江苏省科技创业大赛新材料行业赛启动。

△　市委常委、大丰区委书记王荣，区长宋勇率大丰党政代表团在盐都考察招商选资和项目推进工作。区委书记羊维达、区长吴本辉等陪同。

8月

2日　在安徽合肥工业大学翡翠湖校区举行的第十四届全国中小学信息技术创新与实践活动（NOC）大赛上，代表盐都参赛的选手获“物联网创新设计”和“应用数学”两个赛项全国决赛一等奖3个、二等奖2个、三等奖2个。毓龙路实验学校的孙会、陈远升、洪丽雯获“恩欧希”教育信息化创新发明奖，是此活动的最高奖项。

△　省高级人民法院院长许前飞在区人民法院调研指导工作。市委常委、政法委书记张礼祥，市中级人民法院院长王世华，区委书记羊维达等陪同。

3日　全民阅读促进会第一次会员代表大会召开，全民阅读促进会正式挂牌成立。区文广新局局长倪自祥当选为区全民阅读促进会首任会长。

8日　省第七届全民健身运动会暨盐都区2016年“全民健身日”主题活动、盐都区第十届“万达华府杯”乡镇全民健身运动会启动仪式在高新区潘黄街道举行。

10日　由省文化馆、市文广新局主办，市文化馆、区文广新局承办的江苏“群星”书法作品提名展在群众文化艺术馆开幕。全省共有42幅作品入选，参展作者全部来自省“五星工程奖”银奖以上获得者。

13日　省卫计委应急办主任顾帮朝带领省疾控中心信息所和急传所的专家在盐都调研传染病监测预警项目的实施情况。

19日　江苏绿发农业发展有限公司接受省水产品质量安全中心邹勇等专家评审，成为区首家通过省级评审的水产品质量安全追溯生产企业。

20日　市首个“红十字博爱家园”项目在高新区盐渎街道福才社区开元路红十字服务站启动。市红十字会常务副会长乔静，区委常委、统战部长张云云出席并共同为项目揭牌。

△　新西兰当地时间下午6点30分，盐都籍作家曹文轩参加在新西兰奥克兰市举行的2016年国际安徒生奖颁奖礼。

23日　全区表彰“优秀志愿者”暨第三届“乐童节·行知剧场”汇报演出活动在大纵湖镇三官村举行。

24日　省人大代表盐都组的代表在盐城高新区考察智能终端产业园。

25日　国家邮政局副局长赵晓光一行在盐都调研电商快递产业园融合发展情况。省邮政管理局局长张水芳、副市长邹毅实、区委书记羊维达等陪同。

9月

1日　中国山水画创作院、市美术家协会、区文广新局主办，盐都画院、区文化馆、区美术家协会承办的“山水家园——龙瑞、张玉峰、庞振坤作品展”在区文化馆一楼多功能厅开幕。

3日　高新区盐渎街道的盐城豪邦机床制造有限公司董事长赵贞成在首届“盐城工匠”评选电视颁奖盛典上被评为十大“盐城工匠”之一，并授予“盐城市五一劳动奖章”。

6日　2016“畅游盐都金秋行”暨盐城·龙冈第四届金秋采摘节开幕式在龙冈桃花园寿星广场举行。

7日　在第四届江苏省科技创业大赛总决赛中，中纳科技团队、江苏金麦麦新能源科技股份有限公司分别获团队组与企业组二等奖，江苏坤泰机械有限公司、盐城市新永佳石油机械制造有限公司获企业组三等奖，获奖总数居全省县（市、区）第一。

10日　以“返‘葡’归真、乡间‘萄’趣、文明旅游、你我同行”为主题的2016盐城·仰徐葡萄节暨大学生音乐节开幕。

11日　由市法宣办、市司法局和区法宣办、区司法局联合组织的“美好城市、法律相伴、你我共创”主题宣传活动，在高新区潘黄街道杨坝居委会开幕。

12日　区委书记羊维达会见昆山先捷精密电子公司董事长申达勤一行。

13日　农业科学研究所选育而成的水稻新品种“盐粳15号”和“盐粳16号”，通过省农作物品种审定委员会审定，并获得农作物品种审定证书。

19日　省农机局局长沈建辉率参加全省粮食生产全程机械化现场会的与会人员观摩张庄街道勇睿农机合作社机务管理现场。副市长吴晓丹、区长吴本辉等陪同。

20日　首届杨侍生态美食节开幕。当日活动主要内容为免费提供总重达1吨的盐城本帮菜——虾米油渣豆腐羹给游客万人分享，挑战吉尼斯“中国之最”记录。

△　在省委省政府9月14日召开的深入推进法治江苏建设暨政法队伍建设工作会议上，盐都区被表彰为“2014—2015年全省法治建设示范县（市、区）”。

21日　区委书记羊维达会见惠普集团、方正集团客商。

27日　落户盐城高新区的国通世纪和MTK（联发科）团队，研发出全球首款可精准测量人体血压、心电图、心率等人体健康指标的智能穿戴手环。

28日　由台湾经纬集团投资的台创园“花花世界梦工坊”项目举行签约仪式。项目共分花工坊、草博院以及蜂蝶海三期建设，总投资3000万元。

30日　第二届台海菊花节以“多彩花卉港、风情台创园”为主题，在盐都台湾农民创业园开幕。

△　大纵湖大闸蟹推介会在江苏国际农业展览中心举行。陈长荣大闸蟹、渔淇大闸蟹与江苏省餐饮行业协会签订供货协议。

10月

1 日　盐都代表队获全市举行的首次政法综治信息化实战应用技能比武大赛第一名。

△　中国地震局下发《关于认定北京市西城区椿树街道椿树园社区等 105 个国家地震安全示范社区的通报》，张庄街道东徐居委会被认定为 2016 年第一批国家地震安全示范社区。

△　2016 畅游盐都金秋行·大纵湖镇“民俗三官欢乐游”在三官农庄举行。

5 日　大纵湖景区在央视《新闻联播》国庆特别节目“让文明成为最美的风景”中播出。

8 日　省委举办第二期县委书记工作讲坛。省委书记李强作讲话，省委副书记、省长石泰峰主持。区委书记羊维达在区分会场作视频交流发言。

9 日　重阳节当日，区委书记羊维达在学富镇敬老院、秦南镇关陈村居家养老服务站、尚庄镇瑞北居委会走访慰问老人。

12 日　全区旅游业发展暨国家全域旅游示范区创建工作动员大会召开。

13 日　省人社厅下发《关于 2016 年度省级创业示范基地的通知》，盐都境内的盐城电商快递产业园创成省级创业孵化示范基地。

15 日　协鑫集团董事长朱共山一行在盐城高新区智能终端创业园考察。

17 日　在人力资源和社会保障部主办的第二届“中国创翼”青年创业创新大赛举行农民工专项赛企业组全国总决赛中，区人社局推荐的大型中空吹塑成型机项目，以企业组第四名获三等奖。

18 日　首届休闲中国高峰论坛暨“中国休闲 30 人”盐都金秋行活动在盐都开幕。本次活动以“全域旅游与国民休闲”为主题，吸引来自全国旅游部门，旅游景区、旅游企业，主流媒体记者 200 多人参加。中国旅游报社社长高舜礼、省旅游局副巡视员肖飞、副市长邹毅实、区长吴本辉等出席。

19 日　盐都疏浚打捞行业协会成立暨第一届会员代表大会在郭猛镇举行。协会会员单位 48 家，行业规模达 40 亿元，年营业收入将超 10 亿元。

20 日　由《南方人物周刊》杂志主办的第十二届中国青年领袖致敬盛典在北京开幕，盐城市第一中学 1994 届毕业生徐晋如、2006 届毕业生刘成城获 2016“中国青年领袖”。

△　以“品江苏美食·游美丽乡村”为主题的 2016 江苏省乡村美食大赛在宜兴市根大生态园举行，代表区参赛的三官农庄的连龙以“地主鱼头”获金牌，三官农庄的聂洪春和杨侍农业生态园的张粉中，分别以“白壳螺蛳”“土灶生态老鹅”获银牌。

21 日　市委市政府在北京举办 2016 盐城（北京）产学研合作洽谈会。盐都区中纳科技有限公司、江苏瑞源加热设备科技有限公司作为项目签约代表，分别与中科院北京纳米能源与系统研究所、清华大学热能工程系热能工程物理研究所现场签订产学研合作协议。

22 日　省经信委公布 2016 年江苏省两化融合示范（试验）区名单，盐城高新区成为全市唯一入榜单位。

24 日　市委书记王荣平在盐都调研基层党建工作。市委常委、秘书长潘道津，市委常委、组织部长尹卫东，区委书记羊维达陪同。

26 日　由中国红十字会总会报刊社、中国红十字基金会和苏州大学红十字运动研究中心联合主办的“五大发展理念与红十字事业发展”研讨会在盐都举行。区委常委、组织部长王铁根出席并致辞。

28 日　市委书记王荣平会见由深圳手机行业协会会长孙文平率领的智能终端领域企业家代表团，就加快智能终端产业发展、深化全产业链合作进行交流。会见当天，盐城高新区举行智能终端项目集中开竣工活动。赛博宇华等 10 个项目竣工，总投资 20 亿元；创捷供应链等 10 个新项目开工，总投资 24 亿元；凡卓科技等 10 个项目集中签约，协议投资 26 亿元。

29 日　江苏省人力资源和社会保障厅公布全省首批 100 个留学回国人员创新创业计划资助项目，留日博士程德林的糖尿病保健品和生物药物研发项目累计获得资助 450 余万元。

△　第八届新西兰读书文化节，在奥克兰 Mt Eden 战争纪念馆开幕。儿童文学界的诺贝尔奖—“国际安徒生奖”获得者曹文轩和中国儿童文学作家曹文芳担任名誉文化大使。

30 日　“雏菊种苗繁育及规模化生产技术示范”项目启动仪式在台创园举行。这是一个中央财政农业技术推广项目，由市农科院和盐城呈祥园艺育苗有限公司共同主持。

11月

2 日　来自 19 支全球知名的自行车 UCI 洲际职业队、洲际队和“一带一路”途经国家或地区的绝大部分职业自行车队的 177 名职业自行车车手参加 2016 中国盐城沿海湿地国际公路自行车赛，总赛程 151 公里，其中，盐都段为里程最长的赛段。

3 日　由省综治办主办的全省首届综治信息化实战应用技能比武大赛决赛在南京举行。由盐都参赛队员组成的盐城市代表队获第一名，选手朱爱春、唐建军分获个人一、二等奖。

8 日　区政府在深圳举行智能终端产业投资说明会。新国泰科技、乐府丰电子等 5 个项目在会上举行签约仪式。

10 日　省妇联主席缪志红一行在高新区潘黄街道宝才社区，调研家风家训及女性社会组织孵化基地建设情况。区委书记羊维达等陪同。

△　盐都区入选国家旅游局发布的第二批创建“国家全域旅游示范区”名单。

△　盐都区普法协会成立暨第一次会员大会召开。

12 日　全省小学英语青年教师教学基本功大赛在徐州落幕，区选送的徐甦老师代表盐城参赛获一等奖。

15 日　由市委宣传部、市文明办主办的“善行义举、厚德盐城榜”2016 年三季度“盐城好人”推荐评选活动揭晓。区见义勇为典型徐银霞、朱巧兄，助人为乐典型卢秀英 3 人当选“盐城好人”。

△　由中国美术家协会、省委宣传部、省文化厅和省文联主办，省美术家协会、省书画院承办的“中国精神·2016 中国百家金陵画展”在省美术馆开幕，区维稳办主任、公安局副局长于国成创作的《志愿者》入展，为盐城首位国画入展画家。

16日　市委副书记戴元湖、副市长吴晓丹率全市农业结构调整“家家到”现场观摩会参会人员实地观摩七星农场稻田综合种养基地、农村经济开发区天农兰园基地等。

19日　盐都区获评全国休闲农业与乡村旅游示范县。

21日　公安部禁毒局副局长邓明一行在盐都检查指导外流涉羟犯罪整治工作。

23日　盐城市淮剧团大型原创现代淮剧《菜籽花开》获第三届江苏文化艺术节特别奖，主演王雷获得优秀表演奖。

24日　区委书记羊维达在参加省第十三次党代会期间，接受交汇点新闻专访。他介绍，盐都将重抓“一极”，全力培植战略性新兴产业，为“聚力创新、聚焦富民”打下坚实的产业基础。

25日　由中国田汉研究会、盐都区政府主办，区文广新局、中国田汉研究会小剧场艺术基地承办的“中国·盐都首届小剧场艺术荟萃”，在区文化馆百姓剧场开幕。中国田汉研究会会长周光，区委常委、统战部长张云云共同为“小剧场艺术基地”揭牌。

27日　区政府举办盐城国家高新区智能终端产业人才项目对接会暨中国智造与创新教育主题“长风论坛”。区委书记羊维达致辞，区长吴本辉主持，区委常委、组织部长王铁根推介区人才政策环境，区委常委、高新区党工委书记商建明推介高新区投资环境和智能终端产业园相关情况。

29日　江苏金麦穗新能源科技股份有限公司在第五届中国创新创业大赛总决赛中获优秀奖，并被评为“全国新材料企业12强”。

△　省红十字会会长何权一行6人在盐城市第二小学、高新区盐渎街道福才社区开元路红十字服务站和区红十字会应急救护培训基地调研红十字会工作。区长吴本辉等陪同。

12月

1日　省长石泰峰在盐都调研。他强调，要按照省第十三次党代会的部署要求，紧紧围绕“两聚一高”主攻方向，努力壮大综合实力，提高发展质量和水平，积极探索创新富民新路径，努力建成贯彻新发展理念、体现“强富美高”要求、惠及人民群众的小康社会。市委书记王荣平、区委书记羊维达、区长吴本辉等陪同。

△　省委政法委副书记侍鹏带领调研组在盐都调研政法工作开展情况。市委常委、政法委书记张礼祥，区委书记羊维达等陪同。

2日　区首个终身学习发展共同体揭牌仪式在大纵湖社区教育中心举行。

6日　省编办主任俞军一行在盐城高新区就推进行政审批制度改革“问需于企”进行专题调研。市编办主任张玉春、区委书记羊维达等陪同。

7日　市委常委、宣传部长陈红红带领检查组在盐都调研全国文明城市创建工作。

8日　《农民日报》社总编辑胡乐鸣率队在盐都调研“三农”工作。区委书记羊维达等陪同。

△　江苏亚特电缆有限公司“国申”商标被国家工商总局商标局认定为中国驰名商标。

10日　“书香盐都”首届邮政书报刊悦读节在高新区潘黄街道举办。

14日　省水利厅厅长李亚平带领省调研组在盐都考察指导“三农”工作。市委副书记戴元湖、副市长吴晓丹、区委书记羊维达等陪同。

△　全省普通高中学校课程基地建设现场推进会在盐城市第一中学召开。省教育厅副厅长朱卫国、区长吴本辉等出席。

△　省委宣讲团在盐都宣讲省第十三次党代会精神。省委宣讲团成员、省社科联党组书记刘德海作报告。

16日　市政协主席李驰在盐都督查大市区饮用水源保护区环境问题整改工作。副市长李逸浩、市政协副主席沈洪清、区长吴本辉等陪同。

△　市中级人民法院（简称市中院）在盐城高新区成立“知识产权司法保护中心”，并同期启动知识产权义务培训宣传周活动。市中院党组书记、院长王世华和区长吴本辉共同为知识产权保护中心揭牌。

19日　区畜牧兽医站被授予全国“基层畜牧技术推广示范站”称号。

22日　北大方正集团副总裁、北大资源集团总裁曾刚一行在盐都考察，并正式签订《盐城北大资源产城融合项目战略合作框架协议》。

△　第五次全国残疾人事业工作会议在北京召开，残联杨华被表彰为“全国残疾人工作先进个人”。

24日　首届“三实杯”盐都综合性群众文艺节目大赛在大纵湖镇开幕。

26日　盐城市淮剧团创作演出的大型现代淮剧《菜籽花开》在第七届江苏省淮剧艺术展演月上获优秀剧目奖（第一名）。

27日　2016年全面小康暨美丽乡村建设发展论坛在北京召开，盐都区作为全市唯一一家获“中国最美乡村旅游目的地”称号。

29日　市委常委、常务副市长庄兆林带领市检查组一行在盐都检查指导节前安全生产工作。

30日　中国共产党盐城市盐都区第十四届委员会第二次全体会议召开。区委常委会主持。区纪委委员，不是区委委员、候补委员的区人大、区政府、区政协班子成员等列席会议。全会深入贯彻落实党的十八届六中全会和习近平总书记系列重要讲话精神，听取并讨论区委书记羊维达同志所作的题为《重抓一极一园一业，致力创新生态富民，为高水平全面建成小康社会而不懈奋斗》的大会主题报告，以书面形式向全委会报告区委常委会2016年主要工作。

31日　据统计，盐城市盐都区2016年实现地区生产总值443.62亿元，增长9.3%，全区人均地区生产总值69592元，增长9.7%。实现财政总收入54.32亿元，下降9.2%。其中一般公共预算收入33.79亿元，同口径下降7.4%。城镇常住居民人均可支配收入32796元，同比增长8.2%；农村常住居民人均可支配收入18827元，同比增长9.0%。

改革开放
园区建设

Reform and Opening
Foreign Trade and Park Construction

改革开放
Reform and Opening

·城市工业系统·

【概述】 面对复杂多变的宏观经济环境和繁重的改革发展稳定任务，认真贯彻落实区委区政府的决策部署，适应新常态，探索新途径，务实进取，主动作为，较好地完成年度目标任务。

【推进破产改制扫尾工作】 完成破产19年之久的市化学厂的破产清算工作，组织实施市化学厂宿舍区68户的拆除，净地交付市土储中心，实现企业破产终结。启动破产14年之久的市染织厂的破产清算，1357名职工中，清算780人，18家承租房清理完毕，76户抢房户清理52户。城中商城清算解散继续推进，至年底，仅剩4名存有劳动争议纠纷人员，不服区、市人民法院民事裁定，上诉至省高院，省高院已作驳回的最终裁定。协助完成原水泵厂职工宿舍区149户的征收。协助实施原市锅炉厂职工宿舍区44户的征拆工作。

【保障信访稳定】 城工办系统原有企业48家，改制破产终结的，遗留问题多；还在改制破产中的，问题更突出。始终把信访稳定作为第一责任，坚持标本兼治、突出重点，全年接待处理各类信访对象920余人次，全系统在特殊敏感时期没有发生重大信访维稳事件。做好涉军群体工作。防控转化邪教人员。对有邪教苗头人员逐一清理核实，做好跟踪监督。关注政改企人员生活。通过帮助解决生活困难，系统内26名政调企人员，理解城工办工作的难处，表示不带头信访。重视弱势群体困难。系统内下岗失业解除劳动关系人员有3万多人。在有限解困的同时，积极帮助他们争取所在社区、盐都和亭湖两区民政、慈善、红会的救助，动员系统内单位奉献爱心。重点化解信访老户问题。对新驰公司、酒厂、水泵厂等一批信访老户问题，会同信访、人社部门进行协调化解，使问题得到平稳解决。

【化解矛盾】 市染织厂由于受城市规划的制约，破产财产一直无法变现，职工清算难以进行。经与城投等对接，年内，列入东闸一号地块征收拆迁。经与征拆机构进行反复对接，实现征收补偿最大化，解决企业职工多、破产财产少、破产成本高的问题。市轴承厂生产区内6户职工住房，在企业破产时作为破产财产出让，但是由于职工住户无法安置，因而住房无法移交，导致新企业与职工住户上访。在职工住房剥离与安置移交的矛盾交织中，经反复协调，由拆迁主体按拆迁政策

江苏央科科技

征收补偿,解决历史遗留问题。原市水泵厂经整体出售为民营企业后,民营企业又将股权转让,造成大量的改制遗留问题。年内,城工办把握串场河风景带征收的机遇,协调宿舍区内道路、厕所等资产的变现,依法依规解决职工住房补贴、少数职工工伤等遗留问题。

【治理职工宿舍区】 原企业破产改制时,职工宿舍区的问题没有处理,成为一大遗留问题。至年底,城工系统在市区的职工宿舍区38个,涉及市区7个街道、19个居委会。年内,配合所在街道、社区协调住户矛盾,走访职工宿舍区内老党员、老干部以及特困户,对其所提问题进行解释和化解,钝化和平息有关矛盾,积极向市相关方面反映,先后争取水泵厂、锅炉厂、轴承厂、染织厂、化学厂老旧宿舍区的征收或拆除,从根本上解决职工宿舍区安全隐患。

【改制企业服务工作】 原区直工业改制重组后的定报企业8家,尽管与企业没有产权联系,没有属地关系,但是由于历史原因仍有遗留问题。年内,城工办以服务改制重组新企业为已任,千方百计为其排忧解难,城工办领导班子全部挂钩到恒力、锅炉、鱼跃医疗等重点企业,定期到企业,互通情况,沟通意见。恒力、锅炉、鱼跃医疗3个改制重点企业保持稳中有升;帮助锅炉公司协调化解改制前涉及的职工股问题。积极牵头江洲染整公司的环保关停和地块收储协调,做好职工工作,维护社会稳定。

【加强基层党组织建设】 城工办党委下属2个二级党委、15个总支、37个支部,1970名党员,分布在48家企业。针对企业全部改制且其中46家为破产关门的特殊情况,为做好新常态下的党建工作,在重视基层党组织和广大党员日常管理的同时,主动对接下岗失业职工党员所在社区,支付适当费用,鼓励和引导职工党员参加社区各项活动。对各单位党组织留守人员加大培训力度,以政治理论、法律法规、党建知识为内容,定期组织学习,提高他们党建工作水平,提升过度时期的党建工作能力。主动帮助困难党员,对他们伸出援助之手,帮助他们解决力所能及的问题,使他们感受到党组织的温暖。认真组织党员排查,全面理顺组织关系。尽力减少党员失联,年初失联党员80名,通过持之不懈的联络沟通,仅有20名下岗失业党员没有联系到位。

(李从江)

·商务系统企业改制·

【概述】 商务系统改制工作取得实质性进展,终结县肉禽蛋加工厂破产程序。至年底,全系统原27家企业通过破产终结、资产售让、清算走人等方式,彻底完成改制26家,其中,原物资系统18家、贸易系统6家、外贸系统2家。1家因受城市规划制约,资产变现难。

(郝　民)

·开放型经济·

【概述】 2016年,全区完成协议注册外资15494万美元,注册外资实际到账10023万美元,实际上报并被省市确认外资到账实绩6835万美元,占调整后年度计划(6800万美元)的100.5%,超额完成年度计划,完成总量列全市第三;新批总投资超3000万美元项目4个,完成年度目标。全区实现进出口6.28亿美元,同比增长23.9%,占全年计划(5.7亿美元)110.2%,同比列全市第二;其中出口3.31亿美元,同比增长23.4%;进口2.97亿美元,同比增长24.5%。全年实现社会消费品零售总额208.79亿元,同比增长11.2%,占全年计划(209亿元)99.9%,同比列全市第三。全年全区新批外商投资企业11家,总投资2.1亿美元,其中总投资超1000万美元的企业6家,超5000万美元的企业3家。龙冈镇报批的江苏雅百特科技股份有限公司增资项目,总投资由4063.555万美元增加到11212.12万美元,增资7474.75万美元,主要从事新材料设计、研发,光伏分布式电站的安装调试,年内,5个列市重点利用外资项目完成投资6900万美元,注册外资实际到账2350万美元,占计划的105.3%和100%,项目建设全部完成或超额完成时序进度。

(韦　剑)

·对外经济贸易·

【概述】 2016年,全区实现进出口总额6.28亿美元,占全年确保目标5.7亿美元的110.2%,同比增长23.9%,其中出口3.31亿美元,同比增长23.4%,进口2.97亿美元,同比增长24.5%。17个镇(区、街道)中进出口实绩超千万美元的有5家,分别为盐龙街道3.52亿美元、盐渎街道1.35亿美元、大纵湖镇5447.7万美元、尚庄镇2736.2万美元和潘黄街道1100.6万美元;全区超100万美元的进出口企业达到56家,其中超1000万美元的进出口企业11家;出口产品中,农副产品3637万美元,占出口总额的10.9%;纺织产品6914万美元,占出口总额的20.8%;机电产品1.64亿美元,占出口总额的49.5%;其他产品6235万美元,占出口总额的18.8%。依恩爱汽车部件(盐城)有限公司共完成进出口实绩1.17亿美元,在全市进出口20强企业中位居11位。江苏中恒宠物用品股份有限公司全年共完成进出口实绩7439万美元,同比增长4.6%。

【推进在建外资项目】 年内,5个列市重点外资项目开工建设,其中4个项目提前竣工,提前竣工率超过80%,华光又永和大新汽配提前4个月竣工投产,大兴科技和大兴住理工提前1个月竣工。5个项目累计完成总投资6900万美元,占年度投资计划的105.3%,超额完成年度投资计划。

【扶持进出口企业】 积极利用展会平台,组织区内中恒宠物、宝鼎工具等30家企业参加广交会、华交会、美国拉斯维加斯汽配展等国内外重点展会,全年累计签订贸易合同3000万美元。争取国家、省、市级政策扶持,帮助台普动力、飞亚机床等44家小微企业参加省、市"信保易"平台,帮助星宇科技、中恒宠物等60家企业申请获得国家、省进口设备贴息资金、国外展会、自主品牌扶持等5类扶持资金1228万元。建立智能终端产业外贸企业出口退税"资金池",争取的市级支持2亿元和区级4亿元扶持

2016年1—12月全区外贸进出口情况公布表

表1 单位:万美元

序号	单位	进出口				出口实绩	进口实绩
		年度目标	实绩	同比(%)	完成年度目标(%)		
	全区	57000	62859	23.9	110.28	33175	29684
1	楼王镇	440	980.9	167.0	222.93	397.2	583.7
2	北龙港街道	100	191.5	313.6	191.50	191.5	
3	高新区盐渎街道	11300	13498.8	33.3	119.46	4158.5	9340.3
4	高新区盐龙街道	32000	35230.5	31.3	110.10	17596.4	17634.1
5	郭猛镇	630	614.4	15.7	97.52	333.9	280.5
6	秦南镇	810	767.9	13.0	94.80	765.8	2.1
7	高新区潘黄街道	1200	1100.6	8.3	91.72	1022.7	77.9
8	大纵湖镇	6700	5447.7	−2.5	81.31	3868.1	1579.6
9	张庄街道	970	679.2	−33.9	70.02	679.2	
10	尚庄镇	3300	2736.2	−2.5	82.92	2731.8	4.4
11	北蒋街道	450	360.8	−33.9	80.18	358.1	2.7
12	龙冈镇	680	445.1	−22.5	65.46	382.1	63.0
13	学富镇	260	148.8	−10.5	57.23	41.3	107.5
14	大冈镇	1200	653.6	−35.8	54.47	645.5	8.1
15	中兴街道	100	2.8		2.80	2.8	
16	台创园	200					
17	大纵湖旅游度假区	100					

资金全部到位,有2000多万元的资金投入运行。

【境外投资持续增长】 年内,中恒宠物公司、盐城龙湖文化产业公司2家企业在香港新设立2家境外投资企业,驰翔齿轮公司在澳大利亚矿产资源项目增资2100万美元,3家企业中方注册资本累计近1.4亿美元,占全市境外投资额的25.4%,在全市排第二位。

【商贸流通发展】 全区全年实现电商交易额163亿元,其中网络零售额28亿元,同比增长30.4%和33.9%;累计建成村淘服务站(点)160个,服务站(点)覆盖率全省第二、全市第一,全年实现订单11.26万单,交易额达1558.61万元。"双十一"前12小时,张庄街道仓头村农村淘宝交易额全国列第九。至年底,全区累计成功创成省级电商示范镇2个,省级电商示范村2个、市级电商示范村6个,市级电商示范企业3个。盐城电商快递产业园集聚电商快递企业100多家,宠物银行、第六通道等垂直电商交易平台入驻园区,京东、苏宁、阿里巴巴等第三方电子商务服务平台在园区内建设地方特色馆。稳步推进列入市、区为民办实事工程的2家农贸市场。 (宋 健)

园区建设

Park Construction

·盐城国家高新技术开发区·

【概述】 盐城高新区成立于2006年,前身为江苏省盐都经济开发区,2012年11月,被省政府命名为全市首家省级高新区;2015年2月经国务院批准,升格为国家高新区,与盐都区实行"区政合一"体制,总规划面积116平方千米,包括45平方千米高新产业区、46平方千米融合发展区、25平方千米生态涵养区。2016年,实现地区生产总值259亿元、一般公共预算收入24.9亿元,分别占全区的58%和60%,综合发展水平在全市19个重点园区中排名第二位。

优化发展规划。确立规划先行理念,强化高新产业区、融合发展区、生态涵养区"三区"联动,推进总体战略规划、产业发展规划、土地利用规划"多规"合一,构建"协调联动、无缝对接"的新型规划体系,力促生产、生活、生态同步发展,提升城市综合功能。高新产业区重点发展智能终端、高端装备、新能源三大战略性新兴产业。融合发展区重点发展现代物流、商务商贸、汽车消费、电商快递等新型业态。生态涵养区是全市饮用水源保护地,主要依托盐龙湖生态资源,适度发展旅游度假、休闲养老等产业。

推进项目发展。至年底，共实施赛博宇华、迈腾电子、高禾云创等亿元以上投资项目68个。高新产业区智能终端产业被列为全市产业创新“十大工程”，打造5平方千米发展框架，重点建设总部研发区、生产制造区、企业孵化区、综合服务区、生活配套区“一园五区”，计划用3~5年时间，打造十大品牌、百家企业、千亿销售产业集群，建成华东地区最具规模智能终端产业基地。至年底，标准厂房面积66万平方米，招引智能终端产业项目55个，投产项目自二季度起，实现开票销售30亿元，成为盐城高新区新的经济增长极。融合发展区乘用车销售占大市区比重达65%；入驻电商快递企业68家，订单日处理量占全市60%以上，现代物流园创成省首批7个示范物流园区之一，电商快递产业园获评省电子商务示范基地。总部经济、楼宇经济快速发展，总投资60亿元的盐城万达广场项目加快推进，软件与服务外包产业建成惠普云计算中心。

加快产城融合步伐。全年累计投入近80亿元，完善园区基础设施和功能配套，10月，创成国家产城融合示范区。各专业园区基本实现“九通一平”，青年路跨宁靖盐高速大桥、东进路西延、盐渎路西延、秦川路南延等主干道工程建成通车，盐渎路跨宁靖盐高速大桥、纬五路跨冈沟河大桥加快建设，构建起内部循环、外部成网、快速便捷的“六纵六横”道路框架。年内，高新区实验学校、专家人才公寓投入使用，翔宇商业综合体一期正式营业，智能终端保税仓建成封仓，建设科技广场、高级中学、公共卫生中心，土地集约节约利用水平处于全省开发区前列。高新之窗节点公园、世纪大道绿化提升等绿色示范工程扎实推进，园区绿化覆盖率达40%以上，初步形成生产、生活、生态有机融合、互促并进的良好格局。

加快科技发展。年内，建成海上风电研发、风电质检等4个国家级公共技术服务平台，80%的规模以上企业组建内部技术研发机构，累计建成省级研发平台40个、国家级众创空间1家、省级众创空间2家、市级众创空间7家，创成国家高新技术企业50家。引进国家“千人计划”专家9名、省“双创人才”13名、省“博士集聚计划”项目8个、省“创新团队”1个。全年专利申请达2373件，其中发明专利申请达729件，拥有有效发明专利225件，从业人员万人发明专利拥有量达22件。园区高新技术产业产值241亿元，占规模以上工业产值比重达40.2%，全社会研发投入占地区生产总值比重达4.02%。创成苏北首家国家知识产权试点园区。年内，与南京大学共建盐城电子商务研究院，与武汉大学共建创客中心，与吉林大学、深圳手机行业协会三方合作共建智能终端产业研究院。东风集团、苏云云商、麦德龙超市等17家上市公司在园区投资兴业，中联电气、翔宇疏浚2家本土企业在主板上市，蔚联机械、汉印机电、东九重工等5家企业在新三板挂牌。

增强发展活力。1月，区政务服务中心前移高新区，承接市级审批权限，获批省级外资审批权限；资金上，市、区、高新区财政连续3年各安排1亿元成立高新产业发展基金，盐城高新区投资集团实质性运作，10亿元企业债、农发行20亿元城镇化项目陆续到位，15亿元棚户区改造项目正式获批，制约发展的资金瓶颈得到有效破解；用地上，优先安排土地指标用于园区项目和基础设施建设；拆迁上，坚持依法拆迁、和谐拆迁、智慧拆迁，盐龙街道实施智能终端、高级中学等拆迁项目15个、拆迁2000多户，盐渎街道碧桂园拆迁扫尾，潘黄街道“家家爱”地段棚户区改造顺利推进，为重点项目建设提供保障。

【创成省级知识产权示范园区】 1月5日，省商务厅和省知识产权局联合批文，确定盐城高新区等15个开发区为江苏省知识产权示范园区。高新区坚持把知识产权工作作为提升高新区产业发展的重要战略，在创新知识产权工作机制、优化知识产权工作环境、激发知识产权创造活力、提升知识产权应用转化和保护水平等方面均取得进展，建成国家能源海上风电研发中心等国家级公共技术服务平台4个，省级研发平台29个，争取国家级、省级重大科技创新项目54项，争取国家科技项目资金1.2亿元，创成国家高新技术企业36家。先后被认定为国家级科技孵化器、国家海上风电技术装备产业化基地、中国发明创业（华东）基地，省科技文化产业园、省创新创业示范基地、省两化融合试验区、省知识产权试点区、省科技金融合作示范区。

【行业标准获工信部批准】 3月1日，汉印机电科技股份有限公司“刚性基板喷印成形机床精度检验与技术条件”（JB/T12460.1-2015，JB/T12460.2-2015）两行业标准获国家工业和信息化部批准，并由工业和信息化部电子工业标准化研究院组织出版，正式实施。“刚性基板喷印成形机床精度检验与技术条件”两行业标准，在精度检验方面规定刚性基板喷印成形机床的几何精度检验、数控轴定位精度和重复定位精度检验及加工检验等方面的技术参数；在技术条件方面规范刚性基板喷印成形机床的安全防护、加工和装配质量、运转试验、精度检验、标志与随机技术文件、包装等方面的技术要求。

【智能终端产业园“三个10”项目迎开园】 3月30日，盐城高新区举行智能终端产业重大项目开竣工和招商推介活动，共有华星光电、乐洲科技、超优越电子等10个项目新竣工，运鸿辉电子、盐芯微电子、智创园二期等10个项目新开工，赛博宇华、数字鹰科技、雷安通信等10个项目新签约。10个竣工项目总投资13.5亿元，全部投产达效后，可新增销售40~50亿元；10个新开工项目总投资16.5亿元，全部投产达效后，可新增销售50亿元；10个新签约项目总投资18亿元，全部投产达效后，可新增销售60亿元。

【本土产手机下线】 4月9日，在位于盐城高新区智能终端创业园的江苏央科科技有限公司生产车间内，盐城本土产第一部手机正式下线。江苏央科科技是苏北地区唯一一家以国内销售为主，从事手机整机生产的高科技企业。由深圳市央科科技有限公司投资设立，旗下拥有CAL手机、登科手机、央科手机多个自主品牌，新上12条全自动生产线，可年产各类智能终端近500万台，实现开票销售5亿元。

【刘祥斌获评省优秀企业家】 4月12日，江苏东九重工股份有限公司董事长、总经理刘祥斌被省委省政府授予"江苏省优秀企业家"称号。江苏东九重工股份有限公司是一家专业从事余热锅炉研发、制造、安装的国家高新技术企业，在国内同行业的综合排名位列前三，也是国家火炬计划盐城环保装备特色产业基地的成员单位和省两化融合示范企业。刘祥斌从人才队伍建设入手，建立人力资源开发培养体系，实施产学研合作，成功研发钢铁行业转炉中低温干法除尘及余热回收产品，为钢铁行业带来一次技术革命。公司整合技术资源，开拓国际市场。至年底，在印度、伊朗、巴基斯坦等国家和地区洽谈合作项目8个，合同金额超2亿元。

【智能终端产业发展】 至年底，园区集聚华星光电、赛博宇华等项目30多个，其中竣工项目10个、开工项目10个，项目总投资30亿元，全部投产达效后，可新增销售100亿元。结构层次高。落户项目中，有赛博宇华、乐洲科技、央科科技整机制造项目3个，华宇液晶显示、三鼎光源、泰奇摄像头等关联部件项目15个，智能终端产业研究院、峰汇智联等研发类项目3个，为智能终端产业建链、补链、强链奠定基础。智创园一期用10天时间完成200多户农户拆迁让地，两个月时间完成20万平方米多层厂房建设施工，3个月时间完成10多个项目内部装修和设备调试，创下项目建设的"盐城速度"。功能配套好。规划建设占地13.87公顷的智能终端产业园综合服务区，打造总部大厦、培训基地、特色水街、创客空间、研发中心5大组团；总投资5000万元、建筑面积3万平方米的智能终端保税仓，建成后可满足智能终端产品保进出口需求。集约用地省。坚持集约节约发展模式，出台专项优惠政策，鼓励企业建设多层、标准厂房，所有落户项目亩均容积率均达1.1以上。

【产业转型升级】 盐城高新区主动摒弃传统粗放型发展路径，坚持把推进供给侧结构性改革作为园区转型升级的主线，优化存量，引导增量。从加快企业转型优存量入手，实施智能制造三年行动计划，引导机床工具、汽车零部件等传统产业转型发展，通过技改扩能、挂大靠强、股改上市等途径，与行业龙头联合，与风投资本联手，促进信息技术向市场、设计、生产环节渗透，向数字化、柔性化提升，推动东九重工、中恒宠物等企业由外延扩张向内涵提升转型、企业间配套向产业化配套转变，全年新增销售超5亿元企业2家、超亿元企业5家。盐城高新区坚持壮大新兴产业拓增量，对接"中国制造2025"，突出新产业、新业态、新模式、新技术"四新"经济，围绕智能终端、高端装备和新能源三大新兴产业，加快建设华东地区最具规模智能终端产业基地、百亿能级高端装备"智造"基地、全国知名风电装备整机出口和运维服务基地。智能终端产业集聚各类项目30个，华星光电、乐洲科技等20个项目投产达效，成为园区新的经济增长点。

【东九重工"新三板"挂牌】 5月6日，证券代码为"837302"的东九重工股票经全国中小企业股份转让公司批复同意，正式在全国中小企业股份转让系统挂牌。江苏东九重工股份有限公司是一家专业从事余热锅炉研发、制造、安装的国家高新技术企业，国内同行业中综合排名第三，为国家火炬计划成员单位、省两化融合示范企业。

【举办智能终端产业深圳招商推介会】 5月27日，在深圳举办"2016盐都(深圳)智能终端招商推介会"，珠三角地区的300多名智能终端领域客商参加。市委副书记戴元湖出席推介会并讲话。区委书记羊维达致辞，区长吴本辉主持推介会。招商推介会共签约项目30个，协议投资37.8亿元，其中智能终端产业项目23个，协议投资31.7亿元。

【全市首个地下综合管廊项目开建】 6月13日，《盐城高新区地下综合管廊规划(2016—2030)》通过专家评审，下半年在全市率先实施。盐城高新区地下综合管廊项目规划涵盖核心区域45平方千米，共11条、38.8千米。建成后，将有效破解"拉链马路"问题，增强城市综合防灾能力。

【武汉大学盐城创客中心落户】 7月2日，武汉大学盐城创客中心在盐城高新区研创大厦举办揭牌仪式，武汉大学盐城创客中心是由武汉大学苏州研究院与高新区政府合作建设的创业孵化平台，为盐城高新区深入实施创新驱动发展战略，深入推进"大众创业、万众创新"的"双创"政策，搭建良好的公共服务平台。中心以创业辅导、创业投资、创业服务、创业教育为主导，全力服务盐都区创新创业发展。

【王荣平调研高新区项目建设情况】 2月14日，市长王荣平在盐城高新区，调研

市委书记王荣平(左二)在高新区

东九重工现代化科技型展示厅

中恒宠物、东九重工和华宇彩晶三家公司。副市长周绍泉、邹毅实及区委书记羊维达、区长吴本辉等陪同。王荣平要求企业时刻研究市场需求，优化产品结构，不断开发新品引领市场、制造精品占领市场，提高生产经营效益，走智能化、中高端发展之路。

【朱克江调研高新区项目建设情况】 5月23日，市委书记朱克江在盐城国家高新区调研项目建设情况。朱克江详细听取园区建设情况汇报，实地察看华星光电、三鼎科技、乐洲科技三家智能终端企业，对智能终端产业园签约入驻30多个项目，实现产业从无到有、项目从少到多给予肯定。

【打造中韩产业园联动区】 随着中韩自贸协定的深入推进，年内，盐城高新区规划建设占地面积3平方千米的中韩产业园联动区。不放松内资项目的同时，延伸到韩资大公司、大企业，促进境外资本向高新区集聚，初步形成以汽车零部件为特色的韩资企业集群，吸引韩国世钟、星宇汽配、裕信汽配等18家韩资企业在园区投资兴业，占高新区外资企业总数的67%，竣工投产项目12个，在建项目3个，签约项目3个，累计利用外资2.6亿美元，实际到账外资1.2亿美元。产品涵盖汽车车体、消音器、座椅、减震系统、制动系统等零部件领域，广泛与东风悦达起亚、北京现代、上汽通用等知名车企配套。

【康杰机械"新三板"挂牌】 9月9日，证券代码为"839249"的康杰机械股票经全国中小企业股份转让公司批复同意，正式在全国中小企业股份转让系统挂牌。康杰机械股份有限公司是集研发、设计、制造、咨询和工程服务为一体的专业生产热交换器成套装备的国家高新技术企业，系中国钎焊联盟理事长单位。公司主要生产钎焊炉、钝化炉、预喷涂(DFD系统)等八大系列产品，产品出口美国、巴西、墨西哥等10多个国家，在国内钎焊装备行业排名第一。

【赛博宇华智能手机上架销售】 10月10日，落户盐城高新区智能终端产业园的赛博宇华公司一款智能机(N1)、功能机(E8)，成功入围江苏省移动产品库，在全省各大移动营业厅上架销售。赛博宇华公司创立于2004年11月，是一家专业从事移动智能终端产品研发、设计、生产、销售及服务的国家高新技术企业，拥有SOP、TETC、智珀国际、CHILLI国际等自主品牌。2015年，公司手机生产量达1200万部，实现年销售逾40亿元，在国内手机企业出货量排名中位列前十。公司落户盐城高新区的手机整机项目，计划总投资2亿元，其中设备投资1亿元，新上12条整机组装生产线和6条SMT生产线。项目投产后，公司可年生产手机整机1000万部，实现开票销售超20亿元。

【获评省两化融合示范区】 10月22日，省经信委公布2016年江苏省两化融合示范(试验)区名单，盐城高新区通过省级两化融合示范区的认定，成为2016年度全市唯一入围上榜单位，为申报国家级两化融合示范区奠定基础。为适应大数据、云计算、物联网、移动互联网等新一代信息技术发展，策应国家"互联网+"和"中国制造2025"战略，引导高新区企业推进互联网与工业融合创新发展。促进企业实施互联网提升工程，鼓励中恒宠物、东风李尔、嘉诚塑胶等20家企业主动发展互联网提升项目，实现企业"研发设计协同化，生产管控集成化，购销经营平台化，制造服务网络化"。

【构建智能终端全产业链】 年内，采用征地自建、委托代建、建好租赁等模式，招引智能终端产业项目45个。其中，15个项目建成投产，14个项目快速推进，16个项目规划开工建设。产品涵盖智能手机、智能穿戴、智能视听、智能安防等多个领域，初步构建从核心部件到品牌整机、从硬件生产到软件研发的全产业链。与吉林大学、深圳手机行业协会合作共建智能终端产业研究院，为入驻企业提供研发设计、检验检测、人才培训、技术推广、项目孵化等配套服务。加快与清华大学合作共建盐城工业智能研究院，与复旦大学合作共建协调创新中心，打造华东地区具有较强影响力的产业创新中心。招引实力强、信誉好的龙头供应链项目，支持鼓励骨干企业自办或参股供应链公司，为智能终端企业提供进出口、投融资等服务。入驻园区的乐洲科技有限公司自办泰康供应链有限公司，运营3个月，实现外贸出口3000多万美元。

(张荣峰　陈中华　薛传刚)

·大纵湖旅游经济区·

【概述】 10月，以"畅游盐都金秋行"活动为契机，组织策划"第二届大纵湖生态旅游节""第二届户外露营节"等系列活动，成功举办"国际公路自行车赛"，同时精心办好"盛世横空，飞越大纵湖"——世界级水上特技表演、"大纵湖影视城杯"江苏首届汪星人明星秀、野炊节、观鸟节等特色活动，增强品牌吸引力。至年底，实现旅游业总收入3.1亿元，增长35.2%；景区游客接待量和营运收入分别增长31.6%和26.8%。在旅游开发的带动下，餐饮、住宿、商贸等三产服务业实现三产增加值6.6亿元，社会消费品零售总额3.5亿元，增幅分别达18.8%、18.3%。

发展农业经济。造林绿化工作取得进展。完成成片造林12公顷，农田林网133.33公顷，四旁植树2万株，河堤绿化20千米，"草镶边"绿化面积2.6万平方米。加快实施水利工程，完成三年行动计划河道疏浚土方8.5万方，"最后一匡田"通达工程剩余19座农桥全部建成。加强农村环境整治。强化农村环境"五位一体"长效管理和"清洁乡村"行动，健全保洁队伍，改善农村生产生活环境。联耕联种强势推进，完成机条播面积140公顷，统一供种率100%。秸秆禁烧工作全年卫星监测零登记、市区巡查零通报，秸秆还田率夏秋季分别达100%和90%。

推进重点项目。年内，东晋古城完成四个标段招投标，全面施工；婚纱摄影基地正式对外营运，被人像摄影杂志社评为"金牌摄影基地"；绿丘露营地实现提档升级，获批省级房车露营地；鸟岛全面建成，"五一"期间正式对游客开放；规划展示馆基本建成；加快推进水下古城遗址、炬通温泉度假村建设；老景区提升成效显著，外湖码头、生态旅游厕所全部投入使用。旅游景国庆期间精彩亮相央视《新闻联播》。

招商融资工作。围绕旅游发展需要，开展招商引资。参加深圳智能终端招商推介会，成功招引并签约总投资1.1亿元的大纵湖度假酒店项目和总投资8000万元的影视城二期项目，并通过区级项目评估；实现蛟龙宾馆二期和康健养生跟踪项目2个。拓宽融资渠道。加大与各大银行、证券公司、信托公司等金融行业的沟通联系，申请项目贷款和发行债券，保证旅游开发需要。全年发行债券3亿元，办理项目贷款5000万元，保证重点工程的顺利推进。

【王荣平调研大纵湖旅游经济区】 10月5日上午，市委书记王荣平在大纵湖旅游度假区实地考察绿丘房车基地、影视城、芦荡迷宫等重点景点。强调要认真贯彻落实省旅游发展大会精神，按照市第七次党代会部署要求，把握旅游业新趋势，坚持生态旅游为重点，全域旅游为方向，加快精品线路、特色景区和重点项目建设，打造特色鲜明的生态休闲目的地。

【羊维达在大纵湖旅游经济区调研】 12月20日下午，区委书记羊维达在大纵湖旅游经济区调研。要求加大景区项目推进力度，提升景区核心竞争力，打造有吸引力的国家AAAAA级旅游景区。羊维达实地察看大纵湖旅游经济区部分重点项目建设情况，并听取相关工作汇报。

【大纵湖亮相央视《新闻联播》】 10月5日，大纵湖景区在央视《新闻联播》国庆特别节目"让文明成为最美的风景"中精彩亮相，精彩的水上特技表演、热情文明的游客等镜头，展示大纵湖"生态湿地、文明旅游"的"金字招牌"，让全国亿万观众充分领略大纵湖"生态湿地、文明旅游"的靓丽旅游品牌形象，提升大纵湖的知名度与美誉度。 （李伟坤）

大纵湖亮相央视《新闻联播》

·台湾农民创业园·

【概述】 区域面积50平方千米，下辖三湾、李庄、民强、袁邵、宗凌、董伙、程实、新杨、富王、葛武、育才、郝荣共12个村居，总人口3.2万人，耕地面积3066.67公顷。坚持用工业理念、统筹思路，加快推进开发园区建设，实现传统农业向现代农业发展率先突破。招引落户花卉苗木、设施果蔬、畜禽养殖、科技研发、休闲观光等各类现代农业项目70多个。全面实施村庄环境连片综合整治、河道疏浚管护、区域供水、节水灌溉等一系列基础工程，改善生态环境，新农村建设成效显著。获全区目标任务综合先进奖，全区农业招商选资工作奖、全区现代农业发展工作奖、对台招商引资工作奖等单项奖励。

【基础配套】 年内，完成"为民办实事"十项基础工程，实施肇基小学老教学楼接建、加固，建成塑胶跑道和标准化篮球场；葛武幼儿园1200平方米保教楼主体完工；改造完成葛武老年活动中心；完成葛郝路，育才路等4.8千米道路提档升级；启动实施大尚线葛武段富祥路的改造提升，全面完成集镇区环境综合整治提升。全面完成"最后一匡田"通达工程、河道整治"三年计划"、河堤绿化"三年行动"以及"草镶边"等农田水利绿化基础工程年度任务。

【产业发展】 年内，突出花卉美丽产业，围绕台湾元素内涵，以项目带动产业发展。全年新落户各类农业项目12个，其中，投资5000万元以上农业项目3个，圆满完成年度招商选资目标任务。突出适度规模经营，力促农业结构调整和转型升级，新增流转土地166.67公顷，新增设施农业面积80公顷，创成省级示范家庭农场1家。台海花卉港规模突破166.67公顷，兰花博览园、菊园等特色专业园区建设成效显著，为全市农业结构调整现场会提供观摩现场，成功举办第二届台海菊花节。

【扶贫开发】 对低收入农户进行精准识别，年初建档立卡低收入农户702户，年末脱贫退出188户，占年初数的26.8%。对所有建档立卡低收入农户均落实机关党员干部结对帮扶，结合"三清三实三帮"大走访活动，发放各类帮扶资金近36万元。对经营收入偏

台创园花海

低的村，新建扶贫项目2个，实现长期化收益。

【基层党建】 年内，新建李庄村党群服务中心，按照全区“基层党建示范带”建设三年计划，实施三湾、民强、董伙、郝荣4个基层党建示范点创建，其中，三湾党群服务中心完成区级示范点验收，以此示范带动辖区12个村居全覆盖。全面完成村居党组织换届，配强基层党组织班子队伍。按照深化“两学一做”学习教育，持续调优状态鼓足实劲，转变作风谋求实效，在招商选资、项目推进、企业服务、信访维稳等具体工作中，不断把党员队伍作风建设引向深入。 （吕 培）

2016年农村经济开发区各村（居）负责人

表2

村（居）名	村（居）书记	村（居）主任
袁邵	梅步鉴	王秀昌
三湾	孟成标	葛銮顺
李庄	李成雨	沈从刚
民强	葛付元	徐大洲
宗凌	王志祥	宗国勋
程实	龚福庆	程 亮
新杨	浦兆扣	王桂生
董伙	韩玉度	朱兆根
富王	王龙顺	王少海

·盐都七星现代化农场·

【概述】 盐都七星现代化农场位于风景秀丽的AAAA级大纵湖风景区旁，依托大市区水源地大纵湖的生态优势和区位优势，把发展优质水稻生产作为农场的优势主导产业，建有万亩绿色水稻生产基地、千亩有机水稻生产基地、千亩莲藕综合种养和水产养殖基地。

农场围绕“创新经营机制、开展综合服务、集成技术展示、引领绿色发展”的目标定位，建立“龙头企业+合作社+家庭农场”的新型经营机制。按照产前、产中、产后农事作业要求，提供种子、肥料、农药等生产资料的供应；组织商品化育秧、供秧；开展机耕、机插、机播；组织病虫害统防统治；对谷物实行统一烘干、仓储、加工；统一品牌销售。扩大物联网技术应用区域和范围，从水稻生产过程的单一控制，扩展到农机作业管理、粮食加工和水产养殖等领域。优选省内外食味品质和外观品质俱佳、适合本地生态条件的水稻品种集中展示，遴选适宜有机生产和绿色生产的主导品种；核心区展示“稻鸭共作”、藕田立体套养小龙虾等生态生产模式，生产过程中示范应用信息控制技术进行灌溉和产品质量追溯；绿色生产区域内示范化肥、农药减量使用技术和作物健身栽培技术。农场全年实现小麦种植面积400公顷，水稻种植面积533.33公顷，莲藕种植面积33.33公顷。试验示范新模式5种，新品种20个，成功推广种植南粳9108、盐粳15等水稻品种，实现标准化生产，制定稻麦标准化生产规程，严格栽培技术规范，督促承包主体及时开展农事作业，农场派人全程跟踪指导作业；培植职业化农民，引导部分有经验、会管理的农户牵头组织农事作业队，服务农场生产。农场全年生产出优质稻谷5000吨，有机稻米200吨，商品藕800吨，商品鹅鸭15000羽。

七星现代农业发展有限公司作为龙头企业，协助成立七星农机专业合作社、七星植保专业合作社以及七星粮食专业合作社，为家庭农场提供优质且低于市场价格的社会化综合服务，至年底，合作社工作区域辐射至农场周边的7个家庭农场。七星农机专业合作社的作业面积达1000公顷，七星粮食专业合作社收购农场种植主体稻谷2500吨，服务周边农户存粮150吨，粮食烘干和加工中心全面运转。 （乔 治）

市委副书记戴元湖（中）调研兰博园台资项目

中共盐城市
盐都区委员会

Yancheng Yandu District Committee
Of the Communist Party of China

综　述

Summary

【概述】 在省市委的正确领导下，坚持真心看齐、精心谋划、公心决策、用心落实，主动适应经济新常态，自觉践行新发展理念，统筹做好稳增长、调结构、促改革、惠民生、防风险各项工作，较好地完成了年度目标任务，实现"十三五"良好开局。

综合实力稳步提升。全年地区生产总值增长9.8%左右，规上工业增加值增长10.2%，11项主要经济指标中有6项指标增幅居全市前列。产业结构不断优化，二三产业占GDP比重达90.4%，高新技术产业产值占规上工业产值比重达32%。扎实开展"项目载体提升年"活动，全年新签约、新开工、新竣工亿元以上项目分别为68个、53个、46个；智能终端产业园建成和在建多层厂房66万平方米，落户项目55个，实现开票销售30亿元；电商快递产业园创成省市共建互联网产业园，累计落户项目125个；全民双创园新建标准厂房43万平方米，新入驻企业138个，荣获"省土地利用节约集约示范区"称号。农业现代化跨入全省先进行列，高效设施农业占比全市领先。

改革创新不断深化。坚持以推进供给侧结构性改革为主线，积极落实"三去一降一补"任务，精简行政许可事项117项，"营改增"工作稳步推进，土地承包经营权确权颁证基本完成，农村产权交易全省领先，获批省农村改革试验区。创新创牌再创佳绩，新增国家高新技术企业36家、全市第一，创成国家级火炬特色产业基地2家；引进"千人计划"、长江学者4人，领军人才56名。有效对接多层次资本市场，国投13亿元企业债成本全省最低，驰翔齿轮直接融资总额突破2亿元；中恒宠物进入主板上市辅导期，苏力机械、剑桥涂装等6家企业"新三板"成功挂牌。

城乡面貌持续改善。入选全国首批、苏北唯一国家级产城融合示范区，城建交通重点工程开工建设124项、竣工39项。中央环保督察反馈问题全部整改落实到位，工业企业和畜禽养殖污染专项整治成效显著，林木覆盖率达23%，生态环境持续向好。被评为省四好农村公路示范区，提档升级农村公路62公里，投放新能源公交车80辆，城乡交通路网进一步完善。成功举办首届休闲中国高峰论坛和第二届"畅游盐都金秋行"活动，进入国家全域旅游示范区创建名单，获评全国休闲农业和乡村旅游示范县，游客接待量、旅游总收入分别增长42.2%、59.4%。

民生事业扎实推进。呼应群众关切、民生期盼，投入15.8亿元基本完成十大类36项为民办实事项目。新增城镇就业1.3万人，城乡居民人均可支配收入分别达33348元、18998元，增长8%和9.5%。社

区委书记羊维达走访慰问敬老院

会保险覆盖率98.7%,新农合人均筹资标准增至580元、全市最高,居家养老日均服务量突破1000人次。获批全省促进义务教育均衡发展先进区,淮剧《菜籽花开》获省文化艺术节特别奖,村级卫生室标准化建设任务提前一年完成。全面落实精准扶贫、精准脱贫各项政策措施,30%的低收入人口、50%的省定经济薄弱村实现脱贫。深入开展全国文明城市创建,涌现出中国好人乐绍琪等一批先进典型。社会大局和谐稳定,被表彰为全省法治建设示范县。

党的建设全面加强。深入开展“两学一做”学习教育,区委常委班子以上率下,带头参加支部活动、交流学习研讨、讲好专题党课,各级干部从严对标“四讲四有”,党性修养和宗旨意识普遍增强。胜利召开区第十四次党代会,圆满完成区镇村三级党组织集中换届工作。扎实开展“作风效能提升年”活动,严格落实全面从严治党“两个责任”,全年共立案查处违纪违法案件264件,推动党风政风和社会风气进一步好转。人大、政协工作不断加强,区镇人大、村(居)委会换届选举顺利进行,基层政权建设进一步巩固。统战、人武、工会、共青团、妇联、老干部、党史、关工委等各项工作取得新的成效。

重要会议

Important Congresses

【羊维达主持会办全区投融资工作】 2月23日上午,区委书记羊维达主持召开全区投融资工作会办会。区长吴本辉,区委常委、常务副区长陈志会,副区长李成彬出席会议。相关板块及区直有关部门负责人参加会议。在认真听取相关工作情况汇报后,羊维达对2015年全区在投融资工作中取得的成绩给予肯定,并就下一步如何做好工作提出要求。他指出,做好投融资工作是组织经济工作的重要抓手,是全区经济发展和社会稳定的重要保障。全区上下必须将投融资工作作为当前经济工作的一项重点来推进,更好地服务推动全区经济社会健康可持续发展。

【召开区委第十三届九次全会】 5月7日,中共盐城市盐都区第十三届委员会第九次全体会议召开,区委书记羊维达主持会议并讲话。会议就召开盐都区第十四次党代会作出决定。区委十三届委员、候补委员出席会议。会议传达省、市委换届工作会议精神,并就《关于召开中国共产党盐城市盐都区第十四次代表大会决议(草案)》作说明。通过《关于召开中国共产党盐城市盐都区第十四次代表大会的决议(草案)》。羊维达指出,区委换届是全区人民政治生活中的一件大事。盐都区第十四次党代会的重大任务是选举新一届的区委领导班子,党代会能否成功召开,直接关系到今后五年全区经济社会发展的大局和“十三五”规划目标的实现,意义深远、责任重大。各级党员领导干部要自觉提高思想认识,准确把握大局大势,切实增强做好区委换届工作的责任感和使命感。

【中共盐城市盐都区第十四次代表大会开幕】 7月19日上午,中国共产党盐城市盐都区第十四次代表大会,在区文化艺术中心隆重开幕。上午8时30分,会场奏唱雄壮的《中华人民共和国国歌》,大会正式开幕。大会由吴本辉主持。羊维达代表中国共产党盐城市盐都区第十三届委员会向大会作题为《践行发展新理念,提升区域竞争力,为率先全面建成小康社会而努力奋斗》的报告。大会的主要任务是:认真总结过去五年的工作,研究确定今后五年的目标任务,选举产生中共盐城市盐都区第十四届委员会和纪律检查委员会,动员全区党员和干部群众,践行发展新理念,提升区域竞争力,为率先全面建成小康社会而努力奋斗。大会主席团常务委员会成员羊维达、吴本辉、冯明印、朱金南、陈志会、王铁根、葛建华、商建明、陈育群、沈潜辉、张云云在主席台前排就座。大会主席团成员在主席台就座。非中共党员区四套班子成员,部分离退休老干部,各镇(区、街道)部分班子成员,区直各部门和单位部分班子成员和机关干部,各事业单位主要负责人列席会议。朱金南代表中共盐城市盐都区第十三届纪律检查委员会作题为《忠诚科学履职,全面从严治党,为率先全面建成小康社会提供坚强纪律保障》的工作报告。报告回顾和总结区第十三次党代会以来区纪委的主要工作,提出今后五年党风廉政建设和反腐败工作的指导思想和目标任务。7月21日上午,中国共产党盐城市盐都区第十四次代表大会圆满完成各项议程和任务,在区文化艺术中心胜利闭幕。大会主席团常务委员会成员羊维达、吴本辉、冯明印、朱金南、陈志会、王铁根、葛建华、商建明、陈育群、沈潜辉、张云云在主席台前排就座。大会主席团成员在主席台就座。闭幕仪式由羊维达主持,吴本辉致闭幕词。大会经过表决,一致通过《中国共产党盐城市盐都区第十四次代表大会关于十三届区委工作报告的决议》和《中国共产党盐城市盐都区第十四次代表大会关于区纪律检查委员会工作报告的决议》。大会经过充分酝酿和民主选举,产生中国共产党盐城市盐都区第十四届委员会和纪律检查委员会。大会在雄壮的《国际歌》声中胜利闭幕。

【召开区委第十四届第一次全会】 7月21日上午,中共盐城市盐都区第十四届委员会举行第一次全体会议,选举产生新一届区委领导班子,批准区纪委一次全会选举结果。羊维达主持会议。出席会议的区委委员应到29名,实到28名;候补委员应到6名,实到6名。区纪委委员列席会议。会议以举手表决的方式,通过中共盐城市盐都区第十四届委员会第一次全体会议选举办法,通过监票人名单。会议以无记名投票差额选举的方式,选举羊维达、吴本辉、冯明印、朱金南、陈志会、王铁根、葛建华、商建明、陈育群、沈潜辉、张云云11人为中共盐城市盐都区第十四届委员会常务委员会委员;选举羊维达为中共盐城市盐都区第十四届委员会书记,选举吴本辉、冯明印为中共盐城市盐都区第十四届委员会副书记。新当选的区委书记羊维达代表区委会作讲话。

【省委举办第二期县委书记工作讲坛】 10月8日,省委举办第二期县委书记工作讲坛。省委书记李强出席讲坛,并作重要讲话。省委副书记、省长石泰峰主持讲坛。讲坛采用电视电话会议形式举行，省里设主会场，在各区市和县(市、区)设分会场。区委书记羊维达在盐都分会场作视频交流发言。他说，盐都是一个古老的县、年轻的区，全面建成小康社会综合得分苏北领先。作为县区一级，最主要任务是抓落实，以抓落实之功，实现一方稳定发展。抓落实首先要讲实话。对于县区来讲，最大的讲实话就是不提不切实际的口号；抓落实关键要办实事。紧紧围绕抓"短板"办实事，靠船下篙，一件一件干到位；抓落实重点要求实效。坚决贯彻市委提出的"四不"要求，即不提不切实际的口号、不做花花哨哨的事、不做急功近利的事、不做劳民伤财的事，把功夫下在求实效上，做到抓一件像一件，干一件成一件。区人大常委会主任穆芹、区政协主席硕其斌、区委副书记冯明印等区四套班子领导在盐都区分会场收听收看。

【羊维达接受"交汇点新闻"专访】 11月，区委书记羊维达在参加省第十三次党代会期间，接受"交汇点新闻"的专访。他强调，盐都将重抓"一极"，全力培植战略性新兴产业，为"聚力创新、聚焦富民"打下坚实的产业基础。羊维达在接受专访时说，盐都将把智能终端、高端装备、新能源、电商快递、商务商贸、汽车服务等作为战略性新兴产业和现代服务业来重点培植。重点抓好"一极"，所谓"一极"就是把国家高新区智能终端增长极，作为盐都培植战略性新兴产业的重要平台和载体。全区将坚持"有所为，有所不为"，重点培植智能终端产业，着力推进转型升级，体现省委书记李强在省第十三次党代会报告中提出要"聚力创新"的要求。至10月底，高新区智能终端产业园已建成标准厂房接近70万平方米，落户项目55个，开票销售19亿元，预计到年底将达30亿元。至2017年，要确保开票销售实现70亿元，力争达到100亿元。在"十三五"期间，要实现把智能终端产业打造成十个品牌、百家企业、千亿销售的目标。"

【举办中国智造与创新教育主题"长风论坛"】 11月27日，盐都区举办盐城国家高新区智能终端产业人才项目对接会暨中国智造与创新教育主题"长风论坛"。区委书记羊维达致辞，区委副书记、区长吴本辉主持论坛，区委常委、组织部长王铁根推介全区人才政策环境，区委常委、高新区党工委书记商建明推介高新区投资环境和智能终端产业园相关情况。副区长肖乐农、彭向洪、廉武卫参加论坛。羊维达在致辞中说，盐都作为盐城大市区的重要经济板块，一直致力于宜业、宜居、宜游城市的建设，先后创成国家高新区，入选首批58家国家级产城融合示范区，获评全省首家乡村旅游创新发展示范区，进入国家全域旅游示范区创建名录，国家生态区率先全市通过考评验收，全面建成小康社会综合得分苏北领先。吴本辉指出，人才对接会和长风论坛，既是一场智慧碰撞的交流会，也是一场增进合作的对接会，对于促进盐都人才发展迈上新台阶、创新驱动结出新硕果必将产生极大的推动作用。全区将以此次活动为新的契机，以更加开阔的视野、更加开放的政策、更加优质的环境，广纳八方英才，让更多的优秀人才在盐都实现梦想有机会、干事创业有舞台、长远发展有空间。对接会上，盐城工学院国家技术转移中心盐城高新区分中心、中国3D打印教育联盟进行揭牌仪式。高新区被工信部授予"3D打印创新(创业)基地"。高新区与盐城技师学院、德国工商大会上海代表处就三方共建中德盐城技师培训学院进行了签约。江苏数字鹰公司、江苏晶鸿电子公司、盐城华星光电公司等12家单位与意向引进人才进行人才项目落户签约。工信部原党组成员、总工程师朱宏任在会上作《中国制造2025与创新发展新机遇》的主题演讲。省内外产学研合作高校、科研院所负责人，国家千人计划专家，3D打印及智能制造、智能终端领域国内外知名专家，职业院校院系负责人，3D打印重点应用行业协会负责人和领军企业高管约300人参加活动，共同探讨"中国制造2025"与创新发展的新机遇。

【召开区委第十四届二次全会】 12月30日，中国共产党盐城市盐都区第十四届委员会第二次全体会议，在盐都文化艺术中心举行，区委常委会主持会议。出席会议的区委委员27名、候补委员6名，区纪委委员，不是区委委员、候补委员的区人大、区政府、区政协班子成员和有关方面负责人列席会议。全会深入贯彻落实党的十八届六中全会和习近平总书记系列重要讲话精神，听取并讨论区委书记羊维达所作的题为《重抓一极一园一业，致力创新生态富民，为高水平全面建成小康社会而不懈奋斗》的大会主题报告，以书面形式向全委会报告区委常委会2016年的主要工作。全会认为，一年来，在省市委的正确领导下，全区上下坚持真心看齐、精心谋划、公心决策、用心落实，主动适应经济新常态，自觉践行新发展理念，统筹做好稳增长、调结构、促改革、惠民生、防风险各项工作，综合实力稳步提升，改革创新不断深化，城乡面貌持续改善，民生事业扎实推进，党的建设全面加强，较好地完成了全年目标任务，实现"十三五"良好开局。

重要活动
Important Activity

【开展"两学一做"学习教育】 年内，组织全区4万多名党员参加"两学一做"学习教育，结合"三解三促一加强""双融双解"，区委常委带头开展专题调研，指导基层党支部抓好日常学习，带头搞好学习研讨，开展专题学习交流研讨5次。认真落实"三会一课""评定升""党员活动日""远教学习日"等党员教育管理制度，扎实开展支部党课、学习讨论、查摆解决问题、组织生活会、民主评议党员等规定动作。创新学习形式，依托流动党员网络党支部、盐都党员e站等，着力破解流动党员参学难问题。突出学做结合，分类开展"双融双解""真情家家到、争当五大员"活动，无职党员"十项承诺"等活动。

【区镇党委换届工作】 根据中央和省市委换届工作精神，按照市委的统一部署和要求，结合区情实际，通过精心谋划、分解任务、责任到人，全区区镇村三级党组织换届工作按时圆满完成。专门成立由区委书记羊维达任组长的换届工作领导小组，区四套班子党员领导干部挂钩到各镇（区、街道），区委组织部、区纪委选派联络员和监督员，为换届工作的顺利开展奠定坚实基础。召开动员会，下发换届相关文件，明确换届指导思想、工作目标和具体要求。召集各镇分管领导及相关人员进行学习，开展换届工作业务培训，提升工作水平。开展谈心谈话，教育引导广大党员干部正确行使民主权利，正确对待组织安排和进退去留，确保换届过程思想不散、秩序不乱、工作不断。组织观看《镜鉴》《警钟》警示教育片，印发中央和区委关于加强换届风气监督的相关文件、宣传卡片和承诺书，区委书记、组织部长、纪委书记按照“四必谈”要求，进行严肃换届纪律的专题谈话。在区、镇（区、街道）人大、政府班子换届之际，组织集中观看辽宁拉票贿选案的警示教育片。将中纪委机关、中组部《关于加强换届风气监督的通知》、省委组织部《关于认真做好严肃换届纪律宣传工作的通知》和“九条禁令”宣传卡，印送给全区所有科级以上领导干部，努力提高换届纪律知晓率和覆盖面。专门下发通知，要求各镇（区、街道）、区直单位对新当选 387 名区党代表围绕“一片一书”“九条禁令”、换届纪律等事项进行换届风气监督工作专题培训。同时，为进一步严肃换届纪律，区十四次党代会预备会已经将全体党代表集中观看中组部换届警示教育片《镜鉴》列为会议一项重要议程。翻印400 份中纪委机关、中组部《关于加强换届风气监督的通知》，与“九条禁令”宣传卡片一起函送每一位区党代表，引导大家严格按党的政策办事、按组织原则办事、按规章制度办事。启用“12380”举报信息管理系统和电话、短信子系统，通过《双新盐都报》、盐都电视台、盐都党员 e 站等媒介，主动向社会公布换届纪律举报网站、举报电话和举报手机短信号码，构建“12380”电话、信访、网络和短信“四位一体”的综合举报受理平台，及时采集、汇总和查处违反换届纪律问题。

（郑志远）

组织建设

The Organization Construction

【概述】 按照全国、省、市组织部长会议部署和区委要求，带头落实全面从严治党，坚持从严治党、思想建党、制度管党，认真抓好思想政治建设、持续深入改进作风、从严管理监督干部、强化基层基础工作、深化党的建设制度改革、落实从严治党责任等重点任务，为服务“一极一园一业”战略布局、建设“强富美高”新盐都提供坚强的组织保证。至年底，全区党组织2704个，下辖40个党工委，23个二级党委，党总支362个，党支部2279个。其中，区直党工委20个，二级党委8个，党总支64个，党支部519个；农村基层党工委20个，二级党委15个，党总支298个，党支部1760个。“两新”组织党委2个，二级党委6个，党总支3个，党支部73个。党员总数46871人，其中女党员9120人，农村党员35825人，区直党员11046人，农村建国前老党员262人，全年新发展党员438 人。

【规范配备干部】 以镇党委、人大、政府换届为契机，加大干部交流调整力度，着力解决人岗不适、流动渠道不畅等问题，促进干部多岗位锻炼提升，优化科级领导班子结构。坚持老中青结合的梯次配备，注重年龄、经历、专长、性格等方面的匹配，突出面向基层一线任用干部，选配储备优秀年轻干部，努力调动各年龄段干部和班子集体的积极性。全年新提拔科级干部 37 名，调整变动科级干部 239 人次。扩大选人用人视野，加大从镇（区、街道）事业编制人员、优秀村干部、大学生村官中选拔镇级班子成员力度，推动区直与镇（区、街道）、城郊与边远镇（区、街道）科级干部双向交流，增强乡镇领导班子活力。

【干部日常监督管理】 年内，对全区930 名科级干部个人事项报告进行整理归档。在换届工作中，对各镇（区、街道）21 名党政正职所填报的个人事项进行查核比对。对 16 个镇（区、街道）、36 家部门（单位）的 2015 年度干部选拔任用情况开展“一报告两评议”工作，形成报告，并向评议结果排名靠后的 5 家区直单位和 3 家镇（区、街道）发放“一报告两评议”反馈单。对在干部选拔任用中发现选拔任用程序不规范，超职数配备等负有领导责任的 6 名干部寄发《关爱提醒单》，对 2 家单位分管负责人进行谈话提醒。对年内 29 名新提拔任用领导干部开展任前廉政法律知识考试，并发送提醒短信。全年实施经济责任审计项目 4 个（包括 2 个三责联审项目），其中离任审计 2 人，任中审计 2 人。严格实施股级事业单位班子成员职数预审制度，2016 年对全区股级事业单位在编在职的班子成员信息进行统计，准确了解掌握股级单位班子成员情况，进一步做好职数预审的把关。

【加大干部教育培训力度】 年内，组织全区 29 名县（处）级领导干部、22 名镇（区、街道）党政正职干部到市委党校参加党的十八届五中全会精神轮训班。组织举办全区科级干部和青年干部轮训班，全区 700 多名科级干部及青年干部参加轮训。举办五期“盐都大讲堂”活动，在全区营造昂扬向上、求知尚学的精神状态和良好的学习氛围。在全区组工人事干部中继续组织开展“周末大讲堂”系列活动。积极做好全区处级干部在线学习工作，确保学习达标率 100%。

【培养管理大学生村官】 优化大学生村官队伍结构，年内，选聘来自哈尔滨工业大学、四川大学、重庆大学、南京审计大学、南京财经大学、盐城工学院等高校 8 名应届毕业生在区经济薄弱村或低收入村工作。实行大学生村官目标承诺制度，组织全区大学生村官根据在村（居）的分工情况，作出年度目标承诺，各镇（区、街道）组织办对大学生村官的承诺目标进行细化和把关，并将目标承诺书在村公示栏公示，便于考核和群众监督。

【激发人才队伍活力】 年内，出台《关于加强供给侧改革促进工业经济转型发展的意见》，设立科技创新、人才引培等专项资金 2 亿元。重点项目实施重点奖励，成功申报入选国家“千人计划”的，可获得区财政300万元配套奖励，成功申报入选省“双创团队”的，可获得区财政200万元配套奖励。加快实施“515”人才引进行动计划，通过请进来考察引才、走出去推介招才、国际化招引人才等方式，引进陈冠益、隋晓峰、饶伟峰、华青松4名“千人计划”专家、长江学者，其他领军型人才56人、外国专家11人，加速各类人才的集聚。人才项目申报取得新的进展，入选省级人才项目19个、市领军项目15个。组织参加市第四届国际精英人才创业大赛取得新突破，8人入围决赛，6人获奖，入围数、获奖数均列全市第一，区委组织部获市优秀组织奖。

【加强服务型党组织建设】 扎实推进村级党群服务中心提档升级2015—2017三年计划，区财政对新建和改扩建的51家党群服务中心分别补贴20万元、10万元。坚持全面建立村级党群综合服务中心台账资料，纳入每月基层党组织统一活动日必查内容；制定村级党群综合服务中心管理使用办法，完善功能配套，健全有关制度，抓好运行管理。坚持“双强”标准，拓宽来源渠道，选优配强村党组织书记，调整充实村级后备干部，突出注重35周岁以下优秀青年党员人才选拔培养；健全完善村书记任期目标、公开承诺、述职评议等制度，从严从实考核管理。坚持优化合作社、产业链、家庭农场、经纪人队伍等党组织设置，发挥村党组织的示范引领作用，打造农村“创业型”党组织，推动党组织书记带头致富、党员干部带民致富。制作《〈中国共产党廉洁自律准则〉解读》8集动漫，受到中组部充分肯定，将在共产党员网等党建主流媒体及移动平台播放。

【推进“基层党建示范带”建设】 年内，推进23个区定基层党建示范点建设，制定《基层党建示范点制度上墙规范要求》，对各基层党建示范点党员活动室、党群议事室、党代表工作室和便民服务大厅4个关键室(厅)的上墙规范和制度内容提出明确要求，23个示范点基本布置到位。将“基层党建示范带”建设列入“基层党组织统一活动日”必查项目，共开展5次专项检查。

【制定落实“六强六过硬”实施办法】 贯彻落实全国、全省农村基层党建工作座谈会和《中共江苏省委办公厅印发〈关于进一步加强农村基层党建工作的若干意见〉的通知》(苏办发〔2015〕63号)文件精神，研究并出台《关于落实“六强六过硬”进一步提升全区农村基层党建水平的实施办法》。围绕打造提升农村党建品牌、创新学习教育活动、加强镇村干部队伍建设、加强党员教育管理、夯实农村基础保障、规范村级组织运行、加强责任落实和工作督导、协调推进农村发展8个方面，细化20条举措，全面落实“六强六过硬”要求(“六强六过硬”是指强引领，作用发挥过硬；强素质，队伍建设过硬；强发展，小康业绩过硬；强规范，乡村治理过硬；强投入，基础保障过硬；强督导，责任落实过硬)，为加快建成“强富美高”新农村提供坚强组织保障。

【规范村务公开】 年内，出台《盐都区村(居、社区)“四议四公开一监督”实施办法(试行)》，所有村级重大事项都必须在村党组织领导下，按照“四议”“四公开”“一监督”(“四议”即村党支部会提议、“两委会”商议、党员大会审议、村民代表会议或村民会议决议；“四公开”即决议公开、实施结果公开、村民监督委员会监督公开、年度述职测评及离任审计结果公开；“一监督”即村重大事项的决议和决议实施全过程要自觉接受党员、村民的监督)的程序进行决策、实施和监督。重点对村务决策、村级集体“三资”管理和土地流转等进行监督。

【选派“第一书记”】 深化“双融双解”活动，从党政机关有针对性地选派48名“第一书记”到党组织软弱涣散村、贫困村、后进村担任村居党组织第一书记，带动工作重心下移、资金资源下沉，加快村居经济社会发展。年内，次对省定经济薄弱村、党组织软弱涣散村选派“第一书记”开展“回头看”、选优配强、落实基层民生工程。

【落实和完善党代表任期制】 积极拓展党代表闭会期间联系群众渠道，围绕“履职行权、组织方式、履职平台、组织保障”四个方面，落实党代表专题调研、决策听证、参与督查、询问质询等18项试行制度，构建形成“党委委员联系党代表、党代表联系骨干党员、骨干党员联系党员群众，重大决策有党代表参与、重点工作有党代表监督、重要领域有党代表沟通”的“三联三有”工作格局。不断拓宽党代表参与民主决策、民主监督、党的自身建设、联系服务党员群众的渠道，为闭会期间党代表发挥作用创造条件、搭建平台。高标准设立党代表工作室，围绕“区域全覆盖、代表全参与”目标，按照地域相近、便于联系的原则，年内，在村、社区等基层单位共设立250个党代表工作室，常态化联系基层党组织和党员群众。

【优化社区党建工作运行机制】 建立机关、企事业单位党组织联系基层党组织、党员干部联系群众“双联系”工作机制，在抓好在职党员报到全覆盖的同时，探索采取集中服务与分散服务、定期服务与日常服务相结合的方式，引导在职党员按照认领岗位职责，坚持常态化服务。城市社区按照“切口小，可复制，可持续”的总体思路，年内，推进福才社区开元路服务站和万胜社区神州路服务站建设，组织开展乒乓球比赛、趣味运动会、五点钟课堂等活动，并设立“五老工作室”，发挥老党员、老干部、老模范、老战士、老教师在社区治理中的积极作用。

【优化非公企业党建工作运行机制】 重点抓好“两个覆盖”、发挥好党组织“两个作用”、加强“两支队伍”建设，全年新建园区、非公企业党组织33个。持续开展非公企业“双五好”活动，动态管理更新市、区两级非公企业“五好”出资人队伍信息库。发挥好园区党建“两个平台”作用，实现园区党建工作与经济发展的互动双赢。积极发动无违规行为、总资产1000万元以上、净资产300万元以上、党组织建设达到标准化要求的非公企业出资人参与全市2016年度“五好”出资人申报，江苏永宁实业投资集团有限公司董事长卞绍春和盐城市新永佳石油机械制造有限公司党支部书记、总经理徐永和获得市级“五好”出资人荣誉。

【流动党员网络党支部建设】 年内，制定《关于在全区流动党员网络党支部中开展“两学一做”学习教育的实施方案》，抓好流动党员学习教育，破解流动党员参与学习难、组织生活难等问题。构建区、镇、村三级网络管理群，逐层落实推进网络党建工作。举办村书记和网络管理员培训班2次，对网络党支部的相关业务进行培训，提升网络党支部管理运行的能力和水平。在线开展“比一比‘双学’知识、谈一谈学做体会、晒一晒组织活动、亮一亮岗位贡献”的“四个一”行动，促进党内学习教育经常化、全覆盖、有特色、取实效。

【发展党员和党组织关系排查】 按照年初制定发展党员规划，重点向农民、一线工人和非公经济领域倾斜。全年发展党员438人。实施“拓源工程”，着力把各领域、各行业的优秀分子纳入入党积极分子队伍，全年培训入党积极分子近千人。下发《发展党员工作实务手册》，对组织委员、村(居)书记开展发展党员工作业务培训，提升工作科学化水平。在全区开展党员组织关系集中排查工作，以2279个党支部为单位，核查党员名册、党员档案、介绍信回执、党费交纳和参加组织生活情况等，取得联系党员716人，其中纳入组织管理党员709人，退党除名1人，死亡6人。

【建国前老党员双补资金工作】 根据《关于下达老党员生活补贴补助2015年四季度提标资金和2016年补助资金的通知》文件精神，年内，共向全区建国前入党的农村老党员发放生活补助资金144.75万元。对各镇(区、街道)及相关单位发放资金进行专项督查，确保专款专用，发放到位。在七一、春节等重大节日，开展对建国前老党员、生活困难党员等党员群体慰问工作。

【开展“580”党员志愿者“村村到”活动】 年内，30个成员单位的党员志愿者按服务分工和具体职能划分为10支“580”党员志愿者服务队，定期定点到各村居田间地头、实训基地开展志愿服务活动。全年实现服务村居220个，在线回复解决问题1100条，发布各类信息900条。以党员志愿者服务队为单位，定期定点进村入户，共开展农技推广、扶贫帮困、爱心支教、市场维护等志愿服务活动160场次，参与活动的基层党员群众2.7万多人次，推送服务信息550条、供求信息400条，发放资料1.2万份，配套光盘9000张。

(郑志远)

宣传教育
Publicity and Education

【概述】 全区宣传思想文化工作围绕贯彻落实党的十八大和十八届三中、四中、五中、六中全会精神和习近平总书记系列重要讲话精神，着眼于“四个全面”战略布局，以“两聚一高”为追求，突出创建全国文明城市，培育和践行社会主义核心价值观，真实鲜活地讲述好盐都故事，为打造“一极一园一业”新高地，建设“强富美高”新盐都，提供强有力的思想保证、精神动力、道德滋养和文化条件。

【加强理论建设】 扎实推进学习型党组织建设。围绕“两学一做”专题学习教育，集中学习20余次。全力推进农家书屋、文化中心户提升工程，农家书屋数字化达100%，与区图书馆资源共享、通借通还。新购置图书4.2万余册，书屋图书更新总量达36.1%。成立区全民阅读促进会。举办“中国梦·盐都情”读书知识竞赛、“读书·创业·追梦”主题读书征文，红领巾读书征文等系列活动，掀起全民阅读的热潮。加大理论宣讲力度。实施“理论教育全覆盖工程”“理论宣教带头人”培养计划和“草根宣讲员”培育计划，创新“盐都发布”“盐都党员e站”、手机微课堂、微信公众平台等新兴平台，不断开拓理论学习新渠道。打造“盐都大讲堂”，使其成为盐都理论学习宣讲的响亮品牌。全区共组织各类宣讲队伍80多支，举办各类专题讲座、报告会近400场，发放各类宣讲资料15万份，直接受众达12万人次。深化理论实践运用。开展“迈上新台阶　建设新江苏”等系列专题读书调研活动。探索“互联网+理论”宣传模式，运用省级理论学习网站“江苏大讲堂”、市级理论学习微信公众号“黄海微课堂”等平台，发布学习理论文章300余篇。借助盐都报、盐都电视台、盐都网等媒体进行学习宣传，全年共刊载理论文章150余篇。获2015年全省基层党员冬训工作示范乡(镇、街道)及2016年全省文化科技卫生“三下乡”先进集体称号。

【新闻宣传】 延伸对外宣传半径。策划国家高新区建设、农产品旅游品牌推介、畅游盐都金秋行等重大主题宣传，主流舆论声势巩固壮大。首届休闲中国高峰论坛暨“中国休闲30人”盐都金秋行活动，吸引香港《大公报》、《中国旅游报》、旅游卫视、央视网、《人民日报》海外版、《新华日报》等20多家知名媒体聚焦盐都，以各种形式报道盐都的人文生态及休闲文化，提升盐都影响力和知名度。新闻稿件质量、数量双升，亮点纷呈，报纸、电视在省、市主流媒体上的用稿量排名前列，集中展现盐都发展新成果、新形象。全区全年在中央媒体用稿20多篇(条)，省级媒体200多篇(条)，市级媒体用稿近700篇(条)。其中，央视《新闻联播》9条，《新华日报》61篇、头版6篇，江苏卫视《江苏新时空》50条，在《中国文化报》《中国旅游报》头版也都有重点报道。提升舆论引导能力。发挥新闻信息资源共建共享平台作用，规范新闻稿件采编和共享流程，实行舆情信息闭环处理和民生办件回访销号制度。实施新闻从业人员素质和新闻质量“双提升”计划。健全完善新闻宣传工作联席例会和新闻阅评制度，加强新闻发言人队伍建设，强化新媒体建设和运用，积极构建以“盐都发布”政务微信为龙头的政务新媒体，开展网络问政、网络民生服务。加强网络工作力度。成立区网络安全和信息化领导小组，加强全区网络安全和信息化工作。利用微信公众号开展网络活动，“盐都发布”关注度明显提高，粉丝增加过万。率先完成全市下达的“交汇点”客户端安装任务3万个。理顺互联网信息工作机制，建立健全全区性的网络舆情监测报送、预警研判、应急处置机制，特别是紧盯重大活动、重大事件、敏感时间节点加强舆情监测，不断提升舆情应对处置能力。构建网上网下一体化引导机制，重大宣传报道统一开展，掌握舆论引导的主动权。加强与知名媒体人、媒体从业人员的沟通联系。

【文明创建】 年内，盐渎街道福才社区入围志愿服务“四个100”全国最美志愿服务社区。“文明旅游盐都行”经验在省文明旅游倡导工程暨“为中国加分”推进会上交流推广。乐绍琪、丁德勤分别当选为中国好人、江苏好人，孙益海家庭被表彰为“省文明家庭”，潘黄街道等5个镇、8个村和20家单位被评为省级文明创建先进集体。实施大会发动、示范带动、现场联动、督查撬动、持续推动“五大驱动”战略，充分运用户外广告、报纸、广播电视、短信、微信、流动宣传车、给市民一封信、宣传大礼包等多种形式，确保“中国梦”“图说我们的价值观”“讲文明·树新风”等公益宣传全方位、全覆盖，提高市民的知晓率、支持率。通过开展“为群众办实事、为党旗添光彩”、文化惠民“四送工程”等活动，实施“十星文明户”“五好文明家庭”“文明楼院”，文明创建“细胞工程”，选树宣传“中国好人”“道德模范”，深入开展“智慧社区·网格化志愿服务”行动，推动志愿服务进基层、进社区、进家庭、进公共场所，创新推进开元路社区工作站志愿服务网格化111工程（“1”是网格化志愿服务示范基地；“1”是社区文明驿站微信公众号平台；“1”是心·温暖社区志愿服务品牌），调动社会各界参与创建的积极性、主动性，提升社会满意度。按照创建全国文明城市测评体系12大项90小项188条标准要求，坚持问题导向，全区共投入3000余万元用于沟河整治、清理垃圾、补绿植绿、城市交通等民生工程，配套镇（街道）创文宣传专项资金113万元，配套区城管、市场监督管理、公安等专项创文工作经费500多万元。抓整治，调整充实创建督查、网格点保洁、挂钩部门巡查和执法监督“四支队伍”，组织实施交通违章、占道经营、违章搭建等专项整治“百日行动”，努力打造舒心宜人、文明有序的城市环境。成立市容环境、市场秩序、文明交通等16个专项工作组，完善区镇村三级督查机制，坚持“一日一检查、一日一汇报，一事一督查、一事一通报”。区委组织部、区住建、城管、交通、公安等部门40多名成员，组成五个督查小组和宾馆酒店、文明旅游、文化教育3个专项督查指导工作组，坚持问题导向，实行网格化督查，通过明查与暗访、问卷调查与询问应知应会知识、督查发现问题与指导解决问题相结合的方法，对集贸市场、社区小区、商场超市等重点创建部位，对交通秩序、门前三包、环境卫生、老旧小区等创建难点，开展高密度、全覆盖、拉网式测评督查，并通过专题片、红黑榜等形式进行问题通报。

【文化建设】 惠民活动贴近基层。大力实施文化惠民工程，全年共开展各类公益性展演展示活动260多场次，惠及群众近30万人次。“四送工程”送戏入村84场，送电影4100多场，送图书2万册，送展览全区2个巡回。开展“风韵水乡·乐在盐都”文化馆站文化惠民行、“清风盐都·廉政文艺下乡行”“市淮精品剧目惠民演出季”“高雅艺术进校园活动”等专场文艺演出100多场次。新建成开放区群艺馆。创成国家级文化基地2个，即“中国田汉研究会小剧场艺术基地”“中国戏曲表演学会基地”，市淮剧团被省委宣传部、省文化厅、省新闻出版局联合表彰为“全省服务基层、服务农村文化建设先进集体”。文艺精品呈现。大型现代淮剧《半车老师》启动全国巡演，参加2016年江苏优秀现代戏交流推广（北京站）演出，获得专家的肯定和群众的喜爱，央视等媒体予以报道。承办全国戏剧期刊主编年会、中国戏曲表演学会2016年年会、全国牡丹奖曲艺晚会、全国狮舞大赛等。全力打造曹文轩儿童文学品牌，加快发展龙冈桃花源、蟒蛇河水上旅游风光带，把文化事业、产业与旅游元素有机融合起来，互促并进。大型现代淮剧《菜籽花开》入选省舞台艺术精品工程重点资助剧目。大型戏曲《遍地月光》《布衣青天》《大湖泱泱》分别获得江苏省2015年度新剧本评选二等奖和提名奖，大型现代戏曲《歌声不再遥远》荣获第30届中国田汉戏剧奖剧本一等奖。产业发展日新月异。主动对接智能制造和“互联网+”行动计划，多措并举、培育壮大战略性新兴文化科技产业项目，着力构建质态更优、效益更高的产业转型“动车组”。高新产业区集聚智能终端文化科技类项目50多个、新增销售30亿元；电商快递产业园创建成省市共建互联网产业园，累计落户项目125个。举办“第二届大纵湖生态旅游节”“第二届户外露营节”“国际公路自行车赛”。大纵湖影视城被中央电视台授予“外景拍摄基地”称号、婚纱摄影基地被评为“金牌摄影基地”。盐都旅游景区多次精彩亮相央视《新闻联播》，景区游客数、劳动收入分别增长31.6%和26.8%。全年文化产业增加值占GDP比重为4.0%。 （柏　菁）

统战工作
The United Front Work

【概述】 全区统战系统深入学习贯彻党的十八大和十八届三中、四中、五中、六中全会精神以及习近平总书记系列重要讲话精神，认真贯彻落实中央、省、市委关于统一战线重大决策部署，围绕中心，服务大局，彰显职能、发挥优势，重点重抓“六大”工程，着力培养六支队伍“带头人”，聚心聚智聚力建设“强富美高”新盐都。

【开展坚持和发展中国特色社会主义学习实践活动】 坚持把增进共识作为统战工作的本质要求。年内，深入推进坚持和发展中国特色社会主义学习实践活动、理想信念教育实践活动，开展学习会、座谈会、培训会等15次，组织党外人士学习习近平总书记系列重要讲话精神，及时向党外人士传达十八届五中、六中全会及区委全会、区党代会等重要会议精神，引导党外人士深刻领会以习近平总书记为核心的治国理政新理念新思路新战略，“四个自信”更加深入人心，“不忘合作初心、继续携手前进”成为普遍共识。

【召开党派团体民主协商会】 全年协助区委召开民主协商会、情况通报会5次，就区党代会、区政府工作报告等重要事项征求党外人士意见，通报全区经济社会发展情况，各民主党派、工商联、无党派和新阶层联谊会负责人从不同层面、不同角度提出具有针对性、可操作性的建议意见，受到肯定，凝聚党外人士的政治共识。

【开展专题调研、专题议政】 按照“党委出题、党派调研、政府采纳、部门落实”的调研工作机制，围绕全区“十三五”规划推进生态建设和绿色发展、实施全域旅游，国家高新区建设等重大事项，年内，组织各民主党派、新阶层联谊会等团体中优秀党外人士开展4次“专题调研、专题议政”，收到专题调研报告20多份，在“两会”上，引导党外人士报送建议、提案50多件。

【加强党外代表人士队伍建设】 调整充实党外后备人才库，建立一支数量充足、结构合理的党外科级后备干部队伍。协助民建、民进盐都总支顺利换届，协调指导民主党派物色发展新成员，全年吸纳6名新会员。

【协助区委市区政协换届工作】 根据区委批转《区委组织部、区委统战部关于政协盐都区第十四届委员会人事安排的意见》文件精神，对推荐的委员建议人选进行严格考察，并反复征求各镇(区、街道)各有关单位意见，及时与组织部、政协党组进行会商，征求区纪检监察、政法、检察、公安、卫计、税务、人社等18个部门(单位)的意见，把好政治、能力、结构、程序、民意、法纪“六个关口”，报区委同意，最后确定区政协第十四届委员会委员正式人选277人。按照上级文件要求，推荐26名市政协委员人选，经区委常委研究同意上报市委统战部。 (万立娟)

农村工作

Rural Work

【概述】 2016年，全区“三农”工作保持良好的发展态势，农业现代化综合排名跨入全省先进行列，被省确定为新一轮农村改革试验区，获全市农业现代化和统筹城乡发展单项奖、农村脱贫致富奔小康工程单项奖。

【推进农村产权流转交易】 扎实推进农村要素流转交易市场化改革，在全市率先建成区镇两级产权交易服务体系的基础上，拓展交易品种。全年成交交易项目223宗，交易额1.2亿元。交易量位列全省前列，获全省农村产权交易市场建设先进集体，为全市农村集体产权制度改革现场推进会提供观摩现场。

【农业贷款担保服务】 健全新型农业经营主体弱抵质押担保和风险补偿机制，年内，农业龙头企业、农民专业合作组织、种养大户、家庭农场等各类新型农业经营主体以其自身具备的土地承包经营权、农机具、农业生产设施等弱抵质押物向汇隆公司作反担保，由汇隆公司向银行贷款提供担保。全年贷款担保29户，贷款总额6130万元，有效解决农业融资难问题，促进各类新型农业经营主体的发展。

【推进农业适度规模经营】 全区全年新增土地流转面积2646.67公顷，新增各类新型农业经营主体230家。其中家庭农场192家，累计达561家，经营面积达6706.67公顷。家庭农场(含专业大户)经营比重达42.8%。

【推进村务公开网络化】 全区村务公开在实现阵地、内容、时间、程序、形式“五统一”，财务、政务、事务、党务“四务”全公开的基础上，推广村居公开栏、阳光村务网、电子触摸屏、手机微信APP“四位一体”公开模式。至年底，全区有80个村正常进网公开村务。全省首批、全市唯一的阳光村务APP试点运行，通过手机微信公众号，推送村务公开信息和农户个人资产财务信息，开创村务公开和农民互动的新模式。

【农村承包土地经营权确权登记颁证工作】 年内，全区累计颁发证书12.7万份，80%村(居)完成颁证工作。土地确权的操作规范和验收程序成为全市工作标准，市委市政府在楼王镇公兴村颁发全市第一本农村土地承包经营权证。

【农村扶贫开发工作】 年内，召开盐都最高规格的全区扶贫工作会议，区委区政府对全区“十三五”时期扶贫工作进行全面动员部署。“十三五”期间，全区共确定新一轮建档立卡对象13474户、29874人，省定经济薄弱村4个、区定低收入村44个。落实5720名区、镇机关、事业单位党员干部与“一有三缺”户“一对一”结对，组织实施“结一门穷亲、找一份事做”主题活动，为900个贫困劳动力落实就业岗位。支持30个经济薄弱村新上增收项目，全年脱贫农村低收入人口8120

三官民俗婚庆节活动

人、省定经济薄弱村2个，被省委农工办、省扶贫办表彰为系统先进单位。

（陆全华　唐亚东）

政策研究工作
Policy Research Work

【概述】 2016年，区委研究室认真落实区委十三届八次全会精神，紧紧围绕区委“六大提升”(即：扩大有效投入，提升经济运行向好性；聚力结构改革，提升区域发展竞争力；坚持统筹共进，提升城乡一体融合度；强化综合施策，提升深化改革含金量；增进民生福祉，提升人民群众获得感；追求文明和谐，提升社会治理满意率)要求，切实履行职能，深入调查研究，自觉服务区委决策、服务经济建设、服务基层工作。

【重大课题调研】 围绕区委重大决策和重点工作，搞好超前服务，开展全局性、专题性、对策性调查研究，加大对产业转型、重大改革、民生保障等课题调研，借鉴网络、报刊研究新政策、新举措，结合区情实际，认真分析，思考发展之策。全年编写《盐都通讯》77期、《书记参阅》44期。

【调研成果转化】 认真总结基层和群众创新实践，形成一批思想性指导性较强，有一定参考价值的调研报告。其中，《县委书记要秉持‘四心’》《坚持理想信念增强“四个意识”》《做“四讲四有”的模范践行者》《挖掘自然特色资源　做强乡村旅游产业》《休闲胜地　生态盐都》《严以用权不愈矩，从严从实作表率》等文章被《群众》《国企党建》《江苏环境》《江苏旅游通讯》《调查与研究》《党建与经济》等多家媒体刊载，有效地发挥调研报告以文辅政作用，为宣传推介盐都、为盐都工作在全市进位争先发挥积极作用。

【“两学一做”文稿撰写】 年内，认真学习“两学一做”有关的文件和必读科目。把“两学一做”文稿起草工作与推动学习教育结合起来，精准把握活动节奏；立意求高、行文求实，打造“精品”，完成学习教育所有文稿的起草任务。全年共撰写各类活动文件、领导讲话、工作汇报、经验介绍等文稿10万字。

（张桂荣　陈　浩）

对台事务
Taiwan Affairs

【概述】 全区对台工作以招引台资为主，深入开展对台交流交往、宣传调研活动，努力为台胞、台商、台企、台属多办实事、多办好事，业绩位居全市、全省前列。

【上海市台协参访团在盐城考察】 12月10日，上海市台协常务副会长李崇章率23人参访团应区台办邀请在盐城开展为期两天的实地考察。区台办主任彭峻详细介绍盐都区经济社会发展的成就和前景，突出讲解盐都区的休闲旅游农业和智能终端产业发展情况。以台湾优势产业为切入点，陪同参访团考察高新区智能终端产业园、台湾农民创业园、兰花博览园等。

【在上海交流洽谈项目】 8月15—19日，区台办主任彭峻一行4人，在上海拜访台商、交流洽谈项目，收到较好效果。区招商组在上海参观旺旺集团、新光人寿、上海汉姆实业公司等台资企业和上海浦东新区、闵行台办；与台湾经纬集团、津味餐饮公司(85℃生产企业)、上海帛展环保科技有限公司等企业负责人就有关项目情况进行交流。8月18日，在上海奉贤区举办对台招商推介会。会前，在奉贤台办主任徐育清陪同下，招商组人员参观奉贤的一些台资、台属企业。会上，播放盐城高新区和盐都区台创园的专题宣传片；区台办主任彭峻介绍盐都的情况，并回答台商的提问。

【房心平考察盐都投资环境】 8月26日，台商上海中默公司董事长房心平一行3人在盐都考察，房心平参观考察郝氏故居、台创园、大纵湖旅游风景区，与副区长陈霞等进行详细的交流和洽谈。房心平认为盐都台创园地理位置优越，交通便利，基础设施配套齐全，投资政策优惠，农产品资源丰富，临近AAAA级大纵湖旅游风景区，加上修建的高铁，是一个投资的风水宝地。通过实地走访调研，房心平有意在台创园投资一个台式农场项目，便于盐都台创园提档升级，为全区乡村旅游注入台湾元素。

【走访台企解决困难】 9月1日，结合“走台企、访台商、解难题”专题调研活动，市台办副主任刘开俊、区台办主任彭峻等一行5人走访区台资企业。刘开俊详细询问台企的生产经营情况，询问是否存在实际困难。亚固科技江苏有限公司董事长张锦源反映困难。双方商讨对策，明确区台办相关协助事项，区台办主任彭峻提出解决问题的方案。

【花花世界落户台创园】 9月28日下午，台湾经纬集团房心平与区台创园正式签约，区长吴本辉，区委副书记冯明印，副区长陈霞，区台办主任彭峻等出席活动。花花世界梦工坊休闲旅游项目建设分三期实施，分别为花花世界梦工坊、拈花惹草博物馆、招蜂引蝶爱情海，总投资3000万元。项目落户台创园，打造集休闲、体验、科普、展览及展销为一体的综合型农庄。

（袁永罂）

机关工委
Party Committee Of the Organization

【概述】 2016年，区级机关工委下辖5个二级党委、12个党总支、137个党支部(其中工委直属党支部43个)，2630名党员(其中预备党员23名)。被市级机关工委评为党建工作综合先进集体，并被区委表彰为“强基工程”先进集体。

【机关党建工作】 3月25日，召开区级机关党建工作会议，全面布置机关党建工作，并对20个“五好”示范基层党组织、30个“五好”基层党组织、156名优秀共产党员、10名优秀党务工作者予以表彰，激发机关党组织和党员队伍创先争优的积极性。

【组织“两学一做”学习教育】 5月，在区直机关基层党组织中全面启动“两学一做”学习教育工作，把相关要求融入到工作中、落实到行动上。做到领导干部以上率下带头学习，先进典型示范引领学习。组织开展“领导干部立家规，共产党员正家风”主题活动，培育和弘扬社会主义核心价值观，发扬光大中华民族传统家庭美德。通过微信答题、电视抢答赛，多渠道开辟学习途径，提升学习效果。围绕三个专题，组织机关党员开展三次集中大讨论。6月，组织参加区“纪念建党95周年暨‘两学一做’学习教育”有奖知识竞答活动，并获一等奖。

【开展基层党组织专项整治】 年内，结合“两学一做”学习教育督查工作，开展党费收缴管理专项整治，杜绝党费拖交、不足额交等现象。开展“三会一课”专项整治，使机关基层党组织不断丰富“三会一课”形式和内容。开展机关作风建设专项整治，以每季度末开展党风政风行风社会公开评议工作为契机，整改作风建设方面存在的突出问题。全年对3起违反八项规定的案件依法进行查办处理。

【党建工作宣传教育】 利用“盐都大讲堂”现场宣讲与“盐都机关党建”微信媒体结合，配合传统形式的培训学习多渠道开展宣传教育。全年牵头举办6期“盐都大讲堂”，邀请中央国家机关、知名院校的领导、专家为全区党员干部集中授课，提升层次，开阔视野。“盐都机关党建”微信公众服务平台正常运行，主要发布党建资讯、加强对机关党员、党务干部的教育、培训和激励。平台每周更新2次以上，与上级党建平台形成联运和补充，充分发挥平台便捷、迅速的宣传教育功能。

【组建区级机关足球队】 3月，根据市级机关工委等上级部门的要求，组建全区首支机关足球队——盐渎足球队，并为足球队添置队旗、专业的训练服、比赛服和相关的装备。5月，盐渎足球队参加市区机关足球联赛，获小组出线；10—12月，分别参加亭湖区主办的“德惠杯”全市机关足球邀请赛和高新区举办的首届江苏金贸杯足球邀请赛，均获冠军。

【新党员发展培训】 5月中旬，在区电大举办为期5天的区级机关入党积极分子培训班，邀请市委党校、盐城师范学院的教授等进行授课，对党史、党章、法律法规、“两学一做”教育等基本理论知识进行系统的培训，组织观看警示教育片，学习优秀党员的先进事迹。85名学员有74名通过结业考核，领取结业证书。全年发展新党员22名，各项比例均达到或超过规定要求，为18名预备党员办理按期转正手续。

机关党建会议

【完成党代会人代会代表选举工作】 5—6月，依据《中国共产党章程》《中国共产党基层组织选举工作暂行条例》规定，成功选出38名区第十四次党代会党代表。10月，全面启动区直选区选举区第十六届人大代表工作，严格按照选举法和省市选举工作实施细则要求，历时3个月，选出19名区人大代表。

【组织新党员入党集体宣誓】 7月1日，区级机关工委组织区级机关新党员在市烈士陵园举行入党集体宣誓仪式，新党员接受深刻的党性、党史教育和爱国主义教育，增强共产党员的光荣感和使命感。

【开展无偿献血活动】 9月30日，与区机关事务管理局、区红十字会联合开展区直机关第五次“迎国庆、献爱心”无偿献血活动，参加的区直机关事业单位工作人员中有136人体检合格，共献出血液37000毫升；30名40周岁以下的干部职工接受造血干细胞血样采集成为中华骨髓库志愿者；另有1人在市血站进行2个单位的成分血（机采血小板）采集。

【区级机关工会工作】 年内，认真做好帮扶困难职工、先进典型推荐、劳模待遇落实、重大节日慰问等工作。五一前夕，向区总工会推评出五一劳动奖章2人，工人先锋号2个，巾帼标兵岗1个，巾帼标兵1名。11月，按区总工会的要求对机关的特殊困难职工进行详细的调查摸底，使2名职工家庭确定为区帮扶对象。全年慰问及助学达40多人次。4月底和12月中旬，分别与区总工会联合举办“健身迎五一·和谐促发展”区级机关乒乓球比赛和“健身迎元旦·聚力促发展”羽毛球比赛，并对获奖结果进行通报。被区总工会表彰为年度工会综合工作一等奖、工会双争工作先进奖、工会新闻宣传工作先进奖。（张志慧）

老干部工作
Veteran Cadre Services

【概述】 至年底,全区共有离休干部200人。其中,享受市(厅)级政治生活待遇5人,享受副县(处)级政治生活待遇的59人,科级干部18人,一般干部118人。以老干部参加革命工作时期划分,抗日战争时期的37人,解放战争时期的163人。以老干部原工作单位隶属关系划分,属行政机关的81人,属事业单位的49人,属企业单位的70人。每位老干部的年龄都在80岁以上。

【开展传统节日走访慰问活动】 1月31日,区委书记羊维达、区长吴本辉等看望慰问季兆甫、袁辉、严福庚等6位正处职老干部,关心他们的身体和生活情况。在老干部迎春茶话会上,区长吴本辉通报2015年经济社会发展情况和2016年工作安排,区委书记羊维达致词,感谢老干部对区委区政府工作的关心和支持,并向全区老干部恭贺新春。组织赴便仓、伍佑、北龙港登门慰问3名居住农村的易地安置老干部,对特困老干部及老干部遗孀登门慰问,送上慰问金、慰问品。中秋节前,区委常委、组织部长王铁根在市一院、市三院老干部病房看望患病住院的季兆甫、袁辉、张汉庆等。

【引导离退休干部增添正能量】 3月,转发盐委老干〔2016〕10号文件,在全区各镇(区、街道)和区直相关单位开展"夕阳生金辉,厚德照盐城,增添正能量"主题实践活动,鼓励和支持离退休干部根据自身特长和兴趣爱好,在自觉自愿、量力而行的基础上就近发挥余热,开展正能量活动。4月,下发《关于上报离退休干部先进事迹的通知》,共收到36个单位上报的先进事迹40件。筛选推荐王云玲、陈汝祝、于翠兰等8位退休干部的先进事迹参与全市离退休干部"夕阳生金辉。厚德照盐城,增添正能量"评选活动。5月下旬,2015年度全国"老有所为"先进典型人物推选结果揭晓,区原人大副主任沈光吼获评,全省仅有3人。

【组织开展阵地建设】 6月6日,全市老干部建党95周年门球比赛在市老干部活动中心举行,市直和各县(市、区)的10个代表队参赛,区老干局部门球代表队夺得第二名,并获优秀组织奖。6月22日,迎"七一"老干部书画摄影展在区老年大学举办,36幅书画作品和58张摄影展作品参展。为缓解全区老干部活动中心和老年大学阵地面积不足的状况,6月,向区政府呈报《关于在盐都新城区新建老干部活动中心和老年大学综合楼的报告》,"十三五"期间在城西南规划新建区老干部活动中心和区老年大学综合楼,满足社会老龄化的形势需求。

(耿建平)

保密工作
Security Work

【概述】 全区保密工作围绕中心工作,自觉服从服务大局,强化基层基础建设,突出重点关键环节,强化科学化、重抓规范化、坚持制度化,各项工作都取得新成效。

【保密教育经常化】 年内,增强保密意识,针对不同群体、不同层面特点,开展形式多样的宣传教育和培训活动。将保密知识纳入区委中心组学习内容,加强涉密人员保密知识宣传教育。积极发挥《保密工作》《保密科学知识》等专业杂志的作用,超额完成上级下达的征订任务,实现全区各镇(区、街道)和部门全覆盖。对新录用公务员、新录用村官、新入党对象进行上岗前、入党前保密知识培训,提高特殊群体保密防范意识。对公民开展形式多样的保密法制普法工作。与区司法局等20多个部门、单位共同组织大型广场宣传,使保密知识深入基层、融于群众。

【保密管理规范化】 年内,健全工作机制,建立保密委和各工作小组正常活动制度,落实各相关部门责任,打造推进工作合力;完善工作网络,积极推进保密工作组织架构全覆盖,明确直接责任人,确保基层保密工作有人抓,具体事情有人做,活动开展有实效;规范工作制度,根据形势发展和上级保密部门部署要求,及时修订完善相关制度,使保密工作在制度框架内扎实推进。区委保密委与各镇(区、街道)、各部门单位负责人以及重点涉密岗位负责人,签订保密工作责任书,做到责任明确,压力传递,层层落实,增强各级干部和涉密人员的保密责任意识。确保制度到位,严格把握。认真做好上级文件、资料登记回收、集中销毁工作。印发《党政机关计算机信息系统保密管理规定》《定密工作暂行规定》等制度,按规定及时解除过期国家秘密。按照省市要求,探索全区定密试点工作,制定管理规定,规范定密事项。保密工作台账实行动态管理,使基层和部门运用自如、把握得当。

【保密考核科学化】 以效能提升为重要取向,根据定性定量相结合的要求,制定严格的考核办法,保证保密工作措施在各层各级得到真正落实。组织高考和中考试卷存放点的安全保密专项检查,抽查试卷存放点,提出明确的保密要求和改进措施。突出重点部位。精心组织涉密计算机登记备案工作,年内,组织对区人民法院、公安局等重点涉密单位进行专项抽查,对发现的问题,及时整改到位。重抓泄密载体复制单位管理,完善区机关文印中心涉密文件打印、复制各个环节的管理制度,做到涉密文件处理登记、打印复制专人负责、残次产品当场销毁、电子文档彻底清除,确保涉密文件处理完毕后在文印中心不留"痕迹"、不留隐患。

(张正红　林　芸)

档案管理
Archive Management

【概述】 加大档案资源建设力度,制定《盐城市盐都区档案馆收集档案范围实施细则》,不断拓宽接收范围,优化馆藏结构。全年共接收档案104卷,6304件。接收载体由单一纸质文件向电子、声像、实物等载体转变，接收门类也在文书档案基础上进一步扩大。

【加强档案数字化、信息化建设】 4—6月，开展2015年文件材料归档工作检查，全区共归档文件材料24071件，并对成绩突出的10个档案室和37名先进个人进行表彰。开展档案目标管理工作，区法院顺利通过省五星级档案室的测评。全年共接待利用者4500余人次，出具档案证明5000多份，切实帮助群众解决购房、工龄、退休、养老保险等问题。获全省档案系统先进集体、全省档案宣传工作先进集体三等奖，再次获“盐都区目标任务综合考核先进集体”称号。至年底，文件级目录全部完成，完成馆藏档案全文数字化总数量近700万页，馆藏婚姻档案全部实现数字化，实现婚姻档案在线利用，不需要再进行纸质档案调阅。档案馆(室)一体化综合平台项目正式启动。

【农村土地承包经营权登记颁证建档工作】 年内，楼王镇公兴村、郭猛镇民乐村作为土地承包经营权登记颁征工作两个试点，开展确权档案建档工作，实地详细了解档案整理进度，认真查看档案整理工作中存在的问题，切实进行业务指导。楼王镇公兴村、文昌村、利民村、朝阳村四个村共1501户完成建档工作。7月14日，市农村土地承包经营权建档工作现场推进会在楼王镇召开，全市第一本农村土地承包经营权证在楼王镇颁发。

【扶贫结对工作】 自5月起，区档案局帮扶人员多次到结对挂钩帮扶胥仇村进行调研，帮助指导胥仇村建立完善档案工作，无偿赞助村档案室档案箱10组；开展“一对一”结对帮扶，及时与村干部、低收入农户见面结对，了解群众的生产生活困难，找准找实低收入农户致贫的原因，实现精准扶贫，累计帮扶困难群众7700余元。

【启动档案接收工作】 年内，区委办、区政府办下发《关于接收档案的通知》，新一轮档案接收正式启动。《通知》明确档案接收范围为各镇(区、街道)区直各部门、各单位2006年之前形成的属于永久、长期(30年)保存的各类档案，撤并机构上次移交年度至撤并期间形成的全部档案。《通知》对此次档案接收从案卷质量、档案装具、检索工具、档案交接文据四个方面提出严格要求，移交单位应根据相关规定整理，确保应移交档案齐全完整，档案整理编目科学规范；应使用符合档案行业标准的无酸档案盒；全部移交档案的纸质目录；案卷目录、全引目录、案卷集目录、归档文件级目录，全部移交档案的电子档，包括目录电子档和全文电子档；做好档案交接文据。

【城建档案管理工作受表彰】 10月，区住建局被省住建厅表彰为2016年全省村镇建设档案管理工作先进单位。为全市唯一获此表彰的住建主管部门。

(周　静)

信访工作

Work Concerning Complaint Letter and Visit

【概述】 全区信访工作立足解决问题，健全工作机制，落实信访责任，全力推进信访工作规范化、法治化、信息化建设，全年接待群众来访670批3473人次，其中集访149批2641人次；受理有效初信37件，网上信访166件；收到复查申请53件，不予受理3件，受理50件，作出复查意见46件，信访复核终结27件；“阳光信访”信息化平台正常运行，依托平台流转办理各类信访事项769件。全区信访总体形势平稳，未发生有影响的群体性事件和个人极端事件，获全区综合考核先进奖，局长崔学祥入围“江苏省最美信访干部”，并被表彰为全省信访系统先进工作者。

【源头防控】 开展“四项排查”活动，每月梳理排查各类矛盾纠纷，全年排查出滚存的各类矛盾纠纷178件，全部汇总分析交办、分类研判建档、跟踪化解销号。利用区、镇、村三级纵向网络以及信访和公安等职能部门之间的横向网络，及时准确搜集不稳定信息，特别是重点敏感时期，信息预警走在前面，确保将重点人员稳控在当地、劝阻在外围，实现全国“两会”、十八届六中全会期间进京非访“零登记”、杭州G20峰会期间“三个不”、省党代会期间“四个确保”的目标。

【化解信访积案】 认真开展“信访积案集中攻坚”活动，建立联席会议月度会办机制，推动化解各类信访问题。年内，市交办的64件积案，全部结案，化解46件；区内滚动交办15类重点群体，113件个性事项，化解58件，结案52件，所化解的事项，全部真化解、不反弹，9月，省致电信访人抽查区主要负责人包案化解的积案，情况真实、化解效果好。此外，积极协调化解非正常死亡、医患纠纷等突发重点事项。

【提高基础业务】 深入推进群众依法逐级走访权益保障卡工作，年内，全区发卡239本，各镇(区、街道)全部配备针式打印机，实行打印填卡。稳步推进通过法定途径分类处理信访投诉请求工作，30个区直职能部门的分类处理清单制定公示完成，区统一汇编成册并下发施行。视频公开接访定期开展，方便群众少走访，在全市率先。开展“点对点、一对一”针对性的业务培训，基层信访业务水平更加平衡，全年未发生因办理不规范被上级通报的情况。

【推进法治信访】 坚持正面宣传引导和反面依法处理相结合，推进信访法治化进程。年内，精心摘选《信访条例》及信访改革以来一系列新的政策法规，全市首创编印《信访指南》宣传册，在接待中向信访人发放，引导其依法逐级表达诉求，在工作中向机关工作人员和镇（区、街道)、村居、单位干部发放，提高其用法治思维接访处访的能力和水平。对涉访违法行为，注重配合公安部门收集固定证据，依法处置。

(刘爱斌　倪建玲)

党史编研

History Compilation

【概述】 紧紧围绕区委、区政府的中心工作，按照“资政、存史、育人”的要求，创造性地开展征、编、研、宣等活动，较好地完成全年各项目标任务。出版发行《中共盐城县历史》(1949—1978)和《美丽盐都》，开展纪念成立叶挺县70周年座谈会，纪念建党95周年系列活动，利用党史教育阵地开展爱国主义教育。

【校改发行《中共盐城县历史(1919—1949)》】 本书于1994年10月第一次出版，由于印刷条件差、保存时间长、现有存书少，根据实际情况决定校改发行，于2016年12月第2次印刷出版。本书记载自1919年至1949年原盐城县革命斗争的艰苦历程，反映广大人民群众不屈不挠、追求光明的斗争精神，再现革命志士前仆后继、光照千秋的英雄形象。将其纳入干部教育培训的必修课，作为支部“三会一课”和“两学一做”学习教育的主要学习内容。至年底，免费发送至全区各部门单位、各基层支部，并向老干部、盐都籍在外人士、党代表、人大代表、政协委员赠阅。

【出版发行《中共盐城县历史(1949—1978)》】 11月，《中共盐城县历史(1949—1978)》(二卷本)正式出版发行，记载从新中国成立到十一届三中全会召开的29年中盐城县地方党组织在中国共产党领导下，结合地方实际贯彻执行党的路线、方针、政策，带领人民群众进行社会主义革命和建设的光辉历程以及在此过程中积累的宝贵经验和失误教训。将其纳入干部教育培训的必修课，作为支部“三会一课”和“两学一做”学习教育的主要学习内容。至年底，免费发送至全区各部门单位、各基层支部，并向老干部、盐都籍在外人士、党代表、人大代表、政协委员赠阅。

【完成《美丽盐都》出版发行】 12月，《美丽盐都》正式出版发行，系统宣传盐都撤县建区以来全区干部群众建设盐都所取得的成就，展示盐都在政治、经济、文化、社会、民生等领域的突出亮点，体现盐都可持续发展等诸多层面内容，打造一幅美丽盐都全景图。全书设计为图文版，分为大地飞虹、阡陌情韵、年轮乐章、百卉含英、一方热土、飞红万点、风姿绰约、魅力永续8个部分，选用图片近500幅，文字31.8万字。图片呈系统化、系列化及视觉冲击力，文字风格清新优美、赏心悦目。图文并茂、大气厚重，富有文化底蕴。至年底，向全区各部门单位免费发放。

市党史办副主任吴建新(右)在盐都举办党史讲座

【纪念成立叶挺县70周年座谈会】 4月23日，区党史办与盐都新四军研究会、市新四军研究会联合举办“纪念成立叶挺县70周年座谈会”，20名从事新四军和党史研究的专家及部分新四军老战士参加座谈，回忆光荣历史，抒发革命豪情。区党史办主任王长江在会上就叶挺县成立的历史渊源及对盐城的影响作发言。

【开展纪念建党95周年活动】 6月29日，召开庆祝中国共产党成立95周年暨表彰大会，区委书记羊维达作题为《践行“四讲四有”，争做合格党员》的专题党课。

【利用党史教育阵地开展爱国主义教育】 年内，组织广大青少年学生到纪念场所开展爱国主义教育，组织党员到纪念场所重温入党誓词。盐都区现有革命遗址19处，大部分革命遗址保存完好，其中北堡战斗纪念牌，常年失修，争取修缮恢复原貌。学富镇筹建小河尖战斗纪念牌。鞍湖街道投资千万元对胡乔木故居进行修缮，筹备胡乔木生平陈列馆，拟分8个部分进行布展，复原故居原貌。

(陆叶青)

盐城市盐都区人民代表大会

Yancheng Yandu District People's Congress

综　　述

Summary

【概述】 区人大常委会在区委的正确领导下，认真学习贯彻党的十八大、十八届三中、四中、五中、六中全会和习近平总书记系列重要讲话精神，围绕改革发展大局，依法履行法定职责，全区人大工作迈上新台阶。

重要会议

Important Congresses

【区人大常委会会议】 2016年，区人大常委会共举行10次会议。

第32次会议于2月29日召开，会期半天。会议审议通过区人大常委会2016年工作要点，审议通过关于将保障性安居工程建设和旧城区改建项目纳入2016年度国民经济和社会发展计划的决议，讨论决定有关人事任命事项。

第33次会议于3月31日召开，会期半天。会议审议通过区十五届人大五次会议关于《整合资源，疑心聚力，将高新区打造成国家级产城融合示范区》议案处理意见报告；听取部分市人大代表述职报告，并对述职报告进行满意度测评；审议通过盐城市盐都区人大常委会关于设立盐渎街道工作委员会的决定；讨论决定有关人事任免事项，并向被任命人员颁发任命书。

第34次会议于年4月8日召开，会期半天。会议专题讨论决定区政府、区人民法院有关人事任免事项，并向被任命人员颁发任命书。

第35次会议于5月30日召开，会期半天。会议听取和审议区政府关于推进农机作业“最后一匡田”通达工程建设情况的汇报，审议通过区人大常委会关于许可对区人大代表陈前采取强制措施的决定，专题讨论区人大有关人事任免事项，听取部分市人大代表述职报告。

第36次会议于6月21日召开。会议学习区委关于加强区镇人大工作和建设的实施意见；讨论决定有关人事任免事项，决定免去张云云、张建洋盐都区人民政府副区长职务，任命彭向洪、陈霞为盐都区人民政府副区长。

第37次会议于7月29日召开，会期半天。会议听取和审议区政府关于2015年财政决算和审计工作情况的报告；听取和审议区政府关于2016年上半年计划和预算执行情况的汇报；听取和审议区政府关于区十五届人大五次会议代表建议办理情况的汇报。讨论决定区政府、区人民检察院有关人事任免事项，并现场颁发任命书，举行宪法宣誓；会议还对部分市人大代表述职进行测评。

第38次会议于9月28日召开，会期半天。会议审议并通过盐城市盐都区人大常委会关于开展第七个五年法治宣传教育的决议；听取和审议区政府关于全区美丽乡村建设情况的报告；听取和审议区政府关于全区中医药事业发展情况的报告。

第39次会议于10月16日召开，会期半天。会议听取区镇两级人大换届选举有关事项的说明；审议并通过盐城市盐都区人大常委会关于全区区镇两级人民代表大会换届选举问题的决定；审议并通过盐城市盐都区人大常委会关于设立盐都区选举委员会的决定；审议并通过盐城市盐都区人大常委会关于设立盐都区各镇和区人武部选举委员会的决定；审议并通过盐城市盐都区人大常委会关于重新确定大冈镇人民代表大会代表名额的决定；审议并通过盐城市盐都区人大常委会关于确定全区各镇新一届人大代表名额的决定；审查并批准盐城市盐都区第十六届人大代表名额分配方案。

第40次会议于11月30日召开，会期半天。会议听取和审议区政府关于《整合资源，凝心聚力，将高新区打造成国家级产城融合示范区》议案办理情况的汇报；听取和审议区政府关于2016年度区人大常委会审议意见办理情况的汇报；听取区农办关于全区精准扶贫实施情况的报告；审议通过盐城市盐都区人大常委会关于确认许可对人大代表葛序亮采取强制措施的决定；讨论决定区人大有关人事任免事项，并举行颁发任命书仪式。

第41次会议于12月26日召开，会期

半天。会议审查批准2016年财政预算调整报告，审议通过区十六届人大一次会议有关事项。会议决定任命廉武卫为盐都区人民政府副区长。会议讨论决定区人大、区政府、区人民法院和区人民检察院有关人事任免事项，并举行颁发任命书和宣誓仪式。会议还审议通过其他相关事项。

【区人大常委会与“一府两院”负责人联席会议】 12月28日上午，区人大常委会与“一府两院”负责人举行联席会议，部署落实区十六届人民代表大会第一次会议的各项准备工作，会期半天。区人大常委会主任穆芹，区委常委、常务副区长陈志会分别就大会材料和会务的准备工作，提出明确要求。区人大常委会副主任谭庚山等出席会议。

【区人大常委会主任会议】 年内，区人大常委会主任会议共举行15次，主要是研究处理常委会重要事项和日常工作。主任会议商讨研究工作评议方案、将保障性安居工程建设和旧城区改建项目纳入2016年度国民经济和社会发展计划、政府融资事宜、区镇两级人大换届选举工作相关事宜和有关人事任免事项，讨论关于《整合资源，凝心聚力，将高新区打造成国家级产城融合示范区》的议案处理意见报告及全区“七五”普法启动、全区推进“最后一匡田”通达工程建设、美丽乡村建设、中医药事业发展等工作的调查报告，促进常委会工作的有效开展。

重要工作

Important Work

【推动经济发展】 力促经济转型升级。听取和审议计划和预算执行情况、审计工作报告，审查和批准2015年区级财政决算，促进经济继续保持稳中有进的发展势头。督促办理区十五届人大五次会议一号议案，推动整合全区资源、凝聚共建合力，加快高新区三大板块融合和“新产业、新业态、新模式、新技术”的“四新”经济发展，倾力打造区域经济增长极。组织考察政府实事工程、重大项目工程实施情况，推动加快工程项目建设进度，完成年度目标任务。跟踪监督全区节约集约用地情况，加快供地结构调整和产业转型升级，实现节地水平和产出效益“双提升”。推动依法科学理财。调研经济新常态下促进经济稳健增长和财政持续增收工作，推动新型经济业态培育，提高其对全区财税增长的贡献份额。按照新《预算法》相关规定，提前介入财政预算编制，督促落实全口径预算管理要求，预算编制质量和执行水平大幅提升。推动政府有关部门优化财政支出结构，将财力更多地向“三农”、教育、社保、卫生等民生领域倾斜。力推财政预决算审议意见落实到位，跟踪督促审计问题及时整改，进一步构建规范有序的财务管理机制和严格有效的预算约束机制。

【关注民生热点】 年内，审议推进“最后一匡田”通达工程建设工作，调研全区农业机械化发展情况，推广联耕联种模式，促进农作物秸秆还田，发展绿色生态农业，加快农业产业化、机械化、规模化进程。听取和审议美丽乡村建设情况，调研“清洁乡村”行动推进工作，考察农村环境综合整治“五位一体”长效管理机制落实情况，推动构建绿色增长模式、绿色产业结构、绿色生活方式。调研乡村旅游工作，推动培育“美丽经济”，持续打造新的支柱产业，把绿色资源变成发展优势。

【推进社会事业】 年内，听取和审议中医药事业发展情况，扶持和促进传统中医药事业发展；组织考察体育工作，推动全民健身运动开展；调研少数民族居民创业经营情况，听取精准扶贫实施情况报告，调研退伍军人优抚和安置工作，推动各项服务、扶持、优待政策落实到位，促进同步小康不掉队。

【关爱弱势群体】 调研社会救助工作，深入基层检查最低生活保障制度落实情况，了解医疗、住房、教育、法律援助等专项救助和临时救助情况，发挥社会救助托底保障、救急解难作用。调研全区残疾人保障工作，要求全面落实残疾人保障救助政策，重视残疾人教育培训、就业指导和康复设施建设，鼓励引导残疾人自立自强，切实维护残疾人的合法权益。

【保障法律实施】 6月，听取和审议全区“七五”普法启动工作情况，加强法律法规宣传教育，深化国家宪法日宣传，致力让法治成为全社会的信仰。实行新任命人员向宪法宣誓制度，促进国家机关工作人员特别是机关干部学好宪法、铭记誓言、心严行实。推动法律法规贯彻实施，开展《电力法》《江苏省水资源管理条例》贯彻实施情况执法检查，依法对政府规范性文件进行备案审查，维护法律的统一性和权威性。

【促进依法行政】 推动法律法规贯彻实施，采用听取汇报与实地察看、问卷调查与重点检查相结合的方式，开展《电力法》《江苏省水资源管理条例》贯彻执行情况进行检查，依法对政府规范性文件进行备案审查，针对法律条例执行过程中的存在问题提出科学合理的建议，进一步维护法律法规的严肃性和权威性。

【强化司法监督】 依法对“一府两院”行使监督权，是宪法和法律赋予人大及其常委会的重要职权。常委会分别审议视察法院立案工作、检察院控申工作、公安局网路安全保卫情况，进一步提高“一府两院”依法行政、公正司法水平。

【认真处理信访】 把做好人大信访工作作为倾听民声、为民解忧的重要途径，推动社会矛盾化解。按照信访制度要求，规范信访工作程序，加大信访督办力度，明确专人协调处理，确保批转信访件有回执、有答复、有结果。常委会负责人带头接访和阅批重要信访件，并深入挂钩镇村，驻点指导信访积案和突出矛盾化解。全年，共接收处理来信28件，接待处理来访77人次。

【加强代表工作指导】 年内，坚持常委会组成人员联系代表、代表联系选民“双联系”制度，拓宽代表知情知政渠道，扩大代表对常委会活动的参与度。实行无固定收入代表执行代表职务补贴机制，支持和保障代表依法履职。加强代表联络机构建设，建立健全网络平台，开展代表接待选民、代表向选民述职活动，开展市人大代表向原选举单位述职。创新议案建议督办方式，实行领导领衔督办、工委对口督办、代表协力督办三维立体式督办机制，结合评选最佳办理单位，推动承办部门与代表面对面沟通，加大办理工作力度，进一步提高建议办成率和代表认可度。依法开展区镇人大换届选举，加强选举全过程监督，保障人民当家作主的权利。

【丰富代表活动内容】 年内，邀请代表列席常委会、参加调研、执法检查、工作评议、听庭评案等活动，扩大代表对常委会工作的参与度。采取组织学习培训、举办法制讲座、寄送刊物资料等形式，保障代表知情知政，提高代表履职能力。有序安排代表接待选民和向选民述职，加强代表与选民的联系，察民情、听民声，积极建言献策。组织先进代表组、优秀代表、优秀人大工作者和优秀议案、建议评选活动，不断激发代表履职热情。

【提高建议督办质量】 区十五届人大五次会议期间，对收到的代表建议和意见进行整理分类，及时召开交办会议，明确办理要求。办好《整合资源，疑心聚力，将高新区打造成国家级产城融合示范区》1号议案。人大五次会议期间代表提出的68件建议，均在规定时间内办理完毕，其中办成的41件，占60.29%，列入规划和计划逐步予以解决的26件，占38.24%，因受政策、管理权限等因素制约暂时不能解决并做出说明解释的有1件，占1.47%。

【加强自身建设】 年内，深入开展“两学一做”专题教育。党组负责人讲授“七一”专题党课，党组成员认真排查自身存在的问题，集体进行“两学一做”学习研讨和谈心谈话，把专题教育成效体现在改进工作作风、服务发展大局上。召开镇（区、街道）人大工作和建设座谈会，以改革创新精神不断拓展区镇人大工作的方法路径，更好发挥区镇人大的职能作用。召开区人大理论研究会，就人大在保障和改善民生方面发挥作用进行专题研究。在深入了解民情、充分反映民意、广泛集中民智的基础上，审议专项报告和开展工作评议前，调研工作在全市人大系统中荣获先进。加强与外地人大工作交流，促进共同提高。

【人大宣传工作】 认真办好常委会会报、网站，全面改版盐都人大网站，全年，在省市级人大刊物发表文章21篇，编印《盐都区十五届人大常委会风采录》专辑，利用电视、报刊等媒体开展宣传，进一步提升人大工作的影响力。常委会领导分别挂钩高新区重大项目、重点工程建设，牵头服务分工联系镇（区、街道）规模以上企业，关心支持驻点干部在经济薄弱村开展工作，慰问救助困难群众，助推村级经济发展。

【指导基层人大】 3月，召开镇（区、街道）人大工作座谈会，围绕人大工作创特色交流经验、研究问题，促进区镇人大工作联动和基层人大共同提高。坚持常委会领导分片指导镇（区、街道）人大工作制度，加强与基层人大的联系。正常邀请镇（区、街道）人大主席（主任）列席常委会议并参加调研考察、执法检查等，不断提高镇（区、街道）人大工作水平。

（苏　诚）

区人大主任顾其斌在服务大厦调研

盐城市盐都区人民政府

Yancheng Yandu District People's Government

综　　述

Summary

【概述】 2016年，是“十三五”规划的起步之年。全年实现地区生产总值443.62亿元，增长9.3%；一般公共预算收入33.79亿元，同口径下降7.4%；规模以上工业增加值227.09亿元，增长9.7%；服务业增加值185.8亿元，增长11.4%；固定资产投资354.8亿元，同比增长15.4%；城镇、农村居民人均可支配收入达到32796元、18827元，分别增长8.2%、9.0%。

加快转型升级，发展质效稳步提升。全区经济保持平稳健康发展。列市考核的11项主要指标中有6项增幅位居全市前列。50强工业企业开票销售、入库税收分别占规模以上工业企业的60%和58.3%。中恒宠物主板上市进入辅导期，东九重工、苏力机械等6家企业“新三板”挂牌，增量和总量全市第一。列市百项重点新增长点10个项目，实现开票销售27亿元。产业结构不断优化。二、三产业占GDP比重达90.4%，高新技术产业产值占规模以上工业产值比重达32%。智能终端产业园集聚产业链项目55个，新建多层厂房40万平方米，实现开票销售30亿元。大纵湖涂装设备产业园、张庄齿轮产业园被认定为国家火炬特色产业基地。城西南物流园获批省示范物流园区，电商快递产业园成为省市共建互联网产业园，累计落户项目125个。乡村旅游快速发展，游客接待量、旅游总收入分别增长42.2%、59.4%，成功举办首届休闲中国高峰论坛和第二届“畅游盐都金秋行”活动，进入国家全域旅游示范区创建名单，被认定为全国休闲农业和乡村旅游示范县。项目载体取得突破。牢固树立“项目为王”理念，扎实开展“项目载体提升年”活动，精准发力招商选资，聚焦会战重点项目，全年分别新签约、新开工、新竣工亿元以上项目68个、53个、46个。实施建链补链强链精准招商，举办欧美日韩、沪深港台等10多场专题招商，赛博宇华、迈腾电子等一批重大项目落户。坚持“每月通报、双月督查、季度点评、半年考核”和重大项目挂钩包保机制，定期组织集中开工、现场会办，列市“三重”项目、“三百”工程和区八大类重点工程完成年度任务。全民双创园新建标准厂房43万平方米，新入驻企业138个。摩度空间被认定为国家级众创空间，恩源园梦谷、盐渎商城被认定为省级众创空间。

聚力改革创新，发展活力持续释放。落实供给侧结构性改革五大任务，去产能，开展打击取缔“地条钢建筑用材”专项整治行动，退出“四小”企业17家；多措并举去库存，积极推广房屋征收货币化安置，全年商品房销售面积突破180万平方米，创历史新高，全区房地产去化周期显著下降；精准发力去杠杆，区国投公司成功发行企业债13亿元，新增AA信用等级平台公司3家，被评为省金融生态示范县；积极作为降成本，持续深入开展“暖企行动”，清理行政事业性收费58项，“营改增”全面试点顺利推进，为25家企业的近30万平方米厂房补办“两证”，重点保障智能终端企业用工需求2000人。行政审批改革不断深化，全面实施“五证合一”“一照一码”登记制度，精简行政许可审批事项117项，创成国家级行政服务标准化试点单位。农业农村改革成效明显，土地承包经营权确权颁证基本完成，农村产权交易额全省领先，被省确定为新一轮农村改革试验区。科技创新再创佳绩。新增国家高新技术企业36家、省高新技术产品125只，总量和增量均列全市第一。创成省企业工程技术研究中心2家，智能终端产业研究院、惠普智慧盐都云服务中心建成使用，大冈、大纵湖等6个镇与高校合作共建特色产业研究院，高新区被认定为省知识产权保护示范园区和省两化融合示范园区。全年发明专利授权135件、申请PCT专利63件，柚尊家居、东九重工列入全省100家服务型制造示范企业。大力实施市“515”人才计划，全年引进“千人计划”专家、长江学者4人，其他领军人才56名，专门人才1016人，省创新创业大赛获奖数全省第一。加强质量和品牌建设，创成中国驰名商标3件、省著名商标11件。开放合作深入拓展。中韩产业园盐都联动区扩容升级，驻韩招商机构正式运行，与韩国汽车产业协会建立常态化合作机制，全年注册外资实际到账1亿美元、增长15.8%。

新增外贸企业30家，实现进出口总额6.3亿美元、增长26%。中恒宠物、龙湖文化产业公司分别设立境外投资企业，驰翔齿轮公司在澳大利亚收购项目增资2100万美元。

强化统筹协调，城乡面貌不断出新。城乡一体化进程加快，获批全国首批、苏北唯一国家级产城融合示范区。城乡建设扎实推进。实施124项城建交通重点工程，东进路、开创路北延等骨干道路建成通车，提档升级农村公路62千米、新改建桥梁150座，创成省“四好农村路”示范区。城市功能加快完善，高新区科技广场、高级中学、健身步道等功能项目快速推进，万达城市广场主体封顶；加强智慧城管信息平台建设，城市管理精细化、智能化水平不断提升。镇村建设彰显成效，楼王、尚庄、郭猛创成国家卫生镇，杨侍村获评“2016中国最美村镇”特色奖，三官村、佳富村、倪杨村获批省“美丽乡村”。现代农业加快发展。农业现代化跻身全省先进行列，农产品加工集中区启动建设，新增设施农业533.33公顷，新建高档智能温室20万平方米，创成部省级园艺作物标准园3个，获批省级万亩番茄标准化示范区，七星农场列入全省稻田综合种养十大示范基地。建成部省级稻麦（蔬菜）绿色防控示范区2个，新增农业“三品”23个，跨入省级化肥减量增效示范县行列。农村电商加快发展，建成农村淘宝村级服务站128个，覆盖率全市第一，实现网上农产品销售额1.2亿元。推广应用各类农业机械350台（套），主要农作物综合机械化水平达92%。生态建设亮点纷呈。扎实推进“绿色盐都”建设，新造成片林733.33公顷，四旁植树67.7万株，创成省级绿化示范村6个，“草镶边”覆盖面不断扩大。推进城乡河道综合整治，整治城市河道6条，疏浚农村河道985千米，蟒蛇河综合整治工程进展迅速。新建秦南、龙冈城镇污水处理厂，完善配套管网工程。扎实开展工业和畜禽污染专项整治，停产工业企业8家，关闭养殖场213个、生猪屠宰场21个，中央环保督察组交办问题整改到位，秸秆禁烧工作继续保持卫星监测“零火点”、省市巡查“零通报”。土地节约集约“双提升”行动成效显著，被评为全省国土资源节约集约利用模范区。

区长吴本辉（中）在大冈鞋机产业园调研

注重民生优先，群众生活日益改善。全区全年投入15.8亿元完成10大类36项为民办实事项目，获评省促进义务教育均衡发展先进区，新增省优质幼儿园5所，引进枫叶国际、南京师范大学知名教育品牌合作办学。市三院创成苏中苏北唯一县级三甲医院，乡村医生签约服务镇村覆盖率扩大，村级卫生室标准化建设三年任务两年完成，共新建改建95个。创成省现代民政建设示范区，城乡低保标准分别提高到530元和430元，实施医疗救助、托底救助13.5万人次、发放救助金近2000万元，居家养老日均服务量突破1000人次。文化“四送工程”常态开展，全年送戏入村84场、电影4100多场、图书2万册，淮剧《菜籽花开》获省文化艺术节特别奖。社会保障更加健全。积极推进就业创业，新增城镇就业1.3万人。强化社保扩面提标，城乡联动社保卡持卡人数达41万人，社会保险覆盖率达98.7%，住房公积金扩面增量增幅全市第一。大力实施农村康居工程，“四类人群”（即五保户、低保户、贫困残疾人家庭和贫困建档立卡农户）和D级危房改造基本完成。新农合人均筹资标准提高到580元，免费为3.7万名企业退休人员体检。推进精准扶贫，开展“结一门穷亲、找一份事做”主题活动，支持30个经济薄弱村选好增收项目，30%的低收入人口、50%的省定经济薄弱村实现脱贫。社会治理更加有序。开展“信访积案集中攻坚”“四项排查”等系列专项行动，建立“一旬一督查、一月一会办、两月一通报”联席会办机制，全区信访形势平稳。树立安全红线意识，完成潘黄水上集中居住点重大消防隐患整治，保持良好的安全生产形势。加强社会治理，开展“七五”普法教育，建成12个镇级社会服务中心，村级“一站三室”规范化建设达标率达90%，农村技防“村村通”工程快速推进，外流涉羟犯罪得到有效管控，被表彰为省法治建设示范区。开展全国文明城市创建，三官村、成庄村、佳富村被评为省文明村，出现“中国好人”乐绍琪、“江苏好人”丁德勤等一批先进典型。

坚持从严治政，自身建设全面加强。把化解难题、营造环境作为政府治理能力建设的重要内涵，把发展经济、利民惠民放在政府工作的“头版头条”，在高新区建设、科技创新、产业培育等关键领域上施良策。坚持定期学法制度，成立区法律顾问团，严格执行重大行政决策程序规定，建立区城乡建设联席会议和区政府投资类项目立项会审制度，督查重点工程进展，规范手续办理，定期研究改革、发展和稳定重大问题，形成规范有序、透明高效的政府工作制度和运作机制。自觉接受人大法律监督、工作监督和政协民主监督，加强行政监督和审计监督，强化政府投融资平台和重点工程建设资金管理，及时公开政府信息，接受媒体和群众监督，使政府工作始终运行在法治的轨道上。深入开展“两学一做”专题教育，纠正“四风”问题，提高行政执行力，提升群众满意度。政府班子成员带头落实“一岗双责”，做到廉政工作与经济工作、其他业务工作同部署、同检查、同落实。坚持对腐败行为“零容忍”，支持执纪执法部门严肃查办重点领域、重点岗位、重点对象腐败案件，营造风清气正政务环境。

重要会议
Important Congresses

【区政府常务会议】 全年共召开区政府常务会议11次，即第38次至第48次常务会议。

第38次常务会议 1月4日召开。讨论《2016年政府工作报告》《国民经济社会发展计划报告》《财政预决算执行情况报告》《盐都区国民经济和社会发展第十三个五年规划纲要》和《盐都区政府文艺奖评审办法》，听取2015年八大类重点工程和为民办实事项目完成情况及2016年项目编排情况、公车改革实施推进情况，签订《盐都区2016年度安全生产目标管理责任书》，并研究安排其他工作。

第39次常务会议 2月23日召开。学习《中华人民共和国城乡规划法》，听取2016年财政收支预算和部门预算情况、区八大类重点工程推进情况、招商选资工作情况、2015年对上争取项目资金情况和2016年对上争取项目资金计划，讨论《关于进一步加强政府投资项目管理工作意见》，签订党风廉政和环境保护责任状，并研究安排其他工作。

第40次常务会议 3月18日召开。学习简政放权系列政策文件，听取首季“开门红”完成情况、区八大类重点工程推进情况、全区绿化工作情况和全国“两会”期间信访工作情况，并研究安排其他工作。

第41次常务会议 4月18日召开。传达学习省供给侧结构性改革会议精神、国务院和省政府、市政府廉政建设会议精神，研究分析一季度经济运行情况，听取一季度区八大类重点工程和为民办实事推进情况、全区绿化造林工作情况，并研究安排其他工作。

第42次常务会议 5月23日召开。学习《中华人民共和国审计法》，讨论《关于推进供给侧结构性改革的实施方案》和《盐都区城乡建设联席会议工作制度》，听取2016盐都(深圳)智能终端招商推介会签约项目和邀请客商情况、粮食购销企业改革进展情况、夏粮收购准备情况、《关于建立健全粮食安全责任制的实施意见》、联耕联种和秸秆“双禁”工作推进情况、防汛防旱工作推进情况，并研究安排其他工作。

第43次常务会议 6月16日召开。学习《中华人民共和国预算法》、省市质量工作会议精神，听取经济运行“双过半”预测情况、八大类重点工程开工建设情况、全区质量工作情况、全区卫生改革和重点项目推进情况，讨论《盐都区土地指标使用管理办法》和《关于大力实施城乡建设用地增减挂钩与工矿废弃地复垦利用工作的实施意见》，并研究安排其他工作。

第44次常务会议 7月16日召开。学习《中共中央国务院关于进一步加强城市规划建设管理工作的若干意见》，听取经济运行“双过半”完成情况、上半年全区招商选资进展情况、当前环境突出问题整改和环境信访稳定情况、全区农村淘宝工作推进情况，讨论《“智慧盐都”建设三年行动方案（2016-2018年）》和《盐都区“区长质量奖”管理办法》，并研究安排其他工作。

第45次常务会议 8月17日召开。传达学习习近平总书记、李克强总理关于安全生产工作的重要批示和省市安全生产工作会议精神，讨论《关于加强投融资工作和重点工程建设资金管理的意见》《盐都区农村康居工程三年行动方案》，听取《2017年度盐都区创建“国家全域旅游示范区”工作方案》《盐都区乡村旅游内涵品质提升规划方案》《第二届“畅游盐都金秋行”活动方案》和中央环保督察组现场检查重点环境问题整改方案，并研究安排其他工作。

第46次常务会议 9月23日召开。学习《中华人民共和国大气污染防治法》，听取八大类重点工程开工建设情况、《关于支持盐城国家高新区智能终端产业加快发展的政策措施》、中央环保督察组交办信访件和现场督察问题整改进展情况、全区“村村通”技防工程推进情况，并研究安排其他工作。

第47次常务会议 10月21日召开。学习《法治政府建设实施纲要(2015—2020年)》，听取当前经济运行情况分析和冲刺全年的举措、八大类重点工程开工建设情况、蟒蛇河整治工程推进情况，讨论《关于加快发展服务业促进产业升级的若干意见(讨论稿)》，并研究安排其他工作。

第48次常务会议 11月18日召开。传达学习十八届六中全会精神、推进产业科技创新中心和创新型省份建设若干政策措施及实施细则，听取八大类重点工程开工建设情况、全区畜禽养殖污染整治进展情况，讨论《关于推进“先照后证”改革后加强事中事后监管的实施意见》和《盐城市盐都区水污染防治工作实施方案》，并研究安排其他工作。

【区长办公会】 全年共召开区长办公会30次，分别就水污染防治项目实施及资金使用拨付工作，协调锡盟—泰州特高压直流输电线路工程建设，大纵湖景区水月观音佛象佛整改及完善审批手续，加快“智慧盐都”建设，高新区河道整治驳岸工程建设，蟒蛇河水上游线规划招标，高新区盐渎路、振兴路、秦川路、纬八路四条道路绿化提升，加快驿都置业大楼处置，协调处理未批先建工业项目规划补证，盐邵线、盐宝线航道护岸工程圩堤建设，盐都区实验学校王瑞秦等人编制，推进重点工业企业“两证”办理、盐龙湖一级保护区住户生活污水集中处理，推进二手车交易市场整合，姚顺湘兄弟养鸡场环境信访问题查处整改，2015年度区级服务业引导资金项目申报，江苏创世纪置业有限公司开发项目，智能终端产业扶持政策，新洋港整治工程资金，畜禽养殖污染整治奖补，奖励兑现2015年区级旅游业发展专项引导资金，支持江苏中恒宠物用品股份有限公司上市、不合格生猪屠宰场(点)关停和标准化生猪屠宰加工厂建设，2017年度城市防洪工程建设，盐都区国有粮食购销企业改革土地出让生产，高新区纬五路冈沟河桥、江苏创世纪置业有限公司解转御景湾贷款项目抵押，“上海—盐都”旅游直通车，加快汽车服务业发展和汽车办组建，实施“乡村旅游一日游”等问题进行专题会办，并形成会办纪要。

重要工作

Important Work

【主流媒体关注龙冈桃花节】 4月1日，龙冈镇第四届桃花节盛大开幕，龙冈桃花园“桃红梨白”的美丽盛景吸引中央及省市媒体的高度关注。4月3日晚，央视《新闻联播》栏目在“春季美丽生态——清明踏春赏生态美景”专题报道中特别介绍龙冈桃花园：“又是一年清明到，桃花梨花相映红。在江苏盐都的桃花园里，桃花梨花竞相盛开，游人犹如融入花海里。”随即，人民网在显著位置以“盐城龙冈桃花旅游节开幕：春花似海游人如潮”为题发布桃花节的相关报道。新华网和江苏卫视《新闻空间站》栏目分别以“盐城龙冈镇桃花园笑迎八方客，依然十里桃花红”“20万株梨花盛开游人如织”为题，报道龙冈桃花节盛况。桃花节累计吸引市内外30多万游客观赏，龙冈桃花园获评省级生态旅游示范区。

【曹文轩获“国际安徒生奖”】 4月4日，在第53届意大利博洛尼亚国际童书展上，2016年“国际安徒生奖”正式揭晓，盐都籍中国儿童文学作家曹文轩获得奖项，这是中国作家第一次获得该奖项。

【乐绍琪当选“中国好人”】 4月29日，尚庄镇姚伙村村民乐绍琪光荣当选4月“中国好人”，成为盐都区在中央文明办主办的“我推荐、我评议身边好人”活动中，又一个入选“中国好人”的道德模范。乐绍琪是尚庄镇姚伙村村民，30多年来倾心为民服务，建成全国有影响的“绍琪农家书屋”，筑梦“农民梦想大舞台”，丰富群众的精神文化生活，入选“中国好人榜”，当选为“助人为乐”好人。

【举办2016盐都（深圳）智能终端招商推介会】 5月27日，在深圳举办2016盐都（深圳）智能终端招商推介会，珠三角地区的300多名智能终端领域客商应邀参加。市委副书记戴元湖、区委书记羊维达、区长吴本辉等出席推介会。招商推介会共签约项目30个，协议投资37.8亿元，其中智能终端产业项目23个，协议投资31.7亿元。以盐城国家高新区为平台，主动与深圳手机行业协会开展深层次战略合作，打造华东地区最具规模的智能终端产业基地。智能终端产业初步形成从核心部件到品牌整机、从硬件生产到软件研发的全产业链条。全年新建标准厂房40万平方米，累计集聚项目55个，实现开票销售30亿元。

【获批国家火炬特色产业基地】 5月和12月，科技部火炬中心发布第一批和第二批国家火炬特色产业基地认定名单，大纵湖涂装设备产业园和张庄齿轮产业园分别获批国家火炬盐都涂装设备特色产业基地、国家火炬盐都齿轮制造特色产业基地。国家火炬特色产业基地，旨在依托一批产业特色鲜明、产业关联度较大、产业链较完整、技术水平较高以及创新能力较强的骨干企业和相关科技型中小企业建立高新技术产业基地，是科技部为培育高新技术产业集群或创新集群开展的一项重要工作。至年底，大纵湖涂装设备产业园和张庄齿轮产业园分别实现年开票销售20亿元、25亿元以上，税收8000万元、9000万元以上，拥有高新技术企业11家、15家。

【王荣平在高新区调研】 7月15日上午，市长王荣平在盐城国家高新区调研，察看盐城3D打印创新创业公共服务平台、智能终端产业园规划展示馆、产业研究院和星宇物产、华星光电、乐洲科技企业，主持召开现场办公会。并指出，盐城高新区作为盐城市唯一的国家级高新区，要认真贯彻落实新发展理念，抢抓“中国制造2025”和“互联网+”等国家战略机遇，做实做好“高”“新”两篇文章，加快建设自主创新的战略高地，培育和发展战略性新兴产业的核心载体，转变发展方式和调整经济结构的重要引擎，实现创新驱动与科学发展的先行区域，抢占高新技术产业制高点的前沿阵地。

【创成国家产城融合示范区】 9月22日，国家发改委印发《关于支持各地开展产城融合示范区建设的通知》（发改办地区〔2016〕2076号），明确全国58个产城融合示范区，盐都产城融合示范区名列其中，全省仅两家入围。盐都区产城融合示范区建设的主要任务是：探索开放式产城融合发展路径；推进新型工业化，农业现代化与新型城镇化融合发展。示范区下辖盐龙、盐渎、潘黄、新都四个街道，以冈沟河、盐靖高速、西环路为界，划分为四

区长吴本辉（右一）察看政务服务建设

个片区，其用地面积分别约为14平方公里、37平方公里、56平方公里、31平方公里，承载不同的城市职能。除生态片区以外，东片以三产服务、居住功能为主，中片以仓储物流、居住功能为主，西片以盐城市高新技术产业开发区为依托，以高新技术制造为主。

【大纵湖大闸蟹亮相南京农展会】 9月30日，在江苏国际农业展览中心举行大纵湖大闸蟹推介会，共有16个企业、80多种产品展示展销，南京市场上百家水产经销户参加。盐都区陈长荣大闸蟹、渔淇大闸蟹与江苏省餐饮行业协会签订供货协议，推动大闸蟹在省会南京拓展市场，以大纵湖大闸蟹为代表的盐城特色农产品，成为南京生鲜市场的又一张生态名片。全区在推进大闸蟹产业发展过程中，坚持生态优先和市场导向原则，加大产业支持力度，推广标准化养殖技术，大闸蟹的产量和质量大幅提升，通过国家无公害食品、绿色食品、有机食品认证，并以大纵湖大闸蟹为依托，建立全市唯一的省级现代渔业产业园。

【全国青年创业创新大赛获奖】 10月17日，在人社部主办的第二届“中国创翼”青年创业创新大赛农民工专项赛企业组全国总决赛中，盐都区推荐的大型中空吹塑成型机项目以企业组第四名的优异成绩获三等奖。“中国创翼”青年创业创新大赛，目的是为广大青年搭建项目与政策、资金、市场对接的桥梁，提供梦想展示的舞台，把青年人的创业热情调动起来，把青年人的创新潜能激发出来，汇聚成大众创业、万众创新的强大正能量，为就业拓展更大的空间。在省科技创业大赛中，全区获奖数量位居全省第一。

【举办首届休闲中国高峰论坛】 10月18日，首届休闲中国高峰论坛暨“中国休闲30人”盐都金秋行活动在盐都区开幕。论坛由中国旅游报社、市政府共同主办，省旅游局支持，区政府和“中国休闲30人”秘书处承办，以“全域旅游与国民休闲”为主题，全国旅游部门和旅游景区、旅游企业代表及主流媒体记者200多人参加。论坛期间，举行“全国休闲旅游创新发展观察基地”“中国休闲30人活动基地”揭牌仪式，并发布“首届休闲中国高峰论坛盐都共识”。盐都大力推进乡村休闲旅游，三官、仰徐、杨侍、泾口等一批集水乡风情、农业观光、果蔬采摘、民俗活动为一体的特色景点兴起，全区共有各类旅游景区(点)20多处。围绕创成国家全域旅游示范区的目标，精心编排总投资达125.08亿元的12个重大旅游项目，全力构建以大纵湖旅游度假区为龙头，双新大道乡村旅游产业带、蟒蛇河水上游览风光带为主线，大市区都市休闲度假圈为支撑的“一湖两带一圈”旅游发展新格局。

【获评全国休闲农业和乡村旅游示范县】 11月15日，农业部公布2016年“全国休闲农业与乡村旅游示范县”名单，评定出全国74个县(市、区)为全国休闲农业和乡村旅游示范县，盐都区榜上有名，全市仅一家入选。盐都区充分发挥农业生态旅游的拉动力、融合力、聚合力，不断拓展农业功能，延伸产业链条，丰富产品形态，打造以赏花、采摘、垂钓、体验为主要形式的休闲农业与乡村旅游融合发展基地和景区，探索出以农业为基础、休闲唱主角、人文显特色、乡村做精品的休闲农业发展新路，培植仰徐、杨侍、三官、三湾、泾口5个特色休闲农庄和惠盈生态园、华都森林公园等100多个休闲农业与乡村旅游园区景点。

【举办“长风论坛”】 11月27日，盐城国家高新区智能终端产业人才项目对接会暨中国智造与创新教育主题“长风论坛”在盐都区举办，省内外产学研合作高校、科研院所负责人，国家千人计划专家，3D打印及智能制造、智能终端领域国内外知名专家，职业院校院系负责人，3D打印重点应用行业协会负责人和领军企业高管约300人参加活动，探讨“中国制造2025”与创新发展的新机遇。会上，盐城工学院国家技术转移中心盐城高新区分中心、中国3D打印教育联盟进行揭牌仪式，高新区被工信部授予“3D打印创新(创业)基地”，高新区与盐城技师学院、德国工商大会上海代表处就三方共建中德盐城技师培训学院签约，江苏数字鹰公司、江苏晶鸿电子公司、盐城华星光电公司等12家单位与意向引进人才进行人才项目落户签约，工信部总工程师朱宏任在会上作《中国制造2025与创新发展新机遇》的主题演讲。

【石泰峰调研创新富民工作】 12月1日，省长石泰峰在盐都调研创新富民工作，视察高新区智能终端产业园、杨侍村和郭猛镇国胜家庭农场，并指出，国家级高新区要定位“高”和“新”，在科技创新上有所作为，突出招引高新技术企业和各类高层次人才，加快集聚创新资源，让创新成为园区发展的第一动力。鼓励华星光电公司发挥创新主体作用，加大研发投入，招引更多人才，不断提升自主创新能力，依靠技术创新增强核心竞争力；国胜家庭农场要继续扩大种植规模，提高种植效益，带动更多的村民致富奔小康。

【与北大资源携手合作产城融合项目】 12月22日，盐都区与北大资源集团正式签订《盐城北大资源产城融合项目战略合作框架协议》。北大资源集团是北京大学的校办企业，也是北大方正集团旗下专业从事房地产开发、教育投资、商业地产运营、物业经营管理等业务的综合性房地产控股集团。集团锁定“资源整合型城市运营商”定位，通过有效配置和整合教育、IT、医疗、金融等领域的内外部优质资源，提升自建项目的社区生活品质和城市价值。

【《菜籽花开》获优秀剧目奖】 12月26日，第七届江苏省淮剧艺术展演月在盐落幕。在参演的13个剧目中，有11个剧目参加评比，市淮剧团创作演出的大型现代淮剧《菜籽花开》获得优秀剧目奖(第一名)。该剧由著名剧作家、国家一级编剧陈明与本土著名编剧袁福荣打造，国家一级导演蒋宏贵执导，国家一级演员王雷、程红主演，是2015年度江苏省舞台艺术精品工程重点资助的4个剧目之一，参加全国优秀地方戏南北片调演和江苏省优秀现代戏市场推广(北京站)演出。11月23日，剧目获第三届江苏省文化艺术节特别奖，主演王雷获得优秀表演奖。

(张　弛)

人事工作
Personnel Affairs

【概述】 全区全年共招录16名公务员，其中区直机关3名，镇级机关13名。共招录42名事业单位工作人员。协助卫生系统事业单位公开招聘29名卫生技术人员。协助高新区公开招聘选调13名事业单位工作人员。规范有序的推进全区事业单位岗位设置管理工作，完成对全区教育系统68所学校、5825名教师的首次岗位聘用审核备案及信息系统数据库完善工作。严格按照事业单位岗位设置管理规定程序，对全区岗位变动的1256名事业单位工作人员进行审批备案。至年底，全区共有199家事业单位、7533个岗位完成人员聘用工作和聘用信息库建库工作。共接收军队转业干部10人，其中副团职5人，营职3人，技术干部2人。

（田莉莉）

【载体建设与项目申报】 2月，江苏苏力机械股份有限公司成功获批江苏省博士后创新实践基地，至年底，全区共成功获批国家级博士后工作站3家，区域性博士后工作分站4家，省级博士后创新实践基地6家，设站总数位列全市前列。建立省级及以上大学生就业见习基地4家，建立市大学生就业见习基地34家，盐城市大学生实习（实训）基地6家，基地总数位居全市前列。8月，盐城康林达生物科技有限公司程德林博士申报2016年江苏省首批留学回国人员创新创业计划，并成功入选。

（王　俊）

机构编制管理
The Organization Establishment Management

【概述】 围绕区委区政府中心工作和发展目标，以服务区域经济社会发展大局为主线，从实际出发，坚持"控制总量、只减不增、盘活存量、保障发展"原则，科学配置机构编制资源，发挥机构编制资源最大效益，为各部门高效运转提供保障。坚持深化改革，推进规范管理，把准定位，重点重抓，务实创新，努力推进各项工作取得新成效。

【行政审批改革】 深入开展行政审批制度改革，按照全省权力清单"三级四同"标准化要求，11月23日，率先全市完成权力清单标准化编制工作。全区标准化的行政权力清单共涉及区38个部门（含5个垂直部门），初步核查权力事项涉及行政许可189项，清理取消行政审批项目107项，精简率36.1%；转报事项中涉及转报省级46项，转报市级155项。认真贯彻落实市委市政府《关于支持盐城高新技术开发区加快发展的政策意见》精神，积极做好省、市下放到盐城高新区范围内的项目建设评估、审核，人才招聘，招投标等领域47项审批权限的承接落实工作。牵头组织法制办、区政务服务中心、盐城高新区赴苏州工业园区考察学习，指导盐城高新区积极探索"集中高效审批、分类监管服务、综合行政执法"的现代治理体系，借助区政务中心平台，逐步建立起盐城高新区"一枚印章管审批、一支队伍管理执法、一个平台管信用、一张网络管服务"运行机制。

【优化政务公共服务】 在行政审批事项上，年初投入运行的3.3万平方米的区政务服务中心对33家区直部门和省、市垂管单位的行政审批事项，实行集中办理、简化流程，为群众提供"一条龙"服务；13个镇（区、街道）设立集民政、养老保险等服务为一体的便民服务大厅，实行集中办公、阳光操作，为群众提供"一站式"服务；250个村（居、社区）设立村级便民服务站，为群众提供社会事务代理、矛盾纠纷调解等"一次性"服务，形成区、镇、村三级覆盖的公共服务体系。在公共服务事项上，为解决老百姓"办证难""办事烦"的问题，牵头从公共教育、就业创业、社会保险、医疗卫生、计划生育、民政服务、住房保障、文化体育、残疾人服务、户籍服务与群众日常生产生活密切相关的10个领域入手，开展全区公共服务事项清单编制工作，共梳理编制38大项、180个具体服务事项，精减率22.4%。

【商事制度改革】 大力推进"先照后证""三证合一"商事制度改革，有效激发各类市场主体发展活力。全区全年新增各类市场主体9902个，总数达到50255个，增长率达135.31%。

【中介服务清单管理】 制定下发《关于进一步清理规范区直部门行政审批中介服务的通知》，进一步规范中介服务收费，实行中介服务清单管理，并建立政务服务中心中介机构优胜劣汰准入机制。全年共编制完成14个部门38个涉批中介服务项目清单、涉企中介机构目录清单。

【推行"双随机一公开"抽查监管工作】 按照9月21日国务院召开的全国推行"双随机一公开"监管工作电视电话会议要求，组织区直和垂管的25个部门，于10月底率先全市完成编制"一表两清单"和"两库一平台"工作，共汇总抽查事项286项，监管责任事项260项；汇总执法人员762人，抽查对象27642个。并重点在列为履行市场监管执法事项的市场监管局、商务局、物价局、人社局、环保局、安监局等部门开展"双随机一公开"〔"双随机、一公开"是指由本省工商和市场监督管理部门对市场主体公示信息及日常生产经营行为（开展业务活动）进行监督管理，随机抽取检查对象、随机选派执法检查人员、及时公布抽查检查结果的监督检查机制〕监管工作，对群众反映的问题，实施重点督办，加大流通、食品、安全、环保等领域的综合监管。至年底，全区随机抽查事项在2016年达到市场监管执法事项的70%以上、其他行政执法事项的50%以上。

【探索综合行政执法】 年内，在巩固工商、质监、食药监"三合一"市场监管执法体制的基础上，实施对卫生计生、城市管理领域综合行政执法。6月，区卫生局与区人口计划生育委员会合并，重新核定区卫生监督所"三定"方案，在区卫生监督所原有的卫生行政执法职责基础上，整合食品卫生安全标准管理有关监督执法、计划生育相关的监督执法等职责，实现卫生计生综合监督行政执法。在推进城市管理综合执法方面，实施城市管理领域的综合行政执法。

【推进“互联网+政务服务”工作】 按照国务院《关于加快推进“互联网+政务服务”工作的指导意见》要求，全面落实11月11日全省深化行政制度改革加快简政放权激发市场活力会议精神，把“互联网+政务服务”作为深入推进“放管服”改革的关键环节来抓。全区共建立33个区直部门和垂直部门、21个中介机构的行政审批和公共服务事项信息库，构建“区镇村三级联网”政务服务体系。33个部门单位全部可以提供服务事项在线预约、在线评价、在线监督、在线投诉服务，对涉及35个个人事项、146个企业事项配置在线申报功能，可以在线申报与实时查询办理进度。11月19日，区政府率先全市举办“互联网+政务服务”成果发布会，市政务服务办主任王绍前出席。会上发布“盐都区网上政务服务大厅”“盐都政务APP”“机关办公自动化+行政权力公开透明运行+政务服务三网合一”“江苏省卫生监督与盐都政务数据同步交互系统”“区镇村政务服务三级联网”5项成果。

【优化资源配置】 年内，对区农机职校、公路管理站、价格认证中心、综合经济调查队等职能相对弱化部门单位实行控编减编。同时，根据经济社会的发展需要，对盐城高新区、区规划编研中心、区旅游服务中心、区城市调查队等单位进行扩编增编。

【机构编制管理】 结合开展“两学一做”学习教育，规范机关事业单位机构编制工作办事流程，对全区机关事业单位的机构设置调整、职能配置、编制配备等工作程序办理进行规范性要求。科学界定部门单位工作职责。年内，重点对区委重点工作服务办公室和区政府项目管理办公室的工作职责的调整和界定。并根据发展需要和工作职责的调整，先后对盐渎街道、大纵湖旅游度假区、区卫生监督所、区价格认证中心、区人民法院内设机构的工作职责进行调整。进行科级机构和领导职数预审整改。年内，对被市委组织部、市编办列入职数预审需要整改的区教师发展中心、新区管委会、农村经济开发区、区金融办等13个机构进行调整完善。按整改要求，重新核定区公安局“三定”方案。实施事业单位机构和领导职数审核。自6月起，对全区60个相当科级事业单位、281个相当股级事业单位，实行领导职数和内设机构审核，统一按相关规定和标准，重新审核各单位的领导职数和内设机构数量，促进事业单位规范化管理。

【部门自身建设】 年内，把服务科学发展、保障民生福祉作为机构编制工作的“切入点”和“着力点”，不断强化服务基层、服务大局、服务决策的意识，倡扬“勤勉、高效、创新、争先”的编办精神，努力打造一流的队伍、建设一流的机关。坚持把信息、调研作为增见识、添本领的重要途径。全年在中编办、省市编办媒体采用信息22条，在中央和省级以上政治理论刊物发表调研文章8篇。其中，《浅谈思想建党和制度治党的融合互动》在中组部《党建研究》发表，《贯彻落实四个“铁一般”要求》在上海市委党校《党政论坛》发表。《党的思想路线的发展历程及其宝贵经验》分别入选全省、全市“纪念建党95周年理论研讨会”交流。 （商兆鑫）

外事与侨务工作
Foreign Affairs and Overseas Chinese Affairs

【概述】 坚持把外事资源向招商选资倾斜、工作精力向服务招商团队聚焦，全年共审核派遣自组临时因公出国（境）团组33批68人次，其中区自组的招商团组13批39人次（韩国6批14人次，香港4批17人次，其他均为赴德国、美国、日本、荷兰等国家的零星团组）。

【帮助企业单位“请进来”】 全区全年共邀请外国人来华35批49人次，其中韩资企业邀请韩国高层管理和技术人员16批17人次，巴基斯坦、尼日利亚、土耳其等中亚、中东、非洲地区企业在盐都区采购机械、涂装设备等贸易代表17批31人次。

【发挥友城作用助力招商】 年内，德国茨维考市共派出3批11名企业家在盐都考察，全区赴德1批3人参加茨维考市第20届国际汽车产业年会，并考察沙斯特工业公司、胡斯特物流公司、茨维考创新创业中心，同时与萨克森州经济部长就共建中德产业园进行初步交流。

【促进招才引智】 年内，与市外办联手创建盐城在海外人员微信群，至年底，共发展60多人，并与“欧洲盐城同乡会”会长王荣虎、“旅日博士江苏同乡会”副会长程德林等一些有影响力的华侨建立正常联系。 （吴银柱）

接待工作
Reception Work

【概述】 全年共接待来宾368批2850人次，完成盐城高新区智能终端项目集中开竣工活动、首届休闲中国高峰论坛、省委巡视组到盐都反馈巡视意见、赴深圳上海招商推介等16次区重大活动，接待加拿大巴拉德公司、大连万达、惠普集团、悦达起亚及配套韩企、深圳手机行业协会等一大批国内外客商及新华社、农民日报、清华大学、南京大学、南京师范大学、西安科技大学、吉林大学、云南科技大学等院校团体，承接贵州黔东南县、徐州丰县、陕西安塞县、大丰市等市县区代表团友好交流活动，没有发生一次失误。

【规范接待流程】 年内，明确负责接待的事项，统一填写《来宾呈报表》报“四办”，“四办”主任实行一支笔签批制度，区接待办按照相关接待规定做好接待工作。重要客情区两办扎口，并报市接待办。结算报销坚持账单一笔一结，一月一清，坚持客情报告单、菜单、账单三单齐全。

【树立盐都品牌意识】 做好细节、突出人性化服务、深挖盐都菜肴特色，注重改善餐饮结构，突出地方餐饮特色，结合来宾的生活地域，风格习惯，坚持推陈出新，不断挖掘传统菜，做到粗菜精做，精菜细做。树盐都品牌，创盐都特色。

（王　林）

法治政府建设
Construction of Coverment Ruled by Law

【概述】 全区政府法制工作深入实施《中共中央关于全面推进依法治国若干重大问题的决定》，按照《法治政府建设实施纲要(2015—2020年)》《江苏省贯彻落实〈法治政府建设实施纲要(2015—2020年)〉实施方案》和《2016年全市推进依法行政建设法治政府工作要点》的部署要求，全区依法行政工作推进和法治政府建设呈现新局面。

【依法行政工作】 年初，形成《盐都区2016年依法行政工作要点》，对全年推进依法行政工作进行全面部署，并督促各责任部门、单位细化分解、认真落实，全年推进依法行政建设法治政府工作有序开展。政府常务会议学法纵深推进。全区机关干部通过政府常务会议集体学法，重点学习《城乡规划法》《审计法》《预算法》《大气污染防治法》及《法治政府建设实施纲要(2015—2020年)》等多部法律法规，依法办事、依法行政意识得到大幅提升。借"盐城市十大法治事件"评选契机，区政府常务会议学法经验进行推广交流，并入围候选之列。

【行政执法监督】 年内，落实《江苏省行政程序规定》，完善行政执法程序，区级各部门相继采取举措，加强执法规范化建设：区城管局邀请相关专家、学者对行政处罚基础知识、处罚程序、执法规范及执法过程中的调查取证等方面进行系列培训，促进"依法行政、文明执法"意识能力再提升；区卫计委试点开展的"推行执法文书电子化制作"入选市依法行政示范项目，并接受市现场观摩交流，被《盐阜大众报》宣传报道。开展行政执法知识普及与考核工作，印制行政执法类试题并组织执法人员进行考试。根据省市文件精神要求，对全区行政执法持证人员进行全面清理，非在编在岗一律予以清理，至年底，共有执法证人员905人，监督证人员117人。

【行政复议工作】 推进行政复议规范化建设。根据省政府法制办《关于做好全省行政复议工作规范化建设合格单位复核验收工作的通知》及市政府法制办文件要求，将行政复议规范化建设列入重要日程，从人员配置、制度完善、档案规范、场所建设等软硬件方面进行有效整改提升，行政复议规范化建设顺利通过市验收，并作为全市唯一一家县级政府接受省复核验收。提升行政复议办案质量。全区全年共收到行政复议申请案件21件，主要涉及人社、公安、市场监管、住建、环保等部门，经审理决定维持原具体行政行为6件，当事人撤回行政复议申请3件，驳回行政复议申请7件，撤销2件，未审结3件。当事人对行政复议决定不服向法院提起行政诉讼的，维持率100%，没有因行政复议案件引发信访事项或社会不稳定因素的情况，化解一批行政争议，提高行政复议的公信力。加强法制工作人员配备。积极推进法制机构建设，加强队伍建设，新配备1名具有法律院校本科学历的法学专业人员，并面向社会选聘1名专职从事政府法律事务工作律师，日常在政府法制办坐班。设行政复议专职办案人员4人，都具备江苏省行政复议应诉人员资格证书，其中2人通过国家司法考试并取得律师资格证，加强政府法律服务专职人员力量。

【宣传培训工作】 针对《行政诉讼法》修改的实际，注重通过外派学习、参加专业培训、鼓励自学等多种方式提升法制机构人员的法律素养和业务能力，从事法制工作的4名工作人员参加省法制办组织的行政复议应诉人员专题培训；对区级部门、单位进行专门化培训，举办多期行政执法人员培训班，对全区持证执法人员进行轮训。开展依法行政宣传，全年累计向市法制办报送102条法制工作信息，其中被省法制办采用2条，被市法制办采用60条。

（蔡　斌　沙广标）

地方志年鉴编修
Local Chronicles Compilation of Yearbook

【概述】 按照"资政、存史、育人、读志(鉴)、用志(鉴)、传志(鉴)"的要求，坚持以科学发展观指导志鉴工作，出版发行《盐都年鉴(2016)》，推动乡镇志、部门志编修工作，完善史志数字化建设及旧志整理工作。

【编辑出版发行《盐都年鉴(2016)》】 《盐都年鉴(2016)》全面、系统地记述2015年盐都区的政治、经济、文化、社会等方面取得的新成就、新经验和需要解决的新问题。全书采用分栏法编辑，条目式纪事体，共99.2万字。按事业、行业性质设立栏目，分栏目、分目、条目3个结构层次，共设31个栏目、273个分目、1482个条目。正文中共有134张图片，39个表格。公益彩页部分重点宣传盐都社会热点、社会民生以及新农村建设，体现对社会民生的高度关注；将盐城高新区创建以条目的形式单独列入区委重要工作进行阐述；搜集在二轮修志过程中遗漏的表彰——"红色特工葛启鑑"以及"全国三八红旗集体"，以分目的形式进行记载，对志书进行补漏。

【全市年鉴工作研讨暨《盐都年鉴(2015)》点评会在盐都召开】 12月27日，在盐都区召开全市年鉴工作研讨暨《盐都年鉴(2015)》点评会。市委党史办副主任王海燕，各县(市、区)分管负责人以及相关工作人员参加。王海燕对全市9部年鉴点评并对年鉴工作提出"把握质量核心，树立精品意识；彰显特色，体现辨识度；立足主业，适度拓展"的建议。各县(市、区)分管负责人对《盐都年鉴(2015)》作轮流点评。

【《盐都年鉴(2015)》获省三等奖】 根据《江苏省实施〈地方志工作条例〉办法》和《江苏省贯彻〈全国地方志事业发展规划纲要(2015—2020年)〉实施方案》，经省地方志办公室组织评选，80部地方综合年鉴获得综合优秀，40部地方综合年鉴

省地方志办公室主任漆冠山(左三)在潘黄宝才村调研

获得单项优秀。《盐都年鉴(2015)》获江苏省优秀年鉴综合优秀三等奖。

【推动乡镇志、部门志编修工作】 年内,确定大冈镇、龙冈镇、潘黄街道等镇(街道)和卫生局、环保局等部门为镇(街道)志、部门志编修发行单位,启动编纂工作,确保在2020年底前完成编纂任务。11月,《潘黄街道志》出版发行,志书上限不定,下限至2012年底,大事记延伸至2014年12月。全书着重记载1940年民主政权建立后,详细记载中华人民共和国建立后,特别是1978年中共十一届三中全会以后的历史和现状,全面、客观地反映潘黄街道区域内建设中国特色社会主义事业的历程、业绩以及存在的问题。全志以志为主体,共设22篇,分类记述潘黄街道衍变的概貌和建置沿革、经济、政治、文化、教育、卫生、科技等社会变化情况,共70.3万字。

【史志数字化建设及旧志整理工作】 年内,遵照国务院下发《全国地方志事业发展规划纲要(2015—2020年)》要求,在历年《盐都年鉴》以及前两轮修志成果全部数字化的基础之上,进一步扩大史志数字化建设的范围。全年完成万历《盐城县志》乾隆《盐城县志》光绪《盐城县志》民国《续修盐城县志》《续修盐城县志校补》《宋射陵年谱》《盐城县乡土地理》《盐城县乡土地理》等书的数字化建设。4月,启动《盐城县志》(旧志)的整理工作。6月,点校万历《盐城县志》《续修盐城县志》。至年底,万历《盐城县志》民国《续修盐城县志》点校工作基本完成,着手准备万历《盐城县志》的出版发行工作。(陆叶青)

机关事务管理工作

The Organizational Affairs of Administration

【概述】 以“两学一做”专题教育为载体,围绕区委区政府中心工作,推进科学化管理、法制化保障、规范化服务,加强节约型、节能型机关建设,较好地完成全年各项工作任务。

【扶贫帮困工作】 根据《关于在省定经济薄弱村中开展“三位一体”帮扶行动的通知》和《关于扎实做好全区“十三五”扶贫工作的实施意见》,年内,4次组织机关党员干部在学富镇略沿村和大同村,为困难群众送去温暖。划拨2万元帮助略沿村改善基础设施条件,12名党员干部在大同村开展“牵手致富”活动,送去帮扶资金16800元。按照《关于做好2016年度市区结对帮扶城市特困家庭工作的通知》文件要求,为3户城市特困家庭送去慰问金4800元。

【公共机构节能工作】 围绕“节能领跑,绿色发展”为主题的动员和倡议,加大节能低碳宣传,提倡乘坐公共汽车、骑自行车或步行方式上下班,推进节约型公共机构建设。全国节能宣传周期间,全区行政中心办公楼通过停开中央空调一天、关停部分电梯,关闭部分公共区域照明等方式进行节能宣传活动。在区行政中心大楼一楼大厅LED电子显示屏上连续滚动播放宣传标语一周,通过悬挂横幅、张贴宣传画等方式,宣传节能知识。

【办公用房管理工作】 根据省、市、区部署要求,做好巡视反馈意见整改落实情况“回头看”工作,年初,组织各镇(区、街道)和各部门单位对办公用房使用和管理情况进行再排查、再梳理,通过召开座谈会、听取汇报、查阅资料和查看现场等方式,有选择性地进行督查抽查,重点检查党政机关办公用房审批程序是否规范、批建是否相符、使用人和所有人是否一致、租用手续是否完备、干部办公用房面积是否超标等,对排查摸底和面上督查发现的问题,督促限期整改到位,同时指导各镇(区、街道)和各部门单位完善相关制度,建立规范台账,推动全区党政机关办公用房管理和使用规范,为逐步实现“五统一”要求提供基础条件和组织保证。

【规范公务用车管理平台】 年初,对集中管理平台上52辆车安装北斗定位系统和行车记录仪,通过多方面的学习调研和摸索,出台《盐都区公务用车集中管理平台管理办法》,制定驾驶员出车、维修等管理制度及细则。全年服务全区各单位用车6700多次,安全行车67万多千米,服务无差评,接受省市级领导检查10多次,服务区党代会、首届休闲中国高峰论坛、应急突发事件等重大活动后勤保障。平台派车流程实现电子商务全自动化,对每个派车流程节点车辆维修、经费使用都详细记录,做到有据可查。通过与相关部门进行互动,相互学习车队管理经验,提升车队管理水平和服务质量。对驾驶员、车辆实行一车一档,资料系统化、数据化,车辆和驾驶员的管理成效显著。

【设备设施维护工作】 加强巡检,确保问题及时发现。每星期对电梯、高低压配电房、中央空调机房、水泵房进行安全检查，每季度进行设备安全大检查。及时掌握设备运行状态，降低设备故障率。做好设施修理工作。空调方面，全年检修空调有故障的办公室50多间，更换室内电机、风机30多台套，调速开关30多套，为安监局更换室内标冷器一套。照明方面，对重要部位的照明，确保完好率达99%以上，一般部位完好率达96%以上，全年更换灯具近千只。用水设施和排水方面，针对出现问题的各类软管、电动冲洗阀、浮球阀、卫生洁具、管道等，及时更换和维修，保证各类用水设施完好，使用正常，排水畅通，无跑冒滴漏现象。7月，设备科与电梯生产厂家签订维保合同。通过专业保养、监督维保单位严格按合同履约，保证电梯全年正常安全可靠运行。高压配电房运行多年，设备备件少，电器元件安全性和可靠性下降，为保证配电房安全运行，加强巡检力度，及时发现设备缺陷和隐患，与专业维保单位签订维保合同，确保大楼全年正常安全供电。保证供水清洁卫生。对大楼一、二级供水水箱彻底清洁消毒；纯净水制水装置定期更换滤芯，并配合市区卫生防疫部门定期对饮用水进行取样检测，确保饮用水清洁卫生。确保暖气稳定供应。全年投入130万元，新上热泵采暖系统，经公开招标，确定供货和安装单位。

【房产和周边绿化管理工作】 年内，对区行政中心和亮月街等小区的保洁和绿化，落实保洁和养护单位，制定卫生保洁制度和绿化养护措施，明确卫生保洁工作标准和绿化养护职责范围，坚持全天候保洁和绿化养护服务，不定期组织人员对办公楼室内外卫生和周边绿化进行督促检查。对干湿垃圾进行分类处理，并配合区文明办做好全国文明城市创建迎查工作。

【会议服务管理工作】 统一安排，统一调度，加强对会议室环境、设备设施的日常维护，做好会前、会中和会后服务工作，确保每场会议顺利召开。全年服务区党代会、首届休闲中国高峰论坛等大小会议、活动550多场次，与会人员达3.3万人次。

【机关食堂管理工作】 机关食堂由市阳光餐饮有限公司承包经营，每天约保障600名机关工作人员就餐，食堂管理人员对食堂物资采购、入库领用、制作加工、餐后清洗消毒等诸多环节进行监督和管理，对日常管理过程中发现的问题，及时整改，按一年四季更迭增减菜肴品种，按现代人对营养保健的高标准严要求尽量做到合理搭配，提升菜肴质量和服务水平，努力营造整洁舒适的就餐环境，干部职工测评满意率保持在98%以上。

【安全保卫工作】 做好上访群众的疏导工作，坚持对行政中心所有场点实行不间断巡逻，发现问题当场整改，全年发放办公室灯、门不关整改通知书63份；归还遗漏、丢失电瓶车钥匙50把，有效维护公私财物安全。加强安保人员培训与管理，3月，在区安监局组织的安全生产培训基础上，联系区消防大队对行政中心、盐城宾馆、亮月街小区相关人员讲授消防知识。重视消防安全，5月，对各点位的灭火瓶进行大排查，共更换灭火瓶80个，增加灭火瓶放置箱20个。大楼消防栓使用年限较长，存在一定消防隐患，8月，通过逐个排查，更换120个锈蚀较重的消防栓头。综合“人防、物防、技防”优势，全力构筑安保工作安全网。针对夜间和日常巡查人手不足的问题，新聘用4名保安，加强安保工作力量；张贴各类安全提示、警示牌70份，制作快递置物架2个，购置机动车移车器4副，为相关单位和人员办理机动车车辆通行证1072张。新安装数字监控摄像头22部，整修运行不良摄像头12部。

【下属企业发展】 年内，盐城宾馆加大营销力度、根据季节调整营销策略、开展全员销售活动，全年实现营业收入2045万元，缴纳各类税金132万元。机关文印部充分利用自身的有利条件，转变服务观念，完善服务项目，提高文印质量，全年实现营业收入60多万元。

（陈素芹）

金融与企业上市

Finance and Corporate Listing

【概述】 全区各金融机构围绕区委区政府中心工作，强化工作责任，细化工作措施，拓宽资金渠道，努力增加投放，金融工作保持平稳态势。全年驻区各金融机构实现存款余额325.67亿元，贷款余额259.34亿元，分别增长14.24%和20.71%，存、贷款增速均在全市排名靠前。

【企业上市挂牌】 施行《关于激励企业在资本市场挂牌的意见》（都政办发〔2015〕55号）《全区推进上市“百企培植”实施方案》（都政办发〔2015〕50号）等激励企业在资本市场挂牌的政策文件。继翔宇疏浚和中联电气2家企业分别在香港联交所和深圳证券交易所上市，成为全市首家民营企业在境内和境外上市的企业之后，企业走向资本市场工作得到持续快速推进。全区全年共有22家企业通过股改走向不同的资本市场，企业进入资本市场各项工作走在全市各县（市、区）前列。其中，主板上市中恒宠物进入辅导期；“新三板”成功挂牌新增企业6家、总数达9家，总量和增量分别列全市第一；苏股交价值板成功挂牌4家企业，上股交E板成功挂牌1家企业。企业直接融资工作继续取得突破，张庄驰翔齿轮公司在上年直接融资0.715亿元的基础上，年内新增融资1.4835亿元，直接融资总额达到2.1985亿元，收购澳洲上市公司A—CAP42.6%的股权；中兴金麦穗公司通过股权转让直接融资1490万元，大大缓解企业新上项目的资金压力。在盐城高新区引进设立“上海股权托管交易中心盐城高新技术产业开发区孵化基地”，专门辅导、推荐全区中小企业到地方股权交易市场挂牌。

【金融平台建设】 拓展银行网点。年内，在高新区与中国银行城东支行合作设立高新区科技支行、与盐城农商行合作设立创业支行，为全区科技型创新企业和新型创业主体提供贷款支持。解决创业贷款难题。在高新区设立盐城农商行创业支行，为全区创业者和小微企业提供创业信贷服务，并由区财政安排2000万元的创业贷款风险补偿资金，降低贷款风险，帮助创业者和小微企业解决资金难题。小贷公司稳步推进。设立4家小额贷款公司，其中3家农贷公司、1家科贷公司，总注册资本3.35亿元，发放贷款余额2.55亿元。解决企业过桥资金难题。盐都区中小微企业应急互助基金协会吸收企业会员60家，办理60多笔互助业务，互助金额达1.13亿元，帮助会员企业解决过桥资金难题。扩大“苏科贷”覆盖面。加大“苏科贷Ⅰ”项目申报力度，加快实施“苏科贷Ⅱ”科技金融项目计划，扩大科技贷款的支持范围。创新农业贷款担保服务。与江苏汇隆投资担保公司创新开展农业弱抵质押物担保，有效解决新型农业经营主体融资担保难题。新建金融服务网络平台。正式开通“盐都区金融服务网络平台”（网址 http://jrfw.yandu.gov.cn/Front_jrb/），为金融服务机构推荐企业，为企业提供金融政策、银行机构、担保机构、小贷公司、金融产品、企业上市等全方位信息；提供融资跟进服务，实现由一次性银企洽谈对接向全程式常态化融资服务转变，构建政银企合作发展的新格局。平台发布各类金融动态、政策措施、金融产品、金融统计等信息140余条，为各金融机构提供企业资金需求信息200余项，企业在线申贷数量取得较大增长。

【银企对接服务】 搭建常态化政银企对接合作平台，开展“走基层、送服务、促投入”和“金融服务直通车”、金融超市“盐都园区行”等银企活动，开通金融服务网络服务平台，提升银企合作成效。全年共计为200多家中小企业解决资金10亿元。

·区内部分上市企业·

江苏东九重工股份有限公司

（1）公司简介

江苏东九重工股份有限公司是专业的余热锅炉供应商，专门从事各类余热锅炉的设计、制造以及技术服务，是国家首批定点的锅炉制造厂家之一，从事余热锅炉研制近三十年。公司注册资本5000万元，共有员工360余名。

公司管理团队团结协作、执行高效。董事长、总经理刘祥斌执掌企业近二十年，有着丰富的管理经验，是江苏省优秀企业家、盐城市劳动模范。副总经理、总工程师张兰芳自2005年起担任全国锅炉压力容器标准化技术委员会锅炉分会委员，为行业内知名专家。

公司设有江苏余热锅炉研究设计院及省级企业技术中心，拥有60余名科研人员的研发团队，其中具有高、中级职称的工程技术人员40余名。被评为“国家高新技术企业”。

公司持有美国机械工程师协会颁发的ASME动力锅炉(S)和压力容器(U)钢印和授权制造证书，具有A级锅炉制造、1级锅炉安装、压力容器设计、制造等资质，并通过ISO9001质量体系认证。

公司是我国余热锅炉主要研发和制造基地之一，所研制的各类余热锅炉产品广泛应用于冶金、建材、电力、化工、医药、炼油等行业，并出口至印度、越南、巴基斯坦等多个国家和地区。

2015年度，公司实现营业收入2.06亿元，净利润2779.56万元。2015年度期末公司经审计的总资产为3.76亿元，净资产1.43亿元。

2016年5月6日，公司股票在“新三板”挂牌，证券简称“东九重工”，证券代码“837302”。

（2）资质证书（见下表）

资质名称	证书号	取得日期	有效期
特种设备制造许可证	TS2110046-2020	2016.6.17	4年
特种设备安装改造维修许可证	TS3132066-2018	2015.1.13	3年
特种设备设计许可证	TS1232103-2020	2016.1.6	4年
特种设备制造许可证	TS2232068-2016	2012.12.10	4年
高新技术企业证书	GR201532001610	2015.10.10	3年
质量管理体系认证证书	02811Q10537R1M	2014.11.14	3年

（3）商标专利

专利权					
序号	专利名称	专利号	申请日期	有效期	类别
1	余热锅炉系统设备	ZL2007 2 0035170.9	2007.3.20	10年	实用新型
2	带前置受热面装置的隧道式余热锅炉系统设备	ZL2007 2 0035171.3	2007.3.20	10年	实用新型
3	一种硅铁矿热炉低温烟气余热发电锅炉	ZL2009 2 0037080.2	2009.2.17	10年	实用新型
4	一种垃圾焚烧余热锅炉设备	ZL2009 2 0037081.7	2009.2.17	10年	实用新型
5	一种蒸汽过热器	ZL2009 2 0037078.5	2009.2.17	10年	实用新型
6	一种余热锅炉装置	ZL2009 2 0037077.0	2009.2.17	10年	实用新型

专利权					
序号	专利名称	专利号	申请日期	有效期	类别
7	一种氧气顶吹转烟气净化与余热回收系统装置	ZL2010 2 0274441.8	2010.7.21	10 年	实用新型
8	一种可除尘蒸汽过热器	ZL2010 2 0274431.4	2010.7.21	10 年	实用新型
9	低温含尘为期在线清灰除尘装置	ZL2011 2 0430464.8	2011.11.3	10 年	实用新型
10	转底炉的烟气余热回收锅炉	ZL2011 2 0483171.6	2011.11.29	10 年	实用新型
11	燃气式石灰窑的余热锅炉系统设备	ZL2011 2 0571481.3	2011.12.31	10 年	实用新型
12	高温固体热量回收余热锅炉及回收余热的方法	ZL2014 1 0265553.X	2014.6.13	20 年	发明专利
13	一种焦炭厂兰炭干馏低温烟气余热利用方法及其系统	ZL2014 1 0375487.1	2014.7.31	20 年	发明专利
14	水泥窑窑尾及旁路放风余热锅炉	ZL2015 1 0084116.2	2015.2.16	20 年	发明专利

商标权					
序号	注册商标	类别	注册号	有效期	取得方式
1	东九重工 Dongjiu Heavy Industry	第 11 类	10966270	2013.9.7—2023.9.6	申请

(4)产权证

(5)竞争优势

公司持有美国机械工程师协会颁发的 ASME 的动力锅炉(S)和压力容器(U)钢印和授权制造证书，具有 A 级锅炉制造、1 级锅炉安装、压力容器设计、制造等资质，并通过 ISO9001 质量体系认证。

公司设有江苏余热锅炉研究设计院及省级企业技术中心，拥有 60 余名科研人员的研发团队，其中具有高、中级职称的工程技术人员 40 余名。被评为“国家高新技术企业”，余热锅炉产品连年荣获江苏省高新技术产品、江苏省名牌产品等称号。

公司拥有国内一流的锅炉制造和检验检测设备，包括大型卷板机、大型数控切割机、蛇形管生产线、膜式壁生产线、螺旋翅片管生产线、自动埋弧焊接线、管子对接自动弧焊以及无损检测中心和理化中心等。

公司进入余热锅炉领域较早，产品设计制造经验丰富。掌握适用于众多下游行业的余热锅炉技术，形成一整套完整成熟的生产工艺，培养一批高素质的研发设计人员和技工队伍。至年底，公司拥有注册专利 60 项。

公司在余热锅炉行业经营多年，客户广泛分布于化工、化肥、水泥建材、钢铁、硫酸、玻璃、有色金属等众多行业，公司前几大客户都为国内规模较大、实力较强的知名企业。

公司产品种类较多，覆盖众多行业。公司积极满足客户个性化需求，提供优质的设计、安装和售后服务。在某些细分市场，公司余热锅炉产品有较高的市场占有率。

江苏闳业机械股份有限公司

江苏闳业机械股份有限公司始创于 1998 年，注册资本 1810 万元，资产 5980 多万元。公司于 2016 年 8 月在全国中小企业股份转让系统“新三板”成功挂牌(股票简称：闳业机械，股票代码：838958)。经过 10 多年的发展，成为国家纺织机械产业基地骨干企业、复合机械国家及行业标准独家起草单位、国家 AAA 级标准化良好行为企业、高新技术企业，江苏省民营科技企业、创新型企业、企业知识产权管理标准化示范单位、两化融合试点企业，是中国纺机协会、中国轻工机械协会会员单位、中国产业用纺织品行业协会、中国复合材料工业协会会员单位，在国内复合机行业享有较高盛誉。

公司融机械设计、制造、经营、服务于一体，主产品分两大类：高端复合机、全自动电脑裁床。共有 10 个系列 100 多个不同规格的高、中、低档产品，主产品“闳业”牌胶粘复合机被评为江苏省名牌产品，“闳业”牌商标被认定为江苏省著名商标。产品主要用于海绵、布类、EVA、皮革、人造纸、纸棉、无纺布以及服装面料等的双层、多层复合及各种软性材料裁剪。通过了质量管理体系、环境管理体系、CE 认证。公司在国内设有 20 多个营销服务网点，产品销售区域除甘肃、青海、新疆、西藏外，国内市场全部覆盖，并远销日本、韩国、越南、印度、巴基斯坦、土耳其、俄罗斯、捷克、波兰等 10 多个国

闵业机械步入品牌化发展道路

家或我国台湾地区。

公司坚持实施“科技创新”战略，建有省级企业院士工作站、省级工程技术研究中心，积极与国内行业重点科研机构建立合作关系，不断加大科研投入、加快新产品开发力度。开发新产品30多只，22只被认定为国家重点新产品和省级高新技术产品，13项科研成果获省、市级科技进步奖，自主研发的核心技术申请国家专利105件，获授权发明专利9件、实用新型专利55件。累计实施国家创新基金项目3项，国家星火、火炬计划项目5项，省星火、火炬项目15项，省科技攻关项目3项，省技术创新项目2项，省重大科技成果转化项目1项，省双创人才计划项目1项，其他省级科技项目6项，科技创新有力地促进企业持续、快速、健康发展。

公司致力于“打造闵业品牌，领跑行业发展”的总体目标，按照“科技创新创高，产品调优调精，发展提速提效，企业做大做强”的发展思路，着力提高复合机械，拓展裁剪机械，继续保持在全国同行业的领先地位，发挥引领市场作用。

公司地址：盐城市盐都区大冈镇卧龙东路88号 电话：88801867、88852888

江苏华盛电气股份有限公司

(1)公司概况

江苏华盛电气股份有限公司创建于2006年9月，证券代码：870696，注册资本7488万元，占地面积8万平方米，公司位于江苏省盐城市高新技术产业开发区，主要从事新能源输变电产品及防爆输变电产品研发、设计、生产、维护、销售和提供成套装备为一体的高新技术企业。

(2)公司发展历程

公司从2006年9月注册创办，2013年之前公司主要生产煤矿防爆移动变电站产品，由于煤炭行业产能过剩，经济形势下行，随着风能、太阳能、核能等新能源技术的开始崛起，2014年公司通过产业结构调整与优化，目前公司主导产品为新能源输变电产品；2015年12月企业通过股改变更为股份有限公司；2017年1月在股份转让系统正式挂牌。

(3)公司发展现状与定位

公司拥有先进的生产、检测设备220台套，年生产能力可达5亿元。

主要产品有五大系列：

①新能源海上风电变流器、风力发电用组合式变压器、光伏箱式变电站、逆变器、电动车充电桩；

②海上移动成套箱式变电站；

③电力变压器、电抗器、成套箱式变电站及特种变压器；

④矿用隔爆型移动变电站；

⑤高低压成套配电柜等系列产品。

其中“华盛电气”牌矿用隔爆型移动变电站及干式变压器荣获江苏省名牌产品、江苏省中小企业专精特新产品；风力发电用组合式变压器获江苏省高新技术产品，“华盛电气”商标被认定为江苏省著名商标，企业获江苏省认定企业技术中心、国家高新技术企业、江苏省量化融合试点单位、江苏省民营科技企业，企业通过ISO9001质量管理体系认证、ISO14001环境管理体系认证、OHSAS18001职业健康安全管理体系认证、CCC国家强制性认证，中国船级社CCS船用产品证书。

企业拥有发明专利15项，实用新型专利16项，外观设计专利1项。

产学研及院所合作：与上海大学、中国矿业大学、哈尔滨工程大学、沈阳变压器研究院等科研院所有着密切合作关系，具有较强的研发团队，研发能力较强。

公司与高端的外资企业德国SGB公司建立了长期战略合作关系，是德国SGB公司在中国唯一生产输变电产品的生产基地，引进了高端装备制造技术引领市场，提升了公司创新能力。

主要客户有：中国电建、国电、华能、华电、中电投、中海油、上海电气、中机国能、中广核、神华集团等大型集团企业公司，产品并出口到德国、乌克兰、澳大利亚、加拿大等国家，赢得客户广泛信赖和好评。

(4)公司在市场上的竞争优势

①公司的主导产品的核心技术引进于德国SGB公司输变电高端技术；

②国内最大容量煤矿防爆变压器KBSGZY-8000/10：3.45矿用隔爆型移动变电站，产品资质齐全，具备生产能力，全国只有两家。

③公司自行研发设计的海上移动变电站产品在中海油海洋平台上运行，申报海油节能减排项目荣获国家科学技术进步奖，并获得江苏省首台套重大装备产品。

(5)公司未来三年发展规划

公司整体发展规划，借助新能源未来五年产业发展的趋势与崛起。

①产品定位。以新能源输变电装备产品制造及集成装备为主导产品；

②新产品研发及产业结构调整。着力围绕高端技术产品的研发，新能源产品制造向智能集成方向发展，再向智能电网和微网发展，最终使产品使用进入大数据中心管理和使用，实现能源互联网+技术，走高端科技含量的发展之路；

③引进高端人才。引进引培高端科

技人才，增强企业自主创新能力；

④品牌建设。做好品牌创建，打造品牌企业，创建中国驰名商标；

⑤拓展国内外市场。由传统制造业向资本市场过渡，充分利用融资平台，强化对外合作战略，通过与德国SGB合作的关系，拓展国际市场，逐步走出跨国经营之路，寻求新的发展动力，力争三年内实现年销售10亿元以上，使公司成为行业内的知名新能源输变电产品制造企业。

江苏康杰机械股份有限公司

江苏康杰机械股份有限公司是一家专业从事热交换器设备、材料、工艺测试研发及服务的综合型企业。公司集科研、设计、制造、安装调试、咨询和工程服务为一体，2003年成立，注册资本2000万元，员工150余人，大专以上学历者39人。公司于2016年9月9日在全国股份转让系统成功股份挂牌，股票代码：839249，通过ISO9001(质量管理体系)、ISO14001(环境管理体系)、ISO18000(职业健康安全管理体系)认证，是国家高新技术企业。2016年9月30日被评为"江苏省著名商标"“。公司地处于经济快速发展的长江三角洲，环境优美，地理位置优越，交通便利。

连续式氮气保护钎焊炉是公司研发的具有独立自主知识产权的产品，产品广泛用于各种车辆、电子、家电、航空、军事、电站空冷器等热交换器的钎焊过程，具有节能、环保、自动化层度高等特点，客户包括上汽集团(上海贝洱)、北汽、重庆长安、江西五十铃、比亚迪、东风二汽、长城汽车、中航股份等知名厂商配套的热交换器专业生产商。公司制造设备完善，检测设备齐全、生产工艺及理念先进。从2002年至2009年，共生产、销售各种氮气保护钎焊炉一百多台套，产品销往全国各地及中东、南亚地区，并受到客户的一致好评。

企业产品

机械：八大产品

主要产品有：连续性气体保护钎焊炉、热脱脂喷涂一体设备、钝化炉、铜硬钎焊炉、铜锡钎焊炉、静电喷粉机、制带机、全自动装配机。八大产品都通过省级鉴定。公司是国内唯一拥有生产钝化炉、脱脂喷涂一体设备(DFD)、静电喷粉设备并且供应全球能力的厂家，打破长期国外垄断格局。

二 6S项目

第三产业的兴起，为企业的发展提供了方向。为此，公司拓展"6S+1"设备服务和"6S+2"汽车维修保养服务。

三热交换器生产项目

自2014年起，中国汽车行业开始进入爆发式增长阶段，特别是随着私人消费的兴起，轿车需求量开始迅速攀升。据不完全统计，平均每辆汽车用到热交换器元件7~9个，热交换器的市场十分广阔。

创新实力

至年底，公司员工150余人，大专以上学历者39人。公司拥有独立的知识产权。实用新型专利100多项，发明专利21项，国际专利2项。获得"盐城市认定企业技术中心""国家级高新技术企业""江苏省信息化与工业化融合试点企业""江苏省民营科技企业""江苏省企业信用管理贯标""AA级重合同守信用企业""江苏省著名商标"等荣誉。

典型客户：

客户包括上汽集团（上海贝洱)、北汽、重庆长安、江西五十铃、比亚迪、东风二汽、长城汽车、中航股份等知名厂商配套的热交换器专业生产商。公司制造设备完善，检测设备齐全、生产工艺及理念先进。

江苏苏力机械股份有限公司

【概述】 江苏苏力机械股份有限公司国家级高新技术企业，是市首批股市新三板企业。主要从事汽车涂装及环保脱硫、脱销、除尘等研发、设计、生产与营销。至年底，共有员工680多名，其中大专学历以上的工程技术人员和专业管理人员120名。公司拥有独立的省级涂装设计研究院，在与中机集团、北京航天航空大学、上海机电设计研究院、天津气车规划设计院战略合作的基础上，成立省级技术中心和新材料新工艺的省级研发中心。2015年，苏力股份通过作为中机集团生产基地的综合考评。苏力股份的博士后工作站建成，为企业高、尖、新产品的不断面世奠定坚实的其础。自2010年起，公司获得新型实用和发明专利46项，其中移动式大件喷漆烤漆装置和超宽薄膜同步拉伸机加热保温装置，省高新技术产品称号，填补国内余装领域2项空白。公司拥有现代化的办公设施和范园式的生产基地，各种机械加工设备和检测装置近300台套，具有研发、设计、制造、安装成套设备的综合实力。多次获"江苏省科技型企业""江苏省高成长型企业""江苏省重合同、守信用企""AAA级资信企业"等表彰。

【新三板上市】 7月27日，江苏苏力机械股份有限公司在全国中小企业股份转让系统（简称"新三板"）正式挂

苏力三期

牌上市，成为公众公司，实现企业的市场化。

【吉林新研牧神涂装生产线正式开工】9月9日，由江苏苏力股份承建的吉林新研牧神涂装生产线正式开工。工程于2016年8月初与苏力股份签订合同，并要求在11月底完成所有设备的制作和安装。苏力涂装针对项目时间短、任务重、要求高的工作难点，集中优势力量，排除一切困难。设备预制如期完成。安装工作按照施工方案有序进行。

【拓展中亚市场】苏力涂装承接苏州金龙哈萨克斯坦KD项目非标设备的设计和制作安装调试工程。标志苏力涂装在中亚地区的又一辐射点，为打开中亚市场奠定基础。

【成立苏力民族乐团】苏力民族乐团在盐城市民族乐团的基础上组建，在职员工30人。依据企业与社会双结合，专业和业余同登台的原则，团员中包括艺术院校专业毕业生、正规艺术团体退出的专业演员、苏力股份员工中的音乐爱好者。为庆祝建党95周年，6月30日下午两点三十分，由盐城市文化馆主办、盐城市苏力民族乐团承办的民乐演奏在盐城文化馆群星剧场开演，标志盐城市苏力民族乐团的正式成立，为打造苏力股份的企业文化和提高苏力员工的文化品位，为弘扬民族文化服务群众奉献社会发挥积极的作用。6月4日，承建的马可波罗（常州）汽车零部件有限公司整车喷漆室体正式完工投产，预计年产量达到5000~10000台。7月30日，由公司承建的苏州金龙客车有限公司炉膛改造项目发货。12月30日，由公司承建的南京依维柯桥林基地新涂装车间首车下线。

江苏蔚联机械股份有限公司

江苏蔚联机械股份有限公司（由原江苏蔚联水利机械有限公司整体变更设立）创建于1976年，系省级高新技术企业，"新三板"挂牌公司（股票代码：832194）。公司位于盐城市高新技术开发区，毗邻204国道、宁靖盐高速，地理位置优越，交通十分便捷。公司共有员工210人，占地面积3.5万平方米，总资产1.6亿元，固定资产5700万元。

为充分利用资本市场，做大做强企业。在区委区政府的正确领导下，在区金融办的精心指导下，在公司财务部和相关单位的共同努力下，5次赴京，从挂牌材料申报到各项大量工作的有序开展，2015年3月31日，公司成功登陆"新三版"，标志着公司步入资本市场快车道，在发展史上具有里程碑的意义。

公司专业从事电器设备和汽车精密金属组件设计和制造，水利机械、环保设备及农用机械的研发、制造、销售。被认定为省民营科技企业、省企业信用管理贯标企业、盐城市守合同重信用企业、B级纳税企业、AAA级资信等级企业、知识产权管理系认证证书。

企业产品

电器设备和汽车精密金属组件具体产品包括：电视及液晶显示屏背板、导热板、边框、脚座，汽车翼子板、引擎盖板、顶盖、悬挂系统中的羊角和摆臂，LED光源散热器、游戏机散热器、太阳花散热器，LED手电筒等。

水利机械、环保设备及农用机械是《江苏省水利工程施工质量检验评定标准》参编单位，拥有国家质监总局颁发的大型弧形钢闸门、大型平面滑动闸门、大型平面定轮闸门、大型人字门、大型拦污栅、清污机的生产许可证；水利部颁发的中型卷扬式和中型螺杆式启闭机使用许可证及水工金属结构防腐蚀专业施工能力证书；省住建厅颁发的水工金属结构工程专业承包二级、钢结构工程专业承包二级和安全生产许可证。

制造装备

公司拥有国际、国内一流的设备，台湾金丰冲床、源昌挤型机、鸿镁压铸机、雷德数控龙门加工中心、复合加工中心、亚威数控板料折弯机、汇昌多弧离子镀膜机、自主研制无缝折弯机、冲床7连线独立式机械手，国内领先的全套超声波清洗设备、全自动通过时喷淋清洗机。在硬件配套上满足从32英寸至86英寸各种电视机散热片、背板的生产。拥有国内一流的2.5D，三次元量测仪检测中心，检测手段先进，能够满足公司生产的各尺寸质量检测；拥有国际一流的真空镀膜设备，能够满足各类金属件的镀膜加工工艺的要求；公司分别通过ISO9001质量管理体系认证、ISO14001环境管理体系认证和国家三级安全标准化。

创新实力

公司现有各类高中级技术人员35人，其中外籍人员8人，高级工程师5人，工程师12人，坚持"优秀的员工打造优良的企业，优良的企业生产优质的产品，优质的产品开拓优势的市场"的管理经营理念。采用国内外新技术、新工艺、新材料、新装备等，与盐城工学院签订产学研合作协议，推进公司与科研院所的深度合作，形成专业、产业相互促进共同发展。成功研制压铸件金属类真空镀膜技术，稳定分子配比，膜层厚度达到0.3~0.5微米，拥有国家专利18项，其中发明专利1项。

典型客户

公司生产的电器设备产品主要配套富士康、LG、乐视致新、小米科技、瑞仪光电、冠捷科技、达运精密、歌尔声学等国内外知名大企业、大集团（公司）及上市公司，并成为其重要的战略合作伙伴。

江苏剑桥涂装工程股份有限公司

2016年9月27日上午9点，江苏剑桥涂装工程股份有限公新三板挂牌敲钟仪式在北京全国中小企业股份转让系统举行，证券代码：NEEQ8309020，剑桥融入资本市场步伐，全面快速发展。公司董事长张如剑上台敲响预示公司新的征程开启的金钟。

经过近二十年的发展，剑桥公司逐步成长为国内涂装行业规模最大的知名企业之一，年产值近5亿元，税收连续四年突破1000万元，企业被授予"国家高新技术企业""国家火炬计划重点高新技术企业""中国驰名商标""国家级博士后科研工作站""江苏省名牌产品""江苏省十大行业领军企业""江苏省管理创新示范企业""江苏省诚信示范企业""江苏省两化融合示范企业""江苏省文化建设示范单位"等多项荣誉。并建成"国家级博

剑桥涂装

士后科研工作站”“院士工作站”，企业开发的技术成果获得国家发明专利5项，实用新型专利26项。公司引进意大利萨瓦尼尼柔性金属加工设备，推进智能车间建设，成为国内涂装行业科技创新排头兵。

此次新三板挂牌，书写企业发展的新篇章，是剑桥实现现代化发展迈出的重要一步，剑桥公司将迈上一个新的台阶，并瞄准国际化、资本化的方向前行！

公司采用定向增发股票、并购重组等多种方式引进战略投资，提升资本实力，并继续实施“股权激励计划”，面向国内外招募专业人才提升企业发展能力。公司三期产业园将合资组建德谷科技实体，引进德国技术，面向国内外市场推出废气废水处理的环保解决方案，市场前景广阔。公司生产基地入选江苏省首批“智能车间”，加强产学研合作与科技创新，全面打造适应“中国制造2025”发展要求的高科技智能制造企业。

政府采购

Government Procurement

【概述】 全区政府采购工作以改革创新工作方法，以服务政府、规范采购为重点，以促进社会和谐、经济健康发展为目标，坚持“规范、高效、公正、廉洁”的工作理念，全面贯彻执行《中华人民共和国政府采购法》《政府采购货物和服务招投标管理办法》等法律法规，通过公开招标、竞争性谈判、询价、邀请招标、单一来源采购等方式，提升工作质量和管理服务水平，规范有效地开展政府采购工作。

【各项指标稳步增长】 全年共完成政府采购招标项目115个，询价项目28个，累计预算金额2.36亿元，实际采购金额1.98亿元（其中定点办公设备1036.01万元、定点印刷品265.42万元、定点公车维修231.10万元），节约财政资金3800万元，资金节约率16%，有效降低财政支出，最大限度地发挥资金使用效益。

【规范政府采购工作】 政府采购工作持续规范运作，不断创新工作方法，注重提升工作效率。年内，建立健全政府采购规章制度，完善公开招标项目的评标办法，从源头上规范采购程序，严防腐败现象发生；加大监管力度，对限额以上公开招标的通用标准货物采购，原则采用经评审最低价法；对办公设备、耗材、公务用车维修、印刷等定点采购货物和服务采购的价格，实行清单预审制度，在办理结算手续之前，先送交采购清单，待价格核查通过后，再行办理结算手续；1万元以下办公设备和办公耗材实行自主定点采购，采购人的采购计划下达后，自行在定点范围内选择自己信任的供货商直接供货，既节省采购时间，又较好地保证售后服务；3万元以上的办公自动化产品均到采购单位核对品牌、型号、数量和配置，从而有效监管定点采购的货真价实；建立高质量专家评委库，确保评标工作顺利开展，会同区有关部门，完善区评标专家综合支库的同时，组建由区级科研事业单位及区属具有专业技术特长的在职人员加入的“区直属评标专家库”，专家在册人员不重复，形成由社会各界专业技术人员组成的多专业、多结构、高标准的评标专家库，评标专家随机抽取，促进评标工作的公平性和客观性，为依法合规评标提供组织保证；规范全区各单位公务用车保险行为，节约政府开支，提高公务用车保险资金的使用效益，确保全区各单位公务用车无“脱保”现象；加强中心工作人员的教育与管理，增强法治意识、廉政意识，承担起规范政府采购行为的责任，开展文明创建活动，推进工作作风建设，树立良好的窗口形象。

（封扣琴）

政协盐城市盐都区委员会

Yancheng Yandu District Committee of the Chinese People's Political Consultative Conference

- 综　　述
- 重要会议
- 重要工作
- 重要活动
- 提案工作

综　　述
Summary

【概述】 区政协全面贯彻中共十八大和十八届三中、四中、五中、六中全会精神，坚持以习近平总书记系列重要讲话精神为引领，牢牢把握团结民主两大主题，继续围绕“打造新高地、迈上新台阶”的总定位，紧扣加快建设“五大盐都”、致力谋求“六大提升”的新实践，切实履行政治协商、民主监督、参政议政职能，主动适应新常态，努力实现新作为，为建设创业开放生态幸福厚德的美丽盐都做出积极贡献。全年共召开全委会1次，常委会议3次，主席会议6次。

重要会议
Important Congresses

【政协盐都区十三届五次会议】 1月6—8日，在东方玄武大酒店举行，出席委员276人，列席会议48人。区委书记羊维达在会议开幕时讲话。会议听取并审议区政协主席顾其斌代表区政协常务委员会所作的工作报告和副主席段学标所作的提案工作报告。与会人员列席区十五届人大五次会议，听取并讨论区长吴本辉所作的政府工作报告及其他报告。会议结束时，区政协主席顾其斌致闭幕词。

【区政协常委会议】 年内，区十三届政协常委会共举行3次会议。

3月25日，举行第17次常委会议。区政协副主席段学标主持会议。与会人员观摩区政务服务中心服务大厅，听取政务服务中心搬迁运行以及审批制度改革等相关工作情况汇报。政协常委们就推进审批制度改革，提升政务服务水平，积极建言献策。区政协主席顾其斌肯定区政务服务中心从建设到运行以来所做的工作，提出要进一步加大改革创新力度，努力提高服务效能，清理规范中介组织，加快推进智慧政务建设。

6月29日，举行第18次常委会议。区政协副主席段学标主持会议。与会常委视察秦南镇泾口村和大纵湖旅游度假区，听取全区旅游业发展情况和大纵湖旅游经济区建设情况通报。会上，区政协常委就加快全区旅游业发展积极建言献策，提出意见和建议。区政协主席顾其斌希望广大政协委员围绕推进全域旅游、打造支柱产业多提好建议，多出金点子，积极协助区委、区政府坚定不移地推进旅游振兴战略，努力为加快建设旅游大区、旅游强区多做贡献。

9月23日，举行第19次常委会议。区政协副主席段学标主持会议。与会常委先后视察华星光电、三鼎电子和产业研究院，会议听取高新区发展历程和建设推进情况通报。会上，与会常委为加快高新区发展献计献策，提出建议和意见。区政协主席顾其斌肯定高新区建设工作的成绩，在招商选资、科技创新、人才引进等方面办实事、见成效。

【主席会议】 年内，区政协举行主席会议6次。学习贯彻中共十大和十八届三中、四中、五中、六中全会精神，领会“五大发展理念”，发挥政协独特的职能优势、人才智力优势和党派界别优势，将区委的决策部署融入到政协的各项工作中。会议围绕乡村旅游、建设花卉大市场、规范校外教育培训和法律援助等议题进行专题协商。

重要工作
Important Work

【建言献策】 建言献策大会是政协全会的特色和亮点，政协十三届五次会议期间，政协委员及有关团体共提交大会发言材料18篇，安排大会发言6篇，体现政协委员履职的热情与水平，彰显政协人才荟萃的优势和民主团结的气氛。

【协商议政】 围绕深化改革、高新区建设、现代服务业发展、新型城镇化建设等课题，安排系列专题协商。年内，区委提出“培育旅游业战略性支柱产业，创建国家全域旅游示范区”目标后，区政协组织相关板块和部门的负责人，在徐州新沂市、山东台儿庄古城等地考察学习，借鉴外地先进经验，围绕编制全域旅游规划、打造核心景区、促进旅游与其他产业融合发展、实施宣传营销、强化人才队伍建设等方面交流研讨，提出针对性的对策建议。

【民主监督】 针对人民群众密切关注的问题，加大民主监督力度，增强民主监督的实效。聚焦重大改革方案、重点工程建设、精准扶贫、民生实事等落实情况，通过实地考察、座谈讨论、问卷调查等形式，开展监督活动。邀请区委区政府领导通报全区经济社会发展情况，党风廉政建设工作，委员提案办理情况以及有关专项工作，帮助委员了解区情，增强监督的针对性。

【社情民意工作】 政协委员通过会议、调研、视察和走访等多种途径，收集和反映社情民意信息，及时将百姓呼声和委员建议报送党委政府领导和相关部门。年内，共收集报送社情民意信息128条，整理编报《委员意见》4期，区委、区政府主要领导和分管领导多次作出批示，要求有关方面予以认真研究采纳，有效推动相关问题的解决。

【加强宣传扩大影响】 加强与新闻单位和主流媒体的沟通，重点宣传区政协切实履行职能、推进协商民主、服务改革发展的特色做法和政协委员履职情况。年内，在《江苏政协》《盐城工作》《盐城政协》等刊物发表文稿12篇，及时宣传报道区政协履职创新成效，在区电视台《盐都新闻》栏目开辟“委员风采”专栏，宣传政协委员履职情况15人次，扩大政协工作的社会影响。

【文史资料编写】 年内，开展“文史盐都”征文竞赛和古村镇调查，编辑出版《盐渎流觞》文史专辑，进一步弘扬盐都传统文化、特色文化，充分发挥文史资料“存史、资政、团结、育人”的作用。召开“文史盐都”建设工作座谈会，邀请区内外作家及文史爱好者代表为推进“文史盐都”建设进言献策。组织部分政协文史委员、文化艺术界别委员、驻城政协委员和政协机关干部，参观盐城市博物馆、盐都博物馆和水浒文化博物馆，了解盐城和盐都的历史文化、风土人情、民风民俗，熟悉社会发展历程。

【发挥委员主体作用】 通过建设政协委员履职评价系统信息平台、开展“双岗双优委员”评选等活动，激励政协委员珍视委员荣誉，立足双岗建功立业。尊重和保障委员的民主权利，扎实做好委员服务、联络工作，搭建委员之间、委员与政协机构之间、委员与党政部门之间多种形式的交流平台，邀请相关委员列席政协常委会议、主席会议，参与调研考察、专题座谈、监督评议、提案办理等活动，为委员积极、主动、有效履职创造条件。

重要活动
Important Activities

【开展专题调研活动】 积极配合省、市政协做好新农村建设、特殊教育、女性创业就业、乡村旅游等专题调研考察活动。同时，通过实地调研、走访了解，交流座谈等方式，分别就全区推进审批制度改革，提升政务服务水平，加快旅游业发展，推进高新区建设加速发展以及群众普遍关注的热点问题开展专题调研活动，形成调研报告12篇，提出建议110条。《突出重点，常抓不懈，有效控制和治理大气污染》《发挥政协优势，助推全域旅游》等文章，在市政协会议上作交流发言。

【组织专题教育活动】 制订学习计划，落实学习任务，年内，党组、主席会议、机关例会共组织18次集中学习，重点学习党的十八大及十八届四中、五中、六中全会和习近平总书记系列重要讲话精神，学习《党章》《廉政准则》《处分条例》等党内法规及政协统战业务知识，学习省市区委重要部署，坚持正确方向。通过组织开展撰写心得、讨论交流、整改落实等活动，提高专题学习教育活动实效。

【加强联系】 通过安排大会发言、联合开展调研、办理党派提案，反映社情民意信息等路径，鼓励和支持各民主党派、无党派人士踊跃发表意见和主张。对他们提出的重要建议和提案，加大办理落实力度。坚持区政协领导分工联系民主党派制度，及时了解民主党派的工作情况，听取他们的意见和建议。加强与民族宗教界人士的经常性沟通，关心少数民族同胞和信教群众。密切与非公有制人士和其他新社会阶层人士的联系，畅通和拓展各界群众利益诉求的表达渠道，及时反映社会不同阶层、不同群体的愿望和要求。

【对外交流】 充分发挥人民政协对外交流的优势，进一步扩大“朋友圈”，开展联谊交往。年内，先后接待湖州南浔区政协、泰州市政协、仪征市政协、兴化市政协、沛县政协等省内外政协考察组，通过学习交流，沟通信息，加强联系，同时，宣传盐都经济社会发展成果，展示盐都形象。

【强化服务关注民生】 区政协领导班子和机关干部积极参与招商选资、项目推进、服务企业和结对帮扶等工作，推进全区重点工作。区政协领导班子成员定期深入挂钩企业和委员企业督查指导、协调矛盾，积极为企业稳生产、促转型、增效益出主意想办法、解难题办实事。深入基层，就党委政府的工作中心、重心，百姓群众关注的社会热点、难点走访了解，关注困难群众生活，实施精准扶贫，帮助解决实际问题。

【加强作风建设】 进一步完善机关工作制度，健全工作运行机制，开展“学习型、服务型、创新型、和谐型、务实型”机关建设活动。坚持领导班子带头学习制度，开展读书活动，区政协联系思想和工作实际，撰写读书笔记26篇。组织政协委员参加省市政协举办的学习培训，邀请专家学者开展讲座，参加“盐都大讲堂”和“在线学习”，形成良好的学习氛围，推动各项工作的有效开展。组织开展走访一线委员活动，加强委员与政协机关同志的交流联系，帮助委员更深入了解政情区情，推动委员在本职工作和政协工作中尽职尽力。

提案工作
Proposal

【概述】 区政协落实中共十八大和十八届三中、四中、五中、六中全会以及省市区党代会精神，深入学习习近平总书记系列重要讲话特别是视察江苏重要讲话精神，认真贯彻《中共中央关于加强人民政协工作的意见》精神，适应经济发展新常态，践行新发展理念。把握团结和民主两大主题，围绕稳增长、促改革、调结构、惠民生、防风险等一系列重大战略任务，着眼于人民群众最关心、最直接、最现实的利益问题，积极运用提案形式建言献策。全年共提交提案102件，经审查立案88件，提案有情况、有分析、有建议，多数具有较强的针对性、可行性、前瞻性和可操作性，为协助党委政府实现决策科学化、民主化发挥重要作用。从提案内容看，经济建设类占29.5%，政治建设类占9.1%，文化建设类占13.6%，社会建设类占19.4%，生态文明建设类占23.5%，其他占4.9%。

【服务经济建设】 政协提案围绕转变经济增长方式、调优产业结构、壮大支柱产业等方面提出的建议，受到决策部门重视。其中，关于“做强做优企业，增强经济发展后劲”“加快培育新兴产业”“提速打造城乡统筹示范片”“扶持传统产业走出困境”“推动中小企业上市”“减轻企业负担”等建议，区委区政府在工作措施之中加以落实，部分建议被吸收到区“十三五”规划纲要、相关专项发展规划和相应工作中。“加大我区创新创业推进力度”“加快全区中小企业自主创新能力建设”“加快发展农业电子商务”等建议，有关部门在完善创业服务体系、培育电商人才、发展生态高效农业、塑造特色品牌等工作措施中积极采纳吸收。区政府结合“关于进一步推动我区中小企业上市工作的建议”所提意见，做好政策引导、业务指导、综合协调和政策保障，举办企业上市知识培训班，与国家发改委、证监会等方面对接，鼓励上市企业用好用足优惠政策，至年底，全区深交所、港交所上市企业各1家、新三板挂牌企业9家，资本市场“盐都板块”不断壮大。

【改善民生】 创业就业、居家养老、教育医疗等民生事业是关系到人民群众最直接、最现实的问题。提案主要包括城乡医疗保障体系建设、弱势群体救助、就业用工、老龄事业发展、教育均衡、青少年思想道德教育、留守儿童健康成长、基层文化设施建设、依法行政、基层社会矛盾排查调处等内容。其中，“大力发展校车，解决学生上学难”“关注中小学生出行安全”等建议，区政府将其纳入为民办实事工程，一次性购买国标校车67辆，在全市率先实现校车全覆盖，至年底，区校车增加到80辆，为全区15所学校、20个幼儿园的6500多名学生和幼儿提供服务。“加快我区养老体系建设”“规划建设医养结合老年护理院”等建议，区有关部门逐项研究，在具体工作措施中充分吸纳委员意见，2.1万名老年人享受居家养老服务，250个村（居）居家养老站点建设、信息网络、服务队伍、老龄组织四项全覆盖，提前完成省定“十二五”目标，2016年服务量达40万人次。“推进村级卫生机构建设”“加大新农合筹资标准”“提高乡镇卫生院医疗水平”等建议，推动医药卫生体制改革步伐，新农合筹资标准持续领跑全市、领先苏北。农村居民大病保险全面实施，240个村级卫生室，已新建174个、改扩建19个，超额完成市标准化建设任务。“促进教育优质均衡发展”“成立盐都高级中学”“关注农村体育文化设施建设”“丰富农村业余文化生活”等建议，促进教育、文化、体育等事业发展。

【统筹城乡发展】 加快城乡协调发展，推进新型城镇化，缩小城乡差距，是区委区政府近年来中心工作之一。提案主要包括：科学规划，推进新型城镇化建设；塑创品牌，打造重点特色镇；补齐短板，启动农村公路提档升级；集中整治，加快城镇污水处理等建议。其中，“加快我区城镇化建设步伐”“打造城乡统筹示范带”“拓宽镇村公路、加强养护管理”等建议，被区委区政府采纳。高新区“一核一轴一心”建设强势推进，杨侍、仰徐、三湾等特色乡村建设、农村公路提档升级稳步实施。“进一步推进城乡公交一体化”“加快城乡区域供水一体化建设”“加快城市污水管网改造”等建议，为实现市镇村公交在苏北率先一体化、区域供水城乡同网同源同质和城镇污水集中处理提供参考意见。“加强农民职业技能培训”“重视原建制镇的规划管理”“稳妥推进农村土地流转”等建议被吸纳到政府工作举措中，推进全区社会主义新农村建设。

【生态文明建设】 践行绿色发展理念，改善生态环境质量，让市民有更多获得感，是提高人民群众生活质量和幸福指数的重要方面，也是政协委员关注的一个热点。委员从生态环境保护、乡村旅游发展、低碳绿色出行、大气污染防治、农田林网绿化等方面提出意见建议。其中，“大力推进绿色发展，加强环境污染治理”“实施全域旅游战略，加快建设旅游强区”“加大生态建设力度，持续推进绿色发展”“注重生态文明建设，打造美丽新盐都”“突出重点，有效控制和治理大气污染”“夯实创卫长效机制”等意见建议，为全区全面打造宜居、宜业、宜游的美丽乡村提供有益参考。“科学统筹，大力发展旅游经济”的建议，从高起点修编旅游发展规划、全方位发挥大纵湖景区龙头作用、高标准发展休闲农业与乡村旅游、加大旅游业招商引资力度、深层次挖掘旅游文化内涵、大力做好旅游推介六个方面提出的意见，既有制度设计层面，又有对策操作措施，其中部分建议在有关部门编制的旅游发展规划中得到充分体现。大纵湖旅游度假区、龙冈桃花园、郝氏故里、泾口湿地风情园等景区建设进一步提升，全长25千米蟒蛇河观光带全面开工建设。“建立农村环境综合整治长效机制”“农村秸秆‘双禁’工作应通力协作，奖罚并举、措施到位”“加强农村河道综合整治”等建议，有关部门积极采纳，有效促进农村环境“五位一体”长效管护机制的全面实施。

·优秀提案选登·

案　由：关于加快发展农业电子商务的建议

提案人：九三学社

内　容：

2015年中央一号文件再提电商，文件指出："创新农产品流通方式""支持电商、物流、商贸、金融等企业参与涉农电子商务平台建设。开展电子商务进农村综合示范"。国务院、农业部、商务部先后出台了《关于大力发展电子商务加快培育经济新动力的意见》《推进农业电子商务发展行动计划》等一系列顶层设计，为发展农业电子商务指明了方向。作为促进农业提质增效转方式的重要途径，农业电子商务的加快发展一方面有利于解决分散的小农生产与大市场对接难的问题，促进信息通畅，减少流通环节，破解"卖难买贵"，增加农民收入；另一方面，从终端需求倒逼前端产业结构优化调整，推动生产环节标准化、营销环节品牌化、追溯环节智能化，有利于促进产业向中高端迈进，加快农业供给侧结构性改革。

随着阿里巴巴、京东、苏宁易购等电商巨头纷纷布局农村电子商务，"工业品下乡"已逐步得到解决，而"农产品进城"仍处于探索阶段。据农业部估算，2014年我国农产品网络销售比例仅占总流通量的2%左右，需要加快解决接入能力弱、货源组织难、冷链物流体系不完善等农业电商发展的瓶颈问题。作为农业大县，我区拥有设施果蔬、花卉苗木、规模畜禽、特色水产、优质稻麦五大主导产业，盛产草莓、葡萄、番茄、大闸蟹、小龙虾等鲜活农产品，有机大米、秦南水牛肉、大冈盐水鹅、葛武葛根粉等一批特色初级加工农产品具有一定的市场知名度，发展农业电子商务具有良好的产业基础和广阔的市场前景，建议可从以下几方面着手：

一、厚植土壤筑巢引凤。优厚的政策条件，是招引成熟电商企业，培植电商创客团队的催化剂。建议要通过租金减免、装潢补贴、开店补助、业绩奖励、贷款扶持等办法，为创客团队落户和培植提供宽松的环境，打造农业电子商务发展的政策洼地和制度高地，从而大力招引"有行业基础、有专业团队、有发展前景"的成熟农产品电商企业入驻领办，发挥集聚效应和示范作用，引导种养加企业、大学生村官、农村有志青年勇当创客，积极投身农产品电子商务"蓝海"。

二、储备人才备足后劲。整合各类培训资源，增设区级专项培训资金，邀请专业讲师团队，重点对农产品运销经纪人、规模种养加企业（基地）"农二代"、大学生村官、返乡创业青年等具有一定互联网知识和发展农产品电子商务意愿的有志青年，开展农产品电子商务知识和技术培训，建立懂市场、会营销、有活力的专业人才梯队，为农产品电子商务发展提供人才支撑。

三、争创品牌打牢基础。围绕主导产业，强化宣传引导，调优激励政策，加强质量监管，鼓励各类农业生产经营主体走品牌化发展之路，开展标准化生产，注册自主品牌商标，争创农业"三品一标"和国家、省、市名牌，提升产品附加值，为农产品"触电碰网"镀金加码。

四、多元合作提升效益。与阿里巴巴集团深度合作，发挥政府牵头作用，借助其"农村淘宝"项目平台，通过信誉担保和政策激励，为成熟电商企业、"村淘合伙人"与种植大户、家庭农场、农业专业合作社、农产品加工企业之间牵线搭桥，开展货源供给、贴牌生产、代销服务等全方位合作，携手共建"村淘"3.0版本，实现"网货下乡"和"农产品进城"齐步走，打造农产品电子商务多维发展的良好局面。

案　由：关于进一步强化志愿服务工作的建议

提案人：唐　玲

内　容：

志愿服务不仅是社会文明进步的重要标志，也是人们自觉为他人和社会服务、共同建设幸福生活的生动实践，是培育和践行社会主义核心价值观的重要体现。截止目前，全区志愿服务者省平台注册人数为91923人，城镇人口占比为22.9%。但是全区志愿服务工作还存在认识还不到位、组织不健全、经费不足、服务不到位等现象，为了进一步弘扬"奉献、友爱、互助、进步"的志愿者精神，推动全区志愿服务工作向社会化、正常化、常态化方向发展，建议——坚持项目化管理，品牌化建设，多措并举，建立和完善志愿服务招募、培训、管理和表彰机制，推动全区志愿服务工作常态常效。

一、强势宣传，强化志愿服务责任意识。一是建立志愿服务网站，加强志愿服务的宣传报道和信息沟通，促成志愿服务资源共享。二是充分运用电视、报刊、网络、短信、微信等平台，传播志愿服务理念，营造良好氛围。三是"种"文化上墙，"植"文明入心，加强舆论引导，提高全社会对志愿服务的认知度和参与度，使"有困难找志愿者，有时间做志愿者"家喻户晓、深入人心。

二、组织保障，确保志愿服务领导有力。贯彻落实中央文明委《关于深化志愿服务活动的意见》，成立盐都区志愿者联合会，争取编办支持，明确在区文明办增设志愿服务机构和编制，确保志愿工作有专人负责。按照政府支持、社会赞助的思路，将志愿服务组织的基本运转经费列入公共财政框架，制定鼓励企业和个人捐助志愿服务的政策，形成"党政支持、文明办主导、全社会参与"的工作局面。

要将志愿者注册登记和志愿服务作为文明城市创建和践行社会主义核心价值观的重要内容，纳入文明镇、文明单位规范化建设全过程，全面动员，镇区联动，扎实推进，使志愿者注册率不断攀升，志愿服务活动有序进行。

三、理顺关系，健全志愿服务体制机制。全面推行志愿者招募注册制度和培训管理制度，完善志愿服务记录制度，建立健全志愿服务星级认定、嘉许、回馈等激励保障机制，引导人们以志愿服务的方式立足岗位学雷锋、走上社会学雷锋，努力把志愿服务做到基层、做到社区、做到家庭，以志愿服务制度化促进学雷锋活动常态化。

四、规范管理，提高志愿服务常态化水平。充分调动机关、各行业及各阶层的积极性，尤其要发挥机关干部职工在创建工作中的主力军作用，不断发展壮大志愿者队伍，扩大志愿者人数规模。建立健全志愿者注册和活动网上查询模式，成立社区志愿者工作站，在相关文明网上建立菜单式志愿服务平台，鼓励社会化管理体制参与志愿服务，建立志愿服务时间储蓄制度，以便在自己需要时，能从社会支取。

案　由：大力推进绿色发展加强环境污染治理

提案人：吕明光

内　容：

近年来，区委、区政府认真贯彻落实习总书记系列重要讲话精神，把推进生态文明建设、建设高水平小康社会作为一项政治任务，全区各级各部门贯彻落实发展理念，注重转方式、调结构、重保护、强监管，为生态文明建设打下了良好基础。一是生态创建力度空前。全区生态红线保护范围占国土面积的比例高出全省平均值3.13个百分点，在全市率先通过国家生态区考核验收，9个镇创建成国家级生态镇，市以上生态村(居)达到281个，建成各类绿色学校60所，绿色社区11个。二是绿色发展转型加快。培育智能终端、高端装备、汽车配件、农产品精深加工等新兴产业，推动企业和项目向12个重点工业园区集中，全区实施各类污染源综合利用项目32个，建成省级循环经济试点企业43家。三是节能减排成效明显。巩固“无化区”建设成果，继续关停高耗能、高污染企业，否决高耗能项目信息62个，全区万元GDP能耗下降率18.8%，单位工业增加值能耗累计降低率20.8%，均超额完成目标任务。四是城乡环境持续改善。村镇生活垃圾无害化处理率达98%，城镇污水集中处理率达86%。抓好中央环保督察反馈意见整改，103个违法违规项目全面完成整改。开展工业污染、畜禽养殖污染等专项整治行动，关闭规模养殖场331个、整治739个。但是，对照全区群众对生态环境质量的期盼，对照创建国家生态文明建设示范区和省生态保护引领区的目标要求，仍存有差距，主要体现在：管护和确保饮用水源安全的压力较大；整治农业面源污染任务加重；环境容量与绿色发展的矛盾正逐步显现；公众绿色环保意识还有待增强。

生态文明建设是一个长期复杂的系统工程。我们要坚定不移地把生态文明建设深度融入经济社会发展各方面和全过程，积极探索实践绿色、低碳、循环、可持续发展的新路子，率先建成全国生态文明建设示范区。为此建议：

一、明确建设内容，着力构建目标导向体系。生态文明建设就是要建设环境洁净优美、生活健康舒适、产业协调发展、资源综合利用、人与自然和谐的生态园林城、文化旅游城、精致宜居城，实现盐都“天蓝、地绿、水净”。羊书记在区委十四届二次会议报告中要求，要大力推进生态文明建设，努力改善全区生态环境质量，让生态优先、环境美成为盐都的闪亮标识。吴区长在政府工作报告中指出，将生态文明建设融入经济社会发展全过程，深入开展“两减六治三提升”专项行动，争创生态保护引领区。新目标、新任务，对环保工作提出了新要求。新年度全区环保工作，要以生态文明建设为统领，重抓“一极一园一业”，加快新型工业化、城镇化和新农村建设，构建以生态产业为主体的高效生态经济体系，努力实现省生态保护引领区创建目标。要通过减少与控制水、气、声、渣等污染源、削减排放量，加强生态系统的修复与保护；通过调整产业结构与布局、优化环境功能区划，促进知识型产业和生态型产业的发展；引导城乡居民在生产方式、生活方式以及消费方式等方面向环境友好、资源节约、社会和谐的生态文明方向转变，不断提升公众自觉参与和保护生态环境的意识。

二、坚持规划引领，着力构建绿色发展体系。编制生态文明建设规划，是促进生态文明建设良性发展的基础性工作，具有导向引领作用。一是优化区域布局。按照生产空间集约高效、生活空间宜居适度、生态空间天蓝水绿的目标要求，优化布局结构。加紧生态环境保护、历史文化保护、城中村改造、绿地景观建设、污水垃圾处理设施建设运营等与生态文明建设相关联的专项规划和修建性规划的编制工作。二是完善规划指导。按照生态文明建设总体要求，统筹规划生态文明的功能分区、生态资源保护、产业布局、风格特点，强化规划的综合性、全局性、战略性和可操作性。三是强化规划约束。相比于经济发展等规划，生态文明建设规划更具有长期性和艰巨性，在实际运作中，容易让位于更能体现政绩的GDP等硬性约束指标。因此，要强化生态文明建设规划的约束性，保证规划执行的严肃性，任何单位和个人，不得随意变更规划，确保生态文明建设规划长期实施，有序推进。

三、转变发展方式，着力构建产业支撑体系。转变发展方式，调整产业结构，是生态文明建设的治本之策。一是加快发展生态效益型工业。主动策应“中国制造2025”战略和“互联网+”行动，大力发展新技术、新产业、新业态、新模式“四新”经济，实现产业中高端迈进、内涵式增长。二是加快发展现代服务业。大力培育“美丽经济”，持续打造新的支柱产业。以大纵湖度假区为龙头，全力构建“一湖两带一圈”旅游发展新格局。按照“一区一品牌、一区一园区、一区一实体”的要求，培育一批文化骨干企业，增强文化产业发展软实力。三是加快发展生态农业。实施化肥、农药减量化，推广科学种植(养殖)，切实减少农业面源污染。策划、实施一批种植(养殖)基地建设、农产品深加工等项目，推进农业标准化和安全农产品生产，加快发展效益农业、观光农业。

四、完善体制机制，着力构建制度推进体系。进一步优化生态文明建设的制度环境，扎实推进生态文明制度体系建设。一是完善政策引导机制。建立重大项目生态风险评估制度，全面评估项目实施的生态成本、生态效益，保证决策的科学性。建立资源开发利用备案制度，采取保护性开发、一般性开发、限制性开发等措施，保证资源得到合理有效开发利用。深入开展生态文明建设全民宣传教育活动，增强全民生态文明意识，倡导生态、环保、绿色、低碳的生活方式。二是完善生态补偿机制。落实节能环保项目减免企业所得税等税收优惠，加大对节能环保研发、技术应用的支持力度，促进产业结构调整；建立和完善生态补偿机制，进一步拓宽补偿范围、深化补偿内容、增加补偿资金，在区域范围内探索“资金横向转移”补偿模式。三是完善生态保障监管机制。探索生态建设、环境保护资金投入与利益共享机制，盘活市场资源，引导社会、企业、个人共同参与生态文明建设；完善最严格的耕地保护制度、水资源与环境保护管理制度，健全生态环境保护责任追究制度和损害赔偿制度。四是完善生态考评机制。推行生态GDP核算制度，尽快建立一套有利于绿色GDP发展的干部考核评价机制和考核标准；加强政府节能减排的绩效管理，建立统一的考评制度，提高管理的层级，完善部门联动机制；把资源消耗、环境损害、生态效益纳入经济社会发展评价机制，建立分类目标考核办法。

案　由：关于加强关爱空巢老人的建议

提案人：陆春网

内　容：

如今老龄化问题日益突出，农村尤为严重，子女由于工作、学习、婚姻等原因而离家后，空巢老人越来越多，随着年龄增长，身体机能衰退，老人的健康状况明显下降，患病率也随之上升。同时，空巢导致的孤独、抑郁、悲观等负面情绪时刻侵袭着心理健康。

针对上述问题，特提出如下建议：

一、加强教育宣传。提倡"孝"道，对农村社区（村）进行"敬老、养老、助老"的传统美德教育。大力倡导敬老养老之风，弘扬传统美德，表彰敬老养老先进，在群众中形成"尊老"的良好氛围，使子女应承担的赡养和照料老人的义务落到实处。鼓励分住的子女"常回家看看"，帮助父母做点家务，沟通情感，照料生活。

二、切实用心关爱。发挥社区（村）为空巢老人提供生活照料和精神慰藉的作用，实现养老资源的优化配置和合理利用，探索实行互助养老新模式。进一步引导农民转变传统的家庭养老和自我养老的观念，使其了解社会养老，帮助他们通过缴纳社会养老金、医疗保险金等方式来防范养老风险、改善老年生活。通过多种形式帮助老年人充分了解自身权利，最大程度地减少"老无所依"情况的发生。

三、完善联络机制。制作"爱心联络卡"，以社区（村）为单位，以党员和志愿者为"爱心使者"，将联系方式统一印制成卡片，分发到老人手中。"爱心使者"定期登门看望老人，当老人遇到问题时可通过卡片上的电话联系"爱心使者"。"爱心使者"接到电话后给予老人身心关怀和精神上的慰藉，对老人进行心理疏导，收集老人的意见，将意见汇总后与其子女沟通，并反馈给所在社区（村），为农村空巢老人营造温暖的家庭氛围。

案　由：关于加强我区农村土地综合整治的建议

提案人：花勇生

内　容：

农村土地综合整治是指在一定区域内，按照土地利用总体规划和土地整治专项规划确定的目标和用途，以土地整理、土地复垦、土地开发、城乡建设用地增减挂钩和高标准基本农田建设项目为平台，引导、聚合各类涉农资金，推动田、水、路、林、村进行综合整治，改善项目区内及其周边地区生产、生活条件和生态环境，促进农业规模经营、人口集中居住、产业集聚发展、推动城乡统筹发展的一项系统工程。据初步调查，全区土地整治项目总潜力建设规模50400.55公顷，涉及到高标准基本农田面积27613.5公顷，新增农用地3967.7公顷，新增耕地3750.46公顷，新增耕地率占项目建设总潜力的6.91%。

近年来，从中央到地方，各级党委、政府都在积极重视土地综合整治工作，使此项工作得到了良好的发展。依法征收的新增建设用地有偿使用费、耕地开垦费、耕地占用税等专项资金，为全面实施土地整治提供了有力的支撑。国家、省、市投资整治项目的实施，为我区在项目实践中创造和积累的丰富经验。但由于我区与盐城市市区紧密相连，经济建设快速发展对土地的需求增加，从2001年以来我区因经济建设占用耕地约3.8万亩，进一步加大耕地总量动态平衡压力，同时后备资源的有限性与社会经济发展占用资源的无限性的矛盾将进一步加大，如何引导土地整治向内涵挖潜、节约集约利用的观念真正转变还需要负出艰苦的努力；易整治的土地后备资源逐步减少，补充耕地的成本提高，难度逐渐加大；各类经济开发区及集镇规划与城市规划的规模越来越大，占用的土地越来越多，后备资源基础设施等各个方面较差，补充优质耕地、保持和提高粮食综合生产能力的任务将更加繁重。

因此，结合我区实际就加强全区农村土地整治项目实施提出如下几点建议：

一、着眼全局，突出农村土地综合整治。开展农村土地综合整治，要站在全局的高度，将其摆在重要位置。一是把土地整治作为增加耕地面积，提高耕地质量，实现耕地保护目标，落实"保红线"任务的有力支撑。二是把土地整治作为提高基本农田产能，改善耕作条件，促进土地适度规模经营和现代农业发展的重要手段。三是把土地整治作为改善农业生产和农民生活条件，增加农民收入，缓解城乡建设用地紧张的矛盾，支持社会主义新农村建设和城乡统筹发展的良好平台。四是把土地整治作为拉动农村投资，增强农村购买力，扩大农村消费需求，促进经济健康发展的有效抓手。

二、加大宣传，创造有利氛围。在农村土地综合整治工作启动实施前，我们应通过广播、电视、报刊、网络等新闻媒体，采取多种形式积极进行宣传活动。参与工作的人员要深入田间地头和农户院落，逐户上门，面对面、心贴心宣传政策，对群众的疑惑疑虑进行耐心细致的解答，让群众对土地综合整治有感性了解，让百姓明白土地整治既是政府行为，更是公益性建设，最大的受益者还是群众，最大限度得到群众理解、支持和配合，积极营造有利于土地综合整治工作舆论氛围。

三、政府主导，各部门形成合力。农村土地综合整治是一个系统工程，需要科学谋划、统筹协调，更需要政府充分发挥主导和组织协调作用。这项工作成败的关键是如何让多个部门无缝合作。国土资源部门要认真做好项目选址、规划编制、项目区土地确权等工作，并会同财政、水利、交通、农委等相关部门组织项目竣工验收。财政部门要负责统筹建设资金，整合各类涉农资金，全程监管项目资金使用情况。发展改革、规划、建设、水利、交通运输、林业、环保、农业、审计等相关部门要按照各自职能，做好相关工作。金融监管部门要负责协调金融机构加强对土地整治示范建设的信贷支持。各方都与土地整治有紧密联系、不可或缺,可以说牵一发而动全身。因此,需要突破部门壁垒,各负其责,加强协调,形成合力。

四、整合资源,实行统筹安排。将多个部门的资金整合起来,充分发挥资金组合效力和规模效益:一是土地整理和复垦的专项资金。二是中央和地方的其它涉农惠民资金,包括国土、农业、水利、交通、环保等部门的涉地涉农资金,包括新增建设用地有偿使用费、耕地开垦费、农土资金(土地资金用于农业土地开发部分的资金)、新农村建设专项资金、环境治理方面的资金及农村公路建设、农业综合开发、小型农田水利、扶贫开发、中低产田改造等涉农资金。三是通过土地流转注入社会资金。四是通过城乡建设用地增减挂钩获得的土地增值效益等。只有把以上所有资金整合起来统筹安排使用,才能发挥规模效益,避免重复建设现象。

五、以人为本,坚持惠农利民。农村土地综合整治是改善农村和农民生活条件、增强农民生活保障、促进农村经济平稳较快发展的有效途径,是实现扩内需、保增长、统筹城乡发展的重要举措,是惠及亿万农民、一举多得、利国利民、功在当代、利在千秋的大好事。在推进过程中要坚持以人为本,不仅要尊重民意,保障农民群众的知情权、参与权和监督权,还要坚持以维护农民的利益为根本出发点和落脚点。注重发挥群众积极性和主动性,注重土地收益对农村集体组织和农民的适度补助,切实保障农民土地权益,提高农民生活质量和水平,促进农村经济社会发展。加快建立完善农村社会保障制度,完善失地农民社会保障制度。将完全失地的农民纳入城镇居民社会养老保险体系;对部分失地的农民,加快建立包括最低生活保障、养老保障和医疗保障在内的社会保障,从根本上解决失地农民的后顾之忧。

案　由:关于加大力度推动青少年禁毒宣传教育的建议

提案人:韦洪亮

内　容:

据国家禁毒委员会发布的数据显示,2009年全国登记吸毒人数近133.5万人,至2013年全国登记吸毒人数增至247.5万人,数年间增幅逾八成。而吸毒人数激增的同时,吸毒人口结构也出现变化。数据显示,2009年登记在册的吸毒者中,35周岁以下青少年占58%;至2013年,这比例已增至75%;近几年我区青少年滥用毒品比例也显著增加,防毒禁毒形势相当严峻,因此推动青少年禁毒宣传教育特别值得关注。

毒品的祸害,毋庸赘述。青少年吸毒除了引致身心与精神创伤、认知能力受损外,往往亦容易涉及其他违法违规问题,长远看会给社会稳定带来负面影响。针对青少年吸毒,除了依法强力打击、堵截源头并惩治不法分子,以及妥善做好戒毒与康复治疗外,加强违法防治与预防教育工作,也刻不容缓。

就预防教育而言,要达到有效的禁毒宣传教育,必须秉持五方面重要原则:

(1)投放足够的政府资源,肯定预防教育的重要;

(2)持之以恒地推广,把禁毒宣传教育作为长期工作任务;

(3)制定清晰的工作目标与成效指标,保持信息公开透明;

(4)鼓励社会共同参与,在家庭、学校和社区全面开展禁毒宣传;

(5)保持方法灵活创新,贴近青年口味,与时并进。

禁毒预防教育不独是政府的责任,民间及社会各界应共同携手,参与协助青少年以“无毒一生”“无毒社区”为目标。

建议如下:

1.投放资源开发实用的禁毒教育信息工具。智能手机现已成为青少年生活的重要部分。政府应增加投放资源,例如设计一个集教育、资讯、评估及求助于一体的免费手机应用程序,提供有关毒品识别、毒品祸害、预防心得、损伤评估及戒毒服务的相关实用资讯,供青少年、家长可随时随地获取最新信息及掌握各种求助方法。

2.吸纳涉毒的年轻“过来人”参与推广禁毒。运用朋辈间互动的教育方式,由青年影响青年,以产生更大说服和感染力。一些已成功戒除毒瘾或涉毒习惯的青少年,可吸纳他们并通过系统的训练,协助他们成为志愿辅导人员或宣传大使,主动到学校及社区推广禁毒宣传信息。可选一些真实个案故事,由青年现身说法,制成短片或声音记录,在各种媒体中播放。

3.大量制作及滚动播放公益宣传禁毒广告。优秀而富有创意的公益禁毒广告,可收震撼和增强记忆的宣传效果。随着新兴媒体与流动装置广泛应用,除了中央、省、市新闻媒体刊登或播放禁毒新闻或专题资讯外,应根据我区实际,制作简短精练、生动活泼、定期更新内容的创意公益宣传禁毒广告,透过不同媒体平台滚动播放,深化青少年的抗毒意识。

4. 借助专业人员加强解说毒品危机。鉴于青少年吸毒趋向隐蔽、求助动机低的现象愈见普遍,因此建议通过专业人员,分析青少年面对涉毒的危机与严重程度,从而及早识别吸毒者,以便尽早提供合适的支持和协助。另一方面,透过医护和辅导人员的专业知识与实务经验,向公众提供最新的医疗知识、科研发现、新型毒品危机等资料,特别就家长或青少年出现的认知错误或误解,可作出较具权威性的指正和解释。

(陈　明　单启文)

纪检 监察

Inspecting Discipline and Supervision

综　述

Summary

【概述】 2016年，全区纪检监察围绕建设廉洁盐都目标，以强化党的纪律建设、强化“两个责任”落实、强化惩治震慑效应、强化作风效能提升、强化基层正风反腐、强化队伍定力能力“六个强化”为抓手，以深化纪律检查改革为动力，全力聚焦主业，锐意开拓创新，各项工作不断取得新的明显成效。坚持挺纪在前、抓早抓小，协助区委出台并严格落实监督执纪“第一种形态”实施办法，持续释放违纪必究、执纪必严强烈信号。全年受理信访举报347件次，办结率在95%以上。重视做好省委巡视组、市纪委和区委主要领导交办信访件核查，扎实开展“下访金桥”行动和重越访举报问题集中排查化解，全年累计化解疑难信访11件次。保持惩治腐败高压态势，不断拓展纪律审查成效和社会影响，全年立案264件，同比增幅51%，其中区纪委、监察局自办147件，增幅73%，实施“两规”2件2人，没收非法所得180余万元。重视执纪审理工作，审结党政纪案件137件，其中重处39件，轻处98件，轻处率为72%。充分发挥反腐败协调小组作用，强化与法院、检察、公安等执纪执法部门协作配合，累计追处违纪党员31人。

重要会议

Important Congresses

【十三届区纪委六次全会】 2月20日，十三届区纪委六次全会召开。区四套班子、法院院长、检察院检察长、各镇（区、街道）、区委各部委办、区各委办局、区各直属单位党政主要负责人参加全会第一阶段会议；区纪委委员，区监察局副局长，各镇（街道）纪（工）委书记，区直各部门单位纪委书记（纪检组长），非公企业纪委书记（纪检组长）和党风政风监督员代表，区纪委、监察局全体人员出席会议。会议集中听取区委书记羊维达讲话。区委常委、区纪委书记朱金南代表区纪委常委会作《严明党的纪律规矩，严肃监督执纪问责，扎实推进全区党风廉政建设和反腐败工作实现新跨越》的工作报告。要求全区各级党政组织和纪检监察组织必须深入贯彻全面从严治党各项要求，在新的起点上推进反腐倡廉和作风建设，为“打造新高地、迈上新台阶”，建设创业开放生态幸福的美丽盐都提供坚强有力保证。

【十四届区纪委一次全会】 7月21日，中国共产党盐城市盐都区第十四届纪律检查委员会第一次全体会议召开。受中共盐城市盐都区第十四次代表大会主席团委托，朱金南主持会议。会议应到会区纪委委员15名，实到会委员15名。会议以无记

名投票的方式，选举产生7名中共盐城市盐都区纪律检查委员会常务委员会委员。朱金南当选为中共盐城市盐都区纪律检查委员会书记，王建忠、朱正成当选为中共盐城市盐都区纪律检查委员会副书记。

重要工作
Important Work

【全面落实"两个责任"】 严格执行区委《落实党风廉政建设党委主体责任、纪委监督责任实施意见》和相关部署，协助区委、督促基层全面落实主体责任和监督责任。年内，牵头落实省委巡视反馈意见整改落实和中央巡视反馈意见整改落实"回头看"工作，明确54项措施，并严格整改销号。强化"两个责任"落实情况平时督查、专项检查和年终考核，对"两个责任"落实不力的部门单位负责人开展谈心谈话和廉政约谈28人次。统筹谋划巡察工作，牵头制定《区委巡察工作办法》和五年工作规划。严格执行《落实党风廉政建设党委主体责任、纪委监督责任追究办法》和《纪检监察机关实施党风廉政建设"一案双查"办法》，对存在问题进行重点解剖。

【推进作风效能建设】 年内，牵头开展"作风效能提升年"活动，制定落实支持党员干部干事创业容错免责实施办法，全区作风平均满意率达97.20%。健全"月月检查、季季通报"常态机制，通过区镇联动和交叉检查，组织开展17轮次明查暗访，查处"四风"问题65个，问责处理21人；深入开展"为官不为、为官乱为""四风"隐形变异问题专项整治，查纠重点问题12个；加大对土地流转、"三资"管理、惠农补贴等直查快办力度，对存在相关问题的2人给予党政纪处理；组织对区委区政府重点工作开展效能督查，对4个未达序时项目责任单位进行问责通报。

【提升源头预防水平】 年内，引导各级干部强化纪律规矩意识。坚持廉洁教育从娃娃抓起，会同教育部门纵深推进廉洁文化进国民教育系列活动。开展第四届"清风盐都·廉政文艺下乡行"，5000余名党员和基层干群接受教育。执行"一把手""四不直接分管"和末位发言制度，突出对科级班子特别是"一把手"的监督检查，全年累计约谈提醒4名基层党政主要负责人和9名科级干部。推进全面从严治党向基层延伸，出台《关于建立镇管干部廉政档案的实施办法》，推进"清正家风盐都行"系列活动。

【强化队伍自身建设】 年内，巩固深化群众路线教育实践活动和"三严三实"专题教育成果，开展"两学一做"学习教育，带头形成良好机关风气。落实好乡镇纪委书记提名考察办法，配合市纪委和区委做好区纪委换届各项工作，着力选优配强新一届区纪委班子；做好内设机构设置和职能优化后续工作，加大对基层纪检监察组织的督促指导力度。组织参加"纪检监察大讲堂"和各级各类教育培训，参加全市纪检监察系统争做求真务实表率、争创一流工作业绩主题教育实践活动。

重要活动
Important Activity

【"两学一做"学习教育暨"双争"主题教育实践活动】 自11月起，根据市纪委统一部署，以"每位纪检监察干部针对委局机关作风建设情况提一条存在问题、提一条合理化建议，各参学单位针对纪检监察干部队伍建设情况提一条存在问题、提一条合理化建议；纪检监察干部比作为，参学单位(各纪检监察组织、委局各室及工作室)比成效""双提双比"为抓手，开展争做求真务实表率、争创一流工作业绩"双争"主题教育实践活动，广泛征求意见和建议，围绕理想信念、政治纪律和政治规矩、担当作为等认真查找班子和自身存在的突出问题，深刻剖析问题产生的原因，研究提出相关整改措施和努力方向。

【"清正家风盐都行"系列活动】 着眼以良好家风促进形成良好党风政风、社风民风，在全区组织开展"清正家风盐都行""十个一"系列活动。联合13个部门单位向全区党员干部发出"弘扬中华美德，传承良好家风"公开信；开展"争当廉内助，弘扬好家风"主题活动，组织党政主要负责人配偶集中参观市"尚德昭廉"教育馆，撰写心得体会；指导推介区交运局拍摄家风主题廉政微电影《药》；举办廉政书法美术摄影作品展；组织党员干部集中观看廉政话剧《一梦醒来是早晨》；"清风盐都"微信公众号定期发布家风建设文章以及古今良好家训家规家风等信息；征集"我的家风故事"、廉政家书、心得体会等汇编《清正家风盐都行》系列读本；指导基层组织创建区级廉政文化示范点和廉政文化进家庭示范点；在区内主流媒体开辟清正家风建设专栏，分批刊载有关家风建设方面的工作动态、心得体会、经验成效；邀请有关人士在"盐都大讲堂"为区四套班子、基层党政组织负责人作《领导干部修身齐家之道》专题辅导。 (耿立全　郜晓敏)

民主党派

Democratic Party

- 民主同盟
- 民主建国会
- 民主促进会
- 农工民主党
- 九三学社

中国民主同盟盐城市委盐都总支部

Yandu Branch of Yancheng of the China Democratic League

【概述】 全面落实科学发展观，围绕市区的发展以及总支部自身建设的中心工作，认真履行职能，与时俱进，开拓创新，扎实工作，各方面工作有序开展，取得一定成绩。

【壮大民盟队伍】 年内，总支部严格标准，慎重地做好组织发展工作。将业务能力强，群众基础好，热心盟务工作，有一定参政议政能力的优秀同志吸收到组织中来，壮大盟的力量。全年发展市一中的李勤松及区地税局杨芝清2人，使总支的力量不断壮大。

【立足本职工作】 自觉接受单位党政的领导，开展本职工作，贯彻执行上级盟组织和统战部门的要求，出色完成各项工作。年内，总支部组织一系列的社会活动，提升盟员的智力辐射力。总支组织盟员代表，举行传统的“送教下乡”活动，实行帮扶活动。年初，响应区统战部的“百名专家进社区”活动到秦南泾口村进行送教、送温暖活动。3月21日，民盟盐都总支与盐城晚报社联合开展“世界睡眠日”公益活动，市三院的四位盟员在社区为群众作知识讲座，为百姓提供义诊，与社会志愿者共同举行环聚龙湖骑行活动，宣传绿色环保理念，倡导健康生活。4月24日，总支组织盟员在大丰考察，为盐都旅游经济的发展提供建议。“6·23”特大风暴灾害发生以后，6月24日，盐都民盟总支立即组织盟员为阜宁灾区捐款，共募集9600元善款。组织盟员志愿者参加灾区救灾活动。为灾区人民送去帮助，提升民盟影响力。

【积极参政议政】 以《关于做好新形势下人民政协工作的意见》为指导，全体盟员积极参政议政，平时深入调研，主动了解社情民意，并能以提案、建议案等形式呈现出来，为市区教育和经济的跨越发展建言献策。至年底，盟员中有市人大代表2名，区政协常委2名，区政协委员5名，在市区两会期间，有多篇提案及建议案提交。林汉城和赵军被评为区优秀政协委员。

（赵　军）

中国民主建国会盐城市委盐都总支部

Yandu Branch of Yancheng Municipal Committee of the China Democratic National Consturction Association

【概述】 至年底，总支共有会员33人。在民建市委和区委统战部的领导下，民建盐都总支部发挥联系经济界的优势，探索新时期组织建设工作规律，求真务实，开拓创新，履行参政议政、政治协商和民主监督职能，全年各项工作取得较好成效，在民建盐城市委综合工作考核评比中荣获一等奖，在“强富美高”新盐都建设和盐都多党合作事业发展中贡献力量。

【加强队伍建设】 加强政治理论学习，提高思想政治素质。组织学习市区两级人大、政协“两会”工作报告、学习民建市委和区委统战部年度工作要点，结合区情实际，讨论制订全年工作计划和参政议政调研课题；分季度对组织会员学习民建的基本知识、会章会史等，组织骨干会员开展“基层组织进中央”活动，提高会员爱国、爱党、爱会的政治素质；规范吸收两名政治素养好、知识层次高、工作能力强、参加社会服务多、参政议政热情高的新会员，并根据实际需要，强化三个分支部的作用；参加学习培训，提升会员理论水平。组织会员参加民建市委、市委统战部和区委统战部组织的各类学习培训活动，把握国情、省情、市情、区情，围绕党和政府的中心工作积极建言献策，提升参政议政能力。11月，新一届总支部委员会组织核心成员到中央社会主义学院听取中央党校教授的课程培训，并与学院专家就组织建设攻坚环节进行座谈。通过学习，政治理论、党派理论、统战理论等知识水平得到提升。

【规范换届程序】 3月，根据《中国民主建国会章程》和民建盐城市委会通知精神，民建盐都总支着手换届工作。对照要求制定换届方案，并按照方案开展换届筹备工作。讨论研究人选、议程、时间等，民主推荐出总支委员会建议人选；就换届筹备情况分别向民建盐城市委会和区委统战部作专题汇报，对新提名的总支委人选进行考察，广泛征求意见；准备换届会议所需的各类材料，上报新一届总支委成员名单；由民建盐城市委会、盐都区委组织部和统战部就新一届总支委班子主要负责人进行组织考察和公示，并经民建市委会和区委常委会通过；按照市、区要求召开民建总支部扩大会议，确定换届大会的各项议程和特邀代表名单。10月29日，换届选举工作顺利进行，通过第一届总支主委张梅的工作报告，按照中国民主建国会章程规定的换届选举程序，选举出新一届总支委员会委员，再经全体支部委员讨论决定推选陈伟担任新一届民建盐都总支主委，选举姜涛、荣钰、吴迅等担任副主委。选举后，第二届总支委员会主委陈伟作表态发言，民建供销支部主委刘志峰致贺词。市人大副主任、民建盐城市委主委肖紫英，盐都区委常委、统战部长张云云到会讲话，明确民建盐都总支要发挥联系经济界的优势，探索新时期组织建设工作规律，积极参政议政，推进创新活动，在“强富美高”新盐都建设中贡献力量。

【支部品牌社会活动】 做好慰问活动。开展支部特色公益服务“关爱空巢老人、温暖生命历程”活动，于春节、端节、中秋三大节前分别慰问结对帮扶的空巢老人，关心长期帮扶的孤寡老人陈桂生，春节、中秋节前组织慰问老会员。以组织名义慰问有亲人去世，生病住院等的会员，加深组织的亲和力与凝聚力。开展学习交流活动，组织骨干会员与西双版纳州委统战部及当地民盟、九三、农工等党派支部负责人进行深度座谈交流，增进政治共识提高合作共事能力，组织会员参加市委会组织的各项活动，到区内高新技术企业参观调研。组织爱心公益社会服务活动。在云南偏远地区磨憨小学开展“同心助学”公益服务活动，援建同心书屋，并赠送该校老师电脑、资助困难学生10名，同时参观国家“一带一路”经济带中老经济开发区，开展跨民族、跨党派、跨省份的爱心公益和学习调研活动。推进盐都民建“爱心妈妈”团队“关爱流动留守困境儿童”公益活动的深入开展，持续帮扶3名困境儿童；组织律师会员参加区委统战部组织的“送法下乡”活动，送出慰问金1000元和法律知识法律援助读本300多件；组织帮扶青海玉树竹巴寺贫困小学学生，企业家会员吴迅承担购买学习用品费用。常态开展会员企业调研服务活动。组织会员去企业家会员企业高新区神鹤科技、中恒宠物、鹰昌服饰有限公司等开展调研与相关服务活动，了解企业生产经营、科研开发、市场拓展、劳动用工等方面的情况，为企业的难点问题出谋划策，提供法律咨询、人才引进等服务。

【履行参政议政职能】 年内，组织会员积极上报信息材料、社情民意、提案建议。其中两会期间上报各类提案建议6件；陈伟、姜涛、吴迅等政协常委在区政协常委会会议上积极建言献策；会员张梅报送的“关于对市政府重大协议行为建立法律咨询和合法性审查机制的会员建议”作为民建市委会集体提案上报市政协会议；会员陈伟报送的“充分利用教育设施资源助力全民健身运动的建议”得到相关部门的重视和采用；会员荣珏报送的“关于后营改增时期加强地方税源建设的建议”被列为新一届政协会议委员发言材料。各类信息材料全年上报41件，总量和采用总量位居全市民建组织第一，其中王金海的“民建盐都总支汇聚力量资助云南磨憨小学”被中国新闻网和民建会员中央刊用，被省委统战部采用5件，被民建省委采用1件，被民建市委采用24件。

【创先争优工作】 加强会员自身建设，提升敬业奉献意识，在本职岗位上建功立业，会员仇斌推进企业融入互联网+潮流，在北美打开宠物市场，获省“苏北创业领军人才奖”，会员郭子贤凭借在高性能纤维生产装备方面的专业水平，使江苏神鹤科技发展有限公司成为中国唯一能提供超高分子量聚乙烯纤维工程设计、成套装备制造、安装、调试开车、人员培训一条龙技术服务的企业。年内，会员陈伟牵头负责的《财政审计中介三方联动，构建绩效评价新机制》被市财政局表彰为全市财政系统十佳特色工作，荣珏获区总工会“五一劳动奖章”，徐蕴彧被表彰为全市城市管理系统先进个人，徐晓玲被表彰为区优秀公务员，张梅、王金海合作撰写理论研究文章《民建党派基层组织应在全面推进依法治国进程中发挥积极作用》获得民建省委理论调研文章优秀成果奖。王金海的《精准把脉党派优势提高政党协商水平》被民建中央办公厅表彰为优秀成果二等奖，同时助推单位工作第11年蝉联全市系统第一，获中国红十字会总会报刊宣传先进个人三等奖、市统战信息工作先进个人、社情民意信息工作先进个人、区党委信息工作先进个人、机要工作先进个人和区优秀志愿者，事迹被省委宣传部在志愿江苏平台推荐。（陈　伟）

中国民主促进会盐城市委盐都总支部

Yandu Branch of Yancheng Municipal Committee of the China Association for Promoting Democracy

【概述】 2016年，民进盐都总支委员会在民进市委的直接指导下，在区委区政府的关心和区委统战部支持下，加强组织建设，10月27日，举行会员大会，进行换届选举，选举出以徐正洲为主任委员的新一届领导班子，围绕区规划的中心任务，反映社情民意、建言献策，各项工作都有新开拓和新进展。

【参政议政】 围绕区委区政府的大政方针和重点工作，结合群众反映强烈的难点、热点问题，广泛开展调查研究，了解真实情况，查找存在问题，深入分析思考，提出对策建议。年内，汇集会员收集上来的对政府工作的意见建议，筛选、归纳形成《推进居家养老保障老年人幸福晚年》《多措并举，高标准建设盐都新区》《关注民办教育机构的有序发展》《进一步做大盐都旅游产业》等议案多件，提交区第十三届政协五次会议。黄正萍、张勇、鲍丽斌等会员作为民进市委信息员，完成“关于加强农村医疗团体建设的建议”“组建教学共同体，促进教育公平”“加强沿海地区湿地生态保护恢复，大力推进生态环境保护”等调研课题和政协提案。

【参与救灾活动】 在阜宁“6·23”龙卷风灾害发生后，第一时间组织捐款捐物，许多会员在本职单位捐款之后，又进行第二次捐款，为受灾群众送去温暖。三院医生护士会员，在灾害发生后第一时间报名参与救灾，协助当地群众开展救灾活动。二小支部、机关支部的会员6月25日组织15位会员预备为灾区献血。

【开展送医、送教下乡活动】 3月和8月，市二小、市三院分别组织优秀的教育、医疗界的会员，在秦南、尚庄、北龙港等镇（区、街道），开展送医送教下乡活动。老师们给农村教师带来“让学引思”“基于核心素养的课堂教学设计”等讲座，并开展课堂教学示范，获得基层教师的一致好评；三院的医生护士给农村居民带来日常疾病预防的宣传资料，并接受百姓的咨询。

【强化课题研究】 10月，支部在大纵湖、龙岗、草房子乐园等地调研，了解盐都旅游业发展现状和规划，形成《高端统筹，推进盐都旅游业提档升级》《文化立根，让盐都旅游可持续发展》等报告或提案，在区政协十四届一次会议上，鲍丽斌、张勇、蒋爱东提出相关提案。

【立足岗位创功立业】 年内，蒋爱东主持两项课题省规划办立项；杨传冈被评为省政府江苏省小学数学特级教师、省人才办江苏省第五期“333”人才工程培养对象；张燕获盐城市小学英语学科带头人称号；鲍丽斌获江苏省教研室组织的苏教版小学语文课堂教学大赛一等奖。 （鲍丽斌）

中国农工民主党盐城市委盐都总支部

Yandu Branch of Yancheng Municipal Committee of the Chinese Deasants and Workers Democrdtic Party

【概述】 2016年，农工党盐都区总支委员会在农工党盐城市委和中共盐都区委的领导下，贯彻“长期共存，互相监督，肝胆相照，荣辱与共”的方针，发挥智力密集、联系广泛的特点和优势，开展调查研究，积极建言献策，参政议政、民主监督工作成效显著，社会服务工作扎实深入，为促进盐都多党合作事业的发展做贡献。

【建言献策】 支部全年共反映社情民意7条，支部重视政协提案工作，通过多形式、多渠道积极开展调研活动。上交提案5个，王静波的提案“探索整合城乡医保管理体系的建议”、施亚明的“关于加强互联网+医疗管理的几点建议”、王忠林的“关于进一步加强农产品质量安全的建议”受到关注和好评。

卫计委组织医疗专家深入农村、社区开展送诊送医送药活动

【组织建设】 年内，实现总支活动的程序化和规范化，按农工党市委的要求和自身的特点，定期开展组织生活。开展形式多样的组织生活，加强党员之间的相互了解，增进党员之间的友谊，提高总支的凝聚力。发展新党员，增强组织的战斗力和生命力，根据组织发展规定的程序，经过观察和培养，确定2人为入党积极分子，等条件成熟后再吸纳为正式党员。

【参与救灾活动】 “天灾无情人有情”，6月23日下午，阜宁县部分乡镇遭遇50年一遇特大龙卷风袭击。灾情发生后，区政协副主席、市三院院长、农工民主党盐都总支主委单际平立即组织急诊科、重症医学科、手术室、麻醉科、影像科、骨科、胸外科和普外科等相关科室医护人员在岗待命。同时要求设备科、总务科和华南公司做好后勤保障工作，当夜诊治受伤患者73人，并陆续收治25名患者，医院组织成立专家组，对所有伤病员精心制定诊疗方案。单际平带头向灾区捐款800元，全体党员累计向灾区捐款捐物折合人民币15000余元。农工民主党党员、市三院急诊科主任、主任医师顾铭忠参与抢救受伤患者30余人次。农工民主党党员、市三院骨科主任、主任医师许步伟完成受伤患者手术5台，参与受伤患者的护送工作。盐都总支委员、市三院总务处主任、副主任护师王静波组织志愿者为受伤患者及家属提供餐饮、日常生活用品和心理辅导。农工民主党党员、市三院心内科主任医师施亚明和主治医师崔婷累计参与诊治各类心律失常、高血压、心力衰竭患者50人次。

【立足自身岗位】 年内，支部党员发表论文国家级、省级刊物15篇，国外刊物4篇，其中6篇在SCI上发表，影响因子达22。“原发性不宁腿综合症脑功能网络的节律性变化研究”获国家自然科学基金，还有多项科技进步奖和科研立项。党员侍海存被“江苏省医学会脑卒中分会”推选为盐城唯一的委员，当选为“江苏省卒中学会”盐城唯一的常务理事。

（王静波）

九三学社盐城市委盐都支部

Yandu Branch of Yancheng Municipal Committee of the Jiusan Society

【概述】 九三学社盐都支社在区委及九三学社盐城市委的领导和区委统战部的指导下，围绕“打造新高地、迈上新台阶”总定位，深入践行新发展理念，全体社员团结一致，大力弘扬“科学与民主”精神，求真务实，开拓创新，积极作为，全年各项工作取得较好成效，为加快建设“强富美高”新盐都发挥积极作用。

【积极建言献策】 年内，结合社员工作实际，选择行政审批服务改革、医疗养老服务、农产品质量安全、医疗保障等课题，组织社员进行深入调研，形成“行政审批服务状况调查”“种养经济组织农产品质量安全状况调查”“医疗养老服务业现状调查”等调研报告，在市区“两会”期间，提出“关于加快推进我市医养结合型养老服务业发展的建议”“关于加大对种养经济组织农产品质量安全监管的建议”“关于整合城乡居民基本医疗保障体系的建议”“关于加快推进医养结合发展养老服务的建议”。在全国和省“两会”期间，提出“在全国范围内加快推进‘三证合一’走向‘多证合一’登记制度改革的建议”“关于积极推进医养结合型养老护理模式建设的建议”“针对人口老龄化问题，建议老旧小区装电梯”等10多件提案和建议。

【服务经济社会】 开展同心助学活动，3月，支社与民建盐都总支一起，在与老挝接壤的云南省西双版纳傣族自治州勐腊县磨憨中心小学，为那里的傣族、苗族、瑶族、哈尼族等少数民族小学生送去电脑、图书，还有定向的资助款和书包、文具等学习用品。结合农业创业培训工程，在北龙港、楼王、大纵湖、尚庄等乡镇，组织水产养殖户开展专题培训，3、4月，开展河蟹、白对虾、鱼等水产养殖高产高效新技术培训，参加培训达483人次。7、8月，组织人员在大冈、郭猛、楼王、北蒋等养殖户塘口，开展河蟹“水瘪子”病调研，并进行现场技术指导。12月，进行6场次“水产养殖冬春清塘与水域环境保护专题培训”，参加培训达500人次。在农村经济开发区、潘黄、大冈等地就蔬菜、草莓等高效设施农业技术，深入种植大户、农民专业合作社进行挂钩服务，并邀请省农科院教授赵密珍就草莓种植新品种、新技术进行专题讲课。开展对弱势群体援助服务工作。刘咏华和李国志两名社员利用律师条件积极开展对弱势群体的法律援助服务工作，全年完成法律援助案件5件。李国志还参加律师志愿者与妇女儿童之家结对共建暨“法律服务进万家”活动。刘咏华义务为企业法人开展法律知识培训，指导企业法人如何规避经营风险。社员刘咏华和陈斌多次去敬老院看望孤寡老人，并赠送报纸、食品和生活日用品。参与多项政府工程审计。社员陈斌组织人员参与多项政府工程审计工作，并献计献策，为政府资金的合理运用提供智力支持。

【创先争优】 支持社员开展科技研究，在本职岗位上争当业务骨干、行业带头人。社员许健权专注水稻新品研究，育成的盐糯13028参加江苏省中粳预试，盐糯13526由江苏瑞华种业推荐到安徽省参试；社员瞿兆奎专注泌尿外科研究，连任中华医学会江苏省男科学分会委员、市医学会男科学分会主任委员、市医学会泌尿外科学分会副主任委员；社员徐巧岚专注儿科研究，自组研究的“婴幼儿EB病毒感染免疫功能的变化”被市立项；社员董红华任市医学会骨质疏松分会委员，撰写的《桥接内固定治疗粉碎性肩胛骨骨折》《手术治疗老年骨质疏松性胫骨平台骨折》《快速康复在关节置换术后的应用》《肩锁关节脱位内固定术后失败的原因分析》参加全国骨科年会交流，参与《足踝关节》部分章节翻译工作，被评为市三院优秀中青年骨干；社员周兢任省超声医学会委员、省超声工程学会理事、市医学会超声学会秘书长；周荣彪任省急救医学会中毒组成员；袁磊任市医学会内分泌分会委员、风湿病分会委员。社员刘钰撰写的《撕名牌》发表在《山东教育》上，《哭泣的小女孩》发表在《好家长》上。社员刘咏桦任省律师协会电子商务与网络信息委员会委员，市仲裁委员会仲裁员，市律师协会理事，市律师专业中级职称评审委员会专家委员。2月，被市司法局表彰为先进工作者，4月，被省司法厅、省律师协会联合表彰为江苏省优秀律师，9月，被省司法厅选聘为江苏省人民检察院人民监督员。

（李锦秀）

社会团体

Mass Organizations

◆总 工 会
◆团 委
◆妇 联
◆科 协
◆文 联
◆红十字会
◆工 商 联
◆侨 联
◆残 联
◆老 促 会
◆退 协
◆老龄协会
◆慈 善 会
◆老年体协
◆殡葬协会

盐城市盐都区总工会

Yancheng City Yandu District Federation of Trade Unions

【概述】 全区各级工会认真贯彻落实区委工作部署，围绕中心、服务大局、改革创新、主动作为，各项工作取得新进展新成效。区总工会获评区综合先进单位；连续十二年获评市总工会综合工作先进单位；“安康杯”竞赛、《工会信息》发行2项工作受全国总工会表彰；组织、民管、法工、宣教、财务五项工作受省总工会表彰；10个单项工作受市总工会表彰。

【发挥主力军作用】 围绕全区重大项目、重点工程、重要产业，开展系列“建功十三五”发挥主力军作用劳动竞赛活动。全年共开展全区银行职工点钞大赛、动物防疫职业技能竞赛、基层卫生职业技能竞赛、移动通信职业技能竞赛、焊接技术技能竞赛五大技能竞赛活动，涉及12个工种，近万名职工参赛。组织职工参加市级职业技能大赛，在市安全生产综合执法演练竞赛和市应急救护技能竞赛活动中，区安监局、红十字会分别获得团体一等奖；区安监局杨丹丹、毓龙路实验学校黄慧分获个人第一名，被市总工会授予“盐城市五一劳动奖章”荣誉称号；区畜牧兽医站获得市动物防疫职工技能竞赛团体二等奖。职工宋红浩发明的“液压式高枝修剪刀”、吕海波的“气电两用热风炉”被评为市十大科技成果奖，江苏驰翔精密齿轮股份有限公司获市创新创业企业称号。

【召开劳模表彰大会】 4月26日，组织召开盐都区庆祝“五一”国际劳动节暨先进集体和先进个人表彰大会，表彰区五一劳动奖状、奖章和工人先锋号等先进集体25个，先进个人55名。推荐评选8名省劳动模范(先进工作者)和18名市劳动模范。在市区主要媒体上对新当选的劳动模范和首届“盐城工匠”获评的盐城豪邦机床制造有限公司董事长赵贞成创业创新先进事迹进行系列宣传报道，举行劳模精神“四走进”(进企业、进社区、进校园、进机关)宣讲报告会。新建7个“劳模创新工作室”，至年底，全区共建成24个“劳模创新工作室”，其中“张如剑劳模创新工作室”被省认定为江苏省示范劳模创新工作室，发挥劳模示范引领作用。

【提升职工素质】 年初，组织企事业单位近万名职工参加“十三五”规划知识竞赛活动，回收竞赛答题9700多份。开展“中国梦·劳动美——寻找最美职工”大型采访宣传活动。开展“共享读书乐 共筑中国梦”主题读书征文评选活动，收到职工征文80多篇。开展“安康杯”竞赛和全国职工安全卫生消防知识普及竞赛活动，全区全年新增参赛企事业单位18家，新增参赛职工1500人，参

加全国职工安全卫生知识竞赛职工人数达1.2万人，自2014年起连续三年获得优秀组织奖，受到全国总工会表彰。“职工安全隐患随手拍”多篇作品在省市获奖，区总工会连年被市总工会表彰。组织全区干部职工参加全市职工书画大赛，共有15篇作品获奖，其中一等奖3名，二等奖4名，三等奖8名，作品质量和获奖面位列全市第一。推动职工书屋建设，全区共建国家级职工书屋2家，省级职工书屋5家，市级职工书屋示范点4家。举办全区职工乒乓球、机关羽毛球比赛和职工“幸福向前冲”水上真人秀活动，调动职工干事创业的热情，提升职工整体素质。

【解难助困】 精准帮扶困难职工。元旦春节期间开展“冬送温暖”活动，走访慰问各类困难职工家庭570户，发放慰问金、年货共110多万元。走访20家重点企业慰问职工260人，发放慰问金13万元。夏季高温期间开展“夏送清凉”活动，购买20多万元物品慰问一线职工。秋季开展“金秋助学”活动，拿出7.9万元资助34名困难职工子女上大学。与区委组织部、区级机关工委联合组织56家区级机关单位结对帮扶城市特困职工家庭170户，筹措帮扶资金30万元。区总工会机关党员结对帮扶中兴街道施湾村10户贫困户。为全区405名各级劳模发放“三金”及荣誉津贴计87.7万元。“6·23”阜宁、射阳两县龙卷风冰雹灾害发生后，区总工会第一时间发出倡议，组织职工、劳模捐款420万元。

【创建和谐劳动关系】 年内，制定下发《关于2016年深入推进工资集体协商工作的意见》，明确工作部署。在集体协商“春季要约”行动中，向规模企业发出提示函300余份，新增开展工资集体协商企业37家。打造企业民主管理示范基地，发挥典型示范带动作用，提升全区企业民主管理水平。制定下发《关于在全区开展“劳动关系状况季季清“活动的通知》，及时了解和掌握劳动关系状况、预警劳动争议发展趋势。与部分镇(区、街道)工会主席，区直系统工委主任、劳动争议较多、矛盾隐患复杂的企业工会干部代表共同剖析重点案例，及时有效处置各类劳动争议20余起。

【规范工会组织建设】 4月，与区委组织部联合下发《关于在全区开展“三方携手、五好兴企”活动的实施意见》的文件，依托区基层党建示范带建设，实施党工共建活动。全年新建基层工会40家，其中7家工会联合会。至年底，全区共有2690家非公企业建立工会组织，其中独立建会392家，会员6.44万余人，农民工会员3.09万余人。开展双争、会员评家、联手兴家、“模范职工之家”创建活动，新建各级“模范职工之家”50个、工会劳动保护监督检查员片区服务站2个、“爱心·安康驿站”5个、“爱心母婴室”15家。基层工会普遍建立劳动保护监督检查组织网络，签订劳动保护专项协议。举办全区工会干部培训班，培训工会干部200余人次。

【加强党风廉政建设】 扎实开展“两学一做”学习教育，建立健全党建工作责任制，制定下发《机关作风建设问责办法》《机关干部服务基层周制度》等多项规章，改进工作作风，提升工作效能，加强监督管理。开展“为官不为、为官乱为”专项整治，深化作风效能建设。强化“一岗双责”意识，落实党风廉政建设责任制。形成常态化、长效化的工作制度和机制。

(顾泽荣)

共青团盐城市盐都区委员会

YanCheng City Yandu District Committee of the Communist Youth League

【概述】 全区各级团组织紧紧围绕“提升发展内涵，建设五大盐都”总定位，以“青春建功全面小康”为统揽，以创业、创新、创优为抓手，以思想引领、服务青年为重点，着力在提高团的服务水平、加强团的自身建设和创新团的工作方式上求突破，团的各项工作稳中有进。

【举办全市少先队“英雄中队”授旗仪式】 6月3日下午，“关注十三五，创造新生活”全市庆“六一”红色经典演奏会暨少先队“英雄中队”授旗仪式在盐城市第二小学举办。团市委书记吴冈玉出席活动。活动结束后，吴冈玉一行调研市二小少先队工作，并对市二小少先队工作给予肯定。

【引领青年思想】 年初，成立由专家、青年企业家、青年优秀典型等组成的“中国梦、青年梦”宣讲团，深入学校、社区、企业等一线阵地，举办以“强国梦”“和谐梦”“创业梦”“致富梦”“奉献梦”等为主题的宣讲，用群众的语言讲述自己的故事，诠释对中国梦的理解，点燃青年心中的梦想，为中国梦汇聚青春正能量，全区共有3000余人次参与。基层团组织举办以“社会主义核心价值观”“诵读学传”“画说”美德、颂读“三字经”等为主题的演讲比赛、座谈会、讨论会、宣讲会等活动50余场次，参与青少年5000人次，培养广大青少年对党、对祖国的深厚感情。

【服务青年创新创业】 借助盐都共青团官方微信、QQ群等新媒体，向全区广大青年及盐都籍在外务工青年宣传盐都经济发展和青年创业优惠政策。举办“梦想启航”返乡青年创业座谈会，邀请全区创业青年代表面对面座谈，谈创业理想，话创业感悟，为有志创业青年释疑解惑。举办青银对接座谈会，邀请农商行、农行客户经理与创业青年面对面，帮助青年了解创业贷款申请流程和基本知识。重抓项目推介。继续实施农村网络创业“百品百店”工程。鼓励和支持农村青年电商服务平台发展，帮助创业青年拓宽销售渠道。年内，全区农村青年共开设电商平台50余家，其中，张庄街道农村淘宝服务站在“双十一”当天总业绩超22万元，位列全国排名前十位。推荐区返乡创业好青年吴峰高参加全国第二届“中国羽翼”青年创新创业大赛总决赛，并获得全国三等奖，成为江苏省唯一获奖者。围绕青年创业最热的电商业，举办“民生银行杯2016盐城青年互联网创业大赛”盐都赛区海选活动。其中，盐城本土游戏研发——国王的勇士项目、瑞尚鲜农产品项目在市级比赛中获奖。

团区委关爱留守望儿童捐赠活动

【服务青年民生工程】 开展希望工程圆梦行动，年内，联合区教育局、区慈善总会共资助家庭困难大学生36名，发放资助金14.5万元。做好结对共建工作，向新疆察布查尔县捐赠图书1000多册。联合盐城工学院团委、青年志愿者协会开展“衣份爱心，衣份温暖”捐衣助学活动，共捐赠衣物149箱。关注留守儿童成长。联合区民政局开展“庆六一”关爱留守儿童活动，带领留守儿童参观“盐城好人馆”“科技馆”。大力弘扬志愿服务精神。利用三月志愿者集中行动月等时间节点，开展关爱留守儿童、看望孤寡老人、健康文化进社区等志愿服务活动。植树节期间，组织青年志愿者开展“青春助力，绿色盐都”植树造林活动，掀起青少年植绿护绿热潮。

【团的基层组织建设】 坚持党建带团建，不断加强团的基层基础工作，着力推进团的自身建设。深入抓好“两学一做”学习教育。以开展“两学一做”教育实践为契机，通过组织基层团干参与理论学习、交流讨论、实践锻炼等工作环节，把“两学一做”的要求贯穿到修身做人、从政为民、干事创业的各个方面，提高基层团组织的战斗力。推进青少年综合服务平台建设。全区全年共建成区级平台1个，镇级平台10个，其中，区青少年综合服务平台成功创建为省级示范性青少年综合服务平台。深入抓好基础团务。为严格规范团员发展和管理工作，邀请团市委组织部刘旸为全区中小学团组织负责人进行团员发展规范及团费收缴工作辅导，全面提升全区基层团干部团务工作能力。深入开展“党建带团建统一活动日”活动，以每月20号“党建带团建统一活动日”为契机，常态化开展调研、座谈等团日活动。开展“一转两联三报到”活动。团区委机关全体人员走下基层，服务联系全区各领域团员青年，每月及时完成走基层联系青年工作。深入开展团干部“1+100”直接联系青年活动。全区413名团干部共联系56900名青年。（丁　毅）

盐城市盐都区妇女联合会

YanCheng City Yandu District Women's Federation

【概述】 全区妇联工作围绕中心谋发展，关注民生办实事，各项工作有力有序推进，特别是关爱留守儿童、家庭文明工程、妇女组织建设等工作创新发展。多次为市妇联相关活动提供参观现场。5月，为省妇联来盐“三解三促”活动提供调研参观现场获得好评；9月，市政协女委员调研全区女性就业创业工作；11月，省妇联调研全区家风家训及女性社会组织孵化基地。

【实施巾帼创业工程】 拓展创业培训。依托成人校、再就业培训中心，发挥“妇女儿童之家”“家长学校”等阵地作用，全年开展各类培训班26期，培训巾帼示范基地负责人、农村女经纪人、巾帼创业标兵、女大学生村官1285人次。注重典型引领。组织开展盐都区“十大巾帼创业之星”评选表彰活动，并通过在盐都电视台制作播放巾帼创业专题片，在《双新盐都报》上开辟“创业之星风采录”专栏等多种途径，集中宣传巾帼创业典型。在各镇(街道)调研，鼓励广大女企业家、女能手积极创建示范基地，组织条件成熟的基地申报省、市各级巾帼创业示范基地，全年新创建省级巾帼示范基地2个，分别是蒋家大院农家乐、佳富村电子商务中心。区级10家。加大资金扶持。开展银企对接活动2次，用足用好妇女小贷政策，注重在区域上向农村倾斜、项目上向农村种养加倾斜、对象上向农村低收入妇女和就业困难女大学生倾斜，成为帮助盐都区妇女实现自主创业、自谋职业的最直接、最有效的措施。全年发放贷款576万元，受惠群众达29人。积极实施“走出去”战略。推荐盐都区陆红娣、嵇晓霞、汪洪雨等优秀创业典型参加市创业大赛获得佳绩，其中陆宏娣获市第一名。

【拓展“妇儿民生关注行动”】 亲情关爱留守儿童。上半年，配合区民政局农村留守儿童摸底排查工作，做好潘黄街道、盐渎街道、大冈镇的农村留守儿童摸底、建档、录入工作。至年底，全区农村留守儿童全部登记造册。发动盐都爱心妈妈们关注留守儿童的学习和生活。“六一”期间，疾控中心、司法局、公安局等单位的爱心妈妈给自己结对的孩子们赠送衣物、玩具、书籍、营养品等精心准备的礼物，与孩子们互留心连心联系卡，了解他们学习、生活、健康状况。7月，邀请南京信息工程大学雷丁学院在尚庄镇绍琪书屋正式挂牌成立社会实践基地，学院首批15名大学生志愿者在书屋为留守儿童们授课。维护妇儿合法权益。开展“三八”妇女维权周法律咨询宣传服务列活动6场。完善宣传引导、规范调处、应急处置、法律援助等机制。11月22日，举办“反家暴”培训班，全区镇(区、街道)妇联、部分区直单位妇代会主任和村(居)妇代会主任参加学习培训。5月，向省儿基会、省妇联申请7.2万元助学金，用于创办两个春蕾班，资助北蒋街道和秦南镇的80名困境儿童；6月，向省儿基会里申请1.5万元资助贫困孤儿；春节前，为两名两癌贫困妇女争取全国妇联专项扶持资金2万元。全年各类公益项目累计争取资金28万元。

【推行“和美家庭培育行动”】 在全区广泛开展“最美家庭”评选活动，举行庆“三八”最美家庭表彰大会。6月，联合区纪委开展“晒家规家训　讲家风故事”征集展示活动，与区委组织部在全区女党员女干部中开展“践行‘两学一做’、传好家风家训”活动，共收到征文200余篇。

【开展强基固本行动】 全年在民营企业、女性社会组织中建立妇女组织15个，评选表彰区“优秀妇儿之家”和区“最美女村官”，制作妇儿之家专题片示范引领全区基层组织建设创新发展。10月，结合盐都区村(社区)妇女组织建设实际，在全区村(社区)开展妇代会改建妇联工作。加强对基层妇联干部的业务培训，鼓励她们参与社工、心理等专业知识学习和职业资格考试。通过建立各种灵活务实的妇女组织形态，将妇联工作拓展到“两新”组织。引导女性社团积极参与政府公益创投项目，开展形式多样的联谊交流活动，为女性社团和志愿者团队搭建学习、交流与合作平台。同时利用“妇女联系日”“三解三促”等活动，走访帮扶贫困妇女群众173人次，结对帮扶5户贫困家庭，协调解决矛盾问题130起。

【庆三八系列活动】 3月4日下午，举行纪念“三八”国际劳动妇女节106周年暨“巾帼美丽靓盐都”风采展示活动。区委常委、组织部长冯明印，区委常委、市妇联副主席徐丹出席活动。活动以“创新创业耀盐都”“博爱厚德满盐都”“崇善尚德美盐都”的展示和慰问贫困单亲母亲、表彰2015年度妇女工作先进集体等内容组成，展示全区广大妇女靓丽的风采。3月4日，联合区教育局在市一中体育馆举行庆“三八”妇女运动会，21个区直单位的300多名妇女代表参加乒乓球、踢毽子、跳绳、羽毛球等项目比赛。

【省妇联在盐都开展“三解三促”活动】 5月5—12日，省妇联主席缪志红、副主席张勤调研组一行在盐都开展“三解三促”活动，区委书记羊维达，区长吴本辉，区委常委、组织部长冯明印，区委常委徐丹等陪同。缪志红一行实地察看巾帼现代农业示范基地、最美家庭活动实践基地、女大学生村官创业基地、省级妇儿之家等，举办基层妇女代表座谈会，慰问离任村(居)妇代会主任，听取相关工作情况汇报。缪志红肯定盐都区妇女工作，认为盐都区各级妇联组织开展工作有特色、有亮点，尤其在妇女维权、妇女创业等方面取得成效。要求各级妇联组织要进一步提高服务妇女同胞的能力和素质，推进妇联工作可持续发展，盐都区各级党政组织要进一步关心妇女事业，支持妇女工作，促进妇女事业的健康快速发展。

【举办庆“六一”活动】 6月1日，组织潘黄街道的20名留守儿童在市好人馆举行心手相牵庆“六一”活动。区委常委、组织部长冯明印参加活动并为孩子们发放“六一”节礼物。孩子们参观金鹰海洋公园、市好人馆，还和市心语心理健康服务中心的老师们进行互动交流。

【举办关爱留守儿童系列活动】 8月12日，在秦南镇举办留守儿童家长家教公益讲座，邀请盐城市绿洲心理咨询技术研究院院长、国家二级心理咨询师蒋洁教授主讲，秦南镇的100多位留守儿童家长代表听取题为《如何培养孩子良好的行为习惯》的讲座。8月，组织潘黄境内的20名留守儿童在区消防大队学习，消防大队为孩子们播放富有教育性的消防安全知识影片及典型火灾案例，学习逃生与自救、消防器材设施的使用等消防知识，展示先进的灭火、抢险设备，实地演练，让孩子们大开眼界。8月，组织爱心志愿者们在郭猛镇杨侍村妇儿之家，教导20多名儿童学沙画、做橡皮泥手工。

【实施“心灵护航”成长干预项目】 年内，与盐城市“心语心理健康服务中心”牵手合作，正式启动“心灵护航”——留守儿童成长干预计划，通过政府购买社会组织服务的方式，运用项目化运作的手段，使全区400名留守儿童得到更专业、更精准、更系统、更有效的关爱和服务。自9月起，心灵护航活动在北蒋、楼王、大冈、尚庄建立留守儿童档案，并在楼王小学、大冈小学、北蒋实验学校开展多次关爱活动。

【市政协委员调研女性创业就业工作】 9月8日下午，市政协委员调研盐都区女性创业就业工作。区委书记羊维达，区政协主席顾其斌，区委常委、组织部长王铁根，区委常委、高新区党工委书记商建明陪同考察。市政协一行在高新区金派汽车配件有限公司，听取盐都区女性创业就业工作情况汇报，并就提升女性创业能力、拓宽就业渠道、加大扶持力度等方面提出具体意见和建议。

【缪志红在盐都区调研】 11月10日下午，省妇联主席缪志红一行来在潘黄街道宝才社区，调研家风家训及女性社会组织孵化基地建设情况。区委书记羊维达，区委常委、组织部长王铁根，副区长彭向洪陪同调研。缪志红详细了解社区妇女儿童工作开展情况，对该社区大力转变工作理念和方式，营造浓厚氛围，树立优良家风的和谐环境给予肯定。

【承办“弘扬铁军精神 传好家风家训”活动】 11月24日，在潘黄宝才社区承办“弘扬铁军精神 传好家风家训”活动，全市妇联系统近百名干部群众参加活动。借助丰富多彩的家庭文化活动和富有意义的“全家总动员”的参与形式，把更多人凝聚在“家庭”小载体里，培育良好家风，建设幸福家庭，以好的家风支撑起好的社会风气。 （吴蓉蓉）

盐城市盐都区科学技术协会

YanCheng City Yandu District Science and Technology Association

【概述】 围绕省市科协全委（扩大）会议精神和区委区政府的中心工作，认真履职尽责，提升公众科学素质、助推创新驱动发展、服务科技人才项目等，各项工作取得新的成效。被市科协表彰为全市科协工作综合先进单位。

【开展主题科普宣传活动】 组织科普宣传周和全国科普日活动启动仪式。6月9日，与尚庄镇政府及区直有关部门在尚庄番茄主题公园联合举办第三届盐城（尚庄）番茄节暨盐都区第二十八届科普宣传周活动启动仪式。其间组织科普展览、科技咨询、太空种子基地揭牌，发放科普资料。9月21日，与市二小联合举办以“创新放飞梦想，科技引领未来”为主题的全国科普日启动仪式，组织航模表演、科学幻想画创作、纸模拼搭和萝卜支架拼搭，“机器人竞赛”、3D模型拼搭、科普展览等活动，《盐城晚报》进行专题报道。举办健康知识科普报告会。5月23日，邀请省科普专家团成员黄明豪教授分别到大冈镇、盐城卫生职业技术学院进行“戒烟限酒、养成健康的生活方式”科普报告会。联办《科普大讲堂》电视专栏。围绕“节约能源资源、保护生态环境、保障安全健康、促进创新创造”主题，聘请有关专家在电视上作科普讲座，与区电视台主动沟通增加盐都电视科普大讲堂栏目播放频率，扩大宣传覆盖面。开展防震减灾应急演练。5月12日，联合区教育局、区科技局在潘黄实验学校组织防震减灾应急演练、防震减灾图片展览，发放防震减灾宣传资料，增强广大中小学生的防震减灾意识和能力。制作分发科普光盘。对录制的24期《科普大讲堂》专题栏目进行刻录制作，共制作900张光盘，通过科普宣传周、全国科普日和“六下乡”等活动分发给公众，增长科普知识。

【提升青少年科技素养】 承办省青少年科技创新大赛盐城分赛。4月23—24日，由区科协、区教育局主办，毓龙路实验学校承办的省青少年科技系列竞赛选拔赛盐城分赛在盐都区举行。来自盐城、泰州等市的30多所学校1617名选手参加WER能力风暴、物联网毕加索、BRN仿生机甲、四轴翼飞机、橡筋动力飞机和直线竞速赛车六个项目的竞赛。其中毓龙路实验学校获得BRN仿生机甲挑战赛、WER能力风暴挑战赛、四轴翼旋机及橡筋动力飞机四项团体一等奖，直线竞速赛车团体二等奖。组织3D打印科技知识及行业应用系列培训。联合高新区科协，利用盐城高新区西锐三维打印科技有限公司科普基地开展3D打印技术科技知识及行业应用系列培训。3月5日，组织首期培训，使驻城附近部分学生初步掌握3D打印的基本知识。5月27日下午，腾飞路初级中学组织师生到西锐三维打印科技有限公司参观学习，与西锐公司进行沟通交流并签订协议，将公司作为学校推广学习3D打印技术的培训基地。盐城高新区被工信部授予“3D打印创新（创业）基地”，举行中国3D打印教育联盟揭牌仪式。加强青少年科技工作的宣传。5月20日的《江苏科技报》用一个整版分别以《搭建平台，点燃青少年创新激情》和《校园科普馆为学生筑起科技梦》为题的两篇文章对盐都科技工作及利用校园科普馆培养学生科技创新能力情况进行宣传报道。

【加强科普基础设施建设】 与毓龙路实验学校联合共建3D打印创新培训室。为全区教育系统进行3D应用技术培训提供很好的平台。加强科普信息化建设。根据省市科协关于做好科普信息化建设工作要求，及时下发专门通知，明确施工建设条件和相关准备工作，55个城镇社区按序时完成科普信息大屏的安装。主动与区教育局沟通联系并征求驻城部分学校的意见，为驻城10所学校购买安装科普信息大屏，搭建学校向青少年学生普及科学知识的新平台。

【开展科普示范创建工作】 坚持把科普示范创建作为提升科普工作成效的重要手段，参与各类示范创建。年内，成功创建成国家级科普示范社区1个，省级科普示范社区1个，市级科普示范社区3个，省级科普惠农服务站1个，市级科普教育基地2个。推荐毓龙路实验学校创建“十三五”首批省科学教育综合示范学校。

【助力农村电子商务发展】 农村淘宝项目是全区推动农业电子商务的重要抓手，与阿里巴巴集团达成战略合作关系后，阿里巴巴集团农村淘宝盐都区服务中心迅速在盐都物联大厦落户，同时建成35个村淘服务站。年内，为助推农村电子商务发展工作，聘请商务局专业人员开展电商知识电视讲座，联合人社局对部分农村专业大户进行专业培训。同时，按照京东商城江苏农产品馆入驻工作要求，在基层单位上报的基础上向省农技协推荐大纵湖大闸蟹行业协会、葛武畜禽生态养殖合作社两家单位。

【开展“营改增”知识宣传】 经国务院批准，5月1日起，全面推开“营改增”试点。为及时普及“营改增”知识，使企业及时了解什么是“营改增”，“营改增”实施以来经历哪几个阶段，“营改增”对企业的影响有多深远，主动与区税务学会联系，就相关知识在区电视台进行普及，在《盐都日报》分期对“营改增”知识进行宣传报道，为全区顺利实施“营改增”工作助力加油。

【企业科技专利信息推送和海智工作】 年内，按照市科协年度企业科技专利信息工作安排，下发专利信息推送工作的通知，并深入到重点企业进行宣传推介。组织11家企业参与市科协在大丰组织的企业科技信息服务暨企业工程师培训，将《2016年网络版专利资源库系统用户操作手册》打印装订成册分发到全区18家企业，现场为企业进行应用操作培训，提高企业应用专利信息的能力。年内15家企业对专利信息应用进行反馈，上报应用成果案例1个。做好海智工作站培植工作，上报海智工作站1家。

【推进“企会协作”行动】 指导学会紧密结合自身优势和全区产业发展规划，注重在“企会协作”的数量上有突破，在质量上下功夫。区畜牧兽医学会与江苏泰和畜牧实业有限公司联合开展生猪规模养殖场粪便综合利用技术应用与推广研究，为全区规模养殖场畜禽粪便综合利用提供技术支持和学用实例。合作项目获得市2015—2016年度企会协作优秀项目一等奖。区水产学会主动与盐城顺丰渔业科技发展有限公司结成技术协作联盟，参与公司组织的沙塘鳢人工规模化繁育项目实施，为研究沙塘鳢人工催产孵化技术，探索人工培育生物饵料，培育大规格苗种技术积累经验，合作项目获得市2015—2016年度企会协作优秀项目二等奖。协助高新区科协围绕智能终端产业发展，举办盐城国家高新区智能终端产业发展人才项目对接会暨中国智造与创新教育主题“长风论坛”，工信部党组成员、总工程师朱宏任作《中国制造2025与创新发展新机遇》高端报告。

【人才科技服务工作】 做好优秀人才推荐工作。年内，向省农技协推荐区水产技术推广站站长宋长太为优秀乡土人才，向省科协推荐农村科普带头人乐绍琪表彰为省“十二五”《科学素质纲要》实施工作先进个人，向市科协推荐祁俊等4人表彰为市“十二五”《科学素质纲要》实施工作先进个人。做好人才项目对接服务工作。根据2016国际人才创新创业大会国内需求项目征集工作要求，专门下发通知，深入高新技术企业开展人才项目征集。参与市科协组织的国家“千人计划”专家产业对接洽淡会，盐城高新区作人才政策产业发展情况汇报。做好科技人才服务工作。为区全民科学素质成员单位、科普志愿者、农村科普带头人、老科技工作者、基层科协分管领导等人员征订《江苏科技报》。加强与区种植大户、家庭农场主联系先后分三批申报11名技术人员参加省农技协组织的无人植保创业培训。协调区预防医学会开展公共卫生服务技能培训，邀请省市有关专家举办知识讲座，提升基层科技人员的专业技术水平。 （马贤兵）

盐城市盐都区文学艺术界联合会
YanCheng City Yandu District Federation of Literary and Art Circles

【概述】 全区文联工作以习近平总书记文艺工作座谈会上的讲话精神为指导，始终坚持“二为”（即文艺为人民服务、为社会主义服务）方向，贯彻“双百”（即百花齐放、百家争鸣）方针，学习社会主义核心价值观的重要思想，传播正能量，围绕全区中心工作，促繁荣，建阵地，搭平台，重展示，惠民生。通过联络、协调、服务、指导，引导会员投身文艺创作，开展活动，使全区的文艺事业呈现健康发展的良好局面。市淮剧团被省委宣传部、省文化厅、省新闻出版局联合表彰为“全省服务基层、服务农村文化建设先进集体”。曹文芳《风铃》（小说）、李有干《白毛龟　绿毛龟》（小说）分获市政府文艺奖一等奖，大型戏曲《遍地月光》《布衣青天》《大湖泱泱》分获江苏省2015年度新剧本评选二等奖和提名奖，大型现代戏曲《歌声不再遥远》荣获第30届中国田汉戏剧奖剧本一等奖，大型现代戏曲《龙盐》入选2016年新剧本征选重点关注剧目，小淮剧《姚母试子》参加全市廉政文艺调演，获得好评。

【开展文化活动】 坚持“以文立足、以联拓展、以创繁荣”工作思路，发挥职能作用，提高组织化程度。区戏剧家协会创作演出的大型现代淮剧《半车老师》参加2016年江苏优秀现代戏交流推广（北京站）演出，中国作家协会副主席廖奔、“国际安徒生奖”获得者曹文轩等观看演出并充分肯定，新华网播发通稿，《中国文化报》刊发专版予以报道。大型现代淮剧《半车老师》在全国巡演，并走进上海兰心大剧院，参加上海星期戏曲广播会。承办全国戏剧期刊主编年会，《上海戏剧》《东方艺术》《剧影月报》等19家戏剧期刊主编出席会议，成功举办“2016江苏盐都·盐城市淮剧团京津文化交流招商推介会”“庆祝曹文轩获得2016年国际安徒生奖座谈会”等有影响的经济文化活动。大型现代淮剧《菜籽花开》通过2015年度江苏省舞台艺术精品工程验收，入选重点资助剧目，并参加第三届江苏省艺术节和江苏省淮剧节演出。组织承办市文艺评论家协会年会暨盐都文学现象研讨会。开展惠民演出，全年共开展各类公益性展演展示活动260多场次，惠及群众近30万人次。开展“风韵水乡·乐在盐都”文化惠民行等专场文艺演出70多场次，实现文化贴近基层，精准惠民。区戏剧家协会精品剧目惠民演出季（春、夏、秋、冬）共12场，分别演出大型古装淮剧《红尘遗恨》和现代淮剧《半车老师》。开展高雅艺术进校园活动，淮剧《半车老师》在艺术中心为市一中学生演出3场，水街漂舟戏苑演出46场，“送戏下乡”演出76场，“清风盐都”廉政文艺下乡行演出5场。

【提升“文化盐都”形象】 6月，“半车老师”在北京参加2016年江苏优秀现代戏交流推广（北京）站的演出。主办“中国·盐都首届全国小剧场艺术荟萃”，6台优秀小剧场戏剧剧目在区文化馆百姓剧场演出。至10月底，组委会共收到40多个报送剧目，其中6部入选活动。娄迺鸣、李文启等观察员在盐都探讨小剧场戏剧的存在问题和发展方向。中国·盐都首届小剧场艺术荟萃活动是在中央推进文艺评奖改革，精简压缩奖项的大背景下，中国田汉研究会改变思路，与地方政府联手，通过评介与交流的方式，引领和推介优秀小剧场艺术新举措。群众文艺工作。年内，联合省曲艺家协会组织承办江苏省首届快板大赛，全省11个城市共推送成人组节目16个、少儿组节目12个参加表演比赛。组织并承办盐城市首届“千人共跳一支舞”大型公益群众文化活动。盐城市市区、开发区、亭湖区等20余支代表队的1000名选手，在盐都区世纪公园内展示舞技。区戏剧家协会推出淮剧《吴汉三杀》《牙痕记》《珍珠塔》《小镇》等经典剧目，尤其是迎春票友会为广大戏剧票友们提高技艺、展示风采提供平台，发挥戏剧在精神家园建设中的独特作用。组织承办“2016乐嘉琴行音乐之旅”台湾少女钢琴演奏家巫熹芸钢琴独奏公益音乐会、“佩卓夫罗瑟音乐之旅”亚历山大·查克钢琴大师课演奏会、“歌声传奇·打开心扉”盐城印象专场音乐会等。年内，出刊文学刊物《盐渎》四期、《大纵湖》六期。出台文艺创作激励政策。为鼓励多出精品，研究出台盐都政府文艺奖，重奖文艺工作杰出人才和优秀作品，调动文艺工作者创作更多更好的艺术作品。区财政对文艺人才培养和文联的经费逐年增加。《菜籽花开》入选江苏省2015-2016年度舞台艺术精品工程初选剧目，区财政为《菜籽花开》的付排投入250万元，保障剧团的排练及在常州、北京、天津参加全国、全省重要艺术活动。

【人才队伍建设】 确立“人才是第一资源”和“人才支撑”理念，把加强文艺队伍建设作为一项重要任务，年内，着眼于“珍惜人才就是培育精品”的意念，培养优秀中青年文艺人才，加大对本土文艺人才的培养和使用。发挥老文艺家的优势和作用。组织文艺家下基层。区作协接待国际读者联盟亚洲区主席张明舟在盐城考察调研并组织会员在九龙口和兴化垛田等地采风。区音乐家协会利用中国音协会员、国家一级词作家潘月剑在盐都采风之机组织部分艺术家在大纵湖、郝氏故居等地采风；书法家协会组织区书法家在宝才村采风并就“两学一做”专题笔会。创建教育基地，2016年江苏省音协盐都考点社会艺术水平音乐考级工作在盐都区社会教育基地——乐嘉琴行举行，给广大的学习艺术的青少年提供一个真实、合理的艺术水平衡量标准，同时也为全国各院校的艺术特长生考核工作，提供一个参考标准，使广大青少年艺术水平得到更加真实的验证。音乐考级涵盖声乐、键盘、民乐3个大项，涉及钢琴、古筝、二胡等数个乐器种类。考生大多是在校中小学生，也有部分成年音乐爱好者，年纪最小的只有5岁。利用媒体平台推出人才。盐都报《大纵湖副刊》不断推陈出新，在内容形式上注重文学性，宣传展示文艺工作个人艺术成绩的——盐渎人物专刊，推出曾汉才等一批青年剧作家的代表文艺新人，区政府网站开设文化盐都频道，开辟网上文化阵地，为广大文艺人才提供展示、交流平台。有重点地推出文艺名人，支持帮助他们举行研讨会、举办个人作品展等，鼓励他们成名成家，定期召开青创会，邀请名家讲课辅导，提升创作水平。

（王迎春）

省红会会长何权（左四）调研盐都红十字工作

盐城市盐都区红十字会

YanCheng City Yandu District Red Cross Society

【概述】 区红十字会瞄准“领先全市、率先全省、争先全国”的目标定位，把握群众需求，以建设有影响力、有公信力、有救助力的“三有”人道救助团体为导向，全力推动人道服务供给侧结构改革，扎实推进灾害救援、人道救助、志愿服务、博爱文化传播和生命关爱工程，优化红十字公益体系和发展环境，实现“十三五”良好开局。

【人道资金募集】 年度博爱救助金筹资工作继续推行“政府政策引导、红会主体担责、镇区部门协同、社会共同参与”模式，顺应互联网+公益潮流，依托区红十字会网站和博爱盐都微信平台，6月，开通网络筹资通道，方便爱心人士参与公益，奉献爱心。区委办、人大办、政府办、政协办等55家区直部门，20多家医疗机构，30多所中小学校、幼儿园，20个镇（区、街道）、58家企业积极参与筹资工作，共募集善款330.83万元，位列全市第一。加强博爱救助金的使用与管理，发挥红十字博爱救助金使用管理监督工作委员会的作用，定期不定期对救助金使用管理情况进行监督和检查；通过简报、网站和微信平台定期实时公布博爱救助金筹资情况，邀请审计部门对资金使用情况进行审计，结果在理事（扩大）会和基层秘书长会上通报。

【防灾救灾工作】 “6·23”阜宁射阳风雹灾害发生后，常务副会长陈海高连夜协调900顶帐篷分三批运送至受灾地，次日安排工作人员组织30多名志愿者进入灾区搭建临时居所安置灾民，并与文广新局联合组织义演，利用组织网络畅通优势赈灾义捐。全国道德模范徐兆学、中国好人乐绍琪、香港客人陈金发、丰盛装饰城董事长陆瑞卿等爱心人士，松鑫贸易、悦达出租等公司主动到会捐款，区红十字会共收到赈灾款180126.3元，全部汇至市红十字会。在区红会配合下，公益志愿者邢海峰利用家庭经营饭店优势，投入资金达10万元，连续10天为市三院收治的受灾群众提供免费餐饮。同时，为提升救援实效，推进应急救援队伍专业化建设，依托盐城蓝天救援队，吸纳并招募社会志愿者，经过培训组成专业红十字应急救援队，定期进行集训和拉练。继续在全区小学五年级、初中一年级开设生命安全教育课程，与教育红会联合组织4万名青少年会员参加"华鸥杯"全国红十字青少年防灾避险知识竞赛，区红会、教育红会和龙冈镇红会均被中国红十字会总会表彰为最佳组织一等奖。

【扶贫济困】 全年投入50多万元，救助白血病、尿毒症、系统红斑狼疮等大病困难患者625人。投入32万元博爱助医款，为困难群众免费体检、手术和医药费减免1500多人次。新增设高新区盐龙街道博爱超市，全区博爱超市达到9家，资助困难群众822人，投入经费36.99万元。投入17万元，与教育部门开展"温暖送学子、博爱百校行""圆梦助学"等行动，资助留守儿童、困难学生1300多人。投入10多万元，定向帮扶麻风村残老休养人员、聋哑学校和龙冈培智校学生，超过120人受益。支持全省自强模范杨长春创办躬休乐园，为区域内外50多名残疾人提供康复、学习与交流服务。投入5万元设立"红丝带"博爱慰问基金，关爱困境艾滋病病毒感染者和病人，增加特殊群体获得感。元旦春节期间，集中投入91万元款物，登门入户慰问和救助城镇与农村困难群众达1200余人。

【生命关爱工程】 扎实推进应急救护培训工作。年内，加强培训师资的教学演练与观摩，选拔培训师组队参加全市应急技能大赛，取得团体一等奖。争取省级彩票公益金13万元，建成省标准化应急救护培训基地并投入使用。开通网络报名通道，组织优秀师资开展社会化救护培训工作，全年培训初级救护员3605人，开展普及性群众培训11994人次。省红十字会会长何权、常务副会长盛放等现场调研，给予充分肯定。无偿献血工作成效显著，连续第16年组织教育系统、第5年组织区直机关工作人员无偿献血，全年2000余人次参加，献血总量超40万毫升。造血干细胞捐献服务工作有序进行。加强捐献造血干细胞志愿者的联谊与服务，举行第10次"点燃生命新希望、爱心相髓百人行"活动，新招募捐献造血干细胞采样志愿者103人。

【承办全国理论研讨会】 10月26日，"五大发展理念与红十字事业"全国理论研讨会在盐都召开，红十字国际委员会东亚地区代表处、总会报刊社、总会基金会和苏州大学红十字运动研究中心及上海、浙江、山东、贵州、安徽、河南、江苏等地红十字会官员和专家、学者57人出席会议，探讨红十字会贯彻与落实"五大发展理念"的思想内涵、方法路径，观摩全国红十字模范校盐城市第二小学开展的小会员集体入会仪式和爱心义卖活动，《中国红十字报》报道会议情况并专版刊载理论成果。

【出版发行《盐都红十字事业》文集】 经红十字运动研究中心指导，《盐都红十字事业》一书入围红十字文化丛书，5月，由合肥工业大学出版社公开出版发行，为全省首部县级红十字会专著。

【《盐都红十字志》完成组稿】 10月，包含10个章节、100年发展历程的《盐都红十字志》(1915—2014)完成组稿与初审工作。反映五届理事会工作历程的《人道之光》画册同期印制成册。

【为全省基层组织负责人培训班提供现场】 8月底，承办全省首期红十字会基层组织负责人培训班，总会组宣部、省红会领导及全省13个设区市县、镇两级红十字会负责人80人参加。培训班上，盐都红会介绍基层组织建设的详细情况，并提供红十字示范校、代表镇以及博爱家园三个观摩现场，赢得与会者好评。

【试点全市首家"红十字博爱家园"项目】 自8月起，在盐渎街道福才社区专项开展"博爱家园"试点工作，推进红十字工作走进小区、深入家庭、打造品牌，建立700多平米的"博爱家园"基地和开元路红十字服务站，在社区直接联系的4个小区分设红十字服务点。"博爱家园"设

全省红十字会基层组织负责人代表查看龙冈博爱超市

有应急救护培训室、空巢失能老人和留守儿童志愿者服务基地、心理疏导室、博爱讲堂、红十字书库等，使红十字志愿服务、救护培训、人道救助、募捐筹资、博爱文化五进社区活动得到深化。省红十字会会长何权、兼职副会长朱步楼、常务副会长盛放、副会长徐国林等现场调研，工作情况不仅在中国红十字报专版介绍，还在省红会九届四次理事会上作先进典型交流。

【对外学习交流】 年内，红十字运动研究中心、四川省凉山彝族自治州红十字会、兴化市红十字会、亭湖区红十字会主要负责人带队在盐都考察交流，区红会也派人在中央社会主义学院、福建泉州、安徽合肥、云南西双版纳、江苏南京、无锡惠山、扬州仪征等地参加学术会议，实地求学请教，开展组织建设及扶贫助学活动。

【完善基层组织和志愿服务工作】 年内，镇(区、街道)、教育红十字会组织建设和考核机制进一步完善，理事会制度执行和募捐筹资、救护培训、备灾救灾、献血捐髓、人道救助工作有序开展；区红十字会志愿服务工作与文明办同频共振，志愿者招募和服务活动平台发布和服务公示机制已经形成。龙冈镇红十字会在省红十字会九届四次理事会上成为全市唯一受到表彰的基层红十字会，造血干细胞捐献志愿者王兵跻身“盐都区十大杰出青年”，工作人员陆昆山、救护培训志愿者王娴被表彰为盐都区优秀志愿者，无偿献血志愿服务队副队长胡建军、工作人员王金海典型事迹被省委文明办在志愿江苏平台推荐。

（陈海高　陈国庆　王金海）

盐城市盐都区工商联(总商会)

YanCheng City Yandu District Association of Industry and Commerce

【概述】 2016年，工商业联合会(总商会)发挥工商联联系非公经济的桥梁和纽带，协助管理非公经济的助手作用，以“守法诚信、坚定信心”为重点，以商会为主阵地，以非公有制经济人士为主体，加强教育引导和典型宣传，引导企业积极践行创新、协调、绿色、开放、共享的发展理念，适应供给侧结构性改革新要求，不断增强工商联(总商会)组织的凝聚力和影响力。

【中小微企业互助平台运营发展】 强化宣传，扩大协会的影响力。年内，通过区工商联各基层商会召开企业座谈会，发放《协会互助宣传问答》。深入企业走访，倾听诉求。通过走访，实地了解企业的需求，征求意见和建议，完善改进协会在服务管理中的细节和不足之处。参加区金融办组织的金融超市等活动。增强与银行、企业的三方合作的融合度，扩大互助基金的规模。强化规范，促进服务上台阶。建立QQ互助服务群。通过服务群，解答互助相关问题，企业可直接提交互助申请，减少企业人员的来去奔波。开通网上银行、设立资金托管专户。降低互助成本，加快资金周转速度，提高互助的时效。用小规模资金，帮助小微企业解决资金短缺难题。会员企业随着规模的扩大，贷款额度不断的提高，企业要求互助资金每笔都在500元~1000万元以上，协会基金盘子有限，及时调整工作思路和工作方法，互助额度上限下调到200万元左右，最大化的帮助小微企业解决资金短缺难题。全年办理60多笔互助业务，互助金额达1.13亿元，超过互助基金规模10倍以上。

【组织民营企业扶贫攻坚】 年初，根据全联召开的“万企帮万村”精准扶贫行动全国电视电话会议精神，筛选有规模的民营企业参加市联组织“百企帮百村”精准扶贫活动，以签约结对、村企共建为主要形式，动员民营企业积极参与，帮助全市挂钩的17个经济薄弱村加快脱贫进程。主要帮帮扶途径为：产业扶贫、商贸扶贫、就业扶贫、捐赠扶贫、智力扶贫、其它扶贫。和郭猛双菊汽配公司结对帮扶薄弱村护陇村，主要通过争取资金，动员企业捐赠，帮助招商，提供项目信息等方式，扶贫任务如期完成。

【调研走访优秀非公企业】 年内，开展上规模民营企业调研和民营企业履行社会责任调查。对全区非公企业发展情况进行调查摸底。报送江苏秦圣实业有限公司、江苏金火炬金属制品有限公司、江苏稳强海洋工程有限公司等10家优秀非公企业。实地察看了解非公企业的经营发展环境及企业生产经营的实际情况。并就新形势下，非公企业如何把握政策机遇、所遇到的困难、加快企业发展、拓展企业社会影响等方面与企业家进行座谈交流，就如何扎实有效的做好工商联工作征求企业家的意见建议。

【民营企业培训工作】 8月下旬，全市年轻一代非公经济人士培训班开班，市重点骨干企业与成长型企业的年轻一代非公经济人士以及非公有制企业重要后备负责人或管理者参加。区工商联推荐江苏苏力机械股份有限公司、江苏盐电阀门有限公司等5名非公企业家参加培训。10月，推荐江苏雨燕模业科技有限公司、江苏自强涂装机械有限公司、江苏秦圣实业有限公司等10家盐都民营企业参加省工商联举办的民营企业法律大讲堂活动盐城专场活动。活动主题为民营企业刑事法律风险分析和预防，围绕新形势下民营企业关切的刑事法律风险热点，进行案件分析、风险评估，邀请司法机关专家及资深律师开展相关培训和研讨。

【非公经济代表人士综合评价】 年内，与区委统战部做好全区非公有制经济代表人士综合评价工作。加强和完善非公有制经济代表人士综合评价工作，健全科学有效的培养使用机制，把综合评价工作作为推荐非公有制经济代表人士担任人大代表、政协委员和工商联常委、执委等政治安排的必经程序，坚持“凡进必评”。召开专门会议进行部署，对综合评价的对象、内容、步骤和方式都提出详细的要求，保证评价工作的顺利完成，为换届工作做好人事准备，共评价非公经济代表人士191人。

（靖　武）

盐城市盐都区归侨侨眷联合会

YanCheng City Yandu District Federation of Retruned Chinese and Relatives Overseas

【概述】 围绕“打造新高地、迈上新台阶”的总定位和国家省市侨联会议精神，开阔侨联工作视野、拓宽侨联工作领域、创新侨联工作内容、提升侨联工作水平，较好地完成全年目标任务。

【注重学习】 年内，加强理论学习，注重用党的最新理论成果武装侨界人士，加强侨联自身组织素质的能力建设。组织侨界重点代表人士通过学习会、交流会、座谈会等方式认真学习中共十八大、十八届三中、四中、五中、六中全会精神，在思想上、政治上、行动上与党中央保持一致。组织专题学习中央和省市委关于进一步加强和改进新时期侨联工作的意见，深刻领会文件精神，把贯彻落实上级文件精神与盐都发展结合起来，推进侨联事业科学发展、跨越发展。组织侨联干部和侨联委员赴先进地区侨联参观学习，进一步创新侨联工作。

【助推经济发展】 围绕中心、服务大局，充分运用海内海外“两个平台”，发挥财力智力“两个资源”，主动配合区有关部门开展招商选资、招才引智工作。重视全区侨港资企业服务工作，关注侨企发展状况，倾听侨企意见呼声，与区侨办一起开展侨港资企业走访，积极帮助侨企排忧解难，维护企业合法权益；11月，协助区侨办、区人才办为市委市政府在日本召开的江苏盐城沿海发展人才创新创业人才环境说明会组织推荐留日博士出席会议；帮助侨资企业盐城市康林达生物科技有限公司产品在12月上市销售。

【拓展海(内)外联谊】 坚持以亲情、乡情、友情为纽带，开展富有侨特色的活动。建立盐都籍海(境)外重点代表人士微信群，并保持正常联系，即时传递全区经济发展、社会人文等新况，并在中秋、春节传统节日，道一份平安祝福、传一声家乡问候；邀请重要侨团侨领、华侨华人新生代等回盐都参加经贸洽谈、学术交流、寻根访亲，先后接待回乡省亲的澳大利亚、美国、加拿大、德国、日本、加蓬、刚果（金）等海外华侨华人以及港澳同胞31人次，陪同其参观郝氏故里、大纵湖风景区，考察区重点企业与项目，让他们真切感受家乡的热情与变化，通过他们传播中国文化与友谊；利用中国侨联60华诞之际，开展座谈会、书画展、华人华侨讲故事并组织10多位侨眷、侨企赴南京参加侨企高新企业产品展览会开幕式等一系列的活动；邀请美国德国的盐都籍侨领回江苏参加中国侨联举办的系列庆祝活动。

【提升侨界参政层次】 发挥侨联代表委员界别作用，认真参政议政。强化界别的责任意识，主动、自觉、积极地参与政治协商和民主监督，支持他们为侨界群众的切身利益表达意愿。在区“两会”期间，侨界代表、委员向区人大提交议案3件，向区政协提交团体提案4件，多数提(议)案得到督办落实。在区“两会”上，张春梅、张石广、吴玉林等侨眷被评为优秀委员并登台接奖。另外，注重把侨界高素质的代表人士吸收到政协中来，区“两会”换届期间，与区委统战部，区政协办沟通，侨界政协委员名额从3名增加到5名。

【服务侨眷】 面对侨情变化的新形势，提高服务意识，深入了解归侨、侨眷和海外侨胞所思所想，依法维护好侨胞权益。在春节、中秋期间开展上门走访慰问与茶话恳谈活动；开展高温送清凉活动；为20位重点代表人士的父母连续11年订一份报纸；与区民政局居家养老相结合，对空巢侨眷家庭进行认真细致的调查，对特殊困难家庭给予帮扶，为空巢侨眷老人实施生活照料，心理抚慰、健康咨询、文体健身等关爱行动，给他们提供形式多样的服务；做好侨界群众的维权工作，年内，共帮助协调解决侨眷在买房、拆迁、上学、工作和工资遗留问题6个。

（宋莺萍）

盐城市盐都区残疾人联合会

YanCheng City Yandu District The Cause of the Handicapped

【概述】 2016年，围绕残疾人的基本需求，立足基层，以残疾人民生工程、康复服务、教育、就业培训、扶贫、宣传文体等工作为重点，全心全意为残疾人办实事、解难事。

【推进民生工程】 自行设计数据库系统，专人负责，全区全年残疾人特殊困难生活补贴、护理补贴、低保内重残补贴金和教育专项补贴全部及时发放到位，共计发放各项补贴资金近2500万元。区级残疾人康复托养中心和老年福利院一期工程主体、室外工程全部完工，内装工程有序开展。春节期间，对区精神病防治院、麻风病残老村、在相关康复机构康复的盐都籍残疾儿童、市特殊教育中等专业学校等盐都籍残疾学生进行慰问，计投入慰问金22万元。救助特困精神疾病患者住院期间伙食费186人次，对8名转市四院住院治疗的困难精神病人每人资助4000元。经请示区政府同意，明确全区所有重度残疾人(含听力言语一级、二级）新型农村合作医疗个人缴费部分由政府代缴。

【强化康复服务】 年内，邀请市三院、市妇保院等医院专业人员深入各镇(区、街道)对108名0~6岁儿童进行筛查，检查出符合条件的残疾儿童78名；将有康复需求的181名0~14周岁残疾儿童送到市残疾儿童康复教育中心、市残疾儿童康复中心等十三家定点康复机构进行免费康复训练。对有手术适应症的161名患者进行免费复明手术。捐赠轮椅车100辆，完成450人次630件残疾人辅助器具适配和家庭无障碍环境改造任务。组织专家对100名聋哑学校学生和各镇(区、街道)适婚聋哑人进行基因检测。向区政府申请资金19万元，通过招标为全区19个镇(区、街道)卫生院(社区卫生服务中心）配备康复器材并全部安装到位。

【教育就业工作】 深入基层开展未入学残疾儿童调查工作，全年共筛查出51名未入学残疾儿童，协调配合教育部门对51名未入学的残疾儿童全部落实送教上门政策。全面推进按比例安排残疾人就业年审工作，注重摸排核实，加强宣传沟通、规范操作流程，全年审核企事业单位884家，按比例安置残疾人439名。出台《盐都区扶持残疾人自主创业意见（暂行）》，给予全区51名就业年龄段自主创业的残疾人每人3000元的创业资金扶持，共计发放15.6万元。在潘黄、大冈等地新建5个集托养、康复、培训、文化体育等服务为一体的残疾人之家，帮助90名残疾人实现托养，70名残疾人实现辅助性就业，并全部免费为其办理意外伤害保险。开展4期残疾人职业技能培训班，培训残疾人93名，圆满完成市残联下达的培训任务。

【加大扶贫工作】 配合农工办开展精准帮扶工作，对辖区内所有农村持证残疾人进行核查，全年共核查出持证农村贫困残疾人3589人，纳入建档立卡3584人，不符合纳入建档立卡条件的核减5人，纳入最低生活保障的1440人，顺利完成农村贫困残疾人建档立卡工作。配合区住建部门、民政部门做好相关工作。全区全年危房改造残疾户86户，受益残疾人88名。向贫困残疾人捐赠电饭锅200台、电风扇200台、洗衣机51台、热水器36台、电视机51台。

【注重宣传文体工作】 开展第二十六次"全国助残日"活动，了解孤残儿童及其家庭的基本状况及所面临的主要困难和问题，勉励孤残儿童自强、自立，并帮助他们解决生活中的实际困难。动员各镇（区、街道）、社会助残组织开展宣传活动。组织残疾人参加体育选拔、比赛和全市残疾人艺术会演。年内，4名残疾健儿代表江苏队参加全国特奥会，在乒乓球项目上夺得7金1银的好成绩。1名运动健儿在省残疾人运动会田径比赛中获1金1银。组织两个节目参加市残疾人艺术汇演，分别获一等奖、二等奖，并在第九届全省残疾人艺术会演中荣获三等奖。筛选残疾人运动员，推荐8名残疾人参加市运动员选拔。

【开展残疾人数据动态更新】 年内，成立区残疾人基本服务状况和需求信息数据动态更新工作领导小组。通过强化培训、宣传发动、调查录入等一系列工作，开展残疾人基本服务状况和需求信息数据动态更新。8月中旬，完成全部调查录入工作。全区共调查录入残疾人11619名，其中入户调查9346人、见面调查1494人、电话调查128人、查无此人7人、搬迁16人、空挂户52人、外出68人、死亡509人，入户调查率达98.83%。

（王月梅）

盐城市盐都区老促会（扶贫协会）

Elderly Association (Association of Helping the Poor) Work

【概述】 区老促会、扶贫协会（以下简称"两会"）服务"三农"，无私奉献，扎实工作，促进全区三个文明建设。至年底，全区"两会"共有理事384人、会员单位77个、特约研究员96人、村（居）会员小组249个、会员7421人。

【实施"三五十"扶贫到户工程】 按照"三五十"（区、镇、村"两会"各帮扶贫困户10户、5户、3户）扶贫要求，区、镇、村"两会"共帮助筹集扶贫资金400万元，采取结对帮扶、技术辅导、借贷资金等方法，在全区人均纯收入6000元以下的贫困户中，共结对帮扶1500户、4600个贫困人口。经各镇（区、街道）年终调查统计，脱贫1320户、3864人，分别占总帮扶户数和人口的88%、84%。

【加大助学扶贫力度】 8月，从秦南镇推荐季丰在广东国华纪念中学免费就读高中。11月，经区"两会"常务理事会办研究，并征得财政部门同意，从日常业务经费出资中1万元用于助学扶贫，在全区5个镇（区、街道）共帮扶25名初三学生，帮助他们解决生活及学习困难。12月，区"两会"连续第三年共同争取到省扶贫协会、扶贫基金会助学资金4万元，在市一中继续开展"省属企业滴水·筑梦扶贫助学工程"现场捐赠仪式，资助20名成绩优秀、家境贫寒的高三学生。

【成立市扶贫基金会盐都办事处】 为拓宽筹资渠道，加大资金募集力度，增强帮扶实力，6月，在省市扶贫基金会、扶贫协会和区委区政府支持下，盐城市扶贫基金会盐都办事处正式挂牌成立，与区"两会"合署办公，原始注册资金达100万元。

【支持电商发展】 10月，区"两会"一行5人在帮扶联系点——中兴街道周伙村，详细了解当地电商产业发展情况，帮助分析市场行情，理清发展思路，向村里现场赠送工作电脑1台。

【坚持调查研究】 3月，区"两会"就近年来扶贫开发工作进行回顾总结，撰写的《盐都区"两会"加大精准脱贫工作力度》在市"两会"上作交流发言，并被《江苏老区》刊用。5月，对大纵湖镇胥仇、三官、于任、骏马、双官5个自然村的人力资源状况进行全面调查，撰写的调查报告被《江苏老区》《盐阜老区》选登。至年底，全区各级"两会"共撰写调研报告和典型材料38份，提供建议98条。

（袁　辉）

盐城市盐都区退休干部协会

YanCheng City Yandu District Association of Retired Cadres

【概述】 围绕区委区政府加快建设创业生态幸福厚德美丽盐都的总体要求，积极实施"六个老有"目标，开展"我为盐都献余热、老有所为作贡献"等活动，为盐都经济社会发展增添正能量，退协组织进一步加强，服务水平进一步提升。

【开展老年人文体活动】 采取多种形式，开展适合老年人特点的文体活动。5月25日和11月4日分别举办镇（区、街道）和区直退休干部扑克牌"掼蛋"比赛。

7月1日，组织400多名退休干部观看百团大战电影。9月9月上午，与诗书画社在盐渎明城联合举办退休干部纪念毛主席逝世40周年诗词吟诵会，下午与区文广局、诗书画社在区文化馆三楼剧场举办“太阳最红、毛主席最亲”的诗歌吟唱会，市电视台、盐都电视台、双新盐都报作报道。10月19日，与县前社区联合举办老年趣味运动会。

【法制教育进校园】 11月28日至12月7日，共分四个组，对全区中小学生进行《培养安全意识，健康快乐成长》的法制讲座，解读《盐城市学生安全口诀》等法律法规知识教育引导学生增强法制意识，提高防范能力，树立正确的人生观、价值观，《盐都日报》作报道。

【科技普及进基层】 年内，组织不老松科技服务队，突出科技创新、科技扶贫、科技致富、不断充实“三扶两创”内容，拓展“三扶两创”领域，提高“三扶两创”效果，在选准、瞄准、精准科技扶贫上建言献策等办实事。

【结对帮扶】 8月4日，协会每人捐资500元，卫生、供销、交通等分会退休干部积极响应，共捐资近2万元，在区文化馆举办盐都区退休干部关爱留守儿童快乐文化暑期行主题活动，给大冈、神州路小学共26名留守儿童每人赠送一个书包，五本书、400元助学金，并组织留守儿童观看盐都民俗文化馆、水浒场景馆，让孩子们度过快乐的一天。发动退休干部参与网吧监督，宣传禁毒、禁赌、禁烧秸秆等社会工作，组织退休干部为阜宁、射阳受龙卷风袭击的灾民捐款捐物。

【开展联谊交流】 3月8日，组织部分退休女干部开展庆“三八”扑克牌“掼蛋”等城乡联谊。4月21日，组织各分会理事长在大丰观摩荷兰花海，欣赏体验异国风情。参观知青馆，激励老干部教育好下一代，越是艰苦的环境越要拼博进取。观看麋鹿基地。4月24日，组织区直部分退休干部与便仓退协分会进行退协工作联谊交流活动。10月19日，组织30多名退休干部观赏亭湖黄尖菊花展。

【加强基层退协组织建设】 深入滨湖、尚庄、大冈、潘黄、区直等分会了解分会的政治学习、活动开展、阵地建设、权益维护等情况。并在学富、盐龙、水务、卫生等分会组织工作交流。年内，对学富、郭猛、张庄、葛武、法院等分会理事长进行调整。年初，在全区退协组织中开展“四创四比”活动，即创新学习方式、比学习效果佳；创新活动载体、比活动形式新；创新老有所为、比先进典型多；创新组织建设、比服务质量好。争当优秀退休干部开展四看四比：看勤奋学习好、比政治素质高、看遵纪守法好；比表率作用强、看老有所为好；比社会贡献大，看带头活动好；比获奖项目多，收到良好的效果。年终，召开总结表彰大会，表彰2016年度10个关爱工作先进集体，10个文体活动先进集体和58个“我为盐都献余热，老有所为作贡献”先进个人。

（陆海桐）

盐城市盐都区老龄协会
YanCheng City Yandu District Aging Association

【概述】 紧紧围绕全区工作大局，紧扣“五个老有”目标和全年工作任务，努力做到工作力度不减，工作措施不虚，工作要求不松，工作督查不停，协会各项工作始终健康有序开展并取得新成效，为助推美丽盐都建设和全区老龄事业发展发挥积极作用。

【推进协会建设】 把协会建设摆在重要位置，坚持按照“六有”要求，采取会议布置、调研督查、现场指导等措施，继续抓好全区三级协会建设，取得明显成效。年内，督促镇、村协(分)会在办公场所和活动阵地落实、完善的同时，注重活动阵地的延伸和拓展以及户外文化广场的建设。督促镇、村结合工作实际，抓好队伍建设，及时调整一些村居分会会长、副会长和秘书长。三级协会都能在完善制度工作的同时，注重执行既定的各项制度，在制度框架内开展协(分)会的工作。区协会驻会人员坚持正常坐班办公，定期召开会议，认真组织活动，做到年初有部署，月度有安排，活动有计划，年终有总结，各项工作坚持制度化、规范化运作。各镇级协会和村(居)分会也能坚持坐班与值班相结合的办公制度，确保协(分)会每天按时开门，正常有人。特别是村(居)分会坚持与居家养老服务站合署办公，方便需要服务的老人。区直分会一般都能结合系统内会员单位老干部活动制度，定期组织活动，定期会办研究工作。

【创新“两为”服务】 针对老人实际和居家养老服务现状，为方便老人就医，引导镇、村注意将居家养老服务站的建设、规划与村(居)卫生室安排在一起。至年底，

散文朗诵会

北蒋街道4个村(居)的居家养老服务站基本都与村(居)卫生室在一起。全区其他许多村(居)也根据要求,在规划新建的卫生室旁安排了居家养老服务站。继续将推进老年文化广场建设作为为老服务的一项重要工作来抓,列入全年协会工作的重要内容。各地都能按照协会在尚庄镇召开的老年文化广场建设推进会精神、结合实际,因地制宜,多措并举,加强老年文化广场的建设。年内,全区80%以上的村(居)分会都有一块面积与设施相配套的户外文化广场,为老人和群众的娱乐、健身活动提供方便。为充分利用老年人才资源,更好地为社会服务,建立农民创业科技服务工作室,主要任务是通过网络及时为种、养、加大户提供技术、信息和业务交流等服务。工作室与10个科技示范基地联网并提供服务。盐渎街道兴城居委会针对拆迁后,原居民人数减少;房地产开发后,外来人口增加的实际,专门在神州路建立500多平方方的社区服务站,站内设有阅览、棋牌、演播、音乐、美术、健身、聊天等室(厅),并安排6人常年为附近几个小区的居民免费提供代收代办、文化娱乐、矛盾调解等服务。区直流通分会注意将为老服务与关心下一代工作结合起来,开展"老小牵手搀扶向前走"活动。

【规范居家养老服务】 居家养老服务是全区社会化养老服务的一大特色和亮点。年内,坚持将协助区政府及民政部门推进居家养老作为协会工作的重要抓手,采取会议强调、调研督查、宣传典型、提出改进意见和建议等方法,督促各地认真做好服务对象信息收集核对、台账建立完善、服务人员和服务项目落实、服务券发放和兑现工作的同时,切实组织好各项服务工作,为需要服务的老人提供良好的服务,不断提高老人和群众的满意度。协助为全区居家养老服务提档升级做一些调查研究等准备工作。

【完善老年议事制度】 针对少数村(居)老年议事会工作不够平衡、活动不够正常的情况,完善议事制度,开展议事活动,注重落实议事意见,积极发挥议事会的作用。冈中街道6个村(居)的老年议事会,坚持每季度活动一次的制度,围绕老年民生、村(居)经济社会发展和群众生产生活的突出问题,选择议题开展议事活动,得到村(居)党政组织的重视和支持。每次议事活动,村(居)都让所有村组干部参加,听取意见和建议。年内,6个村(居)分会的老年议事活动共提出意见和建议68条,其中被街道和村(居)采纳并落实或正在落实的就有58条。杨韦村老年议事会在组织如何做好秸秆禁烧禁抛工作议事时,提出老龄分会和议事会成员带头不烧不抛,并"包干到户"的意见,落实后,全村未再发生一起乱烧乱抛秸秆的行为。

【走基层活动形成常态】 按照常态化、规范化要求,指导"老有所为"服务团十支老字号队伍坚持活动制度、周密活动计划、丰富活动内容、创新活动形式、提高活动质量、讲求活动效果,充分发挥服务老人、服务基层、服务社会的作用。十支"老字号"队伍结合实际,认真谋划,分别组织走基层活动,深入村组农户、工厂企业、学校社区,开展法治宣传、农技指导、义诊义演、安全讲座等服务,取得较好的社会效果。老农技、畜牧水产工作者服务队,在队长王云玲带领下,坚持常年走村串户,深入田间地头为农民和群众无偿提供种、养、加方面的技术服务,及时帮助排忧解难,努力为全区现代农业发展和农民脱贫致富办实事。至年底,在全区培育并建成10个青年农民科技示范基地,其中养鸡能手夏吉萍、养猪能手徐园还分别被评为省、市青年农民创业之星。老文艺和老医卫工作者服务队每次到基层除组织一台文艺节目外,组织部分老医卫工作者免费为老人和群众测量血压、听诊把脉,解答咨询,进行养生保健讲座。春节前,组织"送春联"到基层活动,组织5名老书法家,自带纸张笔墨深入楼王、秦南3个镇为群众现场书写春联,送去新春祝福,渲染节日氛围。老企管工作者服务队除坚持定期组织安全生产讲座、协助为企业培训安全员外,深入企业帮助解决生产技术和安全生产方面的难题。

【老龄宣传】 坚持把老龄宣传作为营造尊老、敬老、爱老、助老浓烈氛围和协会工作良好环境的一项重要工作来抓。充分利用广播、报刊、网络、公共场所电子显示屏等覆盖面广、信息传播快的媒体进行宣传,利用召开会议、举办讲座、印发材料、张贴标语、悬挂横幅、专栏板报、文艺演出等群众喜闻乐见的形式进行宣传。组织、会同有关镇(区、街道)老龄协会并发动区直分会与相关镇互动,开展"一法一条例"宣传周、宣传日和宣传一条街活动。9月初,举办由各镇级协会、区直分会会长、秘书长和老年人代表参加的"一法一条例"讲座后,一些镇级协会和区直分会也分别组织讲座活动,进一步宣传"一法一条例"。结合协会工作"三先一星"争创和评选工作,发动各镇级协会和区直分会通过召开报告会、印发材料、向媒体投稿,大力宣传先进协(分)会、协(分)会工作先进个人、为老服务先进集体、服务明星和热心老龄工作的村(居)书记(主任)的先进事迹。召开老龄问题座谈会。在发动各镇级协会和区直分会层层召开座谈会的基础上,协会专门组织召开为老服务和老年维权座谈会,认真听取老年人的诉求,广泛征求老年人对进一步做好老龄工作,搞好为老服务的意见,并综合大家意见和建议整理形成老年社会舆情,向区有关方面作反馈。通过深入广泛地宣传,进一步营造尊老、敬老和关心、支持协会工作的氛围。

【"三先一星"争创活动】 2016年是协会开展的"三先一星"争创活动最后一年。上半年,通过明确要求、调研督查、分类指导、培养和宣传典型等措施,继续加大争创活动的组织力度,促进争创活动的深入开展。各镇级协会和村(居)、区直分会坚持将争创活动作为今年工作的重要内容,注意加强领导,精心做好组织工作,并以争创活动为契机,加强协(分)会建设,不断推进工作。潘黄、龙冈、楼王等镇级协会还注意将争创活动与本地开展的星级分会创评、孝亲敬老之星评选等活动结合起来,积极培养和宣传活动中涌现出的各类先进典型。自行组织评比表彰活动,促进争创活动的扎实开展,为协会的评选表彰做准备。下半年,根据争创活动的时间步骤，及时发出组织“三先一星”评比工作的通知，对评选时间、范围、条件和比例以及评选方法和要求提出具体明确的意见，并在基层推荐和组织评审的基础上，表彰7个先进协会、42个先进分会、65名协会工作先进个人、43个为老服务先进集体、44名服务明星和28名热心老龄工作的村(居)书记(主任)。

【丰富老年文化生活】 组织发动各镇级协会和村（居）、区直分会根据老年人的心理、生理特点，开展有利于老年人身心健康、形式多样的学习教育、文化娱乐、体育健身活动，使已形成的特色更加明显，成效更加显著。北蒋街道的老年体育工作水平进一步提高，街道“夕阳红”健身队参加省、市各类比赛取得较好的成绩；盐龙街道的老年人宣传报道工作成绩斐然，全年在各类报刊发表报道、文章20多篇；主动配合区老龄委、民政局抓好区第六届老年文化艺术节的组织工作，督促镇级协会和村(居)、区直分会精心组织，抓好落实。发动老年人自编自演、自娱自乐，正常开展老年文体活动，参加省市区组织的各类比赛和表演。流通分会编排的腰鼓《永唱中国梦》，代表市参加省里比赛获得特等奖，代表省参加全国比赛获得一等奖。教科文卫分会选送的盐城民歌对唱《河口情》，在盐阜大众报业集团《东方生活报·老爸老妈》组织的“颂祖国、爱家乡”卡拉OK大赛中获得一等奖。老艺节期间，全区253个村（居）90%以上的有活动项目，组织文艺演出70场次，参加表演的老年人达5200多人，观看的老人和群众近4.5万人。

（胥　俊）

盐城市盐都区慈善会

Yancheng City Yandu District Charity

【概述】 深入学用《中华人民共和国慈善法》，普惠民生福祉，合力推进基层慈善组织建设，优化慈善工作运作机制，推进盐都现代慈善的跨越发展。

【贯彻落实《慈善法》】 组织各镇(区、街道)慈善分会深入开展《中华人民共和国慈善法》和“中华慈善日”系列宣传教育活动。传播慈善文化，宣传慈善理念，弘扬慈善精神，推进《中华人民共和国慈善法》在基层贯彻落实。8月17日上午，举办《中华人民共和国慈善法》讲座，邀请盐城师范学院教授刘华解读和诠释《中华人民共和国慈善法》政策法规，全区各镇（区、街道）慈善分会常务会长、秘书长、民政、慈善全体人员听取讲座。8月20日下午，在市一中举办第十届资助困难大学生活动，全区36名困难家庭的大学生收到助学金，每人每年4000~5000元(社会孤儿)，通过举办施救困难学生活动，在广大师生中产生极大影响。9月1日，与盐渎街道慈善分会组织机关青年义工(志愿者)队伍，在世纪广场摆设宣传点，向游园和过往人群发放宣传材料，宣讲慈善法慈知识，普及慈善文化，激励社会民众人心向善，整体趋善，相携互助。(9月1日，《中华人民共和国慈善法》正式颁布实施。9月5日是“中华慈善日”)

【推进基层慈善组织建设】 为助推全区基层慈善组织纵横联网，方便快捷的工作体系，3月，在秦南镇进行慈善分会和慈善工作站组建试点。秦南镇连续召开三次班子会，专门成立领导小组，并草拟组建分会和工作站方案，框定慈善分会组织架构和人员职数。动员全镇上下，采取“政府推动，村(居)联动，社会互动，全民齐动”的一线工作法。按省市要求“六有”标准(即：有组织、有制度、有人员、有场所、有资金、有档案)，加强阵地建设。4月，召开组建大会，全镇各企业、各部门、单位和爱心人士近500人参与会议，各企业家和社会爱心人士现场募捐资金123.24万元。为便于各镇(区、街道)在工作衔接和业务上操作便利，召开各镇(区、街道)主要负责人和分管负责人及民政助理参与秦南镇慈善分会成立大会，现场观摩整个大会实况和捐赠仪式。

【成立分会建立工作站】 各镇（区、街道)层层发动，上下联动，广泛调动社会各方力量。各镇(区、街道)设定创始资金，引导各行各业、社会各界、广大民众参与慈善捐赠。至9月底，各镇(区、街道)慈善分会全部组建完毕。全区共成立16个镇(区、街道)慈善分会，建立247个村(居)慈善工作站，组建150个义工(志愿者)队伍，募集善款2160多万元。

【制度建设】 年内，各镇(区、街道)慈善分会在强化“六有”标准的基础上，强化内设机构建设。建立科学、规范、高效的慈善工作运作机制和人才队伍。区慈善总会作为一级法人，为履行其责，与区财政、民政、审计联合出台慈善分会财务管理办法，确保基层慈善分会资金依法运转，规范运作。通过新闻传媒、广播、社区网站，镇(区、街道)、村(居)画廊、公布栏等有效载体，适时对捐赠款(物)公示，接受社会监督。同时，对各镇(区、街道)慈善资金使用实行全程监管。在各镇(区、街道)慈善分会、村(居)慈善工作站建立起义工(志愿者)队伍，服务于社会民众和弱势群体。通过制度建设和创新完善，为基层建立“急救难”开辟绿色通道，努力提升社会公信力。

【完善档案建设】 年初，要求各镇(区、街道)按照档案管理规定要求，统一、规范、装订成册。经得起历史的核验、经得起财政、审计、监察部门的评估和监管，同时，为强化各镇(区、街道)慈善分会资金的监管，专门制定慈善资金管理和使用流程，并明确各镇(区、街道)财务要坚持月报、年报、年审制度，并实行责任追究，确保慈善资金用于精准施救、精准扶贫、精准发放。

【推进精准施救民生福祉】 为发挥慈善在民生保障中的作用，立足本地实际，创新救助品牌项目、扩大救助范围、提升救助效果。“特教”项目。在春节期间，资助5万元，改善区聋哑学校现代化教育条件，增添必要的教学设备，提升特教力学水平，使聋哑学生心智得到全面健康发展。“特残”项目。4月，资助3万元，协助区疾控中心修善麻风村居住环境，提高生活质量，使这类特殊群体共享改革开放成果。“特救”项目。学富镇三永村居民胡春林在外打工期间，身患骨癌、肺癌，生命垂危，7月，区慈善总会及时派员登门看望、慰问，及时将2000元救急资金送到他手中。“临救”项目。为应对平时特殊上访、病患者，帮助他们解决临时困难和实行问题，支付救助资金近10万余元。“儿童”项目。对全区患有白血病、先天性心脏病和其他重大疾病18周岁以下儿童实施医疗救助，并按省、市、区比例实行全额报支，全年共资助17.81万元。“援拨”项目。年内，对全区20个镇(区、街道)慈善“爱心超市”进行扶援，援助额20万元，帮助全区“爱心超市”购置物品，以便供应发放。阜宁遭受特大龙卷风、冰雹袭击灾害，与民政部门提出倡议，动员全区上下，各行各业、各阶层人士，立即行动为阜宁赈灾。在较短时间内，共募集善款665万元，物资折币近万元，及时将赈灾款汇入灾区。 (包云祥)

盐城市盐都区老年人体育协会

YanCheng City Yandu District Sports Association for the Elderly

【概述】 贯彻落实《关于进一步加强新形势下老年人体育工作的意见》《关于加强老年人体育工作的意见》精神的全面落实，按照区委区政府对全区经济和社会发展的整体要求，自觉履行工作职责，组织开展各种为广大老年朋友欢迎的体育健身活动，强化服务意识，积极为老年人快乐健身、科学健身做好事、办实事、解难事，为增进老年人身心健康、积极应对人口老龄化、促进社会和谐做贡献。

【羊维达调研协会工作】 2月3日，区委书记羊维达听取区老年人体协主席武进甲关于协会工作专题汇报，并强调老年体育工作是老龄事业和体育事业的重要组成部分，也是实施民生幸福工程的重要内容，全区各级党政组织应该重视、关心、支持老年人体协工作和老年体育健身活动，并在政策许可的范围内尽可能给予支持。

【全区老年人体育节】 根据省市统一部署，自4月下旬起至11月中旬，区协会联合区教育(体育)局、区老龄委办公室，在全区举办以“自觉参与健身，共享健康快乐”为主题的老年人体育节。全区老年人体育节坚持以项目建设为中心，创新组织形式和活动内容，组织开展各种为老年人欢迎的健身项目的竞赛、交流、培训、展示活动，让数以万计的老年人就近就地广泛参与。老年人体育节期间，全区组织不同层次的老年体育健身活动500多场次，参加活动的老年人超过5万人次。

【举办第五届老年人体育运动会】 3月28日，由区政府主办，区教育(体育)局、区老年人体育协会承办的全区第五届老年人体育运动会开幕，历时7个月，10月31日结束。运动会期间，进行扑克、中国象棋、定点投篮、踢毽子、跳绳、太极剑、钓鱼、乒乓球8个单项的比赛和老年体育健身队伍的展示活动。各镇(区、街道)、部门的29支代表队近千名运动员参加区级赛事，在各镇(区、街道)、部门参加选拔赛的老年体育健身爱好者超过8000人次。龙冈镇、潘黄街道、大冈镇、冈中街道、尚庄镇、秦南镇、盐渎街道、张庄街道和北蒋街道获得乡镇组团体总分前8名；获得区直组团体总分前6名的是教育局、粮食局、政法系统、商务局、卫生局、供销社。有125名选手在区级单项比赛中获奖。

【参加省市老年体育赛事】 年内，组队或委托组队参加由市老年人体协主办的全市老年人广场舞、门球两个项目的比赛。7月10日，全市老年人广场舞比赛在东台市举行，委托盐渎街道分会组队参赛。盐渎街道老年体育健身团队，获规定套路和自选套路双优胜奖。11月7—9日，全市老年人门球比赛在响水县举行，区老年人门球队名列第4，获团队优胜奖。6月16—17日，选派4对选手代表全市参加在淮安市举办的全省老年人扑克“掼蛋”比赛，陈正隆、张华以五胜一和一负的成绩荣获个人第7名，团体在16支代表队中名列第8名。10月14—16日，区老年人门球队代表全市参加在昆山市举行的江苏省第七届全民健身运动会门球大联赛选拔赛暨第五届江苏省门球十强争霸赛，获团队优秀奖和道德风尚奖。

【承办全市老年人扑克“掼蛋”比赛】 4月14—15日，全市老年人扑克“掼蛋”比赛在望海大酒店举行。赛事由盐都区承办。全市各县(市、区)老年人体协选派的14对选手参加比赛。区代表队由上届市老年扑克“掼蛋”比赛冠军乐洪文、刘汉忠和区交运局分会葛云耕、戚思文两对选手组成。乐洪文、刘汉忠获第一名，葛云耕、戚思文取得第六名；区代表队以团队总分第二的成绩获优胜奖。

【评选、表彰“老年体育健身先进镇(区、街道)单位”】 为提高各级老年人体协组织的工作水平，促进全区老年体育健身事业发展，11月初，在全区开展评选“老年体育健身先进镇(区、街道)、单位”的活动。经过分会申报、推荐，区协会综合平衡，征求区教育(体育)局、区体育总会意见等程序后，确定上评的镇(街道)和单位，并在区协会第七次会员代表大会上予以表彰、奖励。被评为“老年体育健身先进镇(区、街道)”的是滨湖街道、楼王镇、北龙港街道、尚庄镇、北蒋街道、龙冈镇、大冈镇、潘黄街道、盐龙街道、盐渎街道；被评为“老年体育健身先进单位”的是教育局、粮食局、农口系统、政法系统。 (徐克铭)

盐城市盐都区殡葬协会

Yancheng City Yandu District Funeral Association

【概述】 围绕全年工作计划，积极履行协会章程，践行服务宗旨，精心策划和组织开展一系列教育培训和观摩活动，全力推动殡葬事业加快发展，各项工作都取得一定成效，较好地完成全年目标任务，并加入中国殡葬协会。

【提升队伍整体素质】 年内，有计划、有目的地就国家省市区出台的政策文件进行学习培训，并突出《关于党员领导干部

组织民政助理赴盐城人文纪念园参观学习

带头移风易俗的实施意见》、民政部等九部委《关于推行节地生态安葬的指导意见》、区惠民殡葬政策等的宣传教育。邀请和组织6人参加长沙第七届国际殡葬设备用品博览会，组织相关人员参加由中殡协、省殡协等举办的公墓、殡仪服务方面的研修班、培训班等近十批次。9月10日，组织举办公墓建设专题培训班。各镇(区、街道)民政助理、相关管理人员等20多人参观学习盐城市人文纪念园、东台市西郊陵园等现代型墓园。11月12日，举办全区第三期殡葬从业人员研修班，全区各殡葬协会小组组长、公墓管理员、殡葬车主、殡仪服务人员、会员单位的从业人员代表等近百人参加研修。市内殡葬业界的知名人士应邀授课，就殡葬服务学概论、中国传统殡葬文化的基本特征、现代殡葬服务的基本原则、内涵的一般特征，以及公墓管理和礼仪规范、殡葬服务工作中应处理好的几个关系等进行研修，并汇编专题培训资料供大家学习参考。

【召开全市公益性公墓主任座谈会】 1月19日下午，盐城市经营性公墓主任座谈会在区兰园公墓召开，市民政局职能科室的主要负责人以及全市各经营性公墓主任、局分管领导等10多人参加会议。会上，大家对下发的《经营性公墓业务服务流程》《经营性公墓礼仪规范》两个讨论稿畅所欲言，深入地进行讨论交流，达到集思广益，针对性、可操作性得到增强的目的。

【参加殡仪服务一条龙专项调研】 8月27日下午，组织部分理事专程来到江苏白事通礼仪服务有限公司（地处盐城市区毓龙路）进行调研，通过现场察看、咨询了解，使大家对传统殡葬与现代殡葬有更清晰的认识，对科学规划未来殡葬服务市场，对加快推进本地区集中守灵服务提供借鉴。

【做好接待服务工作】 11月2日，接待山东德州市齐河县、泰州市宝应县民政局及殡葬业的相关人员，向他们介绍协会工作运转情况，陪同参观区殡仪馆、兰园公墓等服务场所，为促进会员和会员单位的对外交流协作搭建平台。

【搞好宣传引导工作】 年内，组织开展老一辈革命家签名倡导火葬60周年纪念活动，回顾历程，展望未来。利用清明节、冬至、春节等重大节日，宣传殡葬改革新精神、新动向，引导和推广绿色生态殡葬，营造良好的殡葬改革氛围。适时更新协会网站，发布新内容，传递新信息。向各协会小组和公墓印制中办、国办《关于党员干部带头推动殡葬改革的意见》(摘要)、人民网“生态安葬：厚养薄葬、孝义回归”等进行宣传学习，扩大宣传贯彻范围。

【推进公益性公墓建设】 年内，积极落实区政府和民政局文件精神，结合农村环境整治，扎实指导好农村公益性公墓建设，推进生态奖补等激励引导机制的建立完善，有效落实惠民殡葬政策，发挥农村公益性公墓在推进农村殡葬改革、加强殡葬服务管理、巩固散坟专项整治成果方面的积极作用。主动深入各镇(区、街道)和公益性公墓，进行调查研究，总结成绩和经验，梳理不足和问题，并加强学习借鉴，形成相关调研材料上报区民政局，为推进公益性公墓的建设完善提供决策依据。

【提档升级殡仪服务】 1月17日下午，组织举办全区殡葬车辆服务管理工作座谈会，部分镇(街道)民政助理、殡葬车主和会员代表出席座谈会，区民政局分管领导到会讲话。大家围绕殡葬车辆统一车型、标识、调度管理，以及统一收费价格和服务规范等方面进行充分的讨论和研究，排查梳理殡葬车辆在服务过程中存在的不足和问题，并提出初步的解决意见。全力支持殡葬职工活动日活动，丰富殡葬职工文体生活，划拨1万元专项资金用于奖励在活动中表现出色的员工。鼓励殡葬职工搞好宣传报道工作，奖掖扶持宣传新人，注重培植和挖掘行业典型，树立自信、奋进、创新、争优的殡葬职工新形象。年内，全区殡葬系统共被《中国社会报》《公益时报　中国殡葬》周刊、江苏殡葬通讯、市民政局网站等采用宣传稿件40多篇。（高卫星）

武装与安全

Armed Forces and Security

◆人民武装

◆武装警察

◆人民防空

◆民兵预备役

人民武装

People's Armed Forces

【概述】 区人民武装工作围绕实现党在新形势下的强军目标,按照省军区、军分区党委扩大会精神,落实各项工作,全面建设呈现出协调发展的良好势头。

【思想政治建设】 深入学习贯彻习总书记系列重要讲话精神特别是国防和军队建设重要论述,着力增强政治意识、大局意识、核心意识、看齐意识,打牢高举旗帜、听党指挥、履行使命的思想根基。学习党的创新理论,突出学习实践强军目标,广泛开展党史军史教育,引导大家充分认清全面实施改革强军战略的重大意义和丰富内涵,着力消除思想误区和模糊认识,切实过好利益调整关、个人进步关和改革考验关,确保在思想上政治上行动上始终同党中央、中央军委保持高度一致。开展“两学一做”学习教育,持续开展创建“三型”党组织活动,深化岗位练兵,建设“四铁”过硬党委机关和高素质干部队伍。认真组织开展改革强军主题教育,引导干部职工认清全面实施改革强军战略的重大意义和丰富内涵。深入开展“新体制、新职能、新使命”大讨论,围绕建设“四铁”机关要求,查找差距不足,明确努力方向,消除与改革强军不相适应的思想观念,强化投身改革强军的政治自觉和行动自觉。针对国防和军队调整改革带来部分干部职工过多考虑个人进退走留、议论改革动向、工作精力不够集中等问题,区人武部政委、副部长转业又没有人员补位,干部在位较少的现状,开展谈心交心活动,深入细致地做好一人一事思想工作,引导大家支持参与改革,自觉做到叫走就走、叫留就留。

【拓展军事斗争准备】 用党中央、中央军委和习近平总书记战略判断和决策部署统一思想,提升军事斗争实战化水平,推进作战准备。严格落实战备制度和改革期间战备规定,加强战备值班,落实民兵值班分队。年内,投资23万余元购买战备物资器材,基本满足作战任务和非战争军事行动基本需求。协调地方交管和水务部门,引接道路监控和水情监控。组织修订人武部防卫作战总体方案和配套方案,及时修订完善非战争军事行动总体预案和专项预案。

【干部训练】 4月,组织全体干部完成手榴弹投掷和手枪实弹射击训练考核。定期组织干部扎实开展新的《作战标图规定》、作战计算、识图用图和“四知一明白”等学习训练,提高军事技能。6月,组织以军事思想、作战理论、非战争军事行动理论为主要内容的军事理论学习,打牢首长机关军事理论基础,提高履行使命任务能力。7月,参加军分区人武部首长机关战术作业。8月,组织干部完成首长机关训练任务。

【专武干部和民兵骨干训练】 4月,组织6名专武干部参加全市基层专武干部集训,完成理论知识、日常业务、军事技能和体能的学习训练,其中2名同志进入前10名。5月,承训全市70名反恐维稳骨干队伍,完成警棍盾牌术、防暴队形、卡口封控、情报信息和盘查询问等内容学习训练,提高实战化水平。针对防汛抗洪形势的严峻性,6月上旬,组织80名民兵骨干分队在鞍湖街道,开展抗洪抢险演练,提高分队处置突发险情的能力。全年共抽调30名民兵骨干参加全市跨区联训,完成通信保障、防化救援、抗洪抢险和反恐维稳等课目,提高骨干能力素质。

【国防后备力量建设】 贯彻军民融合发展的重大战略决策,推动国防动员建设,调整改革民兵工作,推进基层规范化建设。依托《人民武装工作管理系统》,对全区基干民兵个人信息实施精准录入,促进兵员大数据管理和精准化编组。按照应急、支援、储备三类队伍,扩大编组范围,提高科技含量,完成民兵组织结构和力量布局调整优化。5月,接受军分区民兵整组点验。

【基层规范化建设】 按照军分区“十个”标准要求,加大基层武装工作规范化建设，全区20个基层武装部全部达标，第三批78个基层民兵营（连）规范化建设全部达标。

【征兵工作】 贯彻落实国防部《征兵工作“五率”量化考评实施办法》（报名、上站、合格、择优、退兵率），扎实做好体检、政治考核工作。与区政府联合制定下发征兵奖惩规定，落实义务兵优待金、大学生奖励金和一次性安置补助金。年内，完成全区征兵任务。

【依法治军从严治军】 2月，组织干部职工深入开展“学法规、训队列、整纪律”和条令条例学习月活动，坚持部领导带头，严密组织条令法规普考、军容风纪检查、队列训练考核和“两个以外”管理，落实好“双四一”要求。4、5月，分别邀请区公安局交警大队、消防大队负责人授课，增强安全意识。在严防重大安全问题发生上，突出人员、车辆、涉密信息、办公场所和北家院生活区的管理不放松，确保动态掌握。坚持每月组织1次防暴恐演练，提高部机关处置突发事件的能力。部机关累计投资8万余元，对电路和消防等硬件设施进行改造，确保安全可靠。在严格规定要求学习上，学习军委国防动员部6个部队管理规范性文件，突出“十七个”方面重点，坚持管理不放松，确保动态掌握。细化落实《省军区部队教育管理若干规定》，印刷成口袋书，方便大家学习。坚持每周二利用交班会学习安全工作规定，组织大家观看安全警示教育片，进一步提高大家安全意识。

【综合保障能力】 加强后勤装备保障能力建设，坚持党委集体理财，经费开支先报告后实施、双主官会签、重大经费开支经党委集体研究等制度，严格执行公务卡强制结算目录管理，集中财力保障作战准备和重大活动。深化后装岗位练兵、后装专业训练，开展后装动员重点潜力调查，加强后装保障重难点问题研究。严格管理职工队伍，明确岗位责任，调动职工队伍工作积极性。

新兵入伍

【队伍建设】 围绕政治坚定、团结统一、矢志打赢、务实清廉、奋发有为的建设目标，突出能力建设、先进性和纯洁性建设主线。持续开展创建“三型”党组织活动，深化党委班子岗位练兵。采取个人述学、群众评学、组织考学、深入基层民兵营连调研等方式，学理论、学科技、学管理，向群众学习，努力掌握和运用一切科学的新思想、新知识、新经验，提高能力素质。全年开展3次专题落实党委议训制度，分析民兵训练形势，研究解决影响民兵训练落实的重大问题。坚持党委集体理财制度，对值班室、会议室战备“四化”建设、民兵实战化训练等大项活动经费进行专题研究，较好地强化按程序、按规则、按集体意志办事的意识。坚持把纪律规矩挺在前面，学习新颁发的《廉洁准则》《处分条例》《问责条例》《党内监督条例》和《党内政治生活若干规定》，增强落实全面从严治党、推进党风廉政建设的政治自觉和责任担当。

【加强“四反”工作】 年内，完善与区委宣传部、信访局、公安局、610办等部门的协作机制，抓好网络涉军信息监控和舆论引导。深入开展反邪教警示教育，邀请地方人员进行反邪教知识普及。结合兵器室启用，对干部职工进行政治考核，人人签定承诺书。

【党管武装和双拥共建工作】 坚持落实党管武装各项规定，召开区委常委议军会，并向国动委成员单位和基层延伸，全社会关心支持国防建设的氛围进一步浓厚。区委召开常委议军会，专题研究解决武装工作建设中的矛盾问题，帮助人武部解决民兵应急分队非战争军事行动器材库建设和六楼会议室的升级改造等经费难题，补助武装工作专项经费30万元。牵头组织开展争创“全国双拥模范城”活动，帮助干部职工子女解决入学问题，提高军人军属的荣誉感。与区司法局，建立军人军属法律援助工作站，最大限度满足军人军属法律援助需求。部机关积极开展慰问“一老一少一基层”活动，全年累计对130余名现役基层营连主官和特殊困难家庭官兵进行走访慰问。扎实推进“双百双建”活动，落实与挂钩镇村的贫困户、贫困学生的结对帮扶机制，累计出资3万元帮助6个贫困户和7名贫困生，力争早日帮助贫困户实现精准脱贫。主动向“6·23”特大自然灾害地区捐款，巩固军民团结。

【金川在盐都检查指导工作】 3月23日，省军区副参谋长金川带领省军区安全管理、民兵整组工作检查组在盐都检查指导工作，金川对盐都区的安全管理、民兵整组以及武器装备管理等工作给予肯定。 （李越山）

武装警察
Armed Police

【概述】 2016年，按照"党政同责、一岗双责、失职追责""管行业必须管安全、管业务必须管安全、管生产经营必须管安全"的要求，强化政策支持和资金投入，全力推进各项消防重点工作，全区消防形势平稳向好，全年共接警出动562起，其中抢险救援221起，火灾341起，死亡2人，直接财产损失约453万元，抢救疏散群众112人，同比2015年火灾起数上升19.7%，财产损失上升259.5%，成功处置"5·17"潘黄街道盛鼎机电厂火灾、"6·19"大冈镇门市燃气爆燃事故、"6·23"阜宁龙卷风自然灾害和"8·16"江苏南纬悦达服装有限公司火灾，保护财产价值近3亿元，保障全区的消防安全。年内，区政府被市政府表彰为2016年度消防工作成绩优秀单位，消防大队1名干部、1名士兵被省消防总队和市消防支队分别记三等功1次。

【首架消防无人机成功投入执勤】 3月31日，盐都消防大队从深圳大疆创新有限公司购买一架INSPIRE1PRO型无人机，成功投入执勤，无人机可以满足火灾现场高空侦察，传输火灾现场视频照片。

【召开村居微型消防站建设现场会】 4月15日，组织召开村居微型消防站建设现场会，龙冈镇、郭猛镇各村居负责人参加现场会。至年底，全区共建成村居消防站100余个，打通灭火救援"最后一公里"，基本实现"救早、灭小、3分钟到场、小火不出村"的工作目标。

【召开2016年全区消防工作会议】 4月29日，召开2016年全区消防工作会议，区消委会各成员单位、各镇(区、街道)分管负责人及各派出所所长参加会议。会议首先观看泰州靖江火灾警示视频，随后表彰2015年度全区消防工作先进集体和先进个人。区政府与各镇(区、街道)及各部门签订2016年《消防工作目标责任书》。

【召开全区火灾防控工作紧急会议】 8月18日，区委常委、常务副区长陈志会，副区长肖乐农以及区消委会成员单位分管负责人、各镇(区、街道)分管负责人、具体负责消防工作的中层干部、派出所所长共计70余人参加会议。会上，大队主官就近期省内外特别是"8·16"南纬纺织园火灾事故作通报，并与会人员共同学习火场逃生常识。副区长肖乐农要求强化责任意识，增强做好消防工作的责任感和紧迫感；认真组织消防安全隐患排查整治工作，不留盲区、死角；要全面整改突出问题，做到"立行立改"，确保隐患整改成效。

【举行"119"宣传月启动仪式】 11月9日上午，在恒大名都隆重举办"119"宣传月启动仪式。活动围绕"消除火灾隐患建设平安社区"为主题，现场设立消防宣传咨询台、消防知识展板区、消防抢险救援装备展示区、灭火演练区和消防大礼包发放区五大功能区，市场监管局、安监局、供电公司、卫计委、人防办等社会联动力量，针对不同的灾害情况，分别发放各类宣传资料近5000份。 (王爱丰)

2016年盐都区防汛抢险演练现场

人民防空
People's Air Defence

【概述】 全区人防工作以第七次全国人民防空会议精神为主线，紧紧围绕省市民防工作要点，创新思路、真抓实干，取得"十三五"开局之年新业绩，被省民防局和省人社厅表彰为全省民防系统先进集体。

【人防宣传教育】 推进人防宣传进机关、进企业、进学校、进社区、进网络"五进"工作，年内，全区23所中学全面开展中学生人防知识教育，开课率100%，小学阶段的人防知识普教工作已延伸到主城区4所小学。《双新盐都报》、盐都电视台分别开设"盐都人防"专版专栏，人防宣传教育工作常态化。

【民防工作进社区】 从区情实际出发，深入开展"人防工作进社区"规范化管理活动。在街道社区，开辟专门的宣传教育阵地，全面落实社区民防志愿者队伍建设工作，着力提升社区民防志愿者队伍规范化建设水平，为民防工作进社区留得住、用得上打下坚实基础。强化对基层民防组织考核，全年下拨民防经费27万元，确保基层组织工作开展，形成一体化的人防应急组织体系。

【专业队伍建设】 年内，完成专业队伍整组工作，整组后的人民防空队伍由抢险抢修、医疗救护、交通运输、防化、通信、消防、治安7个专业队增加到9个，新增设心理防护、引偏诱爆两个专业队，人数由150人增加到190人，开展专业技能培训，提升遂行应急任务的能力。

【信息化建设】 加快人民防空信息化建设，建成的机动指挥所和地面指挥中心构建与省市联网的集语音、数据、图像于一体的人防应急指挥通信系统；对辖区里的20台防空警报器进行全面的日常维护，确保设备完好。9月18日，试鸣音响率达100%。

【建成人口疏散基地要素房】 年内，在城西南片区城市人口疏散基地（润都公园）内，投入700多万元建设的地面指挥中心要素房工程已完工，同时按照要求建设的地面指挥中心，配套设备已购置并安装投入使用。（许欣成）

点验大会

民兵预备役
Militiaman's Reserve Duty

【概述】 民兵预备役部队，履行新世纪新阶段军对历史使命，加强思想政治建设，抓住应急作战准备这根主线，依法从严治军，各项建设保持协调发展、和谐发展、安全发展。

【思想政治建设】 区民兵预备役部队，始终坚持把思想政治建设放在首位，采取有效措施，不断加深民兵预备役人员对党的十八大精神的全面理解和准确把握，按照"能打仗、打胜仗"的要求，"高举旗帜、听党指挥"的政治信念，提高理论素养和理性思维层次，振奋革命精神，为做好军事斗争准备提供强大的精神动力。把加强理论学习作为强基固本之策，做到常抓不懈。坚持理论学习制度，按照上级统一部署，每季度利用10天时间有计划地、系统地组织以贯彻落实科学发展观、忠实履行新世纪新阶段历史使命、学习党的十八大精神为主题的理论学习，提高全区民兵预备役人员的理论素养、思维层次和决策水平。坚持以"听党指挥、能打胜仗、作风优良"重要思想为指导，按照"学习理论、解决问题、推进发展"的要求，落实各个环节。大力弘扬理论联系实际的马克思主义学风，联系部队和民兵预备役建设实际，研究新情况、解决新问题、寻求新思路，切实做到学以致用，用以促学，学用相长。紧密结合国际国内的新形势、应急作战准备的新任务、国防后备力量建设的新要求，进行深入学习思考，注重思想观念转变，努力把科学发展观转化为对党的武装事业不懈奋斗的坚定信念，转化为发现和解决问题的科学方法，转化为指导工作、推进发展的行为准则，转化为高标准高质量完成好各项任务的强大动力。坚持在进入思想中提升层次，坚持在学用结合中指导实践，提高学习质量。在政治教育上，利用网络搭建政治教育新平台，提高教育效果。在队伍建设上，针对民兵预备役人员容易出现的精神滑坡、斗志衰退、标准降低等问题，教育和引导大家在任何时候、任何情况下都始终不渝地听党话跟党走，坚决反对思想上、政治上、组织上的自由主义，坚决执行上级的命令指示，确保政令、军令畅通。

【应急作战准备】 年内，区民兵预备役部队，结合防区的实际，围绕参加防卫作战、组织动员支前保障、参加军事威慑行动3个重点，加强对军事斗争准备的领导，解决思想准备、人才队伍、设施经费等方面存在的问题，应急作战准备在原有基础上有明显推进。落实战备教育、形势分析、战备值班等制度，元旦、春节、"十一"等重大节日前认真组织战备形势教育，增强战备观念；始终保持良好的战备状态。组织预备役干部重点进行通用参谋作业系统、高科技知识、战术作业、计算机操作与应用、军用文书写作、外军研究、海上武装泅渡等课目的学习和训练。坚持"双月考"制度，细化强化硬化训练质量考核指标，所训科目经考核均在合格以上。预备役普通兵训练方面，突出专业技术兵、"四会"教练员和应急分队人员等重点对象和城市反空袭、反敌小股武装袭扰和抢险救灾、维护稳定等重点内容的训练，提高整体遂行作战任务和应付突发事件的能力。分四期对民兵防化分队、工兵分队、电力抢修分队、"四会"教练员进行集中训练。6月底，组织全区抗洪抢险应急分队开展抗洪抢险训练，并抽调部分人员参加军分区在阜宁开展的军地联合抗洪抢险演习。

（李越山）

法　　治

Rule by Law

综　述

Summary

【概述】　坚持以人为本与创新社会治理同规划、同部署、同检查、同落实，围绕年初制定的“一条主线”“两个关键”“三件实事”“四个提升”“五项重抓”开展工作，扎实推进综治平安建设、法治社会建设和政法队伍建设，各方面均取得一定成效。

平安盐都建设

Buliding of Safe Yandu

【概述】　全区政法工作围绕维护社会大局稳定、促进社会公平正义、保障人民安居乐业三大任务，扎实推进综治平安、法治社会、政法队伍三项建设，各项工作均取得显著成效。9月，被省委省政府表彰为全省法治建设示范县（市、区），连续十二年获评省平安县（市、区）。

【稳定社会大局】　通过列席旁听、媒体公示、网络直播等方式，构建社会稳定风险评估的群众参与模式。全年共排查涉稳风险隐患314件，化解192件，从源头减少并化解社会矛盾。印发《关于在全区组织开展社会稳定风险“四项排查”活动的意见》，扎实开展“四项排查”活动，全区各类人民调解组织受理纠纷4712件，调处成功4697件，调处成功率为99.3%。开展涉恶及禁毒专项整治工作，龙冈、楼王等地涉恶犯罪势头得到遏制。扎实推进司法体制改革和涉法涉诉信访改革，认真贯彻落实中央政法委“三个规定”文件精神，实施推进律师代理信访案件制度，设立国家司法救助专项资金。

【提高公众安全感】　印发《盐都区提升公众安全感满意度工作方案》，开展平安盐都建设“百村万户”行宣传活动，统一制作平安盐都“五合一”宣传礼包20多万份，送发到每家每户。支持鼓励开展平安志愿服务，发展平安法治志愿者14078名。率先实施校车安全工程，每年支出1000多万元购买国际校车服务6000多名学生，作为全省唯一一家县级政府在省平安校园建设大会上作典型经验介绍。在市一中、郭猛实验学校揭牌成立驻校未检工作室，将司法保护工作融入到校园管理，总结提炼的未检“一二三”工作模式在6月2日的《江苏法制报》头版头条予以重点推介。

【特殊人群管理工作】　开展“成长护航工程”“法润青苗”学法普法活动和学生安全口诀普及工作，加强留守儿童关爱保护，“未成年人零犯罪社区（村、居）”建成率92%以上，区夕阳红法治宣传队向全区青少年义务普法13年。加强吸

禁毒工作推进会议

毒人员戒毒康复工作,社区戒毒康复社工配备率100%;强化社区矫正和安置帮教工作,社区服刑人员监控定位率100%。建立健全精神病人"分层、分级、分色"管控机制,易肇事肇祸精神障碍患者免费救治率100%。织密反邪教"六张网",继续发扬省级"无邪教示范区"示范引领作用。

【创新社会治理】 加强区镇村三级综治中心规范化建设,按照服务平台、综治信息平台、政法维稳指挥平台"三位一体"要求,全年三级平台规范化运行率分别达100%、100%和90%;市列12个镇级社会服务中心按照"六大六小"全部建设完成,全区村(居、社区)"一站三室"一体化规范化建设达标率达90%。累计投入1亿多元,实施农村技防"村村通"工程,实现区镇村三级联网,区内所有学校实施"校校通"、所有医院实施"院院通"、环保局"蓝天卫士"等重点行业部门技防监控实现全覆盖全联网。建立融"实战化、立体化、集成化、网格化"于一体的综治信息平台,依托综治信息系统,建成"四频合一"政法维稳视频指挥系统,确实发挥综治信息系统在公共安全、治安防控、信访稳定等工作中"实时、实用、实战"的功效。依托省综治信息系统,邀请接访员、信访人、法律顾问参加视频公开接访,真正将接访人和信访人距离拉近,保障信访群众的知情权、参与权和监督权。视频会议系统累计提供服务50多场次,其中视频公开接访20期。10月,代表全市参加全省首届综治信息化实战应用技能比武大赛并获得第一名。

【推进依法治区】 加大简政放权力度,区级行政权力事项由4112项清理至2273项。依法化解行政争议,实行行政机关负责人出庭应诉"三出"(出庭、出声、出彩)和"三制"(备查督查机制、责任追究机制、年度考核机制)两项规定。全面落实立案登记制,推行审务、检务、警务公开,扎实开展"三查一评"活动。推进法治文化321工程建设,确保年底每个镇(区、街道)法治文化公园实现全覆盖。9月,被省委省政府表彰为2014—2015年全省法治建设示范县(市、区)。开展各类基层法治创建活动,在创成的22个"盐城市法治先进镇(单位)"、2个全国民主法治示范村、92个省级民主法治示范村,233个市级民主法治示范村的基础上,以典型促创建,以法治促发展,做好镇村基层法治创建工作。

【提升队伍素质】 年内,开展"两学一做"专题教育,政法各部门班子成员和广大政法干警认真排查整改存在问题,运用法治思维和法治方式化解矛盾、服务群众。开展政法干警挂钩服务村居"五个一"活动,全区干警兼任256个村居法律顾问,提供法律建议552条,举办法治课程212堂,协助打造基层平安法治宣传阵地243个,协助解决依法治理突出问题226件,协助解决民生问题134件。举办全区政法干部培训班,加强政法队伍素质和能力建设。组织开展政法系统作风建设大整顿,进行为期7天的明察暗访活动,通报作风问题10余条。

【完善组织保障】 按照区级财政0.5%的比例设立平安法治维稳专项基金,全年共投入6700万元建设农村技防"村村通"工程,区镇两级共计投入政法事业经费达近亿元。督查指导抓得实,相继召开全区政法工作会议、全区综治平安、法治建设现场推进会、全区禁毒工作推进会和全区政法工作"家家到"现场会,促动基层基础建设。全年落实20项社会治理创新重点项目,细化矛盾大调解机制、社会治安防控、社区网格化、综治信息化等方面的实施意见,明确责任分工和时间节点,建立季度督查、半年检查、年度考核、定期暗访、群众评价"五位一体"的考核评价体系,确保推进到位。 (周正华)

公　安
Public Security

【概述】 按照深化公安改革、大力推进"四项建设"和"一体两翼"工作布局的部署要求,平安盐都、法治公安、过硬队伍建设取得了新成效、实现了新突破,实现了维稳水平、打处效能、基础质态、防控建设、履职能力的"五个全面提升"。

【青河县公安局在盐都考察学习】 1月11日,新疆阿勒泰地区青河县公安局考察组一行在区公安局考察交流,听取盐都区及区公安局信息化建设的相关情况介绍,对区公安局信息化工作中的做法和经验给予好评,双方表示将加强联系,取长补短,共同提升双方信息化建设水平,提高服务实战能力。

【开展"110宣传日"活动】 1月10日,开展主题为"群众的"110",你我的30年"的"110宣传日"活动。共向群众发放宣传资料5000余份,解答咨询150余次,盐都电视台对活动全程进行现场报道,收到良好的社会反响。

【召开水上整治推进会】 1月10日,市政府在潘黄朱庄组织召开水上集中居住区

青河县公安局在盐都考察学习

整治工作推进会，会议由市政府重点办负责人主持。相关县(市、区)牵头整治职能部门负责人分别汇报隐患整治推进情况和工作打算。市公安局副局长姜学儒就整治工作提出具体意见，市政府副秘书长陈锋就加快推进隐患整治工作提出具体要求。

【王立科调研指导工作】 1月14日，省委常委、政法委书记、省公安厅厅长王立科在市委书记朱克江陪同下在大冈派出所调研指导工作，勉励全体民警要保持和发扬优良作风，坚守岗位、认真履职、严守纪律，维护辖区安全稳定。省公安厅党委副书记、常务副厅长陈逸中，市委常委、政法委书记丁宇，副市长、公安局长夏存喜，区委书记羊维达、区长吴本辉、区委常委、政法委书记陈育群、区公安局局长连大猛、政委邵益民、大冈镇党委书记陈霞等陪同调研。

【王琦看望慰问民警】 1月26日，省委610办主任、公安厅副厅长王琦在市公安局党委委员、政治部主任孙玉东陪同下，看望慰问区公安局因公伤残民警、全国公安系统二级英模孙益海，送上省公安厅党委的关心和祝福，并发放慰问金，要求省市区各级公安机关解决孙益海的工作生活难题。

【召开烟花爆竹禁放工作会议】 1月25日，全区烟花爆竹禁放工作视频会议在区公安局召开。区公安局局长连大猛就《盐城市人民政府关于市区禁止燃放烟花爆竹的规定》作情况说明和文件解读，副区长肖乐农要求进一步统一思想，尽职履职，重点强化督查检查和责任倒逼，在全区范围内形成烟花爆竹禁放的浓厚氛围。

【举行荣誉退休仪式】 1月30日上午，举行民警荣誉退休仪式。仪式上，区公安局党委副书记、政委邵益民代表区公安局党委为2015年度退休的10名民警逐一颁发“平安福盾”荣誉纪念品，对退休干部为盐都公安事业所做出的贡献表示感谢和敬意。

【连大猛参加在线访谈】 1月30日，区公安局局长连大猛应邀参加中国盐都第19期在线访谈栏目，围绕着力打造立体化现代化社会治安防控体系升级版这一主题，着重就公安机关在法治政府建设中应具有的责任和担当这一主题与广大网友进行在线交流，并就广大网友关心的食药安全、防范电信网络诈骗等问题进行在线互动，取得良好效果。

【吴本辉看望慰问消防官兵】 2月1日，区长吴本辉，区委常委、常务副区长陈志会等在区公安局局长连大猛陪同下在消防大队进行看望慰问消防官兵，向日夜奋战在消防安全保卫工作一线的消防官兵致以亲切的慰问和节日的祝福，对消防官兵为盐都的建设发展和社会稳定所做的贡献给予肯定。

【开展春节安全生产检查】 2月2日，区公安局局长连大猛带队开展春节安全生产检查，实地查看消防设施、长途客车、宾馆住宿人员登记、技防监控等设施建设及运转管理情况，要求消防、治安、交警等部门强化监督检查，确保全区人民度过一个平安、祥和的新春佳节。

【召开春节安保部署会】 2月4日上午，召开社会治安形势分析、外流涉羟犯罪专项整治暨春节安保部署会。区公安局局长连大猛向“4·14”专案的3个专案组成员代表颁发奖金，客观分析当前工作存在问题及面临严峻形势的基础上，并就做好当前各项重点工作提出全力处置突发事件、全力压降各类案件、全力开展涉羟排查、全力提升群众满意、全力强化纪律执行的“五个全力”要求。

【姜学儒慰问基层民警】 2月5日，市公安局党委副书记、副局长姜学儒在区公安局看望并慰问基层一线民警。姜局长详细了解基层民警平时工作、生活中遇到的困难和问题，并代表市公安局党委送上慰问金。要求继续发扬艰苦奋斗、连续作战的优良作风，认真履行职责，坚守岗位，确保辖区社会治安大局稳定。

【羊维达看望慰问一线民警】 2月6日，区委书记羊维达，区长吴本辉，区委常委、常务副区长陈志会，区委常委、政法委书记陈育群等一行，看望慰问执勤交警和巡特警，向坚守岗位的执勤民警送祝福，希望全区公安民警再接再厉，发扬不怕艰苦、连续作战的优良作风，全力以赴保安全、保畅通，确保春节期间社会大局稳定。

【召开全区公安工作会议】 2月18日，召开全区公安工作会议。区委常委、政法委书记陈育群出席大会并作讲话。区公安局局长连大猛代表区公安局党委作公安工作报告，要求继续坚持“政治建警、素质强警、从严治警、从优待警”，重抓积分制管理和执行力提升，守牢法律、纪律和道德底线，促进习惯养成，打造过硬队伍。

【召开区公检法执法联席会议】 2月27日，区公检法执法联席会议在区公安局召开。会议针对案件办理过程中碰到的难点及争议较大的问题进行专题研究和讨论，客观分析案件办理中遇到的一些问题，有针对性地提出整改意见，就如何落实市公、检、法联合制定的《关于轻微刑事案件快速办理的实施意见（试行）》进行了讨论和研究。

【召开排查管控工作座谈会】 3月10日，召开涉羟重点人员排查管控工作座谈会。区公安局局长连大猛就全区涉羟重点人员排查管控及责任落实提出具体要求。与会人员围绕涉羟重点人员排查管控具体内容、工作方法、任务要求、责任倒查等内容进行座谈交流。

【召开考核巡察部署会】 3月11日，召开考核巡察部署会。区公安局政委邵益民出席会议并要求以对公安事业负责的态度，深入了解巡察对象的履职尽责情况，真实客观地反映各单位的工作质态，公道正派地反映实际情况，确保考核结果公正、客观，坚决杜绝搞形式、走过场，通过多种渠道找准考核巡察对象存在的问题，充分发挥巡察工作警醒、促动的效能。

【全市国际合作工作会议在盐都召开】 3月22日，市公安局在盐都区召开全市公安出入境管理和国际合作工作会议暨深化执法服务现场会。区公安局局长连大猛致会议欢迎词，区委610办主任、副局长丁华汇报交流区公安局出入境服务管理改革创新经验做法，省厅出入境管理总队副总队长、国际合作局副局长崔广跃肯定区公安局出入境管理大队创新服务理念、优化服务举措、兑现服务承诺，全力为地方经济社会发展和人民群众提供优质高效服务的做法和成效。会前，参会人员现场观摩区公安局政务大厅“标准化建设、全功能布局、智能化保障、精细化服务”建设情况。

区委书记羊维达看望一线民警

【在广东惠州考察学习禁毒工作】 3月26日，由区公安局局长连大猛带队，在广东省惠州市及惠东县观摩学习禁毒重点整治工作。实地察看惠东县白花镇、联丰村及青少年暨异地务工人员禁毒宣传教育基地等现场，听取惠东县公安局关于重点整治制贩氯胺酮突出问题情况介绍，观摩惠东禁毒网格化系统演示，并与惠州市公安局缉毒支队就涉毒重点人员管控进行深入探讨交流。双方表示将加强办案协作，共同做好禁毒重点整治工作。

【顾其斌检查指导公安政务窗口工作】 3月28日，区委副书记、区政协主席顾其斌在区委610办主任、区公安局副局长丁华陪同下检查指导公安政务大厅窗口标准化建设，实地察看公安政务中心窗口“一站式”服务大厅，听取窗口负责人关于大厅“标准化建设、全功能布局、智能化保障、精细化服务”建设情况汇报。顾其斌肯定政务窗口创新服务理念和优化服务举措并对做好相关工作提出具体要求。

【绩效综合考评优秀单位】 4月7日，市公安局召开全市公安工作讲评会上，区公安局被表彰为2015年度县级公安机关工作绩效综合考评优秀单位，并获集体嘉奖一次。

【陈育群调研督导专项整治工作】 4月8日，区委常委、政法委书记陈育群带队到龙冈镇调研督导外流涉羟犯罪专项整治工作。龙冈镇政府汇报开展外流涉羟犯罪专项整治工作情况、存在的薄弱环节及下一步工作措施。区公安局局长连大猛分析社会形势，从工作目标、整治措施、责任体系等方面，对下一步涉羟专项整治工作提出具体要求。

【李顺桃在盐都调研】 4月16日，中华见义勇为基金会常务副理事长李顺桃、省见义勇为基金会常务副理事长朱义泉一行在盐都区调研指导见义勇为工作，市见义勇为基金会理事长洪志爱、常务副理事长鲁昌钊，区见义勇为基金会理事长俞途、常务副理事长兼秘书长邵益民，市公安局宣教处处长沈爱东等陪同调研。调研期间，李顺桃一行观摩大冈见义勇为工作站及区公安局大冈派出所勤务指挥室、荣誉室等处，并在大冈派出所主持座谈见义勇为工作，听取市区见义勇为工作情况汇报，肯定市区见义勇为工作。

【区委常委会专题听取汇报】 4月16日，区委书记羊维达主持召开区委常委会，听取区委常委、政法委书记、禁毒委主任陈育群关于2015年全区外流涉羟犯罪专项整治工作成效、存在问题及下一步措施等相关情况汇报，并对深入推进全区禁毒工作特别是专项整治工作进行专题研究。会议研究并作出提升禁毒工作机构领导层级、全力推进落实“十个一”专项整治措施、建立健全禁毒工作责任体系、强化禁毒专项经费保障的决定。

【召开全区专项整治推进会议】 4月23日，召开全区禁毒工作暨外流涉羟犯罪专项整治推进会。会议由区委副书记、区长、区禁毒委第一副主任吴本辉主持，市公安局党委副书记、副局长、市禁毒办主任吴柏林应邀出席会议。区委书记、区禁毒委主任羊维达就进一步做好禁毒及外流涉羟犯罪整治工作提出思想重视、突出重点、落实责任的要求。吴柏林提出着力推进源头治理、着力推进综合治理、着力推进依法治理、着力推进系统治理的部署要求。会上，各镇（区、街道）党委书记递交责任状，龙冈镇、盐龙街道、楼王镇、张庄街道党委书记分别作交流发言。区委、区政府分管领导，区禁毒委成员单位主要负责人，龙冈镇、楼王镇、盐龙街道党政主要负责人，其他镇（区、街道）党（工）委书记，各镇（区、街道）政法委书记、综治办主任，龙冈镇、盐龙街道、张庄街道所有村居党支部书记，楼王镇郭杨村党支部书记，区公安局全体班子成员、各单位行政主官、禁毒大队全体民警共200余人参加会议。

【冯翔在区公安局检查指导】 4月26日，省厅出入境管理总队一级警长冯翔一行在区公安局出入境检查指导工作，听取窗口同志对大厅“标准化建设、全功能布局、智能化保障、精细化服务”建设情况汇报，观摩自助填表机、前台通、高拍仪、电子签名板等智能设备，并对区公安局出入境新大厅建设给予肯定。

【召开消防工作会议】 4月29日，召开2016年全区消防工作会议，会议首先观看泰州靖江火灾警示视频，表彰2015年度全区消防工作先进集体和先进个人。区委常委、常务副区长陈志会结合全区消防安全工作情况提出具体要求。各镇(区、街道)、消委会成员单位在会上分别签订2016年《消防工作目标责任书》。

【丁晓珉在盐都检查指导】 5月5日，省公安厅指挥中心副主任丁晓珉在市公安局指挥中心副主任史元彪、指挥调度大队大队长李冬的陪同下，在区公安局实地检查指导指挥中心建设工作情况。丁晓珉一行实地察看区公安局指挥大厅建设情况，对前期规划设计等给予肯定，并对高标准规划设计提出意见和建议。

【开展“510”警示教育】 5月7日，区公安局对开展“510”警示教育活动进行动员部署。区公安局党委副书记、政委邵益民要求全区公安机关及全体民警要紧密结合“防风险、补短板、抓规范、提能力”集中攻坚行动，扎实开展“510”警示教育活动，坚决杜绝“灯下黑”，以行动促进队伍能力素质的全面提升。会议集中观看《违纪之鉴》和廉政微电影《窗》等警示教育片。

【组织参观尚德昭廉教育馆】 5月11日，组织全体局领导、部分机关单位行政主官及派出所所长集中参观市尚德昭廉教育馆。通过参观集中展示的勤廉兼优的先进模范、触目惊心的腐败案例，听取讲解员详细的解说，观看反腐倡廉教育视频等方式，接受深刻的廉政警示教育。

【考察学习】 5月11日，由区委政法委综治办牵头，组员在扬州市公安局邗江分局、徐州市公安局鼓楼分局学习考察小区物业保安联防联勤、“公调对接”等工作。考察学习组实地察看扬州市公安局邗江分局新盛派出所、邗上派出所、徐州市公安局鼓楼分局黄楼派出所，听取单位负责人关于物业保安联防联勤和“公调对接”工作的情况介绍，观摩新盛派出所的物业保安联防联勤工作站，并与鼓楼分局黄楼派出所的专职人民调解员就“公调对接”工作进行座谈。

【缪志红看望慰问武红梅】 5月12日，省妇联主席缪志红在郭猛镇看望慰问“全国好警嫂、中国好人、盐城最美教师”——郭猛派出所民警孙益海妻子武红梅。慰问期间，缪志红为武红梅家送去慰问金，称赞武红梅支持丈夫的公安事业，是新时期“好警嫂”的典范。

【召开全区禁毒工作领导小组会议】 5月21日，召开全区禁毒工作领导小组会议。区公安局局长连大猛汇报市委常委会关于禁毒工作部署要求以及全市禁毒工作推进会精神，区委常委、政法委书记陈育群通报全区第一轮外流涉羟犯罪整治工作专项督查情况，区环保、安监、财政、教育等单位相关负责人分别交流发言，区委常委、常务副区长陈志会，区委常委、组织部长冯明印，区委常委、宣传部长葛建华就进一步做好外流涉羟犯罪专项整治及“雷霆行动”等工作提要求。区委书记羊维达提出思想重视、明确责任、精准工作的要求，会议还就召开全区禁毒工作推进会进行部署，并研究讨论《全区禁毒百日整治“雷霆行动”工作方案》等相关文件。

【召开全区禁毒工作推进会】 5月31日，召开全区禁毒工作推进会。区公安局局长连大猛宣读《全区禁毒百日整治“雷霆行动”实施方案》。区委常委、政法委书记、区禁毒委副主任陈育群就涉羟整治及工作安排作主题报告。区长、区禁毒委第一副主任吴本辉就进一步做好禁毒暨涉羟整治工作提出具体工作要求。

【举行大型专场文艺演出】 6月3日，举行首场大型专场文艺演出“法治的阳光”，市公安局党委委员、政治部主任孙玉东，区委常委、宣传部长葛建华，区委常委、政法委书记陈育群，副区长肖乐农，区公安局局长连大猛，政委邵益民等观看演出。文艺演出由区委政法委主办，区公安局、市淮剧团承办，充分展示盐都公安民警信念坚定、执法为民、敢于担当、清正廉洁的精神风貌。

【组织全区禁毒业务培训班】 6月3—4日，举办全区二期禁毒业务培训班。培训班由区委政法委副书记王其华主持，邀请市公安局党委副书记、副局长、市禁毒办主任吴柏林专题授课，从全区毒情、毒品及主要制毒物品基本知识、禁毒重点整治相关规定、涉羟人员六排六管十进四落实工作法等方面进行业务辅导，参加培训人员在培训期间还集中观看福建长汀禁毒专题宣传片。

【完成防汛抢险演练安保工作】 6月6日，在蟒蛇河鞍湖段某堤口处组织开展全区防汛抢险演练。演练过程中，区公安局组织警力与相关参演的人武部、水务、卫生等单位积极开展群众疏散撤离、伤员救治等科目。区委常委、政法委书记陈育群，各镇(区、街道)主要负责人在现场观摩，参演人员200余人。

【王巧全调研指导工作】 6月14日，副市长、市公安局长王巧全在潘黄派出所调研指导工作，察看接处警大厅、调解室、勤务指挥室，现场接待报警群众，认真听取群众诉求，提出化解处置意见，并对做好公安涉法信访工作提出要求。6月18日，王巧全在市公安局党委副书记、副局长姜学儒，指挥中心主任王健，区公安局局长连大猛陪同下，在交警大队新区、卡口中队调研指导工作。实地察看中队营房、功能区划分、勤务运行、装备配备等情况，并就切实加强治安卡口、警营文化、队伍建设等工作提出具体要求，努力建成平战结合、人技互补、点线策应、攻防精准的社会治安屏障。

【连大猛发表禁毒日电视讲话】 6月23日，区公安局局长连大猛在盐都电视台发表“6·26”国际禁毒日电视讲话，深入宣传盐都公安在打击制毒犯罪“4·14专案”行动、“雷霆行动”等专项整治行动中取得显著成效，分析全区禁毒工作面临严峻形势，要求各镇(区、街道)和有关部门不断强化禁毒工作责任制，重拳整治毒品犯罪活动，为建设创业、开放、生态、幸福、厚德的美丽盐都营造优良的治安环境。

【援助阜宁灾区】 "6·23"阜宁、射阳特大龙卷风冰雹灾害发生后,6月24日,区公安局抽调50余名民警及特勤连夜赶赴阜宁灾区。全区公安民警、辅警向灾区人民伸出援助之手。6月27日上午,组织向阜宁射阳灾区集中捐款仪式,区公安局党委班子全体成员、机关部分民警代表参加捐款活动。

【开展国际禁毒日宣传活动】 为迎接"6·26"国际禁毒日,6月25日,在龙冈镇开展以"珍爱生命、远离毒品"为主题的禁毒宣传教育系列活动,区委书记羊维达,区长吴本辉,区委常委、政法委书记陈育群,区公安局局长连大猛以及区直相关部门和镇(区、街道)负责人参加,并参加"无毒青春 健康生活"千人签名活动,随后参观区禁毒宣传教育基地并为基地揭牌。与会人员还参观全区涉羟整治工作及"雷霆行动"成果展和龙冈镇社区戒毒(康复)办公室。

【羊维达慰问执勤民警】 7月27日,区委书记羊维达,区委常委、常务副区长陈志会在区委办等部门主要负责人陪同下,看望慰问高温酷暑下的执勤民警,送去防暑降温物品。在盐城高速西出口执勤点,羊维达、陈志会与正在执勤的民警亲切握手,对他们战高温、冒酷暑,为平安盐都建设所付出的艰辛努力表示感谢,要求全区公安机关和广大公安民警继续发扬不怕苦、不怕累、连续作战的工作作风,敢于担当,忠诚履职,为建设创业开放生态幸福厚德的美丽盐都做出新的更大的贡献。

【召开"村村通"建设推进会】 7月28日,召开技防"村村通"建设工作推进会。区维稳办主任、公安局副局长于国成通报全区技防"村村通"建设进度情况及存在问题,各镇(区、街道)汇报工作进展情况,区直相关部门及四大运营商、六家监理公司分别作交流发言。区委常委、政法委书记陈育群,区公安局局长连大猛就做好相关工作提出具体要求。

【吴剑检查指导】 8月3日上午,市消防支队支队长吴剑一行在高新区检查指导工作,盐龙街道党工委书记吴军、区公安局副局长严文斌及消防大队等陪同。吴剑一行听取消防大队关于夏季消防检查、G20峰会消防安保、执勤训练备战、部队管理教育等工作的情况汇报,实地调研高新区智能终端产业园,查看高新区消防站建设情况,检查盐城市华星光电技术有限公司消防安全管理情况。

【举行《归途》开机仪式】 8月6日,由区禁毒办牵头拍摄的禁毒题材微电影《归途》开机仪式在龙冈镇凤凰广场隆重举行,市公安局党委副书记、副局长、市禁毒办主任吴柏林,区委常委、政法委书记陈育群,市局禁毒支队支队长陈震,区委政法委副书记王其华,区公安局副政委王诗林,龙冈镇党委副书记丁建婷出席开机仪式。

【张礼祥检查指导禁毒工作】 8月10日,市委常委、政法委书记、禁毒委员会主任张礼祥在龙冈镇检查指导禁毒工作。参观龙冈镇禁毒与涉羟工作主题展板,查阅涉羟排查的"十本账",观看龙冈镇禁毒宣传短片和利用信息手段管控重点人员的演示,考察区禁毒宣传教育基地。其间,张礼祥对龙冈涉羟工作提出的新方法、新思路表示肯定。

【召开火灾防控工作紧急会议】 8月18日,召开全区火灾防控工作紧急会议。消防大队负责人就省内外特别是"8·16"南纬纺织园火灾事故作通报,与会人员共同学习火场逃生常识。副区长陈志会、肖乐农要求充分认识到消防工作的繁重性与艰巨性,迅速查找基础建设存在短板,对全年工作进行"回头看",工作未见成效的,将迅速启动问责。

【组织"黄海一号"行动】 8月22日,区公安局对"黄海一号"集中清查行动进行部署,并设立联合指挥部。行动期间,区公安局共投入社会面巡逻设卡民警98人、辅警224人,投放巡逻车辆45辆,巡特警配发短枪2支,子弹20发进行武装巡逻。成立15个缉捕组,在辖区大冈、尚庄、滨湖3个市际卡口,盐城西、秦南、大冈、张庄4个高速出口共设置7个卡点,除盐城西配备10名警力外,其余点均为2警2辅2车,实行不间断盘查值守。

【穆芹在区公安局调研】 10月31日,区人大常委会主任穆芹及部分区人大常委会委员和相关部门负责人在区公安局调研网络安全监察工作。观摩网安设备及部分网安技术系统在线演示,对推进全区网络安全工作进行评价、建议。穆芹要求全区公安机关围绕全面深化公安改革,加强网络空间治理,培育健康向上向善的网络文化,共筑网络安全防线,营造风清气正的网络空间。

【韩国地方警察厅与区公安局开展警务交流】 10月31日至11月13日,韩国全罗北道地方警察厅李雄镇、韩斗元两位警官到区公安局大冈派出所开展警务研修,实地参观派出所综合勤务指挥室、荣誉室、办案区、见义勇为工作站和安防宣展大厅,参观结束后,双方在翻译的协助下进行友好警务交流。

【邓明督导检查工作】 11月21日,公安部禁毒局副局长邓明在省厅禁毒总队总队长孙春的陪同下,督导检查盐都区禁毒整治工作。督导组一行参观楼王镇外流涉羟犯罪专项整治工作展板,检查镇禁毒办禁毒整治工作台账资料,并深入大纵湖镇、滨湖街道进行实地检查,对盐都的工作质态和创新做法表示肯定,并要求抓好专项整治工作,为禁毒整治做贡献。

【全国禁毒业务培训班学员在盐都观摩】 11月21日至23日,公安部禁毒局在盐城举办全国打击制毒物品犯罪业务培训班,参训学员120余人在盐都观摩禁毒整治工作现场。区委常委、政法委书记陈育群致欢迎辞,并简要介绍盐都外流涉羟犯罪专项整治工作情况。学员们参观区外流涉羟犯罪专项整治工作展板及禁毒整治成果展,观摩区级禁毒宣传教育基地及龙冈镇社区戒毒(康复)办公室,查看龙冈镇、楼王镇禁毒整治工作台账，并观看禁毒小淮剧《归来》。

【全国首家禁毒警务室揭牌成立】 12月6日，市公安局党委副书记、副局长吴柏林在区公安局局长连大猛陪同下，在龙冈镇检查黄庄禁毒警务室的建立运行情况，现场察看相关规定制度和各类综合台账并提出一些建设性改进意见，随后共同为国首家禁毒警务室黄庄禁毒警务室成立揭牌。

【召开“清源行动”动员部署会】 12月16日下午，召开全区清理整治涉羟重点人员“清源行动”动员部署会。区委常委、政法委书记陈育群出席会议并讲话，区公安局局长连大猛作动员部署。陈育群要求对所有涉羟重点人员进行“兜底翻”，全面查明情况，依法分类处置，严格落实管控，坚决遏制涉羟犯罪势头，建立常态长效机制，确保“清源行动”取得实效。

【见义勇为基金会召开换届选举工作】 12月23日，区见义勇为基金会在区公安局召开换届选举工作会议，审议通过第一届理事会、监事会、财务工作报告，听取章程修订说明并通过新修订的《盐城市盐都区见义勇为基金会章程》，选举产生第二届理事会、监事会。俞途连任区见义勇为基金会理事长。

（宗友林　朱良众　李厚奇）

检　察

Prosecution Work

【概述】 把握“强化法律监督，维护公平正义”工作主题，围绕区委中心工作，全面履行法律监督职能，切实加强队伍建设，忠实履行宪法法律赋予的职责，各项检察工作取得新进展，获评“全市先进基层党组织”“江苏省文明单位”“全省法治文化示范点”。

【服务盐城国家高新区建设】 3月，策应区委关于合力共建盐城国家高新区的决策部署，制定实施《关于服务盐城国家级高新区建设的实施意见》；9月，与区工商联召开座谈会，专门就检察机关如何依法保障和促进非公有制经济健康发展听取非公经济界人士的意见建议；针对园区项目建设领域腐败案件多发的情况召开职务犯罪典型案例剖析会1次；“点线面”结合精准服务非公经济发展的做法被《江苏法制报》头版报道。

【促进平安盐都建设】 认真履行批捕、起诉职能，突出打击危害人民群众生命财产安全的严重刑事犯罪。全年共受理审查逮捕案件 *** 件 *** 人，经审查批准逮捕 *** 件 *** 人；受理移送审查起诉案件 *** 件 *** 人，经审查提起公诉 *** 件 *** 人。对重特大、疑难复杂、社会影响大的案件和新型犯罪案件，积极提前介入引导侦查，依法批捕家族式电信诈骗案、涉案金额达8个亿的非法出售增值税专用发票案等重大有影响的案件。投身禁毒百日整治“雷霆行动”等专项行动，依法对公安部督办涉嫌生产、销售假药的18名犯罪嫌疑人和非法买卖制毒物品案10名犯罪嫌疑人提起公诉。坚持宽严相济刑事司法政策，不予批准逮捕 * 件 ** 人，决定不起诉 * 件 ** 人。

【强化诉讼监督】 强化刑事立案和侦查监督，监督侦查机关全年立案1件，撤案3件，追捕1人，书面纠正侦查活动违法8件。在审查起诉环节，及时追诉3人，发出纠正侦查违法通知书9份，依法提请抗诉3件3人，纠正审判活动违法3件次。加强社区矫正法律监督，发出书面检察建议8份，建议收监执行3人，收监执行3人。强化民事行政诉讼监督，常态化开展虚假诉讼监督，办理虚假诉讼案件7件，其中提请抗诉1件，提出再审检察建议1件；关注弱势群体的权益保护，支持起诉27件；对于摸排出的公益诉讼案件线索，进行调查核实，适时启动诉前程序，向相关行政机关发出督促履行职责检察建议5件。

【惩防并举打击腐败】 专案查办取得突破，全年共立案侦查职务犯罪13件17人。反贪部门立案侦查9件11人，其中科级干部受贿案3件3人；移送立案1件，向上级院移送厅级、处级干部案件线索11件。反渎部门在农村土地流转、安全生产等领域查处渎职侵权案件4件6人，其中科级干部1件1人。坚持惩防并举，结合办案开展预防犯罪专项调查1次，案例分析6件，向相关单位发出检察建议6份，举办各种预防宣传21场次；针对园区项目建设领域腐败案件多发的情况召开职务犯罪典型案例剖析会1次；严把工程招投标准入关，受理行贿犯罪档案查询1071次。

【参与社会治理】 全年共受理并妥善处理检察环节群众来信来访133件，救助刑事被害人11件11人，奖励实名举报人1件3人，主动为进入刑事诉讼环节的盲、聋、哑人及精神病人提供法律援助24人次。通过调查分析，撰写各类研判报告23份，其中，关于涉羟亚胺犯罪案件办理面临有关难题的情况反映得到重视。针对办案中发现辖区部分食品经营户在面制品制作过程中，存在非法添加含铝食品添加剂的情况，向市场监管部门发出检察建议，促成全区食品经营单位（户）自制面制品专项整治行动。

【深化检察改革】 完善案件质量风险内控机制，在全市率先出台《加强捕诉衔接工作实施办法》，实现审查逮捕、审查起诉环节信息通报、案件会商、诉讼监督有效衔接；制定试行《公诉案件诉前交流工作办法》，充分保障当事人、辩护人的合法权益，提高起诉质量。深化检务公开，强化外部监督。全年公开案件程序性信息488件，法律文书165件。对代理律师、部分有需求的被害人开展主动推送案件流程信息和“互联网+检务公开”相关做法被《检察日报》报道。积极稳妥推进检察官员额制改革，经过报名、考试、考核等程序，最终确定首批30名员额检察官。

【构建预防未成年人犯罪社会联动机制】 尝试将司法保护工作融入到校园管理，4月21日，在郭猛实验学校挂牌成立第二家“法润青春”检察工作室，有针对性地开展系列主题活动，未检工作模式进一步由办案向预防延伸；总结提炼的未检“一二三”工作模式被《江苏法制报(江苏检察)》头版头条予以重点推介。

【开展代表委员联络工作】 以各级“两会”召开为契机，着力加强对新形势下检察机关代表委员联络工作规律的探索，将普遍性联络和个性化服务有效结合，紧扣问需、问计、问诊务实开展联络工作，促进检察工作公信力和代表委员履职水平的“双提升”。联络工作“三问法”(“三问法”指问需、问计、问诊)得到2名全国人大代表充分肯定，全国“两会”期间3次被《检察日报》予以宣传，并被《江苏法制报》头版头条予以推介，被评为全市检察机关“最佳创新创优项目”。

【推进文明创建和检察文化建设】 以建立健全各项制度，加强规范化管理为基础，以创新工作方式方法为动力，丰富文明创建活动和检察文化建设载体。结合实际情况，年初，确定同步开展“省级文明单位”“省法治文化示范点”两项省级创建活动。10月，区人民检察院成功获评“2013—2015年度江苏省文明单位”，院“清正园”检察市民文化广场被命名为“全省第四批法治文化示范点”。

【检察队伍建设】 加强领导班子党性修养和党性锻炼，充分发挥领导班子引领示范作用，检察长撰写的3篇论文在省级以上论坛活动中获奖，区人民检察院连续多年被区委授予“五好班子建设”优秀奖。积极搭建岗位练兵平台，召开首届“大纵湖杯”检察理论研讨会，开展“部门四个一”“青年干警五个一”“青年干警特色季”等活动，全年有10余篇调研成果在省级以上论坛活动中获奖，有5个集体近30名干警受到区级以上各类表彰，1名青年检察官获评“全市优秀政法干警”和“全区十大杰出青年”，监察部门负责人在全省检察机关首届纪检监察业务竞赛活动中获评“纪检监察业务标兵”荣誉称号，公诉部门获评省级“青年文明号”。 (谭冲 丁玲玲)

法 院
Court

【概述】 全区法院工作，保护民生权益，推进司法改革，不断加强队伍建设，圆满完成各项工作。全年新收案件12247件，审结11698件，同比分别增长16.6%和17.5%。

【保障经济转型升级】 突出保障“一极一园一业”，年内，专题调研出台《关于为盐都率先全市全面建成小康社会提供有力司法服务和保障的实施意见》。协助市中院在高新区建成盐城市知识产权司法保护中心。坚持柔性司法理念，为20余家困难企业采取“活保全”“软查封”等措施。积极依法推进驿都问题处置工作，驿都世贸大厦以全市司法网拍最大标的额2.36亿元拍卖成交，依法裁定受理驿都大酒店破产重整，为驿都问题整体处置奠定基础。

【平安盐都建设】 全区全年审结刑事案件348件458人，依法对83人判处非监禁刑，对犯罪情节轻微的6名被告人依法判决免予刑事处罚。维护社会公共安全和群众生命财产安全，审结“两抢一盗”、故意伤害等侵犯人身和财产犯罪案件81件119人，审结交通肇事、危险驾驶等危害公共安全犯罪案件116件117人，审结非法吸收公众存款、电信诈骗等破坏市场经济秩序犯罪案件17件32人，审结聚众斗殴、寻衅滋事、毒品等妨害社会管理秩序犯罪案件45件66人。强化反腐高压态势，认真落实《刑法修正案(九)》和“两高”司法解释，审结贪污贿赂案件12件12人，对11名被告人并处罚金，推动反腐败斗争深入开展。

【保障社会和谐】 用心维护家庭和睦，注重保护妇女、儿童、老人合法权益，全年审结婚姻家庭类案件1099件，调撤率达43.6%。促进劳资和谐，依法保护劳动者权益和促进企业发展，审结劳动争议案件1131件。加强产权保护，审结执行异议、股权收益等案件78件。维护金融安全，审结借款合同、信用卡等纠纷2009件，涉案标的额6.4亿元。保障重大项目推进，依法审结建设工程案件273件，妥善处理东晋古城建设过程中的2起施工纠纷，依法促成内环高架施工中唐某某等107人追索劳动报酬案成功调解。

【法治政府建设】 坚持保护诉权与支持、监督依法行政并重，全年裁判支持行政行为116件，依法判决行政机关败诉9件；参与行政执法业务培训12次，发送司法建议13篇，1篇被评为全省优秀司法建议。

【获评全省执行标兵单位】 全年执结案件3507件，到位标的额11.6亿元，获评“全省法院执行标兵单位”。专题向区委报告“基本解决执行难”工作，努力形成“党委领导、人大监督、政府支持、政法委协调、法院主办、部门配合、社会各界参与”的大格局。强化信息化建设，建成执行指挥中心，利用“点对点”系统查询财产线索52335条。强化失信惩戒，纳入失信“黑名单”1517人，司法拘留48人。利用节假日、凌晨等节点“错时”执行143次，成功执结112件被执行人长期逃匿案件，取得较好社会效果。

【创新社会综合治理】 加强诉讼与非讼纠纷解决机制衔接，年内，“韦定和调解工作室”调解纠纷174件，“水乡工作室”化解塘口渔业纠纷68件。强化以案释法，开展普法宣传32次，参与禁毒“雷霆行动”，开展“禁毒宣传校园行”活动。加强法制宣传阵地建设，在法院“两微一网”更新动态、发布案例1100余条。

【完善诉讼服务机制】 树立“对外服务群众、对内服务审判”理念，形成实体与网络、现场与远程相结合的全方位诉讼服务模式，全年接受网上立案申请1879件，“12368”热线提供咨询答疑5700余次。实行异地跨域立案，对应由市其他法院受理的案件，为群众提供跨地域、标准化的诉讼服务，成功办理全市首例跨域登记立案。探索远程技术服务，开展诉讼文书电子送达工作，完成电子送达67

件；积极利用远程视频系统开庭审理案件，成功协助上海浦东法院远程审理一件被告人行动不便的刑事案件。

【司法救助】 全年依法对确有困难的当事人减、缓、免诉讼费200余万元，向92名确有困难的刑事被害人、申请执行人发放司法救助金132万元。对接司法行政部门在立案大厅设立律师法律援助岗，为当事人提供免费法律咨询、援助服务270余人次，依法为18名刑事案件被告人指定辩护人。强化巡回办案，在基层村居普遍设立巡回审判点，巡回审理案件1200余件。省人民法院副院长周继业等6名省政协社科界委员调研区法院巡回审判工作时给予高度肯定。

【改革审判管理机制】 年内，推进院、庭长办案，院、庭长带头参与办案6207件，真办案、办难案成常态。优化资源配置，调整30余名审书人员充实到审判一线，缓解案多人少矛盾。推动案件繁简分流，设立全市首家具有独立编制的速裁审判庭，实现简案快审、难案精审。推进人民法庭审判权运行机制改革，遴选5名主审法官组建审判团队。五个法庭共审结案件3956件，一审服判息诉率达96%，秦南法庭被省法院表彰为全省优秀人民法庭。

【推进行政案件集中管辖试点】 4月1日，区人民法院被市中院确定为全市两家行政案件集中管辖法院之一，集中受理东台、大丰、亭湖、盐城经济技术开发区、城南新区、建湖法院辖区内应由基层法院受理的一审行政诉讼案件及非诉行政审查案件。调配5名审书人员充实审判力量，推行院审判委员会委员参与审理行政案件，全年共受理541件，审结426件，同比增长三倍多。创新联动工作机制，召开片区联席会议2次，并与政府法制部门形成合力推动行政机关负责人出庭应诉159人次，有效促进依法行政。

【落实司法责任制】 年内，经过遴选，42名法官被省人民法院批准为首批员额法官。在法官员额制改革基础上，实施审判权与执行权相分离改革工作，11名干警转任为执行司法警察。推进书记员管理机制改革，经省人民法院统一招录书记员42名，31人通过定岗考核，形成“社会化招录、序列化管理、职业化保障”的书记员管理模式。

【强化思想政治建设】 年内，开展“两学一做”学习教育，举办“家风家训”交流讨论和“两学一做·争当先锋”知识竞赛。常态开展党支部“三会一课”、组织生活会等活动，支援阜宁、射阳抢险救灾，捐赠资金和物品12万余元，第一时间全部送到受灾群众手中；落实精准扶贫要求，104名党员干警分批在楼王镇9个村开展“牵手致富”行动。

【党风廉政建设】 年初，签订党风廉政建设责任状，制定院长、分管领导、纪检组长、部门负责人、普通干警责任清单，认真落实“一岗双责”。常态开展谈心谈话活动，开展廉洁司法教育“十个一”活动，组织法官参观“尚德昭廉”教育馆、盐城好人馆，增强法官防腐拒变意识。完善监督机制，在全院范围内选任6名廉政监督员，向当事人随案发放“廉政监督卡”，加强对办案“三同”、大标的案件审执等重点环节监督。加大对违纪问题的及时提醒和查处，全年行政警告1人、诫勉谈话2人、提醒谈话8人。

【提升作风效能】 年内，深入开展“作风效能提升年”活动，专项开展“司法自查”和合同制用工人员教育整顿活动，查摆问题50余条，及时研究整改。组织干警参加“司法大讲堂”等培训20余次，投入10万余元为干警统一配发业务书籍，提升干警业务能力。开展“五比五争”办案竞赛、“百日办案会战”等活动，审判质效稳步提升。开展“信仰法治·爱岗敬业”主题演讲等文化活动，增强队伍向心力和凝聚力，为争先创优奠定基础。 （成正宜）

司法行政

Judicial Administration

【概述】 全区司法行政系统围绕中心、凝心聚力、开拓创新，各项工作取得显著成绩。全区司法政统共有16个先进集体、31名先进个人获市级以上表彰，盐都区被市委市政府表彰为“六五”普法工作先进县(市、区)，区局被省委宣传部、省法宣办、省司法厅表彰为全省普法工作先进集体。

【启动实施“七五普法”】 8月，全省第十五次法治宣传教育工作会议召开后，区十五届人大常委会第38次会议作《盐城市盐都区人大常委会关于开展第七个五年法治宣传教育的决议》。以通知形式转发《区委宣传部、区司法局关于在全区公民中开展法治宣传教育的第七个五年规划(2016—2020年)》。

【民主法治村(居)创建活动】 何桥、瓦屋等14个村(居)申报“省级民主法治示范村”，6月中旬通过省级验收。至年底，全区251个村(居)，创成国家级民主法治示范村(居)2家，省级92家，市级233家。

【开展法治宣传教育活动】 年内，组织开展“农民工学法活动周”“法润盐都62016春风行动”、“4·8”司法日及禁毒宣传月等专题法治宣传活动，在第11届村民委员会和第6届社区居民委员会换届之际，宣传贯彻《村民委员会组织法》《居民委员会组织法》和省《实施办法》。9月，配合市法宣办、市司法局，在潘黄街道的新日月翠洲嘉园开展“美好城市、法律相伴、你我共创”主题宣传活动启动仪式。12月4日，组织30多个部门在潘黄街道开展“12·4”宪法日宣传活动。印发《2016年度盐都区青年普法志愿者法治文化基层行活动方案》，组织巡回庭审7场，法治文艺演出20场次，播放法治电影10部，参与化解矛盾纠纷100多件，收集并反馈重要社情民意6条。举办第二届“盐都区十佳崇德守法好少年”评选活动。区“夕阳红”法治宣传队送法进校园，为全体中小学生上法治课，被区退协和区老龄委表彰为“为老服务和老有所为先进集体”。

【开展“法律新六进”工作】 年内，扩大法律进手机用户覆盖面，从上年2000多户扩大到12000多户，全年发送普法短信50多万条。与专业公司合作，开发普法微信平台，通过宣传发动和有奖参与等形式，不断扩大普法微信公众平台的用户。

【推进实战化建设】 加强局、所、站规范化建设，通过“窗口化”“柜台式”服务，整合司法所、法律服务所资源，建设镇级公共法律服务中心，实行“大窗口、小机关”模式，实现内部资源力量整合。至年底，12个镇(区、街道)公共法律服务中心全部挂牌建立。探索司法站实体化运作新路径，以律师、基层法律服务工作者为服务主体，依托专业力量为村(社区)提供优质服务，251个司法站规范化建设逐步达标。

【推进信息化建设】 年内，按照省厅、市局信息化建设工作会议的要求，研究制定口《区局司法行政一体化智能平台部署推进实施方案》，信息采集、分析研判、指挥协调、监督管理的四级业务架构基本形成。发挥公共法律服务中心和“12348”公共服务平台作用，拓展大数据信息、“12345”政府服务等信息来源，构建信息采集的多层次渠道。以信息化为依托，将综合研判和扁平化指挥、实战化应用结合，固化工作流程、规范岗位职责，实施“1+4”分析研判机制和“2+4”勤务模式，实现以信息化带动基层基础规范化建设。推进社会组织发展，结合实际，制定出台《社会组织培育发展实施方案》，对全区司法行政领域社会组织培育发展工作进行部署。培育发展1个枢纽型司法行政领域社会组织；注册成立区普法、人民调解、社区矫正和安置帮教行业型协会；完善原有的专业性社会组织区夕阳红法治宣传队登记备案手续；在每个镇(区、街道)发展1个枢纽型司法行政领域社会组织，做好在条件成熟的村、社区、原自然组成立1个基础型法律服务社会组织的相关准备工作。

【维护安全稳定】 推动矛盾纠纷排查化解全覆盖，构建人民调解基础网络，至年底，建成并实际运行区调处中心1个，镇级调处中心19个，村级调委会251个，专业性调解组织10个，个人调解室13个，其中村、镇(区、街道)调委会建成率达100%。建立健全重要时期、重大节日矛盾纠纷快报、日报、“零报告”和24小时值班制度，通过拉网式排查，及时发现和掌握矛盾纠纷隐患。全区全年各级各类人民调解组织共受理纠纷5464件，调处成功5436件，调处成功率为99.5%。其中区调处中心受理纠纷155件，调处成功140件，调处成功率为90.3%。排查纠纷869次，预防纠纷458件，劝阻群体性上访11批次110人。尚庄司法所所长何同华人选全省“最美司法所长”提名奖，被推荐为“全国模范人民调解员”。提高社区矫正规范化水平。推进社区矫正信息系统区镇两级平台使用，构建一体化技防体系。推进区级社区矫正管理服务中心建设和升级，提升监管实效，通过省厅验收。与区农干校合作租地0.53公顷，建立集教育劳动、食宿等功能为一体的社区矫正、安置帮教基地。全年新接收社区服刑人员208人，解矫205人，收监3人，警告86人。规范管理使用服刑人员远程视频会见系统，运用信息化手段开展延伸帮教，提高改造效果。9月，在洪泽湖监狱对盐都籍服刑人员开展帮教活动。全年新接收刑释解矫人员486人，在册1813人。

【公共法律服务】 全年办理法律援助案件1264件，解答群众法律咨询3441人次，接听“12348”咨询电话1019人次。安排法律援助律师参与区信访接待工作，法援中心共协调政府重大、疑难纠纷5起，避免群体事件5起，接待来访咨询群众劝阻上访470人次，防止民转刑案件3起。5月，省妇联主席缪志红、副主席张勤实地察看区法律援助中心，详细了解关于妇女儿童的法律援助案件。6月，区政协主席会议专门听取全区法律援助工作情况汇报，并参观区公共法律服务中心。法律服务工作体现新作为。年内，律师参与刑事辩护与代理案件135件，民事诉讼案件1089件，经济类诉讼案件358件，非诉讼法律事务66件，办理国内公证7289件，涉外公证468件，涉港澳台公证23件。组织律师“走进企业”开展法律服务活动，开展招工等方面法律知识的宣传。珠溪律师事务所主任王述亭当选为市党代会代表，秦南法律服务所主任季中华当选为区党代表，珠溪律师事务所支部被市区委组织部选定为基层党建工作示范点，并被市委表彰为先进基层党组织。王国祥、丁良成分别当选为市区人大代表，刘咏桦、王瑞良、杨加宽、张长连、蔡红等被推荐为市区政协委员。

【提升队伍实战水平】 按照省厅市局“三化”建设要求，制定全区岗位练兵实施方案，开展理论、法律、技能练兵，采取案例分析、专题研讨、业务讲评等多种形式，增强练兵活动实效。全面完成省厅“网上学院”、市公务员学习网等培训和考试任务，保证每名干警年度业务学习时间不低于130学时。组织全系统认真学习党内法规、《准则》和《条例》，通过举办党风廉政教育专题报告会、组织观看警示教育片、发送廉政短信等形式，筑牢党员干部拒腐防变的思想防线。

(许雪峰)

人口 资源 环境

Population, Resources and Environment

- ◆人口计生
- ◆国土资源
- ◆矿产资源
- ◆水 资 源
- ◆农业资源
- ◆废弃物资源
- ◆环境保护
- ◆生态文明建设

人口和计划生育工作

Population and Family Planning

【概述】 全区人口和计划生育工作坚持目标管理和“一票否决”制，加强人口关键指标监测和重点工作督查，推进计划生育“村为主”和村居民自治，以新一轮计划生育优质服务先进单位创建工作为抓手，提升计生优质服务水平，圆满完成年度目标任务。全区人口出生率8.67‰，自然增长率2.6‰，人口出生政策符合率99.86%，全面两孩生育政策整体工作运转平稳，群众满意，效果良好，4月，被省政府办公厅表彰为省人口协调发展先进县(市、区)。

【计生特殊家庭信息管理系统项目正式启动】 中国计生协计生特殊家庭信息管理系统是专门为全国计生特殊家庭(失独家庭)建立的信息系统，它可以实现个案录入、活动上报、政策汇总、分类查询、个案输出、统计报表六大功能。盐都区作为江苏省项目点之一，5月，在全市率先启动和开展计生特殊家庭信息管理系统项目工作，逐步建立健全信息管理系统，推进关怀帮扶工作的经常化、持续化和制度化。

【实施全面两孩政策】 加强全面两孩政策实施情况跟踪与监测，健全月报制度、政策实施情况动态分析制度、出生人口预警机制等，及时上报监测数据及分析报告，保持全区全面两孩政策平稳实施和适度生育水平。全年共办理生育服务登记6187份（其中：一孩3002份，二孩3185份），再生育审批43份。全年出生6364人(其中：一孩3296人，二孩3031人，多孩37人)。

【计划生育避孕药具服务工作】 改革创新计划生育药具服务管理机制，年内，在全区14个镇(区、街道)、255个村居建立健全基层药具发放服务体系，共发放避孕药具163321人次，计划发放率达100%，群众满意率达100%。6月初，在全市卫计系统，首家建立“盐都计划生育技术与药具服务”微信公众号，并鼓励村居药管员建立服务对象微信群，不断创新药具服务方式，为广大育龄群众提供更可及的咨询服务。

【规范药具不良反应监测工作】 定期对使用不同避孕节育措施的育龄群众开展随访服务，对各类不良反应的发生情况进行及时分析，做到早发现、早诊断、早处理，按照“可疑即报”的原则，不漏报、不错报，全年累计上报358例。

【免费孕前优生健康检查项目】 年内，共检查服务对象5114对（年初计划数为5000对)，超额完成全年计划。强化质量控制，两次省级室间质控均为优秀，在服务数量和质量上均为全市领先。

【整治“两非”专项行动接受市督查】 11月17日，市整治“两非”专项行动联合督查组在盐都区检查指导工作。督查组在听取相关部门整治“两非”工作情况汇报后，与区卫生计生、公安、市场监管等相关部门负责人进行座谈，现场查阅B超管理、实名登记、药品管理、“两非”宣传等整治专项行动文档资料和工作台账，实地察看部分医疗单位和药品销售(批发)单位。区委常委、副区长张云云，区卫生计生、公安、市场监管等部门负责人陪同。

【落实计划生育奖励扶助制度】 全区全年确认计划生育奖扶对象1993人、特扶对象71人；确认计划生育手术并发症对象30人；登记区属企业持证退休职工1381人、城镇非从业居民一次性奖励对象110人。

(周小平)

人口及其变动情况统计年报表

表 3

乡　镇	年末总户数（户）	年末总人口（人）									本年度人口变动（人）									
		合计	城镇人口	乡村人口	性别		年龄				出生			死亡			迁入		迁出	
					男	女	0~17周岁	18~34周岁	35~59周岁	60周岁及以上	合计	男	女	合计	男	女	省内迁入	省外迁入	迁往省内	迁往省外
总　计	239307	714937	477981	236956	374060	340877	111096	158444	279899	165498	7813	4286	3527	5364	2943	2421	2286	948	2684	788
楼　王	18825	55584	15423	40161	29040	26544	6664	12206	21916	14798	495	272	223	605	308	297	134	63	272	80
新　区	10250	34142	34142	0	17329	16813	8301	8308	12530	5003	555	281	274	170	100	70	519	73	89	34
龙　冈	28102	76282	50716	25566	39717	36565	10953	16649	30757	17923	714	389	325	610	328	282	181	78	203	67
张　庄	10049	30291	30291	0	15591	14700	5427	7406	12497	4961	321	187	134	170	99	71	68	38	105	25
盐　龙	13366	49768	49768	0	25353	24415	8589	12041	18403	10735	640	353	287	106	64	42	117	37	79	30
滨　湖	5204	16025	16025	0	8433	7592	2189	3727	6364	3745	154	85	69	118	62	56	47	25	84	24
尚　庄	19208	57959	32907	25052	30851	27108	8657	12577	21804	14921	686	371	315	474	260	214	167	117	249	55
秦　南	26337	75647	32002	43645	39658	35989	9111	15806	30497	20233	702	397	305	666	378	288	161	84	274	91
学　富	19312	50912	23755	27157	26706	24206	6229	10154	20236	14293	369	183	186	411	211	200	70	49	218	53
葛　武	3646	9771	9771	0	5195	4576	1854	2063	3875	1979	106	55	51	53	28	25	22	7	75	27
北　蒋	4035	10515	10515	0	5693	4822	1570	2537	4155	2253	113	66	47	68	43	25	24	7	59	18
大纵湖	16093	51576	23646	27930	27144	24432	6913	11430	20287	12946	501	269	232	461	252	209	113	83	259	60
潘　黄	15228	46076	46076	0	23779	22297	10677	11370	17897	6132	739	455	284	186	93	93	354	71	164	65
郭　猛	14101	49676	39480	10196	26287	23389	8785	11298	18979	10614	666	352	314	366	191	175	102	85	145	57
北龙港	6139	14739	14739	0	7907	6832	1912	3635	5963	3229	140	84	56	96	52	44	27	10	96	25
大　冈	29412	85974	48725	37249	45377	40597	13265	17237	33739	21733	912	487	425	804	474	330	180	121	313	77

国土资源开发与管理

Land and Resources Development and Management

【概述】 盐都国土资源开发与管理工作以保护资源、服务发展为主线；以节约集约、改革创新为目标；以依法行政、维护权益为准则；圆满完成年初确定的各项目标任务，实现“十三五”良好开局，赢得省厅、市局和区委区政府肯定，获2016年度全区目标任务综合考核综合先进奖市属驻盐都单位第一名、全市国土资源管理工作综合先进奖和9个单项奖、省文明单位；国土资源管理综合动态智能监管系统建设经验在全省得到全面推广和使用；盐都区被评为省标准化厂房建设与使用先进地区、省节约集约利用模范区、省土地执法模范区。

【落实资源保护责任】 全面落实耕地保护任务，年初，区政府与各镇（区、街道）签订耕地保护目标责任书，确保全区56136.6公顷耕地保有量、51040公顷基本农田保护面积不减少、质量不降低。强化土地用途管制、规划计划管控、责任目标考核和监管，控制建设占用耕地；调整完善土地利用总体规划；推进郭猛镇同一乡镇村庄建设用地布局调整试点。对工矿废弃地复垦项目新增耕地，探索实施建设占用耕地耕作层剥离，实行耕地数量、质量、生态“三位一体”保护，全年完成耕作层剥离再利用8.87公顷，大冈镇2015年度耕地保护工作获省厅表彰。

【基本农田高标准建设】 年内，完成全区“十二五”期间高标准农田建设综合成效评估；科学划定永久基本农田及中心城区周边永久基本农田，开展城市周边永久基本农田划定工作，完成城市周边3466.67公顷永久基本农田和城市发展边界线向外拓展2千米的永久基本农田的划定，城市周边新增划基本农田1100公顷；以土地整治为平台，大力建设高标准农田，全年实施耕地占补平衡补充耕地项目库项目13个，建设规模约178.87公顷，其中新增耕地177公顷，新增耕地率99%；郭猛镇、学富镇园垛等村、潘黄街道新民等村三个省级投资土地整治项目通过省级验收，项目建设总规模1991.53公顷，新增耕地面积58.2公顷，总投资4965万元；申报入库城乡挂钩复垦项目11个，建设总规模20.07公顷，新增耕地19.93公顷；实施工矿废弃地复垦项目12个，建设规模64.31公顷，新增耕地62.75公顷；新建高标准基本农田6200公顷，超额完成省级下达的2666.67公顷建设任务。

【拓展用地空间】 年内，组织开展土地利用总体规划一般性修改工作，及时有效地保障高新区智创园、小马沟体育公园等一批市、区重点工程的用地需求；在严控城市新增建设用地规模，着力服务供给侧结构性改革的同时，编制盐都区“十三五”国土资源开发与保护规划，调整完善土地利用总体规划，核减耕地保有量3353.33公顷、减少基本农田保护任务5273.33公顷、增加土地规划空间指标2280公顷，优化规划布局，拓宽全区经济社会发展空间。

【精准保障发展用地】 围绕区委区政府“一极一园一业”发展目标，制定出台9条助推发展措施，对项目用地实行“重保优供”。全年共争取各类用地计划指标242.13公顷；办理省农用地转征收26个批次，224.53公顷；供应各类建设用地119宗，255.4公顷，用地供应量居全市前列，确保市区重点项目在盐都落地见效。

【科学配置土地资源】 5月，出台《盐都区土地指标使用管理办法（试行）》和《关于大力实施城乡挂钩与工矿废弃地复垦利用工作的实施意见》，建立区级土地指标管理、城乡挂钩与工矿废弃地项目储备管理和计划指标交易平台，实行复垦完成任务量与计划指标使用分配相挂钩，对补充耕地指标、新增建设用地指标和规划空间指标等全部实行有偿使用。全年收取土地指标交易费1.8亿元。

【高标准厂房建设】 年内，对小于1.5公顷项目不予单独供地；对乡镇工业园区建设，以标准厂房建设为主，实行定点划片集中统一供地。盐都区被省厅和省经信委联合表彰为2015年度全省高标准厂房建设与使用先进地区。智能终端产业园全部建成四层带电梯工业厂房，容积率均达1.2以上。全区全年新建高标准厂房30多万平方米，土地节约集约利用水平不断攀升。

【清理闲置和低效用地】 组织批而未供、供而未用、用而不足及低效利用空闲厂房情况调查，并以镇（区、街道）为单位进行处置整改。开展闲置经营性土地清理活动，全年共清理出闲置经营性土地19宗、面积119.93公顷。

【工业、经营性用地网上交易】 全年共组织挂牌出让国有建设用地85宗，169.16公顷，其中，经营性用地挂牌23宗，67.93公顷，出让金9.66亿元；工业用地挂牌62宗，101.2公顷，至年底，全区工业、经营性用地全部实现网上交易。

【开展地籍变更调查】 年内，对全区484个监测图斑逐一分析，疑难问题图斑，逐图斑制订变更方案，2015年度变更调查工作率先通过省厅检查。完善日常变更调查“月清季累”工作机制，按月上图入库，全年入库变更图斑120块；建立日常勘测定界数据库，认真审核项目用地勘测定界报告，审核的勘界成果的权属、地类、面积，无一差错。

【规范综合执法监察】 年内，落实耕地保护共同责任和行政执法监察机制，建立以“慧眼守土”工程为基础的土地执法巡查、土地利用巡查、基本农田管护等综合巡查体系，定期和不定期开展集中巡查，做到违法违规用地早发现、早制止，确保全区用地秩序持续向好。2015年度卫片执法检查顺利通过省部级核查，执法监察工作始终排名全市前列。

【对外宣传共组】 区信息新闻报道及调研工作实绩名列全市前茅。3月，被省厅评为2014—2015年度政务信息工作先进单位，胥国海被中国国土资源报评为“优秀特约记者”。

【推广“四全”服务模式】 年内，组建行政许可科，将受理条件，审查要点，衔接审批环节进行优化、细化和量化，优化整合用地预审、用地报批、土地供应、土地登记等相对独立的审批服务流程，形成简化、畅通、信息共享的审批大流程，实行“一个窗口受理、一条龙审批、一站式服务”。服务窗口在区行政审批中心和市国土窗口一条线考核中，连续四个季度均排名第一，并被评为区“红旗窗口”、全市国土资源行政许可服务先进集体。

【提高队伍整体素质】 年初，组织作风建设“三提升”活动，制订出台“四亮五比一创”活动计划和《盐都国土资源工作督查办法》；建立岗位责任清单，明确职权依据、行使主体、运行流程、对应责任等，落实岗位责任，规范服务行为；层层签订《党风廉政建设责任状》，把党风廉政建设责任落实到人；扎实开展“两学一做”学习教育；强化文明单位创建，开展扶贫结对、六下乡、交通文明志愿者等文明创建活动，省级文明单位顺利通过验收；张庄、新区国土所被评为全区第五批廉政文化示范点。

【维护群众合法权益】 及时公开国土资源政务信息。年内，全面贯彻落实省政府93号令，对实施安置补偿方案和社会保障审批的，在规定的工作日内将被征地农民生活补助、社会保障资金、补偿费用足额支付给本人、社保专户、农民集体经济组织，结算准确率、到位率100%。

（胥国海）

矿产资源开发与管理

Mineral Resources Development and Management

【概述】 认真贯彻落实国务院关于全面整顿和规范矿产资源开发秩序的通知精神，全面完成规范矿产资源开发秩序的各项任务。按照上级主管部门要求，结合全区实际，规范矿业审批权限和程序，完成矿产权申请、延续、变更、注销等管理工作。

【规范矿产管理】 年初，实施新一轮矿产资源规划，规范矿产取土行为，关闭2座生产效益不佳的砖瓦窑厂，将其纳入年度工矿废弃地复垦项目，规划新增耕地15.33公顷。依据《省政府办公厅关于在全省开展砖瓦生产企业专项整治工作的通知》精神，对全区境内的14家砖瓦生产企业，开展专项整治，对手续不全、环保不达标的坚决予以取缔。 （胥国海）

水资源开发与管理
Water Resources Development and Management

【概述】 围绕贯彻中共中央、国务院《关于加快水利改革发展的决定》，推进节水型社会建设，加强水资源管理，严格水资源管理“三条红线”，积极推进改革创新，提高水资源管理服务能力，全面加强水资源配置、节约和保护工作。严格执行取水许可制度，认真贯彻《行政许可法》，对新建、改建、扩建的取水项目和入河排污口设置实施取水论证、审批、验收全过程的监督管理，贯彻执行《水法》《江苏省水资源管理条例》等法律法规，对水功能区实行严格的排污总量控制，履行水资源管理、水环境保护等职能。

【规范控制水资源利用】 全区全年总用水量为5.375亿立方米，控制在市局下达的用水计划5.375亿立方米以下，农业灌溉水利用系数0.667，水功能区水质达标率77.8%，万元工业增加值用水量每万元14.8立方米，下降率5.1%，节水器具普及率达95%，城市供水管网汤漏失率达13%，完成市下达的目标任务；地下水开采量516万立方米，比上年压采60万立方米，封填深水井48眼，地下水位大幅回升，超采情况缓解明显，创建省级节水型学校一所，市级节水型学校两所，对两家用水项目进行水资源论证，并对其取水申请进行审核发证工作。 （郝春荣　王国华）

农业资源开发与管理
Agricultural Resoueces Development and Management

【概述】 围绕国家和省市农业开发工作的指导思想和总体要求，全面推进和实施项目开发工作，突出特色、注重实效，在加强农业基础设施建设、推进现代农业建设、促进农民增收和农村经济社会稳步发展等方面取得明显成效。

【建成2万亩高标准农田】 年内，完成土地治理项目2个，任务为建设高标准农田2万亩，分别为1万亩的大冈镇高标准农田建设项目，总投资1313万元，其中财政投资1300万元，项目区自筹13万元；尚庄镇高标准农田建设项目，总投资是1313万元，其中财政投资1300万元，项目区自筹13万元，两个项目区均通过市级验收。

参观考察七星农场稻田综合种养基地

【项目管理】 为开展农业资源开发“绿色转型年”行动，坚持“绿色转型、精准开发”，实现“理念转型、方式转型、技术转型、队伍转型、形象转型”，年内，运用农业资源开发项目建设管理平台，创新农开项目管理方式。全区建立项目监督、队伍监察、资金监管“三监”的工作机制和全程质量管理、全面质量管理、全员质量管理“三全”的管理模式，全面保障农开项目建设质量。管理平台经过一年试用，有效解决农开项目建设管理过程中的一系列问题，取得较好的效果。 （余荣诚）

废弃物资源综合利用
Comprehensive Utilixation

【概述】 以秸秆机械化还田为主线，拓展秸秆多形式利用渠道。夏季三麦秸秆还田3.36万公顷，还田秸秆量19.18万吨，秋季还田2.54万公顷，还田秸秆量22.09万吨。秸秆多形式利用量达4.95万吨，全年秸秆综合利用率达99.3%。

【畜禽粪污治理】 科学界定畜禽养殖禁养区和限养区，发动全社会力量，整治畜禽粪污排放，开展畜禽养殖污染专项治理行动，至年底，关闭畜禽养殖场423个，整治畜禽养殖场905个，21个不合格屠宰场全部关闭到位，杜绝畜禽粪便乱排乱放现象，同时成功申报省级畜禽健康养殖示范场2个。全年畜禽粪便总量40.10万吨，资源化利用量39.67万吨，利用率98.93%，其中规模化养殖场畜禽粪便总量15.92万吨，资源化利用量15.84万吨，利用率99.50%。

【探索田间废弃物利用试点】 以省级农业投入品田间废弃物回收项目为引领，年内，培植盐城市邦云医用塑料回收中心示范典型，与现代农业种植大户签订废旧薄膜回收协议，扩大回收量，改善农业农村生态环境。全区全年农用薄膜量5490吨，回收量5446吨，回收率为99.2%。全年农业废弃物综合利用率99.16%，比上年增长0.41%。

【农业废弃物资源化利用】 坚持把农业再生资源利用项目作为引领职能工作的重点，争取政府财政配套奖补，全年共申

报实施农业可再生资源循环利用项目17个，项目资金520万元。（吴德标）

环境保护
Environmental Protection

【概述】 围绕中央环保督察交办问题整改，全区环境保护工作得到进一步重视和加强。项目管理在改善服务、转变作风的同时对不符合环保要求的项目不予支持审批严格把关；环境监管在确保完成年度污染物排放总量控制目标的前提下始终把保障水源安全作为首要任务；环境执法在维护群众利益和发展大局的基础上展开系列整治行动，解决一批环保信访老大难问题。环保指标考核细化硬化，环保等部门履职能力提高，年初制定的各项环境保护措施基本落实到位。

【中央环保督察】 中央环境保护督察组共交办盐都区13件、下沉督察交办5件，市专项整治办交办140件，逐一落实整改，至年底，全部整改到位。在违法违规项目清理整治中，全区共涉及150个项目，并全部清理整治到位（其中：关闭淘汰9个、整顿规范9个、完善备案132个）。

【建设项目把关】 全区全年共审批项目118个，以区"八大类重点建设项目"帮办服务为重点，主动作为，开辟"绿色审批通道"，促进重点项目早日报批。提前介入重大项目，加强与当地政府、建设单位、环评单位对接与联系，加速项目的推进。为智能终端产业园二期标准厂房、盐都区老年社会福利院二期工程项目、区公共卫生服务中心项目等28个八大类重点工程项目出具环评初审意见，支持八大类重点工程项目办理国土、规划等先期手续。与省环境科学研究院、盐城工学院等环评中介机构协调，为全区118个项目压减费用70余万元。

【争取环保专项资金】 全年共争取各类污染防治资金、水区域补偿资金等近3300万元。其中2016年全省覆盖拉网式农村环境综合整治补助资金800万元，2015年中央大气污染防治专项资金23.37万元，重金属污染防治资金130万元，2016年省级水污染防治资金288万元，2013—2014年度省通榆河水环境质量区域补偿资金498.3万元，2015年度全市水环境区域补偿资金130万元，2015年度全省水环境区域补偿资金38.85万元，生态补偿转移支付资金1392万元。

【环境质量监管】 全年开展"春雷""亮剑斩污""十小"企业取缔等专项行动，加密对重点污染企业生产车间、治污设施、排放口和固废堆场检查频次，打击非法排污行为。整治小塑料粒子加工作坊，责令关闭4家；对7家岩棉企业进行整治，关闭4家，停产治理3家；加大对重金属企业检查力度，对全区30多家酸洗磷化企业进行督查，对21家企业的环境违法问题责令整改；加强危险固废监管，安全处置危险固废28625吨，医疗固废216吨，依法关闭中色锐毕利公司非法电镀车间。全年，共下达责令改正通知书69份；停产整治企业8家，行政处罚8家，处罚金额94万元。完善环境监管网格。全区建成1个二级网格、18个三级网格、250个四级网格，制定监管工作职责，全年监察企业共1.5万余次；推进"一企一档"建设，编制完成360家企业环保信息库。开展秸秆禁烧巡查工作，连续三年实现国家环保部、省环保厅卫星"零监测"，省市督查"零通报"。组织两轮燃煤锅炉专项整治行动，整治燃煤锅炉158台，完成三年（2015—2017）整治任务的80%。对品正、昂岭等3家岩棉企业和江洲染整、丽凯毛绒3家印染企业实施停产整治；对天邦饲料、明辉饲料等3家群众反映强烈的恶臭产生企业进行限期整改。对永宁汽车城25家汽车4S店和全区汽车修理行业，实施无组织VOCS收集和处置等环保设施改造。全面划定畜禽养殖禁（限）养区，关闭规模养殖场331个，整治养殖场739个，关闭21个不合格生猪屠宰场。

【环境监测监控】 年内，完成《盐都区水环境质量监测及农村环境质量监测实施方案》的水、气、土壤监测，获得各类环境质量监测数据近1万个。对近60家企业进行了污染源、污染纠纷监测，获得监督监测数据近500个；对重啤和苏水水务2家污水处理厂进行比对监测。在朱沥沟增加尖胡桥预警断面，实行全天候、全年不间断的巡查方式。完成150个违法违规项目的环评和验收监测。在建成区环境监管应急中心的基础上，配套建设重点企业和污水处理厂在线监控系统、蟒蛇河朱沥沟水质在线监控系统、无人机巡查监控系统、单兵执法终端监控系统等，实现秸秆禁烧、污染源监控、环境执法、实时在线监控，提升综合执法能力。投入500余万元，新建空气质量自动监测站，联网调试到位。

【饮用水源安全】 开展水源保护联动巡查工作，对饮用水源地进行全天候全方位管控，督促各段"河长"履行管护责任；对水源断面进行不间断采样，确保对水源水质实时掌控、可靠预警。整治水源环境。组织"清水雷霆"专项行动，全年共检查企业300多家，限期整改35家，立案查处14家，关停取缔8家；一级保护区内曙光猪皮加工点、江海服饰有限公司、兴龙钢材堆放点、亚华玻璃4个企业全部关闭；取缔一级保护区内鱼罾鱼簖6处，搬迁养殖场4个；拆迁居民141户。完成取水口上游蟒蛇河池沟至泾口河道疏浚和4条平交河流的清淤整治，完成116.67公顷盐龙湖周边绿化隔离带项目建设。完善治污设施。推进全省覆盖拉网式农村综合环境整治工程落实，累计投资约9000万元，新建保护区内秦南、龙冈2座日处理量为2000吨的污水处理厂以及配套管网。至年底，秦南污水处理厂和配套污水管网工程进行设备安装；龙冈污水处理厂及配套管网工程基本完工，全部建成运行后，全区污水处理率达90%以上；学富镇畜禽粪便处理中心开工建设。

【环境执法信访】 畅通"12369"环保热线，安排专人值班。全年受理信访1002件，其中"12369"平台转办385件（省级上访31件、环保部上访4件），12345转办379件，网络来信来电来人238件，均查处到位，回复率达100%。

【环保宣传活动】 开展"6·5"世界环境日宣传活动，组织100余人、摆放宣传展板25张、悬挂横幅6条、发放宣传卡片1500份、传单5000余份。全面推进行环境权力和政务服务透明运行，全年在环保网上公开环保信息1300多条，全年被各级各类媒体采用稿件100余篇。

【环保队伍建设】 严格内部管理，调整岗位目标，公开行政权力，推行品牌服务等10项整改措施，并对重点岗位和环节的两起失职渎职行为进行责任追究。一线执法人员持证上岗、亮证执法，两人以上服装、标识、用车"三统一"。开展解困帮扶、志愿者服务等活动，全年组织5批次小分队到新区福才等社区清扫垃圾、慰问困难家庭。对北龙港龙兴居委会、秦南镇千秋村、农村经济开发区袁邵村、大冈镇同兴村、学富镇连心村等村居进行政策、资金多方面扶持。 (王亚云)

环保局下属单位

(1)盐都区环境监察局

负责人：吕鸿忠

电　话：69933205　18951558918

负责对日常环境监察业务的指导、督查和考核，牵头组织专项环境监察及情况汇总上报。负责对所管辖区域内单位和个人执行环境保护法律、法规的情况进行现场监督、检查，和处理。负责对所管辖企业污染源的现场监察和各类污染防治设施运行管理工作。负责所辖区域排污者排污申报登记、审核、核定、排污费的核算及征收工作。负责对所管辖企业拒付排污费的催缴及处罚工作。负责对所管辖区域内环境污染事故、纠纷的调查处理工作。负责对所管辖区域内生态破坏事件的调查，并参与处理。负责所辖区域重点污染企业环境安全检查和重特大突发性污染事故的现场应急处置。负责所辖区域污染源远程自动监控系统的建设和运营监督管理。负责远程自动监控中心的日常管理，协调自动监控系统营运工作，建立相应运行档案，及时采集、通报排污数据信息。负责所管辖区域建设项目、限期治理项目实施过程的监察并参与验收工作。参与对所管辖企业的排污许可证执行情况进行现场监督检查。

(2)盐都区环境监测站

负责人：张晓钧

电　话：69933209　18951559686

贯彻执行《中华人民共和国环境保护法》及有关环境保护和环境监测的法律、法规、标准、技术规范和管理制度；参与盐都区环境监测规划、计划的制定，并贯彻执行；按照国家环境监测技术规范开展环境质量监测、污染源监督监测、环境执法监测，并提供相关的监测数据；按分级管理、分级实施的原则，履行监督监测职能，为环境保护目标责任制的实施情况及城市环境综合整治提供考核依据；收集、整理、储存我区环境监测数据、资料，对我区环境质量和排污状况进行综合分析，为政府环境决策提供技术依据；负责本站环境监测人员的技术培训、业务指导、监测质量保证和技术资质的考核；服从区环保局和上级环境监测部门临时工作安排，为社会提供环境监测技术服务，主要包括：(1)建设项目竣工环境保护验收监测；(2)排污申报、排污审计和排污许可证制度实施监测；(3)环境污染纠纷仲裁监测；(4)污染事故监测；(5)其它各类环境监测和咨询业务。

生态文明建设

The Construction of Ecological Civilization

【概述】 全区生态农业格局初步形成，农产品检测体系全面提高，农民生态意识增强。重点培植农村经济开发区(台创园)，全力打造生态农业循环示范镇，至年底，7大类18个子项考核指标全部达标。大力推广立体复合经营模式，新增稻渔共作、藕田套养等综合种养面积1000公顷，七星农场稻渔(鸭)共作试点基地成为全省稻田综合种养十大示范基地。以沼气工程为纽带，培植盐城市大自然畜牧有限公司华洲猪场、江苏绿悦生态农业发展有限公司、江苏绿之岛现代农业发展有限公司、江苏泰和畜牧实业有限公司、盐城市夏氏鸽业有限公司等一批循环养殖、生态种殖的典型，采用健康养殖模式，实现畜禽粪便无害化及资源化的再处理再利用，把沼液沼渣直接排入农田，肥沃土壤，解决畜禽养殖业的污染问题。盐城市邦云医用塑料回收中心作为盐都一家废旧农膜收集储运、加工处理、再生利用全链条处理利用企业，与种植大户签订农用薄膜回收协议，年废旧塑料制品回收加工量达500吨。

【加大农业面源污染控减力度】 实施农药减量化工程。加强病虫预测预报工作，大力推广农药精准化使用，全年农药使用面积每公顷15.12万次，年内，新增植保合作社4家，粮食病虫专业化统防统治覆盖率达59%，高产创建示范区达100%。全年农药使用总量520.4吨，折纯量142吨，比上年减3.6%，高效低毒低残留农药使用面积占比89.8%，比市下达数75%增14.8%。推广化肥减量化使用。全面推广测土配方施肥技术，发放测土配方施肥建议卡30多万份，培植楼王鼎绿、大冈野陆芳地、郭猛国胜草莓等水肥一体化示范典型，实现精准施肥和科学施肥。全年测土配方施肥技术覆盖率达98.8%，比市下达数87%增11.8%，化肥减量使用占比3.6%；耕地质量检测管理工作到位率100%，比市下达数95%增加5%。建成市级农产品可追溯示范基地12个，新增农业"三品"23个，生态条件不断改善。

【打造绿色家园】 年内，整合各种资源，科学规划，合理布局，加大资源保护力度，加快村庄绿化建设、农田防护林建设、高效经济林果建设、林果产品深加工建设、林业旅游项目建设，大力发展优势特色林业。全年新造成片林733.33公顷，四旁植树67.7万株，创建绿化示范村10个，其中省级绿化示范村4个，森林生态示范村2个，完善提升"草镶边"333.33公顷。 (吴德标　仇东辉)

城乡建设 交通 供电

Urban and Rural Construction Communication and Transportation

规划工作

Planning Work

【概述】 2016年，区规划编制任务共有35个(包括市政府确定的规划编制任务3项)，其中战略规划1个，总体规划1个，控制性详细规划6个，城市设计及修建性详细规划7个，专项规划3个，村庄建设规划(含美丽乡村规划)17个，年度规划编制经费预算2000余万元。按照年初计划，基本完成区委区政府交办的各项工作任务，各项工作取得明显成效。

【强化规划引领和控制作用】 探索实践城乡规划工作中城市更新、多规合一等难点问题，以及城市设计、海绵城市、大数据等热点问题。张芙蓉和董建主持并参与的《基于“互联网+”的传统村落保护规划策略及其实施研究》社科类项目获得建设部立项、参与的《乡愁视角下传统村落保护更新模式与规划策略研究》社科类项目获得省住建厅立项、主持并参与的《亚热带平原型城市“海绵城市”策略研究——以盐城市规划实践为例》科技类项目报有关部门审核。结合国务院批准的《长江三角洲城市群发展规划》以及省委书记李强对全省城乡规划工作的要求，重新审视新形势下全区在省市乃至长三角的区域定位、职能分工，以《盐城市城市总体规(2013—2030)》为支撑，完善高新区发展战略规划，确定高新区的发展地位与目标、产业发展战略、空间布局规划。

【特色城镇建设】 年内，加强主城区组团发展和高层区控制研究，联合编制主城区色彩专项规划、大市区桥梁概念规划编制、内环高架周边环境整治规划、城市老旧建筑注重提升建筑立面和整体形象的改造规划，规划管理中重点加强对新建建筑形态、色彩和功能设计。对城市高度、建筑密度、道路街面整治、城市天际线、建筑色彩造型，以及重要节点地区和地标建筑的建设等进行规划引控，保证城市总体风貌和谐。在小城镇建设上始终把握城市发展规律，坚持保护生态与历史文化传承，以特引领，产业兴镇，开辟特色小城镇建设新局面。持续推进美丽乡村建设，积极开展中心镇建设以及名镇名村、宜居示范村庄创建等工作。杨侍村被评为全国乡村旅游AAAA级景区，丁马港村被评为省级历史文化名村并向国家申报国家级历史文化名村，三湾人家获得全国人居设计金奖。协助创建大纵湖AAAAA级景区、龙冈国家森林公园，打造龙冈国家级特色小镇。

【规划引导新型城镇化建设】 完善各镇总体规划、控制性详细规划编制，年内，组织专家论证并提请市政府审批通过龙冈、大冈、郭猛、尚庄、学富、秦南镇新一轮总规，大纵湖镇总规上报审批，郭猛镇总规通过专家评审，为镇区各项建设提供规划审批法定依据。编制完成并报提请市政府审批通过《盐都区镇村布局规划》，按照省《村庄规划导则》要求，尊重地方文脉，展示地方文化，体现乡土气息，做好全区村庄建设规划。联合研究制定《盐城市村庄建设配套标准》，积极推进示范图集的编制工作，指导全区镇村建设。

【服务重点项目】 年内，服务包括万达广场建设、腾飞路西延、东进路西延、盐龙湖水厂建设、棚户区改造、老旧小区整治、城乡河道整治以及高新区智创园邻里中心等各类城建重点工程，市政府为民办实事项目。

【立足本职工作】 全年共受理各类行政审批材料1140件（其中验收材料247件)，发放《建设项目选址意见书》26份，建设用地规划许可证91份，建设工程规划许可证392份，工程证总面积为2375513平方米。共完成盐都区政府重点项目5件，八大类重点工程4件，民办实事工程3件，城建项目工程12件。分局共办理各类案件113件，其中市长信箱27件，信息公开11件，“12345”信箱31件，OA电子平台44件，全部按时办结，办结率100%。做好办理市、区人大代表建议和政协委员提案12件，其中，主办件1件，协办件11件，主办件答复满意率100%。

【提高队伍素质】 年初做好工作责任分工，将分局全年党风廉政建设和反腐败工作的目标、任务，逐项分解细化，明确具体要求，进一步明确职责，细化任务，全面推行部门责任清单和权力清单。每周坚持组织分局全体人员学习、从无间断，将组织学习融入日常工作，作为制度落实。分局全年共组织理论学习20余次，以《习近平总书记系列重要讲话读本》为纲要，结合“三会一课”和组织生活会开展学习。提升岗位技能。结合分局日常运转实际，合理划分岗位职责，科学制定岗位责任制，按照各科室的职能配备专业人员，定期培训学习，不断适应形势需要和工作规范要求。在具体培训过程中，将负责文秘、档案、章印、宣传、信访、安全、保密、提案议案办理等岗位人员分批安排到区委办、区政府办、档案局、信访局、人大办等部门进行短期跟踪学习，学习专业部门办理工作的规范技能、方法技巧，提升分局整体办事水平。严格执行规定。根据“八项规定”“三公”管理要求，进一步加强分局日常运转的规范化运作，提升到讲政治、守规矩的高度，不妄议中央、不做与党员身份不符的事情，将思想和精力集中到规划事业上、为民服务上；杜绝公款旅游，不报销违反规定的账务；严格控制公务接待，不涉足敏感场所，坚决做到有令即行、有令即止；积极响应公务用车改革，公务出行严格按照相关规定执行。严肃工作纪律。科学制定机关日常管理制度，严格履行上下班签到制度、请销假制度，并由相关科室强化日常督查，对在工作中出现的个别自由散漫现象，进行严肃的批评教育。通过行之有效的监督管理，确保分局提升效能建设。 （吴序文）

城乡建设
Urban and Rural Coustruction

【概述】 以盐龙街道、盐渎街道、潘黄街道为新城市区，加大投入力度，加强基础设施及公共配套设施等重点工程建设，合力共建“强富美高”魅力新城。

【推进重点工程】 全年，牵头承建市区城建重点工程，重点实施城市道路、绿化、社会公益配套等12个工程项目，其中大马沟生态公园景观改造提升工程、东干渠健身步道、世纪公园和丽都公园健身步道竣工，老年人福利院和残疾人康复中心工程、汇文花园二期完成装饰配套工程，南环路接线工程桥梁主体、道路水稳摊铺完成，盐渎路污水管网工程基本结束，兴建行政服务中心附属楼，冈沟河景观带进行地形整理施工。

【打造绿色生态新城】 组织春秋绿化会战，全年实施绿化项目30项，完成投资11628万元，新增绿地90.55公顷，城市绿化覆盖率达到46.01%。推进实施桃花园续建、小马沟滨河公园、东进路西延3个绿色盐城建设重点工程项目，城市绿化建设工作走在大市区前列。

【创建卫生文明城市】 年内，组织对全区在建工程进行督查，着重检查在建工地的文明施工、扬尘治理、污水管网建设、河道截污工程和老旧小区整治，打造天蓝、地绿、路畅、水净环境，创建卫生文明城市。

【规范实施房屋征收】 坚持依法征收(拆迁)，全年完成拆迁面积173786平方米，其中住宅916个、面积140860平方米，非住宅81个、面积12457平方米，拆除违法建筑20469平方米。国有土地上征收住宅227户、房屋面积45400平方米。实施棚户区(危旧房)改造1859户，住房货币化安置比例达到90%。 （苗林杰）

城市管理
Town Management

【概述】 全区城管事业获区委区政府表彰的特别贡献奖，并获得区思想宣传和文化发展工作奖、反腐倡廉和作风建设工作奖、政法综治和信访稳定安全生产奖3个单项奖。区推进城乡垃圾收运一体化的先进做法被省住建厅列入城市创新实践案例集；城市管理工作在大市区考核排名位列第一；区道路巡查大队在全市督办处理案件工作中，排名荣获9次第一，综合排名位列第一；全区城管系统“廉政文化进家庭”创建顺利通过区纪委、区妇联“廉政文化示范点”申报验收，区直部门仅此一家。

【城建重点工程】 响应省市政府号召，开展新一轮城市环境整治工作。全区全年列入整治计划项目共11类32项，总投资5.23亿元，群众反映强烈的城市环境“脏、乱、差”问题得到整治。新建3座公厕和新能源电动车停车棚，完善环卫基础设施。实施开元路提档升级改造工程，推动建筑外立面

生态宜居小区——钱江绿洲

改造，打造夜景亮化精品，提升城市风貌品味。

【健全五位一体长效管理机制】 年内，重点强化基础设施建设，新增监控摄像头10个，总数达76个；整修垃圾池302座、新增和更换垃圾桶3500个；购置移动压缩车1辆、吸污车1辆、车厢式垃圾侧装车5辆。组织开展农村生活垃圾分类调研工作，组织楼王镇和郭猛镇多次赴浙江杭州、金华、宁波等地考察学习垃圾分类收集处理方面的成功经验。开展多种形式督查活动，借助春节前集中开展的“迎新春·清洁乡村行动”和5月中旬召开的农村环境“五位一体”长效管理“家家到”现场活动，进一步完善将“农村道路、河道、绿化、垃圾处理和设施设备维护”纳入一体化管理的长效管理机制。年内，全区收集处理城乡生活垃圾12.7万吨，清运垃圾渗滤液1800多车次；清理农村河道水草及漂浮物2.2万立方米，整治旱沟废塘1137个，集中清理河岸坡的陈旧垃圾、枯枝烂藤5000吨。农村环境面貌得到有效改善，生活垃圾无害化处理率高达95.7%以上。

【助力创建全国文明城市】 提升市容环卫管理水平。重抓基础管理，将创文标准融入日常管理要求，年内，共清理各类违规户外广告89处，更换广告画面32块；整治规范建设工地4处，规范渣土清运车辆50余辆；整治出店经营2300多处次，取缔流动摊点1600余摊次，规范非机动车停放400余辆次；清理道路两侧乱倒建筑装潢垃圾500多吨，捡拾绿化带内垃圾近1吨，冲洗道路800多千米，喷水降尘2000多千米，机械化作业率提升至85%。不定期召集盐渎、潘黄、盐龙等板块城管力量和其他有关部门执法力量，成立联合执法组对各类影响市容秩序的违规行为实施集中治理，有力打击夜间流动摊点的违规行为。为做好创建全国文明城市的宣传推广工作，按照区创建文明城市指挥部要求，制作各类高炮广告创文宣传画面49幅，并利用辖区门店电子显示屏播放创文知识和标语等内容，教育和引导广大市民以实际行动支持文明城市创建。

【治理违法建设】 建立镇村快速联动、部门执法协调配合、信息网络共建共享的工作机制，及时、全面掌握违建信息，快速、有效处置违法建设。全年共接收各类违建投诉111起，成功处理100起。8月，开展违法建设专项整治“百日行动”，查处并拆除全部新增违建44起，拆除面积5500平方米；登记存量违建625起，处理199起，拆除面积8570平方米，拆除率达31%，超前完成五年治理年度10%的查处目标。

【景观环境整治】 9月，按照区委区政府相关部署，城管局作为牵头单位，利用近15天的时间，对青年西路、西环路、南环路、204国道4条高架道路，总长约15千米，对照《市区内环高架快速路网两侧景观环境整治规划》进行全面排查，摸清底数，制定整治实施方案，针对各分段的现状问题，对照立面、绿化、屋顶、遮挡、夜景等方面的要求开展整治活动。自9月起，共完成墙面刷白10.7万平方米、屋顶美化3000平方米，绿化植树21.67公顷，取缔废品收购点31处、石材加工点59处、其他出租场地46处，拆除广告牌43块，清理杂船27只，河道清淤12千米，清理岸坡5.5千米，搬迁民房13户，迁坟1080座。

【杂船整治工作】 朱庄水上集中居住区专项整治的各类船只共有485条，2015年整治455条，剩余30条(破产的第二航运公司)，至8月，共劝离26条，剩余4条做防火隔离措施。

（李　浩　顾曼丽）

新农村建设

New Country Construction

【概述】 新农村建设坚持推进新型城镇化与城乡发展一体化，实施整治与建设并重，加快新镇区、新园区和新社区建设，打造重点特色镇和田园秀美新农村。

【推进新镇区建设】 按照全市镇区环境整治提升三年行动方案部署要求，深入推进“绿色盐都”建设，重抓城镇主次干道、河道岸边补绿增绿，推进实施城镇绿化项目67项，新增绿地280公顷，建成一批主题公园、街头游园、滨河绿带，全区城镇绿化覆盖率达到43.2%。开展“植草行动”，组织实施抢工会战，新增植草面积354公顷，实现道路两侧、河道岸坡、闲置地块等重点区域“草镶边”全覆盖。大纵湖镇新型城镇化工作获得市委、市政府嘉奖，大冈镇通过省住建厅专家组苏北重点中心镇验收，龙冈镇被国家林业局批为国家生态公园（试点），成为全省首批、唯一的试点单位；学富镇创成江苏省特色城镇保护镇。全区常住人口城镇化率达到62%，高于全国、全市水平。

【加快农村康居工程建设】 推进农村康居工程三年行动，按照“排查摸底一户不漏、鉴定分类一户不错、建档造册一户不少”要求，进行全面调查摸底，确认全区农村危房4698户，其中D级危房1665户；“四类人群”2014户，其中D级危房676户。总结推广大冈镇集体组织统建、郭猛镇宅基地有偿退出、杨侍村集中居住点代建等成功做法，坚持把D级危房作为改造重点，优先对“四类人群”危房实施改造，全区拆除危房1665户，危房改造竣工2339户，在全市率先完成年度目标任务。

【启动美丽乡村建设】 坚持新村建设与老村改造同步齐抓，康居乡村与美丽乡村同时培育，按照中央美丽乡村建设导则和省农村环境五年整治提升要求，加大环境整治、功能配套、制度完善等建设力度。年内，从全区规划审定的153个农民集中居住点中，优选光明、红星等25个康居美丽乡村示范点。

【加强村镇档案室创建】 坚持把城乡建设档案管理作为重要内容，切实推进村镇建设档案的业务工作，全年审核单体工程竣工档案435个，出具《建设工程档案专项验收意见书》162份、《建设工程档案接收证明书》415份，全区城建重点工程档案收集率达到97%以上。全年共整理档案资料5687卷，案卷整理合格率

三官村

达98%以上，档案数字化率提高到98%，位居全市领先水平，指导盐龙街道创建成“省特级村镇建设档案室”。（苗林杰）

交通运输
Traffic and Transportation

【概述】 全区交通运输工作围绕“建立结构合理、功能互补的综合交通基础设施体系，提升交通基础设施服务水平”目标，加快交通基础设施建设，完善综合交通枢纽布局，规范运输市场秩序，改善公交服务，强化机关作风效能建设和党风廉政建设，推动盐都交通事业发展，获区委区政府综合奖和市交通运输局综合奖，盐都区获全省首批“四好农村路”示范县称号。

坚持统筹谋划，交通设施建设稳步推进。完成交通基础设施投资8.5亿元，占年度计划的121.3%。“八大类”工程克难求进，完成年度目标。6月，总投资1.95亿元的盐渎路跨宁靖盐高速大桥开建，完成工作量的80%；125省道四期工程完成全线沥青下面层；建成新331省道楼王、学富、中兴、鞍湖、泾口、秦南、张本7条公路接线16.83千米（其中一级公路2.97千米）；对62千米农村公路进行提档升级，新建改建桥梁150座，完成全年农村公路提档升级工程建设任务，并为全市农村公路提档升级工程“三年行动计划”现场推进会提供观摩现场；完成盐邵线航道五期护岸和盐邵线疏浚工程。城乡公交一体化便民高效，服务快捷。红星、莘野公交回转场投入使用、盐城汽车客运西站主体完工；投入280万元，新建候车亭20对；80辆新能源车全部投入使用，新建充电桩30个。完成城乡公交一体化评审工作，盐都区被评为AAAAA等级；协调开通盐都车站至张庄五联物流66路区间车，调整K10、B支4和K401公交运行线路，完成大市区第三期公共自行车布点工作，全区群众出行更加方便快捷。6月，总投资3800万元的纬五路跨冈沟河大桥开建，启动康庄大道西延工程建设，启动实施盐城新水源地及引水工程房屋搬迁和清障工作，完成潘黄朱庄水上居住区杂船集中整治工作，做好市区内环高架建设的矛盾协调工作，保证境内高架建设的顺利实施和推进。

注重创新机制，行业管理水平不断提高。区公路部门推进公路精细化养护、机械化养护、全面养护和预防性养护，全年清扫车共清扫路面33150千米，洒水车对路面冲洗360台班，S231、S233、S331路肩恢复性整修132千米，清理边沟15.6万米，肩道、边坡割草395万平方米，铲除车辙1.93万平方米，绿化修剪160千米，绿化治虫122千米，干线公路百米桩、里程碑全面白色涂刷出新。大力整治路域环境，加强路政管理，对公路路面障碍物、公路用地内非法非标和建筑控制区内非法建筑物依法组织强制拆除，清除电杆275根，非公路标志127块、公路堆积物350立方米、铁塔基础1处等。加强路政巡查，全年立案50起，查处非法超限运输50辆，卸货200余吨，收缴罚（没）款2.69万元；全年收取公路赔（补）偿费410多万元。交通运输管理日趋规范。全年查处违章案件144起，罚没收入8.8万元。加强运输行业管理，完成2016年水路运输企业核查和2015年度燃油补贴发放工作；完成全区道路运输企业“两证”年审工作，共年审经营许可证1553份、车辆道路运输证2382本；对内河港口岸线资源进行调查统计，对盐宝线航道楼王作业区码头进行施工设计审查；启动老旧拆解船舶摸底调查。大力推进物流业发展，为亚邦盐城公路港（一期工程）申请货运场站建设补贴资金1000万元，全区县、镇、村三级物流网络基本建成。依法行政意识全面加强。立足“七五”普法要求，开展法律法规宣传，13名执法人员参加年度轮训，全年开展执法检查6次，不定期对各执法单位、窗口进行检查，抽查执法人员执法记录簿，发现问题及时处理，未发现违纪违规行为。全年共受理运政许可177件、涉路许可34件，未发生一起行政复议、投诉事件。完成法治公益广告《法治交通，让生活更美好》宣传片的拍摄工作。质量监管措施有效。全年开展综合检查3次、专项检查3次，下发监督检查通知书22份、监督指令5份，工程项目监督覆盖率达100%。依托交通工程手机客户端“掌上档案馆”，实现项目前期资料网络化流转，全年平台共上传资料10924份，施工图片1010张。委托第三方检测机构采用专业的技术手段、先进的检测仪器对全区534座大中桥梁进行把脉诊断，逐一体检，建立“体检卡”，及时掌握桥梁质量状况，保证区内桥梁的安全运行。落实安全生产主体责任、监管责任。开展安全生产大检查12次，发现隐患351条，全部整改到位。打击恶意超限运输违法行为，营造良好的公路安全环境。

强化责任担当，服务发展能力明显增强。支持高新区建设，主动承担国家级高新区内基础设施建设任务，完成纬五路跨冈沟河桥主体工程和秦川路、盐渎路绿化提升工程，为高新区承接重大项目提供交通支撑。参与智能终端产业园区建设，为方便企业职工出行，新建公交候车亭、新设城市公共自行车点，协调市公交总公司延伸高新区内的公交线路，适时延长晚班车营运时间。并争取市民航站开通盐城至深圳直达的加密航班。强化招商选资，提供项目信息3条，由苏州晶葵新材料有限公司投资的太阳能硅板研发生产项目成功落户高新区，项目总投资1000万美元。加大与金融机构的多形式合作，积极争取省补资金、区财政引导资金，全年共争取省补资金2.46亿元、区级财政引导资金3.84亿元、银行等金融机构贷款22.56亿元，保证各项工程的顺利实施和有力推进。强化扶贫共建，帮助张庄郑通村兴建二级公路接线近3千米，机关干部帮扶的15户贫困户，均按要求实现对口帮扶、全部帮扶，帮助7户低收入户劳动力找到一份事做。投入近400万元，帮助大纵湖镇双官村、秦南镇富康村、楼王镇新祥村等经济薄弱村新建农路40多千米、农桥15座、巷道5000米，解决困难村居群众的生产生活难题。

倡扬严实作风，党员干部素养全面提升。全年共办理各类投诉建议401件，均在规定时间内答复，满意率达98%以上。开展党风廉政建设和反腐败工作，交通队伍不断纯洁。深化廉政教育，开展“510”警示教育、“四前”教育活动，搭建“线上+线下”教育平台，在局域网站、机关宣传栏、微信公众平台、QQ群等媒介开设反腐倡廉宣传教育窗口，在元旦、春节、“五一”、端午等重要节日来临前夕和重点工程项目开工前、进行廉政教育，对新录用的公务员和事业单位人员在其任职前、操办婚丧喜庆之前进行廉政谈心提醒，参观市尚德昭廉廉政教育馆、制作廉政文化宣传栏、观看警示教育片。扎实开展“清正家风盐都行”活动，拍摄廉政微电影《药》，拍摄的《规范人生，廉洁自律》廉政公益广告被市纪委推荐，在全省获铜奖。参加廉政文化示范点创建，营造廉政文化氛围。加强执纪监督，组织明查暗访30余次，对违反工作纪律的人员进行问责，发放函询1件、作风效能通报2件，诫勉谈话5人次，对存在问题的相关单位、科室及个人在全系统通报曝光，加强精神文明建设，常态化开展“道德讲堂”宣讲活动，及时挖掘新人新事，“我们的节日”等传统活动助力创建，“六个一”的创建活动正常，继2013后再获“江苏省文明单位”殊荣；弘扬社会主义核心价值观，组织“交通红马甲”，开展文明城市创建活动，注重培养职工健康意识和健康行为能力，获省级“健康单位”称号。

【“廉洁文化”海报奖】 在全市第十届交通文化节期间，由市交通运输局举办的“扬廉洁之风、建和谐交通”廉政文化主题海报征集中，区交通运输局选送的“廉洁文化”海报经专家评审获一等奖。海报主题鲜明，崇廉贬腐，积极弘扬和培育社会主义核心价值观，传播优秀传统文化，营造“风清气正、路畅人和”的交通廉政文化氛围。

【区镇村公交通过验收】 3月22日，全区最后一批大冈、尚庄、龙冈、学富、秦南5个镇镇村公交10条线路营运情况通过省交通运输厅验收，乘客满意率达到95%以上。至年底，全区镇村公交线路达到27条，线路总长652千米，实现镇村公交全覆盖，累计投入营运车辆109辆，各条线基本都能通过集镇各站点与城市公交无缝对接，实现零距离换乘，方便老百姓出行。

【盐邵线航道工程竣工】 盐邵线航道龙冈至古殿堡段四期护岸工程为省航道局下达市2015年度重点航道养护改善工程项目，计划建设护岸12千米，实际完成13千米，完成投资4000多万元。经省交通运输厅航道局验收组现场察看和审阅工程资料，根据《江苏省内河航道维护质量综合评定标准》，工程综合得分为98.5分，质量评定等级优良。

【组织公路应急抢修演习】 6月15日上午，区公路管理站组织路政、养护人员在S229省道开展公路水毁抢险应急演练。在演练现场，路政人员进行交通管制，设立安全警戒线，维持秩序；公路技术和养护人员对病害路面进行清理、开挖和沥青修补。经过半小时作业，病害路面处理结束，道路恢复畅通。

【开展交通工程督查】 9月20日，组织对全区交通重点工程建设廉洁管理标准化工作落实情况进行督查。对纬五路跨冈沟河大桥、盐渎路跨宁靖盐高速大桥和125省道四期等重点交通工程进行现场督查，主要察看项目现场树立廉政建设责任公示牌情况，公布监督举报电话、电子信箱及项目部摆设意见箱情况；详细了解建设项目招投标、质量控制、设计变更、计量管理、项目资金管理、交竣工验收等环节的流程图是否按规定悬挂上墙及规范办理情况；调阅施工、监理等单

全市农村公路提档升级工程“三年行动计划”现场推进会现场

位开展廉洁自律教育会议记录；检查施工、监理单位项目经理、总工、总监等合同约定人员的在位和履约情况。针对督查中存在的未按廉洁管理标准化建设问题，要求项目管理办廉洁管理人员严格按要求落实廉洁管理责任，尽快完善相关举措。

【城乡道路客运发展】 省交通运输厅对照省城乡道路客运一体化发展水平评价指标体系和评价规范，完成对各市、县2015年度城乡道路客运一体化评价，并将评定结果进行公示，盐都区被评定为AAAAA等级，为最高级别。

【获全省首批“四好农村路”示范县(区)】 11月24—25日，省交通运输厅检查考核组一行在全省首批“四好农村路”示范县创建工作进行检查考核，各项指标全部达到要求，通过验收。全省被确定创建首批“四好农村路”示范县共13家，盐都区为全市唯一一家。

【收购高速公路资本金认购证】 年内，制定具体收购方案，形成收购指导意见和收购办法；严格审查相关资料，仔细甄别认购凭证，做好审核汇总；资金落实到位，与市交通控股集团对接，按照拨付程序，备足收购资金；关注衍生新问题，密切注意基层出现的新情况、新问题，切实维护出资人利益，确保收购工作平稳、有序、合规。（王银忠）

供电
Electricity Suppily

【概述】 贯彻落实省市公司和区委区政府工作部署，以安全稳定为基础，效率效益为导向，服务地方经济和社会事业发展，全面完成年度各项工作任务。全年供电量完成16.4亿千瓦时，较上年增长7.6%；完成售电量15.63亿千瓦时，较上年增长7.66%；综合线损率完成4.7%，电费回收率100%。营业部获省公司电费回收先进单位，被市公司表彰为先进集体、文明单位称号，在市公司党风廉政建设责任制考核中获得优秀格次，自2010年起连续7年被区委区政府表彰为综合先进集体。4月，宋红浩劳模创新工作室顺利通过省公司验收考评，涌现出一批先进集体和个人；10月，葛武供电所通过省供电公司四星级供电所评定，并获得省供电公司2015年度乡镇供电所管理提升劳动竞赛先进单位称号；12月，管控中心被中国质量协会、中华全国总工会、中华全国妇女联合会授予全国质量信得过班组称号。

【保障电网安全稳定】 全年贯彻落实各项安全措施，开展春季暨迎峰度夏和秋冬季安全大检查，充分发挥“到岗到位和安全督查”的作用，安全督查245个施工现场。全面落实防汛防台各项措施，有效应对高温、台风、暴雨等自然灾害，确保电网安全稳定运行，实现安全生产无事故2423天。

【电网发展稳步提升】 年内，全面完成近2亿元的配农网工程项目，及时完善供电可靠性基础数据，城网和农网的可靠性分别达到99.991%和99.903%，对全区92只电压监测仪进行巡查和在线招测，确保在线率、合格率达100%，配变调档298台，城网电压合格率99.950%，农网电压合格率达99.578%。加强供电可靠性管理，加强居配工程前期咨询服务和施工、验收和接电管理，按照上级要求积极化解居配政策调整带来的新矛盾，保持大局稳定。

【落实特高压建设】 年内，落实和配合市公司相关部门、单位完善包括国家高新区在内的全区“十三五”电网规划和基本建设项目列项工作。落实电力设施保护和政策处理工作，防汛期间区政府组织突击清理电力通道树木近2万余棵。全面完成特高压通道下74户房屋拆迁工作。制定营业部供电所房屋“十三五”规划，北蒋供电所房屋建成使用。

【提高服务质量】 全年95598工单完成及时率及准确率均达100%，退单及回访不满意现象大幅下降，区内4个供电所全年实现“零投诉”。完成高中考、政府重大活动等各项保电任务，开展防汛排涝、抗灾抢险等工作，开展重点客户及相关电力设施巡查，确保客户供电可靠。

【规范农电管理】 年内，完成2个供电所整合工作，实施农电部分职能移交，建成农电管控中心，强化供电所同业对标管理，对标评比中位列全省5名，全市第2名。完成成本储备项目478个，项目资金9040.62万元，资本储备项目57个，项目资金921.62万元，完成11处供电所房屋和营业厅维修，改善供电所生产生活条件，化解农电信访矛盾，提高农电员工的归属感。

【加强“三个建设”】 年内，全面从严治党，严格落实“两个责任”，严肃党内政治生活，从严加强党内监督。圆满完成“两委”换届工作，扎实开展“两学一做”工作，开展廉政风险防控“析、讲、评”活动，组织“学法规、守党纪、做表率”主题教育，汇编员工学习心得。实施职工“5980”工程（“5980”取谐音“我就帮您”的意思）。（赵亚尖）

信息化建设

Information Construction

- ◆电子政务
- ◆邮　　政
- ◆电　　信

电子政务管理

E—government

【概述】 全区电子政务积极探索全区“互联网+政务服务”新目标和新路径，在优化群众办事流程、畅通政务服务渠道、提升政务服务效能等方面取得实效。较好地完成政府信息公开、政府网站管理等重点工作。

【“互联网+政务服务”工作】 11月19日，全区“互联网+政务服务”成果发布与工作推进会召开，区网上政务服务大厅、盐都政务APP、机关办公自动化+行政权力公开透明运行+政务服务三网合一、省卫生监督与盐都政务服务数据同步交互系统、区镇村政务服务三级联网、中国盐都网英文、德文、日文、韩文版本等6项成果正式上线运行，区长吴本辉，市政务服务管理办公室主任王绍前，区委常委、常务副区长陈志会，市电信公司总经理石磊出席会议。《盐阜大众报》以《建设智慧政务，提升服务效能》为题，对盐都争创一流电子化政务服务体系的成功做法进行了头版报道，并配发“大众时评”，人民网、新华网、中国江苏网等多家主流媒体转载报道。

【电子化政务服务体系建设成型】 在完善政务服务大厅基础上，年内，实现“机关办公自动化+行政权力公开透明运行+政务服务”三网合一，实现区政务服务大厅222个窗口、450多名窗口人员直接通过OA进入政务服务管理系统，并将办件信息同步自动推送到政府网站上的政务服务网上大厅和行政权力网上公开透明运行系统，实现窗口在线远程受理、内部跨部门协同审批和跨层级联动审批、网上公开审批过程与结果、全程电子监察与纠错等各个环节、多个系统的全融合，为涉及行政服务的33个部门提供全部服务事项在线预约、评价、监督等服务，为35项个人事项、146项企业事项配置在线办事功能。

【政府信息公开工作】 年内，全区各级政府机关累计主动公开政府信息14110条，其中政府网站群公开8842条，政务微博微信公开2487条；区级政府共受理政府信息公开申请52件，其中网络申请28件，信函申请数24件，主动公开8条，同意公开政府信息37件，在期限内按申请人指定方式回复率100%。部门预算决算公开65家，公开率达100%；发布招标公告586条，结果公示510条，更正答疑277条，公开率达到100%；全年公开环境质量、环境监测、突发环境事件以及行政许可、行政处罚、排污费的征收和使用情况等信息300多条；公开发布“盐都区行政事业性收费项目政府性基金项目目录清单”；更新所有二级以上医疗机构卫生行政事业性收费、医疗收费以及药品价格信息。在全市政府信息公开测评中，盐都区被市政府办表彰为政府信息公开先进县(市、区)，袁园获全市政府信息公开工作先进个人。

【召开全区政府网站文化建设座谈会】 12月23日，邀请区内外作家代表参加全区政府网站文化建设座谈会，研讨政府网站文化建设的功能定位、地域特征、发展方向。会议肯定“中国盐都网”文化频道建设的特色、亮点、成果，并对文化频道新开设的个人专栏和文化访谈如何进一步挖掘内涵、扩大栏目的广度和深度、提升栏目的市场价值提出建议。

【政府网站(群)常态化管理】 按照国务院办公厅对全国政府网站实行季度抽查的要求，年内，开展全区政府网站季度考核工作，建立全区政府网站建设督查机制，形成全区政府网站管理工作常态化机制，全区49家政府网站顺利通过全国4个季度的政府网站抽查。

【网上政民互动与在线服务】 全年分流办结“市长信箱”858件，“区长信箱”101件，“公众监督”事项5003件(其中咨询2777件，投诉1744件，建议482件)，加强基层群众与政府的联系，推动民生问题的反馈和解决。

【开通系列在线访谈】 全年制作发布政务访谈17期，政府网站开通政务、法治、文化3个系列在线访谈，政务访谈中突出区委十三届八次全会和盐都两会精神系列解读及全区营改增工作，法治盐都在线访谈除公检法司负责人参与访谈外，重要的政府部门负责人也参与访谈。“文化盐都在线访谈”邀请李有干、张晓惠、于国成、陈明、王玉琴、孙曙、宗崇茂、贺寿光等地方文化代表进行交流，讲述盐都文化故事，展现地方文化魅力，全年共制作发布8期。

盐都区主要网址一览表

表4

中国盐都网	www.yandu.gov.cn
盐都区人大	ydrd.yandu.gov.cn
盐都区政协	ydzx.yandu.gov.cn
盐都区廉政网	lzw.yandu.gov.cn
盐都区宣传部(文明办)	wmw.yandu.gov.cn
盐都区政法委	fzb.ydzfzz.com
盐都档案局	daj.yandu.gov.cn
盐都区发改委	www.ydfgw.gov.cn
盐都区经信委	jxw.yandu.gov.cn
盐都区安监局	www.ydsafety.gov.cn
盐都区住建局	www.ydzj.gov.cn
盐都区城管局	cg.yandu.gov.cn
盐都区交运局	www.ydjtj.com
盐都区粮食局	www.ydls.gov.cn
盐都供销总社	www.ydgx.gov.cn
盐都区农委	www.ydagri.gov.cn
盐都区文广新局	wgxj.yandu.gov.cn
盐都区水务局	ydwater.yandu.gov.cn
盐都区财政局	www.ydczj.gov.cn
盐都区物价局	www.ydwjj.gov.cn
盐都区人社局	www.ydlss.gov.cn
盐都区统计局	www.jsydtjj.gov.cn
盐都区环保局	www.jsydhb.gov.cn
盐都区教育局	www.ydjy.net
盐都区卫计委	www.ydws.gov.cn
盐都区旅游局	ydly.yandu.gov.cn
盐都区科技局	www.ydsti.gov.cn
盐都区民政局	www.ydmz.gov.cn
盐都区老干部局	lgb.yandu.gov.cn
盐都区审计局	www.ydsjj.gov.cn
盐都区政务服务管理办公室	www.ydspfw.gov.cn
盐都区级机关事务局	www.ydswj.gov.cn
盐都检察院	www.yanchengyd.jcy.gov.cn
盐都区公安局	yd.ycga.gov.cn
盐都区司法局	www.ydsfj.gov.cn

【集体、个人获省市表彰】 12月，区电子政务管理办公室获省信息中心颁发的省信息系统资源共享平台工作先进集体一等奖，在县(市、区)中排名第一，商文娣获省信息系统资源共享平台先进个人一等奖；全年上报中国盐城网站各类信息367条，其中专题专栏14个，累计得分1223分，区电子政务管理办公室获中国盐城网站内容保障工作先进单位一等奖，曾加祥获中国盐城网站内容保障工作先进个人奖。

【全区电子政务系统平稳运行】 年内，加强各类应用系统日常管理与服务，开展电子政务系统巡查指导，提高全区党政机关信息化日常应用水平。开展全区电子政务核心机房、区行政中心机房以及行政中心大楼近600台办公用电脑日常管理维护工作，每天检查服务器的硬件运行状态，密切关注服务器的应用系统运行情况，做好机房巡查工作记录，加强核心设备、关键系统的维护，确保局域网安全高速运行。 (曾加祥)

邮　政
Postal Service

【概述】 认真贯彻落实省市年初邮政工作会议精神，以高、新、快、实的要求为指导，加快转变发展方式和结构调整，以奋斗者的姿态，弘扬担当、实干精神，继续实现金融业务在全市余额领先、规模领先，弘扬工匠精神，努力打造出色的盐都邮政经营管理团队，全面推进盐都邮政局的可持续发展。

【邮政业务发展】 全年累计实现邮政业务收入11838.03万元，较上年增长25.06%；完成报刊大收订一次性征订流转额886万元，较上年增长2.42%，提前

续表 4

盐都总工会	www.ydgh.org
盐都共青团	tw.yandu.gov.cn
盐都区妇联	www.ydwomen.org
盐都红十字会	www.ydredcross.org.cn
盐都区市场监督管理局	www.ydgs.gov.cn
盐都区招投标采购服务中心	ydzb.yandu.gov.cn
盐都区会计核算中心	kjhs.yandu.gov.cn
盐城高新区	www.ycgx.gov.cn
盐渎街道办事处	www.ydxinqu.gov.cn
盐都台湾农民创业园	nc.yandu.gov.cn
七星农场	qxnc.yandu.gov.cn
大纵湖旅游经济区	www.dazonghu.com.cn
龙冈镇政府	www.yclg.gov.cn
大冈镇政府	dg.yandu.gov.cn
潘黄街道办事处	www.panhuang.gov.cn
张庄街道办事处	zz.yandu.gov.cn
大纵湖镇政府	dzh.yandu.gov.cn
秦南镇政府	qinnan.yandu.gov.cn
郭猛镇政府	www.guomeng.gov.cn
楼王镇政府	lw.yandu.gov.cn
学富镇政府	xuefu.yandu.gov.cn
尚庄镇政府	sz.yandu.gov.cn
北龙港街道办事处	blg.yandu.gov.cn
葛武街道办事处	gewu.yandu.gov.cn
北蒋街道办事处	beijiang.yandu.gov.cn
鞍湖街道办事处	anhu.yandu.gov.cn

超额完成区委下达的党报党刊发行任务。至年底，全区邮政储蓄余额突破70.5亿元。

【提升管理水平】 年内，开展合规文化建设提升年、内控达标年活动，进一步抓好区局内控体系建设。规范服务标准，强化服务培训，提高服务水平。

【服务"三农"工作】 年内，将邮政服务"三农"工作作为邮政的一项主要工作，加快农村电商平台邮乐购加盟店建设，提高选店、建店质量，为平台高效优质运营创造有利条件。丰富农村电商平台线上产品，更好地满足城乡客户需求。

（郭林勇）

电信

Telecommunication

【概述】 认真贯彻落实区政府、市公司工作会议精神，转变思路、开拓进取，保障收入、扎实工作。深入践行"一去两化"，实施划小单元核算。以三级单元的收入为中心，抓收入责任制的落实；加强渠道覆盖，提升渠道能力，通过集约营销、激发活力带动业务发展；持续打造网络、产品、销售、服务、管理道等差异化优势，全年CDMA出账净增7676部，宽带净增6209部，iTV净增6595部，累计签约智慧企业38家，专线宽带协议5家，工作手机协议7家，翼校通代理1家，ICT项目3单。在行业应用竞赛中，共发展总机云业务1088户。

【加快FTTH光网覆盖建设】 至9月15日，完成盐都光网全覆盖建设，行政村覆盖率较上年提升23%，新装宽带光占比达99.7%，在全区排名领先。做好3G网络的优化和4G网络建设，全区范围移动网络覆盖达100%。在市公司"双百兆 光网争先"工程建设劳动竞赛中盐都荣获一等奖。

【加快4G网络优化建设】 结合区域实际情况，年内，提前做好4G站点的规划，根据业务发展的缓急程度，优先安排集镇、居民集中区的站点开通建设工作，在工程建设过程中细化光缆施工、接电、设备安装、设备开通等各环节的计划，确保施工进度和质量。全年计划开通站点190个，至年底，累计开通站点211个，完成计划的110%。在市公司"双百兆 4G争先"工程建设劳动竞赛中荣获二等奖。

【强化基础管理】 突出以人为本，重点放在对人的管理上，从培训入手，努力提升一线销售能力和宽带装维技能。年内，组织渠道销售人员参加省公司、市公司及区局自行组织的销售能力提升培训，开展有针对性的实战演练，以及对单位业务洽谈、合作渠道，针对性目标客户营销等培训工作。年内，进行常态化送培，有效提升一线销售能力和宽带装维能力。依托内部网站，开办"网上业务培训"，教育员工牢固树立"用户至上，用心服务"理念，促进服务质量、服务水平的提高。工作中严格执行"首问负责制"，客户投诉有明显下降，促进社会和谐，提高员工素质。

（朱保文）

农　业

Agriculture

综　述

Summary

【概述】 2016年，新增设施农业533.33公顷，新建高档智能温室20万平方米，创成部省级园艺作物标准园3个、部省级稻麦绿色高产高效万亩示范片12个，连续五年获评全省现代高效农业成效显著县。新增稻渔共作、藕田套养等综合种养面积1000公顷，入选全省稻渔综合种养试点县，七星农场稻渔（鸭）共作试点基地成为全省稻田综合种养十大示范基地。启动新农产品加工集中区建设，全年新发展农业龙头企业6家，淘宝村级服务站覆盖率全市第一，实现网上农产品销售1.2亿元，创成全国休闲农业和乡村旅游示范县。新增农业"三品"26个，大纵湖大闸蟹创成江苏省名牌产品。农业现代化取得新进展。推广应用各类农业机械350台（套），主要农作物综合机械化水平达81%。秸秆机械化还田58666.67公顷，秸秆禁烧连续三年实现卫星监测"零火点"、省市巡查"零通报"，被省认定为秸秆综合利用示范区。新造成片林733.33公顷，四旁植树67.7万株，完善提升"草镶边"333.33公顷，创成省级绿化示范村6个，全区林木覆盖率提升到23%，获评绿色盐城建设综合先进县。

农业结构调整

Agricultural Restructuring

【概述】 全区农业结构调整按照"调粮、控畜、扩设施、提水产、拓休闲"的思路，不断加大农业供给侧结构调整力度，推动农业发展转型升级、提质增效。全区新增高效设施农业面积933.33公顷，总面积1.09万公顷，占耕地面积比重20.1%，设施渔业面积2520公顷，占养殖水面比重达30%。年产蔬菜47.6万吨、水果4.8万吨，产值达19.5亿元。生猪大中型规模养殖比重达69.2%。河蟹养殖面积达9000公顷，超值超10亿元。自2012年起，连续五年被表彰为江苏省发展现代高效农业成效显著县。

【现代农业园区建设】 完善基础配套，健全服务功能，加快项目集聚，提升园区档次、项目层次、产业特色。至年底，建成省级万亩番茄标准化示范区，秦南泾口生态观光农业产业园、郭猛现代农业示范园、尚庄现代渔业园创成市级农（渔）业园区，盐都区野绿芳地蔬菜家庭农场、盐都区国胜家庭农场、三湾人家葡萄专业合作社创成部省级园艺作物标准园。台湾农民创业园推动鲜切花、盆栽花、观赏花"三花联动"发展，入驻花卉企业达12家，建有连栋温室20万平方米。

【推广立体复合经营】 发展种养结合、农牧循环、立体套种等立体复合经营模式，发掘特色优势，提高综合效益。年内，藕虾共生、稻渔共作、林禽共栖、鱼虾蟹共养等复合种养面积达1.07万公顷，七星农场稻田综合种养基地入选全省十大示范基地。

【休闲观光农业】 年内，编制完成休闲农业与乡村旅游总体规划，创成全国休闲农业和乡村旅游示范县，大纵湖三官村入选江苏省首批休闲农业示范村，大冈现代农业园、尚庄番茄主题公园、七星现代化农场被评为市级最具魅力休闲农业景点，"泡温泉、看民俗、品美食""赛龙舟、品美食、玩水上冲浪二日游""金秋盐都欢乐行"3条农旅线路入选部省精品推荐线路。成功举办江苏草莓产业发展论坛暨首届江苏·杨侍草莓节和台海菊花节、龙冈桃花节、金秋采摘节、杨侍草莓节、尚庄番茄节等农事节庆活动，龙冈桃花园、大纵湖景区获央视报道。

【塑创农产品品牌】 实施品牌强农工程，推行标准化生产，提升产品品质，丰富产品内涵，加强宣传推介，扩大优质农产品对外影响力。年内，新增农业"三品"26个，"三品" 产量占食用农产品比重达57%。大纵湖大闸蟹获评江苏省名牌产品。区农科所育成的水稻"盐粳15号""盐粳16号"通过省农作物品种审定。

（孙岩林　姚　鹏）

农业产业化
Agricultural Industrialization

【概述】 2016年，全区规模农业龙头企业发展到147家，其中省级农业产业化重点龙头企业7家，市级农业产业化重点龙头企业37家。规模龙头企业实现销售271.43亿元，利税25.58亿元，分别比上年同期增长10.3%和9.56%。肠衣、精细蔬菜、特水产品、蜂蜜等10多个产品进入国际市场，形成一定规模的出口生产基地，实现出口创汇5450万美元，比上年同期增长10.25%。年内，农民专业合作社发展到827家，入社人数21.96万人，实现销售48.74亿元，比上年同期增长15.36%。全年实施农业“接二连三”的重点工程项目6个，其中亿元以上项目2个，项目总投资3.53亿元。秦南镇农业综合服务合作社作为全省3家省级试点单位之一，核心服务区面积扩大到597.33公顷，辐射区面积扩大到906.67公顷，成为全省农业生产全程社会化服务样板，为全省农民合作社综合社试点工作座谈会提供观摩现场，央视《朝闻天下》进行专题报道。在双新大道沿线新组建成立股份制的大纵湖镇农业综合服务专业合作社，开展植保技防、农机作业、产品购销等一体化服务，并成立“粮食银行”，为农民提供储粮和口粮存取服务。

【省级农民合作社示范社】 根据苏农社〔2016〕3号《关于开展省级农民合作社示范社认定工作的通知》要求，经过农民合作社申请、县级主管部门审查公示、市级主管部门审定、省农委复审。12月22日，在省农委《关于公布2016年江苏省省级农民合作社示范社名单的通知》（苏农社〔2016〕9号）中，大纵湖镇农业综合服务专业合作社、冈中加兵农机专业合作社、楼王强龙水产品养殖专业合作社、楼王长华水产养殖专业合作社、张庄勇睿农机作业专业合作社，被新认定为省级农民合作社示范社。

（陆全华）

农副产品加工与销售
Agricultural and Sideline Products Processing and Marketing

【概述】 坚持市场导向，创新流通方式，加强信息发布，丰富销售模式，着力畅通农产品进城通道，推动优质农产品抢占高端市场。积极参加展示展销，共组织20多家农产品种养加企业（基地）的30多种产品参加第十八届省农洽会、第十四届中国农交会、上交会、海峡两岸农展会等大型农业展会。农超、农企、农校对接成效明显，在上海、南京、北京新开设大闸蟹、大米等直销窗口8个，50多家高档餐饮企业与生产基地建立供货伙伴关系。

【农业电商发展】 全年新建农产品电商运营中心5个，淘宝、京东、苏宁易购三大电商平台特色中国盐城馆均落户盐都，实现农产品电商销售1.2亿元，其中大纵湖大闸蟹、小龙虾突破3000万元。

【开放型农业项目】 年内，总投资2.2亿元的天农兰园、耿达兰园等台资项目落户盐都，彰显台湾元素。大纵湖大闸蟹渔淇基地成功取得出口资质。全区全年农产品出口额达3637万美元，位居全市前列。

（姚　鹏）

种植业
Planting

【概述】 全区粮食生产克服小麦播种期历史上罕见的连阴雨天气、抽穗扬花及灌浆成熟期雨水多、水稻灌浆结实期雨日多、雨量大的不利气候影响，实现灾年夺丰收，水稻及全年粮食单产位居全市第一。全区粮食播种面积81510公顷，单产每公顷7406千克，总产60.36万吨，分别比上年减少790公顷、每公顷274千克、2.78万吨。其中夏粮播种面积38590公顷，单产每公顷5392千克，总产20.81万吨，分别比上年减少850公顷、每公顷548千克、2.41万吨；秋粮播种面积42920公顷，单产每公顷9216千克，总产39.55万吨，分别比上年增加60公顷、每公顷减少99千克、0.37万吨。

【加快粮食科技创新发展】 年内，在龙冈镇兴龙居委会租地1公顷开展新品种新技术试验示范，示范种植淮稻5号、南粳9108、盐粳15、武运粳32、苏秀867等11个水稻新品种，选用大面积高产、优质的水稻主体品种南粳9108，开展4种条播行距和7个播量及机插秧、机条播、人工撒直播3种不同播栽方式的高产攻关对比试验。水稻成熟收获前，接待省市农业部门专家，国内知名种业企业、基层农资经销商、粮食规模生产大户等近千人次考察。

【培植稻田养殖高效示范点】 年内，面对粮食市场行情低迷和种粮效益下滑的不利形势，全区各地积极推进农业供给侧结构改革，高度重视稻田综合种养试点工作，将其作为调整农业结构、促进农民增收的重要措施，按照群众自愿、因地制宜、循序渐进的原则，加大政策扶持力度，培育出一大批典型示范基地。其中，盐都七星现代化农场53.33公顷稻渔综合种养基地，不仅实验品种多，集成技术广，而且经济效益高，被评为全省十大稻田种养示范基地，多次接待省市区专家及规模种粮大户的考察观摩，为市委市政府召开的秋播农业结构调整家家到现场会提供现场并在会上作典型发言。

【水稻高产创建通过省级验收】 11月3日，省农委组织专家组在盐龙街道水稻绿色高产增效创建核心示范方进行实产验收。专家组详细了解核心示范方的田管措施，对高产田块进行现场收割测产。两块田平均每公顷产量11250千克左右，均超过每公顷10125千克的目标产量，平均单产列全市3个省抽测县第一。全区全年共建设水稻绿色高产高效创建示范片8个，分别在秦南、大冈、龙冈、郭猛、楼王等水稻生产优势镇（区、

省、市专家组实产验收盐龙街道水稻绿色高产高效创建项目

街道)及七星农场、盐龙街道,辐射带动大面积水稻生产。

【全市粮油种植技能竞赛获奖】 12月2日,全市粮油种植技能竞赛活动在市农委举行,区粮油站在全区粮油种植技术骨干中遴选3名选手组成代表队参加比赛。竞赛以理论考试、图片识别和现场技能考核三种形式相结合的方式进行,重点考核参赛选手粮油作物种植基础知识、稻麦油主要病虫草害识别和实际测产中相关仪器的使用规范,贴近基层工作实际。区代表队戴凌云获个人一等奖,农村经济开发区许怀萍获优秀奖。

【开展农技推广提升年活动】 年内,推选仇学平担任首席专家,服务指导盐都七星现代化农场万亩水稻绿色防控与专业化统防统治融合示范基地。落实7名植保技术人员"挂点"服务秦南、艾津、大地丰收、好兄弟、飞鹰等8个合作社,汉和、田欢、邦盛3个农业服务公司,鼎绿、爱东2个蔬菜基地,盐龙街道跃马村、潘黄街道新民村2个病虫监测基地。区植保团队在秦南镇"建点",创建万亩麦稻病虫专业化统防统治示范区,在七星现代化农场创建万亩麦稻绿色防控与专业化统防统治融合示范区,被市农委评为农技推广"三点工作法"先进单位。

(吴建中)

【重大病虫害监测和防控】 做好农作物病虫害预监测预报,全年发布粮、棉、蔬病虫草情报28期,重大病虫短期预报准确率均在95%以上。科学制定重大病虫防治工作方案和技术意见,制定《2016年麦子赤霉病防治工作方案》《2016年小麦赤霉病防治技术意见》《2016年水稻后期病虫防治工作方案》《2016年水稻后期病虫防治技术意见》等,为重大病虫防控工作提供技术支撑。根据不同病虫发生危害特点,结合农作物生育期及补偿能力,及时组织阶段性防治和总体防治,召开防治工作会议、现场推进会议9次,发动粮棉油蔬等农作物重大病虫草害防治82.67万公顷次,总体防效达90%以上,病虫危害损失率控制在2%以下。

【绿色防控和农药减量使用工作】 3月21日,印发小麦、水稻、蔬菜绿色防控技术意见,推广适合全区的农业、生物、物理等方面的绿色防控技术。在水稻上推广使用硅肥2000公顷,提高抗病能力,8月19日,盐城电视台在《盐城新闻》进行专题报道。建立绿色防控示范区。在盐都七星现代化农场建立部级麦稻万亩绿色防控与专业化统防统治融合示范区,辐射带动秦南、楼王、大冈、郭猛等地6666.67公顷。在楼王镇文昌居委会建立省级蔬菜千亩绿色防控示范基地1个。示范区专门制定绿色防控技术方案,设立展示牌,推广防虫网、性诱剂等绿色防控技术,保护利用自然天敌,选用生物农药及高效低毒农药,推动面上绿色防控和农药减量工作的开展,对30个农户、10个农药销售点、10个专业化防治组织定点跟踪调查,高效低毒农药使用覆盖率达89.8%,高于省定指标75%。全年农药总使用量520.4吨,折纯品142吨,比上年减少3.6%。

【规范植保项目工作】 全年区植保植检站共承担中央和省植保项目5个,项目资金共372万元,实际实施项目6个,项目资金422万元(含上年未实施项目一个)。按照项目文件要求,区植保植检站认真制定实施方案,并上报市农委批准和省站备案。及时召开项目实施单位负责人会议,明确项目实施要求、方法步骤、纪律制度。项目物资采购全部按照程序由省区采购中心公开采购。

【推进植保专业化防治】 4月6日,区农委出台《2016年植保社会化工作推进意见》,4月12日、5月30日,组织现场推进和观摩考察,通过小麦"一喷三防"项目、水稻全承包统防统治用工补贴项目、农企合作项目、绿色防控示范区建设项目,支持植保专业化防治组织开展专业化防治服务,新发展植保专业化防治组织4个,培植秦南、好兄弟、艾津、红太阳、大地丰收、田欢、汉和、数字鹰等一批各具特色的植保专业化防治组织。植保无人机飞防取得较快发展,协助数字鹰无人机公司召开用户推介会,组织水稻全程飞防示范,掌握第一手的数据,为飞防大面积示范推广积累经验。全年植保专业化统防统治累计面积15.12万公顷次,其中水稻全承包面积达到2333.33公顷,比上年增长60%,粮食重大病虫专业化统防统治覆盖率达59%,高产创建示范区达100%。

【开展植物植检和疫情监控】 9月,组织植检宣传月活动。制定活动方案,悬挂宣传横幅100条,进行电视新闻宣传1次,网络宣传4次,手机短信3000条次,开展现场100多人次,发放宣传资料1000份,举办植物检疫专题培训1次50多人次,与种子企业、西瓜种植户签订检疫承诺书20多份。依法开展种子市场检疫执法检查。

3月下旬至4月上旬，9月中、下旬两次组织专职植检员对全区境内种子生产、经营单位稻麦种子进行植检执法检查，未发现无产地检疫编号种子。规范搞好繁种基地的产地检疫工作。按照产地检疫规程，5月下旬、7月中旬、9月中下旬，分别组织专职植检员对小麦、水稻制种基地产地检疫，累计检疫面积543公顷，种子生产基地产地检疫率100%。加强对外来有害生物监测和处置工作。开展加拿大一枝黄花等检疫对象及外来有害生物调查20多次，对郭猛镇护西村8367公顷西瓜黄瓜绿斑驳花叶病毒病疫情，按要求及时向省植保植检站进行报告，并采取销毁措施，有效控制疫情扩散蔓延。对发现加拿大一枝黄花的地区，及时落实当地进行化防和人工防除，全年各镇（区、街道）防除加拿大一枝黄花共成立专业队85个，出动人工2348个，投入防除经费27.27万元，累计防除面积245.4公顷，其中，化除88.4公顷，人工防除155.33公顷，复耕复种1.67公顷，铲除面积21.27公顷，有效控制加拿大一枝黄花的发展、蔓延。（袁玉富）

畜牧业

Animal Husbandry

【概述】 2016年，区政府划定畜禽养殖禁养区、限养区、适养区，关停一批养殖场户，畜牧业生产总量同比上年出现较大减少，全年生猪饲养量51.58万头，比上年85.72万头减少39.8%，其中出栏37.01万头；家禽饲养量1240.6万羽，比上年1901.9万羽减少34.8%，其中年末笼存399.7万羽。

【开展畜牧业项目建设】 组织实施高效畜牧业科技入户工程及基层农技推广体系改革与建设项目，遴选科技入户工程项目技术指导员40名、科技示范户400个；基层农技推广体系改革与建设项目技术指导员33名、示范户350个，与16个基层指导单位落实项目责任。建设大纵湖镇于任村冠鹏鸡场、尚庄镇五瑞村前坤养猪家庭农场、张庄街道郑通村郑农家园生态养殖场3个村级规范化农业科技服务站，制定和落实相关规章制度，挂牌上墙并明确人员分工，直接服务于附近村组养殖户。9月8日、11月19日，区镇两级联合在学富镇农业服务中心成功举办2016年高效畜牧业科技入户工程培训观摩活动。技术指导员对养殖场户开展技术指导4080天次。12月30日，通过省农委验收。

【创建省畜牧生态健康养殖示范场】 盐城市夏氏鸽业有限公司、盐城市盐都区张庄郑农家园生态养殖场申报2016年江苏省畜牧生态健康养殖示范场，对照选址布局、基础条件、养殖设施、饲养品种、饲养规模、养殖工艺、动物防疫、投入品使用、粪污治理、档案记录10大项44小项的各个指标，加大投入、规范制度、完善软件、强化管理，顺利通过上级专家组验收。

【开展农技推广提升年活动】 年内，新建58个畜禽养殖示范基地，实现技术人员全员挂点。制定全区全年《畜牧业生产技术意见》；开展畜禽规模养殖场粪便综合利用课题研究，区畜牧兽医学会与江苏泰和畜牧实业有限公司合作的"生猪规模养殖场粪便综合利用技术应用推广"项目被市科协、市发改委、市经信委联合评为"盐城市2015—2016年度企会协作优秀项目一等奖"；制作标准化畜禽养殖场建设等技术课件；组织技术培训和专题宣传报道。4月28日，在盐城宾馆组织近200人参加的畜牧生态健康养殖等专题培训。7月28日、30日、31日，11月23日，盐城市电视台盐城新闻、小康频道，《盐阜大众报》深度报道栏目组报道全区畜禽养殖安全度夏、规模养殖及粪便综合利用等有关专题；专家团队及技术人员到场到户服务965人次，撰写发表专业论文7篇，开展畜禽养殖粪便综合利用课题研究1项、制作标准化畜禽养殖场建设技术课件1个、防疫技能操作视频5个，培训养殖户1420人次、成功创建省畜牧生态健康养殖示范场2个、解决建点养殖基地服务问题85个，养殖户服务满意率95%以上。

【全国基层畜牧技术推广示范站称号】 12月，经农业部、各省农委组织的专家组5个大项19个小项的考核验收，全国畜牧总站印发《关于公布2016年基层畜牧（草原）技术推广示范站名单的通知》文件（牧站（体）〔2016〕161号），盐都区畜牧兽医站被授予全国"基层畜牧技术推广示范站"称号，全省仅6家。

【开展重大动物疫病防控】 年内，组织开展重大动物疫病春季防疫集中行动、夏季补免及高温大消毒、重大动物疫病秋季防疫集中行动等重大活动，落实防疫、消毒、检疫、监管等各项综合措施，开展高致病性禽流感等防控工作，畜禽免

区农技推广"三点"工作法试验示范基地

疫密度达100%、免疫抗体合格率达80%以上。动物防疫工作成效明显，全年无重大动物疫情发生。11月，盐都区被省农委表彰为2016年全省兽医工作先进县；区农委、大冈镇政府被市防治重大动物疫病指挥部表彰为全市动物防疫工作先进单位，程建军、陈洪升等被表彰为全市动物防疫工作先进个人。

【组织技能培训并参加市比武获奖】 6月28—30日，与区总工会在盐城宾馆联合举办全区动物防疫职业技能培训与竞赛活动，对秦南镇畜牧兽医站等6个先进集体、张莲等15名先进个人予以表彰，张莲获区“五一劳动奖章”。选拔单卫兵、张莲等5人参加盐城市竞赛比武，区畜牧兽医站获市农委表彰为全市动物防疫职业技能竞赛先进集体二等奖，张莲、刘汉章、单卫兵3人获市农委表彰为先进个人。 （顾行兵）

【开展畜禽养殖污染整治专项行动】 自7月起，开展全区畜禽养殖污染专项整治行动，区政府下发《关于印发盐都区畜禽养殖污染专项整治行动工作方案的通知》《关于印发盐城市盐都区畜禽养殖区域划定方案的通知》，以会办纪要形式制定专项整治行动奖补政策，区农委印发《盐都区规模养殖场畜禽粪便综合利用技术方案》《畜禽生态健康养殖技术及粪污综合利用指导服务手册》，制定核查表格、一场一策等技术措施，开展技术人员、养殖户集中与现场培训、督查指导。专项行动期间关停禁养区内养殖场户410个，不合格生猪屠宰场21个，建设病死畜禽无害化收集点8个，整治限养区、适养区内养殖场905个，杜绝畜禽粪便直排与病死畜禽乱抛乱弃现象，保护生态环境，为畜禽养殖业持续健康发展创造良好条件。 （花汉玉）

水产养殖业

Aquacultrue Industry

【概述】 2016年，全区水产养殖总面积8333.33公顷，另有稻田养殖面积7266.67公顷，其中河蟹养殖9333.33公顷，鱼类养殖2066.67公顷，虾类养殖500公顷，藕田套养小龙虾3666.67公顷。实现水产品总产量10.3万吨，渔业总产值37.1亿元，渔业增加值15.1亿元，渔民人均增收1550元。

增殖放流

【新增2家农业部水产健康养殖示范场】 年内，盐都区邵氏水产养殖专业合作社和盐都区北宋水产品养殖专业合作社创成“农业部水产健康养殖示范场（第十一批）”，至年底，全区共创建农业部健康养殖示范场12个，全市领先。

【新认定1家市级现代渔业园区】 年内，尚庄现代渔业示范园区通过市级认定。至年底，全区共认定省级现代渔业园区（盐都现代渔业产业园）1个，市级渔业示范园区4个。

【水产品质量安全工作】 8月，部、省、市水产品质量监督部门抽检区内河蟹、南美白对虾、小龙虾、鳜鱼以及常规鱼等水产品样品41个，抽检合格率100%。水产品药物残留（孔雀石绿、呋喃唑酮代谢物）检测鱼虾蟹样品420个，检测合格率100%。江苏绿发农业发展有限公司被省海洋与渔业局认定为省水产品质量安全追溯企业，成为全区首家通过质量安全追溯认定的水产企业。

【新增1家大闸蟹出口基地】 年内，江苏绿发农业发展有限公司大闸蟹养殖基地，通过中国出口检验检疫局出口基地备案认证。成为全区第2家具有大闸蟹出口资质的企业。

【鲜藕价格低迷】 全区全年藕池套养小龙虾面积达3666.67公顷，鲜藕销售价格与挖藕工资相当，鲜藕收购价仅为每千克0.8元左右，加上小龙虾产量不稳定，种（养）户亏损面达80%以上。 （王 忠）

林果特产业

Foresty,Fruit and Specialized Industry

【概述】 2016年，超额完成市政府下达的成片造林166.67公顷的目标任务，建成并通过省级验收合格的森林生态示范村2个（龙冈镇兴龙村和尚庄镇庆福村），建成绿化示范村4个（大纵湖镇双官村中官、学富镇车林村东家庄、农村经济开发区新杨村和龙冈镇万家村），并栽植150万株四旁树。改造提升原有绿化景观，塑创精品绿化工程，区内街旁游园、道路节点、居民小区、机关企事业单位等点状分布的绿化景观进行整体规划，推进城市花园\特色园林建设。

【绿化造林】 年内，组织实施“33322”重点工程，全面推进城乡绿化。全区全年完成成片造林733.33公顷。被市政府表彰为2016年度绿色盐城建设综合先进单位，区农委被市政府表彰为2016年度绿色盐城建设优秀单位，严亚斌、何彩红被市政府表彰为2016年度绿色盐城建设先进个人。

【苗木花卉】 年内，继续以老S331、新S331、S231、S125省道及郭猛镇郭西路为中心，建设区特色苗木花卉生产基地，增强这些基地向周边辐射带动能力。加快推进农村经济开发区兰博园项目建设，以江苏省翡翠湾花木有限公司、呈祥园艺等企业为龙头，创造良好的投资环境，招引投资主体发展苗木花卉产业，年内有盐城皇达花卉有限公司入驻兰博园。至年底，全区花卉苗木面积累计达1600公顷。

【经济林果】 结合农业结构调整和高效农业建设，加大招引力度，鼓励大户、企业投资经济林果建设，推进以桃子、葡萄、梨果等果品规模化发展。8月，成立"盐都区葡萄协会"，形成具有地域影响力的葡萄品牌。放大台湾农民创业园区、张庄王庄、潘黄仰徐等葡萄产基地的示范效应，带动并建立郭猛杨侍村葡萄产业园。至年底，全区经济林果面积1400公顷，其中梨333.33公顷、葡萄600公顷、桃200公顷，其他266.67公顷。

【设施草莓生产】 加快城郊都市休闲农业发展步伐。至年底，设施草莓拓展到600公顷，种植规模位居全市第一，潘黄、郭猛、张庄、秦南四镇区生产面积占全区的90%，草莓年总产达1.8万吨，总产值超2亿元，亩均纯收益1.1万元以上。草莓设施促早栽培，从普通钢架大棚棚内小高畦覆膜栽培，逐步向高标准连栋大棚室内高架无土生态高效栽培方向发展，以适应休闲观光采摘新需求。全区共有盐城市盐都区草莓合作联社、盐城市兴民草莓专业合作社、盐城市唯佳草莓专业合作社等草莓专业化产销合作组织20多家，"仰徐""张庄""潘桃园""味可佳"等多个草莓品牌畅销市内外。

（周　晶）

农业科学研究
Agriculture Scientific Research

【概述】 以现代粮食生产发展为主题，转变发展理念，落实工作举措，加速农作物新品种选育研究进程，科研等各项工作取得较好成绩。

【品种研发】 围绕优质、高产、多抗、广适这一主攻目标，科研育种工作取得新成效。年内，"盐粳15号""盐粳16号"通过省品种委员会审定，水稻新品种盐粳13号获得国家植物新品种权保护。"盐麦0727"通过省小麦淮北迟播组预备试验，进入省区域试验。组织水稻、小麦中低世代育种材料到海南、昆明进行加代繁育，品种研发水平不断提升。

【项目实施工作】 年内，承担省农业三新工程——水稻盐粳13号机插高产高效栽培技术研究与应用项目，按照项目要求，规划组织实施。经市农委涉农项目巡查组和项目中期检查小组考核，对项目实施情况给予肯定。江苏省重点研发计划——后补助类项目"超级稻新品种"扬育粳2号"的选育与推广应用"项目通过省科技厅审批(BE2016404)。

【加大新品种推介力度】 品种推介与省内外种业企业联手，加大新品种的推介力度。年内，水稻新品种盐粳13号与浙江勿忘农种业有限公司合作推广，通过多点大面积试验示范。累计在省内推广面积达13.33多万公顷。新审定的两个水稻新品种"盐粳15号""盐粳16号"与江苏瑞华科技有限公司、江苏大华种业有限公司独占许可经营成功签约。

【技术推广】 响应农技推广"三点"工作法，建立"三点"工作法试验基地，为区域稻麦新品种种植的安全性提供有力科技保障。同时，加大培训宣传力度，邀请专家和派出技术人员广泛开展农业新技术培训、观摩活动工作，全年累计培训4次，人数达400多人次，组织大型观摩3~4次，累计观摩人数230人次。并利用市、区电视台、中国盐都网等媒体多次开展技术宣传工作。

（李进永）

农林执法
Law Enforcement of Agriculture and Foresty

【概述】 为确保全区农业生产、农产品质量和农业生态安全，加大农业投入品的市场监管力度，促进全区农资市场健康有序地发展，使广大农民用上放心的农资。全区全年组织开展各类专项整治行动4期，共出动执法人员360人次，检查农资及农产品生产经营企业310家(次)，抽检农资产品112批次，立案查处违法案件14起，其中种子4起、农药3起、肥料3起、兽药2起、林业2起，案件办结率和正确率达100%。

【种子"双打"工作】 开展全区打击侵犯品种权和制售假劣种子行为的"种子双打"专项行动，对春、秋冬季种子市场主要农作物种子质量监督检查，重点检查商品种子的来源、包装标签、品种审定、生产经营档案等，共抽取主要农作物种子样品60份，其中水稻40份、小麦18份、大豆2份。经区种子管理站检验室和扬州市种子产品质量检验站检测，所抽样品发芽率、水分、净度三项指标全部符合GB4404.1-2008标准，合格率达100%。

【"双随机一公开"执法】 年内，利用"江苏省农业行政执法信息"平台，全面实施"双随机一公开"(指随机抽取检查对象、随机选派执法人员，及时公布查处结果)抽查机制，完善以随机抽查为重点的执法监督检查制度，建立执法人员和监管对象库，录入农业行政执法人员7人、农资监管对象327家。利用"双随机"抽查模块，随机抽取被检查对象、随机选派检查人员，农业行政执法工作全程留痕、责任追溯，提升农业行政执法的公信力和执行力。

【法律法规培训】 10月中旬，在龙冈镇、大纵湖镇、农村经济开发区举办三期法律法规培训班，培训新《种子法》《农作物种子标签和使用说明管理办法》等农业法律法规及规章，参训人数达300多人。深入开

展宣传新修订的《种子法》,提高农资经营(生产)人员的守法、诚信经营意识和农业技术业务水平,服务广大农民。(王守国)

【增殖放流】 年内,在学富等镇承办渔业资源增值放流活动2次,共放流草鱼、鲫鱼、鲢鱼、鳙鱼等河道滤食性、草食性鱼类的优良鱼种200万尾。保持和恢复渔业资源,改善生态环境。

【机动渔船柴油补贴】 组织开展全区2015年度机动渔船柴油补贴发放工作。经受理、审核、公示和发放等工作程序,全年共补助渔船2167艘,兑付补贴资金共计668万元。

【捕捞许可证管理】 至年底,全区在册管理捕捞渔船1049艘,养殖渔船940艘,年审年检1989艘,征收水产资源增殖保护费38.28万元,渔船检验费54.13万元,年审年检率100%。

【"打非治违"执法工作】 区渔政监督大队组织实施以打击非法捕捞为主的"打非治违"执法行动,维护管辖水域捕捞生产秩序。全年共组织渔政执法检查425次,其中开展专项行动59次;共出动执法车358辆/次、执法艇30航/次、执法人员1838人/次;共查获渔业违法违规行为91起,其中立案处理24起;共没收电鱼船13条、违法工具285台(套)、罚款5.1万元。

【渔业互助保险】 区渔政监督大队引导和深入开展渔船船东互保工作,实现海洋与淡水渔船船东互保全覆盖,增强全区渔船自救和抗御风险的能力。全年共征收渔业互助保费43.1万元,全区参保渔民1552人。(孙启星)

【畜产品质量安全】 继续开展生猪"瘦肉精"监测工作。按照有关要求,详定方案,保证抽样检测全覆盖。全年共检测生猪"瘦肉精"尿样9483头份,结果全为阴性。搞好生猪无害化处理工作。根据省市生猪规模养殖企业死亡生猪无害化处理的要求,对涉及病死动物及动物产品无害化处理的相关法律法规和政策进行再宣传。同时在全区范围内公布病死畜禽无害化处理举报电话。按照一户一档,一次一档的要求,认真搞好病死猪的无害化处理归档工作,并为养殖户进行补贴申报。全年养殖环节无害化处理生猪66551头,屠宰场无害化处理生猪47头。开展生猪屠宰监管"扫雷行动"。计张贴通告750份,发放宣传材料650份,签订承诺书620份。6—11月,对全区15家纳入关闭计划但暂未关闭生猪屠宰企业,围绕生猪屠宰领域存在的突出问题进行生猪屠宰监管专项检查,消除猪肉产品质量安全隐患。设立举报电话,严厉打击各种违法行为。全年共查处动物防疫监督案件6起。

【生猪屠宰行业清理整顿工作通过验收】 全区生猪屠宰行业清理整顿工作,落实关停、保供、建设和稳定等关键措施,11月底,全区21家不合格生猪屠宰企业全部关闭。12月底,盐都区生猪屠宰行业清理整顿工作通过省级验收。

【动物检疫技能操作大比武】 11月23日,市农委在阜宁江苏万盛绿色食品有限公司组织开展第五届全市动物检疫技能操作大比武活动,区动物卫生监督所荣获团体二等奖,蔡继标获检疫状元、何富红、胥加国获检疫标兵,宋加明获检疫能手。(唐元山)

【农机安全监理】 全区组织开展"送检下乡、方便机手""农机安全生产宣传月""农机安全专项整治行动"等活动,确保农机安全生产平稳无事故。全年累计检验各类拖拉机843台、收割机533台,核发拖拉机、收割机号牌225副、新办驾驶证103人,与驾驶人签订安全生产责任书1500余份。道路检查车辆57台,纠正违章18起,改善全区道路交通安全秩序。参加农机检验检测技能大赛,获全市二等奖。(徐皓)

农业招商引资
Agriculture Investment

【概述】 年内,由盐城韩龙跨境电子商务公司投资1000万元建设,开发农产品电子商务平台龙购网,采取会员制销售从韩国引进的人参、虫草等名贵保健品,以及本地传统名特优农产品,正式落户盐城电商快递产业园。(姚鹏)

农业机械化
Agricultural Mechanization

【概述】 全区全年实际购置财政补贴机具598台套,受益农户268人,共享受财政补贴资金1013.815万元,其中报废更新补贴38.4万元,带动农户和服务组织投入购机资金达4177.77万元,全年完成省市下达的工作目标。至年底,全区农机原值突破5亿元,农机总动力达53.16万千瓦,主要农作物综合机械化水平达91%,其中机耕水平达99%;机播水平为80%(水稻种植机械化水平为75%,三麦机播水平为85%);机械灌溉率达100%;高效植保机械化水平达45%;机械收获水平达98%。盐都区加兵农机合作社被评为全国农机示范合作社;盐都区勇睿农机合作社被评为省农机示范合作社。9月19日,省农机局在张庄勇睿农机合作社召开全省粮食生产全程机械化机务管理现场会。盐都区加兵农机合作社王加兵参加盐城市第七届职业技能大赛,获得企业职工组二等奖,被授予盐城市"五一劳动奖章"及"盐城市技术能手"称号;加兵农机合作社获得"高技能人才摇篮"奖。全区发放跨区作业证470份,投入作业联合收割机1120台次,跨区作业为民增收6500余万元。

【秸秆机械化还田】 全区全年累计完成秸秆机械化还田面积达5.9万公顷,其中夏季完成3.37万公顷,秋季完成还田面积2.54万公顷,机械化还田率达到86%,超额完成省下达的3.89万公顷目标任务。全区共投入作业的大中型拖拉机1311台,带切碎装置联合收割机1463台套,投入秸秆还田作业补助资金2658万元,其中省补1459万元。

【农机新机具新技术推广】 全年新推广大中型拖拉机97台;全喂入收割机49台;半喂入联合收割机33台;插秧机45台;旋

耕机171台；条播机83台；粮食烘干机67台；植保机械28台。

【农机社会化服务】 全区农机合作社达72个，新增农机合作社9个，新建300~1000平方米不等的机库11个，合作社社员达2445人，固定资产达5532万元，拥有各类机具数量3372台套，全年作业面积占机械化作业总面积的60%以上。农机大户、家庭农场、农机合作社等新型农业经营主体完成机耕、机收、机插秧、秸秆机械化还田等作业22.4万公顷。通过“三点工作法”服务，共开展为民服务128次，为农机专业合作社解决土地审批手续等难题22个以上。全区新创市平安农机合作社5个。

【农机培训和职业技能鉴定】 年内，全区共举办农机获证奖补培训班5期，累计完成农机行业职业技能获证奖补培训151人次，其中初级95人，中级45人，高级9人，圆满完成省、市农机部门下达的培训任务。举办秸秆机械化还田、粮食机械化烘干等知识讲座12期，培训农民630人次。 （徐　皓）

水利建设
The Construction of Water Conserrancy

【概述】 水利工程是推进全区水利现代化和农业现代化建设，保障全区安全度汛、农业增产增收、改善生态环境的基础。在区委区政府的领导下，围绕全区经济社会总体发展思路，积极履行部门职能，全年共投入10.6亿元，实施一大批农田水利、生态水利、民生水利、安全水利等工程，为全区率先建成小康社会、合力推进五大盐都建设提供坚实的水利支撑与保障。

【农田水利】 全年投入3000万元，实施第二轮第三批重点县项目，共新(拆)建：排涝站5座、防洪闸7座、灌溉站31座。投入近3000万元，实施第三轮重点县项目，主要在331省道沿线，涉及龙冈、鞍湖两镇(街道)，共新建4米人字门闸6座、4米直升门闸2座、排涝闸站4座、灌排闸站2座、渠道灌溉站13座、管道灌溉站3座、渡槽1座、小沟建筑物108座。

【生态水利】 全区全年投入5.8亿元，实施蟒蛇河(盐都段)整治工程，共整治河道约22千米，挖方271万立方米，加固两岸堤防32公里，建设生态护坡44千米，拆、新建包括防洪闸、排涝闸站76座，拆建泾口桥、李副桥、学富桥、园垛桥4座跨河桥梁；投入6223万元，疏浚整治小沟级农村河道1275条、985.6千米、850万立方米；投资3亿元，综合整治城市河道6条(段)、32.63千米；投资3278万元，实施高新区河道驳岸建设工程，共整治马中河南北段、马西河南北段、薛港河、翻身河、团结河5条河道、约33.6千米。投资7000万元，新建日处理能力2000吨的秦南、龙冈镇城镇污水处理厂及配套管网工程。通过河道清淤、岸坡整治、污水处理设施建设等工程措施，有效提高河道行洪排涝能力，改善水环境，打造“河湖水活、水美岸清、人水和谐、宜居生态”的生态河道。

【民生水利】 全年投入7000万元，实施“最后一亩田”通达工程，涉及16个镇(区、街道)，共新建桥梁604座。

【安全水利】 全年投入3360万元，共新建泵站2座，维修改造泵站2座，拆建水闸22座。同时，通过向市水利局积极争取，决定在第十防洪区新建冈中河闸站，概算投资4000万元，排涝规模为每秒20立方米。 （郝春荣　王国华）

防汛抗旱
Flood Control and Drought

【概述】 2016年梅雨期6月13日至7月13日平均降水量为310毫米，较常年(220毫米)偏多，河流水位均超警戒水位。自入梅起，6月30日至7月12日出现5次暴雨，降雨强度和降雨量都比较大，给工农业生产造成严重损失，对人民生命财产安全造成严重威胁。

雨情。入梅降雨的最大特点是时段特别集中、强度大。在6月30日至7月12日8时的13天内，累计平均降雨量达310毫米，超过常年梅雨期正常降雨量。其中降雨量最大的郭猛镇累计降雨363.2毫米，其他如大冈、盐渎、楼王等镇降雨量也分别达到342.1毫米、339.2毫米、334.4毫米，大冈镇24小时降雨达132.8毫米。

水情。由于连降暴雨，加之上游客水压境，全区河水位急剧上升，北龙港镇6月30日6时河水位为1.1米，7月1日达1.9米。至7月7日17时，西区最高水位达2.69米，中东区水位达2.6米，均超警戒水位1米左右。

【抗灾行动】 6月30日、7月1日，区防指连续召开会商会议，通报防汛形势，研究对策措施，部署工作任务。同时根据汛情变化，及时转发市防指《关于做好防御强降雨工作的通知》等，并结合盐都区实际情况，下发相关通知：要求第三防洪区30日8时开机排涝、第七防洪区和西部四镇(街道)低洼圩区30日22时也全部开机排涝，进行腾空预降，为迎战强暴雨做好充足的准备工作。突出抓好城市防洪排涝工作。区第三防洪区自6月30日8时开机排涝、第七防洪区30日22时也全部开机排涝，进行腾空预降，为圩内降雨提前找出路，有效地缓解防汛压力。全面启动防汛紧急预案。7月1日8时，区防指根据水情、雨情，全区各圩区全部在1日10时开机，全面排涝；同时，水务局选派6个专家组督导3~4镇(区、街道)防汛排涝工作。区四套班子全部到挂钩联系镇，督查指导联系镇防汛排涝工作，确保安全度汛。

（郝春荣　王国华）

综　述

Summary

【概述】 全区工业条线围绕区委区政府建设"五大盐都"、突破"一极一园一业"战略部署，坚持以产业升级为重点，以项目载体为支撑，以创新创业为抓手，以新型业态为突破，推进工业经济平稳运行、持续向好发展，初步实现"十三五"的良好开局。

【主要指标稳中有进】 经济运行总体平稳。全年实现规模工业增加值222亿元、规模工业投资220亿元、全口径工业开票销售277.4亿元、规模工业开票销售172.6亿元，同比分别增长10.2%、15%、12.05%和9.72%，规模工业企业增长面达55%。重点企业增势良好。50强重点企业完成开票销售106.3亿元、入库税收4.8亿元，分别占规模企业的60%和58.3%，开票销售超10亿元企业3家、超5亿元3家。正昀新能源、日升纺织等6家列市百强工业大企业，实现开票销售60亿元，占规模工业企业的31%。新增长点产出加快。全年新增定报企业38家，华星光电、中恒宠物等10个列市监控新增长点项目，实现开票销售27亿元，其中新增开票9.8亿元。镇村经济活力增强。全年镇村工业开票销售190亿元，新发展私营企业2200户，个体工商户6000户，新增工业一般纳税人企业210家。

【加快产业转型】 新兴产业加快培育。依托国家高新区，加快发展智能终端、高端装备、新能源三大新兴产业。重点培育全市产业创新"十大工程"之一的智能终端新产业，争取市政府专门政策支持，通过与深圳手机行业协会合作，采取"转移+转型"模式，落户华星光电、乐洲科技等手机整机及零部件企业55家。传统产业稳步转型。围绕传统主导产业转型发展，实施"四新"技改工程，全区110项工业技改项目完成投资44.7亿元，列市49项重大技改项目完成投资30亿元，东风李尔汽车座椅、中恒宠物尿垫生产线等一批投资超3亿元的重大技改项目竣工投产。汽车配件、纺织服装产业年开票销售达70亿元、25亿元。低碳发展有序推进。推进供给侧结构性改革"去产能"行动，淘汰转移远洋化工、固特水泥等低端产能企业。督促30家工业企业整改废气、废水污染问题。悦达纺织、华跃纺织、日盛纺织入选省电力直接交易扩大试点，全年推广新能源汽车60辆，万元GBP能耗降低率达3.5%。

【推进企业升级】 加快企业合作重组。推进重点企业与行业龙头重组，剑桥涂装与德国安泰固特公司、兴邦能源与加拿大巴拉德公司、康杰机械与上海德尔福公司成功实现资本、技术合作，新上水处理设备、氢燃料电池、热交换器研发及产业化项目。引导企业上市挂牌。加大上市培育力度，推动企业完善公司治理结构、促进转型升级。中恒宠物进入主板上市辅导期，东九重工、苏力机械、剑桥涂装、闳业机械、昶桦户外、康杰机械6家企业在"新三板"挂牌。推行智能制造模式。以智能制造为主攻方向，实施"智能制造三年行动计划"，剑桥涂装、康杰机械等11家企业列为市智能车间示范工程和智能服务重点企业，柚尊家居、东九重工列入全省100家服务型制造示范企业，柚尊家居服务型制造经验在全市推广。发展新业态新模式。推动互联网+工业，焦点科技、悦达家纺等5家企业列入市互联网+工业重点平台。提升工业设计水平，中色锐毕利通过省工业设计中心认定，柚尊家居获市首届工业设计大赛二等奖。突出信息化支撑，出台《智慧盐都建设三年行动计划》，云数据服务中心建成试运行。

【提升项目载体】 突出重大项目支撑。引进生成一批重大工业项目，实施区八大类重点工业项目73个，完成投资103亿元，其中亿元以上项目53个。20项列市"三百工程"重点项目中，迅弘科技、乐洲科技等10个新开工项目，中恒宠物二期、世韩汽配等10个竣工项目，分别完成投资21.5亿元、28.5亿元。悦达纺织、驰翔齿轮等5个市级智能制造项目完成投资9亿元。打造重点产业园区。

引导要素向优势区域、优势领域集中，聚力打造智能终端产业园。园区列为全市战略性新兴产业重点园区，重点建设“一园五区”，建成一期、二期40万平方米多层厂房，三期25万平方米多层厂房交付装修。建成运行智能终端产业研究院创新链载体，招引深圳创捷、乐洲科技2个供应链平台公司。加快“双创”载体建设。推进全民双创园“一园”建设，12个全民双创园新建标准厂房43万平方米，其中多层厂房占比30%以上，新入园项目138个。获省“土地利用节约集约示范区”第一名，连续三年获评市镇村经济发展先进区，张庄、大纵湖被认定为省特色产业集群、省三星级公共服务平台，中小企业创业园、齿轮产业园获评市“创业示范园区”。

【增强创新能力】 建设创新载体。3月，高新区成功获批省“两化融合”示范园区，电商快递产业园列入省经信委与市政府合作共建的互联网产业园，惠普盐城创新基地平台搭建基本完成。亚特电缆、沙子电器等7家企业通过省级企业技术中心认定，盐电阀门、苏力机械被认定为省科技小巨人企业，中色锐毕利评为市自主创新示范十强企业。聚焦产品创新。以新产品开发支撑企业自主创新，全年通过省新产品投产鉴定110只，东九重工、恒力机床等8家企业新产品通过省首台(套)重大装备认定，荣意来纺机被认定为省专精特新产品。15只新产品开发列入省115个重点技术创新项目计划、3只产品入选市十大新技术新产品推广应用示范工程。推进管理创新。以管理创新提升企业核心竞争力，弛翔齿轮、申源塑胶获评省管理创新示范企业和优秀企业。兰丰环境获批省信用管理示范企业，8家企业通过省信用管理贯标。4月，东九重工刘祥斌被省委省政府表彰为“优秀企业家”，华鸥实业列入全市企业家能力十强企业。强化品牌建设。推动企业实施名牌和标准化战略，汉印机电机床精度检验与技术条件2个行业标准，获工信部批准发布。华东砂轮“华扬”、艾斯特器材“锐科特”和亚特电缆获批中国驰名商标，兰丰环境、昶桦户外用品等企业获评著名商标和江苏名牌。

【服务工业企业】 坚持问题导向。以解决企业实际需求为出发点，帮助企业开拓市场，年内，组织26家企业参加“江苏产品万里行”等国际国内各类展会41场次，康杰机械、盐电阀门成功主办1次，中恒宠物获评全市企业市场开拓能力十强第一名。开展“暖企行动”，督办推进35家重点企业“两证”办理。落实专项政策支持，设立2亿元专项资金扶持企业转型升级，向上争取省市专项117个、4056万元。坚持聚焦项目引领转型。突出项目推介，通过“返乡圆梦行动”“2016深圳智能终端产业招商推介”“盐城（深圳）新兴产业投资说明会”等系列活动，广泛寻求项目合作。

【举办“诚信立企”巡回讲座活动】 6月22—24日，联合高新区、秦南镇、农村经济开发区，成功举办3场“诚信立企”巡回讲座，开展省“万企贯标、百企示范”工程，贯彻落实市信用会议精神，提升全区企业诚信水平，推进企业信用管理贯标和示范创建工作。活动由区经信委副主任陈琪娟主持，相关镇(区)信用工作分管领导、企服中心工作人员和定报企业负责人共约280人参加，平均每场90多人。巡回讲座邀请两家长期从事企业信用管理咨询、评估服务的专业机构和一家信用工作先进企业，盐城绿盾征信有限公司信用管理师陈君介绍如何建立企业信用档案、树立企业自身的诚信形象；江苏林语公誉信用管理咨询服务有限公司总经理刘海祥宣讲企业信用管理工作的重要意义和企业应该如何开展信用管理工作；江苏闪奇电器集团信用管理办公室主任张万群做经验交流。至年底，全区共有66家企业实施信用管理贯标工作，建立内部信用管理制度；7家企业创建市信用管理示范，兰丰环境创成省信用管理示范企业；8家企业获市重点行业诚信示范点，323家企业获各级“守合同重信用”企业认定。

（成文军　王　伟）

汽车配件
Auto Parts

【星宇科技汽车部件（盐城）有限公司】 星宇科技汽车部件(盐城)有限公司是由韩国独资，2006年底在盐都新区建厂并投产，专业从事汽车精密锻、压件，汽车零部件的精冲模模具标准件、夹具、精密在线测量仪器及汽车关键零部件的开发、制造、销售和提供设计技术、工程技术的咨询与服务。产品主要为悦达起亚全部车型配套。公司注册资本1100万美元，占地8.33公顷。

公司厂房4.5万平方米，有冲压生产线3条，焊接机器等相关设备1800多台套，累计投资达1.1亿美元。公司2016

盐芯微电子

年实现销售 19.68 亿元，上缴税金 9210 万元。

随着悦达起亚的发展和壮大，公司也相应增资配套，每年投入近亿元用于技术改造，10 月，计划投资 5000 万元设备进行技改，新上年产 20 万台 QM 车型车体生产线项目，设备进场，项目投产后，能够较好地满足东风悦达起亚公司新上车型的需要，有力促进盐城汽车业竞争力的提升。将会进一步促进地方经济社会的快速发展，销售收入将超过 18 亿元，上缴税金约 1 亿元。

【盐城大圆汽车配件有限公司】 盐城大圆汽车配件有限公司成立于 2003 年 11 月 27 日，位于中国江苏省盐城市盐都新区万胜社区。是一家专业研发、生产和销售汽车座椅和发泡品综合性韩资汽配企业，总部位于韩国。依托与韩国本社的技术合作与技术支持，大圆汽车配件有限公司的生产产品——汽车座椅满足东风悦达起亚汽车有限公司的高品质要求，年产销量 20 万个。公司总资产 2.8 亿元，共有员工 170 人，24 小时生产不停歇作业，将部分产能分成早班、午班(54 人)，参与轮流的换班生产，其余均为日班。公司 2015 年实现销售 99257 万元，上缴税金 1755.1 万元。2016 年实现销售 15.03 亿元，上交上缴税收 7132.7 万元。2016 年新增总投资 1200 万元技改项目，主要购置汽车座椅组装设备及产品检测设备，采用先进技术工艺，项目建成后新增 10 万套汽车座椅及配件的生产能力，年可新增销售 10000 万元、利润 1000 万元、税收 1000 万元。

盐城大圆汽配有限公司积累丰富的行业经验，具备敏锐的行情触觉，奠定起良好的发展基础——先进的经营战略和企业文化，科学高效的组织架构和优秀的团队，系统完善的业务规程，稳定高效的营销网络，以及高知名度和美誉度的生产品牌和营销品牌。

公司为东风悦达起亚汽车有限公司旗下的赛拉图、福瑞迪、秀尔、智跑、K3 共五个车型生产座椅。随着市场覆盖率和市场占有率的不断扩大，预计企业的销售额会以良好的速度增长。

华光真永

【盐城市步高汽配制造有限公司】 盐城市步高汽配制造有限公司是一汽集团、东风集团、美国康斯博格(沈阳、上海)等公司直接配套厂家；南汽、扬子皮卡、一汽大众等公司间接配套厂家。

公司前身为盐城经济开发区步高汽配制造有限公司，2001 年公司搬迁至盐都新区工业园。更名为盐城市步高汽配制造有限公司。公司位于盐城市南部主干道世纪大道 888 号，交通十分便利，距火车站、机场、通榆河、高速公路入口均不超过 5 千米。厂区拥有土地 11592 平方米，建筑面积 8921 平方米。公司自有流动资金 2800 万元，固定资产原值为5880 万元。2016 年实现开票销售 5000 万元，入库税收 205.2 万元。

公司共有员工 138 人，其中管理人员 10 人，技术人员 18 人，公司重视人才的使用及培养，在不断提高员工素质的同时，充分利用社会的力量，本着不求所有但求所用的思想，聘请社会上的专业人员为公司服务，拥有一支包括教授级高级工程师在内的技术人员队伍，为开发和制造产品过程提供充分的人力资源保障。另外公司与江动集团技术中心、一汽技术中心、上海电器研究所、金通、江苏大学、盐城工学院等单位建立良好的合作关系，为企业的发展打下良好的技术基础。公司采用国内外领先的设备与技术，利用各种金属以及塑料原材料生产各类汽车零部件产品，主要产品有高精度注塑件、空滤器、机加工件、汽车用各种接插件、变速操纵机构、气动手柄总成等。拥有各类高精度注塑、机加等相关制造、开模、检测设备共 100 台套(注塑机能生产从 65 克至 10 千克以上的产品、有自动仪表车床、投影仪等一系列先进的设备)。

公司重视产品的技术水平及品质的提高，坚持以顾客为中心，为顾客提供安全、稳定、可靠的优质产品。公司提出了产品合格率 100%，追求顾客满意度 100%的质量目标和坚持严谨科学的品质管理，坚持持续改进；承诺为顾客提供一流的产品和服务的质量方针。为满足顾客和市场的需求，不断开发新产品来适应市场。公司历来重视管理，特别是质量的管理，为了使管理不断升级，公司全面实施推行标准化质量管理，于 2002 年 3 月 18 日向中国汽车产品认证委员会质量体系认证中心提出认证申请，通过公司全体员工的努力顺利通过中国汽车产品认证委员会质量体系认证中心的 QS-9000 质量体系认证审核，并得到审核专家的一致好评。通过英国 BSI 公司的 ISO/TS16949 质量体系审核，并每年通过 BSI 公司的年度审核。2011 年 4 月通过中汽认证中心的 CCC 认证审核。

(刘丛华　高　静)

火电电力
Thermal Power

【江苏火电电力设备制造有限公司】 江苏火电电力设备制造有限公司（盐城电站阀门总厂）成立于1984年，系原电力部、化工部、机械部定点生产电站阀门，占地面积27.73公顷，江苏省高新技术企业，职工490人，具有大专以上学历的工程技术人员309人，直接从事研究开发的科技人员86人。公司通过ISO9001-2000质量体系认证。

集团制造业公司持有国家质量监督检验检疫总局颁发的中华人民共和国特种设备（压力管道元件）制造许可证、A1、A2级压力容器制造许可证和A级锅炉部件制造许可证，被列入国家电力公司20万千瓦、30万千瓦、60万千瓦机组主要辅助设备推荐厂家名录，为中石油、中海油、中石化等公司一级供应网络成员。企业享有自营进出口权。

公司承担并实施科技部中小企业创新基金项目1项，省重大科技成果转化专项资金项目1项，国家星火计划1项，省火炬项目1项，市科技攻关项目3项；获科技进步奖2项，获申请受理或授权专利8项，获省高新技术产品认定2个、省专利新产品1个；通过高新技术企业认定。“火电”商标为江苏省著名商标。

公司以科研为依托，研发、生产、销售一体化，在同行业中处于领先地位，产品具有很强的竞争优势。产品销售和服务遍及国内各大中型火力发电机组，同时远销巴基斯坦、孟加拉、印度、越南、马来西亚、伊朗、缅甸、印度尼西亚、土耳其等国。2016年火电开票销售3659万元，入库税收391.9万元。

粮食工业
Food Industry

【概述】 2016年，全区粮油经济继续保持平稳较快发展。粮油工业定报企业实现工业增加值7.2亿元，占年计划105%，同比增长10%，实现销售收入16.5亿元，占年计划102%，同比增长4.9%，实现利税2150万元，占年计划105%，同比增长64%，超额完成年度目标任务。

【“盐淮”大米申报省著名商标称号】 盐都地产“盐淮”大米申报江苏省著名商标称号，成为本土粮油产品第一个省级称号。江苏金山啤酒麦芽有限公司通过挂大靠强，与全球啤酒行业巨头嘉士伯成功实现战略重组，增强企业市场竞争力，产值和销量处于同行前列。重庆啤酒、秦达面粉、顶盛油脂、江海粮油等企业，年度累计完成技改投入达3000万元。 （鲍正国）

镇村工业
Town and Village Industry

【概述】 区镇村经济保持持续向好发展势头。全年新增249户。新增规上企业（四上企业）117家，其中规上工业企业40家。实现工业开票销售278亿元，同比增长12.16%。镇级公共预算收入增幅5.2%。完成镇村工业投资201.6亿元。全年实现村级集体经营性收入1.67亿元，同比增长12.36%。镇村工业成为盐都创新驱动、转型升级的“生力军”，镇级税源的主阵地。

【推进全民双创园建设】 全年完成镇村工业园区全口径开票销售225亿元，同比增长15%。占镇域全口径开票销售比重为77%。园区今年新建标准厂房面积43万平方米，其中多层标准厂房达30%。园区入驻率达90%以上。年内，镇村园区实现入园项目158个，完成工业投资83.6亿元。盐都区被授予“省国土资源节约集约利用模范县（市、区）”“全省高标准厂房建设与使用先进地区”称号，获“省土地利用节约集约示范区”评比第一名，连续三年获评市“镇村经济发展先进县（市、区）”。大纵湖镇涂装设备产业基地获批“国家火炬盐都涂装设备特色产业基地”，张庄齿轮产业园获“江苏省特色产业集群”和“盐城市一类镇村工业园区”称号（大冈鞋机、龙冈输变电等4个特色产业获得“国家级特色产业基地”称号）。市中小企业创业园、盐都区齿轮产业园等3个园区获得“盐城市创业示范园区”称号。

【加快企业创新创业】 年内，重点推进90个投入500万元以上的技改项目，重点扶持60家初创型中小微企业和140家成长型中小企业。推动镇村工业成为转型升级“生力军”，镇级税源主阵地；加快创新创业，鼓励中小企业加强产学研合作，探索“一镇一院一产业”新模式，加快培育一批科技创新能力强、市场占有率高、质量效益优的“隐形冠军”企业。鼓励企业开发产品、申报专利，支持镇村成长型中小企业做精做优，走专精特新发展道路。鼓励镇村企业创建市级以上品牌、商标，提高品牌附加值，支持企业提升信息化水平，加快两化融合步伐。至年底，全区设立产业研究院6个，镇村工业企业创成国家高新技术企业58家；认定“省科技小巨人企业”5家、“省专精特新产品”企业4家、“省科技型中小企业”58家，获“国家驰名商标”企业6家。

【发展电子商务】 出台《盐城市盐都区人民政府关于加快电子商务发展的若干意见》，实施镇村经济“互联网+创新创业”，大力推动一产、二产、三产广泛“触网上线”，引导创新创业人员积极融入互联网经济。加快镇村互联网+工业、互联网+中小微企业融合发展，发展众创、众包、众扶、众筹等新业态、新模式。加快构建镇村电商物流配送网络，推动快递网络向农村延伸。实施“互联网+”改造提升传统产业，鼓励企业自建门户网站或自营旗舰店，拓展网上销售渠道，提升企业网上销售比重，提高电子商务销售份额。发展农村电商，打通“网货下乡”和“农产品进城”双向流通渠道。出台鼓励扶持网络创业优惠政策，引导青年大学生等创业主体利用知识和信息优势，开设网店和网站，创办网上商城等网络创业实体。全区中小企业70%以上建立企业网站。三分之一以上的定报企业在盐城或本部设立电子商务平台，开展产品网上推广，

江苏赛博

入驻阿里巴巴、天猫商城等网上平台进行在线销售。全区全年实现电子商务交易额184亿元，网络零售额约30亿元，成功创建省级电子商务示范镇1家，培训各类电商人员近2000人次。

【加快中小企业服务体系建设】 按照全市中小企业园“六个一”质量提升工程要求，整合服务资源，完善园区管理服务体系。从用工、用能、用地、融资、减费等环节入手，帮助企业去库存、降成本、补短板、减负担。大纵湖工业集中区管理有限公司被认定为“省中小企业三星级公共服务平台”。年内，全区、镇两级实现中小企业服务平台全覆盖。其中星级公共服务平台有：1个三星级公共服务平台，11家二星级公共服务平台。 (单 辉 王 进)

棉纺工业
Cotton Spinning Industry

【概述】 2016年，江苏日升纺织有限公司坚持以市场为导向，经营为龙头，全面构筑大营销格局；以管理为手段，指标为方向，努力提高生产组织能力；以品质为保证，效率为目标，全力提升内涵管理水平。成功开发段彩、段彩彩点、天丝、银丝、色纺长绒棉、色纺60S及云斑彩雪彩点竹节工艺组合产品7类新产品，所开发的新产品推向市场均获成功。全年累计完成棉纱产量6732吨，其中白纱产量4565吨、色纱产量2167吨，产品销售6989吨，其中白纱4790吨、色纱2199吨，实现销售收入1.63亿元。质量水平稳步提升，主要品种实物质量达乌斯特2013年公报25%~50%以上的水平，全部产品乌斯特水平合格率达93.58%。 (陈玉林)

私营个体工业
The Private and Individual Industry

【概述】 全区私营个体工作以“质效提升年”主题活动为动力，以“服务政府、服务会员、服务社会”为主线，以服务兴会、非公党建、民关工委三项为重点，全区私营个体经济总量平稳增长。至年底，全区新发展私营企业2097户，个体工商户6111户。

【服务兴会工作】 全年组织时政宣传学习27场次，参加会员3100人次；开展普法教育51场次，参加会员近4600人次；开展职业道德教育29场次，参加会员2800人次。加强和工行、民生银行等金融机构的联系，组织会员参加“金融超市”等银企对接活动，全年帮助企业融资5500万元。登门走访会员1400户，开展培训服务12场次、610人次，提供经济信息36条、会员获取效益750万元，开展维权服务52次，协调服务207次，年报等代理服务2420次。

【非公党建工作】 开展“两学一做”学习教育，集中上党课，集中大讨论，深入排查存在问题，制定整改措施，组织党员组织关系排查，党员基本情况登记，党员党费清交等工作。利用走访非公经济会员企业，征求会员意见、倾听会员心声、反映会员诉求，增强协会党组织的凝聚力和感召力。并在会员中开展以增强对中国特色社会主义的信念、对党和政府的信任、对企业发展的信心、对社会的信誉为主要内容的“四信”理想信念教育实践活动，进一步坚定广大会员跟党走中国特色社会主义道路的信念。“七一”前夕，区协会党委被市协会评为先进基层党组织，2名党员受到表彰。

【民企关工委工作】 年内，围绕有班子、有“五老”队伍、有活动阵地、有办公设备和经费、有规章制度，达到班子建设好、五老作用发挥好、制度建设执行好、积极探索创新好、活动经常效果好的“五有五好”要求，巩固提高、发展延伸、典型示范、组织指导，培育民企关工委典型14个。 (苗才清)

建筑和房地产业

Construction and Real Estate

建　　筑

Construction

【概述】 着力培植建筑、房地产两大建设产业，突出转型升级，提高运行质量，促进产业做大做强，全年完成建安产值257.5亿元，实现增加值72亿元，完成税收21亿元以上，分别同比增长7%、7.5%和7.8%以上。

【加快建筑业发展】 研判国内外建设市场形势，引导建筑业规范竞争、平稳发展，打造"陆海空"建筑施工特色，吸纳从业人员10万余人。全年创成江苏省"扬子杯"优质工程4项，4个项目获市"盐阜杯"优质工程、22个项目获市优质工程，17个项目被评为省市文明工地。

【提升建筑行业资质】 组织人员报考建造师、项目经理和安全员等执业资格，年内，新注册一二级建造师275名，总数达到2539名。新增有资质企业17家，全区建安企业总数达到207家，其中一级总承包企业达到11家，总数列全市第一。疏浚打捞特色施工建筑总量、综合实力稳居全省同行业之首。盐都疏浚打捞行业协会批准成立，会员达48家，行业规模达40亿元，年营业收入超10亿元。高空防腐维修市场知名度、产业集群度全省同行业最高。

【拓展外埠建筑市场】 实施"走出去"战略，着重开拓"一带一路"市场，省外市场主要巩固山东、河南、广东、广西、陕西、新疆等传统市场，年内，新拓展青海、成都、云南等新兴市场，市场基地规模均超5亿元以上，外埠建筑市场占有份额提高到60%以上。打捞疏浚市场从长江下游向中游拓展，从黄海向渤海、东海和南海沿线延伸。

【推进建筑产业现代化】 重点培植金贸、中鼎建设集团，实行先行先试，强化示范引领。年内，金贸集团投资1.2亿元，建筑产业现代化全自动生产线年生产量可达10万立方米，年产值可超亿元；国定模台生产线年生产量可达15万立方米。装配式建筑样板房出样，中标承建高新区城市地下综合管廊项目试验收，金贸集团被省住建厅认定为省建筑产业现代化部品生产示范基地，系市第一家。

【打造建筑科技品牌】 引进上海"中鹰·黑森林"绿色科技建筑"五大系统"，促进其与华兴集团合作，在盐城率先建造高端住宅项目。推进绿色节能建筑，年内，钱江绿洲小区被认定为国家级康居示范工程、盐城首个三星绿色建筑小区。提高社会贡献份额，金贸集团挺进全市

生态宜居小区——西城中央

2016 年度江苏省"扬子杯"优质工程一览表

表 5

序号	工程名称	施工单位	监理单位
1	盐城市留学生创业园项目	江苏翔远建设集团有限公司	江苏钟山建设咨询有限公司
2	中共盐城市委党校新校区	江苏明华建设有限公司	盐城市工程建设监理中心有限公司
3	射阳县体育及妇幼活动中心	江苏金贸建设集团有限公司	盐城市万方工程建设监理有限公司
4	盐城市珠溪路工程	盐城市兴都市政工程建设有限公司	江苏创盛项目管理有限公司

2016 年度盐城市"盐阜杯"优质工程一览表

表 6

序号	地区	工程名称	施工单位	监理单位	项目经理
1	盐都	智能终端（手机）产业园三标段	江苏金贸建设集团有限公司	江苏全成建设顾问有限公司	李加喜
2	盐都	阜宁高等师范行政信息楼工程	江苏国丰建设集团有限公司	江苏创盛项目管理有限公司	孙　梅
3	开发区	中共盐城市委党校新校区工程	江苏明华建设有限公司	盐城市工程建设监理中心有限公司	徐昌琦
4	城南	盐城市城南新区日月路小学改扩建工程	江苏明华建设有限公司	盐城市成业建设工程监理有限公司	黄祥跃

纳税贡献20强，获市五星级建筑业企业和销售规模奖；翔远集团被评为市三星级建筑业企业。全区12名项目管理人员被评选为盐城市优秀建造师，约占全市一半。

【加强质量安全管理】 年内，组织开展高温汛期、冬季消防防火等重要时段的安全大检查，对安全隐患及时责令整改，一次性整改率达到98%以上，有效整治住宅工程质量通病，全年未发生较大建筑安全生产事故。

【维护系统信访稳定】 全年重点协调、妥善解决延期交房、物业移交、工程质量、公建配套、民工工资等信访矛盾和问题120余起，主动处置群体性上访苗头事件10余起，接待来信来访逾千人次，帮助民工讨薪近6000万元，为全国"两会"、G20峰会、十八届六中全会的胜利召开营造良好的社会稳定环境。

【组织实施阜宁援建】 6月，组织区内建筑、房产企业和机关工作人员向阜宁、射阳"6·23"灾区捐资近40万元，搭建专门班子帮助阜宁吴滩立新安置点援建，该安置点建设用地12.67公顷，建设面积约4.48万平方米，共计125幢农房、375套房屋。援建工作进度、质量列全市第一。

房地产开发

Real Estate Development

【概述】 全区全年商品房上市161万平方米，占大市区上市总量的32%，同比增长55%。其中住宅上市面积120万平方米，同比增长51%，新增房源保证市场供应。销售190万平方米，占大市区销售总量的30%，同比增长82%。销售金额96.42亿元，同比增长95%。主城区（盐龙、盐渎、潘黄）商品房销售143万平方米，同比增长57%。住宅销售均价5153元/平方米，同比增长12.5%。主城区（盐龙、盐渎、潘黄）住宅销售均价5325元/平方米，同比增长11%。商品房库存212万平方米，占大市区库存总额的32%，同比下降3%。其中住宅109万平方米，同比下降29%。碧桂园、港龙、创元等房企成为全市纳税前30强企业。

【加大保障性住房力度】 年内，保障性住房新开工（含货币补偿）计划1000套（户），实际完成1013套；计划基本建成1000套（户），实际完成1000套。开展住房保障应保尽保工作，新增公租房、廉租房、经适房等保障对象531户。出台《盐都区个人和企业购买新建商品房补贴发放实施细则》，购房补贴范围由高速圈扩大到全区，购房补贴发放时间延长到年底。发放购房补贴对象1067户、1193.66万元（不含乡镇发放）。（苗林杰）

商贸服务业

Business Services Industry

综　述
Summary

【概述】 2016年，全区实现社会消费品零售总额208.79亿元，同比增长11.2%，列全市第3位。农贸市场改造升级。2家农贸市场列入市区两级建设改造任务，分别为：潘黄吴杨菜市场、张庄文明路菜市场。扩大名特优知名度。年内，8家企业、20多个名特优产品组团参展市“5·18”名特优产品展销会，提高盐都名特优产品的知名度。推进二手车市场建设。全区二手车交易市场有3家，每年为超过2万辆二手车交易提供中介服务。其中，浩通旧机动车交易市场为全市最大的二手车交易市场，共有80家二手车经营户，经营户总量占比达全市90%以上。电子商务快速发展。全区全年电子商务交易额163亿元，其中网络零售额约28亿元，同比增长33.9%。年内，成功创建省级电子商务示范镇2个（大纵湖镇、郭猛镇），省级电子商务示范村1个（中兴街道周伙村），市级电子商务示范村3个（大纵湖镇大苑村、郭猛镇刘垛居委会、秦南镇关陈村），市级电子商务示范企业5个（江苏第六通道科技发展有限公司、盐城市松鑫贸易有限公司、江苏中恒宠物用品股份有限公司、盐城顺丰速运有限公司、盐城恩源信息科技有限公司）。农村淘宝项目累计建成服务站点160家，全年累计实现订单11.26万个，销售额1558.61多万。

（王　楠）

商业流通
Commercial Circulation

【概述】 2016年，全区实现社会消费品零售总额208.79亿元，同比增长11.2%，列全市第3位。

【农贸市场改造升级】 农贸市场建设改造工作按照《市区农贸市场建设与管理规范标准》执行，实行统一规划、统一标准（标识）、统一设计、统一验收的模式。年内，新（改）建潘黄吴杨菜市场、张庄文明路菜市场。潘黄街道吴杨农贸市场位于潘黄街道吴杨居委会境内鹿鸣路北、开创路东，系金航财富大厦北侧裙房，建筑面积约2400平方米，配套商铺20多个。张庄街道文明路农贸市场位于张庄街道文明路与振兴路交叉口，建筑面积近2200平方米，共有门市10间、摊位96个运营。

（王　楠）

供销合作商业
Industry of Supply and Marketing Agency

【概述】 围绕“深化为农服务强宗旨、主攻改革创新促转型、着力化解问题保稳定、强化效能建设转作风”的总体思路，树立为农服务“主角”意识，突出为农服务功能提升，重抓基层社改革创新，突破项目建设和服务体系完善。

【为农服务】 组建为农服务联合社。围绕“谁来种地、地怎么种”问题，顺应市场需求和产业发展趋势，年内，与秦南、楼王、大纵湖、滨湖、盐渎、鞍湖等镇（街道）对接，由基层社领办的专业合作社牵头，分别成立秦民、其国、丰环湖、纵宝、发生、安泰6个专业合作社联合社，制定服务工作方案，进入实际运行。拓展服务内容。提升大冈都冈、北蒋惠宝联合社的功能，探索从良种育繁、新技术推广、精准化施肥、病虫害防治、农机作业到生产加工全程社会化服务，真正实现农田托管服务，两地联合社全年服务面积分别达到3666.67公顷和53.33公顷，其中协议托管面积分别达666.67公顷和200公顷。开展秸秆收购利用。新建楼王益民秸秆专业合作社，对冈中发生、大冈吴港、楼王江庄古月、龙冈庚生、郭猛爱群、学富士根6个秸秆专业合作社进行提升，扩大收购范围，拓展市场销售，提高综合利用率，基层社领办秸秆专业社的总量达到11个。

【阵地建设】 加快传统网点改造。年内，完成北龙港商贸中心地面建筑拆除、规划许可证办理等工作，妥善落实职工安

战略合作签约

置，对中兴综合门市、义丰商场、郭猛超市、潘黄大卖场等网点进行改扩建，提高资产利用率。北蒋社改造建成具有3万多个品种、面积达1500平方米的中心超市，获得省“新网工程”奖补资金150万元。“三体两强”示范社建设。在大冈、北蒋党委政府的大力支持下，顺利完成两个基层社“自主经营实体、农民社员主体、合作经济组织联合体、经济实力强、为农服务能力强”的“三体两强”建设工作。开展为农综合服务社建设与提升。会同区委组织部、农工办等部门印发《关于全区新建或改扩建村居党群服务中心指导性意见》，对农村综合服务社（中心）“两超一院一家三站”(便民超市、农资超市、庄稼医院、农民之家、电商服务站、物流服务站、农产品供销站)建设规范提出明确要求，建成村居综合服务社10个，分别为学富镇车林；龙冈镇大潘、青龙、万家；楼王镇仁和；农开区乔庄；秦南镇江尧；大冈镇佳富、光明；张庄郑通。

【平台构建】 打造新型服务载体。年内，组建盐城农益惠农业发展有限公司，采取上联生产厂家、下接农户的经营模式，以农资经营为主导，以开展统防统治、植保技术服务为手段，拓展粮食、农副产品收购加工与销售、电子商务等服务项目，建成有特色、有载体、有实效的现代农村综合服务中心。发展电子商务。与省苏农集团供销网城签订合作协议，依托供销网城在全国首创的“屏联网”模式，建成3个与农村综合服务中心相配套的乡村电商服务站。强化职业农民培训。依托区农干校的培训资源，举办全区新型职业农民暨农产品经纪人培训班，对全区基层供销社班子成员、部分合作经济组织负责人、家庭农场业主和区供销社机关干部等150余人，进行为期3天的培训。通过专家授课、现场观摩、互动交流等方式，讲解水稻栽培知识、农作物统防统治、水产品养殖、农产品质量安全和农产品电商实务。

【产业融合】 积极推进一二三产业融合发展项目，年内，中兴供销社与客商在陈祁供销站兴办“盐城市倍倍鲜调味品有限公司”，生产40个品种的系列调味品，在市内建成3个农产品种植、加工基地，采取驻地代理经营、门店超市直销、阿里巴巴电商销售等途径，被认定为盐城高新技术企业和市级农业龙头企业。大纵湖纵宝专业合作社发展水产养殖133.33余公顷，深加工水产品10多个系列100多个品种，并积极开拓营销渠道，初步形成直营店、加盟店、电商等营销网络。

（陈玉林）

粮食购销
Grain Marketing

【概述】 2016年，全区全年实现粮食收购41万吨，占任务数的164%。针对粮食收购仓容紧张，收割季节连续阴雨粮食品质下降等突出矛盾，采取补贴销售、跨省移库、储备轮换、搭建露囤等措施，腾出空仓容17.61万吨；利用即购即销等自营方式消化托市不达标粮6万多吨；新增2台比重筛，新建一个烘干中心，帮助农民粮食提级进等，解决农民“卖粮难”问题。

【戴元湖察看夏粮收购工作】 6月14日，市委副书记戴元湖察看区夏粮收购工作。区委书记羊维达、政法委书记陈育群陪同。戴元湖对收购现场规范化管理给予肯定，要求做好夏粮收购工作的同时，规范管理，严格落实夏粮收购政策，提高认识，强化责任，把农民增收作为重中之重；杜绝压级压价、打白条等现象发生，确保夏粮收购工作顺利进行。

【区粮食科技产业园开工建设】 区粮食科技产业园项目总投资1亿元，以原秦南粮管所为基础，规划建设集粮食产、储、检、加、销以及电子商务于一体的现代化数字粮食物流园区，改扩建高大平房仓8万吨，新增日处理300吨粮食烘干机1台套，新建600平方米检化验中心楼和2000平方米园区综合管理楼，扩建优质粮源基地2000公顷。列入区政府2016年八大类重点工程项目。6月11日，盐都区粮食科技产业园一期工程项目开工建设。工程投资2500万元，拆除6幢老旧仓房，新建3幢高大平房仓，增加仓容量1.9万吨，总仓容量达5.7万吨。

【江苏盐粮控股集团有限公司挂牌成立】 6月6日，召开夏粮收购暨深化企业改革推进工作会议。会上，举行“江苏盐粮控股集团有限公司”揭牌仪式，江苏盐粮控股集团有限公司正式成立。全区国有粮食购销企业通过兼并重组，形成“江苏盐粮(集团)控股有限公司+子公司+收储库点”的经营模式。

【开展世界粮食日宣传活动】 10月16日是第36个世界粮食日，10月10—16日是全国爱粮节粮宣传周。区粮食局联合粮食集团以“气候在变化，粮食和农业也在变化”“积极应对气候变化，促进粮食减损增效”为主题，通过盐都电视台、双新盐都报、盐都党员e站、盐都法宣办短信平台、盐都粮网等媒体网络广泛宣传爱粮节粮重要意义，动员全社会力量共同参与减少粮食损失浪费，形成爱粮节粮的良好风尚。在区放心粮油店、粮油农贸市场、粮库等处悬挂横幅、张贴标语并向居民发放宣传单，教育广大人民群众爱惜粮食、节约粮食。深入到26个粮食购销、加工企业，宣传粮食科学储藏，预防粮食生虫、霉变，推进适度粮食加工，降低存储、加工过程中的损耗。

【智慧粮食平台实现互联互通】 10月，盐都区智慧粮食平台全面建成，实现区粮食局与基层粮食购销企业及收储库点粮食信息互联互通、数据共享、无缝对接。通过智慧平台实时掌握各基层库点粮食收购、入库、储藏、出库、加工等情况，确保库存粮食数据真实、质量良好、储存安全，杜绝出现粮食储存事故，进一步提升科学化信息化管理水平。

·区智慧粮食平台主要功能·

1.地理信息。显示出各个库区的地理位置，库区平面图，并在平面图上显示视频监控、仓库库存及粮温情况。2.动态情况。可以详细地查询并以图表等形式显示动态收购数据、实时库存数据、各时间段收购情况等。3.粮情监测。可以将各个库区仓库的粮温数据反馈上来，通过平台远程即可看到下面各个库区仓房内的温度，并能提供高温报警信息。4.报表汇总。可以将各个库区动态收储数据按仓库号、地区、出入库等方式进行汇总并形成报表，通过打印等方式将数据打印出来。

（鲍正国）

江苏华兴投资集团
Jiangsu Huaxing Investment Group

【概述】 2016年，集团产业保持稳健发展，加快转型升级，在企业赢利下降，汽车贸易竞争激烈，房产市场扑朔迷离压力下，围绕经济目标，坚持创新发展、智慧发展、绿色发展，圆满完成各项目标任务。全年实现营业收入14.5亿元，利税1亿元，保持良好发展势头。

【工业企业运转】 双昌生物科技公司作为集团工业支柱企业，在硫酸、肥料价格低位，电价补贴取消等经营成本上升情况下，保持较好开车率，全年共生产销酸、肥、汽35.9万吨，实现开票销售1.8亿元，利税743万元。巩固亚硫酸钠、发烟酸、65酸等技改项目，提高产量，增加效益。公司进行股份制改造，资本运作顺畅。3月底，全面完成股改工作，4月底，实现上市材料完全报送，“新三板”挂牌工作取得重大进展；加大考核奖惩，降本增效。针对生产、质量、安全、研发、环保等各种目标，实施详实可行的奖惩制度，取得成效；培植新的增长点，加快整合资源。通过多次考察、论证、谈判，A-K糖项目进入项目审批阶段。推动产业升级。联手中化化肥等央企，加快技术升级，复合肥等产品实现规模化生产，同时依托中化品牌的强力带动，公司整体销售增长；驰翔齿轮在“新三板”成功挂牌上市后，资本运作更上台阶，公司通过二次定增，资本充足，成功更名为江苏盛安资源股份有限公司。公司全年实现销售1.37亿元，利税1600万，继续保持齿轮之乡龙头企业地位；在齿轮制造方面，公司在高端市场与北京福田康明斯汽车发动机齿轮、比利时(南京)邦奇、山东盛瑞自动变速器齿轮、比亚迪等新能源汽车齿轮等高端装备齿轮等高端市场形成批量供货和规模优势，通过资源整合及资本运作，成功投资铀矿产业。秦川华兴机床通过技术创新，成功开发多款高精度齿轮机床，销售收入较上年增长30%。公司土地房产成功与高新区合作转让，实现轻资产经营的发展思路，公司进入良性循环，完成秦川、华兴两大集团年初提出减亏盈利的目标。

【加快房产开发转型】 上半年，楼市回暖缓慢，一线城市和三线城市分化加剧。下半年，随着去库存的深化，市场高开低走。房地产项目中“瑞都国际财富大厦”完成扫尾工作，“水岸华庭” 一期13幢楼全面完成交付、竣工、验收、备案，实现计划目标。资金回笼升高。按年初确定的销售策略，下半年，“瑞都国际财富大厦”“腾飞新城”“水岸华庭”等项目销售逐步抬高，库存快速降低。实现销售各类商品住宅和商铺6.4万平方米，回笼资金3.2亿元。企业转型升级，与上海中鹰集团相互交流、洽商、合作，完成开元路地块、水岸华庭二期项目的规划调整和土地变性；发展新型高端装配式建筑生产基地、绿色建筑科技项目，集团房地产向绿色建筑科技项目转变。

【汽车贸易发展】 年内，华兴汽车、中联汽车继续保持集团利税贡献领跑者位置。汽车贸易行业稳步提升。建立市场沟通机制，统一车价、统一增值项目和费用，同时。开展大型团购会、车展、巡游、户外高炮、灯箱广告、微信推广等方式，举办大小活动超百场，现场完成订单近千台，在竞争中获优势，全年实现扭亏、增盈；提升服务水平，保持领先优势。提高售后服务品质，提升客户满意度，增加盈利空间。全年两大汽车公司共实现营业收入8.2亿元，销售整车6281台，维修产值达5100万元，利税超千万元。华兴汽车继续名列全国五星级代理商之列，并被评为“全国汽车维修行业诚信企业”，中联汽车实现历史突破，获“全国五星级代理商”称号。

【嘉阳物业工作】 年内，嘉阳物业管理有限公司接手瑞都国际、腾飞新城、青龙华庄、水岸华庭等多个集团开发的商住小区，成功实现集团自主开发、自主管理的新模式。全年，嘉阳物业经营性收入380万元，基本实现收支平衡。嘉阳物业逐步完善各项规章制度，员工管理培训，采用“走出去、引进来”的方式向实力强、水平高的同业公司学习，员工服务意识和服务水平显著提高。同时，公司经营班子加大举措，节能减耗，对常置易耗品统一集中批发，维修、维护方面落实专业团队和单位，建立长久合作关系，降低劳务成本，提升管理效益。

【南大华兴战略创新】 5月，集团与南京大学盐城环保技术与工程研究院强强联合，共同组建江苏南大华兴环保科技股份公司，借助研究院技术优势和团队力量，环保事业取得重大进展。在半年时间签订化工企业环境治理、园区污水厂技术服务业务合同额2000多万元；为融合政府、高校和科研院所多方资源，促进科研成果向产业转化，搭建企业发展平台，股份公司与九江市湖口国资委共同组建九江南大环保创新中心有限公司，独资设立山西南大环境工程设计有限公司；筹划落实经营业务所需的工程设计、施工资质，完成专项设计资质申报；加快股份公司基地建设。在环保科技城境内世纪大道北侧征地50吉新建研发中心和生产试验车间，至年底，完成项目立项、土地征用、前期环评审批和规划审批工作。

【企业文化】 秉承“因德而华、以舍为兴”的企业品牌文化，集团党委、工会围绕集团各产业稳发展、快发展、强发展的主旋律，引领员工在“以人为本、以法治司”的理念下，构建“和谐华兴、魅力华兴、幸福华兴”的文化氛围。党建、工建工作持续深入，“社会主义核心价值观”彰显新特色，播洒正能量。多次参与光彩事业，特别是阜宁特大龙卷风自然灾害发生后，第一时间向灾区捐款100万元，奉献爱心。 （朱 玮）

商务监管执法
Business Supercision and Law Enforcement

【概述】 建立各岗位工作职责、岗位责任制、行政执法案件办理程序、重大行政处罚集体讨论制度、行政执法过错责任追究制度等执法工作制度。年内，“12312”商务举报投诉服务站健全工作职责、保密制度、举报投诉岗位制度等，建立行政执法大队与“12312”快速反应机制，“12312”中心实行24小时报案受理。建立健全内部管理制度，建立考勤、财务、文书、会议、车辆等制度，建立财务管理制度，实行一支笔审批，收支两条线，对罚没款要求当事人缴存指定银行，进行专户管理。

【加强酒类流通执法】 执行《酒类流通管理办法》，做好酒类流通备案登记证的办理、随附单的发放和管理等工作，提高酒类经营者的备案登记率和酒类商品流通随附单的使用率。年内，开展酒类经营者备案登记和执行随附单溯源制度等的专项检查，对没有履行备案登记手续，未执行随附单溯源制度的，依据《办法》或有关法律、法规、规定进行处罚。加强酒类流通管理基础工作，以备案登记制度和随附单溯源制度为基础，建立监测制度，定期调查全区酒类流通行业的企业数量、规模，酒类商品的销量、销售额等行业数据，对部分大型流通企业要进行重点监测。加大培训力度，加强对监管人员的培训，提高执法水平，加强对酒类经营者的培训，使经营者知法、懂法，做到守法经营、规范经营。

【加强“12312”投诉服务功能】 年内，“12312”商务局举报投诉服务站按照“12312”工作职责，将举报、投诉、咨询等内容详细录入电脑，及时准确地按分级、分类原则，分流到相关单位，做到事事有着落、件件有回音。加大商务综合执法信息收集、整理、上报，在注重信息数量的同时，更注重信息时效性。全年共接受举报投诉 16 起，查案 58 起，立案 33 起，办结 33 起，接受咨询 50 件，答复率100%。 （朱素云）

旅　游
Travel Industry

【概述】 全区旅游工作围绕“一极一园一业”战略部署，按照打造全域旅游的要求全方位规划、多产业融合、多元化发展，全力构建“一湖两带一圈”大旅游格局，全面叫响“多彩盐都，欢乐水乡”品牌。全年接待游客总人数455万人次，旅游总收入51亿元，同比分别增长42.18%、59.38%，旅游业增加值占地区生产总值比重逐年递增。盐都进入“国家全域旅游示范区”创建名单；被授予“全国休闲旅游创新发展观察基地”“中国休闲30人活动基地”“中国最美乡村旅游目的地”等称号；上海——盐都旅游直通车获评江苏省2016年“十条新线路”；盐城市第一中学获批首批省级研学旅游示范基地名单；大纵湖旅游度假区东晋古城项目列入省重点旅游项目，仰徐乡村乐园荣获“中国乡村旅游创客示范基地”和2016年江苏乡村旅游“最美百果园”，龙冈桃花园创成省级生态旅游示范区，郝氏故里创成国家AAA级景区，三官农庄创建省五星级乡村旅游区通过省局初评，番茄主题公园创成省三星级乡村旅游区；盐城海外国际旅游有限公司获评苏北首家县（区）级出境组团四星级旅行社。全省2016乡村美食大赛中获得1金2银，全市首届乡村美食大赛中获得2金2银，成绩在全省县（区）级城市中名列前茅，全市首届十大名厨名菜大赛1道名菜，1名厨师获奖。

【推进旅游重点项目】 年内，围绕“生态湿地、民俗风情、名人文化、乡村度假”功能定位，坚持策划先导、规划引领、创新产品、彰显特色，对全区乡村旅游规划进行内涵品质提升，编制《蟒蛇河水上旅游线路总体规划》《龙冈桃花园提升规划》《草房子主题乐园提升规划》等重点景区规划，全区所有的景区（点）和重点旅游项目做到规划的全覆盖。大纵湖度假区鸟岛、绿丘露营基地二期，龙冈桃花园，草房子主题乐园核心区等项目建成对外开放。

【召开全区旅游业发展大会】 10月12—13日，全区召开旅游业发展暨国家全域旅游示范区创建工作动员大会。会上发放《盐都区创建国家全域旅游示范区重点工作任务分解表》《关于成立盐都区创建国家全域旅游示范区工作指挥部的通知》《盐都区“十三五”重点旅游项目任务表》《关于 2015 年度区级旅游业发展专项引导资金奖励兑现的通知》。

【举办第二届畅游盐都金秋行三大主题活动】 8月28日至10月20日，举办第二届畅游盐都金秋行三大主题活动，分别是第二届大纵湖生态湿地旅游节、首届休闲中国高峰论坛暨中国休闲30人盐都金秋行、乡村旅游特色节庆活动，活动突出“生态湿地、民俗风情、名人文化、乡村休闲、旅游度假”五大主题，发挥节庆活动对旅游业发展的拉动作用，集中展示全区旅游资源和特色产品，把“金秋行”办成“老百姓的节日”，活动期间共吸引游客150万人次，旅游总收入16亿元，实现门票收入6485万元，同比分别增长36.36%、46.79%、47.39%。

高峰论坛暨盐都金秋行

【首届休闲中国高峰论坛】 10月17—18日，举办首届休闲中国高峰论坛暨“中国休闲30人”盐都金秋行活动。论坛由中国旅游报社、市政府共同主办，省旅游局支持，区政府承办，以“全域旅游与国民休闲”为主题，邀请“中国休闲30人”代表、休闲旅游研究专家学者、全国业界代表和主流媒体代表200多人，进行为期2天的观摩、研讨和交流。其间，举行“全国休闲旅游创新发展观察基地”“中国休闲30人活动基地”的揭牌仪式，并发布“盐都共识”，百度词条关键词搜索达427万个词条。

【举办第三届盐都旅游（上海）推介会】 8月24日，区政府在上海旅游行业协会、黄浦区旅游局、上海五百强旅行社支持下，在上海大剧院举行“多彩盐都 欢乐水乡”第三届盐都旅游（上海）推介会。会上播放盐都旅游宣传片，介绍全区重点旅游景区、旅游商品等。重点景区的代表与华东六省一市和上海五百家旅游联盟、新媒体、线上代表等进行深入交流，多层次、多角度宣传盐都旅游，提升盐都旅游在上海的知名度和影响力。

【大纵湖旅游度假区】 年内，东晋古城项目列入省重点旅游项目，主城门、游客服务中心、宋氏祠堂、L岛已竣工。大纵湖旅游景区精彩亮相央视《新闻联播》，荣获诚信旅游示范单位，成功举办“国际公路自行车赛”。房车露营基地获批省级房车露营地，并获得长三角房车旅游标准示范营地称号；婚纱摄影基地被评为“金牌摄影基地”；景区共接待游客数139.52万人，营业总收入8712.23万元，分别增长31.6%和26.8%。

【一日游、二日游】 3月，开通“盐都乡村一日游”直通车，全年共接待4万多名游客，直接经济收入850多万元；上海——盐都旅游直通车获评省2016年“十条新线路”之一，“二日游”共接待3万多名游客，直接经济收入1850多万元，推动全区农家乐（客栈）、乡村民宿良性快速发展，实现旅游的富民效应。

（陶林淋）

物　流
Logistics

【概述】 全年新增道路普通货物运输业户196户，新增货运车辆184辆，吨位2323吨，至年底，全区共有道路货运物流企业111家，货运车辆3317辆，总吨位27554吨，从业人员约6583人。（王银忠）

成品油销售
Product Oil Sales

【概述】 认真贯彻落实《安全生产法》《成品油市场管理办法》等法律法规，做好成品油市场日常监管工作，确保全区42家加油站（点）的正常营运。规范加油站建设的各项审批程序，做好新修公路加油站的网点规划工作，切实解决新修公路加油难的问题。严厉整治非法经营行为，坚决取缔黑加油点，对非法经营者进行严肃处理，保证成品油市场健康发展。（朱素云）

市场建设

Construction in a Market

综　述

Summary

【概述】 按照政府领导，统筹规划，合理布局，有利交易，方便群众要求，加强市场的规划与建设，引导各类市场逐步走向规范化、效能化、现代化。全区共有各类有形市场34个，其中生产资料市场3个，农贸市场25个，小商品市场1个，装饰材料市场5个。建筑总面积49.23万平方米，总投资8.34亿元，总成交额25.58亿元。

生产资料市场

Market of the Production Means

【概述】 全区共有生产资料市场3个，其中钢材市场2个，分别是盐城明都金属材料有限公司、江苏兴宇钢材市场有限公司，全年成交额2.38亿元；二手车市场1个，江苏浩通旧机动车交易市场有限公司，年成交二手车辆近万辆。市场监管局对生产资料市场定期进行专项整治或不定期进行抽查，场内经营秩序良好，产品质量明显提升。

农贸市场

Agricultural Market

【概述】 结合创文工作，不断加大农贸市场整治力度，重点对农贸市场内食品经营户的证照，如健康证、经营许可证等补充完善。全面落实区政府2016年为民办实事项目安排，积极筹建食品安全快速检测室，3月，正式投入使用，全年进行农产品快速检测985批次，为辖区人民营造一个放心安全的食品消费环境。

小商品市场

Commodity Market

【概述】 至年底，全区共有1个小商品市场，即盐城市佼隆招商场有限公司，市场位于龙冈镇，内有摊位112个，建筑面积2457平方米，年成交额近亿元，做到创建平安市场与市场标准化管理、市场消防安全、市场创星工作相结合。

（苗才清）

大纵湖农贸市场

人才市场
Talent Market

【概述】 推进人才兴区，打造人才高地，着力构建“人才人社”。招引人才、集聚人才、用好人才。根据区委区政府的统一布署，开展“双招双引”活动，同时坚持服务理念至上，做好人才服务零距离，送政策、送服务到企业，积极帮助企业申报省、市各类人才项目。开展高校毕业生就业跟踪服务活动，广泛征集全区骨干企业高校毕业生就业信息，建立企业毕业生需求信息库，积极推行重点企业“毕业生配送”、政策咨询等个性化服务，促进毕业生就业，为全区经济和社会发展提供人才支撑。

【开展招才引智活动】 以双招双引活动、市“515”人才引进三年行动计划为契机，围绕任务定职责，推进创新举措，招才引智活动取得明显成效，年内，与中南大学、南京理工大学、黑龙江大学、上海理工大学、南京信息工程大学、苏州科技学院、安徽农业大学等高校达成人才合作协议。组织120多家企业到南京工业大学、江苏大学、安徽农业大学、昆明理工大学、江苏师范大学等高校参加校园招聘活动，推介区情和人才政策。帮助江苏苏力机械股份有限公司帮助企业招引博士后人才，12月，经省人力资源和社会保障厅批准，南京理工大学和江苏苏力机械股份有限公司联合招收彭勇博士，从事“机器人智能喷涂工艺与装备”项目研究。 （王 俊）

人力资源市场
Human Resources Market

【概述】 全年新增转移农村劳动力7800人，完成市目标任务的260%。城乡劳动者职业技能培训7021人，城乡新成长劳动力培训3263人，分别完成市目标任务的226%、218%；根据报名

新春招聘会

人数，每月循环开班，自办创业培训班26期。

【就业惠民工程】 以新春圆梦行动为开局，组织高校毕业生、技能型人才、新特产业、“四新”经济等各类招聘活动36场次，吸引进场求职者近5万人，达成就业意向1万余人。区人力资源市场接待各类进场求职人员18336人，办理用工登记6778人；退工登记698人；失业登记830人；发放就业创业证6855本。以服务高新区智创园用工为切入点，成立专门的工作班子，制定精准的服务方案，加大招聘推介宣传力度，利用社会中介资源，推行常态化招聘。共举办智创园专场协调、对接活动12场次，成功招聘员工1750人，本地劳动力占80%以上，基本满足园区20多家企业生产用工。 （陈学兵）

文化市场
Cultural Venues

【概述】 全区文化市场管理以平安文化市场建设为中心，为实现全区“两高”追求、“四区”建设，营造健康、安全、良好的社会文化环境。在行政许可工作上按照全省行政权力清单目录，按照“三级四同”即省、市、县区同名称、同编码、同依据、同类型的要求、对行政权力事项进行排查与整理，全年共清理行政权力清单事项400项，其中：行政许可24项、行政处罚345项、行政强制5项、行政奖励6项、行政确认6项、行政其他14项。对行政权力事项在区政务平台系统里进行录入，并在门户网站向社会公布。全年共完成新审批电子游戏经营场所5家，互联网上网营业场所6家，印刷经营场所3家，并对全区34家印刷企业和35家出版物经营场所、1家电影放映场所及所有娱乐场所进行网上年检及换证工作。对不符合规定的娱乐场所全部停止营业和取缔。执法上加强与公安、工商、城管、综治等部门联系沟通的基础上，多次组织联合执法专项行动，开展“电子游戏娱乐场所专项整治行动”“互联网上网服务营业场所专项整治”“暑期文化市场专项整治”等多次专项行动。专项整治行动期间，共出动检查人员1369人次，检查经营单位910余家次，查处文化市场违规行为4件，警告4家，罚款3000元，强制取缔无证电子游戏娱乐场所6家，收缴各类电子游戏机19台，电路板19块，收缴非法出版物1260余本。盐渎街道沫沫网咖网吧行政许可卷宗参加省文化组织的第十一届文化行政执法案卷评比中获得全省十佳优秀卷宗荣誉。 （陈卫红）

财政税务审计

Finance, a Tax Matter and Audit

财　政

Finance

【概述】 2016年，区财政部门发挥财政基础和重要支柱职能，贯彻落实积极的财政政策和稳健的货币政策，推进以营改增为重点的供给侧结构性改革，促进经济社会平稳健康发展，全区财政预算执行总体情况较好，实现“十三五”良好开局。

【财政收支稳定合理】 年内，财政收支稳定在合理区间，圆满完成全年一般公共预算收入目标。全年一般公共预算支出中用于均衡区域公共服务和改善民生的投入达40亿元，占比76%以上。列入省市统计监测的一般公共服务、公共安全、教育、社保和就业等8大类民生领域支出38亿元，增幅和进度均居全市前列。

【供给侧结构性改革】 年内，稳步推进营改增试点，引导产业结构进一步优化。设立科技创新转型升级、服务业引导、旅游业发展等5类专项资金计2.3亿元、高新区建设资金1亿元，引导和撬动各类资金超过30亿元，支持企业科技创新和转型升级。出台全区购房补贴方案，发放补贴资金1230万元，助力房地产去库存。运用“财政+金融”手段，实施“四金促四贷”工程，帮助企业去杠杆。为区内企业提供贷款担保8.3亿元、过桥资金6.7亿元；综合运用苏科贷、苏微贷、科技成长贷和创业贷等金融产品，缓解“两无四有”企业融资难题。开展涉企收费和行政事业性收费专项清理，取消、停征和归并一批政府性基金，落实好扩大相关政府性基金和若干项行政事业性收费免征范围政策，推动企业降成本，有效补齐发展短板。

【保障民生安全】 将城乡统筹发展作为财政关注基本民生的重点方面。扎实推进十大类36件民生实事，加快新型城镇化和城乡发展一体化。大力支持镇村经济发展；实施“五大提升”工程，完善“五位一体”农村环境长效管护机制，支持国家生态文明示范区创建。全年发放绿化造林、秸秆还田补助等奖补类资金1.1亿元、其他涉农补贴7200万元；投入资金3101万元，实施一事一议财政奖补项目246个。全面推进机关事业单位养老保险制度改革，继续提高退休人员基本养老金标准。投入1.2亿元，重点配套五保、城乡低保、残疾补助、优抚等保障项目；推进精准救助，累计向5.6万人次发放托底救助资金3280万元；区配套1.2亿元，巩固提升新农保实施水平；安排资金2350万元，用于扩大就业再就业补助、稳岗补

送戏下乡

助等社保补贴。全年财政预算用于农业农村、教育助学、社保救助等扶贫类资金超过2亿元。全年公共卫生服务投入6.8亿元，支持城市公立医院改革、卫生信息化、农村基本公共卫生项目建设，推进分级诊疗制度构建等；基本药物补助提高到8400万元；推动区公共卫生服务中心建设，新建、改扩建村级卫生室116个。新农合人均筹资标准达580元，财政补助达2.3亿元，参合群众区、镇政策补偿比例达到75.01%，再度居于全市第一、苏北领先。

【投融资工作】 年内，新增市城镇化投资建设有限公司等4个AA级信用评审；依据功能定位，对规模小、承载能力弱的投融资平台进行整合清理。推动间接融资向直接融资、高成本短期限向低成本长期限"两个转变"，以企业债、中票为重点的直接融资实现突破，成功发行13亿元企业债，成本仅3.67%，创全省最低。做好政府性债务置换，全年争取省债券置换资金27.5亿元。初步建立债务申报审批、利率调控、风险预警、专项审计和绩效评价5项机制，规范政府性债务管控。

【财政管理监督】 加强法治财政建设，依法依规加强监管。建立公开透明的现代预算制度。年内，加大一般公共预算、政府性基金预算和国有资本经营预算间的统筹力度；财政预决算、部门预决算、"三公"经费和会议费、培训费等全面公开。推进镇(区、街道)国库集中支付改革，实现全区国库集中支付制度改革区、镇全覆盖。提升财政收入管理绩效。进一步适应财税征管形势，实质化运作综合治税平台，出台加快总部经济和楼宇经济发展意见，推进总部经济、平台经济、楼宇经济、注册经济的招引和培植。全区全年引入相关企业超过500户，新增税收超亿元。实现财政监管全覆盖。严控"三公"经费、津补贴发放，稳步推行公务卡结算制度改革，全区"三公"经费比上年压降超过10%。基本实现财政涉农补贴、民政、社保和农业保险补偿款等"一折通"发放全覆盖，纳入"一折通"监管的资金超过1.1亿元。 (陈恒林)

国家税务
State Tax Matter

【概述】 全区国税系统坚持真心看齐、精心谋划、公心决策、用心落实，主动适应经济新常态，自觉践行新发展理念，统筹做好组织收入、服务发展、依法行政和队伍建设等各项工作，区国税局分别被市局和区委区政府评为年度"绩效考核综合先进单位"，实现"十三五"良好开局。全年累计入库工商税收收入24.44亿元，增幅16.83%，入库公共财政预算收入6.71亿元，增幅79.3%，位居全市第一，并实现所有税种的正增长。

【收入量质齐升】 在组织收入工作中，强化税收分析预测，成立税收分析团队，汇集各科室和分局精英，分行业开展税收分析。强化税收会计监督，开展组织收入质量监督检查，制止违规组织收入和虚收空转行为。加强欠税管理，多管齐下，结合诚信体系建设完善各类欠税清理联动机制，密切与地方政府配合，全年清理欠税400多万元，新增欠税全市最低。全年应对总成效达2.09亿元，户均成效98.37万元、人均成效138.91万元，实际入库成效2865万元。应对总成效、户均成效、人均成效三项指标全市第一，入库成效全市第三，总成效全省平行县区进入前三名。

【坚持风险管控】 源头防范虚开和接受虚开发票。为维护公平竞争市场环境，促进全区经济健康发展，向区政府提出"防范税收风险，保护实体企业，促进盐都经济发展"的建议。强化税警协作，严格执行联席会议、案件移送、联合检查、信息交换制度，共同打击涉税违法犯罪活动。深化数据情报应用。注重情报采集质量和应用质效，关注、收集传统媒体、互联网等第三方情报，应用智能分析工具，筛选开业时间短、单月申报、开票金额大的商贸企业数据，进行实时监控并及时预警提醒，防范虚开发票风险。

【坚持改革创新】 全年利用各类媒介充分宣传，组织分类、分行业政策、流程宣讲培训36场，开辟营改增咨询专线，配强咨询团队，为营改增纳税人提供领票、报税、申报等"套餐"服务，筛选营改增大户100户，实行一对一的专项服务，让纳税人对税收政策、流程及资料心中有数。明确"营改增"人员进行团队化运作，和19个镇综合治税人员密切协作，将工作责任细化到个人，圆满完成"营改增"各项任务。在市局直接指挥下承担金三小双轨试点任务，期间测试面、测试率、测试数据一直领先，圆满完成测试任务。首家承接市局外贸企业出口退税审批权限下放试点，在服务国家级高新区智能终端产业园出口退税方面做到时间最短、速度最快，全年退税2346万元，工作时间从15天缩短到5天。承接总局"我来@国务院"试点推广活动，全力推行简政放权落地生根。

【坚持以人为本】 年内，联合区地税局举办"两学一做"弘扬铁军精神专题讲座；联合区纪委、监察局举办"国税杯""清正家风"廉政美术、书法、摄影作品展，围绕"良好家训、家规、家风建设"主题，共展出美术、书法、摄影作品近120幅。注重青年干部的培养。按照区局青年干部学堂学员职业规划要求，为每一位青年干部配备导师并召开师生见面会，各位导师向学员分别赠送学习书籍，具体指导和安排学习规划，激励全体青年干部勤学好读，以书为友。开展"510"警示教育，提高党员领导干部拒腐防变能力，组织全系统党员干部前往市尚德昭廉教育馆参观学习。观看《永远在路上》宣教片，及时通报地方违反八项规定案例，以此来达到警示效果。开展创建"廉政文化示范点"活动，在全系统营造崇廉、思廉、尚廉、守廉的良好工作氛围，提振全局工作作风。

(王　凯　孙　凸)

·盐城市盐都区国家税务局分局一览表·

(一)稽查局

负责人：倪高林　电话：68660078

主要职责是负责税务稽查实施和执行工作；负责编制稽查工作计划并组织实施；负责日常检查、专案检查、专项检查的具体实施；负责税务违法案件的执行工作；负责与公安、检察、审判机关协调税务稽查中的司法工作；负责对接收的欠税任务开展追征工作；负责上级交办的其他工作。

(二)第一税务分局

负责人:周兰华　电话:68660051

为全区国税系统纳税服务工作的综合管理部门。负责制定本部门的工作计划;负责实施纳税需求采集、税法宣传、咨询辅导、办税服务、权益保护、信用管理、政策确定性服务、税收提示提醒、文明服务建设、服务资源运行与管理等工作;负责上级交办的其他工作。

(三)第二税务分局

负责人:吴月高　电话:68660060

负责全区纳税人的风险应对；负责全区国际税收征收；负责上级交办的其他工作。

(四)第三税务分局

负责人:唐中强　电话:68660033

负责全区中小纳税人的风险应对;负责上级交办的其他工作。

(五)第四税务分局

负责人:刘兆锦　电话:68660069

负责全区中小纳税人的风险应对;负责上级交办的其他工作。

(六)第五税务分局

负责人:吕华山　电话:68660038

负责全区中小纳税人的风险应对;负责上级交办的其他工作。

(五)第六税务分局

负责人:黄　辉　电话:68660048

负责全区中小纳税人的风险应对;负责上级交办的其他工作。

(六)第七税务分局

负责人:杨维全　电话:68660073

负责全区中小纳税人的风险应对;负责上级交办的其他工作。

地方税务

Local Tax Matter

【概述】 全区地税系统围绕“创新创业、务实争先、善治善为、尽责担当”工作主题,推进“四个地税”工程建设,励精图治、砥砺奋进,各项工作蹄疾步稳,实现“十三五”良好开局。

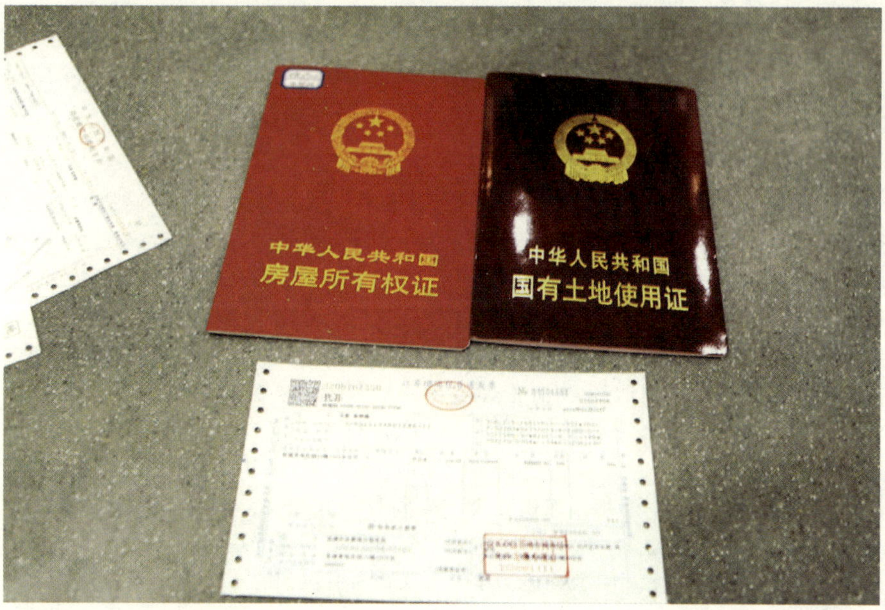

盐都第一张代征增值税发票

【各项收入量质并举】 全面推行“税收收入五方责任共担”和“税收联络员”制度,严密监控收入增长状况,收入质量位居各县市区前列。加强对收入形势的分析,找准市地税局与地方党政目标契合点。制定专项考核办法,落实风险应对分局每月应对绩效任务，全年共实施中高等风险应对585户，应对入库税收3.24亿元,人均应对户次、绩效等指标均居全市前列。年度清缴欠税171户,入库税款2288.84万元，加征滞纳金573.79万元,全年新欠率、历史陈欠清欠指标均达省局考核要求并位居全市第一。全年累计组织各项收入37.16亿元,其中按财政口径统计，入库公共财政预算收入20.44亿元,同口径增长11.5%;征收社会保险费11.17亿元，占年度征缴计划的99.8%,同比增长13%,当期征缴率、催缴率、清欠完成率等指标均居全市前列;征收地方教育附加、工会经费、残保金等基金费1.29亿元。

【推进“营改增”】 加强政策学习和业务培训,坚持“面对面”纳税辅导和“点对点”办税提醒相结合,对四大行业纳税人信息进行集中核实梳理，确保工作顺利交接。开展营改增专项清理行动,全年共完成145户房地产企业、1778个政府工程、269个工贸厂房建筑项目核查工作,清理核查入库税款1.87亿元。完成车船税收入分配系统省级试点工作。加强“后营改增”时代小税种管理,按照“集中征收、自动分配、分级入库”的原则,研发车船税收入自动分配系统，解决车船税收入非正常异地流动的问题。项目在全市创新项目评比中荣获一等奖，同时相关做法得到省地税局局长江建平专题批示,在全省推广应用。

【国地税合作务实有序】 年内,建立《联席会议机制》《涉税信息管理办法》《合作监督考核》等多项工作制度。召开国地税合作联席工作会议7次，交换涉税信息13612条，校准风险识别数据715项。实现国地税双方人员互派,并在盐渎街道建立全市首个国地税联合办税服务厅。共同推进“税银合作”,推行三方联动,服务税收征管。联建“纳税人学堂”，举办专题培训活动7次，参训近1300人次。联合实施税收稽查,对5户企业实行联合稽查,其中3户结案,合计查补税收141万元。联合完成7426户纳税人信用等级评定工作,共商建立纳税信用惩戒机制。建立风险案源联查机制,发起联查任务411项，应对入库税收2132.5万元，加征滞纳金71.26万元,罚款263.44万元。

【便民办税】 全年共办结各类税收优惠1513户，实际减免各类税收8400万元。全面推进行政审批制度改革，通过简政放权、放管结合、提升税收征管服务质效等举措，提高企业发展活力。“三证合一、一照一码”全面落地，纳税人70%以上的办税事项即时办结，报送资料减少60%左右，报送环节压缩50%以上，办税时限减少40%左右。全年共查结千万元以上大案4起，查补各项收入4394万元，成功将省市局重点清欠对象的新日月案件执行完毕，欠缴税款及滞纳金920.4万元全部扣划入库。代表市地税局参加全省优秀稽查案例评比并获第二名。

【提升队伍素养】 发挥绩效管理“指挥棒”作用，完善考核办法，优化指标设计，加大考核力度。塑创盐都地税文化，年内，深入推进“盐风税韵”文化品牌建设，成功举办盐都地税首次“地税文化月”活动，组织开展“清风悦读”行动，开设“翰墨税苑、悦动税韵、八段锦秀”等多个兴趣社团，在全市地税系统运动会中获6项第一和“最佳组织奖”。9月，区地税局再度被省精神文明建设指导委员会授予“全省文明单位”称号。加快推进“能力素质提升工程”，引导全体干部积极参与“岗位大比武”。2人获省地税局“专业骨干”称号，1人被省地税局评为“岗位能手”，1人代表省局参加总局比武。年内，被市局评为2016年度全市地税系统绩效考评先进单位，获盐都区年度目标考核综合先进奖。（沈　晨）

·盐城市盐都区地方税务分局一览表·

(1)稽查局

负责人：程章红　电话：88436368

组织落实税务稽查法律、法规、规章及规范性文件，拟订具体实施办法；监督检查全区地税系统征管对象执行地方税收法规、政策及制度情况；查处税收违法案件；牵头组织全区地方税收专项检查工作；组织全区或区域性地方税收专项整治工作；协调公安、检察、审判等机关处理税务稽查有关工作。

内设综合管理股、案件审理股、检查一股、检查二股。

(2)第一税务分局(纳税服务局)

负责人：宋艳彬(主持工作)

电话：81088288

负责全区纳税人的宣传辅导、纳税咨询、办税服务、权益保护、信用管理、社会协作等工作；负责内部网站内容更新和维护工作；承担注册税务师的管理工作；受理纳税人发起的各类事项，征收税款、基金(费)，纳税人设立、变更登记信息的审核确认，承担涉税备案及涉税审批的受理、税种(基金、费)认定、建筑房地产项目登记、税款划缴协议签订以及发票资格认定、申领、缴销、核销等部分管理事项，对前台工作中一般性违法行为的处理。

内设综合管理股、纳税宣传股、办税服务一股、办税服务二股。

(3)第二税务分局(风险监控局)

盐都地税举办“金税三期”个人所得税扣缴客户端培训

负责人：王晓春　电话：88436296

负责对全区税收风险监控工作的管理；承担风险识别、风险等级排序、风险推送、风险应对结果评价；统筹、管理风险识别模型(指标)的建设和维护；组织实施大企业税收风险管理工作。

内设综合管理股、信息采集股(与举报中心合署办公)、风险识别股。

(4)第三税务分局(基础管理局)

负责人：张　俊　电话：81081588

负责全区所有纳税人的户籍管理、认定管理、发票管理、涉税事项的调查核实、涉税审批事项的后续管理、催报催缴及其后续管理、欠税管理、任务执行等基础税源管理工作；承担有关发票投诉和举报的快速应急处置，一般涉税违法违规行为的处罚及其他特定的税源管理事项的调查处理工作；承担相关协税护税工作；参与定期定额管理中的典型调查，依流程组织初始定额调查核定；负责所辖纳税人的其他基础税源管理工作。

内设综合管理股以及按区域和事项设立四个基础管理股，其中：基础管理一股负责全区“房地产业”“建筑业”“金融业”，上市公司及其关联企业等重点税源企业基础管理；基础管理二股负责盐渎街道(含冈中街道)、盐龙街道、大冈镇、尚庄镇（含葛武街道)、大纵湖镇（含滨湖街道)、郭猛镇、农村经济开发区等行政区划内一般税源企业基础管理，并负责除区直、盐渎街道、潘黄街道、盐龙街道、张庄街道等主城区以外的对应区域个体零散税收管理；基础管理三股负责区直、潘黄街道、张庄街道、龙冈镇(含鞍湖街道)、秦南镇（含北蒋街道)、学富镇（含中兴街道)、楼王镇(含北龙港街道)等行政区划内一般税源企业基础管理，并负责除区直、盐渎街道、潘黄街道、盐龙街道、张庄街道等主城区以外的对应区域个体零散税收管理；基础管理四股专门负责区直、盐渎街道、潘黄街道、盐龙街道、张庄街道等主城区范围内个体零散税收管理。

(5)第四税务分局(中等风险应对局)

负责人：陈万喜　电话：88690222

负责“房地产业”“建筑业”“金融业”，上市公司及其关联企业的中等风险应对等工作。

内设综合管理股和风险应对一股、

风险应对二股、风险应对三股。

(6)第五税务分局(中等风险应对局)

负责人:王卫华　电话:88535666

负责"制造业"中等风险应对等工作。

内设综合管理股和风险应对一股、风险应对二股、风险应对三股。

(7)第六税务分局(中等风险应对局)

负责人:徐思勇　电话:81088306

负责除第四、五分局应对范围以外的中等风险应对等工作。

内设综合管理股和风险应对一股、风险应对二股、风险应对三股。

审　计
Audit

【概述】 2016年,以创省文明单位、省优秀项目及优质服务中心工作为定位,全力推进审计全覆盖,审计监督成效显著。全年完成财政财务收支和经济责任审计项目16个、各类交办事项36项,共对1068个政府投资预(概)算和决算项目进行审计,涉及投资额54.55亿元,核减和节约财政建设资金3.85亿元,其中决算审计核减2.24亿元。区审计局被表彰为"江苏省文明单位""全区综合先进部门",获得反腐倡廉、政法综合治理和招商选资3个单项奖,2人被评为"全区目标任务综合考核先进个人"。区水务局2013年度财政财务收支审计项目获市优秀项目,区交运局局长任期经济责任审计项目获市表彰项目。

【财政审计】 坚持政府性债务"一年两审",年内,对全区政府性债务和融资结构及成本情况进行两次全面审计,规范融资平台运行。分两次对2015年末和6月末全区政府性债务和融资结构及成本情况进行全面审计。促进全区政府性债务社会借资压降30%以上,年利率限制在10%以内,融资成本控制在9%以内目标的实现。规范乡镇融资平台运行。集中全局财务审计力量,对盐龙、盐渎、潘黄、龙冈、郭猛、张庄6镇(街道)8月末融资平台运作管理情况进行审计。在"同级审"中,突出对城乡统筹资金、农民增收资金、基层医疗机构药补资金等进行专项审计,对解困金和救助扶贫资金、财政有关奖励资金、支持企业转型升级资金、"三公"经费支出等进行专题延伸审计,揭示专项资金拨付不及时、拨付流程不规范、资金兑付不到位等26个问题,发出21份《整改通知书》,整改落实率为100%。

【投资审计】 抽调专业人员,成立专门班子,专项服务高新区。年内,实施高新区预(概)算和结算审计项目365个,报审金额16亿元,促进节约建设资金1.1亿元。根据全区实际,制定出台《项目招选办法》《项目复审办法》《项目绩效考评办法》《审计专家库管理办法》4个办法,对2000万元以上的项目和有问题反映的项目全部进行复审。

【经济责任审计】 按照"党政同责、同责同审"要求,加大"同步审计"力度,积极与区委组织部门协调,提高任中和调动干部审计比重。规范审计事项,突出重大事项决策、政府负债、投资绩效、民生社会事业发展等指标,与区委区政府年终考核标准相衔接,提升经济责任审计质量和水平。年内,对郭猛、秦南镇、潘黄街道原党委书记、区住建局局长和市三院院长经济责任情况进行审计,加大经责审计覆盖面,提高审计效率。

【完成重点审计事项】 全年实施上级交办事项36项,完成率100%。完成对江苏荣华纺织有限公司及6个关联企业资产、负债和净资产情况专项审计。及时对蟒蛇河拆迁整治工程中的700余户农户、16家企业和大纵湖、学富、秦南、鞍湖4家砖瓦厂进行拆迁和资产评估。参与并完成对市公交总公司城乡交通一体化运营成本审计等重点审计任务。

【内审工作】 引入"经济责任审计+""工程投资审计+""公共资金审计+"等审计新模式。年内,推行"1+N"审计方式,在内审工作"有机构、有人员、有经费、有计划、有实绩"的基础上,加大单位内部风险管理与控制,落实内审人员责任,规范内审行为。重视村级组织主要负责人经济责任审计,实行以国家审计为指导,乡镇内审为主体,第三方审计为辅助,整合镇(街道)纪检监察、财政、农经与审计多方审计资源,提升村级组织经济责任审计质量,实现村级经济审计全覆盖。

【机关建设】 以"两学一做"深化机关作风建设,巩固和扩大学习教育成果。年内,《盐都区绩效审计的实践与创新》《基层审计机关开展投资审计全覆盖的做法》《盐都区实现村级经责审计全覆盖》等理论与实践创新的做法,分别被《中国审计》《中国审计报》等刊载推广。开展创建"机关服务品牌""学习型机关""五好基层党组织",争创"优秀共产党员""先进工作者""审计能手"等活动,全方位推进创先争优。制定并严格执行《审计项目绩效考评办法》《投资审计项目质量复审办法》《投资审计专家库管理办法》《盐都区审计局"为官不为"专项整治活动整改方案》等制度。　(严　华　刘连宽)

金　融

Finance

- ◆工商银行
- ◆农业银行
- ◆中国银行
- ◆建设银行
- ◆交通银行
- ◆农发银行
- ◆江苏银行
- ◆盐城农商行
- ◆邮政银行
- ◆财产保险
- ◆人寿保险

中国工商银行股份有限公司盐城盐都支行

Yandu Branch of the Industrial and Commercial Bank of China joint-stock Ltd.Co

【概述】 2016年，支行在市分行党委和区委区政府的正确领导下，在全行员工的共同努力下，面对复杂的外部环境，冷静应对处置潜在风险客户，团结全行员工，着眼长远，高标定位，强化基础管理，抓住发展机遇，以市行党委重点工作要求为指针，以考核办法为尺子，扎实工作，促进各项工作协调发展。

【促中收和效益提升】 年内，稳固发展盐都服务业集聚区6亿项目，省市区三级协调联动、区相关部门密切配合，支行率先实现投放，也是盐都行平台贷款历史性突破，实现中收3000万元。抓住中长期流贷政策调整机遇，强化盐都交建2亿元平台流贷营销，通过省市区三级行联动，在短期内迅速实现投放，提升支行资产业务核心竞争力和贷款市场份额。通过8亿贷款的投放，提升支行的效益指标。落实中央大力支持小微企业和实体经济的政策要求，营销拓展小微“创业贷”12户，发放贷款4200万元，满足小微企业生产经营发展的融资需求。8亿元贷款投放，也为支行贷款移位调整带来空间，对部分经营困难的企业果断退出，如恒力机床3000万元，国荣1500万元以及部分房地产企业，压降潜在隐患风险贷款4000多万元，优化信贷客户结构，促进支行信贷稳健经营。

【存款和相关业务发展】 年内，以二手房资金托管平台为契机，达成二手房资金托管占总量的80%以上，实现公存最高时点4000万元，日均近2000万元；以工商企业通为平台，派人驻点，实现新客户持续增长，开设账户140户，新增存款近1200万元。至年底，支行个人住房贷款较年初增加10882万元，增幅51%，列全市前列。

【维护客户关系】 年内，支行探寻蓝海领域，推进个金业务战略转型，构建以优质个人客户群体为核心，以精品网点和个贷经营平台为主体的个人业务经营体系，扩大中高端客户金融资产份额，提高单个客户的综合贡献度。出台以优质客户提质增效为考核目标的专项考核办法，配套N+3、工行融e联、融e购，手机信用卡等活动，丰富考核内容。在高端客户维护方面，借助渠道二维码和融e联等营效模式的创新，突出营销的专业化、产品的个性化，服务的亲情化，品味的高端化，让客户真正体会到工行产品的高端、智能和享受，提高客户认知度，维护“融e”系列产品和二维码业务，提升智能机具的效果，推动“N+3”活动点面结合。私人银行达标数一度达到30户，单个客户金融资产(包括理财产品、质押贷款、基金等）最高时达到16000万元，3000万元以上的客户3户，全行金融资产增加额长期保持在1亿元左右的历史最好水平。

【提升管理水平】 年内，实行“抓大抓小调中间”的策略，即抓项目、抓平台上的流贷“短平快”投放，仅盐都集聚业服务区、盐都交建就投入流贷12亿元；加快个人住房贷款拓展，调整中间“半僵尸”企业贷款结构，运用与非开发房企签定房屋销售资金监管协议，化解国荣潜在风险贷款，至年底，全部清收完毕；优化公司信贷结构，全年累计退出、压降高风险贷款8500万元；落实资产质量管控责任，转化逾期剪刀差贷款39520万元；落实贷款营销及管户人员的催收管理责任，制定出台“盐都支行信用卡业务不良催收处置管理考核办法”，明确信用卡业务不良形成前人员管理要求，以遏制信用卡业务不良的持续增加；在业务运行和服务管理上，按照上级行内控工作总体部署，对客户经理持续教育和个别谈话并与部分企业高管签下我行人员跟企业有无违规行为的“高管访谈录”；对个金专业的重点业务风险点进行两次摸排和自查，尤其是保险业务“飞单”和基金等代理业务的自查，保证合规经营和业务发展；在考核方面，按照全行有目标、部门有任务、人人有压力的原则，构建涵盖支行、部门、网点、个人在内的多层次、全维度考核评价体系。在加强全面考核的同时，强化对管理人员及员工个人的责任追究，建立服务工作承诺制、落后网点淘汰机制、个贷业务专项考核机制，并就重点产品的发展对网点负责人任用实行“一票否决”。 （董桂旭）

中国农业银行股份有限公司盐城盐都支行
Yandu Branch of Yancheng of the Agricultural Bank of China

【概述】 2016年，全行学习贯彻习近平总书记系列重要讲话精神，以“六新”要求和“三干”精神为动力，围绕“1个主线、2个宣战、3个支撑、4个联动、5个突破”的“12345”工作目标，党建引领带队伍、业务转型提质量、创新驱动抓拓展、从严管理控风险、文化建设优行风，在新的起点上实现物质文明和精神文明双丰收，主体业务全面完成年度计划目标。

【存贷款经营规模首次突破100亿元】 至年底，全行实现年初制订的存贷款经营规模超100亿元的工作目标，达成109亿元。全行本外币各项存款余额达成72.33亿元，比上年净增11.6亿元，其中本外币个人存款达成52.84亿元，比上年净增6.29亿元，本外币对公存款达成19.49亿元，比上年净增5.31亿元，人民币核心存款日均增量8.97亿元，完成市分行下达目标的135.9%，其中个人核心存款日均增量5.68亿元，完成市分行下达目标的107.2%，对公核心存款日均增量3.29亿元，完成市分行下达目标的253.1%；全行法人折效增量7220户，完成年目标的2489.7%；个人加权贵宾客户增量3939户，完成市分行下达目标的140.68%；信用卡折效客户增量7831户，完成市分行下达目标的147.75%；个人电子银行客户新增17973户，完成市分行下达目标的111.63%。

【支持地方实体经济发展】 至年底，全行本外币各项贷款达成36.68亿元，比上年净增9.89亿元，法人客户贷款营销成效显著，全行人民币法人实体贷款达成15.68亿元，比上年净增4.11亿元，其中投放项目贷款2.53亿元，加强与市住房公积金管理中心合作，发放首笔流动资金贷款5亿元，新拓展中小微企业9户，新增贷款投放5.6亿元。年内，涉农贷款业务拓展取得新突破，新拓展金农贷1375万元，完成市分行下达目标的229.2%、在全市发放首笔苏微贷500万元、新拓展金科通贷款750万元。个人贷款业务提速发展，全行个人贷款余额达成18.59亿元，比上年净增4.19亿元，其中个人住房贷款比上年净增3.35亿元，完成市分行下达目标的160%，全年新拓展二手房贷款4600万元、农民安家贷11600万元、公积金组合贷款5825万元。

【加强党的建设】 探索和完善党建责任区和员工行为责任区“双区互动”的党建模式；开展“两学一做”专题教育，按照新“8866”责任清单，推进“两个从严”专项治理，及时并妥善处理违规违纪问题；建立健全基层党组织，对全行各党支部配精配齐支部班子成员，基层党组织“三会一课”、考评考核机制、民主评议等机制得到有效开展和实时监督。

【增强软实力建设】 全年未发生重大业务差错、客户投诉、安全事故等风险事件。以内控一类行、运营“三化三铁”、信贷“三化”、安全“三化三达标”、市及区两级文明单位、平安金融示范单位“六大创建”为载体，开展员工“两项行为”、运营“家家到”专项整改活动；开展征信业务管理条例、打击非法集资、诈骗案件防控、反洗钱等户外宣传活动；在全行员工中开展“春天·金彩营销”“三八”座谈会、“五四”青年演讲、“我是党员”宣讲，以及参加省市农金学会、盐城市金融学会专题研讨征文等活动；全行服务工作考评继续保持优良水平，四个季度考评排名均稳居全市农行前3位；启动开展“金手指”俱乐部，开展青年员工技术练兵，在市分行首次举办的“金手指”俱乐部比赛中，支行取得团体第一名的好成绩。

【推进企业文化建设】 年内，在全行实施青年员工成长成才“双鹰工程”，并完成为员工办好“十件亲民实事”；在全行学会会员中开展读书征文、学术研讨活动，并在国家级、省、市分行获得征文奖项6项；加大对外宣传力度，在走进客户、走进社区、走进工业园区宣传的同时，通过媒体创树形象，全年被各类媒体宣传盐都农行的稿件达到26篇，其中省部级以上的达到11篇，获得省分行授予宣传品牌先进集体；开展“比学赶超”劳动竞赛活动，全行在上级行、市和区两级政府受到表彰的各项荣誉达到33项，涉及支行及下属单位71个(次)；受到上级行、政府部门、支行表彰的个人荣誉达到20项，涉及全行102人(次)。 （宋 娜）

中国银行盐城盐都支行
Yandu Branch of Yancheng of Bank of China

【概述】 贯彻落实省、市行工作会议精神，围绕总行提出的“担当社会责任 做最好的银行”的发展战略及市行党委提出的“站稳一类行、融入一类行”的战略目标，立足“夯基聚力发展年”的工作定位，坚持以服务客户、服务地方经济为中心，提高经营质效，强化基层风险防控、提升服务质量，同时加强党建工作、文化建设、人才储备，实现支行全面发展。连续两年获“内控合规先进单位”称号。

【业务指标】 年内，支行绩效考核列小组第一。经营效益上，实现中间业务收入1059万元，考核拨备前利润5502万元。至年底，支行人民币存款余额为14.56亿元，较年初新增3.63亿元。其中人民币储蓄存款余额为5.57亿元，较年初新增1.24亿元，；人民币公司存款余额为8.99亿元，较年初新增2.34亿元。外币存款余额为272万美元。其中外币公司存款余额99万美元，外币储蓄存款余额173万美元。

【资产业务】 至年底，支行各项人民币贷款余额为14.71亿元，较年初新增1.54亿元。其中：公司贷款余额为5.56亿元，较年初新增1.49元；个人贷款余额11.50亿元，较年初新增1.54亿元。2016年外币贷款余额472万美元。

【服务地方】 年内，与盐都国投下属全资子公司盐城市大纵湖湖区资源开发有限公司建立合作关系，获批非标理财资金，是全省首笔理财资金对接旅游项目的成功案例。与高新区建立授信合作关系，实现零的突破。为盐城中咏投资发展有限公司叙做政府购买前端融资，用于盐龙街道整体城镇化项目，为全国范围内首次创新，得到总省行的高度认可。打造科技支行，科技贷款突破较大。配备专人叙作科技贷款，密切跟踪有金融需求的科技型企业。全年新增“苏科贷”客户14户，授信金额总计为3200万元。

（胡婷婷）

中国建设银行股份有限公司盐城盐都支行

Yandu Branch of Yancheng of the Construction Bank of China

【概述】 2016年，支行多项业务实现历史性突破，员工收入持续增长，内外部形象显著提升。主要业绩体现两项存款健康高速增长，超额完成市分行全年目标任务；全面完成“一把手工程”指标；中间业务收入连续两年全面完成且位次靠前。

【负债业务】 至年底，一般性存款余额15.6亿元，时点新增4亿元。其中：储蓄存款时点余额9.2亿元，时点新增1.3亿元，个人存款日均余额8.8亿元，日均新增1.3亿元。个人存款时点和日均计划完成率均为103%。对公存款余额为6.4亿元，时点新增2.7亿元；日均余额为5.8亿元，日均新增2.3亿元。两项存款均超额完成市分行下达的目标任务，位次列全辖前列。

【资产业务】 至年底，各项贷款余额10.1亿元。其中：公司类贷款余额为5.7亿元，全年新增投放3000万元；个人类贷款余额4.4亿元，年内，新增投放1.1亿元。其中个人住房贷款年新增6580万元。

【中间业务】 全年实现中间业务收入1745万元，完成计划97.33%。其中公司中间业务收入641万元，计划完成率123%。个金中收432万元，计划完成率102%；机构类业务中收45万元，计划完成率的142%；信用卡中收417万元、计划完成率的78%；电子银行中收88万元，计划完成率的100%。提升中间业务份额。在经营理念、经营思路、工作力度上突出中间业务的重要地位，以重点客户、重点产品为突破口，分类制定产品发展策略，实现中间业务的高点跨越。

【“一把手工程”业务指标】 年内，支行新开对公账户199户，计划完成率147%，位列全辖第三位。其中新开基本结算账户157户，计划完成率108%；全年新激活代发工资户16户，计划完成率116%，位列全辖第四位；信用卡收单商户新增67户，计划完成率103%；手机银行活跃客户9631户，计划完成率97.2%，列全辖第十位。

【资产质量】 年内，支行公司贷款不良额和个人贷款不良额均控制在市下达目标范围之内，完成市分行下达的控制计划目标。

【加大吸存力度】 年内，全行树立存款立行的理念，全力以赴，争市场、争份额，实现存款日均新增和时点新增同比例、同幅度的快速增长。做大综合融资规模。建立健全贷款、表外及新型融资支持体系，拓宽渠道满足客户融资需求。明确目标客户，巩固扩大大中型客户，发展小微企业客户，拓展个人客户。深化目标客户名单制管理，进行重点客户精准营销，尤其是全省联动项目，建立高层营销机制；对个人高端客户，完善分层营销维护，分别落实责任，把所有客户分解到人，确保100%覆盖。

【坚持创新转型】 在传统盈利模式、空间逐步收窄的情况下，支行坚持推进创新，深化转型，走集约，内涵、高效发展的道路。加大投行产品创新，加大国际业务创新，加快分期产品创新，加快拓展移动金融、电子商务、云平台等战略性业务，全力推进“四户五卡”营销。加大养老金业务拓展力度。加强营销投资托管业务。推进资产业务转型、网点功能转型、经营服务转型。

（徐荣斌）

交通银行盐城盐都支行

Bank of Communications Yandu Yancheng Branch

【概述】 围绕经营管理目标要求，支行全体员工坚定信心、开拓创新、统筹发展，强化风险合规意识，各项业务稳健合规发展，综合竞争能力持续增强。

【各项业务发展】 至年底，支行人民币存款时点余额13亿元，较年初增长10.36%；其中对私储蓄存款时点余额为4.67亿元，较年初增长29%，为新年开门年均存款即跳空增长奠定坚实的基础。全年开展“拓户强基”园区行、市场行、企业行、校园行等各类客户拓展活动10多次，客户工程建设初见成效，其中交易型零售客户净增长115户，计划完成率113%。对公业务方面，成功投放响水县城市污水处理厂1.25亿元项目贷款，成功投放盐城市妇幼保健院3000万元流贷，江苏新景源建设集团有限责任公司1800万流贷，江苏震洲五醍浆酒业有限公司1000万流贷等。与中国中车轨道交通项目投资方初步达成金融合作意向，盐城市市政公用投资、盐城高新区投资集团等项目跟进情况良好；投行业务方面，盐城盐龙创业投资有限公司5亿元私募债成功发行；零售业务方面，主动退出有潜在风险的小企业3户，全年新签约4个楼盘，个贷投放570笔，共计2.18亿元，个金客户类指标完成情况较好。

【推进转型发展】 年初，调整内部营销体制，重新划分营销版图，确保目标明确、守土有责；优化客户结构，坚决退出风险高、贡献度低的存量客户；改善业务结构，通过扩大一般授信、投行项目的营销范围和优势产品的组合运用，促进支行业务多元发展。

【提升服务质量】 加强服务建设，建立神秘人暗访制度、后台专人录像监控制度、考核扣分奖惩制度，全方位打造服务理念。年内，以网点转型为切入口，以大堂销售为重点，以员工能力为突破，提升规范服务，加快形成特色服务价值，基本完成营业网点的客户分流工作，初步形成各自的服务特色；深化服务的规范化，建立标准化的规范体系。全体员工树立“客户为本，服务为先”的理念，以客户为中心，实施服务制胜战略，将文明规范服务的要求和标准嵌入到日常工作的各个方面。（胡芳芳）

中国农业发展银行股份有限公司盐城盐都支行

Yandu Branch of Yancheng of the Agricultural Development Bank of China

【概述】 2016年，全行上级行党委和地方政府的正确领导下，统筹五大发展理念，深耕五大业务领域，坚持稳中求进，好中求快，外树形象，努力建设绩优有序共享厚德的盐都农发行，为盐都“三农”发展做出新的贡献。

【突出重点，效益提升】 全年累放各类贷款14.16亿元。其中政策指令性贷款3.21亿元；政策指导性贷款10.95亿元；自营性贷款1.2亿元。各项存款增长幅度较大。至年底，实现日均存款67282万元，比年初增加36037万元。中间业务收入提前完成上级行下达任务。至年底，共实现中间业务收入72万元，完成市行下达的全年任务数70万元的102.86%。账面利润序时完成。全年账面利润2987.13万元，占市行下达的全年任务数1996万元的149.65%。

【支持地方新农村建设】 全年累计投放各类贷款14.16亿元。其中：发放政策及准政策性贷款12.96亿元，支持企业对省市区三级储备及轮换贷款的需求，保证全区粮棉收购工作顺利开展；发放商业性贷款1.2亿元，满足江苏悦达纺织集团有限公司产业化龙头企业流动资金的需求。与盐城市瑞荣建设投资有限公司、盐城咏恒投资发展有限公司、盐城中咏投资发展有限公司建立良好的信贷合作关系，至年底，中长期项目贷款余额为11.15亿元，各类贷款余额15.36亿元。

【履行政策性银行职能】 支持全区的经济建设和社会稳定，支持粮油收购工作，在夏秋收购旺季，及早测算资金需求，及时发放各类储备贷款，划拨托市收购资金，使粮食收购秩序井然，切实做到“钱等粮”，有效杜绝“打白条”现象，保障农民利益，维护社会稳定。全年累计发放并支付粮油收购资金3.21亿元。与粮食主管部门深入分析形势，共同谋划粮改方案，做到粮改期间资金不断链、经营不影响，有效保障全区国有粮食企业按照既定的方案顺利推进改革；支持地方重点龙头企业生产经营，在纺织行业持续低迷等情况下，做到不压贷、不抽贷，保障江苏悦达纺织集团有限公司流动资金的需求，贷款规模1.4亿元，始终保持金融机构最高份额；把握总行不断推出贷款新品种的有利时机，及时、全面开展业务宣传，主动与相关部门加强信息对接，加快项目营销，完成盐龙街道12亿元棚户区改造贷款的调查并提交审批行审查；加大获批中长期项目的贷款投放力度，全年累计向盐城中咏投资发展有限公司投放8亿元，盐城市瑞荣建设投资有限公司投放1.75亿元，有效地支持高新区核心区域基础设施的建设和郭猛水环境整治工程；创新金融产品，推进农发重点建设基金的投放，向盐城市盐都区老年社会福利院二期项目投放3500万元重点建设基金，并积极上报蟒蛇河整治项目重点建设基金1.12亿元，支持地方重点基础设施建设进程。

【传统业务稳步开展】 实行托市收购政策，为履行政策职能提出更高要求，使市场收购业务信贷管理工作面临更加严峻的形势。做好夏粮收购信贷工作，实现执行政策和防范风险“双到位”，组织全体人员深入学习文件，及早制定服务方案，全方位落实风险防范措施，及早完成评级授信、贷款资格认定、收购额度核定等基础性工作，保证夏收信贷工作的稳步推进。合理把握资金投放节奏，优先保障托市收购和各级储备收购等政策性收购资金需求，对中储粮下划的托市资金以及地方储备粮贷款，根据企业需求及时足额下划，未发生因支行原因出现的“打白条”和“卖粮难”问题。同时，积极宣传、推广非现金结算工作，取得一定效果。整合支行的信贷政策和有关封闭管理的要求、操作流程，并通过召开银企座谈会的机会向企业进行传达，对长期存在的租仓经营、存放加工企业、多头开户、销售货款不及时归行等突出问题，严格禁止。在贷款发放、资金支付和库存管理方面严格执行上级行的批复要求，并实行码单换人核打、库存双人核查、影像资料全程反映收购进度，尽一切办法保障贷款安全。

【强化服务水平】 强化学习，提高人员思想素质和业务技能，加大不良贷款清收力度，加大项目贷款的营销力度，加大检查监督和考核力度，把基础管理纳入长效管理轨道，树立业务发展、内控先行的思想，加大对财会、信贷人员的激励和约束力度，以此增强工作责任心和主人翁意识；强化内控制度执行情况的检查与督导，规范业务操作行为，切实防止各类差错和案件的发生，提高柜面服务质量；严格执行财经纪律，加强财务管理，使有限的财务资金使用合法合规；加大新客户营销力度，致力优化信贷资产质量，加大存款营销力度，保证存贷款业绩持续上升，努力完成上级行下达的各项目标任务，为支持地方经济发展做出积极贡献。（谢玉玖）

江苏银行股份有限公司盐城盐都支行

Yandu Branch of Yancheng of Jiangsu Bank Co.Ltd

【概述】 至年底，各项存款余额为24.64亿元，较年初增长5.34亿元，其中储蓄存款余额为4.23亿元，比年初增长8102万元，完成任务数的91.03%；各项贷款余额17.14亿元，比年初增加4.04亿元，其中小企业贷款9.31亿元，比年初增加1.51亿元；个贷新增5751万元，完成任务数的168.4%；住房贷款新增2696万元，完成任务数的269.6%；理财产品销售15.25亿元，完成任务数的113%；VIP客户、准VIP客户新增1237户，完成任务数的90.36%；个人网银新增2166户，完成任务数的56%；手机银行新增2291户，完成任务数的47.9%；不良贷款较年初压降1750万元。支行共有从业人员40人，本科学历22人，大专学历10人，中专学历（含高中）7人，研究生1人。下设综合管理部、业务发展部、零售业务部、小微企业部、营业部、招商支行。

【企业文化建设】 年内，支行加强干部员工队伍建设和企业文化建设，企业形象和员工精神面貌有新改观。提倡“服务是资本、服务是资源、服务是事业、服务是乐趣”的服务理念，践行“真诚与您同在，服务就在身边”的承诺，以全国银行业文明服务示范单位的标准为标杆，开展争创文明单位活动，做到有方案、有目标、有组织、有计划、有步骤，建立责任制。加强服务制度建设，做到日有晨夕会，周有例会，月有测试，季有考核，年有评比，增强全员的服务意识，激发潜能，规范服务行为，被市银行业协会授予“盐城市银行业文明规范服务星级示范单位”荣誉称号。按照总、分行“党员进社区”要求，为困难员工和贫困居民排忧解难，送去党和组织的温暖。“6·23”阜宁灾情发生后，支行与盐城市慈善总会迅速取得联系，并做好上门服务收款工作；凡办理捐款汇款的，开通绿色通道，优先办理，切实做好柜面服务工作；组织员工踊跃捐款，人人献出自己的一份爱心，支行合计捐款14800元；建立合理有效的利益分配机制，把员工的价值与行里的利益追求结合起来，通过科学的考核激励机制向一线员工倾斜，逐步提高员工对报酬的满意度，让员工有认同感、归属感、价值感和成就感；加强支行人才建设，增强履职尽责意识。让“想干事、能干事、干成事”的人才有为有位，积极推进人才工程建设，使一批年轻力量充实到管理岗位。

【业务经营】 年内，围绕优质客户群体，全面提升“保、抢、挖”营销成效。突出大客户、大系统、大项目营销。做好存量大客户挖潜工作，扩大合作范围，提升对存量客户的综合竞争能力和服务水平。做好新客户、新项目的营销工作，发挥各类产品的增存、稳存功能，积极争取与新增大客户、大项目建立密切的合作关系。下大力气抓好优质中小客户营销。把营业网点作为优质中小客户的营销主体，着力提升网点的营销意识和能力，利用开户资源挖掘优质中小客户。做大做强优质个人客户群体。按照分层维护要求，实行名单制管理，落实对应维护关系，加大对个人优质客户维护的奖励、惩罚力度。通过提供个性化、多元化的产品和服务，培育贵宾客户对我行的忠诚度。加大业务分流力度，努力提高电子银行和自助业务的分流率。 （贯万华）

江苏盐城农村商业银行股份有限公司

Jiangsu Yancheng Rural Commercial Bank Co.,Ltd

【概述】 面对复杂经济金融形势，坚持稳中求进，推进稳增长、调结构、控风险、增效益、补短板的中心工作，各项业务呈现稳健发展的良好格局。推进“标杆网点”创建，坚持标杆服务为引领导向，提升服务水平，义丰、马沟、营业部、人民路和盐都区支行五家机构被评为“2016年度标杆网点”，服务质量的提高得到社会和客户的双向认可。

【各项存款稳步增长】 至年底，各项存款余额达成204.2亿元，比年初增加26.42亿元，增幅14.86%（其中盐都支行各项存款余额达33.9亿元，比年初增加13.09亿元），有效提升市场份额。其中，储蓄存款余额137.2亿元，比年初增加6.2亿元，增幅4.73%；对公存款余额56.73亿元，较年初增加12.56亿元，增幅28.44%（其中盐都支行在33.9亿元存款中，对公存款余额达成24.93亿元，占73.5%；全年增量存款12.91亿元中，对公存款余额较年初净增12.67亿元，占98%；活期存款余额净增9.53亿元，占增量存款的73.8%）。

【推进信贷投放】 至年底，各项贷款余额149.07亿元，比年初增加19.73亿元，增幅15.25%（其中盐都支行各项贷款余额达21870万元，比年初增加1280万元，其中个人住房按揭贷款增加1372万元，当年到期贷款收回率达100%。）。其中，实体贷款91.62亿元，比年初增加5.45亿元，增幅6.3%；个人贷款30.12亿元，比年初增加0.14亿元，增幅0.42%；公司贷款61.5亿元，比年初增加5.31亿元，增幅9.45%。

【改善收入结构】 全年实现各项收入13.52亿元，同比增加0.87亿元，增幅6.88%；拨备前利润为4.87亿元，同比增加0.53亿元，增幅12.21%；利润总额2.28亿元，同比增长670.41万元，净利润1.39亿元，与上年基本持平。金融增加值为6.98亿元，比年初增加0.75亿元，增幅12.04%。

【资产质量风险可控】 年内，按照五级分类，不良贷款余额3.41亿元，占比2.29%，比年初增加0.45亿元；隐性类贷款余额为零，较年初减少2.03亿元；不良贷款风险拨备金7.02亿元，覆盖率达206.17%。

【拓展网络金融】 全年新版手机银行开户数达43777户，较年初增加15997户，增幅为57.5%，全年交易81.03万笔，交易金额达204.61亿元，同比增加92.46亿元；累计发行借记卡69.47万张，较年初增加11.14万张；全行电子银行柜面平均替代率达71.52%，较年初上升7.77%。

【扩张同业金融】 全年实现非信贷业务收入7.04亿元，占全行营业收入的52%，比上年同期增加5.34亿元，增幅为31.86%。全年共发行个人和机构专属理财产品180期，累计发行金额32.13亿元；全年发行同业理财31期，累计发行金额32.6亿元。

【优化企业形象】 年内，履行社会责任，开展各类公益活动，树立良好企业形象。在“阜宁6·23”龙卷风灾害后，累计向阜宁捐款33.46万元；持续开展贫困大学生捐资助学活动，累计发放助学资金156.4万元，资助100名贫困学子实现大学梦想。

【提高综合实力】 年内，保持监管二级评级和省联社AAAA级。“农务通”农户小额贷款模型设计研究课题被盐城市哲学社会科学联合会评为“2016年度盐城市社科应用研究优秀结项课题”一等奖。并被盐城市银行业协会评为“2016年度盐城市银行业‘创新服务’有影响大事”。开展消费者权益保护工作，被盐城市放心消费创建工作领导小组评为“3·15十佳诚信银行”。其中盐都支行行长杨书琴被省委省政府授予“江苏省劳动模范”称号，举办第七届体育节和文化节，组织干部职工参观泰山庙《中共中央华中局历史陈列展》、盐城“好人馆”和大丰“上海知青纪念馆”，传承无私奉献、吃苦耐劳的精神。（杭　辉）

中国邮政储蓄银行盐城盐都支行

Yandu Branch of Yancheng of China Postal Savings Bank

【概述】　围绕年初制定的各项工作目标，敢于创新、规范经营、防范风险，圆满地完成上级行下达的各项任务目标。在业务发展上，以争优创先为主线，以收入、利润为导向，坚持科学发展。在管理上，改进机制，严控风险，强化营销，以高品质、专业化服务为手段，扩展市场、培育客户，各项工作再上新台阶。

【个金业务】　至年底，区支行存款余额为39765万元，金融总资产为46152万元，年净增10068万元，年计划完成率为113%，净增额列市区各支行之首，并率先完成市行下达的“开门红”储蓄竞赛任务；区支行新增电子银行6670个，计划完成率为103%，列全区第五；信用卡发卡1021张，计划完成率为101%，列全区第五。

【零售信贷业务】　全年零售信贷年净增25830万元，计划完成率为107%，列全区第七，净增绝对值列全区第八。小贷全年余额净增781万元，计划完成率130%，净增额列市区各支行之首；消费贷余额净增5098万元，计划完成率为116%，净增额列市区各支行之首。房贷年净增17699万元，计划完成率107%；商务贷款余额净增3710万元，计划完成率为86%。自2013年3月支行开办零售信贷业务起，新增贷款逾期、不良率一直低于全区平均水平。

【公司业务】　年内，存款日均净增为1.27个亿，且均为活期，为全年收入完成作出300万元的收放贡献。下半年，开发两家平台公司，并取得理财质押开承兑汇票1亿元，为支行创收50万元。小企业贷款净增1.01亿元，列全区前列。在稳定政务类存款的基础上，通过对平台公司的开发，拉动金融市场业务、公司存款等。全年对公存款年日均净增12687万元，净增完成率159.4%。同时，进行产品创新，通过同高新区合作的“助保贷”项目和对区里面其他园区的走访合作，成功投放企业贷款12笔，全年净增达1亿元。

【信贷业务健康持续发展】　年内，零售信贷业务中的经营类贷款保持稳定发展，其中的小额贷款完成全年指标的130%。消费贷款尤其是非购房类消费贷保持高速发展，完成全年指标的116%。强化客户经理队伍建设，强化客户走访，完善晨、夕会制度，通过制定有效的奖惩措施充分调动员工的积极性。提高综合客户经理的交叉营销能力。电子银行、信用卡、商易通加办率、资产归行率四项排名均在全区前列，至年底，支行信贷规模贷近9亿元，对于新客户要求其在邮储银行办理现金结算，对于存量客户，利用贷后上门拜访的机会，宣传综合授信政策，争取资金结算业务。

【增强员工能力建设】　加强支行员工的培训和学习，通过支行内每月组织不少于四次的业务学习、培训、考试、考核等来提升业务技能。通过对审查审批人员所提出的问题进行汇总和定期请审查审批人员现场沟通来提高客户经理的实战处理能力。在客户经理和柜员中内设二团队并设立了团队长，每月通过下达团队总体指标进行两两PK赛，取得一定成绩。同时，利用节假日组织大家到户外参加一些分组对抗活动、家庭亲子游戏等增强归属感和凝聚力。（王　霞）

中国人民财产保险股份有限公司盐城市盐都支公司

Yandu Branch of Yancheng of Chinese Insurance Company

【概述】　围绕省市分公司“坚持一个驱动，实现有效转型；实现两大目标，强化竞争优势；严守三条底线，确保持续发展；处理四个关系，统一发展思路”的工作思路和主基调，公司实现年初制定的双超目标——超越市场、超越系统。强化公司在市场中的竞争优势。在业务发展能力快速提升的同时，管理水平、盈利能力和队伍建设都得到提升，较好地完成各项重点工作。

【主要经营指标新突破】　年内，保费规模、业务质态、风险管控、过程指标、内部管理、队伍建设都取得新突破，业务发展实现“三超”“一最”，至11月底，实现保费收入10655万元，同比增长11.26%，其中车险保费收入6356万元，同比增长13.12%，非车险保费收入2056万元，同比增长12.07%，农险保费收入2243万元，同比增长5.63%，三条线同时实现“三超”。至12月12日，仍保持为全市系统唯一一家三条线同时实现超市场、超系统、超主要竞争对手的综合经营单位。经营效益保持稳定。公司在连续遭遇意外险（四起意外险案件赔付近250万元）、货运险（五起轿运车案件赔付近300万元）、农险（冬小麦病虫害赔付1600万元）等几次大灾的情况下，经营基本保持平衡。至11月底，全险种利润-26万，其中车险-631万，非车险-64万，农险670万。过程性指标、月度考核指标逐月走好，车险的新车份额、家用车续保率、家用车微信绑定率、次新车续保率、提前释放率等指标逐月向好，许多指标在全市靠前，非车险六个小险种完成情况在全市排名前列。

【优化保险市场】　年内，业务发展的四大领域车商、非车险、综合、农网布局更趋合理，五大渠道车商、政府、大客户、农网、电销建设更趋成熟，车险适应市场竞争新形势，保持发展优势。车险发展连续四年超越市场，车险总量接近紫金公司全市水平。增强O2O存量业务新模式发展力度，增强次新车的续保粘性和从其它主体获得新增资源的能力。重视新车商、新车队、大客户的拓展和开发。非车险保持领先地位。至11月，实现非车险保费收入2056万元，非车险规模接近中华和紫金全市总量，超越太保和平安全市总量的50%。针对政府渠道、农网渠道、轿运车物流渠道、大客户、新项目新工程全方位发展，抓住轿运车物流市场政策的变化促使物流公司为提高运力，大量购买新车这一机遇，并成功中标银宝集团在射阳的风电项目。农险注重创新发展。农业保险常规种植业保额全市最高10500元/公顷，高效农业险种全市最多12个，农业保险的密度和深度全市最高。在没有省级财政补贴的情况下尝试推出淡水鱼养殖保险，开辟农业保险的新领域；在传统领域落实"深耕"计划，确保可保资源深耕到位。同时在9个大的镇(区、街道)招聘农险专员，推动业务的发展和相关工作的落地。

【提高盈利能力】 树立效益意识，控制经营风险。车险方面：提高营业性车辆的承保门槛，加强对E类业务和单保交强险的承保控制，加大对大额案件的参与程度，加大对未决案件的跟踪和清理力度。非车险方面：舍弃高保额、异地作业、高空作业等雇主责任险和意外伤害险业务，控制保险金额，防犯承保风险。物流货运险风险集中，通过做大规模平滑个案风险，在承保时了解每个物流车队的管理水平，知晓运营线路，对历史的赔付清晰，做到风险可控。针对物流市场下半年的新变化，及时对物流货运险的承保方案作调整。农险方面：加强承保的验标和审核，确保承保的真实性无死角；加大出险的查勘力度和定损的精度，确保理赔的真实性和公平性无问题。

【强化队伍建设】 年内，招录高素质的高校毕业生和有业务资源的同业骨干加入，培养年轻员工，搭建人才梯队，为公司可持续发展储备人才。专业团队方面，按照省市公司要求，完善车商专业团队、非车险专业团队建设，通过多种办法提高团队的专业能力和市场拓展能力。筹建存量团队和农网团队，逐步形成"车商、存量、非车、农网、综合"五支专业团队共同发展的格局。文化建设方面，通过晨会宣传、专题学习讨论、员工关爱工程等形式逐步培育和形成全体员工共同遵循和追求的价值理念、知识背景、机制流程和行为模式，深化学习型组织建设，强化"三业"精神，兑现公开承诺的员工幸福感工程落地事项，员工对公司的认同感和归属感得到提升。 (郝 梅)

中国人寿保险股份有限公司盐城盐都支公司

Yandu Branch of Yancheng of Life Insurance Co Ltd Of PICC

【概述】 围绕"双领先"战略，以创新发展、做大做强为总体目标，发挥经济补偿、社会管理和资金融通功能优势，不断探索服务政府、参与地方民生建设的新路径，大力推进大病保险、安康关爱老年人保险、基本医疗经办、扶贫保险、新农补保险等一系列具有广泛社会影响的业务，将党和政府的惠民政策落到实处。

【经营情况】 全年实现个险新单保费6232万元，团险新单保费1378万元，银邮代理新单保费4307万元，长期险新单保费合计11918万元，完成全年任务的130.3%；全年续收保费18090万元，完成全年任务的110.4%；年度累计赔款11815万元，较上年增长29.49%。

【服务城乡居民大病保险】 年内，经办全区531304人参保农村居民大病保险，累计赔付大病保险3868人次，赔付金额995.6万元，次均赔付0.26万元。在新农合基础上，通过开展农村居民大病保险，缓解全区农村居民因病致贫、因病返贫的问题，构成农村居民医疗保险"双保障"。

【开展新农补小额保险】 农村小额人身保险作为新农合政策的有效补充，因其"保费低廉、保额适度、保单通俗、理赔简单"等特点，受农村广大农民欢迎。年内，在全区农村居民参加新型农村合作医疗的基础上，宣传推广选择参加农村小额人身保险。通过各镇合管办、卫生室、村居的共同努力，新农补参保人数7.4万人，保费达220万元。

【推广老年人保险】 年内，全区"安康关爱行动"老年人保险推广工作群众自筹171.1万元，提供保障人数7.26万人，占全区老年人口13.68万人的53.1%，全年保险累计处理给付赔案2024件，获取保险赔偿137万元，增强老年群众抵御意外风险的能力，有效减轻政府和个人经济负担，提高老年群众的生活质量，促进社会和谐稳定。

【建立理赔"绿色通道"】 坚持服务创新，提升服务品质。优化承保流程，建立完善建立理赔"绿色通道"。被保险人龙冈镇许某某，在年初合作医疗缴费时，同步参加新农合补充保险，缴费30元，6月18日，不幸溺水死亡。在接到报案后，及时核实相关事实，7月20日，赔付死亡保险金3万元。

【内控合规】 年内，在全区开展自查整改活动，及时推送市公司制作的12期《电子课堂》，结合每阶段热点和重点工作，将风控知识和案防要求及时宣导至全区。排查公司在经营管理中存在的突出问题和风险隐患，边查边改；整章建制，建立长效管控机制，防范化解风险，严守不发生区域性、系统性风险的底线。

(张兆庆 吴 洁)

综合管理与监督

General Management and Supervision

政务服务管理

Government Service Management

【概述】 2015年7月15日，都编发〔2015〕40号文正式下发，区行政审批中心更名为政务服务管理办公室，办公地址搬迁至世纪大道1188号。2015年10月，政务服务管理办公室开始搬迁工作，至2016年1月，全区共有33家单位搬迁至新地址办公。强化“规范、便民、廉洁、高效”服务宗旨，深化“三集中三到位”，不断优化审批服务流程，推进政务服务平台建设与应用，拓展民生服务领域。全年政务服务大厅共办件76.13万件，日均办件3000多件，办结率100%，企业群众评议服务窗口满意率99.7%。全年累计监管与服务限额以下工程类招标发包项目449个，预算金额33.42亿元，中标金额27.06亿元，节约建设资金6.36亿元；共完成政府采购预算金额2.36亿元，实际采购金额1.98亿元，节约财政资金3800万元。区“12345”政府公共服务平台累计接到各类工单10600件，限时办结率100%，群众回访满意率95%以上。获区直单位综合先进奖、作风建设工作奖、政法综治和信访稳定工作奖、宣传思想和文化发展工作奖等，并在全市年度行业系统综合考核中位列第一，获“全市政务服务工作综合先进单位”“全市政府热线平台建设工作先进单位”“全市政务服务平台建设深化年工作先进单位”“全市政务服务系统信息宣传工作先进单位”等称号。

【审批制度改革】 年内，强化权力下放承接工作，对照市区权力清单，精简、合并审批事项13项，做好高新区范围内的项目建设、投资创业、人才招聘、招投标等领域47项市级审批权限承接落实工作，承接42项。加强审批服务事项清理，将涉及全区31个部门296项审批事项精简为行政许可事项179项，共精简117项，精简率达39.5%。推行容缺预审、并联审批、多图联审、多评合一、收费集中制等改革举措，纵向节约企业时间成本，实现项目立项到施工许可证50个工作日内完成，建设项目自土地招拍挂到施工许可证79个工作日内完成。加快权力清单和办事指南编制入库工作，通过“一对一”培训、建立QQ工作群等方式，狠抓每日录入进度质量，实时掌握工作进度，通过20多天加班加点工作，高标准、高质量完成权力清单和办事指南编制入库工作5851项。同时，按照国家和省市关于加强在线审批监管平台建设的要求，按期完成区投资项目在线审批监管平台建设，确保一个项目一个代码，全程贯通，并作为在全国范围内唯一的身份标识，实现投资项目的协同联动审批监管。推行“一审一核”制，源头上减少审批环节，提升服务效能。

省政法委书记侍鹏（中）在政务服务中心调研

【智慧政务建设】 建立全区统一的行政审批事项和公共服务事项网上审批系统，推行“一窗”受理、集成服务，为企业群众提供网上了解、网上申报、网上预约、网上查询、网上评价以及网上监督等服务。至年底，全区568项行政审批事项全部通过政务服务系统办理，共有146件事项可在网上申报办理，实现“指尖即可办事”的目标。省卫生监督系统与盐都政务服务系统在全省率先实现双向实时同步自动交换数据，优化群众办事流程。建立33家区直部门、21家中介机构的事项信息库，构建“区镇村三级联网”政务服务体系，建立跨部门、跨层级审批事项“一口受理、一次交件、一表录入、一网预审、同步办理、统一出件”工作机制，“15分钟便民服务圈”基本覆盖全区，民政服务、劳动保障、计划生育等领域44个服务事项能在镇村实现服务代办。建立网上服务大厅、政务APP、叫号系统、自助服务系统、多维评价系统、电子化招投标等12个智慧化服务系统，企业群众利用鼠标，就能实现网上咨询、申报、受理、查阅、评价、互动交流等多种功能，11月19日，在全市率先举办“互联网+政务服务”成果发布会。会上共发布“盐都区网上政务服务大厅”“盐都政务APP”“机关办公自动化+行政权力公开透明运行+政务服务三网合一”“江苏省卫生监督与盐都政务数据同步交互系统”“区镇村政务服务三级联网”“《中国盐都网》英文德文日文韩文版本”6项成果。

【“12345”便民服务】 围绕“快捷、高效、至善、臻美”的工作理念，创新“工单办理零逾期、工单派发零失误、认真回访零投诉、上下沟通零距离”的“四零”工作法，年内，开展学习调研、实地考察、业务培训等活动，提高整体形象、提高办事效率、提高服务水平，确保“事事有落实，件件有回音”。

【创新便民利企举措】 年内，开辟重大项目“绿色通道”。成立重大项目协调服务工作组，明确重大项目会办流程，实行提前预审、延时服务，坚持特事特办、难事巧办，开足审批绿色通道。设立高新区“三重”项目服务热线，定期组织项目建设单位和窗口负责人召开碰头会，“一对一”“面对面”进行业务交流，解读法规政策，征求意见建议，帮助化解难题。发改、住建、规划、国土、人防、消防坚持实施“提前介入、跟进服务、绿色通道、同步协调、严格把关”举措，推进项目建设进度富有成效。优化涉企服务。实行行政审批职能前移，积极组织涉企窗口开展“送服务到基层”活动，上门为企业办理“两证”，实现涉企服务“无缝对接”，解决企业在办理审批手续过程中碰到的难题，为项目早落户、早开工、早投产提供便捷的经济环境。同时，为让百姓“明白点菜，高效办事”，结合政务服务工作实际，从普通办事人角度出发，编制《盐都区审批服务套餐式办事指南》和《盐都区大众创业、万众创新审批服务常见问题问答》，有效解决群众办证烦琐困扰。

陕西省安寨县政务办在政务服务中心学习交流

【打造阳光政务品牌】 坚持以文化立品牌。加强中心阅览室、健身室建设，营建优质文化环境，提高服务软实力。分层分类对窗口工作人员和项目代理员进行政策法规、服务礼仪、业务技能、智能化系统应用培训，提高全员履职尽责的能力。积极开展“每周点评”“服务明星”“流动红旗窗口”等评比活动，利用元旦、“五一”“七一”“十一”等重大节日，开展歌咏、演讲、拔河、趣味运动会等文体活动。坚持以行动树品牌。加大政务服务标准化建设力度，开展对标赶超、提速增效、优化体系、阳光服务、便民利民五大行动，促进质量提升、服务提速。开展挂钩共建、党员志愿服务，“走进企业服务项目”“走进园区破解难题”“走进社区宣传政策”等活动，让企业群众感受品牌效应。加强党风廉政建设，并通过参观盐都检察院警示厅、观看警示教育片、党课等方式，开展窗口行风整顿活动，切实增强服务人员的廉洁意识，致力培养廉洁高效、公道正派的服务作风。 （周晶晶）

招投标管理
Bidding Management

【概述】 全区招投标工作以“规范、高效、诚信、有序”为目标，以服务为己任，规范执行招投标相关法律法规，强化服务职能，创新监管方式，规范全区招投标交易市场秩序，打造一流的招投标交易平台，全力推进招投标监管和服务工作再上新台阶，取得明显成效。

【各项指标创新高】 针对大市区成立统一的公共资源交易市场、限额以上项目纳入市级平台交易的实际，发挥职能作用、提速增效，主动创新、争创一流；主动出招、规范有序，主动自律、优化形象，努力开创服务发展，落实监管措施，区公共资源交易中心全年累计监管区级及市级平台工程类招标项目449个，计456个标段，累计预算金额33.42亿元，中标金额达27.06亿元，节约建设资金6.36亿元，资金节约率19.03%，助推招投标对服务重大建设项目的发展。

【优化业务流程】 年内，按照“统一管理、统一监督、统一交易”的要求，进一步增强公共资源交易信息的透明度，进入中心交易的项目除网上公示外，根据实际情况探索切实可行的公开方式，制定《关于进一步完善招投标活动的建议》，实现除评标工作外的全过程透明，即预算、公告、招标文件、评标办法、中标结果等主要内容全部向社会公示，有效促进信息公开、过程公平、结果公正。按照工作流程标准化的要求，建立并完善涉及项目审批、项目进场、项目实施、举报投诉、责任追究等8项业务流程，做到从进场咨询、申报受理，项目跟踪到资料存档等各个环节都有相应的制度规范和制约，形成全方位、多层次、相互制约，监督有力的公共资源交易监管体制，最大限度地将公共资源交易置于阳光下。

【规范监管国有资金项目】 规范国有资金招投标项目的监管工作，建立分工明确、责任落实、执行有力、运转协调的招投标监管流程体系，强化重点环节监管责任，防止出现监督缺位的情况发生。在监管国有资金项目工作中，全面推行资格后审制度，推进电子招投标平台建设。加强对开标厅、评标室的管理，加装监控系统，严格执行评标程序和纪律，评标区域安装电子门禁系统，与专家库进行数据连接，识别专家身份；杜绝一切与评标无关的人员进入评标现场，并对评标现场人员进行严格监督。完善评标专家和评审专家的分类标准，建立高质量专家评委库，确保评标工作的顺利开展。与区有关部门，完善区评标专家综合支库的同时，组建由区级科研事业单位及区属具有专业技术特长的在职人员加入的“区直属评标专家库”，形成由社会各界专业技术人员组成的多专业、多结构、高标准的评标专家库，同时充分利用市公共资源交易中心评标专家库的资源，实现专家资源及专家信用信息的互联共享。根据相关要求和《盐都区社会中介机构预选库使用管理暂行办法》等文件精神，严格实行中介机构准入管理，重新筹建盐都区招标代理机构名录库，实施代理机构重新入库的招选工作，整个招标过程在中心网站公开发布，全程接受公众监督，招标代理机构名录库的建立，促进招标代理机构规模化、规范化，制定《盐都区公共资源交易项目招标代理机构名录库考评管理办法》，对招标代理机构实行动态管理，由中心协同区纪委，根据考核办法，组织相关管理、监督部门、委托单位进行年度考评，对招标代理机构的执业情况进行评分，并将考评结果作为下一期入库的依据。对招标代理机构的管理，有效防范无资质、超越资质和挂靠资质代理行为的发生；加强对招标人、招标代理机构、评标专家和投标人的行为监管，畅通投诉渠道，严肃查处违法违规行为。

（封扣琴）

国有资产管理

State-owned Assets Management

【概述】 2016年，全区国有资产监管工作贯彻国资管理法律法规，履行监管职能，强化国有资产管理，推进国企改制扫尾，较好完成年度各项工作任务。

【推进国有企业改革】 支持粮食购销企业兼并重组。落实国务院和省政府关于深化地方国有粮食企业改革的意见等文件精神，实施全区国有粮食购销企业集团化重组、公司化改造，出资组建江苏盐粮控股集团有限公司，形成盐粮控股(集团)+子公司+收储库点的经营模式。推进国企改制的扫尾攻坚。完成国企城中商城的清算，肉禽蛋加工厂清偿让地，化学厂的破产清算。至年底，全区原84家普通地方国有企业完成改制程序上终结，进入个性遗留问题处理环节。配合原国企宿舍区征收改造。协助市重点项目办公室实施原市水泵厂、锅炉厂职工宿舍区的拆迁，涉及企业职工住户336户。协助区城工办实施原市化学厂职工宿舍区68户的拆除补偿和破产清算。

【服务政府投融资工作】 年内，对区国投公司、市城镇化公司、盐高投集团、盛州投资公司等实施资产整合，增加注册资本，优化资本结构，壮大规模实力。顺利获评AA级信用等级。支持融资方式创新。推进资产证券化，推动间接融资向直接融资、高成本短期限向低成本长期限的转变，有效缓解基础设施建设和公益事业项目资金压力。区国投公司成功发行企业债券13亿元，7年期利率仅3.67%。各平台公司对社会借资实行到期清退，全部置换成中长期贷款，优化债务结构，化解潜在的流动风险。

【开展行政事业单位国有资产清查】 组织开展全区行政事业单位、社会团体国有资产的全面清查，以2015年12月31日为清查基准日，对全区391个行政事业单位(行政81个、事业310个)国有资产家底进行全面核对、查实。经清查统计，全区行政事业单位资产61.09亿元，其中固定资产30.63亿元；房产面积144.78万平方米，土地面积117.41万平方米。进一步完善国有资产台账。

【规范国有资产处置】 全区全年实施国有(集体)产权转让2宗，拍卖处置闲置资产237.82万元，清理核销报废资产账面价值近200万元。突出违法建设没收财产的规范处置。对盐龙街道、大冈镇等5宗土地上的违法建设的没收财物进行处置移交。制定全区机关公务用车制度改革涉及车辆处置办法，对全区取消的行政单位公务用车174辆分三批进行评估、拍卖和报废处置，公开拍卖车辆溢价50%以上。

（蒋素云）

会计集中核算管理

Centralized Accounting Management

【概述】 2016年，区会计集中核算中心发挥职能，贯彻执行会计法等法律法规，以及行政事业单位各类开支标准，规范支出行为，控减行政运行成本。做好集中核算基础性工作，编印全区会计集中核算规范化工作手册，对行政事业单位会计核算业务、报支规定、管理规范和核算要求等予以明确，确保会计核算工作公开、公平、公正，规范有序运行。强化制度落实，着力抓好日常监管，提升核算水平。按照内部管理考核办法，开展月度初评、按季考核，做到责任明确、标准量化、绩效优先。严把报账监管关口，增强行政事业单位财务管理规范性和透明度。严格执行"三公"经费、津补贴发放、政府采购等有关规定。区直"三公"经费比上年压降30.19%，其中公务接待费压降22.49%。 （汤其军）

市场监督管理

Market Supervision and Management

【概述】 2016年，区市场监督管理工作紧扣"质效提升年"主题，着力推进机构职能融合，创新市场监管举措，强化社会民生安全，提升消费维权成效，为全区经济社会发展提供有力支撑，有序开展各项工作，为盐都"打造新高地、迈上新台阶"做出应有的贡献。至年底，共有在职在编干部职工164人，其中行政编制135人，行政附属18人，事业编制11人，另离退干部93人。班子成员7人，其中局长1人、副局长4人、纪检组长1人、区食安办副主任1人。下设盐渎、高新区、郭猛、大冈、龙冈、秦南、尚庄、楼王、大纵湖9个基层分局，1个直属机构稽查大队。内设办公室、组织人事科、法制科、行政许可服务科、食品安全监管科、食品安全综合协调科、市场规范监管科、消费者权益保护科、特种设备安全监管科、药品医疗器械监管科、质量管理与监督科、标准计量科12个科室，及监察室、学会、放心办和个私协、消协2个挂靠社团。

【市场主体发展】 全区全年从"三证合一"拓展至"五证合一、一照一码"，发放"三证合一"执照5052户，占应换照数的69%。探索"双创"新模式，新设各类企业2985户，个体户7338户。服务区粮食局组建江苏盐粮控股集团母子公司、盐工机械组建集团；帮助区水利设计院等3户国有企业改制为有限公司；帮助华盛变压器等5家企业办理股份制改造；帮助中华联合财产保险股份、丹霞能源科技有限公司盐都支公司落户高新区；办理动产抵押、股权出质登记33件，助企融资6.5亿元；336户网站，申领电子标识306个，公开亮标94个；全区电子商务"互联网+"新业态获得国家、省市区媒体高度肯定。

【商标名牌发展】 年内，新申请国内商标注册535件、国际商标注册4件，市知名商标26件，省著名商标12件，中国驰名商标3件，新申报地理标志商标3件；新获批江苏名牌产品企业4家，质量信用A级企业10家、质量信用AA级企业5家、质量信用AAA级企业2家；指导企业申报"盐城市市长质量奖"3家，"市长质量奖"开展三届，9家获奖企业中盐都有2家，启动首届盐都区"区长质量奖"申报工作。

【市场执法监管】 严格控制市场主体资质，强化属地管理，年内，系统内外协力治理无证无照经营，取缔255户，无转有128户，立案查处18件，全区未发现1起传销活动。建立"双随机"抽查事项清单和责任清单，推进市场主体信用监管，1948户企业被列入异常名录，办理异常名录移出登记741户次。强化食药安全监管，健全食品安全监管网络，创建覆盖所有行政村(社区)的协管员队伍。组织保健食品专项抽检，结合省、市局下发的快检试剂盒，快筛20个品种，未发现阳性产品。开展药品抽检工作，共抽验药品90批次，合格率达99%。完成区"两会"、大数据会议、"中国休闲30人"等13次重大活动餐饮安全保障任务。保持特殊药品监管高压态势。对药品批发企业、医疗机构进行全覆盖检查，无特药流弊事件发生。推进药品流通领域集中整治，未发现一起走票挂靠、擅自设库和超范围经营行为，17家药店被市文明办、市食药局授予"4S文明示范药店"称号。加强"三品一械"不良反应监测，全区全年累计收集上报药品不良反应病例报告738例，其中新的、严重的报告294例；上报医疗机构医疗器械不良事件病例报告362例，上报保化品不良反应信息28例。高度重视特种设备安全。现场检查特种设备生产、使用单位105家，发出监察指令书45份，严重事故隐患整改率100%。注册登记6台锅炉，116台压力容器，108台起重机械，39台场内机动车辆，495台电梯。

【标准计量工作】 年内，省级设施番茄产业标准化示范区、华晓医药物流标准化试点项目通过验收。启动国家级大纵湖景区服务标准化试点项目及省级大纵湖生态大闸蟹养殖标准化示范区、东方汽车广场服务标准化试点项目建设工作。盐城爱菲尔菌菇装备科技有限公司申报的省级菌菇生产设施装备高新技术自主创新标准化试点项目获得批准立项。江苏悦达家纺有限公司主持制定的1个行业标准、江苏锐华利实业有限公司主持制定的2个行业标准正式发布实施，江苏闳业机械有限公司主持制定的1个国家标准申请获得2016年度质量强省标准化专项补助资金。5家企业5个产品采用国际标准和国外先进标准申报工作，获得采标证书。18家乡镇卫生院、所有集贸市场在用强制检定计量器具完成计量测试，大冈卫生院省级诚信计量示范单位通过核查。 （杨桂成）

统计管理

The Statistics Management

【概述】 全区统计工作以"两学一做"学习教育为契机，以稳增长、调结构为主线，以做好第三次全国农业普查工作为重点，积极适应供给侧结构性改革，不断加强统计分析研究和数据管理能力，为区委区政府及社会公众提供优质服务，发挥统计的信息、咨询和监测职能。

【组织监测和专项调查】 年内，开展"三新"统计和"四众"企业专项调查。主动开展小康监测、农业现代化、科技投入、粮食生产、畜禽养殖等统计监测。做好文化产业核算、文化产业单位的核定以及文化产业数据资料提供工作。完成三产和建筑业小微企业调查、旅游调查、体育调查、采购经理指数调查、工业品生产价格调查、月度劳动力调查以及省级机关绩效管理社会公众满意度、党风廉政建设民意调查，为全面建成小康社会提供数据支撑和舆论支持。

【完成第三次全国农业普查工作】 为全力做好农业普查登记，确保农业普查工作圆满完成，区统计局科学制定普查方案，对开展各项工作和流程进行具体安排部署；对实施细则、普查小区划分与地图绘制、清查摸底、普查表填报和入户登记技巧等内容进行培训讲解；利用广播、宣传车、张贴标语、发放给农户的一封信等多种形式宣传农业普查；按照正式普查要求，向调查户讲解农业普查的目的意义，了解农户、单位基本信息，住户人员状况，对生产经营活动进行核实登记。全区共有254个普查区和1473个普查小区参与汇总，1533个普查员和306个普查指导员参与这项工作，涉及调查182620个农户。 (侯兴安 王其虎)

价格管理

Price Management

【概述】 认真贯彻落实省市关于深化价格改革、加强价格监管等系列文件精神，在服务市场、服务民生、服务企业等方面努力作为。

【完成民用天然气价格改革】 按照成本监审、风险评估、合法性审查，年内，举行价格听证等依法程序确定辖区天然气价格，并实施民用天然气与市区同价，落实优惠政策措施，同步开展阶梯式气价政策，落实有关天然气安装、供应等价格政策，推进状况顺利。

【完成自来水机制改革和污水处理成本监审工作】 年内，组织对全区区域供水运营成本进行调查、监审，明确将自来水价格构成于盐城市市区同结构、同价格实施。全区民用自来水供应价格为每吨2.75元，经成本分析盈亏平衡点为每吨2.76元。2017年起水价与市区接轨到每吨3.05元，全区域供水运营健康发展。年内，组织人员对区内7家运营污水处理站进行成本监审，完成农村集镇污水处理费开征工作测定污水处理运营成本每吨1.13元，折算水价运营代征费用每吨0.39元，于2017年1月起开征集镇污水处理费每吨0.4元，在区域供水价格中体现。

【建设市场价格监测数据库】 建立起市场价格监测采集、汇总、发布制度。年内，对主要农产品价格及成本收益、农业生产资料价格、粮油等大宗商品价格实现定人、定时、挂牌采集发布，价格信息采集、运用得到省市价格部门的肯定。

【落实清费减负政策】 承接国家、省、市消费减负政策，全年取消或降低收费标准项目56个，为企业减负1600万元。组织编印发布2016年行政事业性、经营服务性收费目录清单、分类发布涉企收费、涉农收费、涉房收费以及中介服务收费目录清单，推行涉企收费登记卡制度。

【全区价格保持基本稳定】 十二五期间，全区主要农产品价格年均涨幅为2.1%，农业生产资料价格年均涨幅为1.2%，粮食、蔬菜价格保持低位运行，工业生产所关联的钢材、铜材、煤炭等原辅材料价格自2014年起连续三年呈下降趋势。餐饮、零售等服务业价格平稳，房地产市场价格趋向合理水平。年内，居民生活消费价格指数增长2.1%，完成市区价格调控责任制目标。

【实施民生价格项目】 十二五期间，统一全区自来水价格，改变镇级水厂自行定价、随意涨价的状况。核定区域供水价格，出台农村区域供水"一户一表"改造工程费用标准及筹资办法，推动全区区域供水一体化进程。核定居民天然气价格，核定盐城紫源天然气公司供气价格，化解高新区及周边乡镇用气价格矛盾。协调处理龙冈易路讯能源公司私自供气、自行定价事件，实施辖区范围内市区新奥燃气公司与供气公司价格并轨。出台实施农村公益性公墓价格，对全区规划的镇(区、街道)公益性公墓进行依法核定价格，统一全区公益性公墓价格，减轻农民负担。对全区经营性公墓和殡葬服务按合理成本原则制定政府指导价，规范全区公墓、殡葬服务价格行为。参与实施公共交通一体化工程。对全区239辆农村中巴客运车辆进行回购价格评估，核定市区镇公交运营价格和镇村公交票价。完成全区公立医院药品及医疗服务价格改革，实现全区公立医院药品"零差率"销售，门诊及医疗服务价格按统一规定实施到位，推进农村、社区居民家庭医生式医疗健康"签约包"服务。规范全区教育收费行为，实现全区九年义务制教育全免费，统一全区公办幼儿园教育分类收费标准，制定校车接送服务价格。

【服务全区经济和社会建设】 十二五期间，公开全区各类行政事业性收费目标清单，实行"目录之外无收费"。共清理取消136个行政事业性收费项目、降低收费标准项目，减轻企业负担1.1亿元。编印分发《行政事业性和经营服务性收费目录》《涉企涉房涉车收费目录》2.5万余册，为企业经营、投资提供价格之南。参与政府实事工程，做好价格保障工作，在区域供水、城乡公交一体化、集镇污水处理等政府实事工程中发挥价格支持和保障作用。完成全区拆迁安置房价格认定25宗，地产及商品住房买卖计税价格认定1200宗，计税价值8亿多元，溢价增收3000多万元。开展涉案涉纪案件价格认定，全年共接收委托认定公安、法院、检察机关价格认定900多项，案值3亿多元。受理价格咨询举报，维护市场价格秩序，至年底，共开展专项价格检查36次，查处价格违法案件26起，行政处罚380多万元，受理价格咨询、举报560件，立案18件，处理回复满意率95%以上。 (戴 江)

卫生监督管理

Health Supervision

【概述】 全区卫生监督工作对照市区年度任务目标要求，主动顺应卫生计生机构改革，以省文明单位创建、智慧卫监建设、绩效考核管理为重点，统筹推进各项卫生监督工作，全面完成年度各项目标任务，实现“十三五”良好开局。荣获省文明单位称号；“某经营部销售无有效卫生许可批件的涉及饮用水产品案”获省二等奖，微课制作大赛获省三等奖；“执法文书电子化制作项目”入选全市优秀依法行政示范提名项目；执法办案103件，同比上升124%（剔除餐饮案件）；更新两辆执法执勤车，综合工作获市综合目标管理考核特等奖。

【开展卫生监督检查】 根据省市区卫生主管部门部署要求，对公共场所、饮用水、医疗市场卫生安全进行专项督查，加强节日和“两会”期间安全保障工作。组织公共场所卫生督查。以人群较为集中的大中型公共场所单位为重点，针对性地开展卫生监督巡查工作，充分运用现场快速检测仪器，测定室内二氧化碳浓度等指标，重点检查大型商场、超市和歌舞厅、影剧院等文化娱乐场所的机械通风设备使用运行状况，宾馆酒店顾客用品用具的清洗、消毒、更换情况，游泳场所水质循环净化消毒设施运行情况等。共检查181户次，办案2起。对生活饮用水安全督查。制定《饮用水安全专项行动方案》，对全区农村水厂、自备水、加压站、二次供水单位开展专项检查，对农村小水厂和自备水全面覆盖，对存在问题出具卫生监督意见书。对医疗市场督查。对医疗机构执业资质、执业范围、医疗废物和医院污水处理、消毒隔离工作等进行督查。通过区、镇、村医疗服务监督哨点和协管网络，以城乡结合部等流动人口聚集地、农贸市场、集市、大型建筑工地等为重点，加强无证行医行为巡查，查处非法行医案件3起。

【组织全区监管单位调查摸底】 3—4月，对全区卫生监督管理单位监管情况进行全面调查摸底。制定工作方案，专题动员部署，通过调查、汇总、核查、信息系统数据录入清理等工作步骤，高质量完成调查摸底工作。全区共有卫生监督服务单位共2131个。其中，公共场所单位1284个、学校幼儿园145个，饮用水及涉水产品单位299个，医疗机构313个、消毒产品单位61个；属于区直管单位527个，镇（区、街道）、村（社区）单位1604个。

【组织集中销毁行动】 3月4日下午，集中销毁查处收缴的违法经营食品和药品、器械。共销毁超过保质期、无标签、标识不全、使用非食用物质等违法经营食品25种，80余件，约1500千克，货值8万元；销毁查处的非法行医药品和器械38种，10余件，货值5.5万元，保护群众身体健康。

【举办卫生监督协管员培训班】 为提高卫生监督协管员依法行政能力，做好协管员证换发证工作，9月29日，区卫计委举办全区镇级卫生监督协管员培训班，63名镇级卫生监督协管员接受培训。区卫计委修订印发《盐城市盐都区卫生监督协管员管理办法》，区卫生监督所制订培训换证工作方案，通过基层申报、卫生监督所审核，明确符合卫生监督协管员条件的63人作为本届卫生监督协管员参训对象，各课程安排专业师资，认真进行备课，专门编印培训手册，制作培训课件。培训班对卫生监督协管基础业务知识进行全面系统讲解，并对上半年卫生监督协管服务暨信息化运行考核情况作通报。区卫计委副主任武晴作开班动员讲话。10月底前，由各卫生院负责组织村级卫生监督协管员培训工作，12月底前，完成镇、村两级卫生监督协管员证的换发证工作。

【智能执法工作】 确立智慧卫监思维，开展放射在线监测试点，安装在线监测仪器；放射诊疗场所放射防护、医疗废弃物收集贮存和医院污水处理等重点环节实施实时监控，安装监控探头121只。二维码技术推广应用，建立微信公众号，配备移动执法终端，组织信息化培训，推动信息化操作实现“3个80%”目标。全年共录入管理单位档案1329条，日常卫生监督3732条，监督覆盖率99.9%，国家平台日常监督覆盖率达到95.4%，上报检测数据596条，完成率达98%，处于全市领先水平。 （周广海）

房地产行业管理

Real Estate Industry Management

【概述】 年初，出台《关于加强全区新建商品房预售资金监管工作的通知》，与12家商业银行进行合作，把工程建设问题多、群众反响强烈的项目作为监管重点，切实维护购房群众的合法权益。组织开展房企开发经营行为、预售资金监管专项检查和房地产违规违法行为联合检查，对存在问题的房地产开发企业和监管银行，下发整改通知书，实行限期整改，全区房地产市场秩序井然、运行健康。全年存量房交易受理近3600件，托管资金总额近15亿元。 （苗林杰）

安全生产

Safety Production

【概述】 2016年，全区共发生各类生产安全事故85起，死亡43人。其中：道路交通事故58起，死亡36人；建筑施工事故4起，死亡4人；工商贸事故3起，死亡3人；火灾事故17起，无死亡；农机事故3起，无死亡。未发生较大以上事故和企业新发职业病，全区安全生产各项指标未超市政府下达考核目标。

【安全生产责任落实】 党政领导认真履行安全生产责任。年内，区委区政府认真落实安全生产“党政同责”要求，区委2次专门召开常委会议，区政府常务会议6次列入安全生产议题，区长办公会议7次研究会办安全生产工作、协调解决重大事故隐患整改事宜和相关安全生产工作。12月1日，区政府办下发《关于报送行政正职领导2016年度安全生产工作报告的通知》（都政传发〔2016〕451号），各镇（区、街道）、区各有关部门和单位行政正职向区政府提交安全生产工作年度述职报告。监督部门认真履行监管责任。在区政务服务网站向社会公布负有安全生产监督管理职责的部门权力清单和责任清单，明确监管责任、监管职责和监管对象，并按照全省最新编码及权力清单调整事项，进行动态调整。区安委会、安委办召开12次全区安全生产工作会议，部署落实安全生产工作任务，通报安全生产工作情况。安全生产工作奖惩兑现到位。区委区政府在年度目标任务绩效考核中，对安全生产工作实施单项考核联合表彰，并严格实施安全生产“一票否决”，增加干部业绩考核中安全生产的权重。1月，全区召开安全生产工作会议，按照区政府《关于印发盐城市盐都区安全生产目标管理考核办法的通知》精神，兑现2015年安全生产考核奖惩。并对各镇(区、街道)安全生产七项重点工作完成情况进行单项考核和奖惩兑现。

【完善制度体系】 将一体化监管执法情况纳入年度责任制考核和年度执法检查内容，避免“重复检查、多头执法”的现象出现。实行“条块结合、各方联动、各司其职、各负其责”的工作机制，安全生产事中事后监管得到加强。根据《行政执法机关移送涉嫌犯罪案件的规定》(国务院令310号)的规定，建立“两法衔接”工作制度；发现违法事实涉及的金额、情节、造成后果等，对达到刑事追诉标准的，一律移送，全年共计移送司法机关7起。按照全面覆盖、动态管理的要求将全局22名执法人员录入数据库，以加油站、烟花爆竹经营(批发、零售)、规模以上工贸企业等重点监管监控的生产经营单位为主体，建立随机抽查对象名录库。将随机检查的情况通过政府网站和安监部门网站等实现信息公开。6月30日，下发《标本兼治遏制重特大事故工作方案》，严格规划准入、严格规模准入、工艺设备和人员素质准入，强力推动淘汰落后产能。

【强化过程管理】 全年，共组织元旦、“一节两会”、国庆和省党代会期间等安全生产大检查8次，派出检查组1064个，出动检查人员4017人(次)，检查企业(单位)8675家(次)，查出事故隐患14917条，整改完毕14860条，整改率达99.62%。6月25日，区安委会下发《关于开展安全生产执法专项行动的通知》，在全区范围开展安全生产执法专项行动。其间查处安全生产违法行为768次，责令暂时停产停业42家，责令停产停业21家，实施关闭16家，实施停止供电强制措施2家，向社会公告列入“黑名单”企业1家；专项行动期间，行政处罚立案39起，行政处罚178.5万元，行政拘留7人。建筑施工方面排查出安全隐患500多条，发出安全整改单28份，下发3次安全检查通报。道路交通方面，共查处各类道路交通违法行为55199起；排查道路交通安全隐患11处，高架快速路施工安全隐患32处，整改交通标志、交通标线和隔离设施70处，恢复安装道路监控系统14处、路口交通指挥信号灯控制系统9个；查处酒驾3起，毒驾1起，醉驾13起，无证驾驶5起，取保候审23人，行政拘留3人。消防方面，共检查单位637家，发现隐患1103处，督促整改隐患1052处，下发《行政处罚决定书》35份，下发《临时查封决定书》9份，责令“三停”5家，罚款29.99万元。特种设备方面，现场监察特种设备生产、使用单位105家，其中气体充装单位13家，发出特种设备安全监察指令书45份，事故隐患整改率达100%。危险化学品方面，在“涉羟雷霆行动”期间，关闭取缔危化品非法储存、加工点5个，核查关停化工企业76家、废弃反应釜13个、离心机2台。烟花爆炸方面，联合执法共检查烟花爆竹零售户438户，取缔无证经营61户，排查整改安全隐患285条，收缴非法违法经营各类烟花1256箱、响炮735箱、籽鞭615万头，折合市场价约17万元。冶金、涉氨制冷和粉尘防爆方面，聘请专家参与执法专项行动，对重点企业进行专业安全检查指导。专项行动以来，聘请专家120多人次，对96家各类企业进行专业检查，对2家涉氨制冷企业、2家存在有限空间作业企业和4家涉爆粉尘企业进行重点检查，指导整改各类隐患160条。职业危害专项整治方面，共检查企业30余家，出动检查80人次，共检查出隐患120处，整改120处。对职业病违法违规行为实施行政处罚8万元。

【开展安全生产暗察暗访】 全年共组织跨部门“四不两直”联合执法行动83次，清查企业负责人和安全管理人员未参加安全生产教育培训26家，责令限期整改26家，立案处罚12起；取缔大冈镇液化气非法零售经营点3处、张庄街道液化气非法零售经营点12处；对全区41个燃气供应点、长输管道进行拉网式排查，排查整改各类隐患265条。9月13日，邀请市安全生产监察支队，采取“四不两直”方式对无锡市造漆厂有限公司盐城万年青销售部油漆仓库开展联合执法行动，下达《责令限期整改指令书》，责令限期整改17项事故隐患。

【事故隐患整改】 3月15日，对2016年度第一批6家重大事故隐患实行挂牌督办整改，6月底全部完成销号。6月初，区排出44家安全生产事故隐患和突出问题，形成《关于限期整改全区安全生产事故隐患和突出问题的通知》(都安发〔2016〕14号)文件。11月底，对44家重大事故隐患均整改完毕予以销号。年内，市级挂牌督办的汇都商务中心、盐城邦尼水产食品科技有限公司、江苏柚尊家居制造有限公司3家重大事故隐患，均在限期内整改销号。

【开展事故报告和查处】 年内，下发《关于实行生产安全事故统计联网直报的紧急通知》。按照“部门联报、安监合报”的事故报送统计体系的要求，全区30个信息员在系统中均完成注册，其中安监局科室6名、乡镇20名、区直单位4名。8月18日，下发《关于进一步做好生产安全事故统计信息归口直报工作的通知》，两次通过以会代培的方式，对《生产安全事故统计管理办法》和《生产安全事故统计报表制度》专题进行宣传。督促交警、消防、农委补录生产安全事故信息。自8月起，所有直报范围内的生产安全事故做到“24小时入库、7天上报”，事故上报率100%。年内，全区共发生7起生产安全事故，均按照国务院493号令的要求，从事故的报告、调查、处理、结案等，按法定程序和要求进行调查和处理。

【参与社会共治工作】 7月5日，在区安全生产宣教中心举办一期企业安全生产责任保险培训班，全区危险化学品、烟花爆竹、船舶修造与拆解、冶金铸造、涉爆粉尘、涉氨制冷、职业危害严重的60多家重点企业的负责人以及全体安监站站长参加培训。建立安全生产承诺制，推进诚信“黑名单”，落实诚信报告和执法信息公示。8月1—18日，会同盐都电视台6次全程跟踪报道，对江苏柚尊家居制造有限公司、盐城市艾斯特体育器材有限公司、盐城市亚华玻璃有限公司、烟花爆竹零售市场、尚庄砖瓦厂、盐城友谊建材厂6家企业安全主体责任不落实、隐患整治不力、投入经费不足的典型案例进行曝光报道。9月18日，向市安监局报送典型案例6件。区政府下发《关于推动现代保险服务业加快发展的实施意见》（都政规发〔2015〕1号）、区政府办下发《关于印发盐城市盐都区保险工作考核暂行办法的通知》（都政办发〔2016〕62号）和《关于下达2017年度全区保险重点工作任务的通知》（都政办发〔2016〕53号），有30家企业投保安全生产责任险。

【安全投入工作】　安全生产投入。全年安排专项资金258.5万元，比上年增长57%。专门设立安全生产教育培训专项资金50万元。各镇（区、街道）均安排15万元以上的安全生产监管经费，基层安监站日常工作、检查执法经费均得以保障。安全生产宣传。利用报纸、网络、电视、微信、微博等途径，宣传安全文化，普及安全生产知识。按照上级要求开展“安全生产月”“职业病防治法宣传周”“安康杯”等活动。独立开展咨询日、安全生产和职业病防治知识“五进”、应急救援演练、警示教育、答题竞赛、安全文艺演出等主题活动。11月10日上午，举办《江苏省安全生产条例》专题学习培训班，30家区直部门业务科室负责人、镇（区、街道）安监站全体工作人员、区安监局全体工作人员共120余人参加培训学习，发放《江苏省安全生产条例》《安全生产法》200多本；通过“安全盐都”微信平台开展《江苏省安全生产条例》有奖答题活动，全区近5000人参与答题活动。

【应急救援能力建设】　年内，编制修订《盐城市盐都区工商贸企业较大安全生产事故应急预案》《盐城市盐都区烟花爆竹事故应急救援预案》《盐城市盐都区危险化学品事故应急救援预案》《盐都区较大以上农机事故处理及应急救援预案》《盐城市盐都区自然灾害救助应急预案》《盐城市盐都区燃气安全事故应急预案》《盐城市盐都区建设工程安全事故应急预案》等一系列预案。区民政局、安监局、消防大队组织全区18家敬老院管理人员开展应急技能培训，各学校开展火灾逃生知识讲座。组织各类应急演练，卫生、交运、消防等系统开展群体性食物中毒、群体性苯中毒、重大交通事故、火灾事件等应急演练，区教育系统在北蒋实验学校等20所学校、幼儿园进行校车突发事件应急演练。7月15日，区政府在红星美凯龙组织突出重大火灾事故应急救援演练。

【安全生产重点工作】　安全生产标准化建设。全年，共创建二级安全生产标准化企业19家，规模以上企业创建三级以上标准化企业基本实现全覆盖。隐患排查治理体系建设。至年底，在隐患排查治理体系平台上，全区20个镇（区、街道），25个部门和单位进行网上登录，录入企事业单位1506家，全年共排查出事故隐患14917条，整改完毕14860条，整改率达99.62%。安全生产培训教育。组织各类安全生产培训班70期，共培训“三项岗位”人员7806人。安全生产监管人员（包括村居安全员）培训班3期，培训264人。

【安全生产行政执法】　7月，在全市组织的安全生产综合执法演练竞赛中，区安监局代表队获得团体一等奖，参赛队员夺取个人全市第一名。10月20日下午，邀请市局法规处、市安监支队、区法制办、江苏良烨律师事务所等单位召开委托执法方案审查会，在全市率先推进乡镇全面委托执法。11月10日下午，依据《江苏省安全生产条例》第五十四条规定，举行委托执法签约仪式，区安监局与各安监站分别签订《安全生产委托执法协议书》，并下发委托执法实施细则。全年共立案64起，行政处罚455.95万元，实际到账441.15万元，事前处罚31起，占立案数的48%。

全市第三届安全执法演练

【基层安监能力建设】　年内，区安监大队升格为副科级，编制新增加6名。全区12家建制镇（区、街道）安监中，大纵湖、楼王、龙冈、张庄、潘黄、郭猛、尚庄、学富、大冈9家安监站顺利通过省级基层安监能力建设达标验收。全区在基层安监站投入上达150多万元，基层安监站共有执法专用车辆3辆、专门提供保障日常安全检查用车6辆，执法电动车54辆、单兵式执法记录仪50部，监管执法检查数据上传终端53部。配备电脑、打印机、摄像机、照相机等一些必备的专用设备及个人防护用品。

【安全生产监管其他工作】　5月，全国“安全生产万里行”活动采访组在盐都区对基层安监机构能力建设好的经验和做法进行集中宣传和报道。投入35万元，在潘黄街道进行网格化管理和智能化执法先行试点，将辖区企业划分为一至四级管理，聘请专家对每个企业进行安全检查，辨别危险源风险点，将隐患录入数据库，运用SPS智能化执法装备操作系统现场检查，解决乡镇人少事多、不会查等问题。智慧安监平台建设是盐都区2016年、2017年度重点智慧建设项目，总投资约1200万元，实现全区安全生产综合监管的信息化、网络化、智能化。　（李　戎）

科学技术

Science and Technology

综　　述

Summary

【概述】 全区科技系统围绕年度目标任务，以“科技工作项目化”为抓手，全力推进品牌创建、科技招商、企业创新、知识产权、科技金融等科技“十项行动计划”，在全市科技工作考核中，盐都名列第一。

品牌创建。年内，成功创建2个国家级特色产业基地（国家火炬盐都涂装设备特色产业基地、国家火炬盐都齿轮制造特色产业基地）、1个国家级地震安全示范社区（张庄东徐居委会）、1个国家级众创空间（摩度众创空间），获批国家级品牌数列全省县（市、区）第一。成功创建2个省级众创空间（盐渎商城、恩源园梦谷）、2个省级科技企业孵化器（盐龙科创园、盐渎慧谷），新增省级企业研发机构9家，申源塑胶、坤泰机械2家企业获批省工程技术研究中心，华跃纺织、自强环保等7家企业获批省研究生工作站。

项目申报。全年组织企业申报各类科技项目110项，获正式立项86项，争取市级以上科技项目无偿资金2000多万元。东九重工、中石纤维等100家企业获得“苏科贷”项目立项，争取科技贷款2亿元，“苏科贷”规模连续三年稳居全省县（市、区）第一。兰丰科技、坤泰机械获得省产业前瞻与共性关键技术项目立项，绿野园艺、四季果缘等5家企业获得省苏北科技专项富民强县项目立项。驰翔齿轮、盐电阀门等64家企业获得市“科技六项政策”奖励资金1430万元。华东砂轮荣获省科学技术奖二等奖，步高汽配、兰丰科技等14家企业荣获市科学技术奖。

高新培育。年内，实现高企高品培育“双百”目标，新增国家高新技术企业36家（占全市认定数的三分之一），国家高企总量达108家（占全市总数的五分之一），新增省高新技术产品143种，新增授权发明专利145件，申请PCT国际专利80件，万人发明专利拥有量达6.8件。全区国家高企拥有量、省高品认定数、国家发明专利授权量及PCT国际专利申请量等科技创新主要指标均居全市县（市、区）第一。

科技大赛。组织企业参加各级科技创业大赛，举办首届区科技创业大赛，111个企业和团队参赛。在第五届全国科技创业大赛、第四届全省科技创业大赛中，获奖数均列全省县（市、区）第一。在第三届全市科技创业大赛中，盐都参赛企业及获奖数列全市第一，获3个一等奖。江苏金麦穗荣获全国新材料行业“企业十二强”称号。

产学研合作。组织企业参加各类科技成果交易会、展示会，支持企业与中科院、清华大学等单位开展产学研对接活动，引进、转化科技成果项目。在“2016盐城（北京）产学研合作洽谈会”上，中纳科技有限公司、江苏瑞源加热设备科技有限公司作为项目签约代表，分别与中科院北京纳米能源与系统研究所、清华大学热能工程系热能工程物理研究所签订产学研合作协议。帮助康杰机械举办“中国盐城（康杰）第三届热交换器钎焊与装备国际研讨会”。组织华跃纺织、中联纤维等20家企业赴东华大学、南京工业大学等高校院所开展产学研对接活动。全区新签产学研合作项目100多项。

（陈加强）

科技活动

Scientific and Technological Activities

【概述】 全区上下以加快建设国家高新区为契机，开展各类科技活动，促进和带动各项科技工作的顺利开展，推进全区科技创新和经济社会的跨越发展。

【江苏大学在盐都参加产学研对接活动】 4月23日上午，应区科技局邀请，江苏大学汽车与工程学院党委书记罗福强、汽车与工程学院车辆工程系副主任丁华、汽车工程研究院电动汽车驱动与控制研究所副所长孙晓东一行与盐城市步高汽配制造有限公司、江苏金派汽车配件有限公司等8家汽车配件生产企业开展产学研对接活动，达成合作意向10项。区科技局局长陈镖介绍盐都区科技创新情况，罗福强一行介绍江苏大学汽车与交通工程学院学科设置、师资队伍、科研项目、知识产权等情况，希望与盐都区开展更多、更深层次的产学研合作。步高汽配、金派汽配、九洲汽配等企业分别介绍技术、人才、项目等方面的需求和急需帮助攻克的难题等情况。

关爱留守儿童

【开展“科技服务行”活动】 5月16日下午，省生产力促进中心副主任孟庆如一行7人在盐城高新区智能终端产业园，开展“创新服务园区——盐城科技行”活动。市科技局副局长周捷主持对接服务座谈会，区科技局局长陈镖、盐龙街道副主任李东林、市区科技局相关负责人、盐城智能终端产业园内12家企业负责人等参加“面对面”科技服务对接活动。盐城华星光电技术有限公司、江苏央科科技有限公司等企业分别介绍在技术、人才、平台建设、产学研合作、专利申请、项目申报等方面的需求和急需帮助攻克的难题等情况，并与省生产力促进中心专家及市、区科技局处室(科室)负责人进行对接洽谈，获得满意解答和对策建议。

【举办首届科技创业大赛】 6月2日，区政府发出通知，首届盐都区科技创业大赛正式启动。全区21个科技创业团队、55家科技型企业报名。赛事由区科技局主办，以“科技引领，创业盐都”为主题。大赛按团队组和企业组进行比赛，参赛条件参照江苏科技创业大赛标准。优先支持海外留学回国创业人员、进入创业实施阶段的优秀科技团队、大学生创业团队参赛；优先支持各类孵化器、众创空间创客团队参赛；优先支持从事高新技术产品研发、制造、生产及服务等方面的业务，拥有自主知识产权的科技型中小微企业参赛。大赛期间，区科技局通过多种渠道进行赛事宣传，开展PPT模板及辅导培训，举办创业沙龙、项目路演等活动，为参赛团队与企业提供创业辅导与金融对接。

【市督查组在盐都督查科技创新重点工作】 7月24日下午，由市科技局副调研员石春山、市统计局副调研员褚晓娟等4人组成的市督查组在盐都，督查科技创新重点工作情况，副区长肖乐农、区科技局局长陈镖、区统计局局长孙云华等陪同。在座谈汇报会上，陈镖汇报全区上半年科技创新重点工作情况，肖乐农侧重就研发投入、高品培育、专利申请等四个方面的工作亮点及存在问题向督查组作介绍。督查组肯定盐都区上半年科技创新重点工作取得的成绩。同时，希望盐都区进一步优化产业布局，加大重点项目培育，做好科技指标统计工作。

【开展“国家高企申报突击周”活动】 8月16—21日，区科技局班子成员及科室人员一行12人、分4个小组，在39家科技型重点企业进行“一对一”服务，现场指导、帮助企业组织材料，申报国家高新技术企业。区科技局组织开展的“国家高新技术企业申报突击周”活动正式启动。在通过调查摸底、拟定申报国家高新技术企业的39家科技型企业进行为期一周的重点服务，现场指导、帮助企业做好申报工作。

【参加盐城（北京）产学研合作洽谈会】 10月21日下午，市委市政府在北京举办“2016盐城(北京)产学研合作洽谈会”，北京大学、中国农业大学、中科院北京分院和南京分院等30多家高校科研院所代表、近百位专家学者参会。盐都区积极组织企业参加活动，中纳科技有限公司、江苏瑞源加热设备科技有限公司作为项目签约代表，在现场分别与中科院北京纳米能源与系统研究所、清华大学热能工程系热能工程物理研究所签订产学研合作协议。区委书记羊维达、区科技局局长陈镖参加洽谈会。

【举行首届区科技创业大赛颁奖大会】 11月24日上午，首届盐都区科技创业大赛颁奖大会举行。副区长肖乐农出席会议并讲话，区科技局局长陈镖在会上作大赛评奖情况说明，会议对47个获奖单位进行颁奖。中纳科技团队获得团队组一等奖，江苏哈德机电科技有限公司、江苏金麦穗新能源科技股份有限公司两家企业获得企业组一等奖。会议还通报盐都区企业、团队晋级参加市、省、国家科技创业大赛获奖情况。在第三届盐城市科技创业大赛中，盐都参赛的团队和企业数全市第一、获奖数全市第一，其中3个团队、5个企业获得行业赛第一名。在第四届江苏省科技创业大赛总决赛中，盐都推荐并晋级参赛的中纳科技团队、江苏金麦穗新能源科技股份有限公司分别获团队组与企业组二等奖，江苏坤泰机械有限公司、盐城市新永佳石油机械制造有限公司获企业组三等奖，获奖总数居全省县(市、区)第一。在第五届中国创新创业大赛中，盐都1家企业获得三等奖，1个团队、4家企业获得优秀奖，获奖总数列全省县(市、区)第一。其中,江苏金麦穗在获得国家大赛优秀奖的同时,晋级全国新材料企业12强。

【全区赴宁招才引智活动动员会】 12月10日上午,全区赴宁招才引智活动动员会召开,副区长肖乐农、廉武卫出席会议并讲话。肖乐农要求,各镇(区、街道)、各有关部门要高度重视,自加压力,切实做好组织工作,确保完成各项任务。

【召开高企政策建议征求座谈会】 12月16日上午,市科技局局长崔文军在区科技局与企业家代表举行座谈,征求即将出台的国家高新技术企业培育与扶持政策相关的意见与建议。崔文军肯定盐都区科技工作的成绩,并就国家高企申报中的困难和问题与各位企业家代表交换意见。 (陈加强)

科技成果
Scientific and Technological Achievements

【概述】 区委区政府注重提高企业的科技开发水平,采取措施促进企业多出成果、快出成果、出好成果。积极组织企业申报省、市科技进步奖,以促进企业技术创新能力的进一步提高。2016年度,全区有1个项目获得省科学技术奖二等奖、20个项目获得盐城市科学技术奖。

【大规格高速精密磨轧辊砂轮】 项目采用高强度双相增强复合材料技术,以硫铁矿、轻质氧化镁,重晶石专用改性高聚合物基酚醛树脂结合剂与陶瓷微晶球形磨料,突破国外垄断,大幅度提高材料的抗拉抗折强度,形成点状磨削,磨削过程中保持一致的切除率、粗糙度、光洁度,磨削过程中达到优良的成核与润滑性能,抗工件烧伤,高速磨削条件下始终处于优良的磨削状态,持久性可达普通砂轮的4~12倍,线速度每秒50~80米,光洁度可达纳米级,打破国外垄断,获3项发明专利。项目完成单位是江苏华东砂轮有限公司,被评为2016年度江苏省科学技术奖二等奖。

【HYJFY-PU/PUR2000油胶热熔胶两用复合机】 项目产品为工业产品,属于光机电一体化中先进制造技术及其装备,为纺织机械产业领域,主要应用于服装面料、汽车内饰、家纺、医用防护品等行业的新型机械。油胶热熔胶两用复合机热熔胶刮刀采用电加热管结合导热油加温的铝合金刀体,PU油胶与热熔胶上胶刀体互换等技术,实现透气膜、无纺布、针织布、梭织布等各类膜与布、布与布之间的油胶或热熔胶复合,自动化程度和生产效率高。项目完成单位是江苏闳业机械有限股份限公司,被评为2016年度盐城市科学技术奖二等奖。

【分级控制式永磁缓速器开发与产业化】 项目产品利用电磁场原理把汽车行驶的动能转化为热能而散发掉,从而实现汽车的减速和制动。通过采用发明专利“一种分级控制永磁式缓速器”结构(200510037966.3)。改进永磁铁式缓速器的结构,适当增加永磁铁的列数与排列序列,实现多档位的制动力矩,此技术为国际首创。改变永久磁铁缓速器只有一种档位(即开、关两种模式)的缺点,使制动力矩可分档的永磁缓速器设置若干个档位,根据车辆行驶实际情况的需要提供大小不同的制动力矩。项目完成单位是盐城市步高汽配制造有限公司,被评为2016年度盐城市科学技术奖二等奖。

【LTLS系列石灰石石膏法脱硫设备】 项目所属节能环保领域,主要应用于电力、炭素、石化等行业燃煤锅炉的烟气脱硫处理。项目创新采用节能增效技术、多层多向液动搅拌技术、蜂窝式氧化风管消音技术等技术,并集成信息化、智能化,脱硫效率高达99%,且具有噪音低、防腐蚀、使用寿命长等优点。项目完成单位是盐城市兰丰环境工程科技有限公司,被评为2016年度盐城市科学技术奖二等奖。

【含定型相变材料的隔热恒温宠物房】 项目使用十水硫酸钠作为相变材料,相变温度适宜,相变潜热大,价格低廉,资源丰富;活性炭作为支撑材料,由于活性炭是具有巨大比表面积的多孔性材料,微孔的液相附加压强可起到封存相变液的作用。同时,微孔内壁的异质点及孔的尺寸小,有利于诱导十水硫酸钠的成核与结晶,从而降低十水硫酸钠过冷度;采用带凹孔的中空热塑性塑料封装活性炭,解决相变材料的泄露问题。项目完成单位是江苏中恒宠物用品股份有限公司,被评为2016年度盐城市科学技术奖三等奖。

【WPC装饰材料多规格分切自动生产线】 项目产品属于光机电一体化新型分切机械产品中的专用机械范畴,采用高科技机器人完成指定动作,按给定程

乐洲科技

序长度、轨迹和要求实现自动切片、往复操作的自动机械装置。在工业生产中应用的分切生产线被称为“分切机”。生产中应用分切机可以提高生产的自动化水平和劳动生产率:可以减轻劳动强度、保证产品质量、实现安全生产;尤其在WPC装饰材料的大批量切片，代替人进行正常的工作,意义重大。项目完成单位是盐城雄鹰精密机械有限公司，被评为2016年度盐城市科学技术奖三等奖。

【油水自胀封隔器】 项目产品是在扩张封隔器和压缩式封隔器的基础上，研制出的新型产品,产品采用遇油、水自胀胶筒,不需要外部压力和载荷,进行自胀自动封隔,具有坐封压力大,密封性能好,胶筒具有耐高温,酸、碱、盐不敏感,持续膨胀,自我修复等特点。在封隔的同时并起到固井作用，不再需要水力锚等固井工具，在使用过无需送放工具，操作简便,无技术风险。项目完成单位是江苏航天鸿鹏数控机械有限公司，被评为2016年度盐城市科学技术奖三等奖。

【HSPH-300型自动排版换刀模成型机】 项目产品采用自主设计的内配五套刀模系统,由预先设置在电脑里的数据库计算,通过设有研磨光轴配套直线运动单元移动导向,上下五个移动行程。采用四个薄型气缸串连来实现其自动更换、自动排版、自动冲切动作。采用自动铺料送料结构,自动固定夹和往复式滑板，将高弹性易变形卷状或片状的材料,固定夹紧并自动铺料,实现高弹性材料多种规格的快速往复循环精确模切成型。项目完成单位是盐城市华森机械有限公司,被评为2016年度盐城市科学技术奖三等奖。

【全焊接球阀】 项目产品通过采用特殊的低温处理，减少温度变化造成的变形和泄漏;阀体采用PCTEF、金属硬密封，在-196℃时密封良好;阀体与阀盖、阀体与支架间、阀体下端与固定轴用榫槽连接,防止介质外漏,有效减少温度传递;阀杆材料采用F316固溶处理、深冷处理、表面渗氮处理,提高表面硬度;阀体采用不锈钢紧密锻造,减少加工余量,提高加工精度。项目完成单位是江苏盐电阀门有限公司，被评为2016年度盐城市科学技术奖三等奖。

（陈加强）

盐都区2016年度获市科学技术奖项目一览表

表7

序号	项目名称	完成单位	奖励等级
1	HYJFY-PU/PUR2000 油胶热熔胶两用复合机	江苏闳业机械股份有限公司	二等奖
2	高效节能智控型菌菇生产设施装备	盐城爱菲尔菌菇装备科技有限公司	二等奖
3	LTLS 系列石灰石石膏法脱硫设备	盐城市兰丰环境工程科技有限公司	二等奖
4	分级控制式永磁缓速器开发与产业化	盐城市步高汽配制造有限公司	二等奖
5	PYBW-4000/10.5(6.3)海上移动变电站	江苏华盛电气股份有限公司	二等奖
6	经皮胆道支架联合支架旁碘-125 粒子条置入	盐城市第三人民医院	二等奖
7	重症心脏瓣膜病术后低心排的危险因素分析及防治新策略	盐城市第三人民医院	二等奖
8	路易体痴呆脑灰质异常特征	盐城市第三人民医院	二等奖
9	天丝棉丝光针织面料	江苏悦达棉纺有限公司	三等奖
10	含定型相变材料的隔热恒温宠物房	江苏中恒宠物用品股份有限公司	三等奖
11	WPC 装饰材料多规格分切自动生产线	盐城雄鹰精密机械有限公司	三等奖
12	MLMQ-400 型智能控制脸形识别面膜高效模切机	江苏贸隆机械制造有限公司	三等奖
13	HSPH-300 型自动排版换刀模成型机	盐城市华森机械有限公司	三等奖
14	全自动双色立体高效烫印机	江苏坤泰机械有限公司	三等奖
15	蒸汽驱井专用多功能防喷器	江苏贵鑫石油装备有限公司	三等奖
16	全焊接球阀	江苏盐电阀门有限公司	三等奖
17	油水自胀封隔器	江苏航天鸿鹏数控机械有限公司	三等奖
18	自制下肢骨牵引保护支架的应用与研究	盐城市第三人民医院	三等奖

盐都区2016年获省科技计划立项项目汇总表

表 8

序号	项目类别	项目名称	承担单位	争取资金（万元）
1	省重点研发计划(产业前瞻与共性关键技术)	矿用高效干式除尘装备关键技术研发	盐城市兰丰环境工程科技有限公司	100
2		高性能耐高温环保覆膜滤材热压复合设备关键技术的研发	江苏坤泰机械有限公司	100
3	省电子平台保护项目	省电子商务平台知识产权保护项目	盐城热点网络科技股份有限公司	15
4		省众创空间知识产权保护项目	盐城卡洛泽科技有限公司	13
5	国际合作	海水淡化装置换热构件玻璃化的合作研发	盐城市华鸥实业有限公司	80
6		风电变压器的技术引进	江苏华盛电气股份有限公司	80
7	省研究生工作站	江苏省企业研究生工作站	江苏华跃纺织新材料科技有限公司	15
8		江苏省企业研究生工作站	江苏自强环保科技有限公司	15
9		江苏省企业研究生工作站	盐城市步高汽配制造有限公司	15
10		江苏省企业研究生工作站	盐城市新永佳石油机械制造有限公司	15
11		江苏省企业研究生工作站	江苏金峰石油机械制造有限公司	15
12		江苏省企业研究生工作站	盐城雄鹰精密机械有限公司	15
13		江苏省企业研究生工作站	江苏远华轻化装备有限公司	15
14	省工程技术研究中心	江苏省高分子材料及应用工程技术研究中心	盐城申源塑胶有限公司	30
15		江苏省柔性材料复合机械工程技术研究中心	江苏坤泰机械有限公司	30
16	苏北专项	日本樱花嫁接繁育关键技术及工程化开发	盐城林一森花木有限公司	35
17		设施葡萄绿色优质生产关键技术集成与示范	盐城市四季果缘生态农业发展有限公司	30
18		甜樱桃优质丰产栽培技术开发与示范	盐城市飞宇生态农业发展有限公司	30
19		观赏葵花快速繁育及标准化生产技术集成示范	盐城市昕宇农业发展有限公司	30
20	省重点研发类(现代农业)	超级稻新品种“扬育粳 2 号”选育与应用	盐城市盐都区农业科学研究所	50
21	省政策引导类(农业科技社会化服务奖补资金)		盐都经济林果产业分店	20
22			盐都苗木花卉产业分店	7

盐都区2016年获省认定高新技术产品汇总表

表 9

序号	产品名称	企业名称	证书编号
1	高速精密磨削陶瓷微晶 CBN 砂轮	江苏华东砂轮有限公司	160928G0020N
2	一种带定位结构的全自动螺杆钻具	盐城市新永佳石油机械制造有限公司	160928G0047N
3	XHPM-1640 型抛光海绵复绒印刷生产线	盐城旭华机械有限公司	160928G0016N
4	XHBF-1400 型天然可降解材料地板自动复合机	盐城旭华机械有限公司	160928G0015N
5	MLMQ-400 型智能控制脸形识别面膜高效模切机	江苏贸隆机械制造有限公司	160928G0032N
6	MLBF-1850 型全自动变径补偿放料机	江苏贸隆机械制造有限公司	160928G0033N

续表 9

序号	产品名称	企业名称	证书编号
7	SYJ-6/RQ1100 超薄柔性材料高速切片机	盐城雄鹰精密机械有限公司	160928G0018N
8	XYJ-3/XG2000 聚酯纤维材料固化裁切成型一体机	盐城雄鹰精密机械有限公司	160928G0017N
9	块毯立体绒花生产线	江苏远华轻化装备有限公司	160928G0035N
10	环保 PVC 汽车内饰洒粉机	江苏远华轻化装备有限公司	160928G0034N
11	电磁微波振荡式防垢防蜡器	江苏省金峰石油机械制造有限公司	160928G0014N
12	双向位移纠偏式抽油杆密封器	江苏省金峰石油机械制造有限公司	160928G0013N
13	一体化高温高压注水封隔器	江苏航天鸿鹏数控机械有限公司	160928G0010N
14	智能化多功能吸塑材料裁切机	江苏航天鸿鹏数控机械有限公司	160928G0009N
15	长城纳米梯度涂层钻头的螺杆钻具	江苏长城石油装备制造有限公司	160928G0038N
16	改进型 HT135 电热合金	盐城市鑫洋电热材料有限公司	160928G0036N
17	SY-QL-80 高速切粒机	盐城申源塑胶有限公司	160928G0027N
18	SY-SJZ-65/156 平行双螺杆挤出机	盐城申源塑胶有限公司	160928G0026N
19	HY-HY1900T1 电热毯专用火焰复合机	江苏闳业机械股份有限公司	160928G0003N
20	RQKT-HC/CC 智能化自动空气热交换节能空调机组	江苏荣泉科技发展有限公司	160928G0067N
21	SJ-Ⅱ型锅炉烟气脱硝装置	江苏申江环境科技有限公司	160928G0045N
22	DDSJ350X6 型连续共挤吹塑中空成型机	江苏大道机电科技有限公司	160928G0064N
23	FQT-2000 型酸碱废气中和塔	江苏泰利达实业有限公司	160928G0053N
24	GSY-DSJ 叠丝机	江苏广盛源科技发展有限公司	160928G0022N
25	GSY-DHGJ-24 辊烘干机	江苏广盛源科技发展有限公司	160928G0023N
26	JF 高效节能前后刷体式双筒除尘装置	盐城市劲风节能环保设备有限公司	160901G0051N
27	防自粘高净黑色单面导电聚酯铝箔胶带	江苏斯瑞达新材料科技有限公司	160928G0049N
28	双向金属密封浮动球阀	江苏盐电阀门有限公司	160928G0012N
29	节能减排式有机废气焚烧装置	江苏维尔思机械有限公司	160928G0050N
30	DFTC JF-2 地面输送线的正向积放装置	盐城东方天成机械有限公司	160901G0058N
31	DF330 喷漆室废气环保处理设备	盐城东方天成机械有限公司	160901G0057N
32	色织吸光保暖衬衫面料	江苏悦达棉纺有限公司	160901G0068N
33	双糖口干缓解含漱液	江苏开源康达医疗器械有限公司	160928G0052N
34	超高密封性防尘轴承	盐城市三川轴承制造有限公司	160928G0065N
35	安全型汽车配料架防碰撞脚轮	盐城市高跃机械有限公司	160928G0046N
36	具备防泄漏冷疑器的单缸柴油机	江苏江宇动力机械有限公司	160928G0059N
37	纳米涂层高强度耐磨型四缸轴承座	江苏新海科技发展有限公司	160928G0028N
38	清水专用高附着力耐腐蚀粉末涂料	盐城永悦新材料有限公司	160901G0055N
39	TSS-5000 型双驱动粉体精密分级装备	江苏吉能达环境能源科技有限公司	16GX23G0156N
40	高强高模聚乙烯纤维冷却水槽的升降装置	江苏神鹤科技发展有限公司	16GX23G0154N
41	高性能纤维纺丝箱体	江苏神鹤科技发展有限公司	16GX23G0155N
42	细旦涤纶高经密双色大提花家纺面料	江苏悦达家纺有限公司	16GX23G0152N

续表 9

序号	产品名称	企业名称	证书编号
43	机织双面异花汉麻毯面料	江苏悦达家纺有限公司	16GX23G0153N
44	商用车空滤器堵塞自动报警器	盐城市步高汽配制造有限公司	16GX23G0006N
45	分级控制式永磁缓速器	盐城市步高汽配制造有限公司	16GX23G0007N
46	高频逆变多模式智能转换直流电焊机	盐城鼎力达焊接科技有限公司	16GX23G0160N
47	膨胀玻化微珠保温砂浆外墙内保温系统	江苏金贸科技发展有限公司	16GX23G0164N
48	AlSi12-HTC 高导热近共晶型铸造铝硅合金材料	江苏中色锐毕利实业有限公司	16GX23G0157N
49	自动排版换刀模成型机	盐城市华森机械有限公司	16GX23G0158N
50	智能控制宽幅片材成型机	盐城市华森机械有限公司	16GX23G0159N
51	智能化大拖四驱前桥总成装配线	盐城市荣南机械制造有限公司	16GX23G0161N
52	RN120S 高适配偏置式玉米收割机驱动桥	盐城市荣南机械制造有限公司	16GX23G0162N
53	YK3120 全自动数控滚齿机	盐城秦川华兴机床有限公司	16GX23G0169N
54	一站式多功能切割加工装置	盐城市海通机械制造厂	16GX23G0168N
55	整体式双堵塞双排放球阀	盐城圣科球阀有限公司	16GX23G0163N
56	KTTY-1800 全自动双色立体高效烫印机	江苏坤泰机械有限公司	16GX23G0150N
57	KT-ZK-2000 柔性网布针边扩幅定型复合机	江苏坤泰机械有限公司	16GX23G0151N
58	抗电磁干扰 LED 面板灯	江苏明钰新能源有限公司	16GX23G0165N
59	C919 大型客机垂直安定面精加工平台	江苏恒力组合机床有限公司	16GX23G0149N
60	陶瓷纤维摩擦片的鼓式制动蹄总成	盐城市天驰汽配有限公司	16GX23G0170N
61	快速打印型医用腕带	盐城市高聚塑业有限公司	16GX23G0171N
62	创新潜质人才心理测评软件	江苏金惠甫山软件科技有限公司	16GX23G0166N
63	金惠甫山高中生择校择专业心理测评软件	江苏金惠甫山软件科技有限公司	16GX23G0167N
64	三叶型聚乳酸短纤维	江苏中石纤维股份有限公司	160928G0209N
65	高速数控冲孔机	江苏航天鸿鹏数控机械有限公司	160928G0179N
66	YHSF-180 型智能型水洗布多功能复合生产线	江苏远华轻化装备有限公司	160928G0191N
67	3~20mm 自动分切机	盐城旭华机械有限公司	160928G0182N
68	全自动智能套切机	盐城庆隆机械有限公司	160928G0198N
69	新型环保聚酯材料快速固化成型一体机	盐城雄鹰精密机械有限公司	160928G0185N
70	HYJFY-PU/PUR2000 油胶热熔胶两用复合机	江苏闳业机械股份有限公司	160928G0176N
71	MLDQ-600A 型 2.3m 宽幅定长高速自动模切机	江苏贸隆机械制造有限公司	160928G0190N
72	螺杆式抽油泵	江苏长城石油装备制造有限公司	160928G0192N
73	新型高效无逆流单向旋塞阀	盐城市锦瑞石油机械有限公司	160928G0215N
74	DDSJ300 型储料式吹塑中空成型机	江苏大道机电科技有限公司	160928G0207N
75	基于变频调速控制的滤芯高压水洗机	江苏鑫龙化纤机械有限公司	160928G0188N
76	医疗行业专用挤出机螺杆清洗焚烧炉	江苏都盛科技发展有限公司	160928G0180N
77	废气处理装置	盐城市飞亚利机械有限公司	160928G0199N
78	一种可对炉胆内温度进行实时测温的渗锌炉	盐城科奥机械有限公司	160928G0201N

续表 9

序号	产品名称	企业名称	证书编号
79	GSY-QSJ 七辊牵伸机	江苏广盛源科技发展有限公司	160928G0186N
80	LTLS 型石灰石-石膏法烟气脱硫设备	盐城市兰丰环境工程科技有限公司	160928G0184N
81	温控型高效双层玻璃反应釜	盐城市华鸥实业有限公司	160928G0175N
82	高效密封安全环保汽油发电机组油箱	盐城市富源油箱有限公司	160928G0216N
83	往复机喷漆自动装置	江苏苏力机械股份有限公司	160928G0187N
84	内置式高压止回阀	江苏盐电阀门有限公司	160928G0181N
85	双金属片式双重密封型温度传感器	江苏怡通控制系统有限公司	160928G0210N
86	低耗直喷风冷柴油机	江苏台普动力机械有限公司	160928G0214N
87	高性能陶瓷微晶堆积磨料涂附磨具	江苏瑞和磨料磨具有限公司	16GX23G0336N
88	具有复写功能的矩阵码医用腕带	盐城市高聚塑业有限公司	16GX23G0334N
89	石材切割机	盐城宝鼎电动工具有限公司	16GX23G0329N
90	高安全性与高能量密度车用锂离子动力电池组	江苏正昀新能源技术股份有限公司	16GX23G0335N
91	JNDTS 高分散型涡流选粉机	江苏吉能达环境能源科技有限公司	16GX23G0328N
92	多层回流智能复合钎焊成套装备	江苏康杰机械股份有限公司	16GX23G0327N
93	多功能定位、变速进给高速切割机	盐城市海通机械制造厂	16GX23G0331N
94	YK7640 数控摆线磨齿机	盐城秦川华兴机床有限公司	16GX23G0332N
95	碳纤维制动蹄总成	盐城市天驰汽配有限公司	16GX23G0333N
96	JP 高效蜂窝螺旋结构尾气处理器	江苏金派汽车配件有限公司	16GX23G0330N
97	机械式油管接箍探测装置	江苏省金峰石油机械制造有限公司	160928G0344N
98	5LZ 复加型变径段高扭钜螺杆钻具	盐城市锦瑞石油机械有限公司	160928G0370N
99	柔性材料循环组合刀模裁切生产线	盐城庆隆机械有限公司	160928G0363N
100	随动式间隙自动补偿抽油泵	江苏航天鸿鹏数控机械有限公司	160928G0341N
101	超薄柔性材料叠放成型一体机	盐城雄鹰精密机械有限公司	160928G0346N
102	全自动多刀分切机	盐城旭华机械有限公司	160928G0345N
103	YHPC-180 再生皮预处理自动生产线	江苏远华轻化装备有限公司	160928G0355N
104	MLPQ-400A 型智能型自动排版上下料高速模切机	江苏贸隆机械有限公司	160928G0354N
105	客车车身前处理电泳生产线	江苏自强涂装机械有限公司	160928G0356N
106	一种用于钻井的组合式螺杆钻具	盐城市新永佳石油机械制造有限公司	160928G0362N
107	高性能高强度石油钻机器具	盐城市华谊石油机械有限公司	160928G0351N
108	HY-HY2200P 床垫片材火焰复合机	江苏闳业机械股份有限公司	160928G0338N
109	SJ-I 型新型湿式电除尘装置	江苏申江环境科技有限公司	160928G0361N
110	基于补气加热技术的大容积真空裂解炉	江苏鑫龙化纤机械有限公司	160928G0350N
111	八角桶形炉膛真空煅烧炉	江苏瑞源加热设备科技有限公司	160928G0372N
112	基于 PLC 智能多点控温的纱定型机	江苏都盛科技发展有限公司	160928G0343N
113	自动喷涂设备	盐城市飞亚利机械有限公司	160928G0364N
114	运动托辊式厢式加热炉	盐城科奥机械有限公司	160928G0365N

续表 9

序号	产品名称	企业名称	证书编号
115	JMS 稻麦秸秆活性碳粉增韧颗粒摩擦料刹车片	江苏金麦穗新能源科技股份有限公司	160928G0371N
116	新型高效低温安全阀	盐城方鼎低温阀门有限公司	160928G0368N
117	中重型汽车变速操纵换挡手柄总成	盐城市步高汽配制造有限公司	160928G0339N
118	海上风电变压器	江苏华盛电气股份有限公司	16GX23G0357N
119	职业价值观人才心理测评软件	江苏金惠甫山软件科技有限公司	16GX23G0450N
120	多层涂材自动模切机	盐城市华森机械有限公司	16GX23G0447N
121	环保型热熔胶喷湿定型热压贴合机	江苏坤泰机械有限公司	16GX23G0445N
122	双面五辊牵伸机	江苏神鹤科技发展有限公司	16GX23G0446N
123	DLD 智能逆变高效手工电焊机	盐城鼎力达焊接科技有限公司	16GX23G0448N
124	高地隙自走式打药机前桥	盐城市荣南机械制造有限公司	16GX23G0449N
125	带有木垫的制动蹄总成	盐城市天驰汽配有限公司	16GX23G0451N
126	稻麦秸秆活性碳粉人造石墨摩擦料刹车片	江苏金麦穗新能源科技股份有限公司	160928G0488N
127	DFTC JS-1 中央空调高压微雾加湿、降温装置	盐城东方天成机械有限公司	160901G0480N
128	WDMC 型低压脉冲大布袋除尘器	江苏维尔思环境工程有限公司	160928G0475N
129	护层级新型环保阻燃聚氯乙烯绝缘材料	盐城市科恒达材料有限公司	160928G0485N
130	带有单项圆盘涡轮的发酵罐	盐城市大明化工机械有限公司	160928G0498N
131	节能环保型车桥、钢圈装置涂装生产线	江苏苏力机械股份有限公司	160928G0463N
132	基于双管集热温控系统的重组一器式提取器	盐城市华鸥实业有限公司	160928G0457N
133	多功能滤材复合生产线	江苏远华轻化装备有限公司	160928G0466N
134	WPC 装饰材料多规格分切自动生产线	盐城雄鹰精密机械有限公司	160928G0459N
135	XHHY-2000 型三层材料同步火焰复合机	盐城旭华机械有限公司	160928G0458N
136	耐磨性聚氯乙烯绝缘电缆料及其生产方法	盐城申源塑胶有限公司	160928G0464N
137	飞机喷漆房废气处理装置	江苏自强涂装机械有限公司	160928G0467N
138	新式阀芯改进型螺杆钻具	盐城市新永佳石油机械制造有限公司	160928G0474N
139	非金属材料压痕冲切机	盐城庆隆机械有限公司	160928G0478N
140	擦拭用聚乙烯/聚酯同芯/三叶芯同束异构复合纤维	江苏中石纤维股份有限公司	160928G0486N
141	背光模组	盐城华星光电技术有限公司	16GX23G0572N
142	环保节能型牛肝菌工厂化生产设备	盐城爱菲尔菌菇装备科技有限公司	16GX23G0570N
143	FKT 基于真空喷涂生产工艺的管状旋转高纯硅溅射靶材	法柯特科技(江苏)有限公司	16GX23G0571N

教　育

Education

综　述

Summary

【概述】 全区共有普通中小学44所（其中小学18所、初中15所、九年一贯制学校7所、星级高中4所），在校中小学生60172人（其中小学35846人、初中15084人、高中9242人），专任教师4258人。有成型幼儿园50个，在园幼儿16589人，幼儿教师963人。另有聋哑学校、体育学校、教师发展中心各1所，社区教育中心17所。年内，被表彰为省促进义务教育均衡发展先进区、中小学责任督学挂牌督导创新区、首批平安校园建设示范区、县级体育工作先进单位，被确定为全省唯一的普通高中课程基地建设实验区。

【改善办学条件】 楼王小学综合楼、肇基小学教学楼和张庄中心幼儿园于秋学期开学前投入使用。南京师范大学盐城实验学校、义丰小学、崇礼路小学二期、冈中小学食堂、龙冈小学教学楼等新建项目全部达到时序进度。校安工程加固项目、拆除项目全部完成。教育信息化建设、智慧校园建设、书香校园建设目标全部达成，市二小成为省首批书香校园建设示范点，新增省标教育技术装备先进校8个，市智慧校园9个、书香校园示范学校6个。

【协调发展各类教育】 学前教育走向优质普惠，全年新增省市优质园13所，为省市会议提供现场广获好评。素质教育全面推进，"八礼四仪" 教育、生态文明教育、法制教育、科技教育成为校园文化建设的靓丽底色，3所学校教育案例获省表彰，毓龙路实验学校6名学生在全国科技竞赛中获奖。高中课程基地成为引领"育人模式"转变新的"方向标"，盐城市一中被确定为省前瞻性教学改革重大项目实验学校。高考成绩本二达线总人数全市第二，上线率全市第一。社区教育在终身学习服务体系中的作用更加凸显，大纵湖旅游经济区成为全国优秀学习型乡镇，中兴、尚庄、学富建成省级标准化社区教育中心。

【教育改革】 年内，与大连枫叶国际教育集团、南京师范大学成功签约创办盐城枫叶国际学校和南京师范大学盐城实验学校。神州路初中与如东实验中学、大冈中学与启东中学结成联盟学校。省人民教育家培养对象孙小红、张春华名师工作室分别在高新区初中和大冈中学挂牌。7月，成功加盟全国新教育实验区。"让学引思"高效课堂模式构建、新教育实验成为学校内涵建设的"助推器"。创新组建15个"1+X"教学质量发展共同体，在放大优质资源、破解均衡发展难题、助力教师成长等方面取得进展。

区委书记羊维达调研农村教育发展

盐都区 2016—2017 年度中小学基本情况

表 10

类别	学校所数	班级(个)								学生数(人)							教职工(人)	专任教师(人)
		计	一年级	二年级	三年级	四年级	五年级	六年级	复式班	计	一年级	二年级	三年级	四年级	五年级	六年级		
合计	45	1310	330	300	310	129	127	114	—	60271	14143	14102	14193	6296	6013	5524	5772	4813
普高	4	196	66	64	66	—	—	—	—	9226	3101	3066	3059	—	—	—	973	865
初中	22	349	119	116	114	—	—	—	—	15086	5093	5001	4992	—	—	—	2640	2081
小学	18	765	145	120	130	129	127	114	—	35959	5949	6035	6142	6296	6013	5524	2159	1867

【提升队伍素质】 全区全年新招教师132人，安排1226人参加省级以上培训，其中出国培训25人。3人被表彰为省优秀教育工作者，1人被表彰为省优秀共产党员。5人被评为省第十四批特级教师，同批次获评人数居全省各县（市、区）之首。市二小教师梅艳、时杨中学教师刘苏梅在全国赛课中分获特等奖和二等奖；另有78名教师在省、市各类基本功、优质课评选中获得特等奖、一等奖，接受省示范性教师发展中心创建评估。

【教育保障工作】 全区全年教育总投入达12.92亿元，其中公共财政预算教育经费投入11.24亿元，分别比上年增长5.5%和6.26%。各类家庭困难学生补助全部足额发放到位，留守儿童、困境儿童关爱工作形成特色。强化党风廉政建设、机关作风和系统行风建设，开展“三项整治”行动，查处各类违规违纪事件，对9名当事人进行处分。保障学校安全稳定，实现学生安全无事故零伤亡目标。应对高考减招、人事代理教师集访等群体事件，化解信访积案。

学前教育

Pre-school Education

【概述】 围绕发展优质普惠学前教育的目标，加大学前教育改革推进力度，全面推进课程游戏化建设，提高幼儿教师教学水平，年内，为全市学前教育现场会提供现场，获得一致好评。

【羊维达调研张庄中心幼儿园】 10月11日下午，区委书记羊维达在张庄中心幼儿园调研。羊维达一行察看幼儿园办园条件、师生生活环境、安全设施配备等情况，询问幼儿园建设投入和发展中面临的困难和问题。对幼儿园的配套设施、科学的管理举措、文化布置、特色化的游戏活动，尤其对幼儿园强化楼梯和墙角等尖锐部位进行防撞化处理、保证幼儿安全的做法给予肯定。

【全市学前教育工作会议在盐都召开】 5月6日，全市学前教育工作会议在盐都召开。会议回顾总结第一轮学前教育五年行动计划实施情况，研究部署第二轮学前教育五年行动计划及学前教育目标任务。副市长葛启发出席会议并讲话。区长吴本辉，副区长张云云参加会议，会议由市政府副秘书长张步胜主持。会上印发《市委办、市政府办关于公布全市“十二五”学前教育先进集体和先进个人名单的通知》，并为先进集体和先进个人颁奖。区政府作大会交流发言。会前，与会人员实地参观高新区幼儿园、龙冈镇凤凰幼儿园和大纵湖镇幼儿园，观看盐都区学前教育改革发展专题片。

【为省学前教育学会学术年会提供现场】 11月10日上午，参加省学前教育学会学术年会的代表在盐都参观学习。与会代表参观潘黄中心幼儿园、高新区幼儿园和龙冈凤凰幼儿园。参观活动结束后，区幼儿园老师祁广静在龙冈凤凰幼儿园借班进行公开课示范，省内学前教育专家进行点评。

【泰州市人大考察团调研高新区幼儿园】 3月16日下午，泰州市人大常委会副主任戴胜利一行在盐都考察学前教育。市人大常委会副主任肖紫英，区人大常委会主任、党组书记穆芹，副主任征书和陪同。戴胜利一行肯定高新区幼儿园现代化的办学设施和人文的管理，特别是新建的农家小院、木质趣味长廊和别具特色的廊庭等设施，并以考察为契机，学习借鉴盐都在学前教育方面的成功经验和做法，推进泰州学前教育健康、规范、优质发展，办好人民满意的学前教育。

【郑英舜在潘黄中心幼儿园调研】 11月2日上午，市教育局副局长郑英舜在潘黄中心幼儿园调研省学前教育年会现场准备情况，指出要认真做好现场会准备工作，最大限度展示课程游戏化建设成果，扩大盐都学前教育影响力。

【召开全区学前教育工作现场推进会】 3月24日，全区学前教育工作暨课程游戏化现场推进会在大纵湖镇幼儿园召开。与会人员参观大纵湖镇幼儿园课程游戏化现场。盐都幼儿园、潘黄中心幼儿园、秦南泽夫幼儿园和大纵湖镇幼儿园围绕课程游戏化项目建设作交流发言，区教育局与各幼儿园签订发展目标管理责任书。

【新增4所省优质幼儿园】 6月，省教育厅公布2015年省优质幼儿园评审结果，盐都区大纵湖镇幼儿园、北蒋中心幼儿园、盐渎路幼儿园和郭猛杨侍幼儿园获得命名，其中郭猛杨侍幼儿园为村办园。

【对幼儿教师进行培训】 8月9日至10日，区教育局组织暑期幼儿教师全员培训，全区各中心幼儿园、民办园园长和专任教师共568人参加培训。贯彻落实《3~6岁儿童学习与发展指南》，推进幼儿园课程游戏化建设，引领幼师专业成长。培训班期间，常州市武进区教育局基教科科长包丽娜、南京康轩文教集团讲师蔡燕围绕“幼儿教师职业道德”“课程游戏化实施”和“课程游戏化区域运用”等主题进行讲课。

【潘黄中心幼儿园为省幼师培训提供观摩现场】 11月16日，潘黄中心幼儿园接待两批省幼儿园教师双基培训班学员学习参观。以开放活动为契机，加强与来访者的交流，推动幼儿园内涵建设与品质提升。

【庆六一联欢活动】 6月1日上午，海阔路幼儿园和市残疾儿童康复中心孩子庆“六一”联欢活动在市康复中心举行，孩子们载歌载舞喜迎“六一”。

【“家长评教”活动】 1月19日，崇礼路幼儿园专门组织“家长评教”活动，全方位了解家长对幼儿园服务工作和教师教学工作方面的情况。目的是听取家长意见和建议，以提高办园质量和保教水平，办好让家长更加满意的教育。

【张庄幼儿园邀请作家给家长做讲座】 10月26日下午，张庄中心幼儿园特邀著名儿童文学家曹文芳给广大家长作题为“亲子有方·开卷有益”专题讲座。曹文芳着重就亲子阅读的意义和如何让孩子爱上阅读、快乐阅读、享受阅读等议题进行交流，并就家长如何借助绘本帮助孩子培养阅读兴趣、增长知识进行指导。

九年制义务教育
Nine-year Compulsory Education

【概述】 全区义务教育以立德树人为根本，以质量提升为目标，以改革创新为抓手，走出从基本均衡迈向优质均衡的新路子，获得全省“促进义务教育均衡发展先进区”称号。

盐都区实验学校的“小交警”手势表演

【省促进义务教育均衡发展先进区】 3月24日，省委省政府在南京召开全省教育工作会议，盐都区被表彰为全省促进义务教育均衡发展工作先进区，是继获得全国义务教育发展基本均衡区和省义务教育优质均衡发展区后获得的又一荣誉。

【召开新教育实验现场推进会】 11月25日，区教育局在神州路小学召开“新教育实验”现场推进会。与会代表观摩神州路小学在打造书香校园、聆听窗外声音、培养卓越口才、构建理想课堂、建设数码社区、推进每月一事、缔造完美教室、研发卓越课程、家校合作共建等方面的活动现场；参观曹文轩儿童文学馆、阅读文化长廊、完美教室等场所；听取神州路小学12位骨干教师开展“让学引思”教学改革课堂。在工作坊研讨环节，教研室6位教研员、执教教师和听课老师就“如何构建理想课堂”进行研讨。下午，举行校长教育论坛，市教科院院长顾俊琪和市一小教育集团校长、党委书记瞿汉荣等进行现场点评。与会代表还欣赏部分青年教师“追寻新教育，做最好的自己”主题演讲。

【组建“1+X”教学发展共同体】 9月，采用“1+X”的模式组建教学发展共同体，以提升全区义务教育学校教师专业发展水平，促进教育质量整体迈向优质均衡。“1+X”模式中的“1”为领衔学校，“X”为成员校，全区共设立7个区级学校教学发展共同体和8个校级教学发展共同体，共有15个领衔学校、31个成员校，覆盖所有义务教育阶段学校。

【入选盐都“十佳文明新事”】 3月10日，区委宣传部召开2015年度十佳文明新事表彰会议，区教育系统报送的孝亲敬老、自强不息的好少年——吴童，崇礼路小学“崇德明礼、快乐成长”入学仪式入选，神州路小学的“快乐阅读，润泽童年”获“十佳文明新事”提名奖。

【创新案例获省表彰】 10月，全省教育系统培育和践行社会主义核心价值观创新案例评审结果揭晓，盐城市第二小学《淬炼“六字”文化，丰盈德育内涵》、盐都区实验学校《培养具有世界眼光的知书达礼的中国人》获得表彰，全市仅有6学校获得表彰。

【市“送教下乡”活动在龙冈小学举行】 3月25日，2016年盐城市送教下乡暨“俞向阳名师工作室”教学研讨活动在龙冈小学举行。薛蕾等六位老师围绕“以生为本的体育”的主题进行课堂教学，特级教师俞向阳等作《追问：体育课堂还可以怎样？》等专题讲座。各县(市、区)小学体育教师代表、俞向阳名师工作室成员等100多位教师参与活动。

【举办演讲比赛】 6月3日下午，全区小学生“学党史、学国史”演讲比赛在神州路小学举行。本次比赛由区关工委、区教育局、区教育系统关工委共同主办，共有24名选手参加比赛，经现场评分，产生一等奖6名、二等奖8名、三等奖10名。

【召开学校卫生和疾病防控管理工作培训会】 8月20日，全区中小学幼儿园卫生和疾病防控管理工作培训会在毓龙路实验学校召开。培训会对上年度各校(幼儿园)入托、入学儿童预防接种证查验及疫苗补种、传染病防治、结核病防治、艾滋病防治、因病缺课监测、健康体检、健康教育等工作存在的问题进行详细剖析与通报，同时对秋学年的学校疾病防控制工作进行部署。

【召开全区教学工作会议】 9月20日，召开全区初中教学工作会议，总结上学年初中教学工作，部署新学年目标任务和具体措施。会上，颁发2015—2016年初中教学质量奖，鞍湖实验学校、毓龙路实验学校、葛武初中、北蒋实验学校数学教研组和优秀教师代表分别作交流发言。9月21日，召开全区小学教学工作会议，总结上学年小学教学工作，部署新学年目标任务和具体措施。会上，颁发2015—2016学年小学教育教学质量奖，印发《盐都区义务教育阶段学校教学发展共同体实施方案(试行)》，神州路小学、尚庄小学、市二小和泽夫小学分别作交流发言。

【举办中小学合唱艺术教育培训班】 8月18日，在区教师发展中心举办2016年全区中小学合唱艺术教育培训班，区内各学校的近50名专兼职音乐教师参加培训。培训班邀请盐城师范学院教授卢晓进和盐城高等师范学校教授徐邦献进行授课，培训内容包括中小学合唱指挥方法、合唱队伍排练方法以及如何指导学生练习音准、识谱和气息调节等。

【举行中小学禁毒预防教育师资培训】 8月23日，对各学校承担禁毒预防专题教育工作的专兼职教师69人进行培训。区禁毒委周文品从全球毒品形势、新型毒品替代发展、毒品基础知识、如何教育青少年远离毒品等方面作专题辅导，并组织观看《禁毒教育一堂课》专题片。

【市初中数学优课观摩活动在盐都举行】 11月24—25日，“2016年盐城市农村初中数学学科优质课观摩评比”活动在郭猛实验学校举行。全市各县(市、区)的10位教师参加评比，100多位教师参加观摩。期间，建湖县教研室王竞进、盐都区教师发展中心李胜军分别展示观摩课。市教育科学研究院院长顾俊琪作题为《“让学引思”——课堂教学本质的回归》的专题讲座。

【举行“新华杯”阅读竞赛】 12月17日，区第三届“新华杯”小学生双语阅读素养竞赛活动在神州路小学举行，全区各小学400余名选手参加比赛。经过评审阅卷，共产生一等奖30名，二等奖50名，三等奖80名，160名老师获得优秀指导老师奖。

【大冈初中获“省初中课程建设特色学校”称号】 12月22—24日，“全省初中校长论坛暨2016年省教育学会初中教育专业委员会年会”在徐州举行。论坛期间，举行全省初中课程建设特色学校、优秀学校颁奖活动，大冈初中被表彰为全市唯一的省初中课程建设特色学校（全省共26所），并在会上作书面交流。

【省创客教育活动获奖】 在“领航杯”2016年江苏省创客教育活动中，大冈初中学生朱蓓创作的《机器狗》获初中组一等奖，神州路小学学生于溯创作的《未来飞行器》获小学组二等奖，另有多人作品获三等奖。

【举行校园艺术节颁奖仪式】 12月29日，区教育局在毓龙路实验学校举行2016年中小学校园艺术节颁奖仪式暨优秀文艺节目展演活动。活动自9月开始，举行中小学生“三独“(独唱、独奏、独舞)比赛和合唱比赛，共选拔28名学生参加市“独唱、独奏、独舞”比赛，其中有8名学生获得市级“三独”比赛的一等奖，13名学生获得二等奖，7名学生获得三等奖。市二小、神州路小学、崇礼路小学和义丰初中获得市级合唱比赛的一、二等奖，毓龙路实验学校小学部获得市合唱比赛特等奖。

高中教育

Senior High School Education

【概述】 全区高中围绕“优质+特色”的发展目标，推进“育人模式”转变，提升课程实施水平和教育教学质量，盐都区被确定为全省唯一的普通高中课程基地建设实验区。

【部署高中学业水平测试考务工作】 3月15日下午，区教育局召开2016年普通高中学业水平测试考务工作会议，对考试组织的具体工作进行部署。全区全年共有3765人参加学业水平考试，设市一中、神州路初中2个考点，共126个考场。

【召开高考安全工作部署会议】 5月21日，区高校中专招生工作委员召开扩大会议，部署2016年高考安全工作。全区全年共有3997名学生参加全国普通高校招生考试，设市一中和神州路初中2个考点，安排考场138个。

【朱克江王荣平调研高考准备工作】 6月6日下午，市委书记朱克江和市长王荣平在盐都区调研高考准备工作，朱克江、王荣平在神州路初中考点和东方玄武大酒店学生住地进行检查，要求各级、各相关部门高度重视高考工作，把每一个环节做实，为考生营造良好的考试环境。

【召开高中教学工作会议】 9月13日，区教育局召开全区高中教学工作会议，总结上学年高中教学工作，部署新学年目标任务和工作举措。会议要求各高中认真落实全市高中教学工作会议精神，以学生、教师和学校发展为根本，以推进新教育实验为动力，开展“让学引思”高效课堂，以质量跟踪监控为保障，提升办学品质，推进高中教育发展，实现高中教学质量突破。会上，颁发普通高中教学工作奖。市一中、龙冈中学、时杨中学、大冈中学分别作会议交流发言。

【高考成绩创新高】 年内，高考成绩再创新高，全区普通类本一达线359人，本二以上达线1456人，达线率42.18%，较上年增长3.9%。本二以上(含艺体)达线总数1781人(比上年增加19人)，继续保持全市领先水平。在全市普通高中教学工作会议上，时杨中学作为全市三星级高中唯一代表作交流发言。

【全省教改首批实验学校】 9月27日，省基础教育课程育人模式转型论证会在南京举行。会上，盐城市第一中学被确定为全省基础教育前瞻性教学改革重大项目首批实验学校(全省仅8所学校)，同时，还被确定为全省课程基地学科联盟牵头学校(全省20家)。

【洪雪辉获全省作文大赛特等奖】 12月4日，"苏教国际杯"全省中学生作文大赛高中组现场决赛在南京落幕，市一中学生洪雪辉获得特等奖(全市唯一，全省仅20名)，市一中王欣雨、杨璇，龙冈中学卞竟成，大冈中学成慧萍，时杨中学陈佶5人获一等奖，区教育局获得优秀组织奖。

【举行省普通高中课程基地建设现场推进活动】 12月14—15日，"2016年江苏省普通高中课程基地建设现场推进活动"在市一中举行。省教育厅副厅长朱卫国、省教科院副院长王国强、省教育厅基教处处长马斌、省教育厅语工处处长赵晓群，市教育局局长殷勇、副局长郑英舜，区教育局局长熊新华等出席活动。与会代表现场观摩市一中的低碳教育课程基地、省前瞻性教改项目研究中心、"极课"大数据研究中心等，省锡山高级中学等8个单位作经验交流。

职业教育与社会教育
Vocational Education and Social Education

【概述】 全区职业教育与社会教育以完善终身教育体系为总目标，完善社区教育中心标准化建设，规范民办教育秩序，成立首个终身学习发展共同体，年内，区教育局获社会教育工作先进奖。

【获社会教育工作先进奖】 开展技能培训、素养培训和健康知识培训，年内，组织全民终身学习周启动仪式，"农村妇女网上行"培训新增500人，江苏学习在线培训4900人。滨湖街道创建为全国学习型街道。楼王、北蒋、滨湖创建省社区教育百强单位。创建省级居民学校36家，在全市教育管理综合考核中获得社会教育工作先进奖。

【社区教育中心标准化建设】 年内，落实尚庄、学富、中兴、盐渎4所社区教育中心阵地，投入260万元进行装修。社区教育经费按照人均2元标准足额纳入区财政经费预算，并建立逐年增长机制，新增省级标准化社区教育中心3家。

【规范民办教育秩序】 年内，组织民办教育机构年检，合格22家，整改单位5个，加大无证幼儿园的整治力度，规范民办教育机构办学秩序和市场。

【成立终身学习发展共同体】 7月1日，滨湖、北蒋和楼王3所社区教育中心相互合作，资源共享，在全市首先成立"三家春"终身学习发展共同体。相应课题被列为全市社区教育重点课题，省成年人教育协会副会长唐厚元在现场指导。

（卞桂富）

盐都广播电视大学
Yandu TV University

【概述】 区电视大学是以现代信息技术为支撑，学历教育与非学历教育并举，实施远程开放教育的地方新型高等学校，隶属于盐都区政府，并同时挂有盐都区社区学院校牌。学校坚持面向社会、面向基层、面向农村，为地方服务，为经济建设服务的办学宗旨，并在较长时间内形成融多层次、多规格、多功能、多种办学形式和多种教育教学手段为一体，大专、本科并举，学历教育、非学历教育并行的办学格局，为地方培养大批管理型、应用型、技艺型人才。

【增挂开放大学校牌】 结合广播电视大学转型发展的契机，按照省政府苏发〔2012〕146号文件《关于筹建江苏开放大学的通知》精神，区电大积极参与开放大学的建设工作，经过创建申报，获得省政府同意，成立"盐都开放大学"，在区电大增挂开放大学校牌。

【完成招生工作任务】 视招生工作为生存线，始终作为阶段性重中之重的工作，抓住制定规划、落实责任、分解任务、政策激励等环节，不断加大宣传、创新思路、拓展渠道、全员参与招生工作，取得良好成绩，全年招收新生755人，其中开放教育338人，网络教育417人，继续保持全省县级电大靠前的位置。

【提升教学服务工作水平】 将教学与服务有机结合，按照国家、省市开放大学要求，加强教学过程管理，提高技术支持服务水平。全校有本、专科二十多个专业，为弥补专业教师不足的现实，与盐城工学院、师范学院等高校合作，诚聘专家学者担任兼职教师，使全校的专兼职教师队伍在全省县级电大处于一流位置。在教学过程中充分发挥现代远程教育手段，为学生的学习提供捷径和指导，用优质服务为学员营造一个良好的学习氛围，受到学员和社会的好评。全校全年有本、专科学员1025人，其中开放教育本、专科学员726人、网络教育本、专科学员299人，毕业率达97%。

（夏　军）

教育管理
Education Management

【概述】 认真落实省市教育工作会议精神，强化学校精致管理，全面规范办学行为，推动学校内涵建设，全区学校呈现出规范管理、内涵发展的良好局面。

【获省首批平安校园建设示范区称号】 6月17日，全省教育系统平安建设暨维护稳定工作会议在南京召开。会上，盐都区被表彰为全省首批平安校园建设示范区（全市唯一），并作题为《夯实基础保安全，重抓示范争一流》的经验介绍（全省唯一大会交流的县）。

【全国新教育加盟实验区】 7月10日，全国新教育实验第十六届研讨会在山东诸城召开。会上举行新教育加盟实验区签约仪式，新教育理事会秘书长陈东强和区教育局局长熊新华签约，盐都区正式成为全国新教育加盟实验区。在全国新教育研讨会期间，盐都区部分学校校长和教研员听取朱永新教授的年度主报告，观摩新教育榜样教师推进“每月一事”的叙事引领，到诸城新教育实验学校进行现场考察学习。

【与美国波士顿学院签署合作协议】 4月23日，区教育局与美国波士顿学院就STEM教学项目签署合作协议，双方就STEM课程和实验室建设、中小学友好学校建设、教师互访培训、学生全美式课程学习与体验等内容达成合作意向。美国波士顿学院STEM教学项目负责人迈克尔·巴奈特博士在市一中学术报告厅作题为《STEM课程的开发及实施》的学术报告，并开设电动机设计的创新课。

【举行盐城枫叶国际学校签约仪式】 7月12日上午，区政府与大连枫叶国际教育集团联合创办盐城枫叶国际学校签约仪式在盐都举行。枫叶国际教育集团董事长任书良、区长吴本辉代表双方在协议书上签字。盐城枫叶国际学校致力小班化、精品化、国际化的办学方向，办学层次涵盖幼儿园、小学、初中、高中，学生来源面向全国，优先招收盐城市的学生，学校总部设在盐渎街道，利用毓龙路实验学校闲置校舍创办枫叶幼儿园等，小学部和幼儿园计划2017年9月招生，中学部2018年9月招生。

【创办南师大盐城实验学校】 11月26日，市委市政府举行对外合作办学集中签约暨引进名师工作室授牌仪式。仪式上，盐都区与南京师范大学签署南京师范大学盐城实验学校联合办学协议。协议明确学校性质、办学规模、办学目标、合作模式、管理体制和双方权利和义务。双方表示通过共同努力，将学校建设成为高质量、实验型、有特色、国际化、示范性，盐城一流、江苏著名、全国知名的窗口学校。大冈中学与启东中学、神州路初中与南通如东实验中学分别签约建立合作联盟，引进人民教育家培养对象两名。

【“1+X”共同体建设获报道】 10月28日，《江苏教育报》二版以《盐城盐都推出“1+X”模式组建教学发展共同体》为题，介绍盐都区推进质量整体优质均衡的创新做法。

【朱金南调研系统廉政建设工作】 8月9日上午，区委常委、纪委书记朱金南一行在区教育局调研教育系统廉政建设工作。朱金南一行现场察看市一中廉洁广场、宣传教育室，听取教育系统廉政教育基地筹建情况汇报。

【张云云检查开学工作】 2月22日上午，副区长张云云在大冈中学、秦南小学、泽夫小学、泽夫初中和秦南泽夫幼儿园检查开学工作，张云云要求各学校认真落实全区教育体育文化卫生工作会议精神，围绕教育现代化示范区建设，打造教育优质均衡升级版，抢占教育改革制高点等重点，扎实做好示范区创建、质量提升、队伍建设、安全稳定等工作，努力开创全区教育发展新局面，打造盐都教育优质均衡新品牌。

【开展510警示教育活动】 5月6日上午，区教育局组织各中小学校长书记、幼儿园园长、区直各单位负责人和局机关中层以上干部在市“尚德昭廉”警示教育基地开展警示教育活动，帮助系统管理干部强化“两个责任”，树立“四个意识”（政治意识、大局意识、核心意识、看齐意识），着力构建具有教育特色的惩防体系。

【举行廉洁教育进校园公开教学活动】 3月10日下午，区教育系统“廉洁教育进国民教育体系”公开教学活动在神州路小学举行。区委常委、纪委书记朱金南出席活动。活动现场，老师通过“童言话廉洁”“童眼辨廉洁”“童行传廉洁”等教学环节，利用名言警句、古诗、故事等多种形式，触动学生的心灵，让学生意识到廉洁就在身边，要从自己做起，从小事做起。

【开展安全教育系列活动】 3月28日是第21个全国中小学生“安全教育日”。各中小学校围绕“强化安全意识提升安全素养”主题，组织开展安全教育活动，提高师生的安全意识和避险能力。神州路小学“平安365”消防疏散逃生演练和崇礼路小学“崇小讲堂”消防教育活动颇具特色。

【新增市级“依法治校示范校”11所】 3月25日，盐都申报创建“2015年度盐城市依法治校示范校”的11所幼儿园接受市教育局检查验收。秦南泽夫幼儿园、北蒋中心幼儿园、朝阳幼儿园、三河家园幼儿园、西城逸品幼儿园、盐渎路幼儿园、义丰幼儿园、成才幼儿园、葛武中心幼儿园、开智幼儿园、钱庄幼儿园等11所幼儿园成功创建市依法治校示范校。

【新增市平安校园7所】 11月17日，市教育局、综治办、公安局组成“平安校园”创建联合验收组对盐都腾飞路初中、海阔路幼儿园、北蒋中心幼儿园、腾飞新城幼儿园、神州河畔幼儿园、三河家园幼儿园、红果果幼儿园进行考核验收，确认参与创建的7所学校幼儿园全部达标。

【36名困难学子圆大学梦】 8月20日下午，“献爱心·圆梦想”盐都2016年困难大学生资助金发放仪式在市一中举行，36名家庭困难大学生共接受资助金14.5万元。

【设立苏力教育奖励基金会】 9月，苏力教育奖励基金会成立仪式在大纵湖镇举行。奖励基金由江苏苏力集团董事长郭友春捐助20万元设立，主要用于奖励为大纵湖镇教育教学工作做出突出贡献的教师团队和教师个人。

【成立大冈中学助教助学协会】 10月3日上午,大冈中学举行建校60周年庆祝大会,各界校友1000余人参加。庆祝大会上,大冈中学宣布成立助教助学协会,协会由大冈中学各界校友发起,旨在帮扶品学兼优的贫寒学子。校庆全天共募集善款70万元,用于帮助需要帮助的学生。

教师队伍建设
The Construction of Teachers Rank

【概述】 年内,加大教师招录、培训、引进力度,全方位提升教育队伍整体水平,为提升教育质量和区域教育竞争实力提供强大的人才支撑。

【获得国家和省市表彰】 全区全年共录聘用新教师132人,有3094名教师获得国家乡村从教30年荣誉证书;毓龙路实验学校唐国广、大冈中学葛中儒、市一中王洪明被表彰为省优秀教育工作者;崇礼路小学葛秀兰被表彰为省优秀共产党员。李建国、王乃宁分别被表彰为省、市劳动模范。

【在新疆开展教育考察交流】 4月底,受盐城援疆工作组和新疆伊犁自治州察布查尔自治县教育局邀请,区教育代表团专家组一行10人(有省特级教师7人、援藏教师1人),在新疆察布查尔自治县开展为期10多天的教育交流活动。活动期间,专家组作多场讲座和报告,为民族团结和促进盐察两地教育交流做出贡献。

【邀请专家名师讲学】 8月9—11日,南通大学党委书记兼江苏沿海沿江发展研究院院长、江苏长江经济带研究院院长,国家社科基金项目通讯鉴定专家库专家,江苏沿海发展研究基地首席专家成长春和北京教科院课程中心副主任,教育学博士,研究员王凯等8人应邀为全区骨干教师培训班学员讲学,全区具有区级教坛新秀及以上称号的骨干教师共350人参加。

【名师培育工作】 8月,杨万扣、洪从兵、杨传刚、汪娟、刘堂林被评为省第十四批特级教师,年内,新增市学科带头人12人,市教学能手24人。市二小教师梅艳获全国小语赛课特等奖,被评为省"十大书香人物";时杨中学教师刘苏梅在全国信息技术赛课中获得二等奖。另有78名教师在省市各类基本功、优质课评选中获得特等奖、一等奖。

【美术作品在区文化馆展出】 为纪念建党95周年、长征胜利80周年,7月1日上午,全区教育系统教师美术作品展在区文化馆多功能展厅开幕。展览共10天,展出教师新近创作的书法、绘画作品近百幅。

【举办骨干教师培训班】 8月9日上午,盐都区中小学幼儿园骨干教师培训班在市一中开班。全区各学校幼儿园的350名骨干教师参加培训,培训班历时3天,北京、南通等地的7名教育专家围绕"做卓越的教育工作者""智慧化解教育新问题""做师德高尚的教师""构建生命课堂""做积极快乐的教师""让课堂充满激情、智慧、快乐"等专题开设讲座、提供示范、组织研讨。

【举办心理健康教育师资专项培训】 8月,举办2016年心理健康教育师资培训,全区义务教育阶段学校从事心理健康教育工作的专职或兼职教师150人参加培训。培训班邀请扬州大学教育科学学院教授李传伟、无锡高等师范学校教授黄立新等围绕"如何开展学校团体心理游戏及操作技巧""《中小学心理健康教育指导纲要》解读""小学生(初中生)的心理发展特点及常见心理问题"作专题讲座。

【梅艳被表彰为省小学"书香人物"】 9月27—28日,省第二届"书香校园建设"小学校长论坛在太仓市举行。论坛期间,举行全省小学"书香人物"颁奖仪式。市二小教师梅艳获表彰(全省仅10人),并应邀在论坛上与全省参加论坛的校长、老师分享参与阅读推广的心得与体会。

【组织青年教师主题演讲比赛】 11月19日,区小学青年教师"追寻新教育做最好的自己"主题演讲比赛在腾飞路小学、神州路小学和崇礼路小学同时进行。参赛选手围绕演讲主题,从不同角度,不同层面,用不同经历诠释着自己对新教育的理解与实践,展现全区青年教师昂扬的精神风貌。

【获省新世纪园丁论文大赛优秀组织奖】 11月26日,省第十一届新世纪园丁论文大赛颁奖活动在南京举行。区教育局获省教育厅颁发的大赛优秀组织奖,市一中教师姚爱亮、颜正月获一等奖,另有7名教师获二等奖,4名教师获三等奖。

【参加全国校长发展论坛】 11月30日至12月3日,区教育局组织28名校长在浙江参加全国第八届校长发展论坛,探寻教育可持续发展之道。市二小教育集团总校长、区教育局副局长李建国作题为《视野,行为,人——新质量时代教育内涵三要素》的专题报告,从练就教师"三眼"(蚂蚁眼、蜻蜓眼、鸟之眼)打造教师团队,借力新教育实验改变教师行为方式,凸显以人为本提升德育实效等方面,推介市二小教育集团"相约星期六"品牌活动和"六字"文化主题活动。

【举办幼儿教师课件制作培训班】 12月9日,在盐都幼儿园举办全区幼儿教师课件制作培训班,60名幼儿教师参加培训。主讲者从PPT的文字、图片、相册、音频与视频、动画、动作路径、触发器等几个方面,结合具体事例以及在操作中可能遇到的问题,由易到难,讲解如何制作PPT、媒体编辑处理方面的相关技术。

教育经费与设施改善
Educational Funds and Facilities To Improve

【概述】 全年教育总投入达12.92亿元,其中公共财政预算教育经费投入11.24亿元,分别比上年增长5.5%和6.26%。建成张庄中心幼儿园,校安工程年度计划全部完成，崇礼路小学二期、义丰小学新建等项目全部达到时序进度。

【八所学校校园网站获奖】 年内，区幼儿园、崇礼路幼儿园网站获全市学校幼儿园网站评比幼儿园组一等奖；市二小、神州路小学获小学组一等奖，张庄小学获小学组二等奖；毓龙路实验学校、神州路初中获初中组一等奖，区实验学校获初中组二等奖。12月6日，省教育信息化工作领导小组办公室公布2016年江苏省中小学优秀校园网站评比结果，市二小、区幼儿园两所学校网站获“江苏省中小学优秀校园网站”称号。

【学校基础设施维修】 全区全年共投入456万元维修农村中小学校舍建筑面积约6.2万平方米，浇筑砼道路及场地9900平方米；投入143万元添置、更新课桌椅和餐桌，美化校园环境，改善办学条件。

【完成校安工程项目】 年内，校安工程共实施项目12个，面积3.99万平方米，投入资金9370万元，其中：新建项目4个，面积3万平方米；加固项目6个，面积8997平方米；拆除项目2个，面积898平方米。

教育督导
Education Steering

【概述】 全区教育督导工作围绕全区教育工作重点，坚持督导机制创新，推进责任督学挂牌督导工作，实施教育现代化提升工程，促进义务教育均衡发展，规范办学行为，提升素质教育实施水平，圆满完成各项工作任务。

【教育工作获省市督导肯定】 4月，市政府对区政府2015年度教育工作、教育经费投入情况督导进行考核，盐都区2015年度的教育工作得到专家组的高度评价，考评得全市最高分96.1分。12月7–8日，省政府督学、南京特殊师范学院党委书记朱传耿一行对盐都区2015年县级政府教育工作进行回访督导，并对全区的教育改革发展和问题整改工作给予肯定。

市教育局副局长郑英舜、丁才林与教师交流

【开展校园欺凌专项治理工作】 9月20—21日，组织23个督查组，对全区44所中小学校园欺凌第一阶段专项治理工作情况进行全面督查，促进各学校制定实施《校园欺凌专项治理工作实施方案》和《校园欺凌专项治理工作应急处置预案》，建立校园欺凌预防和处理制度措施，健全工作机制，推动校园欺凌专项治理工作深入开展。

【推进责任督学挂牌督导工作】 2月，成功创成“江苏省中小学校责任督学挂牌督导创新县(市、区)”，并提格申报创建“全国中小学校责任督学挂牌督导创新县（市、区)”。为全面保障挂牌督导工作，在区教育局五楼专门建立责任督学工作中心，在有3名专职督学、23名兼职督学和40名特约督学的基础上，从局机关和学校在职校级干部中选配6名专职责任督学，另外还配备学校督导联络员，构建全区中小学校挂牌督导工作新机制。硬化办公条件，为每位责任督学配备安装有“知校——智慧校园云服务平台APP的平板手机和其他办公设备，大力实施信息化督导。12月9日，《江苏教育报》在2版头条以《“责任”扛在肩“督学”促发展》为题报道盐都区责任督学挂牌督导工作。

【督促推进校本研修活动】 9月2日、10月29日分别组织专门力量，对全区各学校校本研修活动进行督查；11月5日组织全区校长、主任和骨干教师参加毓龙路实验学校的“德毓”文化论坛；12月10日，组织全区各学校参加腾飞路初中的“相约星期六”校本研修活动，组织局机关工作人员参加盐都实验学校开展的“礼仪教育”校本研修活动。

【表彰十个教育工作先进集体】 年初，区政府制订出台《盐都区2016年度教育工作先进单位考核办法》。年底，组织年度考核，区政府表彰张庄街道、滨湖街道、盐渎街道、龙冈镇、盐龙街道、楼王镇、潘黄街道、学富镇、秦南镇、北蒋街道10个镇(区、街道)为教育工作先进单位。

(卞桂富)

文化 新闻

Culture and News

综 述

Summary

【概述】 全区文广新工作围绕文化建设登台阶目标，奋发创优创牌，精准服务基层，取得持续发展。

新闻宣传引导有力。在广播和电视新闻节目中同步推出30多个贴近民生的主题宣传，生产图像新闻2800多条，累计在市级以上电视台用稿600多条。

阵地建设进展顺利。6月，区群众文化艺术馆正式布展开放，挂牌成立“中国田汉研究会小剧场艺术基地”“中国戏曲表演学会基地”“曹文轩儿童文学创作基地”，新建镇文化阵地20000平方米，新培植文化中心户120户。

惠民活动贴近基层。全年共开展各类公益性展演展示活动260多场次，惠及群众近30万人次。“四送工程”送戏入村84场，送电影4100多场，送图书2万册，送展览2个巡回、76次。

艺术工作成绩突出。大型现代淮剧《半车老师》参加2016年江苏优秀现代戏交流推广（北京站）演出，启动全国巡演，大型现代淮剧《菜籽花开》通过2015年度江苏省舞台艺术精品工程验收，入选重点资助剧目，并参加第三届江苏省艺术节和江苏省淮剧节演出，获省艺术节特别奖，大型现代戏曲《歌声不再遥远》荣获第30届中国田汉戏剧奖剧本一等奖，大型戏曲《遍地月光》《布衣青天》《大湖泱泱》分别获得江苏省2015年度新剧本评选二等奖和提名奖。

文保工作有声有色。举办“5·18国际博物馆日”博物馆与文化景观系列活动，开展“盐都区文物保护成果走进校园巡回展”“我与展览随手拍”“展览观后感”等系列活动。

推进“书香盐都”建设。全年建成农家书屋图书馆分馆150家，建成数字化农家书屋222家，星级农家书屋30家，购置图书4.2万余册，书屋图书更新总量达36.1%。

文化市场繁荣。年内，深入开展行政许可审批事项再清理工作，进一步简化审批流程，加强文化市场监管，大力开展文化市场专项整治工作，共出动检查人员1300多人次，检查经营单位910家次。

（王晓亮）

文化场馆建设

Cultural Facilities Construction

【概述】 全区不断建立健全“结构合理、发展均衡、网络健全、运行高效、惠及全区”的现代公共文化服务体系，坚持文化建设高标准、文化服务高效能、政策保障高力度。6月，区群众艺术馆正式建成开放，占地1500平方米，馆中建有“老戏台”“非遗互动”“棋艺室”等各大展厅，是集非遗项目、淮剧表演、书画展览为一体的

一书一世界

群众艺术馆。在乡镇方面,秦南文化服务中心占地5000平方米，全区12个文化站站平面积达2000平方米。推进文化中心户建设,全年共建成627户,实现全区自然村文化中心户全覆盖，构建城乡一体化15分钟文化圈。在村级文化服务中心建设方面，根据省市关于基层综合文化服务中心建设的要求，在250个行政村(社区)中选出54个面积大、经济好、重视程度高的村(社区)综合文化服务中心全部建成开放。召开村(社区)综合文化服务中心建设推进会,以点带面,全面推动基层综合文化服务中心提升工作，同时对照省厅三年计划要求，全区12个镇(7个街道)250个村公共文化服务建设再上新台阶,将12个镇(7个街道)、250个村划分成三个类型，做到明确重点、分类指导,一村一策、示范引领,三个结合,与党群服务中心结合;与中心卫生室结合;与文化中心户结合,加快推进建设。

(苏万才　朱　磊)

戏剧创作及演出

Drama Creation and Performance

【概述】　全区艺术生产工作认真贯彻落实习近平总书记在全国文艺座谈会上的讲话精神，坚持以人民为中心的创作导向,创作有道德、有温度、有筋骨的作品。盐城市淮剧团积极实施淮剧“走出去”战略,在京津、沪皖等地演出,宣传盐都、推广盐都、提升盐都美誉度和知名度。

【大型现代淮剧《菜籽花开》获奖】　盐城市淮剧团创作演出的大型现代淮剧《菜籽花开》,通过2015年度江苏省舞台艺术精品工程验收,入选重点资助剧目。11月23日，为期35天的第三届江苏文化艺术节圆满落幕,该剧荣获特别奖,主演王雷获得优秀表演奖。12月26日晚,第七届江苏省淮剧艺术展演月在盐城落幕。剧目在13个参演剧目、11个参加评剧目中脱颖而出,获得优秀剧目奖第一名。

【获省戏剧文学奖】　2月23日,2015年江苏省戏剧文学剧本评选获奖名单揭晓，全省共12件作品获奖，盐都区三件作品榜上有名。陈明创作的大型戏曲《遍地月光》获得二等奖,邵秀华创作的大型现代戏曲《布衣青天》、曾汉才创作的大型现代戏曲《大湖泱泱》分别获得提名奖。

【举办中国田汉戏剧奖评奖活动】　6月1—3日,由中国田汉研究会、田汉戏剧奖组委会、区政府主办,区文广新局、市戏剧家协会承办的全国戏剧期刊主编年会暨第30届田汉戏剧奖评奖活动在盐都区举行。全国各地17家艺术类专业期刊的负责人和有关的专家，学者共20多人参加。邵秀华创作的大型现代戏曲《歌声不再遥远》,荣获第30届中国田汉戏剧奖一等奖。

【《龙盐》入选省新剧本征稿】　“2016年新剧本征选”活动共收到来自全省各市作者报送的大戏作品35部，省剧目工作室共选出入围作品3部、重点关注作品5部,曾汉才创作的大型现代戏曲《龙盐》入选重点关注剧目。6月16日,《龙盐》获得2015年度市政府文艺奖三等奖。

【《半车老师》再登首都舞台】　6月12日晚，盐城市淮剧团创作演出的大型现代淮剧《半车老师》在中国评剧大剧院上演，给首都观众带来关于诚信话题的心灵震撼。作为2015年度国家艺术基金资助项目,《半车老师》此次是参加2016年江苏优秀现代戏交流推广北京站的演出。2016年“国际安徒生奖”获得者、北京大学教授曹文轩对淮剧艺术给予较高评价。

【《半车老师》跨省巡演】　4月11日,盐城市淮剧团启动2015年度国家艺术基金资助剧目《半车老师》全国巡演,近千名中学生在盐都文化艺术中心观看演出。5月15日，应上海广播电视台、东方广播中心、东方卫视中心的邀请,该剧在上海兰心大戏院参加《星期戏曲广播会》演出。7月22—25日,淮剧《半车老师》分别在上海天蟾逸夫舞台、安徽大剧院上演,浓郁的生活气息、诙谐的轻喜剧风格以及坚守“师道”和“诚信”的历史担当,打动现场观众。

【举办京津文化交流招商推介会】　6月14日，区政府组织区文广新局和市淮剧团抵津,与天津市江苏商会、天津市盐城商会筹委会开展文化交流活动,并成功举办“2016江苏盐都·盐城市淮剧团京津文化交流招商推介会”。推介活动中，市淮剧团的艺术家们为参会嘉宾带来演出。在津江苏籍人士纷纷表示会更多地关注、支持盐都经济社会的发展。

【举办《法治的阳光》综艺演出】　6月3日下午,为充分展示“平安盐都”建设成果,大型专场文艺《法治的阳光》专场演出在盐都文化艺术中心举行，演出由区委政

送戏下乡

法委主办，区公安局、市淮剧团承办。市公安局政治部主任孙玉东，区委常委、宣传部长葛建华，区委常委、政法委书记陈育群，副区长肖乐农等观看演出。

【全市新剧本通稿获奖】 全市新剧本通稿评比活动中，盐都区共有大戏3部、小戏4部参加，其中大戏《龙鱼湾》（编剧曾汉才）获得一等奖，大戏《如意街旧闻》（编剧邵秀华）、《芦苇青青》（编剧徐建东）分别获得二等奖，小戏《姚母试子》（编剧邵秀华）、《归来》（编剧曾汉才）、《三杯酒》（编剧徐建东）分别获二等奖，小戏《一罐咸鱼》（编剧邵秀华）获三等奖。 （蔡戈方演）

电影放映
Film Screenings

【概述】 2016年，全区有放映省补的8个镇（区、街道）共170个放映点，全年共放映2040场。为减少由于放映政策的变动引起的不稳定因素，仍按照255个放映点进行放映，没有纳入到省补范围的，由区财政进行补贴，全年共补贴85万元，具体的放映操作工作由区电影公司负责落实。区电影公司积极做好各放映点的技术维护和保障工作，确保将“农村电影工程”一村一月一场电影的要求落实到实处。农村电影固定点开始进行考察选址，区电影公司将吸取合理的建设方案，争取形成统一方案在各放映点进行实施。

（宋晓华）

社会文化
Social and Cultural Construction

【概述】 2016年，全区社文工作围绕“四个全面”的战略布局，坚持中国特色社会主义文化发展道路，抓住文化改革发展主线，突出现代公共文化服务体系建设工作重点，通过设施建设、文化惠民、塑创品牌、提升服务，不断完善区、镇、村、文化中心户四级公共文化服务网络体系，打造淮剧文化、水乡文化、社区文化三张名片，着力推进文化强区建设，原板桥草堂改建为区群众文化艺术馆，各方面工作取得新进展。

惠民演出

【“盐渎大舞台·民俗新春乐”文艺演出】 2月22日是传统的元宵佳节，下午2点30分，“盐渎大舞台·民俗新春乐”元宵特别节目在盐镇水街八卦盐田上演。演出汇聚全区多种历史悠久的非物质文化遗产，既有俏皮可爱的跑旱驴、轻快淳朴的荡湖船，也有诙谐幽默的民歌、充满淮腔淮调的地方戏曲，以及来自“狮舞之乡”秦南的舞狮，“中国民间文化艺术（龙舞）之乡”大纵湖的舞龙。

【文化惠民巡演】 3月10日上午，由区文广新局主办，区文化馆承办的“百姓大舞台”——2016馆站联动文化惠民基层巡演活动开幕，滨湖街道数百位村民欣赏惠民演出。“百姓大舞台”是盐都区为推进城乡基本公共文化服务均等化的一项重要的文化惠民工程，通过活动让免费文化服务惠及到更多的百姓。活动自3月10日起，至3月20日结束，演出20场，演出地点全部安排在文化基础相对薄弱、地域偏远、文化生活匮乏的村、组。

【“荷风舞韵追梦江淮”邀请赛】 6月10日，省“文化遗产日”主题活动暨“荷风舞韵追梦江淮”苏皖莲湘舞邀请赛在荷都淮安金湖精彩上演。活动邀请江苏、安徽两省共13支莲湘舞代表队，楼王镇潭溪村代表队编排的《莲湘情》代表全市参加活动。

【举行第四届市小戏小品调演】 6月21日下午，第四届盐城市小戏小品调演在盐都文化馆百姓剧场举行。活动由市文广新局主办，市文化馆、区文广新局承办，全市各县（市、区）的11个作品参加活动。围绕“我的中国梦”主题，弘扬社会主义核心价值观，充分体现贴近实际、贴近生活、贴近群众的原则，注重时代特征和地域特色的结合，反映城市社区、农村群众生活。

【举办里下河方言快板培训班】 7月27—28日，由区文广新局主办、区文化馆承办的2016年里下河地区方言快板培训班在馆百姓剧场举行。活动是一次纯公益活动，参与人数多达120人，里下河地区宝应、高邮、姜堰、兴化、涟水、金湖，全市各县（市、区）及盐都各镇（区、街道）和市淮剧团的小淮班学员们参加。省曲艺家协会副主席袁小良作“江苏曲艺的前世今生”专题讲座，市曲艺家协会主席李更生进行“盐城方言与盐城快板”理论探讨，素有“苏北方言快板大王”之称的王红专采用现场教学方式，带领现场的学员们一起学快板，让学员们在有限的时间里能有最大的收获和提高。

【举办省首届快板大赛】 8月22—23日，由区文广新局主办、区文化馆承办的2016年江苏省首届快板大赛在区文化馆百姓剧场举行。省文联党组成员、副主席、书记处书记刘旭东，省曲协驻会副主席、秘书长芦明，省曲协副主席陈峰宁，区委常委张云云，区文广新局局长、党委书记倪自祥等参加并出席颁奖仪式。举办快板大赛在江苏属首次，全省各市共申报节目32个，28个节目进入比赛。

【举行"蛟龙杯"第二届狮舞邀请赛】 舞狮是秦南镇一项具有浓郁地方特色的群众性文化体育活动，全镇不仅有幼狮舞、童狮舞、青狮舞、手狮舞等10多个演出队伍常年开展活动，秦南狮舞作为市非物质文化遗产保护项目，走进校园和课堂。为传承和弘扬传统舞狮文化，打造地方特色文化品牌，提升秦南镇舞狮艺术美誉度，推动泾口村旅游观光产业发展，10月16日上午，2016年江苏"蛟龙杯"第二届狮舞邀请赛在秦南镇泾口村举行。大赛共有秦南、北京、上海、河北沧州等12支狮舞队参加，表演将杂技、舞蹈、武术等融入其中，展示欢腾跳跃、辗转腾挪的精彩舞狮动作和梯桩、高台、高桩、梅花桩等高难度表演。

【举办首届休闲中国高峰论坛】 10月17日晚，参加首届休闲中国高峰论坛暨"休闲中国30人""盐都金秋行""盐都休闲之夜"主题推介活动的嘉宾们在大纵湖三官村，观看由区文广新局承办的文艺演出。活动在市淮剧团的《金蛇狂舞》中拉开序幕。《水晶梦幻》《赛马》《飞天乐舞》《锣鼓喧天好排场》《我家住盐都》等节目展示盐都区专业艺术团队的整体实力。区文化馆、区群艺馆及基层文化站的节目《自从去到金山后》《送夫》等将演出推向高潮。

【文化民生基层文艺巡演】 11月9日晚，"精彩江苏"文化民生基层文艺巡演在龙冈镇演出。"精彩江苏"文化民生基层文艺巡演富安专场演出是由省文化厅主办，省文化馆、市文广新局、市文化馆、区文广新局、龙冈镇政府协办，省舞之魂歌舞团、省京剧院、省文化馆、南京市歌舞剧院、南京艺术学院、省木偶剧团等专业艺术团体和市文化馆、区基层文化站表演文艺作品。

【首届小剧场艺术荟萃开幕】 11月25日晚，由中国田汉研究会、区政府主办，区文广新局、中国田汉研究会小剧场艺术基地承办的"中国盐都首届小剧场艺术荟萃"，在区文化馆百姓剧场开幕。开幕仪式上，中国田汉研究会会长周光、区委常委张云云为"小剧场艺术基地"揭牌。

【举办首届综合性群众文艺节目大赛】 12月24日，全区"三实杯"首届综合性群众文艺节目大赛首场比赛在大纵湖镇举行。区委常委、统战部长张云云出席开幕式并致辞，并和市文广新局副局长王胜利，区文广新局局长倪自祥，大纵湖镇党委书记冯林宏、三实公司经理陈亚明启动开赛。各镇(区、街道)分管文化工作的负责人、文化站长和文化志愿者观看演出。

(苏万才　朱　磊)

文博工作
The Museum Work

【概述】 全区文物工作者同心协力，全力挖掘、整理、保护和传承，全年投入100多万元，在群众文化艺术馆布置数字化非遗展示馆，"非遗"保护工作取得丰硕成果。

【强化政策保障】 年内，出台《关于加强非物质文化遗产保护工作的意见》和《盐都区非物质文化遗产保护单位和代表性传承人管理暂行办法》，强化非物质文化遗产保护的政策保障。

【推进数字化保护】 年内，龙冈镇投入80多万元，拍摄八桅立式大风车制作技艺国家级非遗申报片、纪录片、传承人传承片和省级非遗保护项目柳编的记录片、传承人纪录片。张庄街道投入30万元，拍摄市级非遗保护项目张庄藕粉圆的纪录片。

【开展非遗展示】 6月11日世界非遗日，举办"盐都区非物质文化遗产保护成果展"，在全区中小学巡回展出56场次；在博物馆广场正常展出，观众近万人次。6月17日，市文化馆四楼群星剧场举办市优秀非遗节目展演活动，北龙港、楼王、张庄、郭猛的《"巧"老婆》节目参加展演活动，全区全年非遗展出、展示9场次。

【非遗项目展销活动】 2月12—22日(正月初五至正月十五)盐都区非遗项目在盐镇水街庙会进行11天的展销活动。参加展销活动的有龙冈面塑、龙冈柳编、秦南糖化、北龙港剪纸、学富筷子书等特色文化产品。展销产品丰富有趣，引得市民驻足观看、购买。

【参加"非物质文化遗产传统技艺南通展"】 5月31日，"长三角城市非物质文化遗产传统技艺南通展"活动在南通举行，是"文化遗产日"的重要活动。尚庄老虎鞋是省级传统技艺类非物质文化遗产代表性项目，代表性传承人周纪珍在活动现场进行操作演示，向观众展示老虎鞋飞针走线、巧夺天工的精湛传统技艺，以体现盐都的民俗文化和深厚的人文底蕴。

(苏万才　朱　磊)

图书工作
The Library Work

【概述】 2016年，区图书馆积极探索，勇于创新。加大基础设施建设，为读者提供舒适的阅读环境；坚持"读者第一，服务至上"宗旨，努力促进业务建设，最大限度满足读者阅读需求；注重发挥社会教育职能，利用图书馆阵地和人员，为读者开展形式多样的读书活动；强化内部管理，搞好综合配套改革，保证图书馆工作协调发展。

【举办纪念周恩来主题读书活动】 1月8日，是周恩来总理逝世40周年纪念

区群艺馆走进驻训部队慰问演出

日。1月2日下午，盐都区和悦读书会在区图书馆四楼研讨区举办纪念周恩来主题读书活动，表达对周恩来的缅怀之情。

【举办雷锋系列主题活动】 3月5日，是全国第53个学雷锋纪念日，由区文广新局主办，区图书馆承办的“弘扬雷锋精神践行核心价值观”系列主题活动启动仪式在区图书馆举行。市文广新局原副局长凌琪、《盐城晚报》副总编征跟东、市作协副主席管国颂、市环保局机关党委副书记智原、区文广新局关工委副主任姚龙昌、顾吾书社社长顾寿义等60多名书友参加活动。

【举办四季中医养生讲座】 3月12日下午，区图书馆举办春季中医养生主题讲座。讲座邀请老中医熊安俊谈春季养生的基本知识，又从中医保健、春季预防多发病等多个角度，为大家讲述有关春季保健养生及常见疾病预防的相关知识与技巧。5月14日下午，熊安俊在区图书馆四楼研讨区举办老中医夏季养生讲座：立夏时节话养生，跟书友共同探讨夏季中医养生。熊安俊从《黄帝内经》谈起，结合夏季特点，纵论中医夏季养生。8月27日下午，和悦读书会邀请熊安俊在区图书馆，做“随顺四时修身养性”秋季养生主题讲座，旨在弘扬传统医学文化，充分展示中医的独特魅力，向广大书友普及秋季中医养生知识。11月26日下午，举办熊安俊谈冬季养生主题系列活动。熊安俊从冬季气象特点与养生、冬日健康要素、调理情志从“肾”着手、冬季的精神调养法四个方面，给听众解读黄帝内经中医养生智慧，冬季养生之道。

【举办读书知识竞赛】 为加快推进“书香盐都”建设，在全社会形成“多读书、读好书”的氛围，4月20日下午，由区全民阅读活动领导小组、区文广新局主办，区图书馆、区文化馆承办的“中国梦·盐都情”读书知识竞赛乡镇赛区第一场预赛在盐渎街道文化服务中心培训厅举行。4月21日下午，第二场预赛在大冈镇人社中心电教会议室举行。4月22日下午，第三场预赛在盐城市大纵湖小学阅览室举行。8月26日下午，“中国梦·盐都情”乡镇赛区读书知识竞赛决赛在盐渎明城西门三楼小剧场举办。活动围绕“倡导全民阅读，共建书香盐都”主题，通过读书知识竞赛形式，以纪念中国共产党建党95周年、长征胜利80周年等为主线，引导人们不断强化“爱读书、读好书、善读书”的学习理念，创新学习方式，转化学习成果，激励人们为实现中国梦而不断学习、提高本领，努力为加快建设创业开放生态幸福厚德的美丽盐都而勤奋工作，100多名观众现场参与。

【举办消防知识讲座暨实战演习】 为增强盐都区图书馆全体工作人员的消防安全意识，提高消防设施、设备的使用能力，提升工作人员处置突发事件和消防火灾事故的应对能力，防范事故的发生以及减少或降低事故损失，为全体读者提供一个安全可靠的阅读环境。5月16日下午，区图书馆特邀市专业消防机构教官张文月进行专业消防知识讲座，并进行实战演习，区文广新局副大队长裴万栋现场指导。

【举办民间藏品展览】 为展示收藏文化魅力，丰富群众生活，5月18日下午，由区文广新闻局主办，区博物馆、区图书馆承办的区民间藏品展览在盐渎明城东门展出，展出品有10多个大类，数百个品种，6000多件(套)。主要有郭建戎的博物馆门票、杨建的盐城老门票、夏天德的红色藏品、彭文高的体育名人签名明信片、顾寿海的烟标、毕阳的军功章、仇养东的艺术扑克、王继柏的磁卡、胡兆瑞的钱币、王举的盐城老票据。藏品充分展示盐都收藏家的风貌，同时也展示收藏品“沉淀日月，点缀历史、凝固光华”的功能。

【举办曹文轩主题亲子系列读书活动】 5月28日，在“六一”儿童节来临之际，由区文广新局、市老新闻工作者委员会盐都分会主办，区图书馆承办的，盐都区曹文轩主题亲子系列读书活动在区图书馆举行，活动有100多人参与。

【举办特色讲座】 6月11日，和悦读书会在盐都区图书馆举办身心健康与良好睡眠讲座。健康顾问徐兆桐为书友们讲解身心健康与良好睡眠的有关知识。7月9日下午，区图书馆举办“六月六那些事儿”讲座，由盐城民俗学者、区图书馆副研究馆员王登佐主讲。8月20日下午，和悦读书会在区图书馆四楼研讨区举办“走进藏头诗世界品味诗意生活”讲座。活动特邀诗人徐安华、倪顺与书友们一起分享诗意情怀。为进一步提高全民抵御毒品的能力和参与禁毒斗争的意识，加大禁毒宣传覆盖面，努力构建全民参与禁毒斗争格局，调动全民投身禁毒专项整治工作的积极性，扎实推进专项整治行动向纵深发展。6月18日下午，区图书馆举办"珍爱生命远离毒品"讲座，讲座由图书馆副研究馆员王登佐主讲。

【举办关爱留守儿童——快乐文化主题活动】 8月4日下午，由区关工委、区退协、区文广新局、市老新闻工作者委员会盐都分会主办，区图书馆承办的关爱留守儿童——快乐文化主题活动在区图书馆三楼学术报告厅举行。

【获市读书节演讲比赛优秀组织奖】 9月24日下午，2016"盐渎风"盐城市第四届读书节演讲比赛决赛在市图书馆成功举办。区图书馆获得优秀组织奖。全市各县（市、区）的28名选手围绕"书籍引领成长，阅读丰富人生"和"我与农家书屋"两个主题展开角逐。区图书馆推荐的顾芷宁、尹玉培、徐正华分别获小学组一等奖、中学组三等奖和成人组三等奖，区图书馆获优秀组织奖。

【举办图书馆发展与服务的探索与思考讲座】 10月22日下午，由区文广新局主办，区图书馆承办的图书馆融合发展与创新服务讲座，在区图书馆举办。全国著名图书馆学、情报学专家南京图书馆副馆长许建业、研究馆员应邀为区、镇、村、户四级图书馆服务网络从业人员作题为"图书馆融合发展与创新服务的探索与思考"的讲座。

【举办和悦读书会建设专家咨询会】 11月4日下午，区文广新局在区图书馆举办和悦读书会建设专家咨询会。市文广新局副局长王胜利，区委常委、统战部部长张云云，区文广新局局长倪自祥等参加。会上，区图书馆馆长王登佐介绍和悦读书会的基本情况及发展方向。

【获省第七届公共图书馆优秀服务成果三等奖】 11月16日，区图书馆服务项目《和悦书香盐都建设系列活动》经专家评审委员会初审、复审、网上公示，被省文化厅评为省第七届公共图书馆优秀服务成果三等奖。项目融传统服务与创新服务相结合的服务方式，拓展服务空间，丰富服务内容，突破县级图书馆延伸服务的瓶颈，充分发挥图书馆职能作用，采用阅读分享、课题研究、参考咨询、展览、展演、讲座、研讨会、演讲、征文、知识竞赛、故事会、猜谜、网上专题等形式，整合社会力量，利用传统媒体和新媒体等载体，灵活多样地组织活动，围绕"静、动、研、新、宣、恒"六个字开展工作。全面推进学习型社会建设，营造人人读书、终身读书、读书受益的良好社会风尚。

【丰富精神文化生活】 11月20日上午，由市户外运动协会主办，区图书馆、区文化馆承办的盐城市首届"千人共跳一支舞"大型公益群众文化活动开幕。市区、开发区、亭湖区、洋马镇等20余支代表队的1000名选手，在世纪公园内一展舞技。

【举办图书免费赠送系列活动】 12月，省政府办公厅组织17家省级部门编印《"政"在你身边——民生热点300问》政策读本。读本梳理347个百姓时常碰到的问题，采用一问一答形式进行解答。12月11日上午10点，在区图书馆门厅向读者赠送《"政"在你身边——民生热点300问》1本和健康杂志1册。工作人员在图书馆门厅向前来的读者发放图书和健康杂志，解答读者咨询。

【红领巾读书征文活动】 为在广大未成年人中形成"爱读书、读好书"的良好风尚，推动书香盐都建设和全民阅读活动开展，4月至8月，区图书馆开展主题为"我阅读我快乐"红领巾读书征文评奖活动。在区镇村户四级图书馆网络广泛宣传发动，精心组织策划，通过积极引导中小学生观看影片、听讲座、阅读经典、开展科普教育等生动活泼的"红读"系列活动，陶冶青少年情操，取得很好的活动效果。

【王登佐课题立项论文获奖】 3月，区图书馆王登佐主持的课题"盐城湿地文化生态保护研究"，经省哲学社会科学界联合会组织专家认真评审，省社科联党组批准，予以结项，证书号为2016YC085。7月，王登佐主持的盐城市社科联课题"盐城地域文化与文化产业发展研究"立项。11月，王登佐专著《盐城地域文化保护研究——盐都区图书馆的实践与探索》获省第五届图书馆学情报学学术成果二等奖。12月，王登佐参编的著作《文韵盐城：民风民俗卷》和《盐渎流觞》在江苏人民出版社出版。王登佐撰写的《基于社会力量办读书会的几点思考》等10多篇论文在国家、省市级学术期刊（会议）发表（获奖）。 （王登佐　蒋英姿）

书刊出版管理

Publications Management

【概述】 区文化市场管理科严格执行新闻出版（版权）管理法律、法规，遵循加快发展，加强管理的工作思路，对全区印刷、出版物企业等新闻出版行业坚持常态化管理，积极做好证照年审等服务工作。全区80余家政府机关正版办公软件安装率达100%。区级政府机关软件正版化工作得到有效推进。年内，对全区34家印刷企业和35家出版物企业进行网上年检及换证工作。日常积极开展"扫黄打非"工作，以整顿和规范出版物市场秩序，严厉打击侵权盗版行为为重点，共开展打击侵权盗版工作宣传活动2场次，出动执法人员410余人次，检查经营单位50余家次，取缔无证出版物经营摊点2个，查办侵权盗版音像制品案件1件，查缴盗版音像制品9万余张，盗版教辅、"口袋本"图书等非法书刊1260余册，全区新闻出版物市场逐步净化。 （陈卫红）

盐都区区、镇两级图书馆藏书一览表

表11

区(镇)街道	现有藏书	区(镇)街道	现有藏书
区图书馆	221000	大　冈	28050
大纵湖	20000	盐　龙	28700
楼　王	16000	潘　黄	30000
北龙港	20000	张　庄	23000
学　富	16000	新　区	15000
尚　庄	12000	滨　湖	15000
葛　武	12000	冈　中	11000
秦　南	22526	中　兴	9000
龙　冈	34562	鞍　湖	10000
郭　猛	11000	北　蒋	22300

新闻信息中心
Press Information Center

【概述】 2016年12月31日,《双新盐都报》正式更名为《盐都日报》。《盐都日报》为新闻信息综合类内部刊物,4开4版,双面彩印,一周三刊,正常逢周二、四、六出版,重大活动适时增刊。2016年,区新闻信息中心围绕区委区政府中心工作,以群众反映的热点、社会关注的焦点作为宣传报道工作的着力点,细心制订宣传报道计划,超前谋划,开辟专栏,以消息、通讯、时评、大众快语、聚焦热点、图片新闻、专题报道、系列报道等形式,灵活多样地开展宣传报道,把区委区政府的重大工作和各项决策,及时、准确地宣传到各级各部门和基层一线,统一思想,凝聚力量。

【学习提升】 利用编前会、周会、策划会,认真学习新闻业务和经济、法律、文化等方面的新知识、新技能。建立新闻专业知识图书查阅室,供记者、编辑查阅学习专业知识。参加新闻培训,参与省市报组织的各项业务培训活动,并组织记者分批去盐阜大众报业集团学习培训,集中交流学习心得体会。加强与周边县(市、区)新闻中心的交流,在亭湖、射阳等新闻信息中心,学习周边新闻中心工作上的亮点,弥补中心在宣传、管理等方面的不足。

【制度考核】 年内,制定完善《编辑出版大纲》《采编质量差错类别及责任认定办法》《岗位目标管理办法》等系列规章制度,完善中心管理制度,按照正规化、制度化、科学化要求,强化内部管理,促进中心整体工作健康发展。实现报纸投递赠阅平稳发展,提高报纸投递质量,巩固对单位、个人、私企投递赠阅力度。全年投递赠阅量始终保持在每期8800份,让上级部门、民营企业、普通群众都从报纸上看到盐都、了解盐都。

【策划特色】 聚焦重大活动,扩大传播影响。年内,做好争创文明城市、厚德盐都、落实党代会精神、"清风盐都行"等重大活动的宣传。围绕四季工作推出首季"开门红""实现'双过半'""奋力夺全年""记者走基层""政策解读""聚焦热点"等系列,对招商引资、项目推进、重点园区建设的跟踪报道。加大外宣力度,推介盐都形象。承担区委通讯站对外宣传的职能。在《盐阜大众报》等上级媒体用稿数量和质量均有提升。全年共出刊149期,发稿近4300篇,其中深度报道200余篇,在省市级以上媒体刊发稿件和图片170余篇幅。仅在《新华日报》《盐阜大众报》就刊登135篇,新华日报刊登的《盐都力推宠物用品跨境电商》《盐都:补物流短板促供给侧改革》《交易进平台,让村集体多挣少花》《便民到家,让村民有了"代办员"》《唤醒文化自觉点亮乡间明灯》《他是在播种文明的种子》等稿件在多家网站转载。拓展新媒体建设,壮大自身实力。率先推出新版数字报,并推出数字报手机版。新版数字报增添转发分享功能使《盐都日

盐都日报

YANDU DAILY

省委举办第三期县委书记工作讲坛

重抓一根一园一业 致力创新生态富民 为高水平全面建成小康社会而不懈奋斗

中共盐都区委十四届二次全会召开

区委常委会主持会议 羊维达作报告 吴本辉讲话

市检查我区节前安全生产工作

羊维达主持召开区委常委会议

突出创新引领 彰显高新特色

吴本辉参加高新区盐渎街道分组讨论

中国共产党盐城市盐都区第十四届委员会第二次全体会议决议

为高水平全面建成小康社会而不懈奋斗

报》的内容即时分享至微信、微博、QQ等社交媒体，使盐都资讯得到很好的二次传播。建立全区通讯报道网络、发行投递体系。（王礼芹）

广播电视
Radio and TV

【概述】 2016年，区广电台围绕中心、服务大局，以新闻宣传为龙头，以目标管理为抓手，以高素质人才队伍建设和技术保障水平提升为支撑，以提升宣传水平、优化经营结构为重点，大力推进宣传创优、品牌创塑、经营创收、机制创新，较好地实现全区广电事业科学和谐可持续发展。

【宣传工作全市领先】 年内，策划区"两会"、区第十四次党代会、国家高新区建设、农产品旅游品牌推介、畅游盐都金秋行、稳增长、调结构、促转型等30多个重大主题宣传，全年，新闻中心共生产新闻近4000条，日均图像新闻信息量达12条以上，广播新闻资讯5200多条，日均信息量达16条以上。制播《致富万花筒》《盐都党建》《科普大讲堂》等电视专题300多档。把外宣工作放在突出位置，新闻稿件质、数双升，亮点纷呈，全年在市级以上电视台共用稿达661条，其中中央电视台用稿17条，江苏卫视用稿74条，盐城电视台新闻频道用稿570条，在全市各外宣工作考核中名列第一，其中《清明踏春赏生态美景》(龙冈桃花园)、《各地军民多种形式迎"八一"共话鱼水情》(文化送军营)、《农村经济新现象农民工返乡创业超450万人》(双创工作)等14条稿件被央视《新闻联播》采用，《新型经营主体助农增收70%以上》《爱心捐赠不断物资发放有条不紊》《反向流动超450万农民工返乡创业》3条稿件被央视《朝闻天下》和《新闻直播间》栏目采用，《盐城籍作家曹文轩获"国际安徒生奖"》《股权投资去扛杆激发市场活力》等54条稿件被江苏卫视《江苏新时空》栏目采用。《百年柳编》等5部专题片被江苏国际频道采用。出台《电视新闻节目工作规范》《广播新闻节目工作规范》《新闻节目评议工作暂行办法》《自办专题栏目管理办法》《"盐都新闻"微信公众号信息发布流程规范及职责》等，对重点工作、重要环节进行任务明确、责任到人。建立新闻节目质量"日评、周评、月评、专家评、定期比"的"四评一比"制度，年内新闻节目评议小组开展月度集中评议12次，撰写评议报告12份，邀请上级台专家10人次来台指导好稿评析评比活动。

【经营创收新突破】 全年实现创收232.9万元，比上年增加17.5%，其中年内开辟新业务并到账101.54万元。对电视广告专栏重新定位，整合《房产家居》《健康》和《车界》，打造全新《优生活》栏目。对《致富万花筒》《法耀盐都》《盐都警方》《人民防空》《盐都党建》《科普大讲堂》6个联办节目，主动对接，提升节目品质。年内，新增《欢乐水乡多彩盐都》和《创新创业在盐都》两个栏目。应用新媒体平台，推出《盐都新闻》微信公众号，每天推送整档视频新闻节目，并筛选三至四条时政、经济、三农、民生类重点新闻，单独推送，增强"盐都新闻"的观看方式，拓宽受众范围。7月，成立盐都广播电视文化传媒公司，利用媒体平台优势拓展活动策划、平面广告、演艺交流等多元经营创收渠道，公司成立后，成功接洽制作高新区深圳招商专题片《跨越时空的奇迹》和区《德耀盐都》盐都表彰志愿者及第三届乐童节汇报演出等任务，实现创收37.54万元。

【安全保障工作】 全年投入专项资金近200万元用于设备更新和升级改造。完成非编系统和播出设备的升级改造，新上6条高标清编辑线、3个数字电视系统，增置5台高清摄像机和2个广角镜头、1个移动非编、一台航拍无人机，实现高标清制作，数字化播出，严格节目管理制度，严格执行节目"三审"制，重播重审制，播出带审看、签字制，监看制，确保节目内容的安全；严格安全播出制度，实行"领导靠前、技术员靠近、值班员严密监视"的"三位一体"安全播出捆绑式责任制，播出机房实行日检、周检、月检制度和24小时值班制度。严格落实"谁主管、谁负责"的要求，把责任落实到每个班次、每个人，全力以赴严防死守，确保"两会""G20峰会""国庆"等重要节日、重大活动、重点时段转播和传输广播电视节目的绝对安全。全年，共安全播出自办三个频道的电视节目共11.98万小时，安全播出自办广播节目5470分钟，安全转播中央、省、市有关电视信号240小时，完成现场直播技术服务任务5次和1次防汛演练实传画面。全年有5部技术类作品和栏目获得省市级奖项，其中《迟到的忏悔》(淮剧)获省广播节目技术质量奖二等奖(金鹿奖)，《清明情思》(淮剧)获市广播节目技术质量评比一等奖。

【加强队伍建设】 开展"两学一做"专题教育，全面落实党风廉政主体责任，强化"一岗双责"，完善修订《行风建设若干规定》《新闻宣传纪律》等相关规章制度，形成守纪律、讲规矩的健康氛围；全面实施目标责任管理，把工作任务分解落实到每个部门、每个岗位、每个人头，进一步强化年初建账、年中查账、年底算账的过程监控。加强专业人才引进力度，多渠道招聘专业人才。9月，通过面向社会公开招聘，成功引进5名记者，2名制作专业人才，为盐都广电事业可持续发展提供人才保障。（戴启健）

卫　生

Health

综　述

Summary

【概述】 2016年，全区卫生计生系统综合考核分别获区委区政府和市卫计委综合先进奖。原区卫生局和人口计生委进行整合，成立区卫生和计划生育委员会，区妇幼保健所和计划生育指导站进行整合，组建区妇幼保健计划生育服务中心；深入公立医院改革，巩固基本药物制度。推进中医药标准化建设，12家卫生院（服务中心）建成中医药综合服务区（中医馆），3个中医馆通过国家基层中医馆建设项目验收，继续被确认全市唯一的“全国基层中医药工作先进单位”。基础设施不断改善，基层医疗卫生机构基础设施标准化建设三年计划两年基本完成任务。医疗保障体系建立健全，新农合人均筹资标准全市最高（580元，其中财政补助440元），一类疫苗接种异常反应保险补偿工作经验在全国推广。卫生信息化整体工作进度全市领先，人口健康信息平台申报省四级验收，全市唯一。科教兴医工作取得重大进展，新创省级临床重点专科3个；“原发性不宁腿综合征脑功能网络的节律性变化研究”项目被列为国家自然科学基金资助项目；市三院被确定为三级甲等综合医院，成为苏中、苏北唯一的县（区）级三级甲等医院。公共卫生计生服务均等化水平进一步提高，“1+6”医疗联合体推动优质资源下沉，分级诊疗格局初步形成，乡村医生签约式服务工作全市前列，精神病患者管理率、规范管理率、服药率、稳定率均位居全省前列，艾滋病防控模式在全省推广，全市率先实现农村改厕行政村全覆盖、三格式无害化卫生厕所普及率达标，人民群众健康获得感提升。　（陈志龙）

卫生改革

Health Reform

【概述】 按照机构改革要求，依据“三定”方案，4月，原区卫生局和人口计生委进行整合，成立区卫生和计划生育委员会；12月，整合区妇幼保健所和计划生育指导站，组建区妇幼保健计划生育服务中心；镇（区、街道）和村居卫生计生技术资源整合同步实施。

【医药卫生体制改革】 8月，出台《深化医改综合试点加快健康盐都建设实施意见》，建立起有利于分级诊疗制度的医保、价格、财政、编制、人事管理等政策制度体系，努力推行基层首诊、双向转诊、急慢分治、上下联动的就医新秩序。深入公立医院改革，巩固基本药物制度，市三院与两个基层卫生院实现远程影像诊断

卫计委救治“6·23”风灾伤病员

的联通；区级医院转到基层康复病人1800例，分级诊疗格局初步形成。

【医疗卫生机构标准化建设】 年内，基层医疗卫生机构标准化建设总投入近3亿元，建筑总面积近6万平方米。区一级，区公共卫生服务中心主体封顶；镇一级，尚庄卫生院数字化接种门诊竣工投入使用，北龙港眼科大楼进入室内装修，龙冈公共卫生服务中心5层开建；村一级，村卫生室新建112个，改扩建9个，基本实现基层卫生机构标准化建设三年任务两年完成的目标。

【打造智慧卫生品牌】 区域人口健康信息平台有效整合辖区内基本医疗、公共卫生、新农合、药品信息、计划生育以及卫生综合管理六大业务系统，实现各类卫生计生业务数据跨机构、跨条线共享应用，12月，向省申报平台四级等级评审、全市唯一；着力提升居民电子健康完整性、真实性和有效性建设，居民电子健康档案合格建档率达84.52%（省、市考核标准为80%）；家庭签约服务系统在楼王、大冈、龙冈、郭猛和潘黄五家单位上线运行；镇（区、街道）卫生院全部安装影像系统、心电系统、检查检验系统，远程会诊软件系统部署完毕、硬件会诊视频本地安装全部结束；微信、网站为载体的"互联网+"应用的预约诊疗系统开发成功。

【卫生人才培养建设】 全年共公开招聘29名卫生技术人员，其中本科17人，市三院引进博士1人、招聘硕士25人、本科10人。推荐13名卫生高级专业技术人员参加申报省卫生高级专业技术专家库入库评选和省第五期"333高层次人才培养工程"培养对象选拔人选，1人参加全市"515"领军人才申报。完成年度农村订单定向医学生免费培养35名计划，其中徐州医科大学18名、江苏医药职业学院17名。完成年度乡村医生急救知识125人和用药知识151人的培训工作。完成继续医学教育管理平台年度学分审核学分726份。

【启动"惠民健康险直付项目"】 12月28日，"盐都区惠民健康险盐城市第三人民医院直付暨易雍健康大数据运营中心入驻盐城高新区签约仪式"在市三院南院学术报告厅举行。市三院与上海易雍健康信息咨询有限公司、中华联合财产保险公司开通直接结算服务通道，签署保险直付服务合作协议，市三院与商业健康保险公司的合作，是公立医院与社会资本、与专业健康保险合作的开拓性的创新，也是探索城市公立医院改革的举措，具有相当的前瞻性和创新性。

（徐玉国）

妇幼保健
Maternal and Child Health

【概述】 贯彻落实《江苏省实施〈中华人民共和国母婴保健法〉办法》，以组建妇幼健康医联体为载体，以推进分级诊疗服务体系为抓手，防治妇女儿童疾病，降低孕产妇死亡率、婴儿死亡率和出生缺陷发生率。2016年，超额完成省市下达妇幼重大公共卫生项目任务，免费婚检率95.82%，孕产妇、7周岁以下儿童保健管理率分别为99.30%和98.41%，孕妇产前筛查率91.07%，新生儿遗传代谢疾病筛查率99.02%，新生儿听力筛查率99.46%，婴儿、5周岁以下儿童死亡率分别为2.09‰和2.55‰，出生缺陷发生率为2.25‰。艾滋病、梅毒和乙肝母婴阻断项目"一人一档"管理台账全市首创，9个镇级卫生院妇幼健康规范化门诊建设通过市级验收，总数全市第一，区妇幼保健所荣获市总工会"五一巾帼标兵岗"。

【组建妇幼健康联合体建设】 4月，依托医疗服务体系，根据市级妇幼健康联合体方案要求，由区妇幼保健所为龙头，联合各镇（街道）卫生院、卫生服务中心，全面启动妇幼健康联合体工作。通过派业务人员到市妇幼保健院参加业务培训、学习，共同开展《托幼机构防控工作调查研究》科研合作项目，开展高危儿转诊、产前筛查结果阳性病例转诊，协助市新生儿疾病筛查中心可疑阳性患儿召回等具体形式，优化妇幼健康服务资源，提升区级妇幼健康队伍业务素质和管理水平。发挥区级幼健康机构的纽带作用，积极探索与基层合作模式，在潘黄、冈中、学富等卫生院进行多方面、多层次、广深度、多元式合作试点，通过技能培训、专家督导、派业务骨干到基层蹲点指导服务，接受基层卫生院学习进修等多种形式，丰富区级妇幼保健机构管理和技术骨干基层工作经验。6月3日、7日，分别组织全区儿保医生到区幼儿园、希望幼儿园开展"六一"儿童大体检观摩活动，持续增强基层妇幼保健服务能力。

【强化妇幼健康分级服务工作】 全区全年孕产妇和7周岁以下儿童保健管理率分别为99.30%和98.41%，其中孕产妇产筛高危转诊89人，中危转诊476人，高危儿转诊800人；29项遗传代谢疾病筛查率99.02%，其中苯丙酮尿症（PKU）阳性召回4人，先天性甲状腺功能减低症（CH）阳性召回273人，先天性肾上腺皮质增生症（CAH）阳性召回85人，串联质谱检查标志物及疾病（MS/MS）阳性召回108人，共确诊种类阳性18人。

【创建基层妇幼健康规范化门诊】 7月21日，召开全区基层医疗机构妇幼健康规范化门诊建设工作会议，下发规范化门诊标准，对妇幼健康规范化门诊建设标准等进行专题培训。10月12日，区妇幼保健所组织人员对全区基层医疗卫生机构妇幼健康规范化门诊建设工作进行考核评审。年内，9个镇（区、街道）卫生院妇幼健康规范化门诊通过市级验收，总数全市第一。妇幼健康规范化门诊的建设为广大妇女儿童创造更加安全、规范、温馨、舒适的服务环境，确保全区医疗保健服务能力不断提升。

【开展妇幼重大公共卫生服务项目】 全区全年农村孕产妇住院分娩补助3717人，农村妇女免费补服叶酸4366人，年度目标完成率分别达172.88%和160.51%。孕产妇三项疾病血清学检测率达100%。对查出的2例HIV感染孕产妇及时采取母婴阻断干预措施；27例梅毒孕产妇及所生儿童进行规范治疗和管理；226例乙肝HBsAg阳性孕产妇所生儿童在出生12小时内免费接种乙肝免疫球蛋白，母婴阻断率达100%。在提供干预措施，开展咨询、随访等相关服务的基础上，对每位HIV、梅毒和乙肝阳性孕产妇和所生儿童均建立一份档案，包括基本信息、随访记录、治疗情况和转诊等，实行“一人一档”管理，有效提高项目实施质效。

【加强爱婴医院管理】 年内，调整全区高危孕产妇和新生儿急救绿色通道管理组织，制定急救绿色通道“会诊”“转诊”流程。对全区部分基层医疗机构产科质量和服务安全开展专项突击检查，对发现的存在问题，现场进行指导，提出改进措施，要求限期整改到位，保证产科质量安全，维护母婴健康。采取听汇报、查资料、现场察看、电话回访、医务人员考试、满意度调查的方式，对全区15家助产机构爱婴医院建设、助产技术服务质量进行复核和评价。组织开展三年一度的医疗卫生机构助产和计划生育技术服务人员换证考核工作，全区153人通过考核。

【开展春秋季幼儿园卫生安全专项检查】 3月、9月，区妇幼保健所联合区教育局职能科室、区疾控中心和卫生监督所开展春秋季幼儿园卫生安全专项检查，督促基层开展“六一”儿童大体检，组织人员到基层幼儿园为区、镇两级学龄前儿童进行龋齿防治和视力屈光筛查，同时现场进行口腔与眼保健知识宣传等服务，对保护学龄前儿童身心健康发挥积极作用，完成1550名幼师体检和健康证年检任务。

【落实出生缺陷三级预防综合措施】 全区免费婚检工作保持良好运转态势，全年免费婚检6280人、婚检率95.82%；疾病检出2556例、检出率40.70%。产前筛查率稳步提升，区妇幼保健所对唐氏筛查系统进行全面升级，新增孕妇雌三醇（uE3）测定项目。全年有3896名孕妇接受产前筛查，筛查率达91.07%；新生儿遗传代谢疾病筛查继续保持高质量、高筛查率。29项遗传代谢疾病筛查8772人，筛查率达99.02%，确诊高胱氨酸尿症1人，先天性甲减2人，高TSH血症12人，原发性肉碱缺乏症1人，苯丙酮尿症2人。新生儿听力筛查8807人，筛查率达99.41%，确诊先天性耳聋19人，确保患儿得到及时康复治疗、避免残疾发生。（侍瑞军）

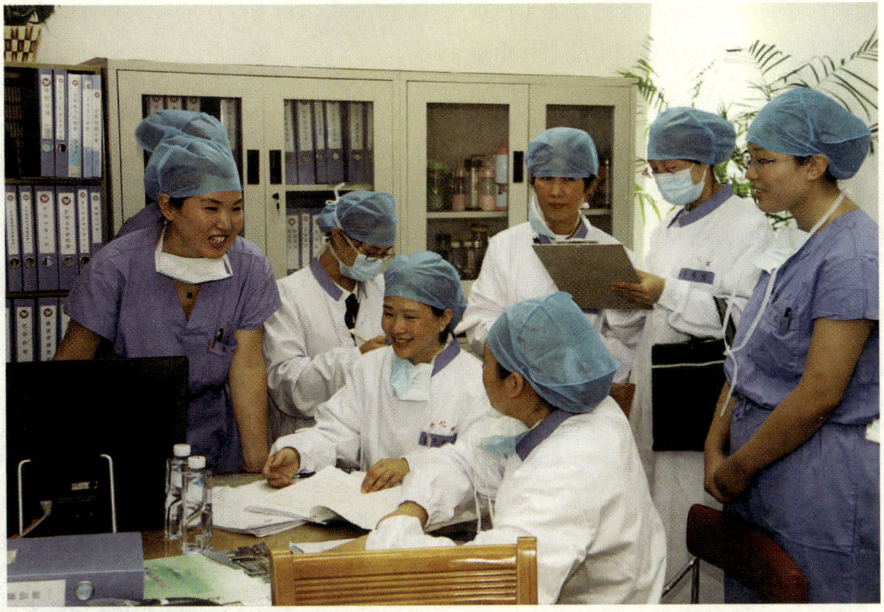

省卫计委专家组对市三院进行“三甲”医院现场评审

疾病控制
Disease Control

【概述】 探索疾控职能由“以疾病为中心”向“以健康为中心”转变的新路子，提升科学管理水平，圆满完成年度各项工作任务。全年报告乙类传染病12种，计835例，发病率 117.9/10万，比上年同期上升3.75%。成功处置H7N9禽流感和盐城本土首例布鲁菌病疫情。在全国率先启动预防接种异常反应补偿保险试点工作，接受国家卫计委疾控局、省卫生计生委相关专家的调研指导，试点经验在全国预防接种异常反应补偿保险推进会推广介绍。代表全市接受省预防接种规范化管理专项考核。省卫计委调研盐都区承担的传染病监测预警项目工作，传染病监测报告信息系统运行情况得到省专家肯定。顺利通过职业健康体检机构资质续展现场省级技术考核。分别建成区农村饮水水质检测中心和食品安全风险监测中心。完成公共卫生服务省级创新试点糖尿病筛查项目现场工作。巩固全国慢性病综合防控示范区创建成果，举办“万步有约”职业人群健走激励大奖赛，联合市卫生技术学院启动“社区健康学院”创建工作。承载省寄研所2016年试点地区蚊媒监测工作。强化卫生应急处置能力建设，在全区开展5类模拟突发疫情“应急演练家家到”考核竞赛和卫生应急技能理论、现场竞答比赛。

【启动糖尿病筛查项目】 3月29日下午，召开基本公共卫生服务省级创新试点项目——糖尿病筛查启动暨培训会议，省健康教育所所长李小宁、省公共卫生服务指导中心副主任宋俐，南京中大医院、市疾控中心、区卫生局、区疾控中心有关负责人和专家，大冈、潘黄和龙冈三个项目点近60名业务技术人员参加会议。启动仪式上，区疾控中心项目负责人介绍项目背景、目标、实施过程和要求，省健康教育所专家解读糖尿病基线调查的方案、现场操作等内容，并与三个项目镇的参与人员就项目相关细节内容进行讨论交流。

【启动健走激励大奖赛】 6月4日，全国首届“万步有约”职业人群健走激励大奖赛盐都分赛区启动仪式在世纪公园举行。启动仪式由区政府办副主任袁志红主持，区委常委、副区长张云云，区交通运输局局长顾勇、区卫生计生委主任蔡金道、副主任武晴、区疾控中心主任李志勇等出席。区卫计委、交运局、教育局、疾控中心4个参赛单位150余名参赛队员参加启动仪式。

【水质检测中心建设项目通过验收】 盐都区水质监测中心建设项目建设自2015年7月启动，按照实施方案的要求，完成设备购置、人才招聘、经费配套等各项建设工作，7月29日，区发改委、财政局、水务局、卫计委等部门联合组成验收组，对盐都区农村饮水安全工程水质检测中心建设项目进行现场验收，通过听汇报、看资料、现场查看等形式，原则通过验收，可以投入使用，标志着全区农村饮水安全工程水质检测迈上新阶段。

【省卫计委传染病监测预警项目工作】 8月4日，省卫计委应急办主任顾帮朝率省疾控中心信息所和急传所专家一行五人在盐都调研传染病监测预警项目工作。调研组分别听取区疾控中心、市三院传染病监测预警、报告信息系统建设情况的汇报，就"如何整合各级医疗机构监测信息，建立统一的监测预警平台，提高监测覆盖率和数据利用率"等方面进行深入讨论。

【签约共建"社区健康学院"】 9月30日，盐都区与盐城卫生职业技术学院合作创建"社区健康学院"签约暨授牌仪式在盐城卫院学术报告厅隆重举行。盐城卫生职业技术学院、市卫计委、市疾病预防控制中心、区政府、区卫计委、区疾病预防控制中心等相关部门代表及大纵湖、大冈、潘黄、滨湖四所镇级卫生院负责人出席签约授牌仪式。区委常委、统战部部长张云云与盐城卫生技术职业学院院长乔学斌为社区健康学院揭牌，并为四所卫生院授予健康社区学院分院铜牌。

【疫苗接种异常反应保险补偿试点工作】 年内，全区新建卡儿童家长告知率、投保率分别达100%、86.83%，试点工作水平在全国试点单位中处于前列。5月31日下午，国家卫计委疾控局副局长雷正龙一行在省卫计委副主任汪华、市卫计委主任徐杰和区委常委、副区长张云云等陪同下，调研盐都区一类疫苗预防接种异常反应商业保险补偿机制试点工作。11月17日，新区社区卫生服务中心作为唯一的基层单位，在全国预防接种异常反应商业保险补偿保险工作推进会上作典型经验介绍。 （胥建军）

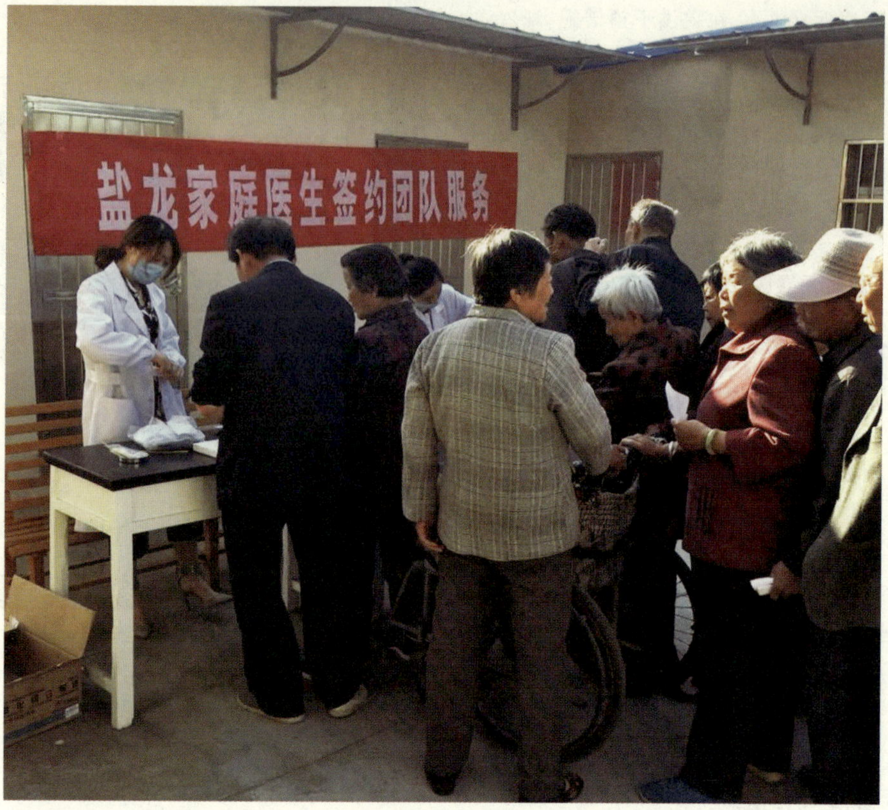

团队服务

基层卫生
Primary Health

【概述】 2016年，区政府实事工程项目安排新建村级卫生机构100个、改扩建14个，实际安排新建121个、改扩建9个，超出市下达目标60个。区、镇、村组织投入4771万元用于村级卫生机构标准化建设，其中业务用房4291万元、设备480万元，新建业务用房22185平方米、改扩建1588平方米。同时，区财政按每个村卫生室（站）每年1万元的标准，落实村级机构运行经费240万元。

【组织实施公共卫生服务】 年内，组织实施12大类46项基本公共卫生服务、6项重大公共卫生服务，按人均50元标准落实基本公共卫生服务项目补助，全区投入3208.5万元。实施省基本公卫服务创新试点项目——糖尿病重点人群筛查，探索新型健康干预模式，在大冈、潘黄和龙冈3个镇（区、街道）组织1200户健康居民开展专项体检，糖尿病前期人群检出率达30.2%、确诊糖尿病患者检出率为5.1%。

【推进家庭医生契约式服务】 11月，制定下发《关于推进家庭医生签约服务工作的通知》（都卫〔2016〕125号），专题召开家庭医生签约服务推进工作会议。落实"坚持团队服务、实行示范引导，明确服务范围、转变服务方式，严格财务管理、强化绩效考核"等措施，改变"坐堂行医""单纯治病"模式，创新服务为"主动上门""健康管理"。全区全年共组建健康服务团队98个，完成个性化签约89891人，其中初级包57282个、中级包26985个、高级包5624个，村级签约服务覆盖率93.5%，常住人口签约率14.01%、重点人群签约率29.64%，家庭医生签约服务覆盖率处于全市前列。

【推进示范机构创建】 全区全年共创成国家满意卫生院1所、省示范乡镇卫生院1所、省家庭医生服务模式创新单位1个、省乡镇卫生院特色科室1个、市基层医疗卫生机构特色科室5个、省示范村卫生室11个，全区年度和总计创成的示范、特色机构总数位列全市第一。

【遴选基层骨干人才】 经基层筛选、申报和区审核、公示等，10月，下发《关于确认曾连森等46名同志为2016年度区基层卫生骨干人才的通知》(都卫〔2016〕104号)，全区共确认基层卫生骨干人才46名，其中29人被省卫计委确认为2016年省优秀基层卫生骨干人才。

【精神疾病防治工作】 全年累计为3170名精神疾病患者提供免费门诊治疗，发药7500余人次，为170名重性精神疾病患者提供免费住院治疗，全区精神疾病治疗率较实施免费治疗项上升52%；重性精神疾病检出率4.37‰，省信息系统登记在册患者3099人，在管3045人，患者管理率98.3%、规范管理率96.8%、服药率72%、稳定率98.5%。

【省重点专科建设工作】 3月，市三院医学检验科、消化内科顺利通过省卫计委评审，被确认为"江苏省省级临床重点专科"，成为市三院第二批省级临床重点专科，神经内科也成为"江苏省临床重点专科建设单位"。至年底，市三院共有4个省级临床重点专科和1个建设单位，在全省同级医院中名列第一。

【市三院科研论文成果】 年内，市三院医师潘平雷负责申报的《原发性不宁腿综合症脑功能网络的节律性变化研究》被列为国家自然科学基金资助项目(青年科学基金项目)，直接资助经费18万，为市三院首次获得该类项目资助。崔玉宝博士论文"Transcriptomic/proteomic identification of allergens in the mite Tyrophagus putrescentiae"在全球知名杂志《Allergy》在线刊出。承担省级科研项目7项，创历史新高；同时SCI论文的影响因子大幅提高。论文合计268篇：SCI论文15篇，中华牌期刊6篇、核心期刊70篇、省级期刊160篇、编书17本(基本作为主编和副主编参加撰写工作)，获市自然科学优秀学术成果奖17项。

(徐玉国　孙加权)

新型农村合作医疗
New-type Rural Cooperative Medical Care

【概述】 2016年，区新农合工作围绕医改目标，不断提高保障水平，推进新农合基金监管方式方法的创新，确保新农合基金的平稳安全运行。

【提升新农合受益面】 年内，新型农村合作医疗筹资标准为580元(全市最高)，其中各级财政补助标准为440元、个人参合资金为140元。全区参合人员532484人，其中农村低保、五保等民政救助对象15224人，重度残疾人员4325人的个人参合资金全部免交，均由区财政安排，实现新型农村合作医疗保险百分百全覆盖。全年有219.01万人次得到医药费补偿29228.34万元，其中213.49万人次得到门诊医药费补偿7071.48万元，5.52万人次得到住院医药费补偿22156.85万元；未病保险、民政救助)的有5109人，计12942.5万元，个人最高补偿52.4万元。精神病患者免费治疗10281人次。重大疾病补偿 1006人、4828人次，计2591.34万元；大病保险赔付2433人、10399人次，计928.44万元。

【推进基金管理方式改革】 年内，改进基金分配监管方式，新农合基金支付方式继续推行"双指标分配"模式，基金总额在提取风险金和大病保险基金后，镇级基金分配指标按各镇参合人口全额核定到镇卫生院，区级及区外基金支出落实给市三院实行"总额包干"。区合管办每月对各医疗机构基金运行情况进行动态监控，对基金使用情况进行每月通报、超常行为及时预警纠错。基金按照实际结报情况，实行专款专用，超支自付，资金往来当年结清，全年基金结余717万元。推行按床日付费制改革，做到病种全覆盖；在盐都二院试点扩大按病种付费范围。开放民营医院定点，落实非公立医疗机构和公立医疗机构享受同等待遇的政策。

【强化医疗服务行为监管】 年内，对规范就医住院、检查检验、用药控制、耗材使用和优化服务等作出详细规定，从制度上遏制过度检查检验、过度用药等不合理诊疗行为的发生。完善省内联网定

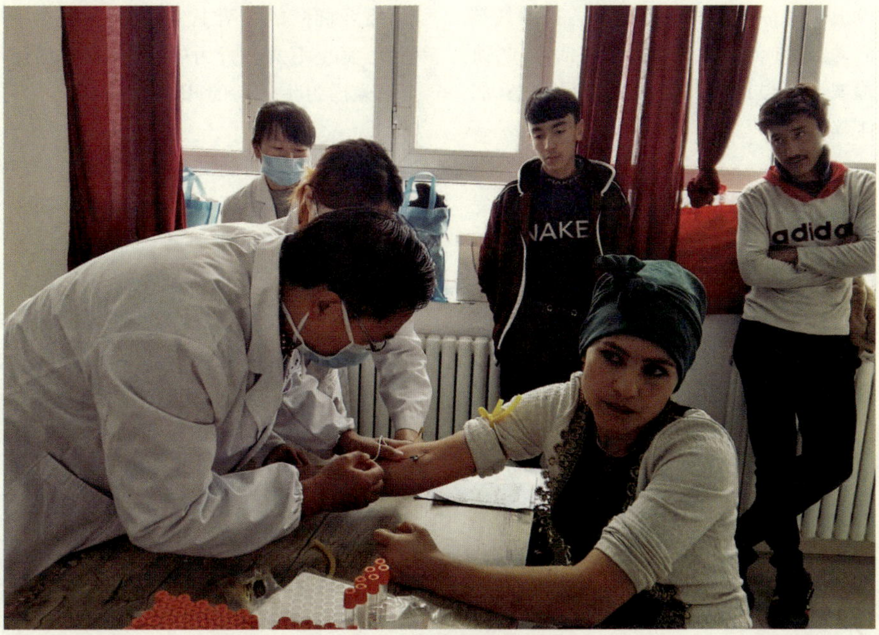

盐都区援疆医疗队为当地群众开展全民体检

群众，减轻群众负担。全面实施凭居民身份证读证就诊制度（18周岁以上人员），有效地防止就诊卡被冒用、被盗用等现象的发生，维护参合群众的权益。推进网络平台实时监管，开展违规违纪现象专项督查，对大处方、盗刷卡等违规违纪的责任单位、责任人进行处罚。加大考核力度，调整“医疗总费用、月基金支出额、次均住院费用、住院人次、转诊率、药占比、实际补偿比以及药品费用零增长”八项指标，实行按月百分考核，考核结果与院长的奖惩相挂钩。

【加强违规违纪现象查处力度】 全年共查处冒名顶替就医、村卫生室违规录入身份证号骗费等违规行为20批（人）次，追回被套取的基金和处罚计100506.25元，下发处罚通知16份；意外伤害督查，发现应由第三方责任人赔付而要求补偿的44件，总额达168.53万元，予以拒报。

（徐庚祥）

爱国卫生
Patriotic Health

【概述】 全区爱国卫生工作以创建国家级卫生镇和省、市卫生镇、村活动为龙头，以农村改厕为抓手，积极开展城乡环境卫生整洁行动和健康教育、控烟禁烟活动，倡导全社会健康文明生活方式，改善城乡环境面貌，打造和谐、绿色、宜居盐都。

【创建国家卫生镇和省市卫生镇村】 完善爱国卫生组织管理，健全爱卫组织网络，从组织体系上，保证爱卫工作顺利开展。研究制定创建工作方案，把创建卫生镇、村工作纳入年度考核目标和责任状，切实加强对创建工作的组织领导，保证创建工作的有序进行。以改善镇、村环境面貌，提高环境卫生管理水平为目的，以加强镇、村环卫基础设施和建立长效管理机制为重点，全面开展创建国家级卫生镇和农村创建卫生村(居)工作。6月3日，全市卫生镇创建暨农村卫生改厕现场推进会在大纵湖镇成功召开。楼王镇、郭猛镇、尚庄镇创成国家卫生镇。区交运局申报创省健康单位，大纵湖镇三官村申报创省级健康村。

【完成农村改厕年度目标任务】 年内，省市下达全区农村改厕任务数12000座，区爱卫办根据各镇申报情况，经过调研论证确定24个村为农村改厕项目村，并报市爱卫办确认。6月，区爱卫会印发《盐城市盐都区2016年农村卫生改厕工作实施方案》，将任务落实到11个镇24个项目村，明确农村改厕的目标任务和要求。省爱卫办组织人员，对全区农村改厕工作进行调研指导，参观龙冈镇大吉村、秦南镇贺家驿村的改厕工作现场。至10月底，全区共完成农村改厕任务12022座，完成年度任务的100.18%。

【开展爱国卫生月活动】 以“人人参与爱国卫生，携手共建健康盐城”为主题，全区全年共悬挂过街宣传横幅256条，发放各种宣传资料85480份。巩固发展无烟医疗卫生系统创建成果，开展“无烟医疗机构随手拍”活动，利用网络力量监督和促进无烟医疗卫生系统全面禁烟。发挥基层组织的作用，发动镇（区、街道）、社区（村）有针对性地开展宣传。以学校、托幼机构及流动人口聚居地等地区和人群为重点，通过动员群众参与义务清扫、志愿劝导、“小手拉大手”“门前三包”等活动，增强群众的文明卫生意识，营造全民监督、制止不文明行为的社会氛围，促进全区爱国卫生运动的开展。

【开展病媒生物防制工作】 年内，爱卫办统一部署、积极开展春秋季灭鼠工作。印发《关于开展春季突击灭鼠活动的通知》，为全区灭鼠统一投药奠定基础。区疾控中心严格按要求进行投药前的鼠密度监测和对投药人员进行灭鼠技术培训。按照规定的时间，开展病媒生物防制知识宣传20次，清除四害孳生地186处，组织药物灭杀20次，完善防制设施247处，监督机构开展病媒生物执法检查1次，参加“清洁家园、除害防病”活动125人，并发动单位职工和社区群众，积极开展环境卫生综合整治，铲除鼠类栖息场所。通过活动，消除四害孳生地，将密度控制在国家标准以内，预防和减少病媒生物传播性疾病的发生流行。

【加强水质监测工作】 为掌握全区农村饮用水水质动态变化，保证农民喝上安全、卫生水，根据省监测方案的要求，农村饮用水监测在除盐渎街道外的18个镇（区、街道）共设置72个监测点，监测项目34项。自备水的学校共设置2个监测点，监测项目33项。城市饮用水由城西水厂地面水厂供水，根据供水范围和供水人口，共设置8个监测点，水样类型涵盖末梢水和二次供水，监测项目34项。制定严格的水质检测管理制度和实验室管理制度，确保群众饮用到干净卫生的水。

【推进健康教育工作】 全区全年更换健康之窗等宣传画3000余张，并及时收集更换图片归档。定期开展健康巡讲活动，全年开展镇村级各类健康巡讲1765次，内容涵盖中国公民健康素养66条，高血压、糖尿病等慢性病防治知识，结核病、艾滋病等传染病防治知识等。加大健康宣传资料入户工作力度，区级自编自制12种宣传折页，共计60万份，确保每季度资料入户率100%。按照年度宣传计划开展重大卫生节日宣传活动，区、镇组织开展街头宣传、义诊咨询等活动共计240余次，深入街头、社区面对面传播健康知识。

（薛有虎　张　辉）

医　疗
Medical Treatment

【概述】 2016年，区镇两级有医疗机构21所，其中三级医院1所：市三院；二级医院2所：盐都区第二人民医院、盐都区中西医结合医院；专科疾病防治院1所：区精神病防治院；卫生院13所；社区卫生服务中心4所；村级卫生室187所；社区卫生服务站62所。厂矿企业医务室（所）25所。辖区内有民办医疗机构1所：东方妇产医院。区、镇两级有卫技人员2945人

(其中高级职称513人、中级职称761人、初级职称1671人),有执业(助理)医师1944人,执业护士1484人,其中,有从事中医药工作的143人。村级有乡村医生859人。区镇两级医疗机构共开设病床2942张。区镇两级医疗机构门诊237.25万人次,住院 86176人次,实施各类手术28723台(次)。

【"复明工程"项目】 "百万贫困白内障患者复明工程"项目是卫计委、财政部和中国残联共同牵头,是列入国家医改的重大公共卫生的服务项目。市三院作为"百万贫困白内障复明工程"定点医院之一,全年共为149名老年患者开展白内障复明手术,让他们重见光明。

国家中医药管理局对盐都全国基层中医药工作先进单位复审

【承担全国大型公益聋人婚育指导项目】 3月16日,"爱要让你听见——聋人婚育指导项目"江苏省启动仪式在市三院举行,盐城成为全国首批试点城市,也是江苏唯一的试点城市。市三院作为全省唯一一家承担该项目的医疗机构,将与盐城市残联深入基层共同完成此项目的实施任务,广泛动员育龄聋人参加检测,并加大优生优质知识的宣传教育力度,完成辖区内适龄听障婚育人群致聋基因筛查,以达到残疾预防的目的。

【住院患者预约出院服务】 市三院经过前期深入调研、可行性讨论,在前期充分准备的基础上,自5月1日起,在全院推行"住院患者预约出院、优化出院流程服务"。医生在患者出院前一天将准备好出院小结、诊断书、门诊病历等资料,出院当日医生将患者的相关资料主动递交患者,患者出院时直接到住院处结账,打印费用清单就可以直接离院。

【全力救治"6·23"特大风灾伤病员】 6月23日阜宁、射阳等地突发龙卷风冰雹严重灾害,造成重大人员伤亡和财产损失,大批危重伤员转送至上级医院进行救治。下午4点,市三院立即启动突发事件卫生应急一级响应机制,第一时间调集人员、物资、车辆,全面做好接收伤病员紧急医疗救治的准备工作,并于下午6点组建好随时出发支援灾区的医疗队。共接收伤病员总计98人(南院39人,北院59人)。全院数十名党员、团员结对对受伤住院患者进行心理疏导;全院职工响应"向灾区伸出一双援手,为灾区人民献出一份爱心"的倡议,捐款50多万元。

【市三院"互联网医院"上线】 7月7日,市三院"互联网医院"正式上线。关注"盐城市第三人民医院"的微信公众号,就可以在手机上进行智能导诊、在线预约、移动支付等操作,就诊结束后可对就诊医生进行服务评价,直接查询历史检验记录、就诊记录。市三院"互联网医院"的上线让全市老百姓真正享受到"互联网+医疗"带来的便捷服务体验,提高医疗服务的便利性,提升医院的整体服务质量。

【市三院成为"慈心工程"唯一指定治疗医院】 "慈心工程"救治对象是盐城市新农合统筹地区0~18周岁的参合的先心病患儿;以及患有瓣膜疾病的市新农合统筹地区或城市低保人员。市三院是盐城市实施医疗扶贫'慈心工程'的唯一指定治疗医院。医院专门投入250多万元添置心脏超声检查设备、儿童心脏手术专用器械,并专门从上海采购回带有肝素涂层的人工肺设备,强化"慈心工程"的硬件基础。

【为企业退休人员进行免费健康体检】 为落实区政府《关于实施2016年为民办实事项目的通知》精神,关心和爱护广大企业离退休人员的身体健康,自10月中旬起,各镇(区、街道)中心卫生院、区二院、中西医结合医院,与人社部门通力协作,为1.6万余名纳入社会化管理的镇(区、街道)企业退休人员免费健康体检。

【完成国际公路自行车赛医疗保障任务】 11月2日,中国盐城沿海湿地国际公路自行车赛在盐城市举办。区卫计委成立医疗保障工作领导小组,制定医疗保障工作方案,定点医疗医院市三院和滨湖卫生院开通"绿色通道",各基层医疗机构成立9个现场医疗保障小组,在赛道沿线分段包干负责,完成国际比赛的医疗保障任务。

(孙书全 孙加权)

中 医

Chinese Medicine

【概述】 围绕医药卫生体制改革和卫生重点工作,以依法行政、依法监管、规范执业为重点,以"改革、发展、服务、监管"为主题,着力推进分级诊疗、双向转诊制度建设,努力改善医疗服务,不断提高医疗质量,切实保障医疗安全,全力提升医疗机构的综合服务能力和服务水平，各项工作按时序进度稳步推进。以方便群众就医、减轻患者负担为出发点，以健全服务体系、提升资源效率、提高整体水平为目标，积极推进卫生院医疗“正面”清单、二级医院“负面”清单和三级医院“托底”清单等“三项清单”制度工作的落实。以开展基层医疗机构服务能力提升活动为载体，建立健全以质控网络、督查考核、人员培训、资料建设为依托的医疗机构基础管理体系。以处方质量、住院病历评审、门急诊管理、护理工作、医院感染管理等工作为重点，定期不定期组织对基层医疗机构进行督查指导，夯实医疗质量控制与管理的基础。组织“三基”抽考、住院病历评审、急诊工作突击检查、抗菌药物合理使用、麻醉精神药品管理互审、检验科室间质控等18项质量管理活动。加强重点科室院内感染管理，实行医疗废物分类收集、集中贮存、集中处置。开展平安医院创建，加强医患沟通，畅通投诉渠道。全区20家一级以上医疗机构全部参加医疗责任保险，投保总金额256.82万元，充分利用保险等手段，化解医疗风险。年内发生的医疗纠纷得到妥善处理。继续组织实施中医药服务能力提升工程，大力推进基层中医药服务能力建设，建成13个中医药综合服务区(中医馆)，顺利通过全国基层中医药工作先进单位复审。

【推进分级诊疗和医联体改革】 年内，根据省卫计委《关于推进分级诊疗制度建设的实施意见》《盐城市分级诊疗实施办法》等文件精神，制定《盐都区推进分级诊疗制度建设实施方案》。依托区域卫生信息平台，以市三院医疗联合体为载体，健全完善分工协作机制，在“技术支持、远程会诊、双向转诊、人才培训、业务管理、信息共享”6个方面合作，基层首诊、双向转诊、急慢分治、上下联动的分级诊疗医疗服务模式初具规模，促进优质医疗资源下沉，让群众在家门口就能享受到城市优质医疗资源。“1+6X纵向医联体建设与管理实践研究”成为江苏现代医院管理研究中心研究课题。

国家卫计委调研盐都预防接种异常补偿保险工作

【援助察布查尔县全民体检工程】 11月27日，组建援助新疆伊犁州察布查尔县全民体检医疗队，区医学会秘书长祁俊带队，抽调6名医务人员，携带3套B超和心电图机等医疗设备，在察布查尔锡伯族自治县开展为期近一个月的扶贫攻坚医疗援助。队员们与察布查尔同行一起，进社区、进乡村、进企业、进学校，完成3800多人次的全民健康体检任务，得到察布查尔县委县政府表彰。在察布查尔期间，队员们出资7000元，购买棉衣、棉鞋等防寒物品，到察布查尔县阔洪奇乡琼塔木村牧业学校开展“盐察一家亲，送温暖，献爱心”大礼包捐赠活动，受到当地少数民族群众的好评。祁俊撰写的《援疆日记》，通过微信朋友圈、“察布查尔零距离”和当地电视台的宣传报道，引起较高的社会关注度。

【通过全国基层中医药工作先进单位复审】 召开复审迎评动员大会，开展评审细则的学习培训，组织相关单位负责人到外地参观学习。对照“全国基层中医药工作先进单位建设标准”，围绕“服务更可及、能力有提高、群众得实惠”工作目标，推进基层中医药服务能力建设，开展迎接复评工作。6月2日，接受全国基层中医药工作先进单位复审，资料准备和区二院、中西医结合医院、大冈中心卫生院以及学富车林村、潘黄宝才村5个现场得到专家组的高度评价，通过全国基层中医药工作先进单位复审。

【推进基层医疗机构中医馆建设】 年内，规范建设标准，加大资金投入，强化服务内涵，全力推进建设工作。全区13家基层医疗机构建成中医临床科室集中设置、多种中医药方法和手段综合使用、中医药文化氛围浓郁并相对独立的中医馆(中医药综合服务区)。

【区人大调研全区中医药事业发展情况】 9月12日，区人大对全区中医药事业发展情况进行调研。调研组组织相关医疗卫生机构、镇(区、街道)负责人进行座谈，现场视察区中西医结合医院中医药工作。调研组充分肯定区卫计委四个方面的成绩，包括强化组织领导、合力保障中医药事业健康发展，突出特色发展、不断健全中医药服务网络体系，推进内涵建设、着力提升中医药服务能力水平，深化惠民服务、传承弘扬中医药传统文化等，对中医机构标准化建设、人才培养等工作提出要求。

(孙书全　祁　俊)

体　育

Sport

◆体　育

体　育

Sport

【概述】 2016年，全区体育工作着力构建和完善公共体育服务体系，不断满足城乡人民日益增长的体育健身需求，全民健身、青少年体育、体育产业等体育事业发展态势良好。

【全省县级体育重点工作考核获大奖】 盐都是省县级体育重点工作考核单位。全区公共体育服务体系日趋完善，竞技体育实力不断增强，阳光体育活动深入开展，各类体育产业不断发展。5月，省体育局公布全省县级体育重点工作考核结果，盐都区总分87分，名列全省前列，苏北第五、全市第二，获省政府表彰，奖金7万元。

【公共体育服务体系建设领先】 年内，加强公共体育设施建设，建成全市城市社区10分钟体育健身圈，镇、村公共体育设施覆盖率达100%，4个镇建成符合省新定标准、体现盐都特色、深受百姓喜爱的健身广场。推进市政府实事工程体育休闲设施项目建设，新增健身步道50.5千米，全区万人拥有公共体育设施面积达3.27万平方米，社会体育指导员数量、比例和经常参加体育锻炼人口比例稳步提高，群众体育“一镇一品”“一村一队”新特色初步形成。

【体育发展】 年内，形成区镇村(社区)三级全民健身网络，4个镇健身广场交付，特定假日体育场馆免费开放形成制度。常规体育赛事常态化推进，中国盐城沿海湿地国际公路自行车赛彰显盐都魅力。竞技体育成果丰硕，参加各类竞赛共获奖牌135枚，其中金牌45枚。龙冈小学培智校乒乓球队参加全国特奥比赛，3人共获4金1银。5所学校成为全国青少年校园足球特色学校，1所幼儿园成为省首批足球特色幼儿园，年内，参加市首届中小学生运动会，取得团体总分、男子团体总分、女子团体总分三项第一。

【举办庆“三八”妇女运动会】 3月5日，盐都区庆“三八”妇女运动会在区体育中心举行，区直19个部门和单位260名运动员参加踢毽、跳绳、乒乓球、羽毛球等活动项目的比赛。

【校园足球成为区域特色】 盐都区是省教育厅确认的全省首批、全市唯一的校园足球试点区。全区加快校园足球普及，5所学校成为全国青少年校园足球特色学校，1所幼儿园成为省校园足球特色幼儿园。成功举办第二届“区长杯”校园足球联赛，共组织328场比赛，校园足球逐

乒乓球赛

步成为全区青少年阳光体育活动的新亮点、新品牌。

【备战省十九届运动会】 备战省十九届运动会，沈明月获2016年江苏省青年击剑冠军赛个人第一名。毓龙路实验学校参加全省中小学篮球比赛获男子第一名、女子第六名。毓龙路实验学校承办的01、02男队在参加全市青少年校园篮球联赛获得冠军，01、02女队参加市青少年校园篮球联赛获得冠军，5月，07、08男队在市小学校园篮球比赛获得本组别冠军。神州路小学女子“07、08组别”训练队在市校园篮球联赛总决赛中取得第一名。全市中小学生羽毛球比赛总分第二，获7块金牌。全市中小学生乒乓球比赛包揽金牌总数、奖牌总数和团体总分三项第一。全市中小学生田径比赛初中组第五、小学组第二、高中组第四。省县组田径比赛总分79分，第二赛区排名12名。全市中小学生游泳比赛，获4块金牌，4块银牌，总分全市第四名。全市中小学生举重比赛获7块金牌、8块银牌，团体分190分，金牌总数和团体总分均列全市第三名。

【参加省全民健身运动会】 10月，组队代表盐城市参加省第七届全民健身运动会体育舞蹈和拔河比赛。在拔河比赛中，盐都代表队夺得男子第五名、女子第三名。在体育舞蹈比赛中，盐都代表队获得青年组华尔兹等5个组别的优胜奖和17个优秀奖。

【省级体育传统项目学校创建】 在2016年新一届省体育传统项目学校创建评估中，市教育局、体育局向省推荐20所学校，市一中（篮球）、毓龙路实验学校（篮球）、市二小（乒乓球、田径）、龙冈小学（乒乓球）、郭猛实验学校（足球）等5所学校顺利通过市级评估，接受省验收。

【参加全市首届中小学运动会】 11月5—6日，全市首届中小学生运动会在滨海县第一初级中学开赛，盐都代表队63名运动员参加全部12个大项的比赛，获团体总分、男子团体总分和女子团体总分三个项目的第一名，团体总分651.5分。其中，小学男子团体、女子团体，初中男子团体、女子团体均获第一，高中男子团体第三，女子团体第二，所有参赛选手都获名次。比赛共设三个组别72枚金牌，区代表队共获金牌25枚。

篮球赛

【承办国际公路自行车赛】 11月2日，中国盐城沿海湿地国际公路自行车赛在盐城举行，区政府为承办单位之一。比赛起点为盐城东方集团东方公园广场，终点设在大纵湖旅游度假区的东晋古城，赛程总长151千米。比赛有19支全球知名的自行车UCI洲际职业队、洲际队和“一带一路”途经国家或地区的绝大部分职业自行车队177名运动员参赛，比赛圆满成功。

【省全民健身运动会最佳创意奖】 8月，区第十届“万达华府杯”乡镇全民健身运动会，在省第七届全民健身运动会系列活动中，获最佳创意奖，获得奖金2万元。

【举行中小学校篮球比赛】 6月19日和12月12日，盐都区中小学生篮球比赛分别在郭猛实验学校和毓龙路实验学校落幕。比赛为期4天，分预赛和决赛两个阶段，全区16所学校共派出21支代表队分别参加小学和初中男、女组别的比赛。市二小、郭猛实验学校、秦南小学分获小学男子组前三名，毓龙路实验学校、秦南小学、郭猛实验学校分获小学女子组前三名。毓龙路实验学校、神州路初级中学、区实验学校分获初中男子组前三名。毓龙路实验学校、区实验学校、郭猛实验学校分获女子组前三名。

【举办区级机关运动会】 11月25日，成功举办区级机关运动会，运动会由区委办、政府办、机关事务管理局和区教育局主办，市一中、盐都实验学校承办。比赛设拔河、中国象棋、乒乓球、8字跳绳、羽毛球、游泳、螃蟹背西瓜、腿夹球跳混合接力8个项目，33家机关单位500余名干部职工报名参加比赛。

【举行中小学足球、篮球教练员培训班】 8月19日和8月26日全区中小学足球、篮球教练员培训班分别在神州路初级中学、毓龙路实验学校举行。培训班分别邀请上海足球专家和市体校的篮球训练能手授课，培训内容主要包括少儿足球基本功训练，如基本技、战术配合和足球训练理论，以及篮球的基本功训练，如基本技、战术配合等。

【举行中小学生田径运动会】 10月15—16日，全区中小学生田径运动会在腾飞路实验学校举行，运动会共设置小学男、女，初中男、女，高中男、女等6个组别，全区48所中小学的700多名运动员参加100米、400米、800米、1500米、

4×100米接力、4×400米接力、跳高、跳远、铅球、1分钟足球颠球、1分钟跳绳等项目的比赛。市二小、毓龙路实验学校、大冈小学分获小学组团体总分前三名；神州路初中、毓龙路实验学校、楼王初中分获初中组前三名；龙冈中学、大冈中学、时杨中学分获高中组前三名；市二小等11所中小学校荣获体育道德风尚奖。

【举行第十届中小学生阳光体育冬季长跑活动启动仪式】 12月28日，在神州路初中举行全区第十届中小学生阳光体育冬季长跑活动启动仪式。活动旨在积极响应由教育部、国家体育总局、共青团中央联合发出的第八届全国亿万学生阳光体育冬季长跑运动的号召，认真落实“绿色生活、健康成长”理念，全面推进素质教育。

【举行第三届“体彩杯”乒乓球比赛】 12月30日，由区教育局主办、区乒乓球协会和市一中承办的2016年盐都区教育系统第三届“体彩杯”乒乓球比赛在市一中体育馆落幕，各镇(区、街道)学校和区直学校的34支代表队，150多名领队、教练员、运动员参赛。北蒋实验学校、潘黄实验学校、龙冈小学分获乡镇组前三名，市二小、区体育学校、龙冈中学分获区直组前三名。 (卞桂富)

2016年盐都籍运动员参加省级以上比赛成绩统计表

表 12

姓名(或单位)	项　目	比 赛 名 称	名 次	备 注
马新宇	击剑	江苏省青少年击剑锦标赛	第二名	
沈明月	击剑	江苏省青少年击剑锦标赛	第二名	
聂　箐	击剑	江苏省青少年击剑锦标赛	第五名	
钱海洋	击剑	江苏省青少年击剑锦标赛	第七名	
孙袁乾	击剑	江苏省青少年击剑锦标赛	第七名	
盐　城	击剑女子(01-02)	江苏省青少年击剑锦标赛	第二名	
盐　城	击剑男子(01-02)	江苏省青少年击剑锦标赛	第三名	
盐　城	击剑女子(03-04)	江苏省青少年击剑锦标赛	第三名	
盐　城	击剑男子(03-04)	江苏省青少年击剑锦标赛	第三名	
盐　城	击剑女子(99-00)	江苏省青少年击剑锦标赛	第五名	
盐　城	击剑男子(99-00)	江苏省青少年击剑锦标赛	第三名	
彭云霄	网球	省少年儿童网球排名赛(一站)	第三名	
倪安昡	网球	省少年儿童网球排名赛(一站)	第五名	
王梓莹	网球	省少年儿童网球排名赛(一站)	第六名	
沈艳阳	网球	省少年儿童网球排名赛(二站)	第六名	
王梓莹	网球	省少年儿童网球排名赛(二站)	第七名	
彭云霄	网球	省少年儿童网球总决赛	第五名	
王梓莹	网球	省少年儿童网球总决赛	第七名	
沈艳阳	网球	省少年儿童网球总决赛	第八名	
沈艳阳	网球	省青少年网球锦标赛	第七名	
程镜恒　詹子尧	网球(团体)	省青少年网球锦标赛	第五名	
周　杰	举重	省青少年举重锦标赛	第二名	
李小龙	举重	省青少年举重锦标赛	第一名	
王行璐	举重	省青少年举重锦标赛	第二名	
韦兢业	举重	省青少年举重锦标赛	第二名	
孟凡杰	举重	省青少年举重锦标赛	第七名	
女　子	乒乓球(11 团体)	省少年儿童乒乓球传统校比赛	第五名	

续表 12

姓名(或单位)	项　目	比 赛 名 称	名 次	备 注
女　子	乒乓球(9 团体)	省少年儿童乒乓球传统校比赛	第八名	
王韵嘉	乒乓球	省少年儿童乒乓球传统校比赛	第三名	
周文捷	乒乓球	省少年儿童乒乓球传统校比赛	第八名	
陈旭柯	乒乓球	省青少年乒乓球锦标赛	第六名	
谢雨桐	乒乓球	省青少年乒乓球锦标赛	第四名	
侍　静	田径(跳远)	省县组田径比赛(第二赛区)	第五名	
陈熙平	田径(100 米)	省县组田径比赛(第二赛区)	第五名	
王　璐	田径(100 米)	省县组田径比赛(第二赛区)	第二名	
王　璐	田径(200 米)	省县组田径比赛(第二赛区)	第三名	
王金玲	田径(铅球)	省县组田径比赛(第二赛区)	第三名	
王倩雯	田径(全能)	省县组田径比赛(第二赛区)	第三名	
刘正阳	田径(60 米)	省县组田径比赛(第二赛区)	第一名	
刘正阳	田径(100 米)	省县组田径比赛(第二赛区)	第四名	
刘奇波	田径(60 米)	省县组田径比赛(第二赛区)	第三名	
刘奇波	田径(垒球)	省县组田径比赛(第二赛区)	第二名	
刘正阳	田径(60)	省田径传统校(苏北区)	第二名	
成　昊	射击(手枪)	省射击个人冠军赛	第一名	
阮成鐗	射击(手枪)	省射击个人冠军赛	第四名	
李祥星	射击(手枪)	省射击个人冠军赛	第八名	
王玉成	射击(手枪)	省射击个人冠军赛	第八名	
成　昊	射击(手枪)	省青少年射击锦标赛	第四名	
阮成鐗	射击(手枪)	省青少年射击锦标赛	第八名	
陈其锐	射击(手枪)	省青少年射击锦标赛	第三名	
王玉成	射击(手枪)	省青少年射击锦标赛	第四名	
唐明明	射击(手枪)	省青少年射击锦标赛	第四名	
盐　城	射击(男团体)	省青少年射击锦标赛	第三名	
盐　城	射击(女团体)	省青少年射击锦标赛	第八名	
陈远宁	田径(铁饼)	省青少年田径锦标赛	第五名	
毓龙路实验学校	篮球(男) 篮球(女)	省青少年篮球锦标赛 省青少年篮球锦标赛	第二名 第五名	
毓龙路实验学校	篮球(男)	省中学生篮球锦标赛	第二名	
毓龙路实验学校	篮球(男)	省青少年篮球县组级比赛	比赛第一名 综合第三名	

人民生活
社会事务
People's lives & Social Affairs

- 劳动保障
- 社会救济
- 创业盐都
- 社会救助
- 就业再就业
- 双拥优抚
- 劳动工资
- 社会管理
- 劳动监察
- 婚姻家庭
- 劳动仲裁
- 权益保护
- 职业技能
- 民族宗教
- 养老保险
- 老龄工作
- 失业保险
- 关心下一代
- 医疗保险
- 诗书画社
- 工伤生育
- 防震减灾
- 收入消费
- 气象服务

劳动和社会保障

Labor and Social Security

【概述】 全区劳动和社会保障系统服务民生、服务公众，获区“2016年度全区目标任务综合考核综合先进奖”“工业经济和转型升级工作奖”“党建创新工作奖”“政法综治和信访稳定”“安全生产工作奖”“反腐倡廉和作风建设工作奖” 六个单项奖。

【就业创业工作】 以新春圆梦行动为开局，组织高校毕业生、技能型人才、新特产业、“四新”经济等各类招聘活动 36 场次，吸引进场求职者近 5 万人，达成就业意向 1 万余人。以服务高新区智创园用工为切入点，成立专门的工作班子，制定精准的服务方案，加大招聘推介宣传力度，利用社会中介资源，推行常态化招聘。大纵湖大型中空吹塑成型机项目参加“中国创翼”青年创业创新大赛农民工专项赛。企业组的省赛、全国半决赛和全国总决赛，并在 10 月 17 日全国总决赛中，以第 4 名的成绩获得金翼奖三等奖。

【“515” 引才计划】 积极实施市委市政府“515”人才引进三年行动计划，强势推进“515”引才政策。全年招引 5973 名大学生，1095 名专门人才。设立省外高校“江苏盐都 515 引才工作站”15 个，组织校园招聘活动 24 场。大力推进高技能人才工作，全年新增高技能人才 732 人。引进外国专家 9 人，新增留学回国 11 人。

【基本实现社会保险全覆盖】 年内，全面完成全民参保登记工作，核对录入总人数达 23.35 万人。企业退休人员养老金按时足额发放率、社区管理率始终保持在 100%。区属所有机关及参照公务员管理的事业单位工作人员，全部纳入工伤保险参保范围。城乡居民养老保险基础养老金每人每月达 115 元，惠及 13 万名领取对象。全年实现各类社会保险扩面 3.8 万人， 基金征缴总收入 18.69 亿元。

【依法行政】 年内，重新编制权力清单、行政责任清单， 完善机关运行制度，优化业务经办流程。监察用人单位 414 户，劳动保障审查 2289 户，追发拖欠劳动者工资 500 多万元。受理投诉举报案件 156 件，符合立案条件的案件按期办结率 100%。接待来访群众 248 批次 401 人次。信访按时办结率达 100%。受理工伤认定申请 325 件， 作出工伤认定 322 件，参与的行政复议案件和行政诉讼案件均无败诉。立案受理劳动人事争议仲裁案件 188 件，调解结案 116 件，调撤率达62%。受理工伤认定申请 350 件，作出工伤认定323 件。接待来访群众 248

省委研究室处长赵健调研居家养老工作

批次401人次，信访按时办结率达100%。市长信箱36件，区长信箱3件，区“12345”政府公共服务平台207件。

（柳　岚）

创业盐都建设
Building of Entrepreneurship Yandu

【概述】　全区全年支持成功自主创业2670人，完成市目标任务的296.7%；扶持农村劳动力自主创业1196人，完成市目标任务的299%；引领大学生创业201人，完成市目标任务的251.3%。创业带动就业9776人。

【创业大赛获新高】　7月，尚庄“瑞尚鲜农货”大学生创业项目，在全市创业大赛中获得团队生活性服务业类的第一名，并参加第二届“中国创翼”大赛江苏省分赛。8-10月，大纵湖“大型中空吹塑成型机项目”通过层层选拔，分别参加“中国创翼”青年创业创新大赛农民工专项赛企业组的省赛、全国半决赛和全国总决赛，并在10月17日全国总决赛中，以第四名的成绩获得金翼奖三等奖。11月，全市返乡创业大赛中，龙冈“高效智能矿用多臂液压锚杆钻车项目”获评全市十大返乡创业之星第4名。12月，在盐城市第三届创业之星大赛中，中兴街道熊万军携稻麦秸秆制成石墨烯材料的研发及产业化项目获得第1名，大冈郭健携海绵城市用防水透气纳米纤维膜项目获得第3名，两人被表彰为2016年盐城市十大创业之星；大冈王寿元携天宝卫生用品项目获得第19名，被表彰为盐城市十大优秀创业之星。

【创业载体建设成效显著】　全年依托科技企业孵化器、开发园区、创业园区、农业产业园、城市配套商业设施、闲置厂房等现有资源，新建省级创业示范基地1个——盐城电商快递产业园，市级创业示范基地5个——盐城南大电商研究院、高新区智能终端创业园、大冈全民双创园、北蒋全民双创园、西锐三D打印创客空间，区级创业载体17个。

【创业银行正式成立】　8月，区人社局代表区政府与江苏盐城农村商业银行股份有限公司签订《盐都区创业贷款担保合作协议》，标志着盐都区创业银行——盐城农商银行创业支行的正式成立。创业银行面向区内有创业意愿和创业能力的就业困难人员、城镇登记失业人员、复员置业退役军人、大中专（技）校毕业生、返乡农民工和农村转移劳动者等各类创业个体及初创中小微企业发放创业担保贷款，个人最高可贷20万元，企业最高可贷200万元，由区财政出资2000万元作为风险补偿基金，首期1000万元到账。全年发放创业担保贷款1825万元。

【成功举办返乡创业大赛】　7月14日，在区人力资源服务市场举办2016年返乡创业大赛，全区有27个项目参赛。通过现场讲解和答辩，经专家组评审，秦南平面砂布轮项目获得一等奖，龙冈高效智能矿用多臂液压锚杆钻车项目、尚庄余热回收蒸汽灶项目、北龙港雷击环保产品生产制造项目获得二等奖，盐渎互联网+线上线下一体化家装项目等6个项目获得三等奖。

【开展创业典型“四走进”活动】　组织2015年度盐城市“十大创业之星”盐城市佰瑞达体育用品有限公司总经理左洪亮、2015年度盐城市“十大创业之星”盐城兰丰集团董事长范兰、2015年度盐城市“十大创业之星”江苏大道机电科技有限公司总经理吴峰高、2014年度盐城市“十大创业之星”绿之岛现代农业发展有限公司总经理夏吉萍等6名优秀创业者成立宣讲团开展创业典型进村居、进社区、进园区、进校园“四走进”活动，分别于6月23日下午在盐龙街道乔庄居委会、6月24日在郭猛园区、6月28日在大纵湖镇开展巡回报告。全区近600名初创始创业者和有创业意愿人员参加报告会。

【创业培训因需施教】　年内，创业培训课程增加市场营销、“农村淘宝”等内容，为各类创业主体创办实业、进入市场提供最基本的创业知识和创业技能。创业培训结束后，对参培人员进行跟踪服务，对实现创业人员提供创业补贴、担保贷款、社会保险补贴等全方位、一条龙的支持与服务。全年组织创业培训3240人，完成市目标任务的462.9%，培训后成功创业率28%。

（陈学兵）

就业再就业工作
Employment and Emplyment

【概述】　以新春圆梦行动为开局，组织高校毕业生、技能型人才、新特产业、“四新”经济等各类招聘活动36场次，吸引进场求职者近5万人，达成就业意向1

大冈镇新春返乡创业圆梦行动招聘会

万余人。区人力资源市场每周一、三、五正常开市，吸引各类人员18300多人次进场求职。全年完成新增就业13265人，完成市目标147%；城镇失业人员再就业7127人，完成市目标285%；就业困难人员再就业1179人，完成市目标295%；目前城镇登记失业率为1.85%；创业培训3240人，完成市目标463%。

【开展就业援助月活动】 2月、7月，开展“就业援助月”活动，宣传各类就业创业政策，鼓励企业吸纳就业困难人员，帮助各类就业困难人员实现就业。全年为1743名符合再就业援助条件的贴补养老、工伤、生育、失业、医疗五项保险937.7万元。

【开展离校未就业高校毕业生实名登记活动】 9月，开展离校未就业高校毕业生实名登记服务活动，涉及区内855名大学生。11月中旬，实现实名登记率100%、就业创业服务率100%和就业创业率100%目标。

【技能培训规范有序】 从前台登记人手，享受政策人员一个不漏进行培训登记，每月循环开班。乡镇培训班开班前严格实行培训申报，开班和考核时全程督查，确保培训人员的到课率和培训质量。全年完成城乡劳动者就业技能培训6780人，完成市目标任务的218.7%；城乡新成长劳动力技能培训3263人，完成市目标任务的217.5%。

【岗前培训送教上门】 针对盐城国家高新区智创园大量新录用员工的实际情况，制订详细的培训计划和实施方案，做到一企一案。在实施过程中，邀请盐城工业职业技术学院老师送教上门，利用班后时间，灵活开展培训，并免收鉴定费用，不给企业增加负担。全年为12家智创园入驻企业培训962人。

【建成盐都籍在外有成人士信息库】 2月底，开展盐都籍在外有成人士信息采集活动。共采集1151名在外有成人士信息，其中：在外创办企业439人，在外求学186名(博士、硕士和985、211本科在读)，在外企事业单位中担任中、高层管理人员和中、高级职称人员526人。

（陈学兵）

劳动工资

Labor Wages

【概述】 劳动工资各项工作得到全面落实，转发盐城市人力资源和社会保障局《关于发布2016年度全市企业工资指导线的通知》全年共审批特殊工时20件，涉及14户企业，其中审批不定时工作制9件，综合计算工时工作制11件，使职工的工作、休息时间得到合理安排。审查集体合同1075份，审查企业工资集体合同315份。

（季　鹏）

劳动监察

Labour Inspection

【概述】 全年劳动保障投诉、举报案件156起，符合立案条件结案率100%。完成对2289户用人单位的劳动保障审查工作，书面审查完成率达90%。主动监察用人单位414户，人均83户。“两网化”工作水平和效能进一步提升。组织开展农民工工资支付、规范劳动用工行为和劳务派遣行为等专项行动，涉及农民工7060人，责令支付农民工工资近500万元。

【组织专项行动】 依据法律法规以构建和谐稳定劳动关系为主线，在日常巡查监察的基础上，以维护劳动者合法权益为重点，协调各类社会群体的利益关系，以农民工工资支付情况专项检查为重点，年内，开展清理和规范人力资源市场秩序专项执法检查活动、用人单位遵守劳动用工和社会保险法律法规情况专项检查，开展劳动保障监察书面审查专项行动、工程建设领域工程款及工资支付情况摸底调查专项活动。督促检查重点用人单位近百户，确保农民工能够足额领到工资返乡过节。加强部门合作，建立长效机制，涉嫌拒不支付劳动报酬罪案件及时移交司法处理，促进工资支付保障机制进一步健全。

【建设劳动保障监察联动平台】 全年劳动保障监察网格化管理全面推进，全区19个一级网格、41个二级网格，覆盖率达100%。一、二级网格日常运行包括：协办记录、监测预警、指导服务、法规宣传、咨询、简单纠纷调处等工作。基层平台业务咨询达3027条，基层矛盾调处720件，调处成功率90%。一、二级网格上网运行率100%。录入企业信息数2300多条，8人以上用人单位信息采集录入率达97%。新增用人单位完成率110%。提高企业的规范用工意识，实现劳资双方利益共赢。

（宋传标）

劳动人事争议调解仲裁

Arbitration of Labor and Personnel

【概述】 开展“仲裁服务年”活动，规范管理，夯实基础，树立“调解为先”的办案理念，仲裁案件审办工作平稳有序。全年立案受理劳动人事争议仲裁案件预计188件，全部按期结案，其中调解结案115件，调撤率达61%以上。引导劳动者通过江苏劳动人事争议调解网处理劳动争议162件。指导基层劳动人事争议调解组织积极开展劳动人事争议预防调解工作，各类基层调解组织调解劳动人事争议纠纷500多件，占劳动人事争议总量的75%以上。接待群众来电来访2200人次以上，维护全区劳动人事关系的和谐稳定。

【仲裁工作】 以开展“仲裁服务年”为契机，全面提升仲裁服务质量。将仲裁员在全区各镇(区、街道)进行分片包干，明确每个仲裁员的服务范围和服务责任。利用各种机会进行面上宣传服务，引导用人单位依法用工、劳动者依法维权。打造交流平台，促进仲裁员、调解员互相学习交流。案件网上实时运行，提升案件处理质量。仲裁案件100%网上运行，提高办案质量和效力，促进仲裁部门廉政建设。以三方机制为依托，积极化解群体争议。

10月,由区仲裁院组织一场公开庭审活动供全市仲裁员观摩评审。 (陈云林)

职业技能培训
Occupation Skill Training

【概述】 全年职业技能鉴定总人数6935人,其中初级工625人、中级工6310人;高技能人才732人,统考人数90人。

【全力实施高技能人才培养】 年内,出台《盐都区高技能人才培养补助办法》,通过企业内技能人才评价和社会化鉴定两种方式相结合,针对企业的需求,为企业工人提供技能培训服务。引导悦达家纺等企业建立技能人才评价薪酬待遇挂钩机制。 (丁 祥)

企业职工养老保险
Enterprise Employees Pension Insurance

【概述】 推进实施全民参保登记和社保全覆盖工作,全力做好社保扩面征缴工作,坚持以确保养老金按时足额发放为中心,关注民生,服务民生,坚持务实创新,社保工作快速推进,全面完成或超额完成年度各项工作目标任务。全年新增参保5419人、基金征收7.14亿元,分别完成年度目标任务的108.12%和108.51%。

【养老保险金发放】 至年底,全区企业离退休人员为38680人,全年按时足额支付基本养老金8.2亿元。养老金按时足额发放率、社会化发放率均达100%,企业退休人员档案接收管理率和社会化管理服务率均达100%。

【社会保险扩面征缴】 3月,全面启动实施全民参保登记工作,按照"先数据比对、后调查登记,再核对录入"的工作思路,制定"先村后镇,先易后难,村不漏户,户不漏人,人不漏项"的推进流程,历时3个月,6月30日,全面参保登记工作完成,新增登记并核对录入23.35万人参保信息。全民参保登记工作的启动实施为全区面上加快推进社保"全覆盖"步伐提供有力的信息数据支撑,社保扩面征缴工作稳步推进,全年新增参保5419人。

【调增退休人员养老待遇】 按省市统一部署,8月,为全区符合调整待遇的36999名企业离退休人员按规定标准调增养老金待遇,月人均调资152.1元,月增发总额563万元。待遇调整后,全区企业退休人员养老金人均达1774元。 (胡文魁)

机关事业养老保险
The Old-age Insurance of Institutions

【概述】 围绕国务院关于机关事业单位养老保险制度改革的决定,盐都区机关事业单位养老保险改革正式落地,按市政府要求验算全区视同缴费指数,并报市人社、财政部门备案执行;对全区机关事业单位养老保险业务经办人员进行参保登记培训,至年底,共有8057名在编人员,4442名退休(职)人员在省中心养老保险平台上参加登记。

【基础管理】 做好养老保险制度改革准备工作,完善养老保险基金征缴工作,强化内部基础管理,为参保单位和参保人员提供更优质的服务,按时并超额完成全年各项工作任务。全年养老保险基金收入6165.38万元,其中基本养老保险基金收入5634.22万元,基金利息收入531.16万元;养老保险基金支出6850.37万元,其中基本养老金支出6850.03万元,转移支出0.34万元;基金年末滚存积累3820.27万元。规范业务流程,提高服务质量,坚持事事有责任人,项项有目标,全面提升经办工作的科学化、信息化、规范化管理水平。

【保险稽核】 加强缴费基数申报审核工作,有效防止瞒报缴费基数现象,确保人员参保率达100%。加强退休人员养老保险待遇核准工作,确保离退休人员支付准确率达100%。由镇(区、街道)各社保中心做好离退休人员资格认证工作,离退休人员资格认证率达100%。全年稽核在职8296人,退休1547人,稽核率达72.9%,完成目标任务的182.3%。

【为离退休人员免费体检】 7月29日至8月4日组织区直424名实运转事业单位离退休人员在市三院进行免费体检。体检后,及时为参检人员建立健康电子档案。

【积累基金实现财政专户存储】 加强全区机关事业养老保险经办机构内部管理与监督工作,防范和化解运行风险,规范业务经办工作行为和社会保险管理服务工作,坚持财务科和业务科养老保险基金收缴与支付记账互审制度,年内,按季、按月填报各类报表,记载各个单位缴费明细账和银行日记账,并根据基金收支分开核算的要求,在银行开设收入户和支出户,月底将收入户余额全额转存区财政专户,积累基金全部由财政专户存储,确保社会保险基金安全。 (陈 颐)

城乡居民社会养老保险
Urban and Rural Social Pension Insuraance

【概述】 按照"人人享有养老保险"的目标,大力推进城乡居民养老保险全覆盖。全区全年新增扩面16822人,累计参保人数15.03万人,12.99万人续保缴费,征收基金1.793亿元,13.2万人领取城乡居保养老待遇,基础养老金发放率100%,被征地农民社会保障覆盖率100%,全面超额完成年初市区政府下达的各项目标任务。

【调整完善政策】 提高个人缴费标准,最低缴费标准为每人每年500元。不同缴费档次财政补贴不一样,最低每人每年补贴30元,最高每人每年补贴90元。调整补缴政策,凡年满46周岁(1970年前出生)及以上人员应逐年缴费和补缴。发放丧葬补助金,参保人员(按年连续缴费人员和领取人员)去世的,个人账户余额可继承,并享受一次性丧葬补助金1300元。

【调整基础养老金】 自1月起,将全区城乡居民养老保险基础养老金最低标准由每人每月105元提高至每人每月115元。3月底,全区13.2万办理待遇核定并正常领取待遇的人员全部享受到调整后的待遇。

【推进"爱心助保"工程】 年内,区财政为重度、贫困残疾人和低保户等缴费困难群体参保代缴每人每年100元养老保险费。为让更多的残疾人纳入城乡居民养老保障的范围享受,代缴养老保险费的范围由重度残疾人扩大到贫困残疾人和低保户,同时规定对100元、300元的低档次缴费标准,只适用于重度残疾人、贫困残疾人、低保户等缴费困难群体,切实让这些困难群体低标准进入,享受到高标准的保障待遇。全年共有554名贫困残疾人和1633名重度残疾人符合代缴。

【推进"四个不出村"建设】 年内,全力打造"四个不出村"("四个不出村"指参保登记不出村、个人缴费不出村、待遇领取不出村、权益查询不出村)便民快捷服务工程的升级版建设,充分利用农商银行"汇金通"网点经办城乡居保全流程业务。同时,积极探索"互联网+城乡居保"的建设,建立区城乡居保网站。网站内容包含广、实用性强,群众可以在网站上进行新参保登记。手机版的区城乡居保也相应出台,群众随时随地可以查询了解最新政策动态,方便快捷。

【打造征地保障经办管理示范区】 年内,全面落实"八有"工作要求,并按照《江苏省被征地农民社会保障经办管理规程(试行)》,有效提升经办管理的标准化信息水平。探索建立区、镇、村三级互联互通的被征地农民社会保障信息网络体系,将业务端口开放到村(居)。征地农民在家门口就可以直接查询到个人账户余额及社保缴费情况,各项业务全面实现线上规范化运作。 (王杰章)

失业保险
Unemployment Insurance

【概述】 2016年,全区失业保险参保人数为55052人,参保缴费率达95%以上,实现失业保险基金征缴收入3160万元。完成市年度征收目标任务的113.8%。

【失业保险企业缴费费率继续下降】 根据省人社厅、财政厅、地方地税局等三部门联合下发的《关于调整失业保险费率有关问题的通知》(苏人社发〔2016〕61号),失业保险费率从1月1日起,由2%降至1.5%,其中企业缴费1%,个人缴费保持在0.5%不变。

【发放稳岗补贴】 3月,根据市人社局、财政局《关于进一步做好失业保险支持企业稳定岗位工作的通知》(盐人社〔2016〕18号文),符合享受稳岗补贴的单位145家,享受稳岗补贴金额为316.2万元,7月,稳岗补贴资金拨付到位。

(陈学兵)

医疗保险
Medical Insurance

【概述】 2016年,全区医疗保险参保人数持续增长,覆盖范围不断扩大,全区职工医保参保总人数达108650人,城镇居民医保参保总人数达52660人,全年新增扩面4512人。医保基金总量逐年提升,全年征收基本医疗保险基金3.3亿元,较上年同期增长13.7%。

【医疗保险扩面】 以全民参保登记活动为契机,全方位、多层次、多渠道地宣传医疗保险政策,加强对辖区内企业的实时管理,年内,对新设企业和新增人员及时申报、参保,同时对数据库中参保险种不全的企业进行全面核查,消除险种不全和以新农合代替职工医保的现象。同时将工作任务落实到中心班子及各科室,将工作目标分解到各镇(区、街道),全力扫除医保参保盲区,实现应保尽保。

【门诊慢性病实现就近刷卡结算】 自4月25日起,对经区医保中心审核确认符合享受慢性病报销待遇条件的参保职工,可就近到实行药物零差价的公立定点医院现场刷卡结算门诊慢性病诊治费用,方便广大慢性病患者就近就医,减轻他们医疗费用垫付的负担。首批纳入刷卡结算的定点医院包括市一院、三院等6家市区公立医院和黄海、毓龙等5家社区卫生服务中心以及20家乡镇卫生院。

【创新监管模式】 坚持以防范风险为导向,以保障基金安全完整为目标,不断创新监管机制,完善医保监控系统,通过实时监控,全面核查每笔医保刷卡就医数据,从不同的模块、指标、维度提取疑点进行分析,分别针对各类参保对象,进行有目的、有针对性的检查,实现医保稽查工作从人工化、手段单一化到精细化、专业化的转变,提高稽查监管效率。全年核查外伤医疗费用322起、转外就诊252人、接待处理举报事件6起,核退不合理医疗费用316.5万元。

【规范城镇职工医疗保险补缴工作】 自9月1日起,对在职人员补缴起始时间按参保人员参加工作起始时间补缴,但不得早于1997年1月,补缴标准可按当期缴费基数的10%全额补缴,按规定标准一次性划入个人医疗账户后余额一次性划入统筹基金;也可按当期最低缴费基数的5.5%部分补缴,全部划入统筹基金。对未达到退休人员医保待遇条件的退休人员补缴:在退休前应参加职工医保而未参保或中断参保及参加城镇居民医保的,按享受在职人员医保待遇补缴办法补缴,补缴后仍不足最低缴费年限(男满25年、女满20年)或实际缴费年限(10年)的,可按照办理补缴手续时当期缴费基数、10%缴费比例及需补缴年限一次性补足;也可逐年缴纳,享受在职

人员医保待遇，直至达到符合享受退休人员医保待遇条件为止。（成　萍）

工伤、生育保险
Industrial Injury and Maternity Insurance

【概述】 2016年，全区机关事业单位职工工伤、生育保险全部纳入覆盖范围，实现机关事业单位职工与企业职工工伤、生育保险制度的衔接并轨，且运行平稳。工伤、生育保险参保分别达83011人、54587人，分别完成年度目标任务的100.60%和100.80%。基金征缴收入分别为1973万元、1105万元，分别完成年度目标任务的132.30%和130.99%。

【工伤生育保险待遇支付】 全年工伤保险基金待遇支出1599万元，共1580人次享受了工伤保险待遇（含旧伤复发人员）。生育保险基金待遇支出1983万元，共有1438名女职工领取生育保险待遇。（胡文魁）

收入与消费
Income and Consumption

【概述】 2016年，全区全年城镇居民人均可支配收入32796元，增长8.2%，农村居民人均可支配收入18827元，增长9.0%。随着全面小康建设进程的加快，人民生活水平明显提高。

【提高城镇居民生活质量】 全区全年城镇居民人均消费支出24947元，比上年增长5.5%。其中人均食品烟酒支出7958元，人均衣着支出2070元，人均居住支出5450元，人均生活用品及服务支出1130元，人均交通通信支出1913元，人均教育文化娱乐支出4587元，人均医疗保健支出975元，人均其他用品和服务支出864元。城镇居民人均现住房建筑面积达52.99平方米。全区百户城镇居民家庭拥有汽车34辆、洗衣机106台、电冰箱100台、彩色电视机196台、电话357部、空调220台、计算机98台。

【改善农村居民生活水平】 全区全年农村居民人均生活费支出12574元，比上年增长11.3%。其中农民人均食品支出4335元，比上年增长9.8%；人均衣着支出684元，比上年增长13.9%；人均居住支出3005元，比上年增加13.2%，人均住房建筑面积达53.96平方米。全年农民人均教育文化娱乐支出2275元，交通通信支出760元，医疗保健支出544元，生活用品及服务支出621元，其他用品和服务支出350元。全区百户农村居民家庭拥有汽车6辆、洗衣机89台、电冰箱92台、彩色电视机135台、电话289部、空调70台。（王悦峰）

【全面建成小康社会综合得分居苏北前列】 到2015年底，省定县级全面建成小康社会五大类22项36个指标中，全区有33个指标达到验收标准（比2014年增加2个），22个指标达到或者超过目标值，有3个指标实现程度低于80%（比2014年减1个），综合得分测算为94.70分，比2014年提高1.96分，综合得分在苏北29个监测县中列第2位。（季　勇）

社会救济
Social Relief

【概述】 全区社会救济工作坚持公开公平公正原则，不断加大投入，提升社会弱势群体的保障水平和救济质量，改善社会弱势群体生存状态，建立常态化、长效化的社会救济工作机制，促进社会救济工作的深入有效开展。

【社会救济标准增长机制】 自7月1日起，城市低保标准从每人每月490元提高到每人每月530元，农村低保标准从每人每月380元提高到每人每月430元，重度残疾人生活救助标准随城乡低保标准提高而提高。农村五保分散供养标准为每人每年7700元，集中供养标准为每人每年9200元。同时，建立低收入群体价格上涨动态补贴机制，补贴范围覆盖城乡低保对象、重点优抚对象、五保供养对象、城市“三无”对象和孤儿五大人群。20世纪60年代初精简退职老职工生活补助标准从每人每月1250元提高到每人每月1350元，老职工的生活水平得到提高。城市“三无”单列救助，供养标准从每人每月1230元提高到每人每月1350元。

【提高五保老人的供养质量】 规范敬老院人员管理，根据区政府办《关于进一步加强农村五保供养服务机构建设管理的通知》（都政办发〔2014〕92号）文件精神，年内，联合财政部门对各敬老院人员数量依据供养人员数进行定补，在各镇（区、街道）对工作人员缴纳养老、医疗、工伤等保险的基础上，区财政给予人员工资补助。（郑　军）

社会救助
Social Assistance

【概述】 全区社会救助工作认真贯彻执行《关于做好社会救助工作的实施意见》《关于印发盐都区社会救助工作实施细则的通知》，争取财政对社会救助领域倾斜，建立“一门受理，协同办理”工作机制，下发《关于建立健全盐城市盐都区社会救助监督检查长效机制的通知》（都民发〔2016〕32号），全方位开展社会救助工作，探索建立社会救助工作长效机制，完善有盐都特色的社会救助体系。

【惠民生行动】 春节期间，区委区政府以“精准救助”为理念及早谋划方案、加大资金投入，累计慰问113870户，发放慰问金4550万元，取得“慰问一人、温暖一户、带动一片”的社会效果。

【社会救助工作规范化建设】 落实低保、五保“二级会审、二级公示”制度，对申报家庭实行家家到、户户访，逐一认定公示对象。全年新增五保户218户222人，低保户311户709人。完善民政造册、财政审核、银行打卡的社会化发放模式，并强化年度审查工作，确保低保五保工作公开透明、科学公正、运作规范。

【病困户、低保边缘户】 健全城乡医疗救助机制，围绕医疗救助与新农合的无缝对接、即时结报目标实施医疗救助工作。强力推进广覆盖、多层次、立体式社会救助体系建设，全年共救助病困户16万人次，发放医疗救助金2105.39万元；临时救助对象7680户，发放救助金603.95万元，帮助病困户、贫困户家庭回归生活常态。

【防灾减灾日】 5月12日，利用全国第六个“防灾减灾宣传日”契机，组织各镇(区、街道)共编印下发各类防灾减灾知识宣传提纲2万余份，制作减灾图板30组500多块，悬挂过街横幅100条。区减灾委组织区民政局、科技局、人防办、教育局等部门进行防灾减灾宣传和演练活动，共发放宣传材料1000多份。同时，利用区电视台、盐都报道对防灾减灾知识进行专题报道，不断提高广大干群抗灾救灾、自救互救能力。

【综合减灾能力建设】 年内，把社区减灾工作纳入民政重点工作进行综合考评，协调配合相关镇(区、街道)和部门，深入开展综合减灾示范社区创建活动，郭猛镇杨侍村创成全国综合减灾示范社区。按专款专用、保障重点原则，及时将省市下达的灾民冬春生活款及台风紧急转移救灾款分发到有关镇(区、街道)。

【托底救助工作】 进一步整合各类救助类型，弥补救助短板，加大财政投入(区财政按户籍人口每人每年10元的标准，镇级财政按户籍人口每人每年不少于10元的标准设立托底救助专项资金)，完善社会救助体系，进一步提高全区社会救助水平。全区全年托底救助8467人次，发放救助金860.97万元。

(郑　军)

双拥优抚安置
Double-support Special Care and Placement

【概述】 深入开展军民共建、军地互动活动，促进军地融合发展。全面贯彻落实各项优抚优待政策，切实维护优抚群体合法利益。做好退役士兵接收安置和权益保障工作，拓展退役士兵安置渠道，维护社会和谐稳定。

【双拥共建】 年内，利用“八一”、春节等重大节日，组织走访慰问驻区部队和全区重点优抚对象，牵头举办军警民迎新春茶话会，拓展和丰富优抚对象精神抚慰举措。利用国家公祭日开展凭吊先烈活动，营造缅怀烈士、祭奠英灵浓厚氛围，强化爱国主义教育。加强“慰烈工程”规范管理，将零散烈士墓和烈士纪念设施建设纳入长效管理机制，发挥爱国主义教育基地功能，继承发扬革命传统，培育民族精神。

【落实各项优抚政策】 年内，按社会化要求发放各类优抚资金，调整完善重点优抚对象抚恤补助梯度结构和适度普惠的节日慰问制度。强化优抚规范化、精准化建设，严格落实各项优抚政策，巩固抚恤补助标准城乡一体化进程。开展“优抚在基层”活动，推进“优抚之家”工程建设。搭建优抚对象服务管理平台，提升优抚服务水平。组织开展重点优抚对象短期疗养和医疗巡诊服务。推进整体优抚信息数据共享和资源整合，实现省、市、区、镇(街道)四级互动互联。做好优抚定期生活补助申报工作，提升优抚对象精神抚慰水平，提高优抚对象满意度。

【安置退役士兵】 年内，完善退役士兵接收安置工作机制，继续坚持以自谋职业为主渠道的安置改革方向。推行“公开招聘、择优录用、积分选岗和阳光安置”并存的安置新模式，实现精准安置、质效安置，严格按照时间节点完成做好符合政府指令性安置的“四类重点对象”安置工作，有效安置率达100%。维护退役士兵的合法利益，推动退役士兵自主就业，加大培训力度，提高参训率和“双证”获取率，拓展退役士兵就业渠道。巩固城乡退役士兵经济补助金一体化标准，严格落实义务兵一次性经济补助按照不低于当地上年度城镇居民人均可支配收入的1.5倍发放，并实行自然增长机制。全面做好军队退休干部和伤病残退役军人及无军籍职工接收安置工作，推进军休服务提档升级，巩固“两个待遇”落实，搭建军休活动载体，开展多样化的文体活动，丰富精神文化生活，强化军休干部服务保障工作，不断提升军休服务保障水平。

(郑　军)

社会行政管理
Social Administration

【概述】 围绕加强社会建设总体要求，加强基层民主管理工作，强化公共服务平台建设，创新基层社会管理，做好全区第十一届村委会暨第六届社区居委会换届选举工作，统筹城乡发展，充分发挥其服务社会大局的基本职能。

【做好全区村(居)委会选举工作】 年内，完成换届选举工作任务，全区250个村(居)共选出244名村委会主任，42名副主任，885名村委会委员，共计1171名村委会成员。

【开展和谐社区建设】 推进社区管理体制改革，在盐渎街道进行社区管理体制改革试点工作，年内，继续推动盐渎街道开元路、神州路等社区服务站开展工作。

(郑　军)

婚姻家庭
Marriage and Family

【概述】 婚姻登记处主要负责为内地居民办理婚姻登记、补发婚姻登记证、撤销受胁迫的婚姻、建立和管理婚姻登记档案、宣传婚姻法律法规、倡导文明婚俗。

【婚姻登记】 全区全年共登记结婚7109对,其中补办结婚登记2075对;离婚登记1622对,因婚姻登记证件遗失,补发结婚登记证1829对,补发离婚登记证49本。 (郑 军)

消费者维权保护
Consumer Protection

【概述】 年内,开展"3·15"宣传、企业约谈、"局长在线"、现场咨询、开设媒体专版等消费维权活动,受理各类消费投诉500多件,投诉办结率100%,为消费者挽回经济损失159万多元。强化商品质量监管,抽检电线电缆、铝合金型材、汽车产品、钢材、成品油等商品68批次,查处16批次。 (苗才清)

民族宗教事务
Ethnic and Religious Work

【概述】 全区民族宗教工作贯彻落实中央统战工作会议、中央民族工作会议和全国宗教工作会议精神,以"两学一做"学习教育为契机,大力开展民族团结进步创建活动,依法管理民族宗教事务,精心组织实施民宗领域"三项工程",为经济社会发展做出积极贡献。

【实施少数民族奔小康工程】 争取上级各类扶持资金项目,引导产业结构调整,加快少数民族群众脱贫致富步伐。年内,新培植大冈侗族村民袁金红年出栏生猪千头以上致富典型3个。根据产业结构特点和群众需求,分别在郭猛、龙冈、秦南、大冈等地组织开展少数民族业务技能培训班5期,培训432人次,提高少数民族群众的职业技能。

【服务民族团结】 年内,组织开展"民族团结进步宣传月"活动,在全社会营造维护民族团结、共建和谐家园的浓厚氛围;与公安部门对接,积极推动《中国公民民族成分登记管理办法》的贯彻落实,服务少数民族群众,为15名少数民族群众办理民族成分变更手续,为26名参加中高考学生办理加分证明;联合财政、人社、商务等部门,出台《盐都区少数民族清真食品补贴的实施办法》,全面落实回族等10个少数民族群众清真食品补贴政策,发放范围扩大到农村少数民族群众。

【开展宗教和善文化创建】 加大宗教场所旅游创牌力度,大云山寺创成国家AA景区,以东岳禅寺为重要景点的朱升文化园创成三星级乡村旅游点,以净土寺为重要景点的郝氏故里创成国家级AAA景区,以弥陀律寺为重要景点的华都森林公园创成国家级生态公园、省级生态旅游示范区。开展"宗教慈善周"活动,全年累计捐款捐物折合人民币28.3万元,资助528人。"6·23"阜宁特大龙卷风灾害发生后,第一时间组织宗教界开展爱心救助工作,全区宗教界累计捐款3万余元,受到灾区人民好评。

【强化自身建设】 年内,指导区佛协、基督教三自爱国会开展教职人员述职评议活动,加强爱国主义和法治教育,强化思想素质建设,健全教务、财务、档案、活动和人员管理制度,推进规范管理。引导基督教开展"神学思想"、佛教"人间佛教"思想建设,鼓励支持宗教界对宗教思想、教规教义进行符合时代要求的阐释,坚持中国化方向,自觉抵御境外渗透。 (徐慧菁)

老龄工作
Ageing Work

【概述】 2016年,全区60周岁以上常住老年人口为11.8万人,老年户籍人口16.54万人,占户籍总人口的23%,人口老龄化形势严峻。

【提高老龄福利待遇】 全年共发放尊老金1254.64万元;为5689位老人办理了老年优待证;为10位百岁老人现场祝寿;春节和重阳节期间,为全区21位百岁老人每人分别发放1000元和200元慰问金;全年对70周岁以上低保、五保、重残人员、重点优抚对象、省级以上劳动模范以及80周岁以上老年人共计发放居家养老服务券510万元;区政府出资28万元为居家养老服务站、老龄协(分)会、敬老院以及70周岁以上有阅读能力的失能半失能老人赠送订阅《老年周报》。区政府出资40万元为全区参与居家养老的2万老人免费购买老年人意外伤害险两份,鼓励社会及子女购买,参与投保的老人达8万多人,占老年户籍人口比率达49.73%;市区财政共同出资29.31万元为全区养老机构及入住内的老人购买养老机构综合保险。

【老龄工作】 年内,联合区司法局、老龄协会在全区开展《老年人权益法》《江苏省养老服务条例》学习宣传,发放宣传资料6万份,举办老年法律知识讲座155次,参加听课老年人数达3.6万人次;举办第六届老年文化节活动,参与村居覆盖率达92%,全区活动68场次,参加活动的老年人1.9万人,其中老年演职员达5200多人,观看群众达4.3万人。推进居家养老服务项目建设。新建老年助餐点15家,为全区居家老年人,特别是高龄、空巢、失能半失能等困难老人提供配餐、送餐、代餐助老服务;新建北蒋远景居委会日间照料中心,重点为高领、空巢、独居、半失能老人提供日间照料和短期托养服务;推进29个居家养老服务中心进行标准化转型升级(城市居家养老12个、农村居家养老17个)。平台40个坐席保持24小时正常运行,每天平均服务老年人达1400人次。 (郑 军)

关心下一代工作
Work of Caring About Next Generation

【概述】 全区各级关工委和广大"五老",紧密配合党政机关职能部门和群团组织,关注青少年的思想道德教育,全区关心下一代工作取得新成绩。

【组织"两史"教育】 年内,按照省市关工委部署,开展"学党史、学国史、听党话、跟

主题教育启动仪式

党走”主题教育活动。在红军长征胜利80周年，建党95周年等纪念日开展党史国史教育。区关工委主题教育启动仪式在龙冈镇初级中学举行，编写印发学两史宣讲材料；区“夕阳红”法制宣传队在郭猛实验学校，举行“两史”宣讲首场演示；全区小学生学两史演讲比赛在神州路小学举行；区关工委在农委召开学两史教育活动现场推进会；暑假期间，区直关工委分别举行“两史”教育报告会，各镇(区、街道)的“五老”宣讲团也进村入校，多种形式开展“两史”教育，激发青少年爱党爱国热情。

【加强辅导站建设】 年内，校外辅导站建设实现转型升级。各镇(区、街道)中心辅导站80%与中、小学和成人校联办，投入经费用于校外辅导站改造升级。时间上突出寒暑假，人员上突出留守儿童；内容上突出科普、德育、才艺、兴趣。提升内涵，普遍建立心理咨询、视频通话，网上阅读等，各镇(区、街道)中心辅导站的辅导员大部分是中小学教师和大学生村官，课程设置得到优化，辅导质量有所提升，较好地发挥辅导站育人作用。

【关爱“五失”青少年】 至年底，全区共有“五失”青少年(“五失”青少年指失足青少年、失管青少年、失学青少年、失业青少年、失亲青少年)9000多人，其中需要帮扶的有3000多人，基本上落实“五老”志愿者与其“一帮一”或“二帮一”的结对帮教。针对留守儿童存在的“五失”(亲情失缺、生活失助、学习失管、心理失衡、安全失护)问题，采取阵地教育、结对帮扶、寄宿读书、落实代理妈妈等措施。暑假期间，镇(区、街道)中心辅导站电子阅览室开通留守儿童亲情视频。组织参与《扬子晚报》“利群阳光助学行动”，全区31名考上大学的贫困学子入选，每人获5000元奖学金。争取省市关工委和社会爱心人士捐资助学，分别到25所中小学，给130多名贫困学子发放助学金9万元。

【帮助青年农民致富】 年内，区农委组织不老松专家服务团常年走村串户，提供科技服务，对青年农民采取结对帮扶的办法，扶志、扶技、扶创业。创办和帮办四个农业经济实体和四个农民专业合作社，并开设农业科技咨询网站，开展网上咨询，网上诊断，网上配方等便捷高效的网络服务。11月，省关工委在徐州召开“讲理想、学科技、达小康、奔现代化”工作会议，印发区农委关工委主任王云玲《倾情为青年农民‘三扶两创一促进’献余热》的经验材料。11月1日，市老干局、市电视台在郭猛镇杨侍虾场、葛武街道夏氏鸽场录制不老松团队创新服务的视频。

【提升发文稿件质量】 年内，在《双新盐都报》出刊两个专版，分别是：组织动员广大“五老”倾情关爱留守儿童，“动员五老志愿者，关爱五失青少年”；在《盐阜大众报》《盐城晚报》用稿13篇；在省关工委内刊和周报用稿12篇；在新华报业网、江苏少年网等网站用稿46篇；在中国关工委火炬杂志和网站各用稿1篇。8篇文章被江苏少年网评为不同期的《热门作品》第一名。

【参与青少年法治教育】 年内，“夕阳红”法制宣传队在全区45所中小学开展“送法进校园”巡回宣讲活动，受教育的中小学生超过3万人次。葛武街道关工委坚持法制宣传“五进”常态化，即进校园，进课堂，进社区，进家庭，进校外辅导站，使广大青少年远离违法犯罪，实现全街道青少年连续9年零犯罪。全区有87名“五老”配合区文广新局对全区76个网吧、游戏厅实行义务监督；有136名“五老”配合区司法局和乡镇司法所对失足青少年进行社区矫正。 (徐文彬)

盐都诗书画社

Yandu Poetry Betrieb

【概述】 盐都诗书画社前身是1982年复建的陈毅元帅开创的湖海艺文社。自成立以来，已连续出版社刊91期。三十多年来，画社一直保持与党的路线方针政策的高度一致，与社会主流思想的高度一致，坚持宣传正能量，宣传积极健康的人生观、价值观、艺术观，坚持思想性与艺术性相统一的用稿原则。在区委区政府和上级主管部门的领导下，发挥优势特点开展工作，传播国粹文化，融入社会正能量主流，唱响时代主旋律，较好地实现预定的工作目标。

【社刊阵地建设】 社刊中的各个栏目主要描述党的社会主义初级阶段指导思想和改革开放的好政策，斥责贪腐、批评社会丑恶现象，代表人民心声，抒发积极向上的健康情怀，展示新时代诗书画者高尚的思想境界。推介诗书画新人，受到社会各界广泛的好评。全年总计刊用诗词创作稿2000余件、书画作品稿40余件、艺术文章稿10余件，尤其是刊用的书画作品水准都有提升。

【推动诗词进校园活动】 年内，将诗教进校园与诗书画社传统的采风活动相结合，坚持将校园作为诗教工作的前沿阵地，走进学校，贴近师生，送教上门，宣传诗教。以中、小学语文教材中的古诗词为诗教材料，结合教育部门倡导的教材拓展教育思路，根据学校和师生的实际需要，编制10个专题讲座，到各学校和社会公益场所巡回宣讲40余场次，义丰初级中学百草园诗社和郭猛实验学校绿草诗社两个省级诗教先进学校，市区盐城中学的樱花诗社、双语小学的长风诗社都参加诗书画社组织的诗教活动，诗社的学生作品来稿已覆盖全区20多家中小学。编制语文教师诗教集中培训计划，经市政协作为提案交盐城市教育行政部门办理。

【联办毛泽东逝世40周年诗会】 9月9日，是毛泽东主席逝世40周年纪念日，年初，与区退休协会共同策划举行专题诗歌吟唱会。发动全体社员创作纪念毛主席逝世40周年的专题诗词100余首，创作专题的长篇朗诵诗，纪念毛泽东主席逝世40周年的主题涵盖对新中国老一辈革命家和无数仁人志士的缅怀、对为中华民族的伟大复兴作出不懈努力的中国共产党的热爱、对欣欣向荣的伟大祖国的歌颂，最能够体现诗书画社的思想素质和精神风貌。

【组织中秋诗会】 9月13日，在《现代快报》和恒大公司的支持下，与盐城著名的浠沧月·湖畔悦读公社新体诗团队在恒大房产接待中心共同举办了盛大的“人月圆——2016中秋诗会”，实现古体诗与现代诗的同台展示。盐都诗书画社社长何玲龙与浠沧月·湖畔悦读公社负责人著名诗人姜桦在舞台上的握手，被媒体称为新诗与古诗“相隔百年的握手”。活动中，古体诗人表达学习新诗清新活泼、积极面向生活、形象思维丰富的观点，新体诗人们表达尊重传统、敬畏传统、学习古体诗歌语言华美、构思巧妙、思维奇特的态度。打破新体诗与古体诗“老死不相往来”，相互交流不畅的局面。活动共征集原创古体诗歌1100余首参加评比，其中成人作品300余首，在校学生作品800余首，参赛者年龄最大的92周岁，最小为10周岁，江西省、安徽省也有作品参加。经过认真评审，共94篇作品获奖，《现代快报》将获奖作品作专版登载。活动邀请陈建新、常逢生、郭列平、曹万峰等十余位著名书法家，书写部分参赛作品，在现场悬挂展示。中央电视台、《现代快报》《盐城晚报》等全国10多家媒体对活动作现场采访和报道，市委宣传部、市教育局、市文联、市诗词协会、市书法家协会及部门相关负责人均到活动现场。

【共办重阳诗会】 10月9日，与串场风·爱诵读团队共同举办“今又重阳——2016年盐城重阳诗会”，串场风·爱诵读团队组织全市顶级的普通话朗诵高手，对征集的原创诗词进行现场朗诵，朗诵者感受到古典诗词作为朗诵材料的韵味和厚重，古体诗作者为得到现代普通话吟诵作为传播的平台而感到新奇和兴奋。

【举办秋兰诗书画会】 10月30日，举办秋兰雅会，邀请凌震三、刘松云、程明新、陆志云、孙锡光、王兵等市诗书画界名流及福建诗友与会，即兴咏兰、书兰、画兰。在古琴声中，诗、书、画家们即兴创作，活动在三位诗、书、画家合作完成一副《秋兰图》作品的高潮中结束。

【建立诗书画社微信群】 为在更广泛的范围扩大传统诗书画的影响，以社员为主体，建立盐都诗书画微信群，每周确定一个专题作为“社课”，群员围绕社课进行创作，并互相评论，再由专人统一收编，每月编印成册。全年共完成33个课题，收编作品近千首。微信群中倡导批评促进之风，群员们互帮互敬，对作品的瑕疵和不足认真提出意见和修改建议，有效地提升作品的整体质量。

（何玲龙　郭乃英）

防震减灾

Taking Precautions Against Earthquakes and Natural Calamities

【概述】 按照省、市防震减灾工作会议的部署，认真落实区政府与市政府签订的《2016年防震减灾目标管理责任书》，突出地震监测预报、灾害预防、应急救援等三大体系建设，圆满完成全年的防震减灾工作任务。区地震局荣获2016年度全市防震减灾工作综合考核先进单位、省防震减灾工作综合考核县级优秀单位。

【防震减灾投入】 在编制财政预算时将防震减灾经费作为专项费用进行编制，2016年区财政投入的防震减灾专项经费为25万元。区科技三项经费也不断加大对防震减灾项目的支持力度，全年安排防震减灾项目经费15万元，分别是张庄东徐居委会创建国家级地震安全示范社区5万元、盐渎街道福才社区创建省级地震安全示范社区5万元和潘黄实验学校创建省省级防震减灾科普示范学校5万元。

【震情监测预报】 年内，完善地震测报网络系统，加强地震动物宏观测报点建设。不断完善“三网一员”工作机制，对相关人员进行了业务培训，提高地震群测群防能力。

【建筑工程地震安评执法】 对全区新建、改建的重大建设工程、可能发生严重次生灾害的工程和生命线工程，进行全方位地震安全性评价。现场办理一般建设工程审批事项16件，转报至省地震局窗口办理的重大建设工程审批事项3件，安评率达100%。

【防震减灾宣传和演练】 自5月1日起，在全区范围内开展了“防震减灾宣传月活动”。活动期间，举行宣传版展、知识咨询、分发资料、综合演练等活动。5月12日，区地震局联合教育局、科协等相关单位在潘黄实验学校举行了“5·12”防震减灾宣传暨应急演练活动。全区共组织开展防震减灾宣传活动6次，分发《防震减灾法》《防震减灾科普知识》2000多份，受众面达1万多人次。

【地震安全示范创建】 创建地震安全示范社区，组织张庄东徐居委会创建国家地震安全示范社区，投入资金15万元，

省气象局局长翟武全(左二)在盐都调研

对各项软硬件资料及设施进行了完善，经国家地震局审核验收，张庄东徐居委会获批国家地震安全示范社区。组织盐渎街道福才社区成功创建了省级地震安全示范社区全力推进防震减灾科普示范学校创建工作，潘黄实验学校先后投入资金10多万元硬化基础设施，成功创建省级防震减灾科普示范学校。（陈加强）

气象服务

Meteorological Services

【概述】 盐城市盐都区气象局位于盐龙街道办事处方向居委会，于2016年1月1日正式投入使用，下设气象台、防雷中心、人影办、气象灾害防御防灾减灾办、办公室。主要从事业务范围：大气探测、气候资料、农业气象、气象服务、气象科技、人工影响天气和防灾减灾、气象宣传教育等。坚决贯彻中国气象局的“公共气象、安全气象、资源气象”新理念，主动把气象工作融入到地方经济建设中，努力做到“决策服务专题化”“气象为农服务信息化”“气象服务生活化”“气象防雷管理规范化”“气象执法管理程序化”，围绕地方经济建设和社会发展中心，按照“观云测天为人民，优质服务创一流”的宗旨，坚持“三个气象”的理念，努力做到决策服务、公益服务、专业服务，预报服务成绩显著，气象安全工作有较大起色。为人民生产、生活和气象防灾减灾，提供可靠的气象服务，为建设“强富美高”新盐都发挥出气象部门应有的作用。

【重视决策气象服务】 决策气象服务是工作的重中之重，全区全年共发布各类气象传真1000多份、重要天气报告9份、专题气象服务52份、预警信号发布92次，服务短信发布270条，服务频率提高，对暴雨、大风、冰雹、台风等灾害性天气，预报服务及时准确。

【做好公共气象服务】 年内，及时发布气象预警信息，利用电视、广播、微博、微信、大喇叭、显示屏等多种大众媒体进行广泛发布日常天气预报、及时更新，不定期发布灾害性天气的实时情况和警报，在重大天气前及时发布预警信息。观测方面保证日常观测数据的及时收集上报，灾害天气情况的及时发现，年内，新加入气溶胶和反应性气体和土壤水分的监测，充实监测内容，加强气象保障能力。

【服务三农】 年内，盐都区被列为气象为农服务示范县，首批建立1个示范镇、1个示范村、1个示范点，完善示范县的后期服务、保障工作，每天定时向农村气象预警机和显示屏发送天气预报和预警信号，并定期深入农村调查农情，推进气象为农服务建设。通过雷达、GPRS等技术实现定区域、同步语音发布，有力提高气象灾害防御的精细化水平。

【建立健全应急服务机制】 年内，与农业部门联合建立农业气象灾害预警服务体系，组织全局进行应急演练，得到政府部门的一致称赞和肯定。为“两会”、高考、中考、春运等重要活动，“五一”、国庆黄金周等节假日提供了准确的定时、定点、定量气象预报。（刘　雯）

常州市气象局在盐都参观

镇 街道

Town & Street

◆盐 龙 ◆郭 猛
◆盐 渎 ◆楼 王
◆潘 黄 ◆学 富
◆滨 湖 ◆尚 庄
◆龙 冈 ◆鞍 湖
◆大 冈 ◆北 蒋
◆张 庄 ◆北龙港
◆大纵湖 ◆中 兴
◆秦 南

盐龙街道

Yanlong Street

【概述】 街道土地面积5263公顷，其中耕地面积2657公顷，下辖6个村、9个居委会，总人口50096人。2016年，实现地区生产总值72.72亿元、一般公共预算收入6亿元，分别增长9%和20%，城镇农村居民可支配收入分别为35889元、20668元，同比增长7.8%、9.0%，主要经济指标实现“十三五”良好开局。

产业集聚效应显现。年内，组织四季招商、专场推介，全年新招引易快来科技、吉祥星科技等项目36个，新开工迈腾电子、沃走视听等项目40个，新竣工赛博宇华、大兴住理工等项目35个，智能终端产业厂房面积达66万平方米，构建起从核心部件到品牌整机、从硬件生产到软件研发的全产业链条，实现开票销售30亿元，实现外贸出口7000万美元，产业集聚效应显现。

加速转型发展。实施创新驱动战略，创成省知识产权示范园、省两化融合示范区、省首批科技服务业特色基地，年内，获省智创大赛突出贡献奖，挂牌工信部“3D打印创新(创业)基地”，成功招引武汉大学创客团队，智能终端产业研究院、惠普盐城软件创新中心建成运营，引进盐城工学院国家技术转移分中心，新增国家高新技术企业15家，东九重工、康杰机械新三板成功挂牌，中恒、宝鼎、华盛获省著名商标，省首台(套)重大装备认定4家，申请专利572件、授权322件，高新技术产业产值占比达40%以上。创新创业人才加速集聚，引进各类高校毕业生2812人，各类高层次人才35人。

提升园区品质。聚焦“一核一轴一心”建设，调优区域空间布局和建设详规，高新区战略规划通过审批。全年组织实施动迁项目16个，拆迁近千户，安置679户，“五个一”拆迁先进做法全区推广。盐渎路跨宁靖盐高速立交、纬五路跨冈沟河大桥快速实施，盐渎路西延、秦川路北延等道路工程建成通车，与大市区互联互通更加便捷。智创园、高创园、保税仓等重大项目载体竣工交付，公共卫生服务中心、智创园三期、服务大厦二期主体封顶，房地产年开发20万平方米，销售20.5万平方米，增长19%，土地集约节约利用水平位居全省开发区前列。振兴路等4条道路、高架桥周边绿化提升工程全部完成，新增绿化面积333.33公顷，园区绿化覆盖率达48%以上，生产、生活、生态有机融合、互促并进。

资金运作快速发展。推进实体运营，年内，新组建实施新能源产业等实体项目8个，分布式和集中式光伏发电项形成售电收入，公共市政、金融控股、新能源、工业及商业地产四大主营业务收入达2.45亿元；投融资连创新高，招引总部经济公司13家，新增税收超5000万元。全年融资100亿元，退还社会借资12.95亿元，有效压降融资成本1.6亿元，集团总资产达230亿元，净资产90亿元，有力支撑高新区快速发展。

高新区文化产业园

改善民生福祉。全面对标“七个更”，每年将新增财力80%以上用于民生保障，5大类24件民生实事顺利实施，帮助企业办结各类证件近200件，南京师范大学盐城实验学校主体封顶，中信盐城医院规划建设，全年新增就业人口3000人，各类社会保险覆盖率保持在95%以上，新型农村合作医疗参保率和基础养老金发放率均达100%，农村康居工程、畜禽养殖污染整治全区最快，农业高产创建获省好评，秸秆综合利用和禁烧工作继续保持“零火点、零通报”。安全生产、信访化解、治安防控、涉羟整治等工作均取得新进展，社会大局和谐稳定。

开展党建工作。开展“三严三实”和“两学一做”学习教育，街道党委换届选举、区人大代表选举、村(居)党组织、村委会换届选举工作顺利完成，基层党组织力量增强。3家党群服务中心新建运行，党员统一活动日规范正常，党员教育不断深化。

【成立城市管理服务中心】 3月5日，街道整合原集镇管理办公室、城管中队、环卫所职能，成立城市管理服务中心，解决城市管理体制不顺、管理交叉、职能缺位的问题。中心引进采用信息与网络技术，加快城市管理信息系统建设，全面提高城市管理的现代化水平，并引导、规范和促进社区建设，加快建立以人口与社会单位、环境和市政设施为主要内容的社会管理与服务数据信息库，实现精准、高效的城市管理。

·程德林获省创新创业计划项目资助·

10月28日，省人社厅公布全省首批100个留学回国人员创新创业计划资助项目，留日博士程德林的糖尿病保健品和生物药物研发项目名列其中，累计获得资助450余万元。程德林，1973年出生在尚庄镇。1997年3月，在国内本科毕业后，去日本留学攻读硕士学位；2004年3月，获得日本国立东京农工大学生物工程专业博士学位。因成绩突出，受聘于日本东京知名企业花王株式会社，直接参与日本保健食品销量第一的HEALTHYA系列产品的研发。2014年8月，程德林怀着一颗赤子之心，带着自己的科研成果，回到家乡，在盐城高新区注册成立盐城康林达生物科技有限公司。程德林说，国内糖尿病患者越来越多，把自己的技术优势转化成产品优势，能让更多的老百姓享受更好的降糖保健品，是自己的愿望。回国创业的程德林，与盐城工学院、日本大生工业株式会社结为战略伙伴关系，联合开展对山芝麻有效成分的提取与利用的研究。至年底，公司一期工程研发实验室基本建成，15名团队成员进行抗糖尿病保健产品成型化工作。

智能企业

【举行智能终端项目集中开竣工活动】 10月28日，盐城国家高新区隆重举行智能终端项目集中开竣工活动。市委常委、常务副市长庄兆林致辞祝贺。区委书记羊维达讲话。区长吴本辉主持开竣工仪式，区人大常委会主任穆芹，区政协主席顾其斌，区委副书记冯明印等区四套班子出席开竣工仪式。竣工的10个项目总投资20亿元，全部投产达效后，可新增销售近50亿元。新开工的10个项目总投资达24亿元，全部投产达效后，销售可突破80亿元。至年底，智创园一期、二期工程全部竣工投产，三期启动建设，建成和在建的多层厂房面积达60多万平方米，招引智能终端项目50多个。

【举办“长风论坛”】 11月27日，中国智造与创新教育主题“长风论坛”在盐城国家高新区成功举办，盐城工学院技术转移中心盐城高新区分中心、工信部人才交流中心“3D打印创新(创业)基地”、中国3D打印教育联盟正式落户。

【成立知识产权保护中心】 12月16日，市中级人民法院在盐城高新区成立“知识产权司法保护中心”，并启动知识产权义务培训宣传周活动。市中级人民法院党组书记、院长王世华和区长吴本辉共同为知识产权保护中心揭牌。区委常委、常务副区长陈志会等参加活动。市中级人民法院在高新区成立“知识产权司法保护中心”，用法律为创新成果撑起“保护伞”，也为全区健全完善知识产权保护机制，加强知识产权保护，打造公平竞争的市场秩序，提供政策保障和工作支持。(张荣峰　陈中华　薛传刚)

2016年盐龙街道各村(居)负责人

表13

村(居)	村(居)书记	村(居)主任
乔庄	孙安林	王兆林
黄刘	刘基坤	刘基坤
吴徐	徐智权	吴文进
大李	裔　江	许荣良
丁晏	孙红祥	曹红斌
先锋	徐银山	徐祝培
合心	薛文灿	张鸿学
健仁	韩剑琴	徐月春
古亭	徐大海	张　军
跃马	王国权	张学粉
北港	张玉国	张玉国
蟒南	张文杰	秦以奎
益民	徐洪祥	韦正军
方向	徐大亚	徐秀娣
孙吴	吴玉华	孙大勇

盐渎街道

Yandu Street

【概述】 街道总面积约61平方千米,下辖15个社区、村居,户籍人口5.57万人,常住人口约12.5万人。全年完成一般公共财政预算收入9.2亿元,财政总收入13.8亿元,两个重要指标位居全区第一;实现地区生产总值39.28亿元、规模以上工业增加值27.8亿元、固定资产投资50.8亿元,同比分别增长9.0%、10.3%、17.6%;47家规模限上批零、住餐企业实现营业额153.8亿元,同比增长16%;服务业增加值24.2亿元,同比增长11.8%,占国民生产总值比重达60%,比上年提高近8%;城镇、农村居民人均可支配收入分别为36889、20083元,同比分别增长7.4%、9.1%。注册外资实际到账100万美元,同比增长160%;进出口总额1.2亿美元,同比增长39.8%。

【现代服务业发展】 街道全年招引服务业项目22个,其中亿元以上项目7个,新开工项目18个,竣工项目18个。有"江苏省示范物流园区、全国优秀物流园区"称号的城西南现代物流园,聚集亿元以上项目28个,中国民营企业500强排名第二的苏宁云商,年税收额1.6亿元的悦达摩比斯,盐城首家通过"部标"认证的北斗车辆监控平台的神龙公路港,以及江北首家"物流+电商"O2O模式全国性物流信息平台的天地汇亚邦公路港等企业推动园区快速发展,全年实现营业额60亿元,税收2.5亿元。启动海阔路南6.67公顷公共仓库的规划方案设计,为转型发展奠定基础;入驻电商快递产业园的中邮EMS、顺丰、百世、韵达、速尔等9家快递企业,日处理量达20多万件,占大市区近80%。在保持园区快递企业在大市区主导地位的同时,加强恩源科技电商基地、顺丰智慧电商物流园建设,推进"苏宁、京东、淘宝"三大特色馆建设,以EMS跨境电商产业园为平台,招引入驻5家跨境电商企业,全年实现营业总额、企业数双倍增,带动就业2500人,成功创成省互联网产业园、省创业示范基地;至年底,招引入驻33家4S店、29家2S店、200多家汽车售后服务企业的东方汽车广场,全年销售新车3.6万辆,销售额56亿元,占大市区份额65%以上,实现汽车消费服务营业总额70亿元。在稳定东方汽车广场乘用车的基础上,加快推进商用汽车城和海外海汽车城项目建设,形成乘用车、商用车、汽车后服务互补互促的全产业链条;世界500强企业麦德龙、"家居航母"红星美凯龙、东方玄武酒店等商贸企业营业额、税收稳中有升。推进创元·金域华府、钱江绿洲等9个精品楼盘建设,全年实现商品房上市面积94.3万平方米,销售面积98.6万平方米,销售总额55.7亿元,分别同比增长243%、76%、97%。重点打造碧桂园、恒大名都两大城市综合体,逐步实现住宅地产向商业地产转型,解决商、住比例失调,城市功能短缺的问题。紫金大厦、物联大厦等商务楼宇,成为楼宇经济、总部经济孵化基地,全年新增注册企业350家,其中楼宇企业70家。

盐渎路跨宁靖盐高速大桥

【扩大城市工业】 年内,街道引导工业企业走集约化、高效化、智能化、品牌化发展之路,闪奇电器、海通机械等5家企业获省民营科技企业称号;星宇科技、大圆汽配等6家企业新上技改项目,优化产能结构,企业的销售和税收稳步提升。街道重点城市工业企业全年实现工业开票销售58亿元,同比增长4%,税收3.5亿元,同比增长28%。

【现代农业稳步提升】 年内,加兵家庭农场建成育秧能力333.33公顷以上的育秧中心1个,新建联耕联种、秸秆还田及机插秧片千亩示范片1个;放大发生秸秆专业合作社的辐射作用,全年秸秆"双禁"卫星监测"零火点"、省市区巡查"零通报";完成投资1200万元的书楼村300公顷高标准农田建设规划定项;注重农业结构调整,流转土地30公顷,用于发展高效农业项目,在新204国道、125省道沿线新建苗木花卉市场、葡萄园、桃园和蔬菜基地。

【投融资工作】 通过整合资源、并购重组,年初,成立"盐城市盛州实业有限公司",被联合信用评级公司、联合资信评估公司评为AA级,总资产达76亿元。发行两期11.86亿元契约式基金、15亿元5年期无担保非公开公司债券、资金池为50亿元的产业基金,综合成本在5.5%~7%,有效控制融资成本。防范债务风险,清退社会融资,集资总量从年初的31.81亿元降至7.8亿元。

【改善城乡面貌】 高速圈以北城市板块以完善功能配套、美化生态环境为目标,高质高效推进城市建设。年内,实施达信路、盐岭路等道路建设,优化路网循环;重点打造小马沟滨河公园和物流公园;提升开创路供水管道,缓解用水压力;配套建设海阔路供电管沟，解决企业用电问题，为产业发展提供基础保证。以中央环保督察和“创文”为契机，实施丰收河等河道整治，关停万胜屠宰场、大理石场等，整治高架两侧沿线、住宅小区内外环境，城市面貌焕然一新。高速圈以南农村板块以持续改善农村环境和发展“电商+农业”为重点，出台《盐渎街道农村环境五位一体长效管理工作实施办法》等文件，强化“五位一体”管护和责任，垃圾中转站日产日清、高效运转，关停八戒猪场等畜禽养殖102多户，提升农村环境；投入480万元，实施4条农村道路、21座桥梁建设，疏浚农村河道102条；对大寨路、大书线进行提档升级；对镇中桥进行降高改造，方便学生、群众出行；打造通村公路绿色通道，重抓圩堤、河堤绿化，完成吴抬路西侧、环乡北路南侧和冈沟河、小新河、中心河、创河圩堤等6处成片造林26.67公顷，草镶边达33.33公顷。利用产业园区的电商平台发展成果，通过实施阿里巴巴农村淘宝项目，建成农村淘宝服务站4个，实现农村电商交易额30万元以上，解决农产品进城难的问题，逐步实现城乡经济、社会发展一体化。

【提升民生福祉】 街道全年新建向阳秀水佳苑、开元一品等安置房955套，购买安置房200套，保障1540户拆迁户入住；全面启动农村康居工程建设，完成87户D级及“四类人群”（“四类人群”指建档立卡贫困户、低保户、农村分散供养特困人员、贫困残疾人家庭）。中C级危房改造，改善特殊群体居住条件；新建福余、创河双泵排涝站，启动建设冈中河20个流量闸站；对中马东小区、清华学仕园、源缘小区等易淹小区进行整治；新建崇礼路幼儿园，同时对社区教育中心新校区进行装修和设备更新，持续优化教育资源；通过扩建、新建、购买、调剂等方式，对街道卫生服务中心和新伙、野丁、伍康、万胜、凤楼5个社区（村居）卫生服务站进行提档升级，方便群众就医；按照精准扶贫、精准脱贫的原则，协调帮助就业482人，发放各项社会救助金94.81万元，惠及1078人；开展老年人“安康关爱”活动，老年人意外伤害综合参保率达96%；合并新区敬老院与冈中敬老院，并投入200多万元，增设院民卫生室、娱乐室等设施，成功创建成省三星级示范养老机构。通过举办“返乡圆梦行动创业项目推介暨引才用工”招聘会和“创业培训班”等方式，帮助企业招工，解决居民就业，为创业人员申领创业担保贷款财政贴息。注重精神文明建设，李茂新、盛荣玉被评为10月、12月“盐都好人”，申报李茂新为区“十佳文明新事”候选人；开展风韵水乡·乐在盐都《百姓大舞台》、盐渎大舞台、中国梦·盐都情等巡演、展演、竞赛活动，丰富群众文化生活。

【加强党的建设】 利用周六下午时间，组织党员干部学习习近平总书记“七一”讲话、反腐倡廉警示教育、预防职务犯罪教育、“我是共产党人”系列讲座等；开展“两学一做”学习教育，注重载体建设，年内，按照阵地建设标准对街道15个社区（村、居）进行提档升级，其中9个社区（村、居）党群服务阵地达到400平方米以上。新增第六通道、闪奇两个非公企业党支部，选派党建工作指导员指导企业开展党建工作；完成街道党委、社区（村居）两委换届，将28名政治素质好、工作能力强的“两委”成员和大学生村官等人员充实到村级党组织书记后备人才队伍中。

（刘丛华　高　静）

·江苏悦达纺织集团有限公司·

一、企业基本情况

江苏悦达纺织集团有限公司创建于2003年，是集纺织、印染、家纺、针织服装和产业用纺织品于一体的高科技纺织企业。经过10年建设，纺织集团旗下拥有14家成员企业，吸纳逾7000名员工就业，已初步形成棉纺、家纺、服装和产业用纺织品四个产业板块。拥有2.2万吨中高档（精梳、紧密纺、涡流纺）纱线、1600万米中高档功能性家纺面料、200万套家纺制品、800万件针织服装、1200万件高档内衣、800万米贴合面料、210万米汽车装饰面料及120万套车用地毯的年生产加工能力。

江苏悦达纺织集团有限公司是国有企业性质，银行信用等级正常，是江苏悦达投资股份有限公司全额子公司。江苏悦达投资股份有限公司是一个综合类投资公司，业务范围为实业投资、资产管理、财务顾问、社会经济咨询服务，机械设备、纺织品的技术开发、技术转让、技术服务、技术咨询，国内贸易。

二、经济效益

2014年，悦达纺织产业实现营业收26亿元，利润2193万元，税金736万元，固定资产25.2亿元，资产负债率58.9%。2015年，悦达纺织产业实现营业收入28.5亿元，利润3090万元，税金2307万元，固定资产30.5亿元，资产负债率57.6%。2016年，悦达纺织产业实现营业收入28.8亿元，利润3120万元，税金1.13亿元。

三、企业状况

产品主要有中高档（精梳、紧密纺、涡流纺）纱线、中高档功能性家纺面料、家纺制品、针织服装、高档内衣、贴合面料、汽车装饰面料及车用地毯。2010年被授予中国纺织工业先进集体。2011年，公司被授予全国纺织行业两化融合示范单位，同时荣获江苏省质量奖。2012年公司荣获中国纺织工业联合会质量管理奖。2013年获中国纺织服装行业十大品牌文化企业。2014年，悦达纺织集团位列全国棉纺织规模企业第35位、江苏省纺织工业企业前8强，在“中国纺织服装企业500强”中名列第142位。

四、下一步投资计划

1.主要投资目标

（1）结构调整目标

“十三五”期间将着力发挥家纺品牌引领作用，扩大家纺制品的产、销量。至“十三五”末，棉纺、家纺、服装及产业用纺织品四大类产品主营收入比重由50:26:18:6调整为30:40:25:5，终端产品体量大幅度提升，产品品种更加丰富，内销比重逐步提高，盈利能力明显增强。

（2）品牌发展目标

产品质量水平进一步提高，品牌建设能力明显增强。“悦达家纺”自主品牌形成风格鲜明的品牌形象，覆盖国内中高端市场，跻身国内家纺品牌第一梯队，进入资本市场。“YUE”品牌影响力不断提升，形成海外高端研发和销售团队，打

江苏悦达纺织集团

开美洲及欧洲市场，稳步进驻国内市场，与国内代理国际家居品牌同台竞争。“悦达家纺”“YUE” 和服饰品牌在内外销市场形成聚集推广、客户和渠道资源的整体营销优势，组合出击，对产业拉动作用显著提升。

(3)技术创新目标

突出新产品开发，直面市场，进一步加强新材料、新技术、新设备、新工艺的研究和推广应用，每年开发新产品数目不少于50种，其中省级新产品不少于10种，到“十三五”末新产品销售收入占比达30%以上，企业核心竞争能力明显增强。创建院士工作站，申报国家级技术中心。

(4)企业改革目标

按“集团多元化，子公司专业化”的改革要求，梳理现有组织架构，围绕主业，一企一策，进退有序，合理布局。探索股权激励政策，调动企业自主经营的积极性、主动性。完善公司法人治理结构，提升集团管控能力，“悦达家纺” 主板包装上市。

(5)人力资源目标

通过调整产品结构、提高设备自动化水平和人员素质的培训提升，减少万锭用工、万米布用工和非生产人员比例。利用市“515”人才引进计划的政策优势，引进高层次领军人才；通过内部选拔培养等方式，提高人力资源综合素质。到“十三五” 末，企业高技能人才比例比2015年上升20%，领军人物保有量达企业发展需求，技术与管理团队更加专业化、梯队化。

2.面临挑战

一是宏观层面，全球化红利正随着区域贸易协定的快速增多而稀释，全球贸易体系碎片化趋势日渐突出，以TPP、TTIP为代表的区域化进程割裂了跨区域的经贸合作。东南亚、南亚等国家和地区中粗支纱的涌入，对国内纺织企业市场冲击较大，纺织产业前端产品多数处于亏损状态，全行业出现恐慌性紧缩；用电、用工、资金等要素成本上升过快，产品议价能力不强，不具有竞争优势，造成产品压库，企业现金流难以通畅。

二是渠道创新能力不足，运行成本费用高。纺织行业是一般竞争性行业，传统线下销售模式受众范围较窄，线上平台销售起步又较晚，悦达纺织纱线、面料客户一半左右都是民营中小企业，在运行机制、运行成本、灵活性上难以同一平台竞争，议价能力不足，存在明显的劣势。

三是产业链间缺乏有机融合。悦达纺织一直处于边投资边生产之中，产业链节点上存在脱节，导致产业链未能有效地形成，特别是后道和终端产品规模优势还未充分显现，仍处于低附加值状态，对整个产业带动不足。

四是与同行先进企业相比还有一定差距。规模不大，市场占有率低、高端人才缺乏、产品差别化程度不高、品牌创建仍处在初期、软实力培养不足等，赶超业内先进企业的脚步任重道远。

3.存在的问题

(1) 运营绩效仍待提升。先期投入大，资产负债率高，项目爬坡周期长；部分企业管控不到位，遗留问题较多，企业整体盈利能力薄弱。

(2)品牌创建正在起步。品牌仍处培育期，市场影响力不足，品牌引领和终端产品带动作用仍然欠缺。

(3)产业间融合深度不够。整体规模体量不大，位于中小企业行列；产品差别化程度仍然较低，企业核心竞争能力尚且欠缺；产业链上的各个环节尚处于各自为阵状态，关联业务体量过小。

(4)设备优势逐步减弱。下属企业体量最大的棉纺、家纺，设备运行最早的已达10多年，装备从投产初期业内较为领先水平逐步削弱。

(5)领军人才相对缺乏。公司培养、锻炼了一批人才，但有创新思维和能够解决突出问题的人才不足，产品研发、品牌运营、管理创新、国际贸易、电子商务等方面的领军人物相对缺乏。

“十三五”期间，纺织集团立足未来五年核心竞争力培育、运营管理水平和盈利能力进一步提升的总体思路，聚焦主业，做精存量，谋划增量，有效整合悦达纺织产业和悦达系统内部资源，搭建平台，创建品牌，发挥品牌引领作用，实现以终端产品带动现有产业协同发展。

4.发展建议

突出一个主体。以家用纺织品生态圈建设为主体，针织服装和产业用纺织品为两翼。围绕主业，有效整合悦达纺织产业中关联资源，促进产业融合发展。

搭建两个平台。一是研发平台。遵循“聚集主业、突出主体、整合资源、协同创新”的原则，组建悦达纺织工程研究院，打造“一站、一中心、一基地”(院士工作站、国家级技术中心和国家功能性家纺面料研发基地)，逐步建立以企业为主体、以市场为导向、产学研用相结合的研发创新体系。二是电商平台。短期借助以天猫、京东、一号店等第三方平台，开展以家纺产品为重点的线上零售业务，同时借鉴后台管理和大数据分析，谋划自建专业电商平台，逐步实现从商品供应商、信息服务商向平台服务商的转变。

实施三大战略。一是创新驱动。完善创新发展体系，分步建设数字化、网络化、智能化生产线，深入应用信息化技术，提高设计研发、生产管理、市场营销和节能减排水平。二是"走出去"战略。巩固合作成果，扩大合作领域，利用全球贸易体系战略和国家区域经济发展政策，实施贸易国际化和存量产能梯度转移。三是自主品牌建设。组织专业团队，坚持线上线下同步拓展、产业链全面管控、智能化个性定制的发展路径，树立"悦达家纺"主品牌，跻身国内家纺品牌第一梯队。开展品牌合作之路，培育海外"YUE"品牌，使之在国际市场推介和国内复制运营上取得突破。创建职业装、户外运动服装等自主服装品牌。

做好四个保障。一是要素保障。完善人才管理与评价机制，引进和培养带动产业发展的领军人才，为企业可持续发展提供智力保障；拓宽融资渠道，做好资金平衡，确保发展资金。二是两化融合。应用信息技术，加快智能化纺织关键装备技术改造升级，促进互联网技术在产品研发、设计、制造、零售、体验及品牌发展中的应用。三是体制机制。与悦达集团改革同步，创新发展思路，优化产业结构，正向激励，激活运营机制。四是安全环保。履行社会责任，发展绿色制造，开发绿色产品，加强循环利用，倡导文明发展。

实现五大目标。一是到2020年实现营业收入翻番，运营绩效大幅提升，企业全面实现赢利。二是2020年底，家纺面料与制品、服装、产业用纺织品的营收总额占比达70%以上，终端产品反向带动作用明显增强。三是品牌运作取得突破，"悦达家纺"进入国内家纺品牌第一梯队。四是装备技术得到改造提升，拥有一批自主知识产权产品，获得国家技术中心认定。五是"悦达家纺"主板上市。

·江苏飞亚机床有限公司·

公司是机床专业生产制造企业，是民营独资企业。企业位于市科技创新园区(盐都新区)。地址:盐渎路649号。从1985年创建以来，生产机床历史30余年。企业用地面积7公顷，固定资产8000万元。生产办公用房35000万平方米，辅助用房10000多平方米。

企业实行标准化管理体系组织生产，公司共有职工190人，其中大中专学历职工50人。有各类大型精密龙门刨床、龙门铣床，龙门式周边磨削导轨磨床，数控镗床等大型生产设备40余台，有车、铣、刨、磨等金属切削设备50余台。检测手段先进。主要产品有C6136A、C6136C、C6136D、C6140、C6150、C6160等六个系列普通车床和CK系列数控车床，数控立式铣床，开发CJB和CJC系列普通车床。企业品牌商标:"飞亚商标"。年生产销售可达3000余台。产品销售遍及全国各省、市(区)。2011年取得产品出口权，部分产品已外销国际市场，年生产销售可达2亿元。2016年实现开票销售1556万元，入库税收167.3万元。

企业曾获得市"重合同守信用企业"市级"计量认证企业""优秀纳税企业"和"江苏省民营科技企业"的称号。

2016年盐渎街道各村(居)负责人

表14

村(居)	村(居)书记	村(居)主任
福才	孙祥银	刘寿富
刘朋	蔡中军	王　军
兴城	张　华	张　华
万胜	秦佳灿	徐建明
兴民	刘荣桂	
野丁	严绍林	丁文斌
新伙	柏友华	唐　卫
福利	陈　群	蔡金顺
伍康	徐永祥	李正兵
民生	丁文兵	刘汉剑
凤楼	王长德	王传红
同桂	陈　芳	陈　芳
杨韦	罗维华	李　芳
花吉	吴晓华	范金存
书楼	戴汝琪	王学俊

公司地理位置优越，北临盐渎路，西临神州路，交通便利，离盐城机场10千米，离盐城市政府办公大楼2.5千米。

潘黄街道
Panhuang Street

【概述】 街道区域面积27.72平方千米，总耕地面积950公顷，户籍人口46076人，外来流动人口近10万人，下辖11个居委会、2个行政村。街道党委下设一个二级党委，22个党总支，122个党支部，共有党员2206人。2016年，实现地区生产总值55.95亿元，较上年同比增长9.2%；公共财政预算收入4亿元；服务业增加值30亿元，较上年同比增长11.3%；规模以上工业增加值18.70亿元，较上年同比增长10.4%；固定资产投资46.83亿元，较上年同比增长17.7%；城镇居民可支配收入实现37953元，较上年同比增长7.9%，农村居民可支配收入实现21849元，较上年同比增长9.0%；服务业增加值占地区生产总值比重达到53.62%；全年投入180万元新建市政消火栓82台，有效提升消防供水能力，保障灭火救援实际需要，获全区年度综合先进奖。

招商选资工作。年内，完成入驻开工项目1个(香港维尔森国际幼儿园)；签约项目2个(盐城市天驰摩擦材料有限公司、盐城中丞世纪项目管理有限公司)；完成注册私营企业201户；新增国家高企3家；为高新区引荐项目3个(上海耕欣电子科技有限公司、香港联恒(东莞)电子科技有限公司、清华大学键盘组装和遥控器组装机器人项目)。推进列区八大类重点工程项目，14个列区八大类项目全部按时序开工建设。

发展现代农业。提升仰徐乡村乐园和仰徐都市农业精品园建设项目，连体大棚改造出新，新增观光带2000米，新建开心农场13.33公顷，提升采摘园20公顷，铁皮石斛六个大棚试种成功；采摘服务中心装潢基本完成，桥梁、采摘广场、前进河河道景观工程竣工。年内，成功举办仰徐第五届草莓节及"2016盐城·仰徐葡萄节暨大学生音乐节”，实施“乡村一日游”活动，推进仰徐农家乐的发展。江苏乡村旅游创客基地落户仰徐，举办首届仰徐杯创客大赛，8月，获“中国乡村旅游创客示范基地”称号。生态林建设新植面积103.33公顷、补植面积近千亩，新栽苗木近23万株，全街道字2014年起累计建成绿化面积近866.67公顷，植树总量达160万株。

加快城市建设步伐。推进城市综合体万达广场、金航财富大厦、明华大厦等工程建设装修进程；完成东进路道路绿化和带状公园河滨绿化；启动万达商圈公共立体停车场项目征收程序；杨坝大厦综合楼、宝才综合楼、万达公馆等项目报批相关手续。濠璟半岛、西湖半岛花园、苏豪名邸等15个房地产项目。开展宝才高架施工、开创路施工地段、盐城新水源地及饮水工程(盐都段)、宝才物流园区三期搬迁项目、家家爱地块棚户区改造、城中村改造项目等房屋征收工作，保障市、区、街道重点工程顺利建设。同步实施小马沟和双纲河整治工作，达到路通岸绿、截污水清的目标要求，小马沟河道整治被列为省“931”项目样板工程。坚持水体无漂浮物、岸坡无杂草、河道无坝堤、水体无臭味“四无”标准推进街道55条河道的长效保洁工作，全年共拆除违章搭建86起，面积3780平方米。推进环境整治，对朱庄境内水上船只集中区进行突击整治，清理杂船485条，及时消除安全隐患。做强做优功能配套，在完善东进路西延、经一路北拓工程的基础上，重点推进开创路北拓、腾飞路西延、城市河道综合整治、小马沟体育主题公园、仰徐乡村乐园等基础设施建设，多元化引资、投资建设学校、医院、养老公寓等公益性、功能性项目，开发储备土地。

改善民生。推进学校建设工程，新投入使用的腾飞路实验学校、盐都幼儿园为居民子女入学提供一流环境；对4所无证幼儿园按区部署要求全面取缔整治到位，在校幼儿平稳分流落实。街道每家幼儿园(累计12所)坚持规范办学，注重质量提升。同时做好特困幼儿家庭资助工作，全年惠及300户幼儿家庭。潘黄实验学校先后获得全国作文教学先进单位、全国“十二五”规划课题先进实验学校等荣誉称号。

【新增国家高新技术企业3家】 发挥科技部门职能作用，组织企业申报高新技术企业，加大高新技术产品培育力度，引导企业通过自主创新，开发具有自主知识产权和自有品牌的高新技术产品，提升企业自主创新能力。街道全年申报高新技术产品8个，新增国家高新技术企业3家，分别是盐城市天驰汽配有限公司、盐城盛鼎机电有限公司及盐城正邦环保科技有限公司。

区委书记羊维达(右二)、区长吴本辉(右一)在万达广场

【省法治宣传活动启动仪式】 为全面启动实施“法润江苏美好城市法律相伴”活动，创新活动形式，提高宣传效果，省司法厅组织全省13个民主法治示范社区，向全省社区和市民发出“推进社区依法治理共创美好城市生活”倡议，启动整个活动。9月3日，关于“推进社区依法治理，共创美好城市生活”的倡议活动在街道新日月社区开展，推动法治建设进程。

【获“中国乡村旅游创客示范基地”称号】 仰徐乡村旅游创客基地由市旅游局、南京农业大学人文学院、潘黄街道、上海艾谷农业科技有限公司等四家单位联合创立。5月，举行首届“盐城仰徐杯”全国乡村旅游创客大赛，申报创意策划类版块的创客们围绕盐城旅游萌物创意营销推广、盐城市和盐都区旅游节庆或乡村旅游活动的营销、产品、广告、形象、新业态等进行实体策划。从“互联网+”、三产融合、农家乐聚集村等方面提交创客商业计划书。7月，创客获奖团队入驻“乡旅创客空间”，并得到创客基金投资、项目孵化及免费提供创业场地等政策扶持，从事草莓葡萄节庆策划、农产品包装创意设计、主题农家乐改造提升、乡村旅游特色商品设计开发，“互联网+”等工作。8月，仰徐乡村旅游创客基地被国家旅游局表彰为中国乡村旅游创客示范基地。

【以旅游业促地方经济发展】 3月，举办“2016盐城·仰徐第五届草莓节”，以美丽乡村游为载体，快乐采摘，以“莓”为媒，宣传展示乡村旅游品牌，弘扬最美乡村旅游文化，打造一流投资环境。9月10日，举办“2016盐城·仰徐葡萄节”暨大学生音乐节，以返“葡”归真、乡间“萄”趣，文明旅游、你我同行为主题，吸引游客观看旅游。两次活动共吸引游客15万人，帮助农民增收38万元。

【北大方正合作项目签约】 北大方正科技园项目占地45.33公顷，由北大方正集

区政府与北大方正签约

团与中国惠普公司联合打造集软件和外包产品、商务配套服务、高档生态居住等于一体的产业综合体。总投资100亿元，12月22日，与区政府签定战略合作协议，规划开工建设。

（肖国前　葛金霞）

2016年潘黄街道各村（居）负责人
表15

村（居）	村（居）书记	村（居）主任
新民	董兆付	李亚林
仰徐	徐荣春	徐荣春
朱庄	董金玉	张俊良
何桥	童金顺	朱玉如
大孙	孙建国	孙建国
美丽	郑　明	孙宏祥
新阳	孙　军	孙　海
兆泉	张　勇	刘汉萍
吴杨	蔡龙群	徐金霞
宝才	商兆华	陆众山
旭日	朱其冬	朱　亮
东升	陈长林	滕长忠
杨坝	徐建虎	时兰湘
新英	徐兆扣	—

滨湖街道
Binghu Street

【概述】 街道总面积38.47平方千米，耕地面积999公顷，下辖4个村、2个居委会，总人口16025人。全年实现地区生产总值8.1亿元，增长8.3%；固定资产投资8.5亿元，增长15.4%；城镇居民和农村居民可支配收入分别为36119元、20795元，分别增长8.2%和9.5%；完成一般公共预算收入1582万元。

推进服务业。10月，以“畅游盐都金秋行”活动为契机，组织策划“第二届大纵湖生态旅游节”“第二届户外露营节”等系列活动，成功举办“国际公路自行车赛”，同时精心办好“盛世横空，飞越大纵湖”——世界级水上特技表演、“大纵湖影视城杯”江苏首届汪星人明星秀、野炊节、观鸟节等特色活动，增强品牌吸引力。至年底，实现旅游业总收入3.1亿元，增长35.2%；景区游客接待量和营运收入分别增长31.6%和26.8%。在旅游开发的带动下，餐饮、住宿、商贸等三产服务业实现三产增加值6.6亿元，社会消费品零售总额3.5亿元，增幅分别达18.8%、18.3%。

发展农业经济。造林绿化工作取得进展。完成成片造林12公顷，农田林网133.33公顷，四旁植树2万株，河堤绿化20千米，“草镶边”绿化面积2.6万平方米。加快实施水利工程，完成三年行动计划河道疏浚土方8.5万立方米，“最后一匡田”通达工程剩余19座农桥全部建成。加强农村环境整治。强化农村环境“五位一体”长效管理和“清洁乡村”行动，健全保洁队伍，改善农村生产生活环境。联耕联种强势推进，完成机条播面积140公顷，统一供种率100%。秸秆禁烧工作全年卫星监测零登记、市区巡查零通报，秸秆还田率夏秋季分别达100%和90%。

推进重点项目。年内，东晋古城完成四个标段招投标，全面施工；婚纱摄影基地正式对外营运，被人像摄影杂志社评为“金牌摄影基地”；绿丘露营地实现提档升级，获批省级房车露营地；鸟岛全面建成，“五一”期间正式对游客开放；规划展示馆基本建成；加快推进水下古城遗址、炬通温泉度假村建设；老景区提升成效显著，外湖码头、生态旅游厕所全部投入使用。旅游景国庆期间精彩亮相央视《新闻联播》。

招商融资工作。围绕旅游发展需要，开展招商引资。参加深圳智能终端招商推介会，招引并签约总投资1.1亿元的大纵湖度假酒店项目和总投资8000万元的影视城二期项目，并通过区级项目评估；实现蛟龙宾馆二期和康健养生等跟踪项目2个。拓宽融资渠道。加大与各大银行、证券公司、信托公司等金融行业的沟通联系，申请项目贷款和发行债券，保证旅游开发需要。全年发行债券3亿元，办理项目贷款5000万元，保证重点工程的顺利推进。

改善集镇面貌。提升集镇建管水平，配强城管队伍，充实集镇建管力量，年内，购置各类清运、保洁车辆15辆，实行集镇全天候保洁；投入100多万元，新、改建水冲式公厕5座，满足群众需求；集中整治乱停、乱堆、乱放、乱贴等现象，拆除违章建筑28处860平方米，清理废沟河道7条2350米，整治教师公寓东河、陈琳路西端等集镇脏乱差环境18处。集镇环境进一步亮化。实施宋曹路修建工程，实现水、电、网、气及污水管道全部下埋，集镇新增绿化面积1.3万平方米。加强垃圾处理，按照“组保洁、村收集、镇集中、区转运”的要求，实现生活垃圾收集处理全覆

滨湖第六届老年文化艺术节

盖，日产日清。

发展社会事业。年内，发展文化广电事业，新增有线电视用户225户，入户率达92%，位于全区前列；投入30多万元强化文化阵地建设，健全文娱功能，丰富群众文化生活。经济区荣获“全国第三批农村优秀学习型乡镇（街道）”称号，大纵湖初中中考26人达4星级高中录取分数线，并被评为“全国青少年足球建设特色学校”；大纵湖小学被评为盐城市“智慧校园”，卫生院通过“省级示范乡镇卫生院”创建验收并达标。计划生育率和计生信息化覆盖率均达100%，扩大社会保障覆盖面，城乡居民养老保险新参保320人，超额完成区下达指标，新型农村合作医疗参合率达100%。推进精准扶贫，全年结对帮扶低收入农户145户，帮助解决136个工作岗位，74户低收入户率先脱贫。

提升党建水平。冬训取得预期效果。为认真开展好党员干部冬训工作，经济区专门成立冬训工作领导小组，加强组织领导。在冬训过程中，各村（居）、各单位开展学习讨论，把冬训与总结年度工作结合起来，与创先争优、民主评议党员结合起来，与扶贫帮困、走访慰问结合起来。加强基层党建工作。完成党组织关系集中排查，32个基层党组织完成支部换届；推进基层党建示范点建设。倪杨村党群服务中心成功创成“基层党建示范点”，北宋居委会党群服务中心纳入创建计划，全年发展建党对象12名，完成村（居）“两委”换届，4名35周岁以下青年新选入村（居）总支委班子，为村（居）增强后备力量。

稳定社会大局。启动社区网格化管理工作，打造社会管理创新工作新亮点，开展法治建设和平安创建活动，推进技防“村村通”建设，稳定社会大局。坚持“安全第一，预防为主”方针，落实安全生产各项举措，加大食品药品安全工作，加强建筑安全监管，推进各类安全隐患排查治理，为经济社会发展创造良好的社会环境。（李伟坤）

2016年滨湖街道各村（居）负责人

表16

村（居）	村（居）书记	村（居）主任
北宋居委会	宋传勇	刘顺志
平湖居委会	李兆明	徐德华
镜湖村	宋本山	徐　勇
迎湖村	高洪华	王爱荣
倪杨村	宋孝亮	宋孝标
陈庄村	王顺余	王建磊

龙冈镇
Longgang Town

【概述】 全镇下辖2个办事处（鞍湖、镇街道办事处）、1个果树良种场（盐城市果树良种场），共有35个行政村（居、管理区、社区）。辖区面积96.83平方千米，人口96920人。全年全镇实现地区生产总值54.6亿元，财政一般预算收入1.34亿元，规模以上工业开票销售14.5亿元，全社会固定资产投资38.3亿元，城镇、农村农民人均纯收入分别为38066元、21887元，同比增长8.0%、9.1%。

围绕聚焦产业、立足生态、着力富民，全力打造龙冈“千年古镇、百家名镇、三胡故里、万亩公园”新形象，坚持“五聚力、五突破”。聚力产业集群，寻求园区载体新突破。新建全民双创园二期，加快项目推进步伐，年内确保20个以上工业项目入驻工业园区，重点重抓与中国矿大共建输变电研发中心。加快区农产品加工集中区建设，招引老周食品和灰太狼等知名企业入驻园区。聚力生态人文，寻求旅游发展新突破。桃花园全力争创国家AAAA级旅游景区，充分挖掘千年古镇的文化底蕴，加快打造文化休闲凤凰古街。同时，加快张本古村落建设，打造富有特色的旅游风情小镇。聚力富民惠民，寻求民生补短新突破。健全民生保障，实施精准扶贫，提供更高质量的公共服务，构建和谐社会环境，增强人民群众获得感和幸福感。被评为“和谐中国·全国百佳历史文化名镇”“中国健康养生休闲旅游名镇”“中国乡镇综合实力500强”“全国工会维护农民工合法权益先进集体”“江苏省文明镇”“江苏省生态镇”“江苏省文明创建先进集体”“苏北五十优乡镇”“江苏省社会综合治理先进乡镇”、盐城市重点镇等荣誉称号。

【党员干部捐款助困】 1月31日下午，龙冈镇党员冬训班主会场内，镇社会事务办、总工会、妇联和团委等群团组织，向现场的党员干部和企业家发出“献爱心关爱弱势群体”捐款送温暖的倡议，全镇冬训班现场共收到捐款18.34万元，全部用于资助本镇身患重大疾病的各类弱势群体，帮助他们及早安排生活。

【首获“江苏人居环境范例奖”】 “江苏人居环境范例奖”是反映江苏省改善城镇人居环境单方面成就的最高奖项，2015年“江苏人居环境范例奖”揭晓，全省共15个项目获奖。市“盐龙湖饮用水源保护项目”等4个项目名列其中，属盐都区首次获奖。盐龙湖开创国内平地挖湖、人工构造生态湿地饮用水源的先例，在省内乃至国内引起关注。

【叶健在龙冈镇调研】 3月3日下午，省水利厅副厅长叶健在副市长吴晓丹、区长吴本辉、区政协主席顾其斌等陪同下，视察调研龙冈镇冬春水利建设情况，并察看施工建设现场，对龙冈镇高度重视水利建设工作给予肯定。

【主流媒体关注龙冈第四届桃花节】 4月1日，龙冈镇第四届桃花节盛大开幕，龙冈桃花园“桃红梨白”的美景得到中央、省市媒体高度关注，并予以公开报道。4月3日晚，央视《新闻联播》在“春季美丽生态——清明踏春赏生态美景”中特别介绍龙冈桃花园；人民网、新华网、江苏卫视《新闻空间站》分别以“盐城龙冈桃花旅游节开幕：春花似海游人如潮”“盐城龙冈镇桃花园笑迎八方客，依然十里桃花红”“20万株梨花盛开游人如织”为题，报道龙冈桃花园“2万多名游客‘慕花’而来，一睹万亩绚丽多彩的桃花和梨花美景”的盛况。国内多家媒体予以转发。《盐城晚报》在4月2日1版推出游客徜徉在桃花园自行车环道的大幅图片，在2版作专门报道；《东方生活报老爸老妈》推出一个整版“读图”以美图的视觉放眼桃花园。市电视台也对龙冈桃花节和桃花园作追踪报道。

【中医馆建设获好评】 4月，市卫计委相关负责人在龙冈镇卫生院调研，对卫生院中医馆建设给予肯定。市卫计委一行在参观中医诊断室、牵引室、针灸室、煎药室等科室时，对中医馆建设和中医药服务工作开展情况给予肯定。

【开展“七一”慰问活动】 6月29日，镇党委书记李益等一行前往镇青龙居委会建国前老党员唐怀书家中进行慰问。李益代表镇党委向唐怀书送上2000元慰问金，并对唐怀书多年来关心镇居工作表示感谢，特别是对其在集镇环境整治中所做的工作予以褒扬。全镇13个班子成员以及各村居(管理区)30多名联系点干部，深入19个建国前老党员和87名困难党员家中开展“七一”慰问活动，累计向建国前老党员和困难党员发放慰问金8.15万元。

【新水源地及引水工程清障工作】 全镇第一阶段清障工作自6月21日启动，突击5天，完成万家居委会76户、三旺2户、港北2户搬迁户的让房签约，启动拆迁清除工作。6月30日下午，全镇召开盐城新水源地及引水工程清障工作推进会，总结第一阶段清障工作，部署第二阶段清障任务。第二阶段清障工作自7月5日起，突击5天，全力完成冈南管理区31户搬迁工作。

【开展高温慰问活动】 7月27日上午，镇党委书记李益、人大主席王启明等在华鸥公司、供电所、敬老院等企业、部门开展高温慰问活动。李益对公司错开班次、增加防暑降温设施设备、后勤人员服务一线职工、发放福利等防暑降温的做法表示肯定，并代表党委政府向华鸥公司、敬老院和供电所分别发放慰问金。

【微电影《归途》在龙冈开拍】 8月6日，禁毒微电影《归途》在镇市民文化广场举行开机仪式。市公安局党委副书记、副局长吴柏林出席，区委常委、政法委书记陈育群宣布《归途》正式开机。《归途》根据市剧作家曾汉才淮剧小戏剧本改编，影片由区禁毒委主办、江苏汇益文化传播有限公司承办，市淮剧团李阜生、黄道静任主演，导演于庆海拍摄制作。《归途》讲述父亲孙海东铤而走险，选择制毒贩毒的道路，其青春叛逆期的儿子，受不住诱惑吸毒，被强制戒毒的故事情节，告诫大家因果报应，珍爱生命，远离毒品。

【发展体育事业】 8月8日，全区第十届“乡镇全民健身运动会”闭幕，龙冈镇荣获集体项目(莲湘)比赛一等奖和乒乓球团体比赛第一名。全镇以巩固“省体育先进镇”为目标，开展“全民健身活动”，加大体育经费投入和体育设施装备，建成近5千米的自行车环道、国标标准塑胶篮球场和设备齐全的健身路径，丰富群众体育活动内容。至年底，全镇有健身项目20余个、健身队伍60多支，常年参加健身锻炼人数达2万人以上，群众积极参与全民健身活动、追求健康文明生活方式的习惯逐步形成。

【八桅大风车申遗】 2011年，八桅立式大风车制作技艺被列入江苏省非物质文化遗产保护项目，2015年被收录到由中国科学院编写、于2016年出版的《中国古代重要科技发明创造》一书中。全书共收录88项最具代表性的“中国古代重要科技发明创造”。区文广新局、龙冈镇在加强八桅立式大风车制作技艺的数字化保护和传承、利用的同时，启动八桅立式大风车制作技艺申报国家级非遗保护项目的各项工作。八桅立式大风车将成为继淮剧之后盐都区的又一张文化名片。8月

龙冈第五届桃花旅游节

15日，中国科学院自然科学研究所专家组一行在龙冈镇调研八桅立式大风车保护情况。

【第四届金秋采摘节开幕】 9月1日，龙冈第四届金秋采摘节在桃花园开幕，活动持续至9月15日，作为2016“畅游盐都金秋行”重要内容之一，采摘节以“享田园风光、采梨果飘香、品农家美食、赏民俗风情”为主旨，主打欢乐乡村游之牌，除突出田园采摘外，还举办“田园印象”摄影，杂技、腰鼓、龙舞等地方特色表演，梨王比赛，“金秋飘香”农家菜创意赛，小记者金秋采风，文明旅游万人签和全民健康生态游等多项互动活动。采摘节期间，龙冈桃花园进一步加大国家森林公园和AAAA级旅游景区创建力度，突出游客接待中心、凤凰阁、抗震减灾等景点建设，让“桃园胜境”呈现出新的亮点，确保年内通过省级生态旅游示范区创建，年底前通过国家森林公园验收，提速国家AAAA景区创建进程。整合盐龙湖生态区、三胡故里、凤凰古街等旅游资源，放大龙冈桃花园旅游效应，让游客们在十五里沙岗观赏果园秋色、自由采摘的同时，远离城市喧嚣、回归生态自然、尽享生态的森林果园之美。

【龙冈小学乒乓球队获奖】 龙冈小学乒乓球特色教育始于1965年，1986年校乒乓球队在省赛中获前六强。在2016年江苏省第二届小学生乒乓球锦标赛（北方赛区）中，龙冈小学乒乓球队获参赛组别男子组团体冠军、女子组团体第五名，参赛学生李建涛、潘昊阳分获男子单打第二、三名，谢雨彤获女子单打第三名。谢雨彤还被省少体校录取。学校为国家培养输送一级运动员1名，二级运动员4名，乒乓球队多次在省级以上大赛中获奖，其中培智校乒乓球队多次代表江苏参加全国特奥会、亚太地区特奥会及世界特奥会，共获金牌46枚，龙冈小学成功创建成省体育传统项目学校和省乒乓球传统学校。

【“精彩江苏”文艺巡演在龙冈上演】 11月9日晚，“精彩江苏”文化民生基层文艺巡演龙冈专场在凤凰幼儿园演播厅上演。小品、相声、京剧、杂技等节目一一亮相，演出由省文化厅主办，省文化馆、市文广新局承办，市文化馆、区文广新局、镇政府协办。节目有获第十七届中国文化艺术节政府奖“群星奖”的《厨房的味道》，著名京剧艺术家董源老师表演的京剧，荣获全国金狮奖的木偶表演《变脸》，也有具有本地特色的快板《笑话连篇》，还有一些年轻人喜欢的流行歌曲《听海》，更有体现人身体健美和力量的杂技表演等。

【丁宇调研区镇两级人大换届选举工作】 11月17日上午，市人大常委会副主任、党组副书记丁宇等一行在龙冈镇调研区镇两级人大换届工作。区人大副主任丁兴俊、镇党委书记李益等陪同。丁宇对龙冈镇在区镇两级人大换届选举前期工作中思想重视到位、宣传发动到位、培训辅导到位、措施落实到位的做法予以肯定，并深入毓龙居委会，实地了解区镇两级人大换届选举工作。

【全国禁毒工作培训班人员观摩龙冈禁毒工作】 11月23日下午，全国31个省、直辖市、自治区，参加全国打击制毒物品犯罪业务培训班的150多名人员，在区委常委、政法委书记陈育群，区公安局局长连大猛、镇党委书记李益、镇长吴爱群陪同下，现场观摩龙冈镇禁毒工作开展情况，对全镇重视禁毒工作所取得的成效给予肯定。

【北京市农经办考察镇农经综合服务工作】 11月23日上午，北京市农经考察团一行32人，在镇长吴爱群的陪同下，在镇农经站考察农经综合服务工作，参观农村财务与资产管理、农业保险、农村产权交易、农民资金互助合作等工作现场。

【村居委员会换届选举工作】 11月18日，龙冈镇（含鞍湖街道）31个村居一次性顺利选举产生村（居）委成员123人，其中：村（居）委会主任30人，副主任14人，委员79人。所有新当选的村居委员会成员举行集体宣誓就职仪式，兴龙、张本等村居新当选代表做任职表态发言。11月29日，在镇政府四楼大会议室为31个村居新一届委员会当选成员颁发当选证书，标志着镇第十一届村委会和第六届居委会换届选举试点工作成功。

【镇老龄协会换届】 全镇共有60周岁以上老人1.42万人，老龄人口比例达到21.4%，其中80周岁以上老人1814人。12月17日上午，举行镇老龄协会换届大会。新选举产生理事51名，常务理事17名，马德海当选为名誉会长，还美瑚当选为会

2016年龙冈镇各村（居）负责人

表17

村（居）	村（居）书记	村（居）主任
毓龙居委会	夏东桂	仓定亮
坊桥居委会	李文高	郑兆柏
永明居委会	周凤权	许志军
凤凰居委会	熊洪军	申爱芳
青龙居委会	韩世明	李仁贵
兴龙居委会	周维权	刘金权
新冈居委会	许洪荣	季汉林
万家居委会	范玉琪	祁太福
港北村	周文亮	王凤英
曲东村	张国顺	季登成
兴福村	万一明	徐万宏
徐庄村	徐龙富	郝成兰
晓庄村	封成林	张　权
三旺村	潘万明	徐金华
大吉村	葛玉军	刘恩旺
桂吴村	吴先兵	吴从刚
大潘村	潘万前	万益圣
留璜村	潘同诗	潘万华
军营村	范才存	周焕灯
仇家村	陈以德	仇必勇
高范村	陈仕林	刘德凤
黄庄村	陈心标	黄　忠
杨斌村	徐发明	黄兴武
储巷村	许冬春	刘金楼
许巷村	陈秀干	许兆连
冈南管理区	刘志祥	刘志祥
冈中管理区	许杏东	许杏东
冈北管理区	王新华	王新华

长，唐正全、许登宏当选为副会长，潘万里当选为秘书长，区老龄协会会长沈光吼到会致词。

【召开冬春水利建设现场推进会】 12月26日，全区冬春水利建设暨造林绿化现场推进会在龙冈镇召开。区长吴本辉出席会议并讲话。会前，与会人员观摩楼王镇、学富镇和龙冈镇的农村河道整治和造林绿化现场。副区长陈霞就完成农村水利建设和造林绿化各项目标任务提出具体要求。下发《关于推进2017年绿色盐都建设的意见》《全区2017年度农村水利工作意见》。

【获评省级生态旅游示范区】 12月29日，省旅游局和省环境保护厅联合发文，公布四家省级旅游示范区，龙冈桃花园景区榜上有名。依据《江苏省生态旅游示范区评定规范(DB32/T2307—2013)》，经市旅游局和环保局联合推荐，省旅游局与省环保厅组织专家进行资料审核和现场检查，龙冈桃花园景区达到省级生态示范区创建标准。至年底，龙冈桃花园景区获评全国农业旅游示范点、江苏省四星级乡村旅游景点、江苏省自驾游基地、盐城市首批风景名胜区。 （罗华军）

大冈镇

Dagang Town

【概述】 全镇土地面积101.42平方千米，其中耕地面积48.69平方千米，下辖一个街道办事处和16个村、5个居委会，总人口6.31万人。全年实现地区生产总值地区生产总值33亿元，一般公共预算收入7759万元，全口径工业企业开票销售11.4亿元，固定资产投资16.5亿元，城镇居民人均可支配收入33916元，较上年增长8.1%，农民居民人均可支配收入19516元，较上年增长9.1%。

经济发展态势良好。年内，成功入选全国科学发展千强镇。新开工5个项目：盐城爱洛森信息科技有限公司的3D打印设备、软件研发及销售项目（落户高新区）、江苏华跃纺织新材料科技有限公司芳纶纱带基布项目、江苏天宝卫生用品有限公司卫生用品项目、上海丝汇服饰盐城有限公司高档运动服项目、江苏亿菲森特科技有限公司发电机组项目。鞋机产业从小变大，全年实现销售2.7亿元、税收1440万元，分别增长25.7%、11.1%。全民创业初见成效，全民双创园一期入驻项目7个，形成销售4000多万元。注册总部经济70多个，实现税收1050万元。电商经济蓬勃发展，搭建企业电商平台25家，新增“亮标”企业32家；新设“村淘”服务站7家。科技创新持续领先，科技工作自1996年起持续保持全区第一，承担国家省级科技计划项目全市第一。闳业机械新三板上市，华东砂轮荣获中国驰名商标称号。团队和企业参加国家、省市区级科技创新创业大赛，获奖数全市第一、全省领先。

农业现代化发展。年内，现代农业园区被认定为第三届“盐城最具魅力休闲农业景点”。野绿芳地部省级园艺作物标准园区为示范，完善农业园区配套设施，实现区内道路循环贯通，与工业园区相联互通。突出“水果乐园”主题，做好“四季有果”文章，提升农业项目设施化、标准化水平。以特色化取代“大路货”，培育22个果蔬类家庭农场，建设樱桃、蓝莓、火龙果3个水果项目。以错峰上市结合应时上市，提升产品附加值；以大户带动千家万户，加快产业化步伐；以休闲农业助力乡村旅游，促进农业发展。坚持以点带面，农业适度规模经营。以大歧线为重点、家庭农场为依托，积极推广瓜类——水稻轮茬等新模式。落实强农惠农政策，进一步促进农民增收。加快培植新型经营主体，培养新型职业农民。引导农民就近就地就业、因地制宜创业。初步完成农村土地经营权确权颁证工作，保障农民财产权利。

民政部副司长倪春霞（右二）在大冈镇调研留守儿童关爱工作

民生事业进步。5月，在全市率先建成首家农村留守儿童关爱之家，高标准建成的敬老院二期投入使用，省委常委、政法委书记、省公安厅厅长王立科代表省委、省政府到敬老院慰问五保老人；12月，大冈派出所出入境受理点在全市率先挂牌，创成省级示范点。精准扶贫脱贫、农村康居工程顺利完成年度任务，教育、文化、医疗等各项事业全面进步，社会大局和谐稳定，安全生产形势良好。

生态文明建设。10月，创成“江苏省文明乡镇”，12月，佳富村获评“江苏省美丽乡村”。生态建设投入较大，整治河道历史最多，道路、河道、草镶边等绿化建设成效显著，集镇人居环境“五星级”考核顺利通过市区验收，苏北地区重点中心镇建设高分通过省住建厅专家组验收。规模养殖生态健康创建工作深入开展，畜禽粪便处理中心全面运行，建成病死动物无害化收集点，禁养区关闭规模养殖户2户，适养区整治204户。

【科技创新创牌工作获区特别贡献奖】 年内，在全国、全省科技创业大赛中，以大冈镇为主力的团队，获奖数列全省县（市、区）第一。组织12家企业和团队，参加区科技创业大奖赛，获团队组一、三等奖各1个，企业组二等奖1个，三等奖2个，大冈镇获优秀组织奖；参加市级大奖赛获新材料团队一等奖、企业组二等奖，先进制造业企业组分获一、三等奖；参加省级行业大赛，三个单位分获新材料团队和先进制造第一名、第七名，并参加省决赛分别获得二、三等奖，一企业晋级国家半决赛获小组第一名、决赛获优秀企业奖。

【建成首家农村留守儿童关爱之家】 5月29日，大冈第一幼儿园在全市率先建成首家农村留守儿童关爱之家。民政部社会事务司副司长倪春霞考察并给予肯定，在全省视频会议上作发言，为市区提供现场。

【敬老院二期投入使用】 年底，总投资1200万元、新征用地0.67公顷建成的高标准敬老院二期工程投入使用，128名五保老人全部得到安置。省委常委、政法委书记、省公安厅厅长王立科代表省委省政府在敬老院慰问五保老人。

2016年大冈镇各村（居）负责人

表 18

村（居）	村（居）书记	村（居）主任
抬头	王胜国	周彩云
勤加	李乃宏	王殿宏
光华	卞荣春	徐正华
丰乐	魏朝文	魏朝文
联合	张红云	仇正中
傍徐	凌龙友	朱新祥
北杨	杨月凯	杨月凯
岐山	徐蓉蓉	钱龙尧
新利	顾宏江	陈荣友
瓦屋	王翔宏	王翔宏
吴港	顾桂林	顾桂林
兴隆	翟永林	翟永林
佳富	丁云銮	袁绍波
同兴	颜桂年	陈绍值
戴伙	戴玉军	戴玉军
光明	施镥堂	瞿安全
富港	刘晓玲	刘传江
野陆	蒋　坤	杨国帮
胜利	陈有鸿	王友珠
卧龙	邵　萍	王桂祥
团结	蔡士兰	葛　青

大冈全民双创园

【大冈派出所出入境受理点挂牌】 大冈派出所在全市新增27个出入境受理点建设过程中，建设速度最快，质量标准最好，依托户籍大厅设置两个标准化、规范化、智能化水平较高的出入境受理窗口，在全市第一家率先揭牌运行。12月2日，大冈派出所出入境受理点揭牌。市公安局副局长张满昌出席揭牌仪式并为受理点揭牌。受理点建成后为镇区居民办理出国境证件及外来投资者提供更优更好的服务，并辐射周边便仓、伍佑、冈中、葛武以及兴化安丰等群众就近办理出国境证件。

【全民双创园区建设】 年内，大冈镇全民双创园1—5号厂房全面建成，4号厂房天宝公司、上海丝汇服饰公司、6号厂房朔鹰机械公司等全面投产，科创大厦、7~9号厂房基本竣工。 （陈宏元）

张庄街道

Zhangzhuang Street

【概述】 街道下辖9个村（居），总面积22.8平方千米，总人口5万人。下设各类基层党组织102个（其中：党委3个、党总支11个，党支部88个），党员1579名。全年完成地区生产总值23.7亿元，同比增长9.1%；规上工业增加值15.1亿元，同比增长10.2%；一般公共预算收入12590万元，同比增长3.7%；规模工业开票销售12.4亿元，同比增长7.8%；固定资产投资18.2亿元，同比增长17.0%；城镇居民可支配收入35154元，同比增长8.0%；农村居民可支配收入20262元，同比增长9.2%。

产业特色显著。街道作为市政府命名的“齿轮之乡”，成立“盐城市齿轮行业协会”，齿轮产业园区被国家科技部授予“国家火炬盐都齿轮特色产业基地”称号。至年底，有驰翔精密齿轮、中力齿轮、新海科技、金洲机械等齿轮制造及配套企业70多家，柴油机齿轮销售量占全省三分之一、全国五分之一。地方特产丰

张庄全民创业园

富。相传张庄加工藕粉圆有近200年历史,"威肴牌"藕粉圆被作为城市名片在中央电视台国际频道宣传,"保凤牌"藕粉圆申报省非物质文化遗产。街道还是市内外闻名的"葡萄之乡""草莓之乡",共有葡萄、草莓种植总面积200公顷。"绿田牌"葡萄是省级无公害农产品,并获得市知名商标称号,"张庄牌"草莓是国家级有机食品。

【招商选资工作】 为高新区招引的先捷科技项目,总投资5亿元,至年底,进场各类加工中心151台套,到场设备价值近1亿元,2017年再上100多台进口加工中心。

【建成全民双创园】 年内,占地8公顷的全民双创园一期工程全面竣工,共招引各类工业项目12个,全面投产达效后,可新增年开票销售3.6亿元,增加就业500人。

【获批国家级齿轮特色产业基地】 年底,街道成功获批国家火炬盐都齿轮特色产业基地,成为全区第三家国家火炬特色产业基地。

【日升纺织年销售首超5亿元】 自2014年"退镇入园"起,日升纺织公司不断加大技改投入,调优产品结构,拓展市场空间,克服行业整体下滑的严峻挑战,全年开票销售首次突破5亿元,比上年增长22.6%。

【新增国家高新技术企业】 全年共创成国家高新技术企业5家(江宇动力、台普动力、科恒达新材料、高跃机械、永悦新材料),累计达12家,全年新增数和累计数均列全区第一。 (杜殿林)

2016年张庄街道各村(居)负责人
表19

村(居)	村(居)书记	村(居)主任
东升村	张文国	孙有华
仓头村	刘寿井	
东徐居委会	黄中华	张洪高
西徐居委会	滕长青	徐　捷
钱庄居委会	盛　洪	张　兵
成庄村	刘　中	张文中
王庄村	张永清	徐寿刚
龙海村	何新龙	郑志友
郑通村	徐从波	陈　昆

大纵湖镇
Dazonghu Town

【概述】 全镇土地面积93.03平方千米,耕地面积5143.26公顷,下辖16个村,4个居委会,总人口58000人。全年实现地区生产总值25.34亿元,同比增长8.9%;规模以上工业增加值10.99亿元,同比增长10.3%;全社会固定资产投资完成20.25亿元,同比增长16.5%。一般公共预算收入7675万元,同比增长5.7%;农民人均纯收入20413元,同比增长9.3%,获全区年度综合先进奖。

转型升级实现新跨越。创新创牌助力转型,5月,获批科技部涂装设备产业基地,是全国第二批12家中的一家,全省仅有2家;获批专利479件,其中发明专利34件;全年新获批国家高企7家,全镇国家高企增加到18家,占全区106家的17%;昶桦、剑桥2家企业在新三板挂牌,成为全区唯一拥有两家上市企业的非主体经济区乡镇。智能车间引领转型,剑桥公司投入230万欧元引进意大利萨瓦尼尼钣金柔性系统,成为引领全镇智能制造升级的样板。昶桦公司投入近200多万元新购进应用自动裁剪系统,自强环保、骏马汽配等企业也都投入数百万元购置新设备技改扩能。全民双创推动转型。一期8幢19500平方米厂房全部招引入驻企业并正常生产,智能隧道烘干炉、秸秆生物发酵灌等项目科技含量高、市场前景好。至年底,3800平方米电商中心装修接近尾声,绿源科技、越研环境等企业入驻运营。三期建设9幢4万平方米厂房,与嘉和科技等9家企业签定入驻协议并交纳定金。快建项目支撑转型,签约新征地工业项目5个,新开工项目2个。自强环保科技一期1.5万平方米厂房、瑞源科技1万平方米厂房投产达效。企业发展提质增效。全镇44家纳税超20万元以上企业中有32家实现比上年同期增长,增长面达72.7%;新增荣泉科技、硕果科技两家定报企业,全镇定报企业总数达27家;剑桥公司自2012年起连续5年纳税超千万元;联益肠衣、申江环境纳税均超400万元;昶桦户外、自强环保超200万元;润友涂装、重安塑料、荣邦机械、镇瀚电器、华普轻纺税收均超百万元。

现代农业彰显新特色。年内,水利部门投资1500万元的节水灌溉工程竣工;向上争取的投资1500万元的千亿斤粮食产能田间工程、投资1300万元的市投高标准农田项目,投资3000万元的省投高标准农田项目,投资1000万元的市级农业开发项目,覆盖全镇70%以上村(居),改善全镇农村生产和生活条件。

大纵湖镇夏收

新建农桥79座，配套完成机耕道建设，大型机械作业实现“最后一亩田”全通达；新建双泵排涝站1座、新镇区节支闸3座，完成投资400万元、56条、60万立方米的河道整治工程，提高排涝模数，增强行洪能力。发展新型经营主体，土地确权颁证12600本，占全镇总农户数的94%。针对老村空心化、农业人口老龄化新特点，推进土地流转，全年新发展种田大户、家庭农场等新型经营主体28家，获批市级示范家庭农场1家，区级示范家庭农场2家，迎阳居委会茭白套养水蛭、甲鱼等提高养殖效益，增加农民收入。新建占地1.33公顷的全区第2家农业综合服务合作社，至年底，核心服务区域达40多公顷，覆盖面积达25000多亩，秋季以每公斤高于市场价0.16元价格收购入社农户粮食，帮助每户每亩增收近百元。

镇村环境呈现新气象。年内，建丰路、人民东路进行黑色化出新，人民路东延工程竣工，新镇区法治公园、人民路接231省道小游园建成，义丰路接231省道5公顷水景游园，经二路南延，集镇面貌进一步提升。长9千米的步湖路西段改造工程竣工，改善西部六村一居出行条件；继续实施农村公路提档升级工程，大沙线33座桥梁竣工，年内新增加的12千米。推进重点工程。投入6000万元，8轨48个班的义丰小学主体封顶，秋学期招生，建成全省一流的现代化小学；按照“智能化、网格化、社会化”的“三化”融合理念新建的警民服务中心，2017年投入使用。集农产品交易、超市、餐饮、休闲、娱乐为一体的一站式农贸市场综体性项目开工建设。造林绿化，对以一支河、中心河、朝阳河为主的集镇主支河道、道路绿化进行全面整治提升。投资560万元实施造林绿化和“植草”行动，新建林业示范村3个，中心河两侧长12千米的“绿色长廊”栽植各类苗木2万多株，完成草镶边6万多平方米，新建驳岸3000米，新增绿化12万平方米。提升乡村旅游，深度植入婚庆文化因素，推进望湖阁、步行街，喜堂等项目提升工作，省五星级乡村旅游区创建进行初步验收；占地43.33公顷的现代农业园一期建成，二期按照“农旅融合”的思路推进；举办龙虾美食节、民俗婚庆节、大闸蟹美食节，盐城国际公路自行车赛等活动，扩大影响力，全年接待游客超30万人次，实现营业收入2000万元；新发展个体农家乐4户，王法生态农园，润禾农业生态园初具影响力。

民生事业提升新高度。社会保障水平提高，全镇全年新增就业900人，新增各类参保人员2590人，新农合参保率100%，大病医疗保险全面实施，各类社会保险基本实现应保尽保。新批五保16人，低保38户80人。教育医疗稳步提升。义丰初中中考四星级高中录取率位居西部镇(区、街道)之首，义丰小学被表彰为市教育督导工作先进集体；3月，义丰幼儿园顺利通过省优质园验收，5月，为全市学前教育会议提供观摩现场；义丰卫生院创成市级中医特色诊疗区，并积极创建省级中医馆，村级新建12家省级标准化卫生室。推进社会建设，丰富群众文化活动，全镇业余文艺表演队伍达500多人，做到一村一品；义丰龙舞多次参加市区大型活动，镇文化站创作编排的快板《陈毅对弈》荣获江苏省首届快板大赛三等奖。安全生产工作成绩突出，村村通技防基本建成，禁毒工作取得阶段性胜利，法治公园成为法治宣传新阵地，三官村被评为全国民主法治示范村。

党建工作形成新优势。加强阵地建设，制定党群服务中心建设“三年行动计划”，双官、三庄两个党群服务中心主体竣工；精心打造剑桥、三官两个党建示范点，培养可借鉴、可复制党建典型。加强队伍建设。深化“两学一做”学习教育，建立以实绩为导向的干部考评机制，对所有离任干部进行离任审计，并将审计结果同岗位调整相结合，年内新调整的3名村支部书记都根据审计积分顺序先后选岗。加强组织领导、严肃换届工作纪律，圆满完成村两委、人大、政府换届工作。加强作风建设。成立招投标办公室，规范招投标程序；修订完善大纵湖镇“三公”经费管理制度等一系列财务制度、以制度管事管人；对2012年以来的工程建立“一工程一档案”，强化对工程资金兑付的监管；加强对惠农补贴、扶贫救济、低保医保等资金的管理监督，三官、双官率先全面实行“四议四公开一监督”。精准扶贫脱贫。突出“结一份穷亲，找一份事做”，镇公益性岗位安排“一有三缺户”就业60人，49家企业与贫困户结对安排就业186人，农业新型经营主体吸纳贫困户就业26人；1个省定经济薄弱村、3个区认定的低收入村收入全部超18万元，超额完成全年任务。2016年江苏剑桥公司投入230万欧元引进意大利萨瓦尼尼扳金柔性系统，被省经信委、省财政厅认定为省示范智能车间。3月3日，江苏大道机电科技有限公司吹塑机被省经信委评定为江苏省首台套装备产品。被江苏省民政厅表彰为“江苏省和谐社区建设示范社区”。10月11日，被江苏省精神文明建设指导委员会表彰为“江苏省文明乡镇”。

【邓明调研新农村建设情况】 11月21日下午，公安部禁毒局副局长邓明一行在三官村参观新农村建设情况。区长吴本辉、镇党委书记冯林宏、镇长杨春等陪同。邓明一行对全镇新农村建设工作给予肯定。

【张勤调研妇女工作】 5月11日，省妇联主席缪志红、副主席张勤调研组一行在大纵湖，调研妇女工作。镇党委书记冯林宏、镇长杨春等陪同。

【镇幼儿园为市学前教育工作现场会】 5月6日，区委书记羊维达，区长吴本辉一行在镇公办幼儿园为市学前教育工作会提供现场，与会人员对镇学前教育工作给予肯定。

【为市卫生镇创建暨农村卫生改厕提供现场推进会】 6月1日，市爱卫办主任杨怀琴一行在镇召开市卫生镇创建暨农村卫生改厕现场推进会，区委常委张云云、镇党委书记冯林宏等陪同。

【王荣平调研剑桥公司】 2月14日，市长王荣平一行在剑桥公司参观剑桥规划展示馆、生产车间，肯定剑桥公司与德国安泰固特灵公司合作新上废水废气处理项目，加大科技创新力度、加快上市进程、加强与德国方面的合作，区委书记羊维达、区长吴本辉、镇长冯林宏等陪同。

【获批国家科技部涂装设备产业基地】 5月，获批科技部国家火炬涂装设备产业基地，全省仅2家。大纵湖镇涂装设备制造产业起源于20世纪80年代末，经过多年发展壮大，成为大纵湖镇特色支柱产业。全镇坚持“一业做强、多业跟进、特色赶超、跨越发展”的发展战略，做好园区拓展、产业规划、品牌建设、项目支撑等工作，形成以剑桥、申江、自强、飞亚利为代表的一批涂装设备产业名牌企业。同时，加快园区研发中心和省级涂装设备检测中心建设，服务龙头企业江苏剑桥涂装工程有限公司实施企业上市战略蓝图，引导企业参与行业标准制订，使涂装设备特色产业发展实现质的飞跃。

【剑桥涂装、昶桦户外有限公司新三板挂牌】 8月12日及10月14日，剑桥涂装与昶桦户外有限公司分别在国家中小企业股权转让交易中心新三板挂牌。剑桥涂装成立于1999年8月6日，自2012年起连续5年税收超千万。公司通过ISO9001、ISO14001、GB/T28001三体系国际认证，获得“国家高新技术企业”“江苏省高新技术产品”“江苏省名牌产品”“江苏省质量信得过产品”“江苏省质量信用产品”“江苏省著名商标”“中国驰名商标”等称号。盐城市昶桦户外用品股份有限公司，成立于2008年1月18日，主要从事帐篷类户外用品的OEM生产、销售、出口业务，以及自主品牌的研发、设计、制造及电商销售，产品远销欧美、中韩及中东地区，公司每年专利申请数都在200项以上，是国家高新技术企业。

公司挂牌上市敲钟仪式

【创成省农村电子商务示范镇】 1月7日，大纵湖镇被江苏省商务厅表彰为“2016–2017年度江苏省农村电子商务示范镇”。运用“互联网+”思维，宣传电子商务发展政策，挖掘产业特色。动员涂装设备和化纤机械特色产业企业成立电商运营部门，拓宽销售渠道，加快企业发展，瑞源、昶桦等企业电商销售占企业销售的60%以上；发展优质大闸蟹、小龙虾、鳜鱼等名优水产品养殖，发动合作社、养殖大户自建电商平台或借助第三方电商平台推动水产品上网销售，促进镇村经济发展和农民增收致富。推进1个镇级电子商务培训基地、1个省级农村电子商务示范村、1批电子商务示范企业、1个电子商务示范中心“四个一”建设。至年底，全镇共有20多家企业拥有电子商务平台，鱼范村成为省级电子商务示范村，石庄居委会、大范村成为市电子商务示范村。

【创成国家卫生镇】 10月28日，“国家卫生镇”通过省爱卫办公示。全镇把可用财力、物力70%都用于改善民生，累计投入6000多万元，完成集镇区域道路硬化、亮化、美化和绿化的提升工作，新建、改造公厕6座，集镇毁绿种菜现象得到整治。实施集镇5千米河道驳岸修建工作，两侧的绿化全部提升到位。完成全镇20个村（居）66个点的农村环境综合整治工作，区、镇、村三级河道全部实行河长制管护责任，农村生活垃圾集中处理实现全覆盖，城乡供水一体化工程全部竣工，全镇居民喝上与大市区同网同质的自来水，污水处理厂正式投入使用，农村公路提档升级工程有序推进。

（宋全中）

2016年大纵湖镇各村(居)负责人

表20

村(居)	村(居)书记	村(居)主任
兴湖居	徐　峰	卞根成
鱼范村	宋从武	宋　林
向阳村	季美春	严书元
振兴村	刘继松	刘庆明
陈捷村	单永田	姜中周
兴盛村	郭余良	倪仁权
晨阳村	姜奎章	杭洪标
胥仇村	仇从祥	王学松
三官村	耿晔成(主持全面工作)	耿晔成
花陇村	朱荣华	朱荣华
双官村	刘景勇	王中海
于任村	杜红中	
三庄村	赵明亮(兼)	张玉华
石庄居	姜大生	胥爱灿
双龙居	宋全奎	陈连英
迎阳居	郭友春	王硕秋
骏马村	杨加山	杨加山
永新村	温茂旺	温茂旺
红星村	严志华	严　浩
大范村	聂庭海	王美珍

秦南镇

QinNan Town

【概述】 全镇面积128平方千米，下辖25个行政村，3个居委会，人口10万人。全年实现地区生产总值38.4亿元，服务业增加值15.1亿元，规模以上工业增加值10.6亿元，固定资产投资14.2亿元，财政一般预算收入6488万元，城镇、农村居民可支配收入分别为34390元、19759元，同比增长8.2%、9.3%，获“中国潜水打捞之乡”“中国高空作业之乡”称号，是全国重点镇、江苏省重点中心镇、省新型示范小城镇、省卫生镇、盐城市工业主导镇。

经济指标增长。全镇主要经济指标全面完成，转型升级步伐加快，经济运行呈现出总体平稳、稳中向好的趋势。招商选资成效明显。全年新签约项目6个，新开工项目5个，新竣工投产项目3个，高新区意向签约项目1个，在手跟踪项目信息12条。园区建设不断突破。至年底，全镇共有企业205家，税收超百万企业20家，规上企业25家。全民双创园二期规划占地13.33公顷，规划建设标准厂房15幢，到位土地指标3.43公顷，7幢标准厂房启动建设。总部经济基地竣工运行，吸引在外有成人士回乡新注册企业75家，纳税达200多万元。新建秦南云仓电商创业基地，秦圣皮具、久恒工贸等5家企业意向入驻经营，农村淘宝进展顺利，村级淘宝店基本实现全覆盖。全民创业步伐加快。发展个体经营户528个，私营企业211家，完成创业培训150人。重点工程加快实施。列入区八大类重点工程项目共12项，并全部开工建设，竣工率达90%以上。

推进统筹发展。注重城乡统筹、产镇融合发展，坚持以镇带村，镇村一体，试点突破，镇村统筹发展层次不断提升，现代农业不断提升。年内，新增设施高效农业面积53.33公顷，新招引农业项目8个，发展各类专业合作社、家庭农场42家，适度规模经营达2733.33公顷。总投资1000万元综合社提升项目实施到位，新增种植业全程托管面积200公顷。新镇区建设步伐加快。三纵三横道路全部建成，道路硬化、美化、绿化、亮化进一步提升，占地各3000多平方米的朱沥沟生态休闲广场和体育健身广场投入使用，田缘世家小区和怡水湾小区建设顺利推进，新建商品房对外出售。基础设施扎实推进。完成农村公路提档升级道路50多千米，改造新建大小道路桥梁36座，新建农村最后一匡田农桥82座、实施“一事一议”通村公路12千米。汞北路改造工程如期实施到位，青年路接线竣工运行，秦南大道、三里河路桥接线工程、集镇干道沥青出新工程全面落实。

注重生态建设。生态文明建设协调推进，全镇形成“组保洁、村收集、镇转运、区处理”的居民生活垃圾处理网络，农村环境连片整治和清洁乡村行动取得成效。加大畜禽整治力度，年内，关闭拆除禁养区畜禽养殖场13个，新建限养区畜禽粪便收集池130多个、病死畜禽集中处理中心1个，建成并投入使用。完成朱沥沟新水源征收，快速实施蟒蛇河352户农户、6家企业、7个砂石场的搬迁任务；完成盐龙湖饮用水源保护区泾口段99户搬迁安置项目。全年疏浚农村河道32条、35千米，129个农村环境综合整治点通过省市区验收。农村环境持续优化。夏秋两季秸秆禁烧和综合利用实现全量还田，实现“零火点、零抛河、零通报”的目标；新增河堤绿化50.6千米，成片造林60多公顷，“草镶边”工程65.07公顷；“五位一体”环境综合整治群众满意度大幅提高。泾口建设深入。蛟龙大道、泾口大道、桃园路、泾景路、环村路等三纵两横道路建成通车，泾口游客接待中心、餐饮大楼、党群服务中心投入使用，公厕、停车场、景区标牌、标识、网络建设全部到位，百亩向日葵花海、村史馆、红豆杉植物园、农家茶座建成对外开放，1500米生态文化长廊两侧凌霄、紫藤缠绕其间，投入1500万元的盐龙湖生态保护带成为泾口人休闲、健身的好去处。果品采摘、垂钓大赛、掼蛋大赛、自行车环村骑行等特色主题活动定期举办，泾口湿地风情园“夏日之旅”成功为休闲中国高峰论坛暨中国休闲三十人金秋盐都行等现场会及省市区级领导提供观摩现场，年内，引进上海益德寿健康咨询有限公司入驻泾口。狮舞传承精彩纷呈。秦南狮舞特色文化得到大力传承，举办“2016年江苏蛟龙杯第二届狮舞邀请赛”，邀请全国10多家知名狮舞团队现场表演，吸引全国30多家新闻媒体现场采访报道，狮舞大赛成为宣传秦南、宣传泾口的靓丽名片。

完善民生保障体系。民生保障持续改善，康居工程成效明显，投入500万元，全面完成C、D级危房改造农户222家，建设速度和质量全区领先。集镇、园区污水管网铺设工程进入扫尾阶段，投入近3000万元的中西医结合医院改扩建工程启动建设，敬老院新建一期工程围墙开建，技防村村通工程如期完成，镇级社会服务中心改造竣工并投入使用。社会大局和谐安定。认真贯彻落实上级关于维护稳定工作的部署要求，扎实开展矛盾纠纷排查化解，领导干部“一岗双责”、包保责任制全面落实，科级领导干部接访、

江苏蛟龙杯第二届狮舞邀请赛

“金桥行动”有序开展，“四项排查”工作扎实有效。

【江苏省创新型试点乡镇】 全镇重视科技创新工作，按照省政府《创新型省份建设推进计划》《关于进一步加强基层科技工作的意见》和《江苏省创新型乡镇认定管理办法》，认真组织实施创新型发展规划方案。每年科技支出占财政经常性支出的3%以上，企业研发投入占销售收入的比重达2%以上。并对创建成国家、省高新技术企业、研发中心、名牌产品、著名商标等实行重奖。以特色产业技术创新为主线，充分发挥电缆电气公共服务平台优势，为电缆电气特色产业发展提供较完善的申请专利，创建省名牌和商标等专业化服务。江苏亚特电缆有限公司“国申”商标被国家工商总局商标局设定为中国驰名商标；江苏荣达利机械有限公司成功获批国家高新技术企业。全力打造工业集中区。集成全镇科技资源，加大创新创业载体和平台建设力度，深化产学研合作，开展特色产业共性关键技术的研发，推进科技成果转化和产业化，引导亚特电缆等企业与南京财经大学等20多家高等院校、科研院所加强技术合作，引进高级人才15名、中级人才30名以上，提升企业自主创新能力和特色产业核心竞争力。1月，经盐城市、盐都区科技局推荐，通过省科技厅专家组评审，秦南镇被认定为“江苏省创新型试点乡镇”。

【泾口湿地风情园·夏日休闲体验之旅开幕】 5月18日上午，“2016秦南泾口湿地风情园·夏日休闲体验之旅”系列活动正式拉开帷幕。区人大常委会主任穆芹、镇党委书记徐加晔、镇长郭宗标以及企业负责人等共同按下活动启动球。活动以“垂钓大赛”“掼蛋比赛”为主题，以果品采摘、农家乐体验等为辅，融入休闲、采摘、观光、娱乐为一体，打响“市外桃源、乐水泾口”生态旅游品牌，展示当地独特的旅游文化。

【成立盐都区慈善会秦南镇分会】 5月22日上午，区慈善会秦南镇分会成立大会在泾口村召开。区委常委、常务副区长陈志会，区慈善会会长常雨春及秦南境内部分企业负责人，机关全体人员，全镇有志从事慈善公益的部分人士参加会议。会议听取镇慈善分会筹备工作报告；通过镇慈善分会《章程》；区慈善会为秦南镇慈善分会授牌并颁发证书；宣读慈善捐赠倡议书并开展现场资助和现场“献爱心”活动，现场共募捐145万余元，选举产生秦南慈善分会组成人员。

【召开市高空防腐维修行业协会第二次会员大会】 8月10日上午，市高空防腐维修行业协会第二次会员大会在泾口村会议中心召开。市民政局副局长彭涛、副区长彭向洪等出席会议，会议由镇长郭宗标主持。会议听取协会工作报告，审议《盐城市高空防腐维修行业协会章程》《盐城市高空防腐维修行业协会会费收缴与管理办法(草案)》《盐城市高空防腐维修行业协会大会选举办法(草案)》，并选举产生新一届理事会成员，大会还通过提名和选举产生1名会长，11名副会长，5名监事，34名理事，并聘任新一届理事会秘书长。

【江苏蛟龙杯第二届狮舞邀请赛】 秦南青狮舞是盐城周边地区一项具有地方特色的群众性文化活动项目，被列入非物质文化遗产。狮舞文化成为秦南镇一张靓丽的文化名片，有幼狮舞、童狮舞、青狮舞、手狮舞等专业演出队伍10多支，并享有“狮舞之乡”美誉。10月16日上午，“舞动狮乡·多彩盐都·乐水泾口”2016江苏“蛟龙杯”第二届狮舞邀请赛精彩上演，近万名游客参加。上海锦鹏龙狮团、沧州刘吉舞狮团、盐城市秦南舞狮团、南京市东方舞狮团、淮北市舞狮团、徐州市舞狮团获得“最佳奖”。吉林松原市舞狮团、淮安市精武舞狮团、徐州市大洪拳舞狮团、广东南海信义龙狮团、北京市功夫舞狮团、扬州市舞狮团获得“最佳表演奖”。上海锦鹏龙狮团、徐州市大洪拳舞狮团和沧州刘吉舞狮团、北京市功夫舞狮团分别获得最佳灵狮奖和最佳威武狮奖。

【王荣平在泾口村调研基层党建工作】 10月24日，市委书记王荣平在泾口村调研基层党建工作，对泾口村党建工作的创新做法给予肯定，要求总结成功经验，在全市面上推广。全镇高度重视基层党建工作，充分利用“互联网+”，因地制宜，创新举措，扎实推进“学习型、服务型、创新型”基层党组织建设。现代远程教育“+”，深入推进学习型党组织建设，党员志愿服务“+”，扎实推进服务型党组织建设，智能平台运用“+”，持续推进创新型党组织建设。

【泾口现代远程教育获评省示范站点】 12月，江苏省委组织部公布全省党员干部现代远程教育“示范站点、示范地”评选结果，泾口村党员干部现代远程教育站点获评“全省党员干部现代远程教育示范站点”，全市仅10家。泾口村是全区唯一获评的省级示范站点。村党委加强党员现代远程教育工作，探索党员教育新途径、新形式，以落实播放收看为重点，健全制度，完善设施，现代远程教育步入经常化、规范化、制度化的管理轨道。

【建设总部经济、云仓电商创业基地】秦南镇总部经济、云仓电商创业基地，位于秦南镇全民双创园内，基地用房3500平方米，总部经济办公室主体三层，实现企业拎包入驻。至年底，基地已入驻两个行业协会：盐城市高空防腐维修行业协会和盐城市潜水打捞协会，入驻江苏蛟龙打捞船务工程有限公司，江苏三里港高空建筑防腐有限公司等26家企业。云仓电商创业基地，主要有秦南特色产品展示厅、培训室、摄影室、休息室、仓库、物流发送区、大小办公室25间，免费提供电商培训、美工、摄影、技术指导等服务。

（仓晨光　陈金亚）

2016年秦南镇各村(居)负责人

表21

村(居)	村(居)书记	村(居)主任
亭湖	彭扣芳	彭扣芳
风翔	黄成华	黄玉全
南环	周扣兰	
贺家驿	何国占	秦中琪
孙伙	王红干	顾宏高
关陈	王兰珍	陈忠干
三河	陈友春	陈广红
灯塔	鱼瑞忠	孙宏港
秦北	石春景	
美满	王国军	宋广荣
东方红	严大勇	季忠才
秦兴	潘翠粉	王荣中
富康	邱达文	邱林奎
宝奎	还立广	还增奇
千秋	宦扣林	武恒山
泾口	周向东	蔡明祥
南蒋	蒋茂瑞	朱友传
雨生	李加红	吴德宽
楚九	陈高祥	曾万芳
江窑	徐万国	耿青明
盛花	成立中	邵昌盛
红沥	侍山林	杨晓芹
合兴	胡殿兵	孙章生
陇尖	王兆军	成金根
福泉	施中平	陈　强
砖桥	周建林	周建林
虹桥	何俊林	朱广来
虹园	杨明忠	杨　俊

郭猛镇

GuoMeng Town

【概述】郭猛镇总面积43平方千米，人口近4万人，下辖10个村居。全年实现地区生产总值29.9亿元，增幅8.8%；规模工业增加值9.9亿元，增幅10.2%；固定资产投资17.1亿元，增幅16.1%；全口径工业开票销售13亿元，增幅22.5%；规上工业开票销售7.6亿元，增幅2.8%；城镇、农村农民人均纯收入分别为35775元、20548元，同比增长8.2%、9.1%。获"盐城市统筹城乡示范镇""江苏省文明镇""江苏省创新型试点乡镇""江苏省发展散装水泥示范镇""江苏省农家书屋提升工程先进乡镇""江苏省农村电子商务示范镇""国家级生态镇""国家级卫生镇"等称号。

【提升发展质量】成立区疏浚打捞行业协会，集聚39家企业，促进行业优质发展。规划建设266.67公顷全民双创园，入驻企业43家，培育亿元企业2家；建成国家高新技术企业6家，省级技术中心2家，院士工作站2家；成功申报国家驰名商标2个，江苏名牌产品3个，省高新技术产品25只；引进省"双创"人才1名，市"领军"人才5名；重组设置"一办五科"，构建从项目招引、签约、建设，到投产的"店小二"式服务机制。发展护西村等10家阿里村淘，规模企业网上销售份额不断扩大，创成省级电子商务示范镇和1个省级电子商务示范村。

【加快新农村建设】在基本完成土地确权的基础上，农业适度规模经营进一步加快，成功申报市级现代农业科技示范园，全年共建成高效设施农业项目23个，家庭小农场11个，农业龙头企业2家。孙英村、杨侍村荣获省最美乡村；创建三星级康居村庄1个、二星级4个、一星级18个；推进集中居住，实施自愿搬迁、康居工程等，改善276户困难群众的居住条件；建成农民集中居住区4期，集聚农户406户。推进精准扶贫，177户、446人脱贫。

【发展乡村旅游】年内，培育、壮大杨侍乡村旅游产业，建成美食园、儿童游乐

植树

场、室内外温泉、水上世界等10多个景点，举办生态美食节系列活动，全年接待游客100万人次，实现旅游收入超亿元，获“中国最美休闲乡村”“中国最美村镇”等称号。提升杨侍乡村旅游品牌效应，编制《郭猛镇乡村旅游核心区总体规划》，北延龙郭路、繁荣路，建设新疆薰衣草民俗风情园和硒之旅功能农业园等多个农旅融合项目，招引集镇产业链项目，构建郭猛全域旅游新布局。

【优化生态环境】 全年累计绿化造林533.33公顷，新建和完善农田林网1466.67公顷，创建省级生态村庄4家，全镇绿化率23.4%以上，村庄绿化覆盖率达35%；关闭31户畜禽养殖场所和22家污染企业，安全生产形势持续稳定；探索建立并在全市推广农村环境整治“五位一体”长效管护机制，在全镇形成天蓝、地绿、水清、景美的新气象。

【发展社会事业】 集镇建成区扩至6平方千米，建成景苑、紫郡湾等10个现代住宅小区；新建公路70千米，新增桥梁48座、排涝闸（站）6座，开通全市首条城乡公交K6线，实现城乡供水一体化。新建民乐、杨侍等5家党群服务中心、新星等5家省达标村居卫生室。创立“孙益海工作室”和“法润青春”2个工作品牌；创成省级文明单位1家，评选出中国好人1位，江苏好人2位。

【加强从严治政】 建立和完善《郭猛镇党政班子议事规则》等制度，将镇班子成员、机关中层干部全部服务到项目、挂钩到企业、联系到村（居），构建服务“常态化”机制；选派10名机关青年到村居任职锻炼，部分青年担任村（居）负责人岗位。年内，组建兰丰党支部、园区党总支、生态园党支部等，将支部建在行业、产业上，增强党领导经济工作的能力。与各党组织书记签订党风廉政建设责任状，开展《党章》《廉政准则》等专题教育。

【招商选资与项目推进】 年内，成立镇招商中心，明确专职招商人员，建设业务水平优、招商实绩好的专业化招商队伍；结合镇情实际，农业突出休旅农业、生态农业，着力招引农村电商平台；工业以先进制造业为主，培育产业集群，重点围绕智能终端制造、新能源等，招引产业关联度大、带动性强、科技含量高、装备水平先进的项目；其他以生态旅游、电子商务、总部经济为主。以商引商，并编制印发招商宣传资料5000多份，宣传推荐郭猛招商方面的优惠政策，至年底，共有有效招商信息26个，其中农业项目2个，工业项目15个，服务业3个，电商2个，总部经济4个。列区八大类重点工程7项开工建设、4项选址规划；列镇65项重点工作有6项竣工投产、45项开工建设，14项选址规划。同时，对每个项目进行工期倒排，挂图作战，促进项目尽快竣工，迅速形成新的经济增长点。对盐城派威机械有限公司、江苏贝诺医疗器材有限公司、江苏量子通讯有限公司3个签约项目，及时跟进，协助办理手续。全面启动8平方千米的休闲旅游区建设，完成龙郭路、繁荣路北延动迁前期调研、评估等工作，结合“美丽乡村”计划，整治村庄环境。10月21日，在苏州举行2016年郭猛（苏州）招商推介会，南京大学苏州校友会和宝时得（中国）科技有限公司、苏州硒谷科技有限公司、江苏南大光电材料股份有限公司等知名团体和企业的51名客商应邀出席推介会。推介会上，主办单位向与会客商宣传推介盐都区、盐城高新区和郭猛镇的投资环境和优惠政策。盐都区政府与南大苏州校友会签订战略合作框架协议、N度空间（盐城）中小企业孵化器项目合作框架协议、中硒旅（郭猛）功能硒农业产业示范园项目协议等多项协议。为实现产业强镇、生态立镇、富民兴镇的目标，提供项目和技术支撑。

杨侍村草莓采摘

【国胜农场旅游发展】 2013年5月，在外创业的潘国胜在杨侍村投资600多万元，创办国胜家庭农场。建成阳光展厅（国胜生鲜电商）200平方米，创成部（省）级标准园艺园、市级优质农产品质量安全示范基地、市级优质农产品准出基地。2016年，农场实现销售500万元，净利润150万元。同时，与村淘、盐渎商城等网络平台合作，采取线上下单、线下采摘的模式，实现销售120万元。在采摘的高峰期，每天接待游客600人次，观光采摘比传统商超销售多获利100万元以上。

【全民双创园】 郭猛全民双创园是全市创业示范园区，规划面积66.67公顷，以政府代建、企业自建等方式，两年内建成一期13.33公顷厂房20幢8万平方米。为服务企业发展，郭猛镇建设4500平方米的园区服务中心，搭建专门班子入驻服务中心，提供项目代理、资金融通、劳动用工等全方位、“一门式”服务。围绕“推进全民创业、实现富民强镇”目标，园区在强化项目招引，聚焦产业集群的同时，将整合疏浚打捞行业，争取建成省级全民创业示范平台。江苏松立太阳科技有限公司在郭猛全民双创园内投资1200万元，新建年组装350万瓦太阳能电池板项目，主要生产太阳能路灯、电池板等多种节能环保产品。依托节能产品，松立太阳能科技有限公司发展实现销售1000万元。

【精准扶贫】 年内，确定新一轮贫困户建档立卡对象629户、贫困人口1589人，确定护陇等三村(居)为区定经济薄弱村；落实297名党员干部、5个区直部门单位、3个重点企业与经济薄弱村、低收入户结对。5月10日，召开专题部署会议，下发相关文件，明确工作路径。针对孙英等3个经济薄弱村的实际情况，通过发展产业实现可持续发展、永久性脱贫。

（郭大林）

2016年郭猛镇各村(居)负责人

表22

村(居)	村(居)书记	村(居)主任
刘垛居	王荣来	王荣来
护陇居	侍金华	严根红
新星村	周　晋	陈金平
西湖村	胡安顶	胡兆玉
护西村	陈鹏顺	蒋明富
杨侍村	成正铭	吴京凤
孙英村	孙正堂	侍永红
明朗村	邵井安	孙广安
民乐村	刘万益	卢林顺
新跃村	胡　露	成留专

楼 王 镇

LouWang Town

【概述】 全镇土地面积12723公顷，耕地面积4694公顷，下辖21个村，3个居委会，人口56198人。全年完成一般公共预算收入3612万元；实现地区生产总值23.5亿元，增长8.8%；规模以上工业增加值4.5亿元，增长10.7%；固定资产投资9.2亿元，增长15.9%；一般公共预算收入3612万元，增长4.7%。全口径工业开票销售5.5亿元，增长22.8%，增幅位居全区第二位，税收1634万元，增长7.8%；其中：定报工业开票销售3.8亿元，增长12%，增幅位居全区第四位，税收1463万元，增长9.6%；定报企业增长面70%；城镇、农村居民人均可支配收入分别达到31632元、18212元，分别增长8.4%、9.4%。

推进招商选资。全年签约5000万元以上项目8个，总投资4.5亿元，重点跟踪项目5个。项目建设成效明显。新型农业装备产业初具规模，集聚苏动动力、拉夫特新型种植机械等7家上下游配套企业。企业内生动力增强，斯瑞达公司全球首家研制超薄黑膜，成为苹果公司唯一供应商，铝塑膜和柔板覆盖膜填补国内空白；苏力股份在“新三板”成功挂牌，开票销售超2亿元，在全区50强中列第11位；雷击公司成功对接央企，获得3项发明专利。创新能力不断提升。苏力股份获批省科技型中小企业、省民营科技企业，建成省博士后创新实践基地，新增省名牌产品1只、省高新技术产品7只，2件专利获得国家知识产权局授权。光明公司获批国家高新技术企业。

新型经营主体培植。培育家庭农场、专业大户等新型经营主体，组建农民专业合作联社1个，新发展家庭农场23个，北龙港中华史氏鲟养殖场获批农业部健康示范养殖场，创成市级示范家庭农场1个。实施果蔬园提升工程，智能滴灌系统竣工，智能温室、蔬菜展示馆施工图完成设计。镇级产权交易平台建成运行，被评为省农村产权交易市场建设先进集体。推进联耕联种土地确权工作。夏秋两季实施联耕联种面积3333.33公顷，秸秆“双禁”工作实现“零火点”“零通报”。扎实开展土地确权登记工作，发放全市第一本土地承包经营权证书，召开全市农村土地确权登记颁证档案建设工作现场会、全区土地确权登记颁证工作推进会。加强农村环境综合整治。实施“三年清水”河道疏浚工程，疏浚河道132条、102.6千米，推进“最后一匡田”通达工程，新改建桥梁106座。对新331省道接线两侧环境进行综合整治，新植绿化11万株，农村改厕1030座。完善农村环境“五位一体”长效机制，为区现场会提供现场。开展集中整治行动，关停污染企业5家，禁养区关闭养殖户13户，限养区整治101户。高质量完成新水源地331省道沿线和锡盟—泰州特高压工程涉及房屋拆迁、让地、清障等工作。

人居环境建设。推进集镇建设，以精致、集约、特色为要求，新建利民路，提升北环路、富昌路、文华路，改造文昌苑小区165户巷道，新建休闲慢道6条、3.3千米，实施沿街、河滨亮化工程，提升健身公园，建成节点绿化6个，新增绿地10万平方米。对镇区所有水体进行改造，九曲河等6条河道建成驳岸。实施“植草行动”，沿街及主干道两侧植草28处，新增绿化8.5万平方米。完善集镇配套功能。

乡镇企业

服务业层次不断提升，乐购购物中心、兴龙精品酒店投入运营。新建集镇防洪泵站2座，提高防洪抗灾能力。推进天然气入户工程，镇区铺设管道2.5千米。加强集镇管理。定期对流动摊点、占道经营集中整治。深入推进“清洁乡村”行动，取缔出店经营、占道经营65家，整治乱搭乱建31处，清理各类垃圾500多吨，五星级人居环境创建工作通过市级验收，10月，创成国家卫生镇。

改善群众生活。完善社会保障体系，提前7个月完成全年城居保扩面任务，扩面完成比例、续保率、征缴基金三类主要指标列全区第一。509个低收入户按期脱贫，居家养老实现全覆盖，513户896人纳入最低生活保障体系，发放低保资金近300万元。开展农村康居工程三年行动计划，完成危房改造450户、退出宅基地168户、渔民上岸59户，召开全区康居工程建设工作推进会。社会事业协调共进。楼王初中创成省平安校园、省绿色学校，楼王小学教学综合楼秋学期投入使用，创成省优秀家长学校；建成3000多平方米的多功能运动场；启动村级卫生服务站标准化提升工程，年内，新建南龙、凌庞、城头等19个村卫生服务站，北龙港眼科医院全区唯一获批省特色专科；二孩政策全面实施，被评为市幸福家庭示范镇。实施县道楼广线、乡道楼仁线北广线、村道北广线潭中公路提档升级改造工程，改造公路桥梁26座，为全市农村公路提档升级“三年行动计划”现场会提供观摩现场。投入200万元，对朝阳、江庄公墓进行完善提升。加强社会治理。“三解三促一加强”“双融双解”和干部接访下访形成常态，实施“网格化管理”，对重点人员、重点群体、重点领域落实稳控责任，全年共接待群众上访359批次、信访事项247件，化解238件，化解率达96%。开展省民主法治示范村创建工作，涉羟整治工作受到国家禁毒办肯定，被表彰为全市禁毒整治工作先进集体。推进企业安全标准化建设，完善隐患排查治理体系，排查治理安全隐患1100多条，未发生重大安全事故。

加强党的建设。基层组织建设持续巩固。圆满完成镇党委换届工作，实施党群服务中心提档升级三年计划，建成凤池、新祥、仁和、庆西、潭溪等6个村党群服务中心。精神文明建设大力推进。加强社会主义核心价值观建设，做好各类文明创建工作，推进全国文明城市创建，开展“孝亲敬老之星”“楼王好人”等评选活动，评选出省优秀农民工郭友强、省扶贫办系统先进工作者智恒宏等先进典型。完善党委中心组学习制度，精心组织“镇村大讲堂”活动，持续提高党员干部理论素养。党风廉洁建设不断加强。邀请专家举办专题讲座，组织党员干部观看反腐倡廉警示片。查办一批违规、违纪、违法案件，向区报送案件线索9件，立案查处违纪违法案件16起。

【发展创汇农业】 把发展创汇农业作为推动适度规模经营、提升现代农业水平的战略举措和方向，主动对接“市开放型农业三年行动计划”，加强载体建设、企业建设、渠道建设，重点扶持普瑞福食品公司脱水蔬菜项目，全年新发展露天蔬菜66.67公顷，形成规模连片示范区，拓展欧美、日韩市场，全年出口创汇450万美元。

【打造企业“三化服务”】 年内，全镇着力打造“三化服务”，注重个性化服务。对企业用工、人才引培、市场开拓、创新创牌、企业过桥资金、“新三板”挂牌、信息化建设等问题，提供“菜单式”服务；打造特色化服务。定期召开企业运行分析会，对企业入库税金、开票销售、工业用电量等逐项剖析，确保企业健康运行。对接“中国制造2025”，引导企业与区电商快递产业园的知名电商联手合作，推动企业上线“触网”，实现实体经济与互联网的融合发展；提供专业化服务。探索建立服务企业长效机制、问题帮办服务机制、服务督查考核机制，对所有签约项目、拟开工项目、在建项目、投产项目成立专业帮办团队。

【领取全市首批土地承包经营权证书】 7月14日，在公兴村举办农村土地承包经营权证书颁发仪式，26户村民现场领取农村土地承包经营权证书，成为全市首批领到新证的农民。全村共557户村民领取新证。市委副书记戴元湖、区委书记羊维达等现场指导农村土地确权颁证工作。

【苏力股份新三板挂牌】 苏力股份年内获批省科技型中小企业、省民营科技企业，建成省博士后创新实践基地，新增省著名商标1只、省高新技术产品7只，2件专利获得国家知识产权局授权。全年实现开票销售1.6亿元、税收1020万元，在全区50强中列第11位。8月，苏力股份在全国中小企业股份转让系统新三板挂牌。

【新增耕地14.4公顷】 年内，对全镇2个停产多年的旧窑厂的工矿废弃地进行拆

2016年楼王镇各村(居)负责人

表 23

村(居)	村(居)书记	村(居)主任
庆丰	张金明	张仁妹
花季园	马　斌	陈翠萍
江庄	姚成琳	苏延国
新祥	刘　俊	仇国伟
姚顾	姚留成	姚国荣
丁马港	李广仁	刘　斌
仁和	王祝一	吴国明
庆西	张桂林	冯荣进
凤南	王扣珍	王如桂
苇野	姜金灿	姜金灿
潭溪	张益华	张益华
潭田	陶如言	殷永荣
凌庞	顾建成	顾建成
凤池	秦力生	周青松
城头	陶保久	王开法
果林	徐伟年	徐伟年
蟒河	朱玉富	宋扣宏
新楼	黄广亚	马丰群
公兴	蒋瑞华	王义伯
郭杨	王义军	俞石明
汉张	俞文楼	单锦明
文昌	陈友亮	王　刚
朝阳	树玉成	顾立华
利民	王遵刚	王遵刚

除和平整。复垦工矿废弃地到位后，可新增耕地14.4公顷。（胡兴扣）

学富镇
XueFu Town

【概述】 全镇土地面积8333公顷，其中耕地4630公顷，下辖14个村，2个居委会，人口42160人。全年实现地区生产总值9.5亿元，同比增幅8.9%；完成财政总收入5284万元，其中一般公共预算收入3567万元；规模以上工业增加值3.2亿元，同比增幅6.5%；完成全社会固定资产投资9亿元，同比增幅15.7%；工业投资5.6亿元，同比增幅2%；服务业投资1.5亿元，同比增幅2.1%；城镇居民可支配收入32614元，同比增幅8.3%，农村居民可支配收入18759元，同比增幅9.4%。

年内，完成全民双创园9.2公顷总体规划，火焰山环保项目签约入驻一期工程；全年列区八大类重点工程2个农业项目全面竣工并通过验收，5个工业项目按时间节点推进，1个畜禽粪便处理中心生态环境项目完成选址、让地、立项和环评，7个重点技改项目全部竣工投产达效。全年工业开票销售同比增长企业90家，增长面68.2%，销售超千万企业16家，17家定报企业中同比增长13家，增长面76.5%；完成新增个体工商户65个，私营企业168个，农村淘宝及淘帮手15个，新增总部经济、注册楼宇经济企业17个。

优化农业结构。年初，成功申报学富镇市级现代农业产业园区，新发展荷藕、茨菇水生蔬菜面积200公顷，在同港、白阳建立66.67公顷连片荷藕套养小龙虾生产基地。完成新水源地及引水工程16户拆迁和蟒蛇河整治160户拆迁两项重点突击工作任务，配合市航道处做好盐宝河学富段圩堤加固工作，兴建"最后一匡田"通达工程桥梁23座，疏浚小沟级河道55条66千米35万立方米。完成农村土地确权登记颁证发证工作；坚持精准原则，建档立卡低收入农户1051户、2289人，积极开展"结一门穷亲、找一份事做"主题活动；新成立家庭农场16家，创建碧水蓝天区级家庭农场1家、创建五车市级家庭农场1家，倍倍鲜食品、佳益食品2个公司创成市级农业农头企业。

学富莲蓬项目

改善城乡面貌。年内，投资800万元改造新建农村公路桥梁25座；"四类人群"（"四类人群"指建档立卡贫困户、低保户、农村分散供养特困人员、贫困残疾人家庭。）151户D级危房全部改造结束，94户 "非四类人群"D级危房全部拆除，完成31户渔民上岸安居工程；陈祁村美丽乡村建设项目通过省住建厅验收；参与全国文明城市创建，集镇人居环境建设通过五星级镇验收，接待全市各县市区100多个乡镇分管负责人观摩学习。开展环境保护和生态建设专项整治；完成成片造林43.33公顷，四旁植树15万株，新建和完善高标准农田林网733.33公顷，创成车林村绿化示范村；建成各类标准化养殖场28户，省级示范场5处，市级现代畜牧业示范户15户，规模化养殖提高7%。

增进民生福祉。全年新建车林、同港、戚庄、白阳等8个省达标卫生室；全面完成同港、联河两个村改厕870座任务；建成开放2000平方米的多功能运动场；实验学校创建成省绿色学校，镇中心幼儿园进一步彰显省示范幼儿园的办园能力，成人校成功创建成省级社区教育中心。全年托底救助527人次，发放救助款42.8万元；全民社保登记完成年度任务100%，新增就业人数860人，新增转移劳动力870人，新增返乡创业138人，开展各类技术技能培训轮训1690人次。在全区率先建成技防"村村通"工程；通过省级标准化安监站验收；强化禁毒工作措施，加强重点时段、重点人群管理。

加强党的建设。组织开展 "两学一做"学习教育，年内，申报3个市级创业大赛项目，获批市"515"领军人才项目；建成三永、车林、陈祁等3个区级党建示范点，开工新建略沿、学中两个党群服务中心；顺利完成镇党委、村居党总支、区镇人大和村居民委员会各项换届工作。

【绿色家园建设】 坚持以"四项工程"为引领，全年完成成片造林43.33公顷、圩堤河道绿化30千米、建成绿化示范村3个、四旁植树15万株的造林绿化任务，全力打赢造林绿化攻坚战。突出曙光北路与331省道接线绿色通道，重点实施境内涉及2个村3千米道路两侧成片林建设，打造景观式绿色通道精品工程；加大对省道盐金线提升改造力度，栽植高规格花卉、苗木，增添景观设施，形成一路一特色、一节点一风格，完善231、331省道两侧绿化通道，提档补缺做美景观绿色长廊；加强村庄绿化靓点工程，结合美丽乡村建设，推进3个绿化示范村创建，对道路、河道两侧和农户家前屋后进行绿化补植，选择村民乐于接受的树种，建成配置合理、有绿有果的村庄绿化靓点；突出境内新拓浚整治的盐宝河、横塘河圩堤两侧绿化，合理选择种植苗木，加强管护工作，形成圩堤绿化样板工程。

【推进全民参保登记】 通过“三步走”，推进全民参保排查登记工作，年内，对全镇村（居）民未参保、已参保及享受社会保障情况进行全面排查登记，全镇13033名登记对象全部录入省全民参保登记信息系统。由镇人社中心牵头，每村抽调3至5人成立入户调查登记小组，强化业务培训，明确登记内容、范围、要求、工作流程和时间节点；组织进组入户排查登记，逐户到人详细采集信息，及时上报镇进行信息核对校正、统一登记录入系统；加强登记过程的督查指导，重点对调查人数多的村（居）进行督促指导，提高全民参保登记调查、录入质量和工作效率。

【开展精准扶贫】 对照新一轮精准扶贫要求，统一进行贫困识别建档立卡，详细标明贫困村、贫困人口情况及致贫原因，明确精准扶贫对象，形成党员干部“牵手致富”结对帮扶清册。年内，全镇293名帮扶对象与党员干部建立一对一帮扶对子。鼓励村集体牵头创办或入股社会化服务组织，开展“互联网+”技术培训，鼓励帮助低收入户通过网店经营等创业途径实现脱贫。在镇级层面进行扶贫资源整合，建立兜底保障自然增长机制和“救急难”工作机制。10月17日，第三个“全国扶贫日”前后，集中开展走访慰问贫困户活动，区、镇参与扶贫救助的293名党员干部，为结对帮扶贫困户送去帮助，镇卫生院“全国扶贫日”组织医卫人员对贫困家庭、孤寡老人进行健康检查，赠送常用药品，登记造册提供常态复诊服务。

【发展慈善事业】 全镇成立慈善分会，选举产生理事会及其组成人员，通过强化组织领导，广泛宣传发动，积极募集善款，深入开展社会救助，持续营造全社会共同关心、参与慈善事业的氛围。鼓励本土企业、社会团体和个人定向捐赠，完善和规范募捐资金管理，及时公布情况，接受社会监督。“6·23”阜宁、射阳两县特大龙卷风冰雹重大灾害发生后，第一时间组织募捐活动，共为灾区募集善款19.5万元。同时，开展慈善救助关爱行动，组织各村居全面采集和动态掌握“需要帮助人员的信息”，建立健全救助对象信息库，重点关注特殊弱势群体，采取送救济、送技术、送岗位等有效救助形式，帮助困难群体渡过难关，让他们同样享受改革发展成果。

【发展农村淘宝新型业态】 鼓励发展“农村淘宝”新型业态，7月25日，三永村“农村淘宝”服务站隆重开业“上线”，成为全镇第二家开业运营的“农村淘宝”村级服务站。在全镇16个村（居）分批次建立“农村淘宝”服务站，通过发展互联网平台，实现“网货下乡”和“农产品进城”双向流通，帮助群众解决“难买”和“难卖”问题。宣传实施“农村淘宝”项目的意义、内容及保障措施，广电、供电、公路等部门通力协作，对各村（居）电网、路网、通讯网进行升级与完善，保障设施齐全配套。通过招募和培育“农村淘宝”合伙人，动员有网店管理经验的青年创业者，加入村站合伙人行列，在资金、技术、资源方面给予支持，帮助农村青年在家门口实现创业致富梦想，激发农村经济发展活力。

农村淘宝

【农村康居工程建设】 农村康居工程建设过程中，学富镇对照评估标准对危房数量、房屋属性、家庭情况、农户改造意愿进行深入调查了解，按照“一户一档”“一村一册”要求精准登记，全镇排查核实D级危房245户，C级危房204户。至年底，“四类人群”（“四类人群”指建档立卡贫困户、低保户、农村分散供养特困人员、贫困残疾人家庭。）D级危房151户，其中修缮110户、翻建41户，全部改造结束；94户 “非四类人群”D级危房经过现场鉴定、丈量、评估、签订协议后，组织专业施工队全部拆除结束。全镇规划建设蒋河、华府2个康居工程示范点，年内完成平整场地、放线等环节工作。在危旧房屋改造期间，对D级危房和“四类人群”危房进行改造，与农户沟通，动员其转移安置，并及时安排重建，对于“四类人群”中的五保户，直接由村（居）安排入住镇敬老院。

【集镇人居环境建设】 年初，负责人和村镇科长及100多个乡镇分管负责人组成的观摩学习团在学富镇观摩学习集镇人居环境建设工作。全镇实施区域集中供水、污水处理厂和节点及游园绿化等工程，从环境卫生、河道保洁、经营秩序和交通秩序等热点问题入手，在全镇建立“组保洁、村收集、镇转运、区处理”的生活垃圾收运处置体系，做到生活垃圾“日产日清”。集镇新增绿地1.5万平方米，镇区绿化覆盖率达38.13%，道路绿化普及率达95%，建成3条林荫式道路，新建4000米二级污水管网，污水收集率达95%以上。同时，加强城管队伍建设，落实集镇地段分片巡查、责任分片包干，及时制止乱堆乱放、占道经营等现象，查处各类违章搭建棚点、毁绿种植等违法违章行为，为集镇人居环境常态长效打下坚实基础。

【完成拆迁清障突击任务】 年内，新水源地及引水工程中涉及全镇6个村(居)，蟒蛇河整治工程涉及全镇4个村(居)。全镇全面完成新水源地及引水工程16户拆迁和蟒蛇河整治160户拆迁两项重点突击工作任务。依据拆迁补偿标准，结合镇情实际，细化实施方案，成立拆迁工作指挥部，抽调机关单位精干人员，明确各自包保责任，将工程项目建设和拆迁政策和标准向群众交代清楚，随时接受有关部门和群众监督，公平公开公正地推进拆迁工作。 (杨 刚)

2016年学富镇各村(居)负责人

表 24

村(居)	村(居)书记	村(居)主任
戚庄	姚昌林	张志留
联河	张殿华	郑春华
车林	张 群	林主军
同港	张爱萍	林 刚
白阳	丁扣兰	冯殿国
学中	许成全	杨 秀
时杨	杨成林	徐九根
蒋河	刘 平	韩立芹
园垛	张荣义	李峰林
三永	张桂华	张代勇
华府	朱广忠	潘金华
大成	滕国民	成 华
大同	姚如新	于万新
陈祁	陈建华	王玉琴
略沿	李仁惠	陈长宏
连心	刘玉仁	苏 江

尚 庄 镇

ShangZhuang Town

【概述】 全镇土地总面积72.57平方千米，其中耕地面积4045公顷，下辖14个行政村、4个居委会，人口45244人。2016年，实现地区生产总值22.17亿元，规模工业增加值6.10亿元，公共财政预算收入3499万元，同比增长4.5%，固定资产投资9.49亿元，城镇居民可支配收入32109元，同比增长8.4%，农村居民可支配收入18437元，同比增长9.3%。

工业强镇发展。充分发挥龙头企业的骨干支撑作用，盐电阀门研发中心建成使用，四期项目规划立项，全年实现开票销售2.04亿元，比上年同期增长12.6%；江苏金火炬公司积极应对不良的市场形势，开发新产品，争抢新市场，全年实现开票销售1.5亿元，比上年同期增长16.5%。宏图鞋业转型升级，实现自主经营，全年开票销售1134万元，比上年同期增长77.5%。华炜商标、兴殿实业、欣美莱服饰、开源纸业、加申刹车配件等企业生产销售稳中有升。双创园区管理不断加强，基础条件配套完备；广博新材料、神工灶具项目成功入驻、投入正常生产；双创园区二期规划建设。招商选资成效明显，全年共完成签约工业项目9个，其中开工项目6个，推进落户项目3个，跟踪洽谈项目5个；新发展注册经济10家，年实现税收380多万元。

农旅产业融合。现代农业不断提升，全镇全年新增土地流转266.67公顷，其中设施高效农业20公顷，新招引农业项目4个；番茄公园新建标准化大棚2公顷，新拓采摘基地10公顷；全镇新发展各类专业合作社、家庭农场10家，适度规模经营总面积1973.33公顷；完成联耕联种面积3.66.67公顷，机插秧示范区口3个。创成市级现代渔业示范园区。旅游产业逐步攀升。番茄公园游客中心建成使用，果蔬采摘、绿化提升、标牌标识等节点建设加快推进，省三星级乡村旅游点成功创建，举行第三届番茄节，增强品牌效应。庆福、联胜农家乐项目招引落户，瑞尚鲜电商中心获市青年创业大赛第一名。

镇村环境焕新。加快建设美丽家园，夏秋两季秸秆双禁自2012年起实现全量还田，达到“三不”的目标要求。年内，新增河堤绿化38.8千米，成片造林20多公顷，实施“草镶边”工程60公顷。疏浚农村河道78条、总长108千米，57个农村环境综合整治点整治任务全面完成，通过省市区级验收，建成一星级人居环境示范点22个；实施集镇绿化提升工程，建成南腰河、瑞康路、健康路绿化景观带、健康公园、法治廉政文化公园等项目，农村“五位一体”和集镇长效管护机制得到完善。10月，创成国家卫生镇；大力开展畜禽养殖污染整治，划定禁养区，搬迁拆除养殖场8家、2000多平方米；新建贮粪池50座、480立方米，签订消纳协议60份、消纳面积近133.33公顷；关闭食品站屠宰场，病死畜禽处理中心开工建设。

增进民生幸福。年内，加大投入力度，加快民生建设，城乡统筹持续发展。设施建设步伐加快。朱沥沟驳岸、农村公路提档升级三期、老步湖路改造、800千伏特高压、万亩优质稻米基地、农业资源开发项目竣工；完成大尚线拓宽让地清障任务，工程建设顺利；万和等村1333.33公顷高标准农田项目快速推进。完成农村公路提档升级21千米，新扩建桥梁13座；新建农村“最后一匡田”通达工程农桥44座。社会事业发展。实施新老镇区亮化工程，安装路灯300多盏；建成多功能灯光球场和数字化接种门诊；1.5万平方米美佳名府一期竣工销售。新建改建省标准化村级卫生服务站13家。打造留守儿童关爱之家，9月投入使用。大力实施精准扶贫、农村康居建设工程，城乡居民社会保险提前完成，社会救助、五保低保等政策落实落地，在全区处于先进位置。社会大局和谐稳定。积极排查调解矛盾纠纷，全镇共受理矛盾纠纷325件，调解成功320件，调解成功率达98.5%；重抓村村通技防工程和涉羟禁毒工作，建成法治公园，群众满意度提升。

推进党建工作。全年新改建党群服务中心10家，创成党建示范点1家；开展“两学一做”学习教育，充分发挥实体支部和网络支部的平台作用，线上线下同步开展“三会一课”学习活动，加快建设学习型、服务型、创新型党组织。农民党员乐绍琪被评为四月“中国好人”，司法所长何同华被省司法厅表彰为“法润江苏”先进个人。

【集镇面貌提升】 实施新老镇区绿化、亮化、黑色化工程，全年新增绿地2万平方米，滨河道路绿化1.9万平方米，安装路灯346盏，镇区主干道黑色化9.1千米、10万平方米，建成法治廉政文化公园、健康主题公园、多功能灯光球场各一座。建筑面积1.5平方米美佳名府一期竣工销售。完成健康路中段拓宽改造。开展集镇环境卫生、秩序管理专项整治活动，10月，创成国家级卫生镇。

【关爱留守儿童】 至年底，全镇共有留守儿童702人，占在校未成年人总数的31%。投入100多万元，对原尚庄中心幼儿园进行升级，建成1600平方米的镇级关爱之家，9月投入使用。依托村（居）农家书屋，学校少年宫和党群服务中心等平台，推行"屋、宫、家"的尚庄关爱模式，共建阵地20家。建立未成年人信息库1333人、留守儿童成长档案702人，创新拓展校内活动，特色推进校外联动，注重突出家庭互动，实施思想教育、学习指导、才艺辅导、心理疏导、结对助学等服务项目20多个，全年开展综合性关爱活动15次。推广尚庄小学、姚伙绍琪书屋、南吉华泽书社等典型的先进做法，开展"好阵地""特色活动""优秀服务志愿者"评选表彰活动。

【农村公路桥梁改造升级】 农村道路拓宽21千米，新建国家公路二级桥梁13座，拓宽后的农村公路配套安全标识，标牌128套。新建公交站台7对，其中集镇2对、农村5对。大尚线拓宽改造13.6千米，老步湖改造13千米，均为黑色化路面。镇区路面黑色化12条，总长9.1千米、面积近10万平方米。至年底，全镇农村公路长60多千米、国家公路二级桥梁56座，贯穿镇域东西南北，形成4横4纵交通网络。

【新增工业定报企业两家】 年内，新增盐城加申汽车制动部件有限公司、盐城市盐都区宏图服装鞋业有限公司2家工业定报企业，全年实现开票分别为1135万元、1134万元，比上年分别增长19.9%、77.5%。

2016年尚庄镇各村（居）负责人

表25

村（居）	村（居）书记	村（居）主任
吉爱	王艾龙	王加元
庆福	宗　俊	赵玉珍
姚伙	牛万华	陈如华
荣昌	王荣芳	任国余
古殿	殷纯传	陈维龙
界河	王　珊	张文生
民胜	尹洪刚	徐炳生
万和	谭义刚	谭义刚
联胜	刘道胜	胥爱芳
南吉	季中洲	包步宽
塘桥	杨绍宽	厉传忠
北堡	孙开林	王寿丰
五瑞	李俊峰	刘永根
瑞南	王新春	胥传刚
瑞北	胥加书	胥　飞
上潘	张称华	邹正昌
东塘	刘卫红	朱正满
花村	龚　槿	花茂桥

尚庄镇第八届老年文化艺术节

【乐绍琪当选中国好人】 姚伙村老农乐绍琪，自费创办"农技咨询台"，开通"农技热线"。免费为群众测土配方、平衡施肥和提供咨询服务，自筹资金50多万，建成全国有影响的"绍琪农家书屋"，免费为群众、老人和留守儿童服务。参加"盐都区好人志愿服务队"，无私为群众服务，助推新农村思想文化建设。4月，当选"中国好人"。（详见新闻人物乐绍琪书屋）

（朿殿旺）

鞍湖街道

AnHu Street

【概述】 街道总面积833.33公顷，耕地面积740公顷，总人口10218人，下辖大顾、九曲、洪渡、许桥、刘垎、张本6个村居。全年实现公共财政预算收入1456.05万元，增长26.9%；实现财政总收入2154.38万元，增长10.6%。

【科技创新】 年内，江苏弘昕邮箱有限公司成功研发全生物降解复合材料汽车内饰；盐城市中联生态农业发展有限公司北美海棠新品种引种与示范；盐城市富源油箱有限公司成功申报科技项目"一种柴油机排气微粒处理装置"。

【现代农业】 年内，完成春季绿化、突出圩堤绿化和道路绿化，全年栽植5厘米女贞2400棵、红叶石楠球880棵，苗木存活率在98%以上。完成区下达的"草镶边"工程。成功应对以小麦穗期病虫防治工作，较大程度遏制小麦以赤霉病等病虫大发生，完成全年秸秆双禁工作及三清工作。

【环境整治工作】 推进和完善农村环境整治"五位一体"的长效管理机制，提升综合管理水平，营造良好的人居环境和投资环境。自5月起，街道围绕"生产发展、生活宽裕、乡风文明、村容整洁、管理民主"的新农村建设二十字方针，推进和完善农村环境整治工作。

【致力改善民生】 年内，开展民生工程建设，不断提升居民幸福指数。完成敬老院消防达标工程，顺利通过上级验收。公益性公墓桥梁开工建设、配套的驳岸，墓区下水道建设工程正按时序推进。完成青年路接线工程的绿化、亮化工程及中央环保督察组交办的环境整治工作。

（周建华）

2016年鞍湖街道各村（居）负责人

表26

村（居）	村（居）书记	村（居）主任
大顾居委会	顾洪左	武炳华
九曲居委会	洪成善	顾永美
洪渡居委会	高长忠	王经经
张本村	武华民	季龙坤
许桥村	张广勇	黄韦党
刘塔村	朱宏祥	姚立萍

北蒋街道

BeiJiang Street

【概述】 街道土地面积12.75平方千米，人口1.2万人，下辖童成、卢村2个行政村和远景、厉民2个居委会，共有17个村（居）民小组。全年实现地区生产总值6.8亿元，同比增幅8.7%；全社会固定资产投资完成5.5亿元，同比增幅15.5%，其中工业投资完成3.9亿元，同比增幅15.2%，服务业投资完成6165万元，同比增幅15.9%；规模工业增加值实现1.23亿元，同比增幅9.8%；重点服务业企业实现营业收入7629万元，同比增幅34.4%；批零住餐企业实现销售收入8963万元，同比增幅11%；一般公共预算收入完成1904万元，同比增幅4.3%；城镇居民人均可支配收入达31695元，同比增幅8.5%，农村居民人均可支配收入达18217元，同比增幅9.3%。提前一个月全面完成民营经济两大指标任务，新增私营企业50户，新增个体工商户273户，分别占年计划的100%、101.1%。

工业经济运行。年内，街道7个定报企业有6个企业运行正常，企业增长面达71.4%。全年规模工业实现增加值12319万元，开票销售20360万元，入库税收1096万元，分别同比增长16.4%、27.3%和36.2%。全口径实现开票销售34420万元，入库税收1390万元，同比增幅8.1%、4.0%。重点企业继续发挥支撑作用。艾斯特体育器材有限公司全年实现开票销售3160万元，入库税收390万元，同比增长10%、40%；沙子电器有限公司全年实现销售6080万元，入库税收320万元，同比增长1%和5%；九洲汽车配件有限公司全年实现销售4290万元，入库税收112万元，同比增长47.8%和116.7%；昌国木业公司被新增为定报企业，全年实现开票销售6040万元，入库税收199万元。

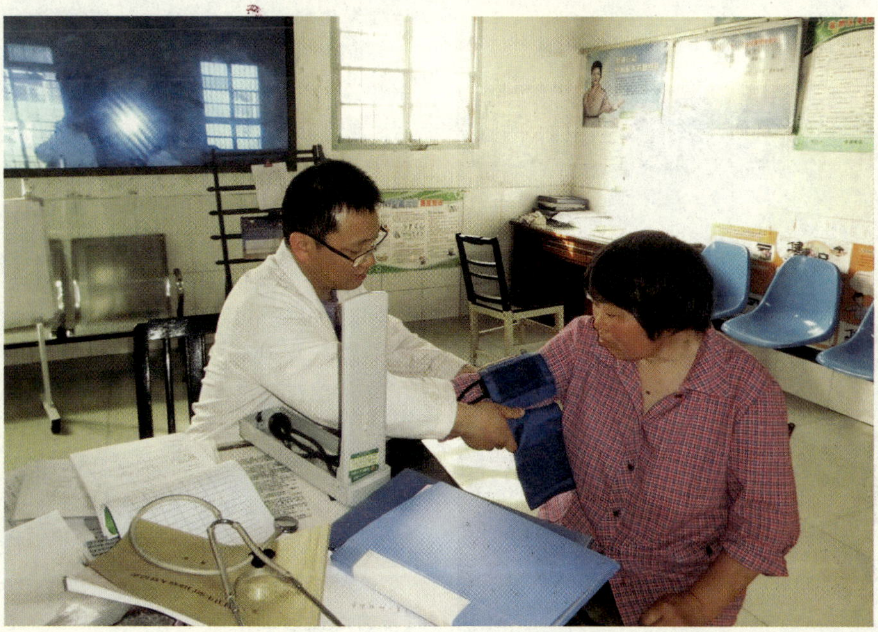

鞍湖卫生院分管管理团队到村服务

招商选资、项目推进工作。全年新招引工业项目1个，为盐城市净友机电设备有限公司的风机电机项目，项目总投资1亿元，征地1.2公顷。新招引各类总部经济项目15个，分别为盐城林盛物流有限公司、江苏旭威建设工程有限公司和盐城市圆融新型建材有限公司北蒋分公司等，其中为高新区新招引注册经济项目1个，为盐城博派科技有限公司。洽谈项目1个，为大型网架、轻钢别墅项目，通过区项目评审。全年新竣工工业项目1个，为沙子电器4000平方米生产研发楼，年底全面竣工。新开工项目3个，分别为沙子电器研发楼、永隆机械厂闲置资产盘活项目和净友机电的风机电机项目。在建工业项目2个，分别为净友机电的风机电机项目和永隆机械厂转型的粮食加工和仓储项目。九洲汽配6000平方米生产研发楼项目，计划总投资6000万元，通过区项目评审，土地指标到位。

农业农村工作。“生态北蒋”建设完成1个林业示范村（卢村）建设，成片造林面积3.33公顷，四旁植树2万株，农田林网133.33公顷，新建河堤绿化7千米，公路沿线种草美化5千米，河道圩堤绿化美化10千米，全街道绿化覆盖率达23.2%。夏秋两季“禁烧禁抛”实现岸上无火点、水中无秸秆、空中无雾霾的“双禁”效果，夏秋两季全量还田率分别达99.7%和98.1%。夏秋两季联耕联种机条播均达到100公顷。中央小型农田水利重点县项目顺利推进，投入1020万元，新建童阳南双泵闸站和童阳北双泵灌溉闸站，改建圩口闸3座，硬化机耕水泥路2.7千米，新建桥梁5座、灌溉站19座、防渗渠5千米、田间小构件193件，在夏秋两季防汛中发挥排涝作用，确保全街道安全度汛。厉民、卢村和远景分别实施一事一议奖补工程，累计争取上级财政奖补资金超过25万元，区下达财政农桥2座，街道实际争取3座。“最后一匡田”通达工程新建桥梁10座，上半年全部建成。

集镇建设稳步推进。实施“五个一”重点工程建设，年内，农村公路桥梁提档升级工程投入185万元，新建北陇线、北盛线、北江线等5座农村公路桥梁；投入

200万元，实施北蒋供电所生产楼改造工程；投入120万元，实施童成、卢村河道疏浚工程，对卢村中心河及周边河道和童成村内部河道进行冲浆疏浚，总长达35千米，完成土方22.5万立方米；投入40万元，实施童成村河道绿化工程，对童成村新沟河、龙东河两侧4000米长河坡进行刷坡、种草，并栽植2米宽女贞绿化带。“集镇人居环境”星级评定考核工作，4月底，通过验收，投入20万元，对人民南路居民楼西侧的臭水沟进行扛土1000立方米，新建排水管道，解决居民经常反映的环境“脏乱差”问题；投入35万元，对朝阳西路、人民南路等裸土地块进行硬化，面积达1000平方米，对盐金路北、街心公园、朝阳路等13处零星地块进行绿化补植，新增绿地面积5000平方米。投入30万元实施朝阳东路路面维修工程；投入60万元实施弘文路、文景北路和盐金线童成段路灯安装工程，优化集镇配套和服务功能，提升人居环境和质量。

社会事业协调发展。北蒋实验学校共有141名考生参加中考，其中19人达市一中分数线，18人被市一中录取，1人被盐中录取；教育教学条件不断优化，北蒋实验学校投入50多万元，实施校园绿化提升工程和校安加固工程；成人中心校投入80多万元实施环境提升工程，拆建危桥1座，硬化水泥场地3500平方米，新建驳岸30米，对学校大门进行改造、附属用房进行装修。推进童成居家养老示范点建设工作，规范管理，提升社会效益。投入80万元，实施敬老院精品游园工程，新建假山、亭台、长廊、景观墙以及绿化、驳岸、厕所等，重阳节全面开园并成功举办街道第六届老年文化艺术节活动。远景党群服务中心开工建设，远景、厉民合格卫生室竣工，居民就医条件提升。投入20万元，实施镇村公交回车场建设，方便群众出行；争取农村道路硬化指标1.1千米、公路桥梁1座，投入资金达150万元。全民社保工作稳步推进，各类保险全面超额完成年度任务。街道老龄协会被表彰为区先进协会，老年体协被评为老年体育健身先进街道，参加区老年人运动会获团体优胜奖，参加区第六届老年文化艺术节获组织风采奖。

加强党的建设。年内，扎实开展“两学一做”学习教育，全街道34个基层党组织、800多名党员干部，扎实开展基层党组织统一活动日活动，远程教育学习、“真情家家到、争当五大员”活动、党代表驻室活动、党员议事、村务财务公开、重大事项表决等各类活动，完成基层党组织换届、区镇两级人大换届和村(居)委会换届工作，选举产生新一届基层党组织和村(居)委会及区镇两级人大代表，全年新发展预备党员10名，11名预备党员到期转正。

社会大局和谐稳定。开展“五项排查”“三解三促一加强”和6月“安全生产月”、禁毒百日整治“雷霆行动”等活动，有序推进各项活动的顺利开展。全年共组织开展矛盾纠纷集中排查活动15次，共调处各类民间纠纷64起（其中街道直接调处16起），调解率和成功率分别达100%和98%以上，未发生一起因调处不及时而引发的民转刑、民转凶案件，未发生重大群体性事件，在全国及省市区两会、六中全会、省市区党代会和重大节日期间，实现“四个确保”目标，为经济社会发展营造和谐稳定的社会环境。

【提升园区建设】 北蒋全民双创园规划总面积173.33公顷，产业以机械电子类项目为主，建成核心区43.33公顷，建成四纵四横主干道等基础设施。引进南星科技、欧迈机械、中材环境、九洲汽配、怡达电子、吉盛达环保、忆童年、双泰热能等机械电子类企业落户园区。年内，对园区绿化进行补植和完善，新增路灯50多盏，启动实施园区提升工程，园区振兴路和振兴桥开工建设，实施燃气通达工程，提升园区对项目的吸纳和承载能力。诚益通和鹏琪钢构两个新招用项目落户园区，全面建成后成为经济发展新的增长极。

【净友机电设备有限公司开建】 盐城市净友机电设备有限公司为街道新招引的风机电机项目，项目在街道机电工业园新征土地1.2公顷，总投资1亿元，新建厂房及研发楼、附属设施等，建筑总面积1万平方米，新增数控车床、数控加工中心、磨床、龙门钻铣床、压机、平衡机、电动机等各类设备57台套。项目原为上海日午机电有限公司的搬迁项目，经过多次实地考察，3月签约，8月办理土地挂牌手续，10月土地摘牌，12月开工建设。项目全面建成后，可年产各类风机电机5万台、施工护栏2万套，年销售1亿元，利税1500万元。

【重点企业实现转型升级】 街道高度重视重点企业转型升级工作年内，江苏沙子电器有限公司，在巩固原有科龙、海信、TCL、格兰仕等大型企业集团的基础上，开拓新飞、海尔等新的营销渠道，同时购置自动波纹成型机、真空钎焊炉、全自动功力测试仪等设备，新建五层共4000平方米研发楼，全年企业实现开票销售6080万元，入库税收320万元；盐城市艾斯特体育器材公司，在巩固国外原有日本蝴蝶、瑞典斯的佳、德国尤拉以及法国迪卡侬等老客户有基础上，新开拓印度STAG集团、法国可牛集团等国外知名企业集团等新的合作伙伴，生产形势平稳，企业申报省企业技术中心，“锐科特”获国家驰名商标，“锐科特”英文板商标申报市知名商标，同时在境外20个国家注册境外商标，全年新批2个发明专利，申报3件国际知识产权国际专利(pct)，申报33项发明专利，20项实用新型专利，全年实现开票销售3266万元，入库税收390万元；盐城市九洲汽车配件公司成为悦达起亚的重点合作单位，又与北京现代以及世界500强企业上海延锋江森公司等汽车制造企业建立长期合作关系，产品发展到10多个系列100多个品种，企业不断加大设备投入，新上全自动焊接机、大型液压冲床、全自动制管机等设备，成功获批省高新技术企业，焊接机除尘装置为省高新技术产品，省两化融合试点企业，企业全年实现销售4700万元，入库税收120万元。

（吴红斌　茆文军）

2016年北蒋街道各村(居)负责人
表27

村(居)	村(居)书记	村(居)主任
远景居委会	杨秀云	乐学红
厉民居委会	周龙余	潘秀萍
卢村	卢玉江	卢新华
童成村	吉安邦	朱安兵

北龙港街道
BeiLonggang Street

【概述】 全街道土地面积21.32平方千米，下辖1个行政村，3个居委会，人口14739人，地区生产总值7.29亿元，财政收入1545万元，同比增长5%，城镇、农村农民人均纯收入分别为32474元、18189元，同比增长8.4%、9.4%。

【经济发展稳中有进】 年内，主要经济指标完成和超额完成全年目标任务。针对税收政策的调整因素，大力发展总部经济，弥补主体税源的不足，完成区政府下达的总部经济招引任务，共引进2家总部经济单位。住房公积金扩面提前半年超额完成全年任务，完成比例374%；街道5家定报企业开票销售3家实现正增长，高于全区面上平均比例；7月底前全面完成农保扩面和为高新区智能终端产业园招工任务。全年新发展私营企业52户，占全年任务104%；新发展个体工商户276户，占全年任务的103%。发展后劲持续有力。正视街道地理位置偏僻的实际，全力招引项目，4月，上电八菱光伏发电二期项目并网发电。8月初，盐高新集团光伏发电项目开工建设，配套使用的设施用房用地0.67公顷。雷击环保科技公司绝缘材料二期项目土地指标报省征用。支柱产业加快转型。以纽曼为龙头的铸造企业进入发展平缓期，寻求转型突破的同时继续挑起街道的大梁；以龙盛公司、星月公司为龙头的空调行业以转型升级实现华丽转身，实现产销两旺；雷击环保公司强化技改扩能，和大专院校“联姻”，成功对接央企。

完善农业基础设施。年内，实施迎春河驳岸工程4.4千米，河道疏浚6.8千米，完成土方5.5万立方米；新建机耕桥18座、农桥4座；对庆中河(南龙段)、罗才段低矮圩堤进行加固，对罗才河段280米增做青坎及圩堤加固。完成圩堤(河堤)绿化11.787千米、河道17条，实现农田林网166.67公顷，打造龙岳路、粮农路和永逸林公墓绿化。破解热点难点问题。秸秆“双禁”工作由难点工作转为正常工作，夏、秋两季实现整村整街道全量还田；土地确权工作按工作流程，挂图作战，共调处各类矛盾和纠纷35起；开展精准扶贫，超额完成30%低收入农户脱贫任务；对村级财务进行全面审计，及时落实整改；防汛防旱工作高标准要求，实现安全度汛；整治畜禽环境污染，限养区内的畜禽养殖场按规定要求整改到位，禁养区内的养殖场按时关闭；抓好康居工程建设，对农村C级、D级危房进行集中整治建设；农村环境“五位一体”长效管护机制全面实施。放大水产品牌效应。以高效设施渔业弥补高效农业先天的不足，266.67公顷无公害基地顺利通过复检，史氏鲟工厂养殖场获批部级示范养殖场，同时通过无公害基地和无公害产品验收，史氏鲟成功注册“兴鲟”牌商标，获市名牌产品称号。

【民生工程】 年内，迎春河驳岸疏浚工程竣工通过验收；卫生院眼科大楼投入使用，涉及的6户搬迁安置到位；粮农路扩宽、文华路南延、南龙居委会卫生室提档升级顺利竣工；加快推进公交回车场西迁工程、教育资源整合的核心工程幼儿园改扩建工程；完善朱升文化生态园规划，组织实施工业集中区绿化、龙岳路两侧绿化、派出所标准化建设、技防“村村通”、法制文化公园、法制文化广场等工程。

【改善公共服务水平】 超额完成全年社保扩面任务，全年发放低保金（含补助金）107万元，开展临时救助60人次，救助金额10.5万元，街道低保户、特困户、五保户等全部参加新型农村合作医疗保险，四个村(居)居家养老中心全覆盖。教育卫生事业发展，成人校自编的《计算机基础知识》教材在全区推广；北龙港中学中考质量提升，社会满意度提高，北龙港小学“小巧手”剪纸社团连续多年被评为盐都区百佳社团，以教育资源整合力促幼儿园达省规标准，彰显卫生院眼科特色，建设新眼科大楼，提升医疗设备和管理水平。文化软实力得到加强，全年送文化下乡活动10余场次，送电影下乡132余场，剪纸艺术之花常开常新，剪纸作品作为首届休闲中国高峰论坛暨“中国休闲30人”盐都金秋行礼品，北龙港鱼圆代表盐都作为全省旅游大会的特色菜肴。

【安全维稳工作】 对基层信访事项，做到“件件有着落、事事有回音”，市、区交办的9性共性问题和2件个性问题，街道排查出的9项问题，实行领导包案处理责任制。全年开展9次大的安全检查，检查生产经营单位81个，整改事故隐患620多条，抓好工业污染、畜禽养殖环境污染专项整治工作。

【加强党的建设】 坚持和完善民主集中制，将龙兴居委会作为党建工作示范村居创建；做好党员发展工作，全年共发展党员13名；坚持党管武装，规范民兵阵地建设，超额完成夏季征兵任务；“三老一关”的作用进一步体现，老年太极剑在全区第二届老年艺术节日活动中获二等奖；根据省市区统一部署，街道村居党组织换届采取公推直选的选举方式，村委

市淮剧团送戏到北龙港街道

会选举坚持党的领导，4个村居全部在规定的时间内选举成功。　(朱相国)

2016年北龙港街道各村(居)负责人
表28

村(居)	村(居)书记	村(居)主任
顺　北	刘景标	刘景标
龙　兴	蔡大春	杨步成
北　龙	朱党林	朱党林
南　龙	戚思元	戚思元

中兴街道
Zhongxing Street

【概述】 街道下辖河夹、中徐、施湾、周伙四个村(居)，总面积10平方千米，耕地面积608.07公顷，全街道2497户，9106人。街道办事处驻河夹居委会。街道全年完成地区生产总值4.52亿元；固定资产投资3.05亿元；规模以上工业增加值4648万元；工业全口径销售9242万元；一般公共预算收入1193万元，分别同比增长9.1%、15.6%、10.9%、22.4%和13.5%；地区生产总值、固定资产投资、服务业增加值等重点指标增幅较大，城镇、农村居民人均可支配收入分别为32809元、18869元，同比增长8.5%、9.4%，一般公共预算收入提前2个月完成全年任务，定报企业增长面100%。

重点项目进展顺利。投资5000万元、征地0.84公顷的中兴商业广场封顶；江苏光都机电设备有限公司和盐城发电设备厂共同投资6000万元的强鹿新材料项目竣工投产，在全区"家家到"项目活动中作为观摩现场；金麦穗新能源科技创成国家高新企业；斑竹服饰在江苏股权交易中心成功挂牌；周伙村创成省级电子商务村；列入区乡村旅游规划的"草房子"乐园核心区成雏形，全年景区累计接待游客达2.1万人次。

改善基础设施。年内，与331省道3条接线工程全部完工；实施秦周线等镇村公路提档升级以及19座桥梁工程项目；中华路、中兴北路提档升级工程实施到位，浇筑通村公路6千米；完成施湾双泵排涝站建设；创建"基层党建示范带"，新建施湾、中徐两个村(居)党群服务中心，周伙村改造完善党群服务中心600平方米；全面完成法制广场、廉政公园、体育广场等基础设施建设；全面落实"五位一体"环境长效管护机制，集镇环境干净整洁，进一步提升百姓生活质量。

城乡面貌焕新。年内，全街道4个村(居)4800多座散坟全部迁进施湾公益性公墓，成为全区首个无散坟街道；推进盐淮高速、331省道沿线环境整治工作，共计房屋刷白5万多平方米，清除草堆、杂物等170多处；对4个村17条河道进行全面整治；在331省道沿线，新增2块大型户外广告牌放大中兴对外宣传窗口，提升中兴形象；加快绿化造林步伐和"草镶边"工程，新栽植各类苗木近2.3万余株，植草7.8公顷；关闭或关停各类养殖场6个，其他16个养殖场全部整改达标；村庄环境整治长效管理体系全面建立，秸秆还田率达100%，秸秆双禁和综合利用成效显著，周伙村、施湾村积极申报水美乡村。

提升民生福祉。新农保扩面完成230人，续保率达98%以上，基础养老金直发100%；年内，新报批无固定收入重残9户9人，开展医疗救助和临时救助44人次，补助资金3.11万元；计生中心免费孕前优生检查48对夫妇，全面做好二孩登记工作；完成全街道4个村(居)3253个居民参保信息不全或未参保人员的系统数据录入；按照"一村一策、一户一策"的办法开展精准扶贫，为76户贫困家庭帮扶资金4.56万元；快速推进农村康居工程建设，4个村(居)77户列入危房改造计划。

社会大局稳定。全年开展4次安全生产大检查，查找出安全隐患11起，下达限期整改通知书，指定落实时限和具体责任人，完善安全生产长效机制。开展禁毒"雷霆行动"，采取多种形式活动，营造打击涉羟犯罪工作的浓厚氛围。做好重点人员的稳控工作，新增监控探头52个，辖区安全系数进一步提升；全年成功化解各类矛盾33件，其中共性问题4件，自排个性问题29件。

党建工作。利用党建网站、QQ微信群等网络架设"学习平台"，组织党员通过网络学习平台探讨交流"学做体会"。干部队伍建设取得新成效。严格执行村支部和村委会换届选举纪律，完成4个村(居)换届选举工作。开展奢侈浪费和为官不为专项整治行动，反对和纠正"四风"，破除"庸懒散拖"等不良风气。

【张明舟考察草房子】 10月8日，国际儿童读物联盟副主席张明舟一行3人在市文联主席嵇绍乾、区作协主席曹文芳陪同下，在中兴街道实地考察，参观"草房子"乐园项目核心区景观——油麻地小学，张明舟对项目建设给予肯定。

【吴本辉调研农村康居工程推进工作】 12月16日，区长吴本辉在副区长陈霞、街道党工委书记王权奎陪同下，调研施湾村农村康居工程推进情况。吴本辉在听取农村康居工程进展情况汇报后，对街道农村康居工程建设给予肯定。

【江苏金麦穗新能源科技股份有限公司】 8月17日，在第四届江苏省科技创业大赛行业赛中，江苏金麦穗新能源科技股份有限公司获省科技大赛企业组二等奖。10月19日，国家发改委环资司副司长马荣考察江苏金麦穗新能源科技股份有限公司，副市长葛启发、省发改委环资处处长尤德顺、市发改委副主任顾光明、区委常委陈志会、街道党工委书记王权奎等陪同。11月19日，公司在第五届中国创新创业大赛新材料行业总决赛摘得优秀企业奖并成功晋级全国新材料企业12强。11月30日，被认定为高新技术企业。

【周伙村创建成省级电子商务村】 周伙电子商务村依托阿里巴巴1688、淘宝、天猫、苏宁易购等网购平台建立农产品的销售渠道，主要产品有优质大米、新一号防臭袜、草鸡蛋、绿色蔬菜等。上半年交易额760万元，交易额稳步增长。8月，被认定为江苏省电子商务示范村。　(王月霞)

2016年中兴街道各村(居)负责人
表29

村(居)	村(居)书记	村(居)主任
河夹	曹芳萍	冯　山
中徐	徐　松	徐红军
施湾	徐国群	沈洪章
周伙	李天庆	周友铭

人物·先进集体

Figures & Advanced Group

- 新闻人物
- 劳动模范
- 特级教师
- 逝世人物
- 先进集体

新闻人物

People in the News

张礼祥

张礼祥，男，中共盐城市委常委、政法委书记。汉族，江苏盐都人，1960年12月出生，1981年1月参加工作，1988年11月入党，中央党校研究生学历。2012年当选党的十八大代表。

1981年1月盐城县大冈中学教师；1981年9月，历任龙冈中学教师、教研组长、校长助理、副校长、校长；1993年5月，任盐城市郊区教育局副局长兼招生办主任；1996年12月，任盐都县潘黄镇党委副书记、镇长；1997年12月，任盐都县马沟镇党委书记；2001年1,月任滨海县委常委、纪委书记；2002年6月，任滨海县委副书记、纪委书记；2002年12月，任滨海县委副书记、代县长、县长；2006年12月，任建湖县委书记；2009年12月，任建湖县委书记(副市级)；2011年1月，任建湖县委书记、人大主任(副市级)；2011年6月，任东台市委书记(副市级)；2011年9月，任盐城市委常委，东台市委书记；2016年1月，任盐城市委常委、政法委书记，东台市委书记；2016年2月，任盐城市委常委、政法委书记。

1978年12月在盐城师范专科学校化学科学习；1984年9月至1987年7月苏州大学化学专业函授本科学习并毕业；2000年2月至7月参加江苏省委党校青干班学习；2001年9月至2004年6月中央党校经济管理专业研究生学习并毕业；2005年7月至8月参加江苏省委组织部在美国举办的城市规划专题研讨班学习；2008年3月至4月参加中央党校县委书记进修班学习；2008年11月至12月参加延安干部学院全国第五期县委书记培训班学习；2009年11月至2010年1月参加江苏省委组织部第十一期高级管理人才经济研究班，在美国马里兰大学学习；2015年5月至7月参加中央党校第三期全国县委书记研究班学习。

党的十八大代表，省十二次、十三次党代会代表，十二届省委委员，省十届人大代表，市五次、六次、七次党代会代表，五届、六届、七届市委委员，市六届、七届、八届人大代表。

徐荣春

徐荣春，男，中共党员，1952年11月出生于盐都潘黄，扬州大学函授大专学历，盐都区潘黄街道仰徐村党委书记、江苏荣泰建设集团董事长，第十二届全国人民代表大会代表。

1970年12月参加工作，1984年9月担任仰徐村党支部（总支部）书记，2008年11任仰徐村党委书记；主动与班子其他成员的沟通，团结带领村“两委”一班人，带着党员群众一起干，发展一方经济、致富一方百姓、稳定一方人心。自筹资金兴办集体企业，村级综合实力连续多年位居全区经济排头村行列。2011年，全村实现三业总产值7.5亿元，农民人均纯收入16038元，村集体收入390万元。仰徐村成为全市新农村建设示范村，2010年被确定为全省统筹城乡发展试点村；举办盐城市第三届“双强”村官“双学”论坛，获全国文明村、全国文明村镇创建工作先进村、省文明村、省法制示范村、省生态村、省级康居示范村等荣誉称号。全村围绕“住宅现代化、农村城市化”目标，建设“一中心、二园、三区”。建成4层，共2800平方米的村党群综合服务中心，实现办公、商贸、文体、卫生、教育、幼托、便民服务、安全警务等功能全覆盖。高标准规划建设高效农业园和机电产业园，打造以草莓园、景观园、葡萄园、蔬菜园、良田示范园为主体的现代农业“五千工程”；规划建设千亩机电产业园，15家企业入驻园区，9家企业建成投产；推进村民集中居住，6个农民别墅小区入住308户，中心村集中居住率达90以上%。村民参加合作医疗由集体“买单”，老年人发放生活补贴，社会保障率100%。1994年6月中共江苏省委授予江苏省优秀党务工作者称号；1996年6月中共江苏省委授予江苏省优秀共产党员称号；2000年4月国务院授予全国劳动模范称号；2003年5月中共江苏省委授予江苏省优秀党务工作者称号；2005年6月盐城市委表彰为盐城市十佳勤政廉政干部；2008年6月盐城市委表彰为“为建设新盐城作出突出贡献的共产党员”；曾任江苏省九届人大代表；十届全国人大代表；盐城市五次、六次党代会代表。(有关徐荣春详情请见已出版的《盐都年鉴》“人物”栏目中“新闻人物”分目)。

曹文轩

曹文轩，男，汉族，北京作家协会副主席，北京大学教授、现当代文学博士生导师、当代文学教研室主任，儿童文学委员会委员，中国作家协会鲁迅文学院客座教授。入选教育部“跨世纪优秀人才培养计划(人文社会科学)”，承担国家教委“八五”科研项目“小说的艺术”和国家“九五”重点科研项目“二十世纪末中国文学现象研究”。2016年4月，获得国际安徒生奖，8月，在新西兰领奖，这是中国作家首次获此殊荣。

1954年1月出生于盐都，当代著名作家。代表作有《草房子》《红瓦》《细米》《天瓢》等。获国际安徒生奖提名奖、宋庆龄儿童文学奖金奖、冰心文学奖、国家图书奖等奖项40多种。(有关曹文轩详情请见已出版的《盐都年鉴》“人物”栏目中“新闻人物”分目)

杨　森

杨森，男，回族，1960年11月出生，大专学历，中共党员，盐城市盐都区民政局局长，2016年4月，被省委省政府授予江苏省先进工作者称号。

自2009年9月担任盐都区民政局局长以来，团结带领民政系统干部职工，求真务实，开拓进取，不断开创民政工作新局面，为建设“五大盐都”做出贡献。注重创新创优，务求实效，致力推动各项民政工作齐头并进，社会救济救助、婚姻登记工作在全国有影响；居家养老、优抚双拥安置等工作全省有位置；基层政权和社区建设、社会事务管理和社会福利工作全市列前茅，盐都民政工作多次受到省、市乃至民政部的表彰。2012年3月，盐都区被民政部表彰为全国养老服务示范活动示范单位；2012年民政局被省民政厅评为“全省民政系统先进单位”，2015年盐都区创建成为省级现代民政建设示范区。他本人于2007年4月被盐城市政府评为“劳动模范”，2010年12月被省民政厅表彰为“民政工作先进个人”。

李建国

李建国，男，汉族，1969年9月出生，本科学历，中共党员，盐城市第二小学校长、正高级教师，他是江苏省特级教师，省“333高层次人才工程”培养对象，盐城市有突出贡献中青年专家，市劳动模范，市七届人大代表。2016年4月，被省委省政府授予江苏省先进工作者称号。

他坚持给孩子一辈子有用的东西，以文化的力量发展学校，学校文化建设引《中国教育报》等媒体关注。作为课改实践者，他创新“三段五步式”教学模式，出版专著《追寻理想的语文课堂》，在《人民教育》等刊物发表论文百余篇，主持省市课题十余个，其成果获市首届基础教育科研一等奖。作为盐城市名师发展团队领衔人，他创新校本研修活动“相约星期六”，指导30多人在省市比赛中获一等奖，培养多名教师成为市级以上业务骨干。作为集团总校长，他积极推动教师双向流动，打造专业发展共同体，让优质公平教育惠及更多家庭。

王金海

王金海，男，1974年7月出生于盐都区秦南镇，大学文化。盐都区红十字会志愿服务部部长，区互联网协会副会长，民建江苏省委第八届理论研究委员会和民建盐城市委社会工作委员会委员，民建盐都总支二支部主任，盐都区十四届政协常委。2016年9月，被中国红十字会总会表彰为2016年度中国红十字会总会报刊宣传先进个人三等奖，10月，被民建中央办公厅表彰为2016年重点理论研究课题优秀成果全国二等奖。(有关王金海详情请见已出版的《盐都年鉴》“人物”栏目中“新闻人物”分目)

乐绍琪

乐绍琪，男，1974年出生于盐都区尚庄镇，尚庄镇姚伙村农民。2016年4月，被中央文明办、中国文明网推选为“中国好人”。6月，被中国科协、财政部表彰为全国科普惠农兴村带头人、2016“基层科普行动计划”先进个人。

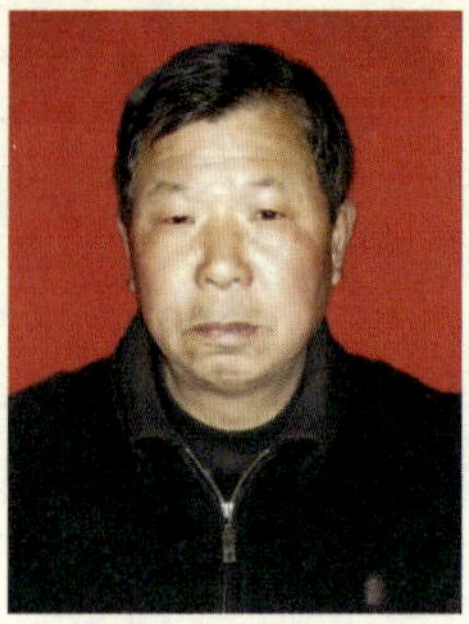

他无偿服务乡邻，先进事迹远近闻名，先后被评为“盐城市第二届道德模范”“盐城好人”“江苏好人”“中国好人”，被省里表彰为“关心下一代工作先进个人”“农家书屋先进个人”“百佳农民书屋管理员”。绍琪书屋被评为省五星级农家书屋，2014年被国家广电总局评为首届书香之家。2016年6月，被市委评为优秀共产党员。8月，被省科协、省委组织部、省委宣传部、省发改委、省教育厅、省科技厅、省财政厅、省人社厅、省农委联合表彰为江苏省《全民科学素质行动计划纲要》“十二五”实施工作先进个人。

自筹50万元建书屋。随着生活水平的不断提高，乡亲们十分渴望丰富的文化生活。乐绍琪看在眼里，想在心中。2007年，他自筹2万多元，在村头建了一个简易棚子，买来书架和1000余册图书，创建了绍琪农家书屋。尽管小棚子条件简陋，但每天来读书看报的人络绎不绝。时间一长，读书看报的人越来越多，小棚子没法满足村民的需要。乐绍琪便自己多方筹措50多万元，建起一座占地400多平方米的书屋。绍琪农家书屋不但惠及本村，还带动了周边的村居，在省里、市里都有较大影响。免费为农服务30年。乐绍琪生在农村长在农村，对农业科技有着浓厚的兴趣。30多年来，他每年都自费订阅农业科技报刊，主动申请去农科院所学习，悉心研究农作物防病、治虫、除草、施肥等技术，为周边农民开设“农技咨询热线”。免费为群众测土配方、平衡施肥和提供咨询服务，推广直播水稻。为进一步向农民推广科学技术，2007年1月，乐绍琪申请成立《江苏农业科技报》的农技咨询网点。邀请省农科院和农科报社的专家、教授在尚庄镇免费举办高效农业培训班。2008年3月，乐绍琪自费赴北京参加第三届农技员测土配方培训班，获得国家人保部颁发的“庄稼医生”资格证书。回到尚庄后，他自购仪器，免费为本镇农民测土配方，到目前为止已测土数万亩，受益农民达数万人次。关爱留守儿童200多人。姚伙村紧靠尚庄集镇，共有200多名青少年学生，其中80多个孩子的父母在外地打工，跟随爷爷奶奶生活，很多小学生放学后就经常去网吧、游戏厅“报到”。因此，乐绍琪在书屋成立校外辅导站，与监护人和学校定期保持联系，让孩子们放学和双休日到书屋活动，引导他们看书看报，丰富孩子们的课外业余生活。乐绍琪还定期请老党员、老干部、老教师到辅导站，给孩子们讲党史、村史，开展法治和道德教育，引导孩子们健康成长。农家书屋成为留守儿童学习园地和精神家园，成为全市知名的青少年校外活动阵地。

蒋跃东

蒋跃东，男，1963年5月出生于盐都区秦南镇，中共党员，大学文化，区委老干部局局长。1984年12月参加工作，2016年12月，被中共中央组织部、人力资源社会保障部授予全国先进老干部工作者称号。

2012年从事老干部工作后，他深入老干部群体，走访慰问离退休老干部达850余人次，帮助落实解决医疗、护理、房屋修缮等费用，为近百名老干部及遗属协调解决生活上的困难。为解决老干部看病住院难问题，争取区委区政府支持，协调财政、卫生等相关部门，投资300多万元建设老干部病房楼，2015年底建成投入使用。为改善老干部学习活动环境，争取区财政下拨近百万元资金，对原老干部综合楼、区老年大学教学楼进行整治修缮，添置活动器材，使区老干部活动场所旧貌换新颜。组织离退休干部围绕农业农村工作、食品卫生安全、养老服务等社会民生议题提建议、话发展，完成调研报告5篇，提出意见建议42条。组织农业、教育、卫生等老科技工作者举办科普知识讲座27次，进机关、入学校、到社区开展爱国主义教育，作报告25场次，受益学生、群众达7800多人次，被盐城市委市政府嘉奖，记三等功一次，多次被区委区政府评为优秀工作者和先进个人，区委老干部局被评为“五好基层党支部”。

杨　华

杨华，男，1963年1月出生，江苏盐都人，中共党员，研究生文化，盐都区残疾人联合会副理事长。2016年6月，被国务院残工委表彰为“全国残疾人工作先进个人”。

他围绕“代表、管理、服务”职能，热爱残疾人事业，依法维护残疾人合法权利，在全市建立残疾人专职委员队伍。并将工资提高到最低工资标准的1.5倍，缴纳住房公积金；在全市率先建立残疾人基础信息数据库管理系统。确保各类信息全面收录、各种救助金及时发放，不重不漏；在全市率先实行精神病人免费治疗。建设全市一流的残疾人康复托养中心。并且争取10个全额拨款事业单位编制，20个合同制用工计划；在全市率先试行残疾人居家托养新模式。出台《关于推进我区居家养老和社会助残服务工作的实施意见》等多个规范性文件；实施适度普惠救助政策，每年春节都安排专项资金，对不同残疾人类型进行集中普惠式慰问。在全市率先实现贫困重度残疾人参加城乡基本养老保险、城镇居民医疗保险、新型农村合作医疗个人缴费部分由政府代缴的惠残政策。作为区政协委员，积极建言献策，提案《关于推行精神病人免费治疗的建议》和《关于促进残疾人就业的建议》，引起高度重视。2012年，区残联被国务院扶贫办和中残联联合表彰为“农村残疾人扶贫”工作先进单位，全省

“白内障复明无障碍”先进县(区)。2014年,获全市残疾人就业目标管理工作先进个人。

刘祥斌

刘祥斌,男,1964年2月出生于盐都区鞍湖街道,大专文化,中共党员,高级经济师,江苏东九重工股份有限公司董事长兼总经理、党委书记,2016年4月,被省委省政府授予江苏省优秀企业家称号。

在原盐城市锅炉厂(公司前身)濒临倒闭的情况下,刘祥斌由全体员工推选为厂长,他开展科技创新,实施技改扩能,带领和参与研发适合化工、化肥、水泥建材、冶金、硫酸、有色金属等领域的具有自主知识产权的余热锅炉产品200余种;更新观念创新机制,加强企业内部管理,促进企业经济效益的显著增长。由他担任项目负责人的多个项目分别获得国家创新基金和江苏省科技支撑计划资金支持,一个项目获江苏省重大科技成果转化项目立项,直接参与的专利项目有20余项。担任盐都区政协常委,参与慈善、公益事业,2016年被评为盐城市劳模,区总工会在公司专门设立“刘祥斌劳模工作室”。

江苏省劳动模范

Model Worker of Jiangsu Province

宋红浩

宋红浩,男,1976年10月出生于盐都区潘黄街道,大学文化,中共党员,工程师,盐城市兴都农电有限公司中兴供电所所长,2016年4月,被省委省政府授予“江苏省劳动模范”称号。

他立足本职工作,刻苦钻研、扎实工作、成绩突出。2008年10月,代表江苏省参加国家电网公司举办的“农电工岗位知识和技能竞赛”,获得配电运检专业个人全能第一名,被国家电网公司授予“农网配电运检岗位能手”荣誉称号。2009年5月,盐城供电公司成立以他名字命名的“宋红浩创工作室”,至2016年底,他共发明创新成果11项,其中4项获得国家专利,5项成果在省、市评选中获奖。2013年,工作室升格为“江苏省电力公司宋红浩劳模创新工作室”和“盐城市技术大师工作室”。还多次受邀为省、市公司高级工和新进大学生进行培训授课,经他培训的学员达600多人,其中9人获得技师职称、13人提拔为副所长、1人被评为盐城市技术能手。他还是盐城市有突出贡献中青年专家,先后获得盐城市文明职工、盐城市十大杰出青年提名等荣誉。被省公司聘请担任国家电网公司职工技能竞赛的教练。2008年,被授予“国家电网公司农网配电运检岗位能手”称号,2013年被评为盐城市劳动模范。

丁德勤

丁德勤,男,汉族,1959年10月出生,大专学历,中共党员,高级技师,盐城市盐都区畜牧兽医站水电工,2016年4月被省委省政府授予“江苏省劳动模范”称号。

他工作三十年如一日,潜心钻研业务,将生产生活中的问题作为技术攻关的课题,将发明成果的运用作为个人事业的追求,埋头苦思,伏案绘图,一套套方案、一张张图纸,他始终坚守着对科研的那份执着,三项创新成果获得国家实用新型发明专利。他研发的“三相电机缺断相保护器”,成功破解区畜牧兽医站疫苗冷库压缩机易烧毁的难题,保证畜禽疫苗的安全贮藏;他改进的蚕种催青室温度自控台,实现对温、湿度的精确控制,有效提高蚕种催青收蚁率;他凭借强烈的责任心和精湛的技术,在平凡的岗位上谱写着不平凡的业绩,他创新成果的成功实践有效提升生产效益,产生较大的社会效益,为全区农业增收增效做出积极贡献;他发明自动吸钉电动车,义务清除铁钉、螺丝等车胎“杀手”数百千克,为群众出行提供方便,“吸钉”事迹被中国新闻网、《工人日报》等数十家媒体宣传报道。先后获得江苏省工勤人员技能创新大赛二等奖、省市有突出贡献的技术能手、市劳动模范、市“五一劳动奖章”、市职工十大科技创新成果、“盐城好人”、盐都榜样等荣誉。

杨书琴

杨书琴,女,汉族,1977年1月出生,本科学历,中共党员,江苏盐城农村商业银行股份有限公司盐都区支行行长、经济师,2016年4月,被省委省政府授予“江苏省劳动模范”称号。

调任盐都区支行任行长3年间,存款总额增至3倍,业务规模连续多年位列全行首位,6年内新增客户近40万户。她始终以支持区域经济发展为己任,3年累计投放小企业贷款近10亿元;创新服务方式,协调全行员工面向全区农户上门服务发放“农务通”贷款卡3万张;抢抓全区行政服务集中机遇组建“创业支行”;创新产品支持下岗再就业、妇女、青年等创业贷款等近千户;坚守“普惠金融”的服务定位,首创全面代理辖区近40万农户新农保、各类社会补助资金和社保资金的发放;倡导“视客户为亲人”的服务理念,视客户的事为自己的事。把公益事业当成一种责任，植入心底。连续9年资助成绩优异但家境困难的寒门学子上大学；连续3年向盐城市红十字会博爱救助金捐款，把对弱势群体的关爱作为生活和工作的一部分，汇聚爱心回馈社会。2014年，获江苏省五一劳动奖章。

丁良鑫

丁良鑫，男，汉族，1980年12月出生，本科学历，中共党员，江苏亚龙航务打捞有限公司副总工程师，2016年4月，被省委省政府授予“江苏省劳动模范”称号。

工作10多年来，牵头组织公司亚龙36、518等20多艘大型工程船舶的技术改造和升级，使公司打捞吊装能力大幅度提升，其中有3项技术填补国内空白，多次在国家、省相关会议上作经验介绍。多次组织参与长江打捞搜救工作，成功打捞300多艘沉船，救起400多人，2009—2014年均被江苏省海事部门表彰为“水上搜救工作先进个人”，2015年1月，带队第一时间参与靖江“皖神舟67”打捞搜救，连续工作3天3夜，顺利将该拖轮吊出水面，成功救起1人，中央电视台专门作报道；2015年6月，东方之星客轮翻沉事件发生后，带领公司3名潜水员赶赴现场参与救援。同时，开展“传、帮、带”，发挥示范引领作用，有40多名职工成为技术骨干，为公司健康发展打下坚实基础。每年坚持无偿资助3名困难学生，帮助他们完成学业，曾获盐城市劳动模范。

张如剑

张如剑，男，汉族，1966年10月出生，研究生学历，中共党员，江苏剑桥涂装工程有限公司董事长、高级经济师，2016年4月，被省委省政府授予“江苏

省劳动模范”称号。

1997年起创办乡镇企业江苏剑桥涂装工程有限公司。在企业经营发展过程中，他依托科技创新，注重引进人才，以科技打造企业核心竞争力，并致力于引进国际先进技术，瞄准智能制造，向国际一流标准看齐，推动企业不断发展壮大；他严抓产品质量，重视品牌建设，突出管理创新，坚持诚信经营、不忘回报社会，企业不断发展壮大，并先后获得“国家火炬计划重点高新技术企业”“中国涂装特色产业基地示范企业”“中国驰名商标”“江苏省名牌产品”“江苏省两化融合示范企业”等荣誉，其本人获得“盐城市劳动模范”“江苏省创业之星”“江苏省十大诚信标兵”“苏商十大行业领军人物”“苏商2015年度十大经济人物”“盐城市希望工程20周年突出贡献人物”等荣誉。

周业刚

周业刚，男，汉族，1967年1月出生，大学学历，中共党员，江苏驰翔精密齿轮有限公司董事长，2016年4月，被省委省政府授予“江苏省劳动模范”称号。

他锐意创新、勇于拼搏，为增强公司的发展后劲，培植新的经济增长点，他长期奔波于市场第一线。2015年面临严峻形势，他秉承诚信经营，以“钉钉子”精神，啃“硬骨头”功夫，精准齿轮生产技术一个又一个难题，使驰翔齿轮运销海外，搏击欧洲市场实现新突破。他积极传输正能量：经过长时间信息跟踪，主动出击，一举使得公司取得较大订单，他依托科技创新，注重引进人才，以科技打造企业核心竞争力，并致力于引进国际先进技术，瞄准智能制造，向国际一流标准看齐，推动企业不断发展壮大；他严抓产品质量，重视品牌建设。关爱职工，努力解决职工生产、生活中的实际难题，他还支持家乡慈善事业发展，经常捐钱捐物，曾被评为盐城市劳动模范。

省特级教师

Provincial Special Grade Teachers

洪从兵

洪从兵，男，1969年1月出生于盐都区龙冈镇，中国民主同盟盟员，2016年8月，被省政府评为江苏省初中物理特级教师。

1987年盐城教育学院物理教育专业毕业，2000年江苏教育学院物理教育专业毕业，大学文化，盐城市毓龙路实验学校副校长。政协盐都区第十二届委员会委员，政协盐都区第十三届常务委员会委员。江苏省中学物理教学研究指导组（初中）成员，盐城市初中物理学科教研中心负责人。自2011年起，他发表论文十多篇，其中《初中物理教学中如何让学生体验》等5篇论文在《中学物理教学参考》等全国中文核心期刊发表，《初中物理作业的“个性化”》等3篇论文被人大报刊复印资料索引。2011年获中学物理教学改革创新大赛一等奖，2016年获“一师一优课”江苏省级优课，2015年在江苏省初中物理“名师课堂”中开设题为《光的直线传播》的示范课，2014年在江苏省实验教学培训班上开设题为《实验教学的行与思》专题讲座。主持的江苏省教育科学“十二五”规划课题《班级小组合作团队化管理促进学生发展的研究》等多项课题研究成果丰硕，被推广应用。2009、2012年两度被表彰为盐城市优秀教育

工作者，2013 年被表彰为盐城市教科研先进个人，2002 年被表彰为盐都县优秀教师。教书育人、关爱学生的先进事迹 2012 年 4 月被盐都电视台专题报道。

刘堂林

刘堂林，男，1968 年 7 月出生，江苏盐城人，中共党员，本科学历，中学高级教师，任大纵湖初级中学化学教师、分管教学副校长。2016 年 8 月，被省政府表彰为“江苏省特级教师”。

扎根盐城市西南边陲偏僻农村的大纵湖初级中学 29 年来爱岗敬业，教书育人，为人师表，乐于奉献，工作勤勤恳恳，兢兢业业，以身作则，成为师生的表率。树立“学生至上”的教育理念，尊重、关爱、唤醒和激励每一名学生。走“生活化教学”课堂改革之路，教学特色鲜明，遵循“从生活走进化学，从化学走进社会”的教学理念来组织教学，以生活为中心，将抽象的教学建立在学生生动丰富的生活背景上，探索和实践“教学情境生活化、教学语言生活化、化学原理生活化、化学实验生活化、课外作业生活化”的“五化”教学范式，着力对“五化”教学的实施策略进行探讨，并形成“问题化导向，生活化教学”的教学风格。注重学习和教学研究，刻苦钻研教学理论和新的教学思想，勇于探索，总结反思，撰写论文，主持或参与各级课题的研究工作。发挥市、区初中化学学科带头人的示范作用，多次在区级以上范围开设公开课、示范课、研讨课和学科讲座，多次承担市级教研活动公开课的点评和区优质课评审、命题、视导等工作任务。1998 年被盐都县人民政府表彰为“优秀教育工作者”，2004 年被盐城市人民政府表彰为“盐城市优秀教育工作者”，2011 年被市教育局评为“盐城市初中化学学科带头人”，2012 被市人社局、市教育局表彰为“盐城市优秀教育工作者”，2013 年被盐都区教育局评为“盐都最美教师”，2014 年被盐城市文明办、盐城市教育局、盐阜大众报业集团和盐城广播电视台评为“盐城最美教师”。

梅　艳

梅艳，市二小腾飞路校区中学高级教师，2016 年 8 月，被省政府表彰为“江苏省特级教师”。

自 1999 年工作起，曾获市品德学科赛课一等奖、市语文学科赛课一等奖、省品德学科赛课二等奖、国家级语文赛课（苏教版）特等奖；被表彰为盐都区优秀共青团员、盐都区教学能手、盐城市教学能手、盐城市学科带头人、盐城市教科研先进个人、盐城市名教师、江苏省优秀少先队辅导员、江苏省十佳少先队辅导员、江苏省优秀青年教师、江苏省书香人物。共有七十余篇论文、案例在各级各类期刊发表及获奖，主持或参与多项省市级课题，主编参编多本小学生阅读与写作指导性教材，指导学生在各级各类刊物上发表作文三百多篇，并指导学生出版一本作文集，乐读乐写成为其所带班级的特色。社会兼职方面，是盐城市十大亲子阅读推广人、江苏省作协会员、多家刊物的特约习作点评导师、市二小的文学院导师。2013 年首先推出《小树的蝴蝶结》《寻找太阳草》《雨点公司》《神偷哎呦呦》等十本适合中高年级学生阅读的“知谦童话系列”，2014 年推出《猪小锅和狼小怪》，这个童话系列分为“注音版”和“文字版”两种版本，均为彩印，适合中低年级学生阅读，得到金波、樊发稼、安武林、管家琪、曹文芳、张向葵等名家推荐。

汪　娟

汪娟，女，1979 年 2 月出生，中小学高级教师，江苏省小学语文特级教师，盐

城市小学语文学科带头人。任盐城市崇礼路小学教科室主任。2016 年 8 月，被省政府表彰为“江苏省特级教师”。

主持省教育科学“十二五”规划立项课题《在小学识字教学中弘扬汉字文化的实践研究》，成功结题。主持省教育科学“十三五”规划重点自筹课题《文化视野下字源识字课程构建的实践研究》研究，课题成果“小学字源识字教学研究”获江苏省教育研究成果奖。2013 年 4 月，在全国苏教版小学语文第四届课堂教学大赛中执教《学棋》一课，荣获特等奖。2014 年11 月，出版教学专著《语文深处》。2015 年 12 月，出版学术专著《寻觅汉字：小学字源识字教学研究》。同时，主编《小学语文读本》等教辅教材 8 本，均公开发行。另外，近 50 篇论文在《小学语文教学》《小学语文教师》等报刊发表。被评为江苏省优秀少先队辅导员，盐城市优秀教育工作者，盐都区“最美教师”。《小学语文教学》杂志社签约作者。《小学教学》杂志封面人物。《江苏教育报》以《“我愿做语文这课大树上一片美丽的叶子”》为题对本人成长事迹进行专题报道。《小学语文教师》杂志在2016 年第 1 期以《因为读书》为题报道本人的成长事迹。

王秀春

王秀春，男，1972 年 11 月出生，本科学历，中共党员，高级讲师，1995 年 6 月毕业于盐城师范专科学校思想政治教育专业，2001 年取得江苏教育学院本科自考毕业证书，任盐城市大纵湖成人教育中心校校长。2016 年 8 月，被省政府表彰为“江苏省特级教师”。

2002年，大纵湖成人校创建全市首批省级农科教结合基地，2007年创建为江苏省标准化社区教育中心，同年被表彰为全国农村成人教育先进单位。王秀春自进入成人校工作起，积极参加市、省、国家级各种培训班，学习先进地区的经验和理念，以科学的办学思想和明确的办学目标为指导，参加各种类型的创建，促进学校的进一步发展，形成鲜明的办学特色，学校的培训活动、学习型单位创建、终身学习活动的开展、资料建设、课题研究、校本教材的编写一直走在全市前列。2009年成功创建全省首批社区教育示范镇；同年11月，盐城市农村基层党校现场推进会在大纵湖成人校成功召开；2011年，省教育厅对全省144家农科教基地进行复检，大纵湖农科教基地顺利通过；2013年省社区教育指导中心开展五周年庆典评比活动，他被表彰为省社区教育先进个人、先进通讯员；同年，学校创建全省第二批高水平农科教结合富民示范基地，2015年成功创建全国社区教育示范镇；2016年创建全国农村优秀学习型街道。

王乃宁

王乃宁，男，1970年7月出生于江苏建湖，1990年盐城师专中文系毕业，1996年扬州大学汉语言文学系本科毕业，大学文化，现任盐城市第一中学校长、党委书记。2009年被评为盐城市名教师，2011被评为盐城市名校长，2011被评为江苏省第四期“333”工程培养对象，2012被表彰为江苏省高中语文特级教师，2014年被评为江苏省中小学正高级教师，2016年8月，被省政府表彰为江苏省特级教师，被市委市政府评为盐城市劳动模范。

自2011年起，他在《中学语文教学参考》《中小学管理》《中小学教育》《教育导刊》等核心期刊发表论文7篇；主持完成国家级课题3项；录像课“刺客列传”获2016年度部级优课；获2014年度省优秀教学成果二等奖；成功申报盐城市高中唯一的省首批基础教育前瞻性教学改革实验项目“普通高中促进学生自组织学习平台的建设”。2015年8月，担任市一中校长、党委书记，学校先后获得省首批前瞻性教学改革项目学校、省教育工作先进集体、省课程基地9大学科联盟牵头学校、省基础教育教学改革重大项目首批实验学校、省研学旅行示范基地、省中学中职共青团工作“六个一”团建项目示范学校、省五四红旗团委7项省级荣誉。

杨传冈

杨传冈，男，1976年12月出生于盐都区大冈镇，民进会员，1997年毕业于盐城教育学院小学教育专业，中文、数学教育双本科毕业，学士学位。中小学高级教师，江苏省小学数学特级教师，江苏省“333”高层次人才工程培养对象，盐城师范学院兼职教授。现任职于盐城市第二小学。曾被表彰为盐城市优秀民进会员、盐都区优秀教育工作者。2016年8月，被省政府表彰为江苏省特级教师。

工作以来，在一线教学岗位上默默耕耘，刻苦钻研数学课堂教学技艺，逐步提出“为学生的思维发展而教”的教学主张，曾获省、区数学优质课竞赛一等奖第一名；积极投身教育科研，主持的3项国家、省教育科学重点资助课题均取得了较为丰硕的成果，曾获江苏省第三届精品课题1项，江苏省第四届优秀教育研究成果奖1项，盐城市首届基础教育、职业教育成果一等奖1项，盐城市社会哲学成果奖2项；教学研究之余，笔耕不辍，出版个人教学专著《触摸数学》，并在《教学与管理》《江苏教育》《小学数学教师》《小学教学》《江苏教育研究》等教育主流期刊发表专业论文，其中有3篇被人大复印资料《小学数学教与学》全文转载。

杨万扣

杨万扣，男，1969年6月出生于盐都区大冈镇，1989年毕业于盐城师范专科学校中文系，现为盐都区教师发展中心教研部副主任，中小学高级教师，教育硕士。江苏省“333”高层次人才培养对象、省先进教研工作者，盐城市优秀教育工作者、市教育系统优秀共产党员。2016年8月，被省政府评为江苏省高中语文特级教师。

“安塞腰鼓”一课获盐城市教研员“走进新课程”教学展评一等奖；《也谈文本教学的底线》《课堂倾听的低效表现及改进策略》《“安塞腰鼓”教学实录》等多篇论文、课例在全国中文核心期刊发表，《“复盘式”评课的主要特点及价值取向》《高效语文课：三种助学手段优势互补》等学术论文被中国人大书报资料中心全文转载；主持江苏省“十三五”教育规划重点课题“指向思维发展与提升的任务驱动型高中写作教学案例研究”、省第八期教学研究课题“初中语文课堂有效教学设计、实施与反思研究”等研究成果显著；学术专著《阅读教学对话主体研究》获盐城市哲学社会科学优秀成果奖。

逝世人物

Deceased Figure

张汉庆

张汉庆（1942.1—2016.11）盐都区人大常委会原副主任，因病医治无效，于2016年11月4日14时40分去世，享年75岁。

1942年1月出生于盐城县的一个农民家庭,1959年参军入伍,1962年加入中国共产党,1965年底退伍回乡。1966年4月,参加滨海社教团工作;1969年2月,到江苏省贫协工作;1970年2月,参加潘黄公社刘朋大队“一打三反”工作队。1971年4月,任潘黄公社三河大队党支部书记;1972年1月,任潘黄公社革委会副主任;1978年2月,任潘黄公社党委副书记;1983年8月,任潘黄乡党委副书记、经管会主任;1985年9月,任伍佑镇党委副书记、镇长;1986年1月,任伍佑镇党委书记。1991年2月,任盐城市郊区政府副区长;1996年3月,任盐都县人大常委会副主任。2002年1月退休以后,仍时常关注经济工作、热心指导企业发展、主动关心下一代成长,直至病逝。

徐洪亮

徐洪亮(1971.10—2016.11)中国人民解放军75776部队政治委员。2016年11月28日下午6点50分,突感身体不适,送医抢救无效,当晚8点45分去世,享年45岁。

1971年10月出生在江苏省盐城市盐都区尚庄镇一个普通的农民家庭,自幼懂事明理,好学上进,姐姐对他疼爱有加,含辛茹苦,精心抚育。成年后,于1991年12月怀着满腔热情参军入伍,刻苦训练,严格要求,1993年8月光荣加入中国共产党,1994年7月以优异的成绩考取南京政治学院新闻系,在校期间,尊敬师长,团结同学,1997年7月以优异成绩分配到原济南军区工作,历任排长、指导员、机关干事、基层主官,多次受到上级表扬。2007年,调入技侦局工作,2008年因表现出色,调入原广州军区司令部直工部,并于2011年被推荐到解放军原总政治部干部部工作,积累了相当丰富的机关工作经验,2014年8月上级任命其为六处政治委员。2015年11月广州军区司令部党委表彰为优秀共产党员。他共获得4个三等功。他忠诚于党,自觉加强党性修养,时刻以党员的标准要求约束自己,不论身处哪种岗位,坚持不搞特殊化。他热爱军队,在部队工作25年,一直兢兢业业、奋勇争先、不辞劳苦,无怨无悔,由一名普通战士成长为一名团职领导干部,其中的努力与艰辛,抒写了革命理想永往向前的军人情怀。他深爱妻儿,一旦有好吃的、好穿的、好用的,首先想到的都是老婆孩子,自己始终艰苦朴素,对自己的身体状况,一直缄口不言,生怕他们担心,点滴之间涌现的是一个作为丈夫、作为父亲的深情大爱。他为人忠厚善良,性格耿直,结识了许多真心朋友,彰显出良好的人格魅力。

李道然

李道然(1924.12—2016.12)盐都区人大常委会原副主任,离休干部,享受地市级政治待遇和副省级医疗待遇,因病医治无效,于2016年12月14日凌晨4时50分去世,享年92岁。

1924年12月出生于射阳县的一个农民家庭,未满18岁就参加革命工作,先后在保、乡农会工作,1943年3月加入中国共产党,1944年8月任中心乡党支部书记。1945年3月,他担任区委组织科长;1948年8月,任地委土改工作队组长、地委农委基点结合组组长;1954年3月,任盐城县秦南区委书记。1956年2月开始,他先后担任盐城县委常委、县委副书记、环城乡党委书记、城区书记,在大跃进的热潮中还担任过钢铁远征团团长,1959年1月担任盐城县盐场党委书记。1964年8月,他担任盐城县委常委、县监委书记、社教分团团长,1969年1月任盐城县革委会政治部主任、组织部副部长。1979年2月,他调任射阳县革委会副主任,1981年1月任射阳县人大副主任,1983年4月任盐城市郊区人大副主任。1985年4月离休以后,他仍然继续为党、为人民、为社会发挥余热。

·组织机构及负责人名录·

中共盐城市盐都区委员会

书　记　羊维达
副书记　吴本辉　顾其斌(5月免)
　　　　冯明印(5月任)
常　委　羊维达　吴本辉
　　　　顾其斌(5月免)　冯明印
　　　　张建洋(5月免)　朱金南
　　　　陈志会　王铁根(5月任)
　　　　葛建华　商建明　陈育群
　　　　沈潜辉　徐　丹(女)
　　　　张云云(女,5月任)

办公室

主　任　郝汉金
副主任　商兆鑫　孔　军
　　　　侍学斌(4月免)　祁亚洲
　　　　张桂荣　张正红

组织部

部　长　冯明印(5月免)
　　　　王铁根(5月任)
副部长　王益林　唐锦涛(4月免)
　　　　黄约波

人才办

主　任　王益林
副主任　还正洪(11月免)

社区工委

书　记　黄约波
副书记　肖　斌

组织员办公室

主　任　曹　阳
副主任　曹　勇

非公有制企业和社会组织工委

书　记　黄约波
副书记　明庆国
纪工委书记　朱道红(6月免)

机关工委

书　记　唐锦涛(4月免)
副书记　刘开东　李　琴(女,11月免)

老干部局

局　长　蒋跃东
副局长　孙　帅　祁中林

宣传部

部　长　葛建华
副部长　王迎春　唐　玲(女)　王业先

精神文明建设委员会办公室

主　任　唐　玲(女)
副主任　俞文斌

新闻信息中心(《盐都日报》)

主　任　李庆山
副主任、总编　应　伟(女)

统战部

部　长　王益林(7月免)
　　　　张云云(女,7月任)
副部长　陈玉堂

民族宗教事务局

局　长　陈玉堂
副局长　刘玉春

政法委员会

书　记　陈育群(4月兼综治委主任)
副书记　卞爱群(4月免)
　　　　李红杉(4月免)
　　　　崔学祥(4月任)
　　　　王其华(4月任)

社会治安综合治理委员会办公室

主　任　卞爱群(4月免)
副主任　周　军(11月免)　尹志坚

610办公室(防范和处理邪教办公室)

主　任　丁　华(兼)
副主任　陆海荣　王继生

农村工作办公室

主　任　王安根
副主任　陈保国(兼农村集体资产办主任)
　　　　李　宏

编　办

主　任　商兆鑫
副主任　吴中燕

政策研究室

主　任　孔　军
副主任　邱必侦

重大项目办

主　任　冯明印(兼)
副主任　祁亚洲

督查室

主　任　祁亚洲

信访局

局　长　崔学祥
副局长　戚师军(4月免)　曹长勇
　　　　刘光坚　刘爱斌　黄　永
　　　　朱立荣

档案局(馆)

局(馆)长　徐文才
副局(馆)长　杨晓华(4月免)　吴登才

保密局

局　长　张正红

机要局

副局长　李　刚(主持工作)　胡建军

台湾工作办公室 (区政府台湾事务办公室)

主　任　张宗煜(4月免)
　　　　彭　峻(4月任)
副主任　许金山　刘其扣

党史工作办公室 (地方志编纂委员会办公室)

主　任　王长江

盐城市盐都区人大常委会

主任、党组书记　穆　芹(女)
党组副书记　张建洋(6月任,12月免)
副主任　谭庚山　丁兴俊　征书和
　　　　徐学坤

办公室

主　任　徐金文

副主任　陈浩芳(女,11月免)

人事代表工委

主　任　仇文锦(11月免)

　　　　还正洪(11月任)

内务司法工委

主　任　沈国亮

副主任　陈立存

教科文卫工委

主　任　周金松(11月免)

　　　　陈浩芳(女,11月任)

副主任　陈永梅(女)

财政经济工委

主　任　陈荣豹(11月免)

　　　　陈桂庚(11月任)

副主任　陈桂庚(11月免)

农村工委

主　任　陈传宏(11月免)

　　　　孙广宇(11月任)

副主任　黄海威(11月免)

环境资源城乡建设工委

主　任　徐正亚(11月免)

　　　　黄海威(11月任)

副主任　曹文静(女)

盐城市盐都区人民政府

区长、党组书记　吴本辉

常务副区长、党组副书记

　　　　陈志会

副区长　张建洋(5月免)

　　　　张云云(女,5月免)　肖乐农

　　　　刘　源(援疆)

　　　　彭向洪(5月任)

　　　　陈　霞(女,5月任)

　　　　廉武卫(挂职,11月任)

　　　　刘　锐(挂职,12月任)

办公室

主　任　徐永生

副主任　吕洪明　沈曰明　王玉平

　　　　徐文才　张步森

　　　　袁志红(女)　杨正茂(4月免)

　　　　周站军

纪检组长　朱友祥

外事与侨务办公室

主　任　吕洪明

法制办公室

主　任　王　荣

金融与企业上市工作办公室

主　任　王玉平

人防办公室

主　任　刘志贵

副主任　徐　斌　鲁　涛

接待办公室

主　任　陆春网

副主任　周　剑

应急管理办公室(总值班室)

主　任　刘国洪

维稳办公室

主　任　于国成(兼)

副主任　宋传志

电子政务管理办公室

主　任　项　涛

发展和改革委员会

主　任　李庆銮

党组书记　沈清涛

副主任　卞金信　吴金翥　刘中斌

　　　　张丽华(女)

党组副书记　李庆銮　董必阳

纪检组长　孙汉春(4月免)

　　　　严跃海(11月任)

经济和信息化委员会

主任、党委书记　徐洪顺

副主任　朱步荣(兼中小企业局局长,4月免)

　　　　韦　忠(4月免)　陈兆根

　　　　张晓鸿　陈琪娟(女)

纪委书记　成文军

财政局

局　长　杨佩礼

党组书记　周　菊(女,4月免)

　　　　杨佩礼(11月任)

副书记　杨佩礼(11月免)

副局长　吴正龙　徐正江　刘宏彬

　　　　卞学德　杨中亚(5月停职)

　　　　任　畅(4月挂任)

纪检组长　卞东海

国有资产监督管理办公室

主　任　吴正龙

住房和城乡建设局

局长、党委书记　王　勇

党委副书记　刘志贵

副局长　薛鹏程　卞生国　沈中明

　　　　田　凌　刘加飞　庄凤兵

　　　　吴以军(11月免)

纪委书记　黄才友

商务局

局长、党委书记　陈少华

党委副书记　苏竹林

副局长　沈文平(4月免)　袁晓军

　　　　李庆军　周镇彬

纪检书记　胡卫成

农业委员会

主　任　张鸿新(兼党委副书记)

党委书记　孙广宇(兼资源开发局局长,11月免)

副主任　江志栋(兼水产局局长、资源开发局副局长,4月免)

　　　　戈　伟(兼水产局局长,4月任)

　　　　李书高(11月兼资源开发局局长)

　　　　郁祖良　潘永华(4月免)

　　　　韩桂龙　陈志清

纪委书记　王成刚

水务局

局长、党委书记　朱金标

党委副书记　胡永生

副局长　李晨光　张万根　封书清

　　　　姜晓冬　张　俊

纪委书记　张京宁(女)

粮食局

局　长　张丽华(女,11月兼党委书记)
党委书记　郑国春(4月免)
党委副书记　张丽华(女,11月免)
副局长　蔡永香(4月免)　谷　林
　　王国钰　张　斌

交通运输局

局　长　顾　勇(11月兼党委书记)
党委书记　张兆祥(4月免)
副局长　刘旺军　薛亚山(4月免)
　　徐建华　储启文
　　滕长春(4月任)
党委副书记　顾　勇(11月免)
　　朱洪斌
纪委书记　吉采书

旅游局

局　长　朱洪斌
副局长　徐建华(11月免)　张治中
　　孙建新(4月免)

民政局

局　长　杨　森(4月免)
　　葛序亮(4月任,11月停职)
党委书记　秦宁丰(女,4月免)
　　葛序亮(4月任,11月停职)
副局长　刘高銮(女,4月免)
　　李洪法(4月免)
　　吕士虎(4月免)
　　许宗元(4月免)
　　夏国宝(4月任)
　　陆爱军　季严彪
　　吴　海(4月任)
党委副书记　杨　森(4月免)
纪委书记　夏国宝(4月免)
　　裴余燕(女,4月任)

教育局

局长、党委书记　熊新华
党委副书记　陈玉芳(女)
副局长　张爱忠(兼体育局局长)
　　沈德成　李建国(8月任)
纪检书记　刘东升(4月免)
　　王　领(8月任)

教育工委

书　记　熊新华
副书记　陈玉芳(女)

卫生和计划生育委员会 (4月成立卫生和计划生育委员会党委)

主任、党委书记　蔡金道(4月任)
副主任　李志超(4月任)
　　张建才(4月任)
　　明　芳(女,4月任)
　　胡永新(4月任)
　　武　晴(女,4月任)
纪委书记　汤永昌(4月任)

卫生局(4月撤销盐都区卫生局党委)

局　长　蔡金道(兼党委副书记,4月免)
党委书记　王美萍(女,4月免)
副局长　陈　进(4月免)
　　胡永新(4月免)
　　胥向前(4月免)
纪委书记　武　晴(女,4月免)

人口和计划生育委员会 (4月撤销人口和计划生育党组)

副主任　张建才(4月免)
　　明　芳(女,4月免)
纪检组长　汤永昌(4月免)

文化广电新闻出版局

局　长　倪自祥(4月任)
党委书记　彭　峻(4月免)
　　倪自祥(4月任)
副局长　邵秀华(女)　施俊彦
　　陈　红(女)　周连兵
　　乔立群

科技局

局　长　陈　镖(兼地震局局长、党组副书记)
党组书记　陈明生(11月免)
副局长　刘仰军　杭加林　郑如素
　　陈　功(8月免)
纪检组长　吴卫红(女)

监察局

局　长　刘安红(女,5月免)
　　王建忠(6月任)
副局长　朱　萍(女)

公安局

局长、党委书记　连大猛(兼督察长)
政　委　邵益民(兼党委副书记)
副局长　丁　华　于国成　刘　军
　　邹桂群　薛启堂　宗友林
　　严文斌
副政委　王诗林
政治处主任　张　明
纪委书记　蔡亚萌(4月免)
指挥中心主任　朱良众
交警大队大队长　周万东

司法局

局　长　刘忠奇
党组书记　李志超(4月免)
副局长　孙信鸿　张　梅(女,4月免)
　　侍太华　周　军(11月任)
党组副书记　刘忠奇　孙信鸿
纪检组长　刘锦平

人力资源和社会保障局

局　长　马大庆(11月兼党委书记)
党委书记　姚宏鉴(4月免)
副局长　季东标　岳清泉(女)
　　王红光(4月免)　陈　军
　　吴以军(11月任)
　　王跃军(11月任)
　　黄鹤龙
党委副书记　马大庆(11月免)
　　季东标
纪委书记　王跃军(11月免)
　　胡　平(女,11月任)

专门办

主　任　季东标
副主任　王跃军(11月免)

统计局

局　长　孙云华
副局长　吴庆兰(女)　徐爱民
　　蒋正海　吕洪友

审计局

局长、党组副书记　顾学闯
党组书记　刘向阳(女)
副局长　徐凤琴　高友根(4月免)
　　严　华　徐晓玲(女)
纪检组长　倪同群(女)

物价局

局长、党组副书记　吴金翥

副局长　黄　伟　史龙存

　　　　蔡兆元(4月免)　王林中

纪检组长　严跃海(11月免)

环境保护局

局　长　吕明光

党组书记　夏　明

党组副书记　吕明光　唐保山

副局长　刘　洪　周晓刚(4月免)

　　　　蔡强胜　周书法

　　　　刘东升(4月任)

纪检组长　高　峰

城市管理局(区城市管理行政执法局)

局　长　范龙华

副局长　周立根　季中斌　乐绍军

　　　　彭炳璋

纪检组长　曹　坚

安全生产监督管理局

局　长　万光清

副局长　曾瑞平　范玉尧　龚福柏

　　　　夏　峰(4月免)

纪检组长　史龙余

政务服务管理办公室

主　任　耿龙才

副主任　王小华　严兆龙(10月去世)

　　　　侍志才(4月免)　陆继军

区级机关事务管理局

局　长　宋厚实

副局长　夏长秀(女)　陈乃清

　　　　徐正亚(11月任)

城市工业办公室

主任、党委书记　吴正龙

副主任　丁楼山　明　霞(女)

纪委书记　丁楼山

供销合作总社

主任、党委书记　刘桂琦

副主任　徐万书(挂任，4月免)

　　　　卢祥健　秦明利　潘晓平

纪委书记　韦金宏

虹达茧丝绸公司

副书记　吴春玉

市广播电视大学盐都分校(社区学院)

校　长　张龙刚(兼院长)

副校长　邢美高(兼副院长)

　　　　邵　强(兼副院长，4月免)

政协盐城市盐都区委员会

主席、党组书记　顾其斌

党组副书记　张建洋(11月任)

副主席　徐守清　单际平　段学标

　　　　张荣銮(女)　刘旺军

秘书长　邵仁鸿

办公室

主　任　邵仁鸿

副主任　柏海霞(女)

提案委

主　任　黄　云(4月免)

　　　　卞　荣(11月任)

文史委

主　任　王正祥(11月免)

　　　　陈明生(11月任)

社法委

副主任　陈　霞(女)

经科委

副主任　卞　荣(11月免)

　　　　武　彬(11月任)

中共盐城市盐都区纪律检查委员会

书　记　朱金南

副书记　刘安红(女，6月免)　王建忠

　　　　朱正成(6月任)

常　委　朱金南　刘安红(女，6月免)

　　　　王建忠　朱正成　张永忠

　　　　刘春英(女)

　　　　蔡丽莉(女，6月任)

　　　　朱道红(6月任)

盐城市盐都区人民武装部

部长、党委副书记　沈潜辉

政委、党委书记　杨早晨(3月免)

副部长　陈广勤(3月免)

盐城市盐都区人民法院

院长、党组书记　韩　标

副院长　陆鑫森　施　彬　张爱武

　　　　徐达丽(女)

党组副书记　周红冰(女)

纪检组长　沈丽娟(女)

政治处主任　周建琴(女)

党组成员、审委会专职委员

　　　　杨　奇

党组成员、执行局局长

　　　　武中祥

盐城市盐都区人民检察院

检察长、党组书记　钱亚祥

党组副书记　陆生众(8月任)

　　　　赵　萍(女，8月任)

副检察长　严义奎(4月免)

　　　　陆生众　赵　萍(女)

　　　　侍清华(女)　李　明

纪检组长　滕红梅(女)

政治处主任　刘　华(4月免)

反贪局局长　周金辉

人民团体

盐都区总工会

主席、党组书记　葛建华(兼，4月免)

　　　　朱步荣(4月任)

副主席　胡盛才　崔长顺

共青团盐城市盐都区委员会

书　记　蔡正平(女)

副书记　曹　虎(4月任)

盐都区妇女联合会

主　席　程　稚(女)

副主席　陈尚莲(女)　殷林珍(女)

盐都区科学技术协会

主　席　邓　华

副主席　成兴祥

盐都区归侨侨眷联合会

主　席　陈荣山

盐都区工商业联合会(总商会)

主　席　徐守清

党组书记　姚　天

副主席　姚　天　靖　武

王志平(4月免)　周金荣

朱成虎　李　铭　仲　秋

刘祥斌　徐万书　戚风卿

季奎余　邢香楠　刘顺荣

郭子贤　张学礼　夏长明

陆瑞卿　卞绍春　仇　斌

邵胜云

会　长　徐守清(兼)

副会长　姚　天(兼)　靖　武(兼)

王志平(兼,4月免)

陈荣龙　高大庆　成文春

文　成　许学书

邵云霞(女)　李海伟

徐万良　还伟海　周业刚

陈乃清　王国祥　杨建华

刘友忠　王乃伟　梁小鹤

李凤金　罗书中　花勇生

郑加宏

盐都区残疾人联合会

理事长　王凤祥

副理事长　杨　华(4月免)

盐都区文学艺术界联合会

主　席　王迎春

副主席　吕友权　徐志玉(兼)

盐都区红十字会

会　长　武进甲

常务副会长　吴玉林(4月免)

陈海高(4月任)

副会长　张广英(女,4月免)

盐都区老龄工作委员会

主　任　陈志会(兼)

副主任　徐永生(兼)　徐文才(兼)

杨　森(兼)　孙发金(兼)

民主党派

中国民主同盟盐城市盐都区支部

主　委　郭宗雨

副主委　赵　军　陈瑞秀(女)

中国民主建国会盐城市委盐都总支部

主　委　张　梅(女,10月免)

陈　伟(10月任)

副主委　姜　涛(10月免)

邵云霞(女,10月免)

荣　钰(10月任)

吴　迅(10月任)

中国民主促进会盐城市委盐都总支部

主　委　火旭东(10月免)

徐正洲(10月任)

副主委　徐正洲(10月免)

朱文澜(10月免)

蒋爱东(10月任)

中国农工民主党盐城市盐都区总支部

主　委　单际平

副主委　沈德志　钟建国

九三学社盐城市委盐都支部

主　委　潘永华

副主委　王中林

市驻区单位

盐城市盐都区国家税务局

局长、党组书记　王　智

副局长　朱　华　卞海山　熊文祥

武荣富

纪检组长　武荣富

盐城市盐都地方税务局

局　长　胥　峰(1月免)

蒋　红(女,1月任)

副局长　徐加根　吴开祥　李光辉

费传庆　刘　冬(挂职,7月任)

纪检组长　朱　俊

盐城市国土资源局盐都分局

局　长　冯一飞(8月免)

李　恬(9月任)

副局长　高亚喜　蔡长荣

仰　彦(女)　叶东剑

吴明成(11月任)

纪检书记　刘德权(9月免)

杨　梅(女,12月任)

市场监督管理局

局长、党组书记　冯国超

党组副书记　陈　兵　周金荣(4月免)

副局长　王青歌(兼食品药品监督管理局局长)　陈　兵

嵇宏宽　石玉萍(女,11月免)

孙建锋

纪检组长　夏　兵

盐都规划分局

局　长　张芙蓉(女)

副局长　薛金明(2月免)

副书记　陈凤玉

盐都供电营业部

总经理　程　治

总支书记　夏文俊

副总经理　纪海龙　李成超　胡安国

盐都气象局

局　长　吕道洲(5月免)

唐存良(5月任)

副局长　贾云河

盐都电信分局

局　长　戚仕才

副局长　张永权　徐兴达　李　燕(女)

盐都邮政分局

局　长　孙宏建

副局长　胥小燕(女)　陈荣红　陈中标

盐都移动分公司

总经理　刘维明

副总经理　马春艳(女)　程大军

胡三元

金　融

中国工商银行股份有限公司盐城盐都支行

行　长　王建民

副行长　李　斌　赵建新　王海丽(女)

中国农业银行股份有限公司盐城盐都支行

行长、党委书记　郑进顺

副行长　姜龙箭　陆建华　陆昊帆(女)

中国银行股份有限公司盐城盐都支行

行　长　戴　健

副行长　张海波　沈蓓蓓(女)

中国建设银行股份有限公司盐城盐都支行

行　长　夏小军

副行长　陶　波

交通银行股份有限公司盐城盐都支行

行　长　卢正环

副行长　赵　波

中国农业发展银行盐城盐都支行

行　长　王晓东

副行长　陈艾兰(女)　崔雨婷(女)

浦东发展银行

行　长　徐　健

副行长　杨　伟

江苏银行股份有限公司盐城盐都支行

行　长　郁　欣

副行长　杨　顺　徐　慧(女)

江苏盐城农村商业银行股份有限公司

董事长、党委书记　李一平

行　长　杭　辉

监事长　李成彬

副行长　陈　旭　姜建南　费　翔
　　贾中军

江苏盐城农村商业银行股份有限公司盐都支行

行　长　姜建南

副行长　杨书琴(女)　郝其栋

昆山农商银行

行　长　洪　军

副行长　龚　静(女)

中国邮政储蓄银行股份有限公司盐都支行

行　长　尹海波

中国人民财产保险股份有限公司盐都支公司

总经理　周　园

副经理　曹树盐　施鸿斌

中国人寿保险股份有限公司盐都支公司

总经理　张兆庆

镇(区、街道)

盐城高新区

党工委书记　商建明(兼)

盐城高新区盐龙街道

党委书记　吴　军

副书记　曹志伟　栾　罗(女)
　　李　健(兼政法委书记,4月免)
　　张兴华　陈　军(挂职)
　　张兆祥(挂职,4月免)
　　朱家峰(8月挂职)

人大工委主任　朱　静(女)

管委会主任　曹志伟

副主任　邹桂群　周　冉　程廷亚
　　杨正清
　　张宜甲(挂任,4月免)
　　朱龙成　李一松　孙广传
　　戚　俊　戴留成　李东林
　　刘加飞(4月挂职)
　　张　立(4月任)

组织委员　施海峰

纪检书记　赵　震(4月免)
　　徐秀成(4月任)

统战委员　卞汉江

宣传委员　卢雯雯(女,4月任)

政法委员　单　辉(4月免)
　　张荣峰(4月任)

人武部长　徐秀成(4月免)

盐城高新区盐渎街道

党委书记　王纯国

副书记　倪自祥(4月免)
　　苗久成(4月任)　刘　丰
　　朱海霞(女,兼政法委书记)

管委会主任　倪自祥(4月免)
　　苗久成(4月任)

副主任　邵爱红　栾卫红(女)　纪　跃
　　王德华(援疆)　徐卫国
　　刘富豪(8月挂职)

组织委员　朱宏伟

纪工委书记　顾　斌

宣传委员　周　华(女,4月免)
　　浦俊兵(4月任)

统战委员　祁　非

人武部长　杨卫军

冈中街道

党工委书记　王纯国(兼)

副书记　刘　曦(兼政法委书记)

副主任　孙九刚

盐城高新区潘黄街道

党委书记　彭向洪

副书记　徐启楼　郭宗标(4月免)
　　蒋国兴(兼政法委书记,4月免)
　　杨正茂(兼政法委书记,4月任)

人大工委主任　韦　琴(女)

办事处主任　徐启楼

副主任　时运鸿　刘中荣
　　李雪松(4月任)
　　夏兆芳(女,4月任)

组织委员　卞杨斌

纪委书记　朱　捷(女)

宣传委员　夏兆芳(女,4月免)
　　袁其霞(女,4月任)

统战委员　袁其霞(女)

政法委员　施　峰

人武部长　吴荣辉

大纵湖湿地旅游度假经济区

党工委书记　张建洋(兼)

副书记　唐小荣　蒋红军(4月免)
　　王　浩　丁美俊

管委会主任　唐小荣

副主任　王　浩　吴勇根
　　宋鹏程(4月任)

规划建设部主任　杨瀚清(4月任)

社会事务部主任　胥加华(4月任)

滨湖街道

党工委书记　唐小荣

副书记　蒋红军(兼政法委书记,4月免)

王　浩　丁美俊
办事处主任　王　浩
副主任　包成龙

农村经济开发区(台创园)

党工委书记　顾其斌(兼,6月免)
冯明印(兼,6月任)
副书记　宋　江　朱法来　胥加耕
管委会主任　宋　江
副主任　沈德志(4月免)
纪工委书记　封　浪

葛武街道

党工委书记　宋　江
副书记　季中山(兼政法委书记)
副主任　左印华　王宽祥
王蓉蓉(女)

七星现代化农场

党工委书记　丁兴俊(兼)
场　长　征书和(兼)
副场长　郁祖良　徐九林(4月免)

龙冈镇

党委书记　葛序亮(4月免)
李　益(4月任)
副书记　王　羽(4月停职)
吴爱群(11月任)
王海涛(4月任)
腾长春(兼政法委书记,4月免)
丁建婷(女,4月兼政法委书记)
王其华(4月免)
张赟彬(8月挂职)
人大主席　王启明
镇　长　王　羽(4月停职)
吴爱群(11月任)
副镇长　马德海　李雪松(4月免)
徐金根　李金宝(4月免)
孙　琦(4月任)
陈国良(4月任)
组织委员　刘井清
纪委书记　丁建婷(女,4月免)
石弘如(4月任)
宣传委员　石弘如(4月免)
统战委员　石弘如(4月免)
徐保国(4月任)
政法委员　孟　恺(4月任)
人武部长　尹会洲

果林场场长　陈国良(6月免)
许洪华(6月任)

鞍湖街道

党工委书记　葛序亮(4月免)
李　益(4月任)
副书记　徐林泉(4月免)
江　政(兼政法委书记)
办事处主任　徐林泉(4月免)
王海涛(4月任)
副主任　赵　喜　孙广芳(女)
纪工委书记　江　政

大冈镇

党委书记　陈　霞(女)
党委副书记　苗久成(4月免)
徐林泉(4月任)　徐　为
张文灿(兼政法委书记)
张　丁(8月挂职)
人大主席　徐良贵
镇　长　苗久成(4月免)
徐林泉(4月任)
副镇长　施海堂(4月免)　任　浩
王海东　戈　展
李艳华(女,4月任)
顾　军(4月任)
组织委员　李海涛(4月免)
孙　玲(女,4月任)
宣统委员　李艳华(女,4月免)
宣传委员　李海涛(4月任)
统战委员　孙广彪(兼政法委员,4月任)
人武部长　陈志元(4月免)
杭兴东(4月任)
纪委书记　陈友山(4月免)
刘道奎(4月任)

张庄街道

党委书记　李　益(4月免)
张国胜(4月任)
副书记　吕　杨(女)
葛长安(兼政法委书记)
倪才春(4月免)
于广滨(8月挂职)
人大工委主任　王海涛(4月免)
倪才春(4月任)
办事处主任　吕　杨(女)
副主任　刘洪富　商兆沐　吴德辉
桂玉标(4月免)

施海堂(4月任)
组织委员　洪　萍(女)
纪委书记　宋鹏程(4月免)
赵　震(4月任)
宣统委员　刘　燕(女)
政法委员　吴国康

大纵湖镇

党委书记　冯林宏
副书记　杨　春(女)
蒋树森(兼政法委书记,4月免)
王伯清(兼政法委书记,4月任)
人大主席　徐九林(4月免)
蒋树森(4月任)
镇　长　杨　春(女)
副镇长　王伯清(4月免)
张　立(4月免)　张国政
宋建军　樊华勇(4月任)
周迎春(4月任)
组织委员　王家海(4月任)
纪委书记　王家海(4月免)
徐　勇(4月任)
宣统委员　宋传贵(兼政法委员,4月免)
宣传委员　郭　剑(4月任)
统战委员　何　丹(女,4月任)
人武部长　徐　勇(4月免)
吕汉书(4月任)

秦南镇

党委书记　张国胜(4月免)
徐加晔(4月任)
副书记　徐加晔(4月免)
郭宗标(4月任)
郃顺利(4月免)
陈　立(兼政法委书记,4月免)
刘晓祥(兼政法委书记,4月任)
人大主席　陈　立(4月任)
人大副主席　孙祥南(4月免)
镇　长　徐加晔(4月免)
郭宗标(4月任)
副镇长　周向东　王少华(女)　祁国成
何　超　温学良　周德春
组织委员　于网扣(4月免)
张红红(女,4月任)
纪委书记　李　杰
统战委员　张红红(女,4月免)
宣传委员　朱海兵(兼政法委员,

4月兼统战委员)
人武部长　朱留海(4月任)

郭猛镇

党委书记　李晓东
副书记　李天青
刘顺荣(挂任,11月免)
王文祥(挂任,5月免)
沈从兵(兼政法委书记)
人大主席　王顺熠(4月免)
朱法来(4月任)
镇　长　李天青
副镇长　周广荣(4月免)　刘德志
顾　军(4月免)　蔡林华
邵东林(4月免)
何　立(女,4月任)
嵇金成(4月任)
组织委员　何　立(女,4月免)
黄　河(兼政法委员,4月任)
纪委书记　嵇金成(4月免)
刘兴扣(4月任)
宣统委员　黄　河(4月免)
宣传委员　刘晶晶(女,4月任)
统战委员　孙瑞红(兼政法委员,4月任)
人武部长　裴学怀

楼王镇

党委书记　周学东
副书记　顾善荣
孙德华(兼政法委书记,4月免)
李金宝(兼政法委书记,4月任)
人大主席　金加新(4月免)
孙德华(4月任)
镇　长　顾善荣
副镇长　徐长洪　潘军龙　潘　浩
政法委员　姜　驰(4月免)
组织委员　孙　玲(女,4月免)
司中心(4月任)
纪委书记　刘　涛
宣统委员　任野兰(女,兼政法委员,4月任)
人武部长　杭治荣(4月免)
周建全(4月任)

学富镇

党委书记　黄　典
副书记　吉连生(4月免)
马　骏(4月任)
刘　宁(兼政法委书记)
张学礼
人大主席　刘玉年(4月免)
郁顺利(4月任)
镇　长　吉连生(4月免)
马　骏(4月任)
副镇长　朱友余　夏士军　徐　博
于网扣(4月任)
组织委员　陆淦荣
纪委书记　王　惠(女)
宣统委员　吴劲草(兼政法委员)
人武部长　杨　刚

尚庄镇

党委书记　周志明
副书记　戈　伟(4月免)
吉连生(4月任)
刘晓祥(兼政法委书记,4月免)
蒋红军(兼政法委书记,4月任)
张　丁(挂职)
人大主席　刘恩平
镇　长　戈　伟(4月免)
吉连生(4月任)
副镇长　金建国　郑巧云(女)
樊华勇(4月免)　刘国万
江　军(4月任)
组织委员　江　军(4月免)
孙正元(4月任)
纪委书记　徐　华(4月免)
李叶秀(女,4月任)
宣统委员　孙广彪(兼政法委员,4月免)
宋传贵(4月任)
政法委员　徐照军(4月任)
人武部长　周建全(4月免)
李俊峰(4月任)

北龙港街道

党工委书记　吴爱群(4月任,11月免)
周学东(11月任)
副书记　吴爱群(4月免)
李晓斌(兼政法委书记)
办事处主任　吴爱群(11月免)
副主任　钮留洋　施凤刚(4月免)

中兴街道

党工委书记　王权奎
副书记　徐锦荣(兼政法委书记)
副主任　卫　峰
纪工委书记　周文进

北蒋街道

党工委书记　汪一江
副书记　马　骏(4月免)
明雅芳(女,兼政法委书记,4月免)
施凤刚(兼政法委书记,4月任)
办事处主任　马　骏(4月免)
副主任　王爱骅　陈如萍(女)
孙　琦(4月免)

盐龙湖生态风景保护区

管委会主任、副书记　杨佩礼(兼)

·省(部)级表彰的先进个人·

宋红浩	中兴供电所	2016年4月,被省委省政府授予江苏省劳动模范称号
丁德勤	区畜牧兽医站	2016年4月,被省委省政府授予江苏省劳动模范称号
杨书琴(女)	盐城农商行盐都支行	2016年4月,被省委省政府授予江苏省劳动模范称号
丁良鑫	江苏亚龙航务打捞有限公司	2016年4月,被省委省政府授予江苏省劳动模范称号
张如剑	江苏剑桥涂装工程有限公司	2016年4月,被省委省政府授予江苏省劳动模范称号
周业刚	江苏驰翔精密齿轮有限公司	2016年4月,被省委省政府授予江苏省劳动模范称号
杨　森	区民政局	2016年4月,被省委省政府授予江苏省先进工作者称号
李建国	市二小	2016年4月,被省委省政府授予江苏省先进工作者称号
乐绍琪	尚庄镇	2016年4月,被中央文明办、中国文明网推选为"中国好人";6月,被中国科协、财政部表彰为全国科普惠农兴村带头人、2016"基层科普行动计划"先进个人
蒋跃东	区老干局	2016年12月,被中共中央组织部、人力资源社会保障部授予全国先进老干部工作者称号
杨　华	区残联	2016年6月,被国务院残工委表彰为"全国残疾人工作先进个人"
王金海	区红十字会	2016年9月,被中国红十字会总会表彰为2016年度中国红十字会总会报刊宣传先进个人三等奖,10月, 被民建中央办公厅表彰为2016年重点理论研究课题优秀成果全国二等奖。
刘祥斌	江苏东九重工股份有限公司	2016年4月,被省委省政府授予江苏省优秀企业家称号
唐国广	毓龙路实验学校	2016年9月,被省政府表彰为全省优秀教育工作者
葛中儒	大冈中学	2016年9月,被省政府表彰为全省优秀教育工作者
王洪明	盐城一中	2016年9月,被省政府表彰为全省优秀教育工作者
杨万扣	区教师发展中心	2016年8月,被省政府表彰为第十四批特级教师
洪从兵	毓龙路实验学校	2016年8月,被省政府表彰为第十四批特级教师
杨传冈	市二小	2016年8月,被省政府表彰为第十四批特级教师
汪　娟	崇礼路小学	2016年8月,被省政府表彰为第十四批特级教师
刘堂林	大纵湖初中	2016年8月,被省政府表彰为第十四批特级教师

·市(厅)级表彰的先进个人·

吕海波	江苏自强涂装机械有限公司	2016年4月,被市委市政府表彰为盐城市劳动模范
藏　晨	移动公司	2016年4月,被市委市政府表彰为盐城市劳动模范
於汝全	盐城市华鸥实业有限公司	2016年4月,被市委市政府表彰为盐城市劳动模范
王绍波	江苏中柢建设工程有限公司	2016年4月,被市委市政府表彰为盐城市劳动模范
朱　霞(女)	盐城宾馆	2016年4月,被市委市政府表彰为盐城市劳动模范
徐文杰	江苏江宇动力机械有限公司	2016年4月,被市委市政府表彰为盐城市劳动模范
顾志军	江苏金派汽车配件有限公司	2016年4月,被市委市政府表彰为盐城市劳动模范
刘祥斌	江苏东九重工股份有限公司	2016年4月,被市委市政府表彰为盐城市劳动模范
颜忠玉	江苏苏力机械股份有限公司	2016年4月,被市委市政府表彰为盐城市劳动模范
王玉良	盐城市荣南机械有限公司	2016年4月,被市委市政府表彰为盐城市劳动模范
范　兰(女)	盐城市兰丰环境工程科技有限公司	2016年4月,被市委市政府表彰为盐城市劳动模范
丁云銮	大冈镇佳富村	2016年4月,被市委市政府表彰为盐城市劳动模范
戴真煜	市三院	2016年4月,被市委市政府表彰为盐城市劳动模范
王乃宁	市一中	2016年4月,被市委市政府表彰为盐城市劳动模范

徐永生	区政府办	2016年4月，被市委市政府表彰为盐城市劳动模范
卞海山	区国税局	2016年4月，被市委市政府表彰为盐城市劳动模范
曾海祥	区财政局	2016年4月，被市委市政府表彰为盐城市劳动模范
杨　阳	区公安局	2016年4月，被市委市政府表彰为盐城市劳动模范
严亚斌	区农委	2016年12月，被市政府表彰为2016年度绿色盐城建设先进个人
何彩红	区农委	2016年12月，被市政府表彰为2016年度绿色盐城建设先进个人
马永法	区卫计委	2016年9月，被省卫计委表彰为江苏省免疫规划(预防接种)工作先进个人
张慧玉(女)	区卫计委	2016年9月，被省卫计委表彰为江苏省免疫规划(预防接种)工作先进个人
曾连森、李桂斌、高峰、刘景春、林九领、周银花(女)、黄金林、吴军高、周国林、谭仁勇、高一成、仇武成、胥彬、王堂杏、沈建中、吴银萍(女)、戴怀玉、许昊、顾良成、郭乃刚、杨曰霞(女)、侍忠茂、陈春前、王建全、耿有铸、陈友华、宗朔、王刚、刘玉敏(女)	区卫计委	2016年12月，被省卫计委表彰为2016年省优秀基层卫生骨干人才
孙益海	区公安局	2016年6月，被市委表彰为盐城市优秀共产党员
刘咏桦	区司法局	2016年4月，被省司法厅、省律师协会联合表彰为“苏省优秀律师”，9月，被省司法厅选聘为“江苏省人民检察院人民监督员”
王秀春	大纵湖成人校	2016年12月，被中国成人教育协会表彰为“全国老年教育先进个人”
梅　艳	市二小	2016年5月，获全国苏教版小语教材课堂教学大赛特等奖
鲍丽斌	崇礼路小学	2016年5月，获全国苏教版小语教材课堂教学大赛一等奖
刘苏梅	时杨中学	2016年10月，获全国高中信息技术优质课比赛二等奖
葛秀兰	崇礼路小学	2016年9月，被省委教育工委表彰为全省优秀共产党员
王乃宁	市一中	2016年5月，被市政府确定为盐城市劳动模范
梅　艳	市二小	2016年9月，被省全民阅读指导委员表彰为全省小学“书香人物”
王少锋	腾飞路小学	2016年5月，获江苏省小学美术优质课比赛一等奖
徐　甦	马沟小学	2016年10月，获江苏省小学英语基本功比赛一等奖
顾　霞	毓龙路实验学校	2016年5月，获江苏省初中信息技术优质课比赛一等奖
庄　辉	毓龙路实验学校	2016年11月，获江苏省初中体育课比赛二等奖
胡怀春	市二小	2016年5月，获领航杯江苏省信息化教学能手比赛二等奖
姚明明	滨湖街道	2016年，被省旅游局授予“江苏省旅游系统先进工作者(劳动模范)”称号
陈　霞	大冈	2016年1月，被表彰为2014—2015年度村庄环境整治工作先进个人
吴　军	高新区	2016年6月，被市委表彰为优秀党务工作者
曹志伟	高新区	2016年5月，被江苏沿海地区发展领导小组办公室表彰为沿海开发工作先进个人
智恒宏	楼王镇	2016年12月，被省人社厅、省委农工办(省扶贫办)表彰为省农工办(扶贫办)系统先进工作者
郭友强	楼王镇	2016年12月，被省农民工工作领导小组办公室评为省最美农民工
何同华	尚庄镇	2016年2月，被省司法厅表彰为“法润江苏”先进个人；8月，获省司法厅表彰的全省“最美司法所长”提名奖
唐建军	尚庄镇	2016年10月，被省综治办、中国电信江苏公司表彰为全省首届综治信息化实践应用技能比武活动个人二等奖

乐绍琪	尚庄镇	2016年6月，被市委评为优秀共产党员。8月，被省科协、省委组织部、省委宣传部、省发改委、省教育厅、省科技厅、省财政厅、省人社厅、省农委联合表彰为江苏省《全民科学素质行动计划纲要》“十二五”实施工作先进个人
乐华泽	尚庄镇	2016年6月，被市委表彰为优秀党务工作者
陈正隆	尚庄镇	2016年6月，被省老年人体育协会表彰为江苏省第七届全民健身运动会暨2016年江苏省老年人体育节“今世缘”杯掼蛋展示交流活动第七名
祁亚洲	区委办	2017年2月，被省委办公厅表彰为全省党委办公室(厅)系统、研究室系统先进工作者
乔志云(女)	区计划生育协会	2016年5月，被中国计划生育协会表彰为全国计划生育协会先进个人
蒋宝云	区人民法院	2016年7月，被省高级人民法院表彰为执行标兵
徐林云	区人民法院	2016年7月，被省高级人民法院表彰为全省法院优秀党员
李　戎	区安监局	2016年12月，被省安局表彰为2016年度江苏省非煤矿山及冶金工贸行业安全生产工作先进个人
祁春剑	区财政局	2016年4月，被省人社厅、省财政厅表彰为全省财政系统先进工作者
范龙华	区城管局	2016年5月，被市政府表彰为2013—2015年度全市城市环境综合整治工作先进个人
季中斌	区城管局	2016年5月，被市政府表彰为2013—2015年度全市城市环境综合整治工作先进个人
崔学祥	区信访局	2017年2月，被省人社厅、省信访局表彰为全省信访系统先进工作者
刘光坚	区信访局	2017年1月，被省驻京信访工作领导小组表彰为2016年度驻京信访工作先进个人
冯　盟	区政法委	2016年11月，被市委市政府表彰为2013—2015年法治盐城建设先进个人
朱爱春	区政法委	2016年10月，获省综治办首届综治信息化实战应用技能比武大赛个人一等奖
倪　尧	区关工委	2016年6月，被省关工委表彰为全省关工委先进个人
季东骏	区关工委	2016年6月，被省关工委表彰为全省关工委先进个人
孙　凸	区国税局	2016年12月，被省国税局表彰为税收信息先进个人
郜　锋	区交运局	2016年6月，被省交通运输厅表彰为全省交通运输行业“十二五”镇村公交发展工作先进个人
宋艳彬	区政务服务管理办公室	2016年12月，被市委表彰为“十佳服务明星”

·区委区政府2015年度目标任务综合考核先进个人·

（排名不分先后）

优秀企业家

刘祥斌　仇　斌　徐万书　范　兰
李海伟　陈汝祝　洪维坤　聂庭森
孙广文　陈昌华　周传海　冯金文
李书成　左洪亮　王寿元　陈　曾
姚亮明　王乃群　夏长明　王　刚

招商选资先进个人

卞汉江　李一松　栾卫红　邵爱红
宋　鑫　赵　震　王　涛　孙世民
沈中明　卞伟伟

创业先锋

熊万军　吴峰高　徐永和　陆顺勇
桂步根　陆红娣　施　炜　郭　健
王友群　侍　俊

综合先进个人

王纯国　王益林　吴　军　曹志伟
徐启楼　张国胜　吕　杨　冯林宏
杨　春　周学东　顾善荣　王权奎
宋　江　徐洪顺　李庆銮　王　勇
吕明光　马大庆　顾　勇　张鸿新
熊新华　陈少华　万光清　朱金标
耿龙才　蔡金道　冯国超　徐金文
邵仁鸿　唐　玲　王建忠　王其华
陈玉堂　王安根　崔学祥　徐文才
朱步荣　程　稚　李　恬　顾学闯
蒋　红　王　智　程　治　张芙蓉
孙云华　陈　镖　徐林泉　杨佩礼
苗久成　范龙华　朱洪斌　朱宏亮
王家海　吴勇根　李金宝　钮留洋
刘　宁　卫　峰　郑巧云　温学良
施凤刚　陈国良　江　政　何　立
戈　展　杨正茂　刘洪富　孙广传
戚　俊　徐卫国　邵爱红　朱法来
左印华　陈树芳　黄约波　商兆鑫
张步森　杭加林　姜晓冬　李志勇
刘兆锦　王卫华　周文仁　卢秀国
陈阿娣　袁美玲　吴立军　周　浩
孟　震　宋红玉　吴正楠　范　雅
宋加松　刘金江　薛鸿鸣　张汉根
杨　洋　周　杰　倪爱中　蔡　平
陈学兵　万守东　朱富霞　江正朝
王敬国　尤道阳　苏　诚　董　浪

先进集体

Advanced Group

·省(部)级表彰的先进集体·

盐都区	2016年2月,被省政府教育督导委员会表彰为全省责任督学挂牌督导创新区;3月,被省政府表彰为全省促进义务教育均衡发展先进区,中小学责任督学挂牌督导创新区、首批平安校园建设示范区;4月,被省政府表彰为江苏省人口协调发展先进县(市、区);5月,被省政府表彰为全省县级体育工作先进单位,被确定为全省唯一的普通高中课程基地建设实验区;9月,被国家发改委确定为全国产城融合示范区;9月,被省委省政府表彰为江苏省法治建设示范县(市、区);11月,被国家农业部评为全国休闲农业和乡村旅游示范县;11月,被农业部表彰为2016年全国休闲农业与乡村旅游示范县;11月,被国家旅游局列入国家全域旅游示范区创建名单;12月,被国家中医药管理局表彰为全国基层中医药工作先进单位
仰徐乡村乐园	2016年8月,被国家旅游局授予"中国乡村旅游创客基地"称号
区旅游局	2016年10月,被中国旅游报社评为全国休闲旅游创新发展观察基地、中国休闲30人活动基地
大纵湖涂装设备产业园	2016年5月,被科技部火炬中心表彰为国家火炬盐都涂装设备特色产业基地
张庄齿轮产业园	2016年12月,被科技部火炬中心表彰为国家火炬盐都齿轮制造特色产业基地
区教育局	2016年4月,被省政府表彰为江苏省促进义务教育均衡发展先进区
区检察院	9月,被省精神文明建设指导委员会表彰为江苏省文明单位
区地税局	2016年9月,被省精神文明建设指导委员会授予"全省文明单位"称号
区国税局	2016年9月,被省文明委表彰为江苏省文明单位;9月,第一税务分局被省文明委表彰为江苏省文明单位
尚庄镇	2016年9月,被全国爱卫会命名为国家级卫生镇
大纵湖镇	2016年9月,被全国爱卫会评为国家级卫生镇
郭猛镇	2016年9月,被全国爱卫会评为国家级卫生镇
楼王镇	2016年9月,被全国爱卫会评为国家级卫生镇
江苏亚特电缆有限公司	2016年11月,申请的国申GOSHEN及图"商标被国家工商总局认定为中国驰名商标
盐都区加兵农机合作社	2016年11月,被农业部评为全国农机合作社示范社
区畜牧兽医站	2016年12月,被全国畜牧总站评为全国基层畜牧技术推广示范站
区北宋水产养殖专业合作社	2016年12月,获批农业部健康养殖示范场
区邵氏水产养殖专业合作社	2016年12月,获批农业部健康养殖示范场
大纵湖涂装设备产业园	2016年5月,被科技部确定为"国家火炬盐都涂装设备特色产业基地"
张庄齿轮产业园	2016年12月,被科技部确定为"国家火炬盐都齿轮制造特色产业基地"
郭猛镇卫生院	2016年12月,被国家卫计委表彰为2015—2016年度群众满意的乡镇卫生院
区教育局	2016年7月,被中国红十字总会表彰为全国防灾避险知识竞赛最佳组织一等奖;9月,被中国红十字总会表彰为总会报刊宣传先进集体三等奖;10月,被中国教育报社表彰为全国教育新闻宣传先进单位
区红十字会	2016年7月,被中国红十字会总会表彰为2016年度全国红十字青少年自救互救知识竞赛活动最佳组织一等奖,9月,被中国红十字会总会表彰为2016年度中国红十字会总会报刊宣传先进集体二等奖
盐渎街道刘朋社区	2016年6月,被中国科协、财政部联合表彰为2016"基层科普行动计划"先进单位
区政务服务管理办	2016年9月,被省文明委表彰为江苏省文明单位
大纵湖镇	2016年9月,被省精神文明建设指导委员会表彰为江苏省文明乡镇
大冈镇	2016年9月,被省精神文明建设指导委员会表彰为江苏省文明乡镇
大冈镇佳富村	2016年4月,被省政府表彰为江苏省美丽乡村

·市(厅)级表彰的先进集体·

盐都区	2016年1月,被省民政厅确定为现代民政示范区;3月,被确定为江苏省稻渔综合种养试点县;5月,被市政府表彰为全市学前教育工作先进集体,7月,被省教育厅、综治办、公安厅表彰为全省平安校园建设示范区;11月,被江苏省新闻出版广电局表彰为江苏省"无小耳朵社区"创建工作先进县(市、区);11月,被省委农村工作领导小组确定为省新一轮农村改革试验区;11月,被省农委表彰为2016年全省兽医工作先进县;2016年12月,被省农委评为江苏省化肥减量增效示范县;12月,被市政府表彰为绿色盐城建设综合先进县;被省国土厅表彰为江苏省土地执法模范县(市、区)、江苏省国土资源节约集约利用模范县(市、区);被省国土厅、省经信委表彰为江苏省高标准厂房建设与使用先进地区;2017年1月,被市委市政府授予2016年度政法综治和信访稳定工作奖。2017年1月,被省农委、省海洋与渔业局、省财政厅联合表彰为2016年度全省发展现代高效农业成效显著县;2017年1月,被省"扫黄打非"办公室表彰为省"扫黄打非"工作先进地区。2017年1月,被市委市政府表彰为2016年度全市农业现代化和统筹城乡发展先进单位、2016年度全市农村脱贫致富奔小康工程先进单位。2017年1月,被省农委、省海洋渔业局联合表彰为2016年度江苏省高效农业成效显著县
大纵湖法律服务所	2016年12月,被省司法厅、江苏省基层法律服务工作者协会授予"2012—2015年度江苏省优秀基层法律服务所"称号
大纵湖旅游度假经济区	2016年12月,被中国成人教育协会农村成人教育专业委员会、教育部社区教育研究中心联合授予全国23个镇(街道)"全国第三批农村优秀学习型乡镇(街道)"称号
郭猛镇	2016年9月,被省精神文明建设指导委员会表彰为江苏省文明乡镇;11月,被省商务厅表彰为江苏省农村电子商务示范镇;12月, 被省新闻出版广电局表彰为江苏省农家书屋提升工程先进乡镇;12月,被省经济和信息化委员会表彰为江苏省发展散装水泥示范镇
郭猛镇社区教育中心	2016年1月,被省教育厅表彰为2015年度首批江苏省级社区教育示范区
郭猛实验学校	2016年5月,被省科协授予第23届省青少年科技模型竞赛"直线竞速赛车"团体三等奖
杨侍村幼儿园	2016年10月,被省教育厅表彰为省优质幼儿园
楼王镇	2016年10月,被市禁毒委员会表彰为市禁毒百日整治"雷霆行动"先进集体;12月,被省农村工作领导小组办公室表彰为省农村产权交易市场建设先进集体。12月,被市委市政府授予政法、综治和信访稳定集体奖、反腐倡廉和作风建设先进奖
秦南镇泾口村	2016年2月,被市政府评为2015年度镇村经济工作先进村
盐都区尚庄现代渔业园	2017年2月,被市委市政府认定为2016年度盐城市现代渔业园区
尚庄镇社区教育中心	2016年12月,被省教育厅认定为江苏省标准化社区教育中心
尚庄镇人民调解委员会	2016年2月,被省司法厅授予"江苏省人民调解委员会规法化建设示范点"称号
区住建局	2017年2月,被省住建厅表彰为全省村镇建设档案管理工作先进单位
江苏盐电阀门有限公司	2016年4月,被市政府表彰为2015年度科学技术二等奖;12月,被省经济和信息化委员会、省中小企业局评定为江苏省科技小巨人企业
盐渎街道	2016年10月,被省委宣传部文明办评为江苏省文明单位
盐渎街道电商快递产业园	2016年,被省经信委表彰为省级互联网产业园;被省科技厅评为省级科技孵化器;被省人社厅评为省级创业孵化基地
城西南现代物流园	2016年4月,被省发改委评为省级示范物流园区;7月,被中国物流与采购联合会评为全国优秀物流园区
盐渎街道福才社区	2016年12月,被江苏省地震局评为"江苏省地震安全示范社区"
刘朋社区	2016年3月,被省民政厅表彰为"江苏省和谐社区建设示范社区"
盐城高新区	2016年10月,被省经信委评为两化融合示范园区
盐城电商快递产业园	2016年7月,被省经信委表彰为"省级互联网产业园";11月,被省人社厅评为"省级创业孵化基地";12月,被省科技厅评为"省级创业孵化器"
区教育局	2016年4月,被省政府教育督导委员会评为江苏省中小学校责任督学挂牌督导创新区;8月,被省教育厅、省综治办、省公安厅联合表彰为江苏省平安校园建设示范区
政法委	2016年10月,获省综治委信息化大比武第一名
大冈镇	2016年8月,被省国土资源厅表彰为江苏省耕地保护激励单位

大冈镇佳富村	2016年3月，被省民政厅表彰为江苏省和谐社区建设示范村；6月，被市委表彰为先进基层党组织
高新区	2016年3月，被省商务厅和省知识产权局联合评为获省知识产权保护示范园区
大纵湖镇	2016年12月，被省民政厅表彰为“江苏省和谐社区建设示范社区”；2017年1月，被省商务厅表彰为2016—2017年度江苏省级农村电子商务示范镇
区民政局	2016年1月，被省民政厅评为现代民政建设示范区
区法院执行局	2016年7月，被省高级人民法院表彰为执行标兵单位
区法院秦南人民法庭	2017年1月，被省高级人民法院表彰为全省优秀人民法庭
区检察院	2016年5月，被共青团江苏省委授予青年文明号
区安全生产监察大队	2016年3月，被省安全生产监督管理局表彰为全省安全生产执法工作先进集体
区城管局	2016年5月，被市政府表彰为2013—2015年度全市城市环境综合整治工作先进集体
区档案局	2016年2月，被省档案局表彰为全省档案系统先进集体；8月，被省档案局、省档案学会联合表彰为全省档案宣传工作先进集体三等奖
区供销社	2017年2月，被省供销社表彰为全省二十强县级社、创新工作优胜单位
区粮食局关工委	2016年6月，被省关工委表彰为全省关工委先进集体
冈中关工委	2016年6月，被省关工委表彰为全省关工委先进集体
区国税局	2016年9月，被市文明委表彰为盐城市文明单位；第一税务分局被市文明委表彰为盐城市文明单位
区国土局	2016年12月，省国土厅表彰为依法行政工作先进集体、全省国土资源信访工作先进集体
区交运局	2016年9月，被省文明委评为2013—2015年度江苏省文明单位
区航道管理站	2016年9月，被省文明委评为2013—2015年度江苏省文明单位
区运输管理处	2017年2月，被省交通运输厅表彰为2016年度全省运管系统争创“优秀运政机构”先进集体
区国土资源局	2016年3月，被省国土资源厅评为2014—2015年度政务信息工作先进单位。12月，获全省首批“四好农村路”示范县称号
区教育局	2016年11月，获省教育厅全省中学生作文大赛优秀组织奖、省新世纪园丁论文竞赛优秀组织奖
区预防医学会	2016年8月，被省科协、省委组织部、省委宣传部、省发改委、省教育厅、省科技厅、省财政厅、省人社厅、省农委联合表彰为江苏省《全民科学素质行动计划纲要》“十二五”实施工作先进单位
江苏盐粮集团控股有限公司	2016年10月，被《粮油市场报》、中国粮油组委会评为2016中国百佳粮油企业、2016中国十佳粮油成长型企业
区扶贫办	2017年1月，被省人社厅、省委农工办、省扶贫办表彰为全省扶贫办系统先进集体
区农工办	2017年1月，被省人社厅、省委农工办、省扶贫办表彰为全省农工办系统先进集体，2017年1月，被省委农工办、省扶贫办表彰为全省农村产权交易市场建设先进集体
华都森林公园	被省环保厅、省旅游局确定为省级生态旅游示范区
区农委	2016年3月，被省农委表彰为“送科技、比服务、促增收”活动表现突出单位；3月，大纵湖大闸蟹创成江苏省名牌产品；8月，区农科所育成的水稻“盐粳15号”“盐粳16号”通过省农作物品种审定；12月，大纵湖大闸蟹渔淇基地建成省级出口备案基地；2017年1月，被省农委表彰为2016年度全省农经农业系统工作效能建设先进单位
大纵湖镇三官村	2016年12月，被省农委评为首批江苏省休闲农业示范村
大纵湖镇双官村	2016年12月，被省林业局评为2016年度江苏省绿化示范村
学富镇车林村	2016年12月，被省林业局评为2016年度江苏省绿化示范村
龙冈镇万家村	2016年12月，被省林业局评为2016年度江苏省绿化示范村
农村经济开发区新杨村	2016年12月，被省林业局评为2016年度江苏省绿化示范村
尚庄镇庆福村	2016年12月，被省林业局评为江苏省森林生态示范村
龙冈镇兴龙居委会	2016年12月，被省林业局评为江苏省森林生态示范村
盐都区长华水产养殖专业合作社	2016年12月，被评为江苏省级农民合作社示范社

盐都区强龙水产养殖专业合作社	2016年12月,被评为江苏省级农民合作社示范社
盐都区加兵农机专业合作社	2016年12月,被评为江苏省农民合作社示范社
盐都区勇睿农机合作社	2016年12月,被评为江苏省农民合作社示范社
盐都区郑农家园生态养殖场	2017年2月,获批2016年度省级生态健康养殖示范场
盐都区夏氏鸽业有限公司	2017年2月,获批2016年度省级生态健康养殖示范场
区农委	2016年12月,被市政府表彰为绿色盐城建设先进单位;2017年2月,被市委市政府表彰为2016年农业现代化和统筹城乡发展工作先进单位;被表彰为"江苏省发展现代高效农业成效显著县"。盐都区被评为省标准化厂房建设与使用先进地区、省节约集约利用模范区、省土地执法模范区。盐都区被省经信委表彰为2015年度全省高标准厂房建设与使用先进地区
潘黄街道宝才社区	2016年12月,被省政府侨务办公室评为江苏省社区侨务工作示范单位
区疾病预防控制中心	2016年9月,被省精神文明建设指导委员会表彰为2013—2015年度江苏省文明单位
区卫生监督所	2016年9月,被省精神文明建设指导委员会表彰为2013—2015年度江苏省文明单位
新区社区卫生服务中心	2016年9月,被省卫计委表彰为江苏省免疫规划(预防接种)工作先进集体
大纵湖镇滨湖卫生院	2016年12月,被省卫计委表彰为江苏省示范乡镇卫生院
大冈镇野陆居卫生室	2016年12月,被省卫计委表彰为江苏省示范村卫生室
大冈镇联合村卫生室	2016年12月,被省卫计委表彰为江苏省示范村卫生室
大冈镇凤楼村卫生室	2016年12月,被省卫计委表彰为江苏省示范村卫生室
大纵湖镇花陇村卫生室	2016年12月,被省卫计委表彰为江苏省示范村卫生室
龙冈镇徐庄村卫生室	2016年12月,被省卫计委表彰为江苏省示范村卫生室
龙冈镇黄庄村卫生室	2016年12月,被省卫计委表彰为江苏省示范村卫生室
学富镇三永村卫生室	2016年12月,被省卫计委表彰为江苏省示范村卫生室
秦南镇盛花村卫生室	2016年12月,被省卫计委表彰为江苏省示范村卫生室
秦南镇关陈村卫生室	2016年12月,被省卫计委表彰为江苏省示范村卫生室
郭猛镇新星村卫生室	2016年12月,被省卫计委表彰为江苏省示范村卫生室
楼王镇龙兴村卫生室	2016年12月,被省卫计委表彰为江苏省示范村卫生室
区政务服务管理办公室	2016年3月,被省总工会授予"江苏省五一巾帼标兵岗"荣誉称号,被国家标准委确定为"国家级服务业标准化试点考核评估合格项目"

·区委区政府2016年度目标任务综合考核先进集体名单·

综合奖

镇(区、街道)综合先进奖

高新区盐龙街道　高新区潘黄街道
张庄街道　大纵湖镇
楼王镇　中兴街道
台湾农民创业园(含葛武街道)

区直部门综合先进奖

经信委　发改委　住建局　环保局
人社局　交运局　农　委　教育局
商务局　安监局　水务局　政务办
卫计委　市场监管局　农工办
信访局　档案局　工　会　妇　联

市属驻都单位综合先进奖

国土分局　审计局　地税局　国税局
盐都供电营业部　规划分局

市属驻都单位综合先进集体

中行盐都支行　交行盐都支行
盐城农商行盐都支行　农行盐都支行
电信局　移动盐都分公司
农发行盐都支行　气象局　邮政局
财保公司　寿保公司
江苏银行盐都支行　建行盐都支行
工行盐都支行　昆山农商行盐都支行
邮储盐都支行　浦发行城南支行

特别贡献奖

1.监测预警国土资源统计指标工作先进单位——区统计局

2016年,区统计局切实强化各项指标的跟踪监测,特别是密切监测国土资源节约集约利用考核所涉数十项统计指标,主动与省市主管部门沟通对接,注重预警指标整改提升,在综合评价考核中发挥了重要作用。2016年6月,盐都区被表彰为省国土资源节约集约利用模范区,考评得分全省第一。

2.科技创新创牌工作先进单位——区科技局、大冈镇

2016年，区科技局积极抓好科技创新创牌工作，全力争取国家和省科技部门支持，成功创建国家火炬盐都涂装设备和齿轮制造两个特色产业基地，全区新增国家级科技品牌数、国家高企增量总量、国际专利申请量等均列全市第一。在全国、全省科技创业大赛中，盐都区获奖数列全省县(市、区)第一。

近年来，大冈镇大力实施科技创新战略，新立国家星火、火炬计划等各类省级以上项目53项，获得省首批“创新型乡镇”称号，建成中国砂带基布研发基地，发明专利数列全市乡镇之首，被中国社科院认定为全国科学发展综合实力千强镇。

3. 投融资改革创新工作先进单位——区财政局

2016年，区财政局紧紧围绕全区经济社会发展大局，聚力投融资，改革创新取得重大突破。新培植4个AA级信用单位，成功发行企业债券13亿元，成本创全省最低；成功争取省财政地方债券转换资金27.5亿元，总量居全市各县(市、区)之首；低成本置换高息借资达70%，融资成本大幅下降。

4.财政收入突出贡献单位——高新区盐渎街道

2016年，高新区盐渎街道主动应对宏观经济收缩和营改增结构性减税降费等多重压力，积极推进房产去库存、工业技术改造、服务业转型升级等有效措施，保持经济稳中有进、稳中向好。全年实现一般公共财政预算收入9.35亿元，创历年之最，约占全区总量的30%。

5. 城市环境综合整治工作先进单位——区城管局

2016年，区城管局积极改善城市秩序，清除城市隐患，促进城市和谐，有力提升城市品质。组织精干力量全面完成朱庄水上集中居住区485条杂船整治任务，盐都区被市政府授予集体二等功；牵头实施涉及盐都区的城市内环高架整治，受到市领导肯定；有力保障中国盐城沿海湿地国际公路自行车赛盐都段比赛，受到主办方和参赛选手的好评。

6.旅游业推进工作先进单位——区旅游局

2016年，区旅游局按照“一极一园一业”战略部署，积极推进“一湖两带一圈”全域旅游，全区旅游业呈现蓬勃发展良好态势，全年接待游客455万人，旅游收入首超50亿元，旅游业增加值占GDP比重连年抬升。成功举办首届休闲中国高峰论坛，正式进入国家全域旅游示范区创建名单，获得全国休闲创新发展基地、中国最美乡村旅游目的地等多项桂冠。

7.三甲医院创建工作先进单位——市三院

盐城市第三人民医院自2011年创成三级乙等综合医院以来，对照“三甲”综合医院标准，着力提升服务质量，加强内涵建设，构建和谐关系，改进医疗质量，保障医疗安全，提高运行效率，促进医院科学发展取得长足进步，2016年成功晋级三级甲等综合医院行列，系全省同类医院首批。

·区委区政府联合表彰单项奖·

招商选资和项目推进工作奖

招商选资先进奖

张庄街道　高新区盐龙街道
台湾农民创业园(含葛武街道)
高新区盐渎街道　住建局　经信委
发改委　交运局　市场监管局
水务局　安监局　环保局

项目推进工作奖

高新区盐龙街道　高新区盐渎街道
高新区潘黄街道　张庄街道　大冈镇
大纵湖镇　秦南镇　楼王镇
学富镇　北龙港街道　中兴街道

财税贡献工作奖

高新区盐龙街道　高新区盐渎街道
大冈镇　大纵湖镇　尚庄镇　中兴街道
盐城大圆汽车配件有限公司（高新区盐渎街道）
盐城世钟汽车配件有限公司（高新区盐龙街道）
盐城可隆科技特汽车配件有限公司（高新区盐龙街道）
江苏华晓医药物流有限公司（高新区盐渎街道）

工业经济和转型升级工作奖

高新区盐龙街道　张庄街道　楼王镇
大纵湖镇　学富镇　秦南镇　郭猛镇
中兴街道　大冈镇　高新区盐渎街道
高新区潘黄街道　龙冈镇(含鞍湖街道)
尚庄镇　北蒋街道　国税局　财政局
统计局　人社局　安监局　金融办

开放型经济工作奖（含对台招商引资）

开放型经济工作奖

高新区盐龙街道　龙冈镇(含鞍湖街道)
高新区盐渎街道　高新区潘黄街道
张庄街道　大纵湖镇

对台招商引资工作奖

台湾农民创业园(含葛武街道)
高新区盐龙街道　高新区盐渎街道
秦南镇

服务业和旅游业发展工作奖

服务业发展工作奖

高新区盐渎街道　高新区盐龙街道
高新区潘黄街道　大冈镇　大纵湖镇
大纵湖旅游度假区(含滨湖街道)
财政局　商务局

旅游业发展工作奖

大纵湖旅游度假区(含滨湖街道)
龙冈镇(含鞍湖街道)
高新区潘黄街道　秦南镇
大纵湖镇　郭猛镇　中兴街道

农业现代化和统筹城乡工作奖

农业现代化工作奖

大冈镇　台湾农民创业园(含葛武街道)

龙冈镇(含鞍湖街道) 郭猛镇
高新区潘黄街道 尚庄镇 大纵湖镇

统筹城乡发展工作奖

台湾农民创业园(含葛武街道)
大纵湖镇 郭猛镇 秦南镇
龙冈镇(含鞍湖街道)
大纵湖旅游度假区(含滨湖街道)
大纵湖镇三官村 大冈镇佳富村

党建创新工作奖

高新区盐龙街道 高新区潘黄街道
大冈镇 龙冈镇(含鞍湖街道)
张庄街道 秦南镇 楼王镇
学富镇 尚庄镇 公安局 农工办
环保局 住建局 区级机关工委
人社局

宣传思想和文化发展工作奖

高新区潘黄街道 高新区盐龙街道
大冈镇 大纵湖镇 尚庄镇 楼王镇
张庄街道 政务办 教育局 环保局
城管局 交运局 住建局 文广新局
市场监管局

政法综治和信访稳定、安全生产工作奖

楼王镇 张庄街道 大纵湖镇 学富镇
龙冈镇(含鞍湖街道) 高新区潘黄街道
大冈镇 尚庄镇 秦南镇 中兴街道
高新区盐龙街道 农工办
公安局(610办) 检察院 法 院
住建局 安监局 环保局 商务局
文广新局 政务办 人社局 审计局
供销总社 城管局

生态文明建设工作奖

高新区潘黄街道 龙冈镇(含鞍湖街道)
高新区盐龙街道 郭猛镇 楼王镇
农 委 财政局 住建局 经信委
水务局

反腐倡廉和作风建设工作奖

反腐倡廉工作奖

高新区盐龙街道 尚庄镇
高新区盐渎街道 学富镇 教育局
商务局 住建局 城管局 审计局
国税局

作风建设工作奖

高新区潘黄街道 张庄街道
市场监管局 人社局 发改委 政务办
环保局 农 委 农工办 地税局

科技和人才工作奖

高新区盐龙街道 高新区潘黄街道
大冈镇 张庄街道 高新区盐渎街道
大纵湖镇 郭猛镇 楼王镇 教育局
科技局

村级集体经济发展工作奖

高新区盐渎街道 高新区潘黄街道
楼王镇 高新区盐龙街道 大冈镇
中兴街道 高新区潘黄街道旭日居委会
楼王镇利民居委会 龙冈镇黄庄村
高新区盐渎街道万胜社区
大冈镇戴伙村 郭猛镇杨侍村
高新区潘黄街道宝才居委会
高新区盐渎街道福才社区
大纵湖旅游度假区镜湖村
高新区盐龙街道黄刘居委会
秦南镇泾口村 北龙港街道顺北村
尚庄镇东塘村 大纵湖镇振兴村

全民创业和镇村经济发展工作奖

高新区盐龙街道 大纵湖镇 张庄街道
大冈镇 郭猛镇 秦南镇 学富镇
高新区盐渎街道 楼王镇
高新区潘黄街道

民生幸福和社会事业工作奖

高新区潘黄街道 高新区盐渎街道
高新区盐龙街道 大纵湖镇
龙冈镇(含鞍湖街道) 大冈镇
市场监管局 卫计委 住建局 教育局

新型城镇化工作奖

楼王镇 高新区潘黄街道 大冈镇
郭猛镇 秦南镇 尚庄镇
高新区盐龙街道 高新区盐渎街道
张庄街道
大纵湖旅游度假区(含滨湖街道)

脱贫致富奔小康工程实施工作奖

楼王镇 大冈镇 张庄街道 大纵湖镇
学富镇 尚庄镇 商务局 教育局
交运局 组织部 财政局 农 委
民政局 文广新局 市三院

先进企业奖

星宇科技汽车部件(盐城)有限公司(高新区盐渎街道)
盐城世钟汽车配件有限公司 (高新区盐龙街道)
盐城大圆汽车配件有限公司 (高新区盐渎街道)
盐城乐洲科技有限公司(高新区盐龙街道)
江苏苏力机械集团有限公司(楼王镇)
江苏剑桥涂装工程有限公司(大纵湖镇)
江苏盛安资源股份有限公司
(江苏驰翔精密齿轮股份有限公司)(张庄街道)
盐城市荣南机械制造有限公司 (高新区潘黄街道)
江苏博拓新型建筑材料有限公司(郭猛镇)
江苏亚特电缆有限公司(秦南镇)
江苏金松生物科技有限公司(学富镇)
江苏乾峰顺驰电力设备有限公司(大冈镇)
江苏金麦穗新能源科技股份有限公司(中兴街道)
江苏斯瑞达新材料科技有限公司(楼王镇)
盐城市九洲汽车配件有限公司(北蒋街道)
江苏悦达摩比斯贸易有限公司 (高新区盐渎街道)
盐城之星汽车有限公司(高新区盐渎街道)
江苏悦达包装储运有限公司 (高新区盐渎街道)
盐城红星美凯龙世博家居广场有限公司(高新区盐渎街道)
江苏宠银电子商务有限公司 (高新区盐渎街道)

文件选编
Selected Documents

·重要文件摘要·

中共盐都区委　盐都区人民政府
关于加强供给侧改革促进工业经济转型发展的意见

都发〔2016〕4号　2016年2月23日

为适应经济发展新常态，加强供给侧结构性改革，着力去产能、去库存、去杠杆、降成本、补短板，推动转型升级创新发展，不断提高企业市场核心竞争力，促进工业经济实现新跨越、迈上新台阶，特制订如下意见。

一、资金安排

区财政设立2亿元专项资金，用于激励工业经济转型升级创新发展。

(一)培大育强资金5000万元。主要用于激励企业规模培植、技改升级、合作重组、品牌创建、载体建设、项目推进、节能减排、市场开拓、电商拓市等。

(二)科技创新资金5000万元。主要用于奖励企业科技成果转化、研发机构建设、自主创新、两化融合、行业标准发布、研发投入、信息化建设、科技金融服务中心建设，以及区科技三项经费等。

(三)人才引培资金2000万元。主要用于引进经专业机构评审，区人才工作领导小组认定的带项目、带资金来我区创新创业的领军人才(团队)和自培的高层次创新创业人才(团队)的奖励和资助。

(四)金桥架设资金8000万元。主要用于帮助企业信贷过桥、科技型企业投资风险补偿、中小企业政策性担保风险补偿。

二、奖励标准

(一)培大育强

1.规模培植

(1)企业当年开票销售首次突破20亿元、10亿元、5亿元、1亿元、5000万元，分别奖励50万元、30万元、20万元、10万元、5万元；企业入库税收首次突破1亿元、5000万元、4000万元、3000万元、2000万元、1000万元、500万元，分别奖励100万元、50万元、40万元、35万元、30万元、25万元、20万元。开票销售与入库税收同时符合奖励条件择高奖励。

(2)企业入库税收首超200万元，奖励5万元；入库税收首超100万元，奖励3万元。

(3)对首次列入定报的企业，奖励2万元。

(4)支持区内规模企业配套采购区内无关联关系的中小企业产品，采购产品开票总额超500万元以上按5‰给予奖励。

2.技改升级

(1)企业实施符合国家产业政策规定的技术改造项目，设备投入(指当年新增生产性不含税设备投入，下同)不足300万元，但单台设备单价超过50万元，按单台设备价格的5%予以奖励；设备投入300万元以上、1000万元以下，按设备投入的6%予以奖励；设备投入1000万元以上，按设备投入的8%予以奖励。企业利用闲置厂房、土地或改建老厂房实施技改，且设备投入200万元以上，按设备投入的6%进行奖励。

(2)对列入国家和省战略性新兴产业发展指导目录以及我区重点培植的高端装备、智能终端、新能源、新材料、节能环保等技术改造项目或进口先进成套设备，设备投入300万元以上，按设备投入的8%予以奖励；设备投入1000万元以上，按设备投入的10%予以奖励。

模具、二手设备或高耗能、淘汰落后产能的设备不予奖励。

3.合作重组

(1)企业与世界500强、国内100强或行业前5强企业实施战略重组，且年度新上项目设备投入5000万元以上，分别奖励本地原企业250万元、50万元。

(2)企业与上市公司、央企重组，或上市公司、央企投资2000万元以上股权进入企业，奖励本地原企业20万元；企业与国内100强、行业前5强领军企业重组，奖励10万元。

(3)企业引进风投、创投等基金入股1000至2000万元，奖励本地企业10万元，2000万元以上奖励20万元。

(4)企业进行合作重组，办理房屋、土地等过户手续时，在不改变用途的前提下，免收登记费用；涉及土地出让金外的新增相关税费，按地方留成部分的额度，予以奖励。

(5)企业与世界500强和国内100强、行业前5强、央企或上市公司合作重组，在重组完成后对重组过程中形成的资产评估增值、债务重组收益、土地房屋权属转移等所需缴纳的各项政策性规费，在区权范围内按最低标准执行。

4.品牌创建

(1)企业当年获得国家驰名商标，一次性奖励100万元；获得省著名商标或名牌产品，一次性奖励10万元；获得市知名商标或市名牌产品，一次性奖励2万元。

(2)企业当年获得国家、省长、市长质量奖，分别一次性奖励100万元、50万元、20万元。

5.载体建设

(1)新引进世界500强、国内100强企业落户园区，新上项目设备投入1亿元以上，一次性奖励园区500万元；新引进国内行业前3强企业落户园区，新上项目设备投入5000万元以上，一次性奖励园区100万元。

(2)新特产业园区、中小企业园或产业集群新获得国家级、省级品牌(含“两化融合”示范(试验)区、新型工业化示范基地、特色产业基地、中小企业产业(众创)集聚示范区、生态型园区、创新型园区、知识产权示范园区、孵化器)，分别一次性奖励50万元、20万元。每新增上述一个品牌，分别奖励10万元、4万元。

(3)企业牵头组建国家级、省级、市级技术创新行业、产业联盟(协会)，分别奖励20万元、10万元、5万元。

(4)园区(企业)主办省级以上协会组织的产业(行业、技术创新)联盟、技术研讨、新产品推广应用会议，奖励5万元。

6.项目推进

对通过市考核认定、完成列市“三百工程”投资额5000万元–1亿元、1–5亿元、5亿元以上目标竣工重点项目任务的镇(区、街道)，有1个项目分别奖励3万元、5万元、10万元。

7.绿色生产

(1)企业实施节能改造项目，设备投入达到200万元，年节能量达到100万千瓦时以上，一次性奖励10万元；企业实施电机系统节能改造，设备投入达到100万元、节电量达到50万千瓦时以上，一次性奖励5万元。

(2)企业实施清洁生产，并通过市经信委、环保局审核验收，一次性奖励5万元；企业实施能源管理体系建设，通过省经信委组织认证、评价，分别一次性奖励企业10万元、5万元。

(3)对列入省级以上淘汰落后产能计划当年淘汰100万元、300万元以上设备原值的企业分别奖励10万元、20万元；按照省市大气污染防治要求，淘汰锅炉或改用清洁能源，一次性奖励企业2万元/蒸吨。

8.市场开拓

企业参加国家级、省级举办的各类大型展销会、交易会、展览会且设立摊位，每次分别给予2万元、1万元的补贴，参加世界知名会展且设立摊位，每次给予3万元的补贴。

9.电商拓市

企业建设独立电子商务应用平台，创新商业模式以及实施市场前景好、技术含量高的电子商务产业化项目，实现年开票销售1000万元、2000万元、5000万元、1亿元以上，分别奖励5万元、10万元、25万元、50万元。

10.安全生产

企业通过国家评定为一级安全生产标准化，一次性奖励20万元；通过省级评定为二级安全生产标准化企业，一次性奖励5万元。

(二)科技创新

1.自主创新

(1)企业被首次认定为国家级、省级企业技术中心(含工程中心、工程技术研究中心、工业设计中心、院士工作站、重点实验室、公共检测服务平台等)，分别奖励100万元、20万元。每新增上述一个品牌，分别奖励20万元、4万元。被首次认定为国家级、省级博士后科研工作站(博士后创新实践基地)，分别奖励30万元、10万元。

(2)企业通过国家级、省级首台套重大装备、重大科技成果转化产品(项目)认定，每项分别奖励100万元、20万元。企业通过国家级、省级新产品(高新技术产品)鉴(认)定，且性能指标达到国内先进水平，分别奖励10万元、2万元；通过省重点推广应用的新技术新产品认定，并纳入重点推广应用目录，每项奖励5万元。对企业获得国际PCT专利受理的每件奖励8万元；企业获得国家授权(含购买授权的与企业产品相关的核心技术)发明专利，每件奖励5万元；获得授权的实用新型专利，每件奖励2000元。

(3)企业当年获得国家科学技术奖一、二、三等奖，分别奖励第一申报人单位200万元、100万元、50万元；获得省科学技术奖一、二、三等奖，分别奖励第一申报人单位30万元、20万元、10万元；获得国家专利金奖、优秀奖，分别奖励50万元、30万元；获得省专利金奖、优秀奖，分别奖励20万元、10万元。

(4)企业当年获得国家知识产权优势企业认定，奖励30万元；企业贯彻知识产权管理规范化标准，通过国家级认证，奖励10万元；获得省绩效评价优秀、合格认定，分别奖励5万元、3万元；获得国家、省创新型(管理创新)先进企业认定，分别奖励50万元、20万元，首次被认定为国家高新技术企业，奖励20万元。

2.两化融合

企业被认定为国家级两化融合示范、试点企业，分别奖励30万元、20万元；被认定为省级两化融合示范、试点企业，分别奖励20万元、10万元。

3.行业标准

企业成为国际标准、国家标准、行业标准主起草单位，并获得标准发布实施，分别奖励企业50万元、30万元、20万元。

4.研发投入

开票销售超2000万元，研发经费投入占销售收入比重6%以上的全区前10位企业，各奖励5万元；开票销售超5000万元，研发经费投入占销售收入比重达5%以上的全区前8位企业，各奖励10万元；开票销售超亿元，研发经费投入占销售收入比重达4%以上的全区前5位企业，各奖励20万元。

5.信息化

(1)被评为省重大信息化示范工程、信息化示范工程、信息化试点工程的项目单位，分别奖励20万元、15万元、10万元；被评为省促进信息消费示范平台、促进信息消费应用试点平台的项目单位，分别奖励20万元、10万元。

(2)企业被认定为省级信用管理贯标企业、信用管理示范企业，分别奖励2万元、5万元；企业当年被评为省级质量信用评价AAA级、AA级，一次性分别奖励5万元、2万元。

(三)人才引培

1.自主申报项目

入选国家"千人计划"创业类，奖励300万元，创新长期类和外专类，奖励100万元；入选省"双创团队"，创业类奖励200万元，创新类奖励100万元；入选省"双创人才"，按省资助金额给予等额奖励；入选省"双创博士"、省"333工程"，奖励5万元；入选省"六大人才高峰"、市级引进国外智力项目，奖励3万元。

2.引进创业人才

高层次人才创办科技型企业，本人货币资本到账100万元以上，且为自然人第一大股东或本人占股比例不低于30%，给予引进单位如下奖励：

引进国家"千人计划"专家(创业类、创新长期类、外专类)、"万人计划"专家、长江学者特聘教授、国家杰出青年基金获得者等人才创业，奖励30万元；引进"青年千人计划"人才创业，奖励10万元；引进盐城市当年度高层次人才创业大赛一、二、三等奖获得者、海归博士等创业，奖励2万元；引进其他博士创业，奖励1.5万元。

3.引进创新人才

引进国家"千人计划"专家(创业类、创新长期类、外专类)、"万人计划"专家、长江学者特聘教授、国家杰出青年基金获得者到企业工作，奖励3万元；引进"青年千人计划"人才到企业工作，奖励2万元；引进博士到企业工作，奖励1万元。

4.参加人才培训

工业定报企业法人代表或企业高管，被推选参加各类高级研修班、职业经理人班等，或有计划选派至国内知名院校进行培训，每期(次)补贴费用50%。

(四)金桥架设

1.企业符合相关条件，提供不超过其资产净额60%的贷款过桥资金。

2.地方科技成果转化风险补偿资金增加3000万元，用于支持科技金融体系建设及科技型中小企业发展。

3. 设立政策性担保风险补偿资金2000万元，按年末在保责任余额的1%计提风险金，用于对小微企业政策性担保风险补偿。

三、相关要求

1.资金奖励按照统一组织、分块负责的办法实施，区政府办总负责，培大育强资金由区经信委牵头，科技创新资金由区经信委、科技局按职责分别牵头，人才引培资金由区人才办牵头，金桥架设资金由区财政局牵头。区财政局、审计局牵头负责申请单位项目投入票据、入库税收等事项的审核确认，区发改、人社、市场监管、环保、安监、统计、供电、国税、地税、国土等部门做好相关配合工作。

2.资金申请认定：相关企业或单位提出申请，依据权威部门认(鉴)定批文、执照、证书，以及有关的合作协议、税务票据、节电数据等，经所在镇(区、街道)签署意见，相关部门审核，报区政府审定。专项资金的预算管理、资金拨付和监督由区财政局负责。

3.企业通过各类认定，须是国家、省行政主管部门；企业受奖励当年须未发生安全生产、环境污染责任事故，同一类别的奖励，取最高额度，不重复奖励。

4. 本意见自2016年1月1日起执行。原区委区政府《关于鼓励工业企业做大做强加快转型升级的意见》(都发〔2012〕7号)、《关于激励壮大重点企业扶持扩张新特产业的十二条意见(试行)》(都发〔2013〕6号)等文件同时废止。

本意见由区经信委、科技局、人才办、人社局、市场监管局、安监局、环保局等部门负责有关解释。

中共盐都区委　盐都区人民政府
关于加快推进农业现代化促进农民持续增收的政策意见

都发〔2016〕3号　2016年2月26日

为进一步推进农业现代化工程建设,加快农业结构调整,推进农业供给侧改革,转变农业发展方式,促进农民持续增收,不断厚实全面小康社会建设基础,特制定政策意见如下：

一、鼓励发展现代高效农业

(1) 设施园艺业。对在骨干道路沿线、现代农业示范园区和示范村使用全新钢材新建连栋大棚、智能大棚、日光温室、超大拱棚(带横梁立柱、自动化卷帘、跨度在10米以上)等园艺设施(普通钢架大棚除外),进行果蔬、花卉等园艺作物种植(西瓜、葡萄除外),土地承包年限在5年以上,连片净面积规模在50亩以上的,建成投产并创成相关质量品牌和商标品牌后,按照设施造价的30%给予补贴。

(2)规模养殖业。对新通过部、省级生态健康养殖示范场认定的,分别奖励5万元、2万元。对在骨干道路沿线、现代农业示范园区和示范村用全新钢材新建大棚用于水产养殖,土地承包年限在5年以上,连片规模在100亩以上的,按搭建大棚的净面积给予2000元/亩的补贴,对新增高效渔业底层微孔增氧设施面积50亩以上的,补贴投资者50元/亩;对新建成物联网推广应用体系的畜禽、水产养殖企业奖励3万元。

(3)休闲观光农业。对新获得国家、省、市级休闲农(渔)业、农家乐示范园区(村、点)等称号的,分别奖励10万元、5万元、2万元。

(4)生态循环农业。对新发展稻田套养鱼虾蟹、藕田套养龙虾、林下养殖畜禽等复合经营的主体,以及对自建绿色果蔬、优质稻麦基地进行粪污无害化循环利用的规模畜禽养殖企业,且经营状况良好,规模达200亩以上的,给予5万元补贴。

二、支持农业科技创新

(5)支持种源产业发展。对当年自主育成主要农作物新品种且通过江苏省品种审定的,每个奖励科研院所20万元;对自主育成主要农作物新品种被列入江苏省主推品种名录的,每个奖励科研院所10万元。对果蔬主导产业引进新品种种苗种植的,按500元/亩给予奖励,单个基地奖励不超过1万元。

(6)促进农业科技研究推广。新获得省部级农业科技进步或农业技术推广一、二、三等奖的,分别奖励主要完成单位10万元、5万元、3万元,奖励参与完成单位5万元、2万元、1万元;新获得市厅级农业科技进步或农业技术推广一、二、三等奖的,分别奖励主要完成单位3万元、2万元、1万元,奖励参与完成单位1.5万元、1万元、0.5万元。

(7)推进农业全程机械化。对新购置12吨(含12吨)以上烘干机的,每台奖励1.5万元;对新购置幅宽12米(含12米)四轮自走喷杆式植保机械且开展正常作业服务的,每台奖励1万元;对新购置无人植保飞机且投入作业的,每台按实际售价的30%给予奖励;对新购置80马力以上大型拖拉机,且配有秸秆还田机和条播机的,每台套奖励1万元;对新购置的六行以上(含六行)乘坐式插秧机的,每台奖励1万元。

三、创新农产品流通业态

(8)扩大农产品出口。对新通过出口示范基地认定,并取得鲜活农产品出口资格的,按照申报必备基础投入的30%给予补贴;对新建出口基地出口鲜活农产品突破10万美元、新建农产品加工企业的出口规模突破50万美元、现有农产品加工企业新增出口规模50万美元以上,对基地基础设施建设和企业在技术改造等方面,参照工业技改升级设备投入的标准给予奖励。

(9)发展农产品电子商务。支持本地规模种养企业在第三方平台开设农产品专营网店,成功入驻并正常运营的,淘宝店按1000元/店给予一次性奖励,天猫店、京东店、苏宁易购店等平台的年技术服务费按年全额给予补贴;鲜活类产品(包括初级加工产品)交易额在30万元以上的,按年网络交易额的5%给予奖励,最高奖励不超过30万元;对被评为省级以上农产品电子商务(物联网)示范企业的,给予5万元奖励。

(10)鼓励参加农业展会。动员本地农业经营主体组织包装形象好、产品质量优、代表盐都特色的农产品参加国家、省、市举办的各类农业展会,每次分别给予5000元、3000元、1000元的参销参展和包装改进补贴。

四、鼓励农业品牌创建

(11)鼓励农业园区创牌。对当年新创成国家级、省级、市级现代农业产业园区、农产品加工集中区、农产品专业特色市场(基地)的,分别奖励50万元、30万元、15万元。

(12)鼓励农产品创牌。对当年新获得国家名牌(驰名商标)、省级名牌(著名商标)、市级名牌(知名商标)的,每个分别奖励50万元、5万元、1万元;对当年新通过有机食品、绿色食品、无公害农产品认定并取得证书的,每个分别奖励5万元、2万元、0.7万元,对续报并取得证书的,每个分别奖励2万元、1万元、0.5万元;对新获得地理标志证明商标或保护产品的,每个奖励10万元;对被认定为省、市农产品质量安全诚信企业(基地)或农产品质量安全产地准出示范基地的,每个分别奖励3万元、1万元,对被列入农产品(水产品)省市级例行监测的基地,每个奖励1万元。

(13)鼓励农业龙头企业和合作组织创牌。对新创成国家级、省级、市级重点农业产业化龙头企业的,每个分别奖励20万元、5万元和1万元;对新创成国家级示范农民专业合作社、省“五好”

农民专业合作社的，每个分别奖励2万元、1万元；支持同类或具有关联性、互补性的农民专业合作社组建联合社，对新组建并实际运作、入社农户达200户以上的农民专业合作联合社，每个奖补1万元。

五、强化农业服务体系建设

(14)加强基层农业公共服务体系建设。促进农村要素流转交易规范化、市场化，对镇(街道)新建达到场所、人员、制度“三落实”要求的农村产权交易服务站并实质运作，每个奖励2万元；支持基层农技服务体系建设，对达到省定标准的，按市以上财政项目资金总额的20%予以配套奖励。

(15)鼓励开展农业社会化服务。对由社会化服务组织牵头，在骨干道路沿线夏秋两季连续实施联耕联种的示范片，达到破除田埂、统一品种、统一机插(播)要求，面积在100亩、200亩以上的，分别补贴3万元、5万元；对由社会化服务组织牵头，育供秧规模在2000亩以上(按育秧面积1:100考核)，每亩补贴20元；对专业化植保统防统治面积达1000亩、3000亩、5000亩以上的，分别补贴专业服务组织1万元、3万元、5万元；对新建机库面积300㎡以上(高、低处分别不低于4.5米、3.5米，地面硬化)、停放手续齐全的大型农机具10台以上的，每个机库按10万元给予补贴。

(16)支持农村金融服务模式创新。区财政预算安排2000万元用于创立政策性农业担保公司和对新型农业经营主体贷款担保的风险补偿；每年预算安排20万元，对农民资金互助合作社开展惠农小额金融服务进行奖励。

六、支持村级经济发展

(17)鼓励土地规模流转。对当年新连片流转土地100~200亩、200~300亩、300亩以上，流转期限在5年以上，形成农业适度规模经营且成立家庭农场的，分别给予流出土地的村(居)一次性奖励40元/亩、50元/亩、60元/亩。对当年新创建成的国家级、省级、市级、区级示范家庭农场一次性奖励20万元、10万元、5万元、3万元。对当年新组建合作经营型土地股份合作社、土地入股面积300亩以上、社员分配1100元/亩以上(含土地入股保底分红)的，每个补贴3万元。当年新流转土地并成立经区农工办认定从事粮油、蔬菜等大宗农作物种植的家庭农场，一次性补贴1万元。

(18)拓宽集体经济发展路径。坚持因村制宜，强化分类指导，发展壮大村级集体经济。对当年组建运营的镇级集体资产集团公司，每个奖励30万元；对当年新组建的社区股份合作社，每个奖励3万元。

(19)支持发展经营性项目增收。区预算安排1000万元专项用于支持低收入村(含扶贫开发经济薄弱村)兴办经营性物业、开展农业社会化服务、发展其他经营性项目。

七、扶持农民创业就业

(20)对有创业愿望和创业能力的本区居民，从事设施农业或从事二、三产业个体经营自筹资金不足的，依照城镇下岗失业人员对其发放不超过10万元的小额担保贷款；对合伙经营和组织起来创业的，可按每人不超过10万元、贷款总额不超过200万元的额度实行“捆绑式”贷款；对创办企业且吸纳本区城乡劳动力达到50人以上的，依照劳动密集型小企业发放不超过300万元的小额担保贷款。

八、附则

(21)本意见中所列的骨干道路主要包括双新大道、新331省道、盐金路、229省道、231省道、233省道等。

(22)对设施农业项目已享受省级以上专项扶持的，区财政不重复安排补助，项目扶持资金不足的，由区财政安排补足；对科技含量高、投资规模大、带动能力强、外向度较高和进入农村经济开发区(台创园)、农产品加工集中区的重点农业项目，奖补政策可实行“一事一议”。

(23)补贴类资金参照国家、省市项目申报程序，由区农办、农委、人社局按职责分别牵头，区财政局、审计局、商务局、科技局等部门配合，具体核查验收办法由牵头部门制定。奖励类资金由相关主体(家庭农场、合作组织、企业、科研单位等)提出申请，依据权威部门认(鉴)定批文、执照、证书，以及有关的合作协议、税务票据等审核确定。涉及设施造价、设备投入、面积确认、销售认定等事项的，以审计机构核定为准。

(24)本意见自下发之日起执行，区委、区政府《关于加快推进农业现代化促进农民增收的激励扶持政策》(都发〔2014〕4号)和《关于推进统筹城乡跨越发展的意见》(都委〔2011〕11号)停止执行。凡以前相关文件与本文件不一致的，以本文件为准。本意见由区农办、农委负责解释。

中共盐都区委　盐都区人民政府
关于加快发展服务业促进产业升级的若干意见

都发〔2016〕12号　2016年12月1日

为进一步加强供给侧结构性改革，加快服务业发展提速、比重提高、结构提升，推动经济转型升级和产业结构调整，发挥服务业在稳增长、调结构、惠民生中的重要作用，根据国家、省、市有关文件精神，结合我区实际，现提出如下意见：

一、总体要求

区级服务业发展引导资金规模保持2000万元，围绕产业转型升级需求，进一步加快生产性服务业发展，促进生活性服务业消费结构提升，推动园区提高集聚发展水平，引导我区产业逐步由生产制造型向生产服务型转变，重点在载体建设、产业提升、企业发展、项目推进、品牌培育等方面，加大扶持力度，加快产业结构优化升级。

二、扶持政策

第一条　支持服务业载体建设

1.对委托专业机构编制，并经省、市、区主管部门评审批复的集聚区发展规划，分别奖励30万元、20万元、10万元。

2.对首次评为省级、市级、区级现代服务业集聚区的，分别奖励50万元、30万元、20万元。对首次评为省级、市级服务行业示范园区的，分别奖励50万元、20万元。

3.对区级以上服务业集聚区内的项目，优先帮助其申报市级以上服务业发展引导资金和其它专项资金。

第二条　支持服务业产业提升

4. 现代物流。对首次评为国家AAAAA、AAAA、AAA级的物流企业，分别奖励50万元、20万元、10万元；对新认定的国家、省级、市级重点物流基地，分别奖励20万元、10万元、5万元。

5.金融。对开设一级支行的银行，正常营业后，一次性奖励10万元。

6.家庭服务。对获得国家、省级、市级品牌的家庭服务企业（机构）称号的，分别奖励20万元、10万元、5万元。

7.养老服务。对新办的床位数50张以上的敬老院、养老院等民办服务机构，投入运营一年后，一次性奖励10万元。对评为省级示范性居家养老服务站点的，一次性奖励5万元。

8.商贸服务。新开营业面积1000平方米以上知名品牌连锁超市的，一次性奖励5万元。对以完善功能、提升档次、扩大规模为目的的专业市场改造项目，当年实际投入在500万元以上，一次性奖励10万元。对获评省级特色商业街区称号的，一次性奖励10万元。

第三条　支持服务业企业发展

9.对首次跻身服务业省100强、市10强的企业，分别奖励100万元、20万元。

10.对年入库税收首次突破1000万元、500万元、300万元、100万元的服务业企业，分别奖励20万元、15万元、10万元、5万元。

11. 对上年入库税收1000万元以上、当年增幅20%以上的服务业企业，奖励20万元。对上年入库税收100万元以上的、当年增幅50%以上的服务业企业，奖励10万元。

12. 对首次列为规模以上服务业企业、限额以上批零住餐企业的，分别一次性奖励2万元、1万元。

13. 工业企业主辅分离后新注册的服务业企业，对第一年入库税收20万元以上的，一次性奖励10万元。

第四条　支持服务业项目推进

14.对获得国家、省级、市级引导资金的项目，按上级资金总额的20%给予配套奖励。

15. 对列入年度计划的区级服务业重点项目（不含房地产项目），固定资产投资（不含土地款）达5000万元、2000万元以上的，竣工运营一年后，分别奖励50万元、20万元。

16.列入市政府农贸市场新、改、扩建计划，竣工运营一年后，按市政府补助政策执行。对符合规划，新、改、扩建乡镇农贸市场1000平方米以上，竣工运营一年后，按100元/平方米标准给予奖励。

第五条　支持服务业品牌培育

17.对获得国家、省级、市级服务标准化示范（试点）项目的服务业企业，分别一次性奖励20万元、10万元、5万元。

18. 对获得中国驰名商标的服务业企业，给予一次性奖励100万元。对获得省著名商标或省名牌、市知名商标或市名牌称号的服务业企业，分别一次性奖励10万元、2万元。

19. 对获得省长和市长质量奖称号的服务业企业，分别一次性配套奖励50万元、20万元。

三、组织实施

20.资金申报。每年申报一次，由相关企业或单位自主申报，企业或单位所获荣誉称号及批文需由政府主管部门授予颁发，申报材料经所在镇（区、街道）签署申报意见后上报。

21.审核认定。由区发改委会同区财政局、经信委、商务局、民政局、科技局、统计局、国税局、地税局、市场监督管理局等部门共同审核，报区政府会办审定。

22.资金管理。专项资金的预算、拨付和监督由区财政局负责。

23.本意见适用于在盐都注册、依法纳税的各类服务业主体。电子商务、旅游、文化创意、总部经济和楼宇经济等产业按照区政府专项扶持政策执行。

24.本意见自2016年1月1日起执行。原区委区政府《关于加快发展现代服务业的意见》（都发〔2008〕18号）、《关于加快发展现代服务业的若干激励意见》（都发〔2012〕2号）文件同时废止。

盐城市盐都区人民政府
关于实施2016年为民办实事项目的通知

都政发〔2016〕2号　2016年1月12日

2016年区政府为民办实事项目安排表

表30

类别	序号	项目名称	主要内容	2016年计划投资(万元)	主管单位	承办单位
(一)教育均衡	1	高新区高级中学	占地面积260亩,规划建筑面积11万平方米,拟设20轨60个班。2017年底完成	40000	教育局	盐龙街道教育局
	2	校安工程	实施中小学校舍安全工程加固项目7个、重(新)建项目2个	3693		教育局
	3	崇礼路小学二期(含幼儿园)	占地30亩,建筑面积1.45万平方米,拟设11轨33个班级。2016年底完成	4000		盐渎街道
	4	义丰小学	占地45亩,建筑面积1.6万平方米,拟设8轨48个班级。2016年8月底完成	6000		大纵湖镇
	5	龙冈小学扩建	占地20亩,建筑面积1万平方米。2016年底完成	3000		龙冈镇教育局
(二)全民健身	6	多功能运动场	在大纵湖、尚庄、楼王、学富4个镇各建设1个多功能运动场,每个场地总面积不低于2000平方米。2016年底前完成	180		体育局有关镇(区、街道)
(三)文化服务	7	书香盐都建设	农家书屋提升工程:建成数字化农家书屋255家、农家书店5家、阅读栏(屏)200个、文化中心户480户;五星级农家书屋4家、四星级8家、三星级30家;购置图书等出版物4万册。图书馆总分馆建设:建成农家书屋图书馆分馆150家,逐步实现图书通借通还。2016年底完成	170	文广新局	文广新局有关镇(区、街道)
	8	区博物馆	占地2000平方米,完成布展陈列、文物库房、技防等工程,2016年6月底对外开放	1000		文广新局
(四)医疗卫生	9	区公共卫生服务中心	占地面积28亩,建筑面积3万平方米,包括卫生监督所、皮防所、疾控中心、妇幼保健所、卫校及盐龙卫生院。2017年底完成	6000	卫生局	卫生局区国投
	10	区卫生信息化建设二期	区域卫生信息平台的优化和应用扩展,建立覆盖区、镇、村的远程会诊、预约诊疗、双向转诊的分级诊疗体系。2017年底完成	270		卫生局
	11	村级卫生服务站提升工程	新建村级卫生机构100个、改扩建14个,完成160个基础设施、设备的配套建设。2016年底完成	2091		卫生局有关镇(区、街道)
	12	市三院全科医师临床培养基地	建筑面积11783平方米。2017年6月底完成	3000		市三院

续表30

类别	序号	项目名称	主要内容	2016年计划投资(万元)	主管单位	承办单位
(四)医疗卫生	13	龙冈镇卫生院	龙冈镇卫生院整体搬迁，新建面积1.3万平方米。2016年底完成	5000		龙冈镇
	14	区中西医结合医院病房楼改建	改建原病房楼1-4层，3917平方米。一楼建成急诊系统，2~4楼增加洗手间，建成中心供氧、呼叫系统。2017年6月底完成	600	卫生局	秦南镇
	15	北龙港眼科医院大楼	占地5亩，新建三层建筑面积3000平方米的眼科大楼。拆迁7户，配套500米长、9米宽沥青道路，新建1座桥梁。2016年10月底完成	1800		北龙港街道
(五)社会保障	16	农村危房改造和以船为家渔民上岸安居工程	农村危房改造300户、渔民上岸安居工程100户。2016年底完成	5000	住建局	住建局有关镇(区、街道)
	17	区人力资源服务中心	服务大厦二期工程，占地16亩，建筑面积1.9万平方米，其中7000平方米为人力资源服务中心。2016年底完成	6750	人社局	盐龙街道人社局
	18	就业扶持	扶持创业1000人，带动就业5000人，援助就业500人。2016年底完成	1500		人社局
	19	企业退休人员免费健康体检	为全区3.7万名企业退休人员免费健康体检。2016年10月底完成	666		
(六)养老服务	20	区社会福利院二期	占地61.5亩，建筑面积59000平方米，新建老年公寓4栋、老年康复中心、老年综合楼和文化娱乐中心及餐饮中心。2016年完成土建工程的50%。2018年底竣工	15000	民政局	民政局、住建局、财政局
	21	秦南敬老院	占地20亩，建成6000平方米生活区、活动中心及附属用房。2016年底完成	2000		秦南镇
(七)市场建管	22	区食品安全快速检测室	改造检测室，购置快速检测设备。2016年3月底完成	300	市场监管局	市场监管局
	23	潘黄吴杨菜场	建筑面积2428平方米。2016年底完成	150	商务局	潘黄街道
	24	张庄农贸市场改建	改建面积1200平方米，新增摊位120个、内管门市20个。2016年6月底完成	100		张庄街道
(八)交通提升	25	公交候车亭建设	新建20对候车亭。2016年底完成	280	交运局	交运局有关镇(区、街道)
	26	农村公路提档升级	对62公里农村公路进行提档升级，新建改造桥梁150座。2016年底完成	13200		
	27	农机作业通达工程	新(拆)建机耕桥602座。2016年11月底完成	7000	水务局	水务局有关镇(区、街道)
(九)社会治理	28	区应急指挥中心情报指挥一体化建设	区应急指挥中心大厅高清化、数字化升级改造。2016年6月底完成	600	公安局	公安局
	29	新S331省道“平安长廊”建设	安装11处视频高清电子警察、8块智能LED显示屏、30台（360度俯视）监控高清球机，新建传输光纤和电源等配套项目。2016年底完成	900		
	30	技防“村村通”工程	新建监控探头8400余个，暨教育、卫生系统视频监控升级改造工程（五年租用）。2016年底完成	1400	综治办	公安局教育局卫生局有关镇(区、街道)
	31	法律援助	办理法律援助案件650件，提供2000件以上免费法律咨询。2016年底完成	73	司法局	司法局

续表30

类别	序号	项目名称	主要内容	2016年计划投资（万元）	主管单位	承办单位
（十）生态环境	32	城市河道综合整治	完成6条河流（小马沟、双纲河、丰收河、城南中心河、盐塘河、渠丰河）两侧违章建筑的拆除、河道疏浚、护坡治理、截污、游路、绿化等建设。2016年4月底全部完成	30000	水务局	水务局有关镇（区、街道）
	33	农村河道综合整治	疏浚农村河道1090.55公里，土方量838万立方米。2016年11月底完成	6000		
	34	龙冈镇垃圾中转站	新建日处理能力120吨的垃圾中转站。2016年6月底完成	1000	城管局	龙冈镇
	35	龙冈镇污水处理厂	新建日处理能力2000吨的污水处理厂及管网。2016年底完成	3800	水务局	水务公司龙冈镇
	36	秦南镇污水处理厂	新建日处理能力2000吨的污水处理厂及管网。2016年底完成	5000		水务公司秦南镇

盐城市盐都区人民政府
关于调整2016年度新型农村合作医疗筹资标准和补偿方案的通知

都政发〔2016〕5号　2016年1月5日

一、参合对象与参合办法

1.辖区内农村居民（含农村中小学生）以户为单位参加户籍所在地的新型农村合作医疗。居住在乡镇的城镇居民和其他人员，可以参加当地新农合；已参加城镇职工、城镇居民和中小学生等基本医疗保险的人员，不得参加新农合。已参加新农合的人员，需要参加其他基本医疗保险的，其本人应于下一年度退出新农合。

2.农村居民因婚嫁、就学、来盐务工等原因户口迁入本地或在本地长期生活，未参加或者停止参加其他基本医疗保险的，可参加当地的新农合。

3.在新农合上一个缴费期至下一个缴费期之间出生的婴儿、退役的士兵，可以参加当年度的新农合。

4.农村五保、低保、孤儿、重点优抚对象和精减职工等民政救助对象，愿意参加新农合的，由民政局核准后报区合管办统一办理。

二、资金筹集与使用

（一）筹资标准

2016年我区新农合筹资标准为580元，其中各级财政补助标准为440元、个人参合资金为140元。农村低保、五保、孤儿、重点优抚对象和精减职工等民政救助对象、重度残疾人的个人参合资金，由区财政在相关资金中安排。

个人参合经费的收缴工作原则上在2015年12月底前完成，长期外出务工人员可延长到2016年2月底（生效日期为缴费之日）。

当年出生的婴儿、退役士兵，在筹资结束后到2016年2月底前参合的，缴纳个人费用部分；在2016年3月1日至当年年底参合的，缴纳筹资标准全额费用。

非盐都区户籍的外来务工、就学等在我区长期居住人员，缴纳筹资标准全额费用。

（二）筹资办法

1.各镇人民政府、街道办事处负责新农合筹资工作，村民委员会协助镇政府做好筹资与宣传发动工作，镇村医疗卫生机构要积极配合参与筹资工作。

2.积极推行定时间、定地点的“两定筹资”。村民委员会要通知辖区居民在规定时间到指定地点缴纳个人参合费用，并向办理缴费人员提供全省统一的基本信息。

（三）资金使用

1.新农合资金用于参合病人的门诊和住院费用补偿，以及为参合群众缴纳新农合大病保险参保费用。实行门诊、住院总额预算管理，门诊统筹资金占20—25%，用于住院补偿的资金占比不超过75%；农村居民大病保险保费按每参合居民不低于15元提取。

2.新农合基金年度结余控制在10%以内，累计结余控制在20%以内（含风险基金）。

三、补偿范围

（一）统一药品目录。定点村卫生室（社区卫生服务站）全部使用江苏省网上采购监管平台公布的《国家基本药物目录（基层部分）》内药品；镇级定点医疗机构全部使用江苏省网上采购监管平台公布的《国家基本药物目录（基层部分）》和《江苏省基层医疗卫生机构增补药物目录（基层部分）》；区级定点医疗机构使用江苏省网上采购监管平台公布的省标目录并符合《江苏省新型农村合作医疗基本药物目录(2009修订版)》的药品，住院患者《江苏省新型农村合作医疗基本药物目录》内药品使用达90%(实行按病种付费的除外)，达不到此标准的按此比例与患者结算，经办机构据实与医疗机构结算。转区外就医者对照《江苏省新型农村合作医疗基本药物目录(2009修订版)》和《盐城市新农合市级定点医疗机构补充药物目录(2013修订版)》执行。

(二)统一诊疗项目目录(见附表:新农合诊疗项目表)。异地就医患者的诊疗服务项目执行《盐城市新农合异地就医诊疗服务项目目录》规定。

四、补偿标准

(一)门诊补偿

1.普通门诊。普通门诊医药费补偿限于镇、村两级定点医疗机构，不设起付线，补偿比例分别为45%、50%，年度最高支付限额为700元；实施乡村(家庭)医生签约服务的对象在村级定点医疗机构就医的，补偿比例提高5个百分点。在区级及区级以上医疗机构普通门诊费用不予报销。镇、村定点医疗机构收取的一般诊疗费统一为10元/人，其中新农合补偿80%。村级定点医疗机构不得向实施乡村(家庭)医生签约服务的对象收取一般诊疗费。

孕妇产前筛查、新生儿疾病筛查费用纳入门诊报销，区级定点机构产前筛查门诊补偿比例参照乡镇执行。

2.门诊特殊病种。需要长期门诊治疗的慢性病纳入门诊特殊病种管理，针对慢性病或特殊病种的专项且在政策范围内的门诊医药费用，以合规费用的10%为起付线，参照同级医疗机构住院补偿比例予以结报。

慢性病病种：高血压(Ⅱ、Ⅲ级)、糖尿病、慢性溃疡性结肠炎、结核病、慢性肾脏疾病、甲状腺功能亢进或减退、银屑病、类风湿病、冠心病、肺心病。年度封顶线4000元。

特殊门诊病种：恶性肿瘤门诊放化疗、慢性肾功能不全、再生障碍性贫血、精神病、脑血管意外(出血)恢复期、慢性活动性肝炎、重症肌无力、系统性红斑狼疮、皮肌炎、强直性脊柱炎、帕金森病、器官移植抗排异治疗。年度封顶线20000元。

3.镇、村两级定点医疗机构日门诊处方限额分别为50元、30元。

(二)普通住院补偿

1.起付线(单位:元)。

镇级	县级	市级	省级	省外三级
200	500	700	1200	1500

2.政策补偿比。

镇级	县级	市级	省级	省外三级
85%	70%	3万元以内60% >3万元65%	3万元以内50% >3万元55%	3万元以内40% >3万元45%

转诊到区及区外定点医疗机构住院治疗的参合人员，如医药费用实际补偿比低于30%，按实际补偿比30%执行。

未经转诊到区级及区外定点医疗机构住院发生的医药费用按规定标准50%补偿。

按病种付费病例不设起付线，定额标准和结报比例按原规定执行，并根据实际情况适时调整定额标准。

3.封顶线。不设个人年度住院医药费用补偿封顶线。

(三)重大疾病补偿

纳入农村重大疾病医疗保障范围的病种有：儿童先天性心脏病、白血病，宫颈癌，乳腺癌，重性精神病，终末期肾病，耐多药肺结核，艾滋病机会性感染，肺癌，食道癌，胃癌，结肠癌，直肠癌，慢性粒细胞白血病，急性心肌梗塞，脑梗死，血友病，Ⅰ型糖尿病，甲亢，唇腭裂，儿童苯丙酮尿症和尿道下裂。以上病种的救治补偿，按照省、市制定的实施方案执行，实行限额收费、定额补偿。未经转诊和未在定点医疗机构就医的按普通疾病补偿。

(四)意外伤害补偿

意外伤害患者发生的住院医药费用，经村卫生室调查、公示一周，镇经办机构核实、区大病保险承办机构调查复核，应当由第三人负担医药费用的(含门诊医药费)，不在新农合补偿之列；无第三人负担、第三人无法确定或者无支付能力的(凭权威部门出具的相关手续)，由新农合按政策补偿比30%进行补偿(起付线同普通住院起付线)，如第三方责任人已予赔偿的，结报资金应予退回。转区及区以上医院住院就医的意外伤害病人的医药费用，原则上凭相关手续回参合所在镇卫生院合管办结报。

(五)大病保险

参合人员发生的高额合规医药费用，经新农合补偿后，超过大病保险起付线以上的自付部分纳入大病保险。

五、就医补偿程序

1.参合者应持身份证(18周岁以下人员持新农合卡)在定点医疗机构就诊；根据病情需要逐级转诊至区级、市级、省级、省外医院。因病情需要转诊到区外定点医疗机构住院治疗的参合人员，由盐城市第三人民医院出具转诊手续。常年在外地工作生活的参合者须办理异地就医登记，在工作生活所在地约定医院就医。

2.盐都区域内就医和转诊到区外签约联网医院的病例实时补偿；在区外就医未实时补偿的病例，出院后凭本人身份证、原始发票、出院记录、费用清单、转诊手续，在镇经办机构办理住院费用审批补偿手续；区外异地长期工作、生活者，在居住地医疗机构就医的，须提供居住证(房产证或其它有效证明材料)。

3. 登记为盐都户籍的参合人员，结报费用时均需提供户口簿复印件。

六、其它规定

1.以家庭为单位未全员参合的，符合补偿政策的医药费用在原结报比例的基础上，再按家庭参合人口比例折算补偿。

2.盐都户籍新生儿自出生之日起15个工作日内，父母(均需参加新农合或城镇居民医保、城镇职工医保，下同）为其申请参加新农合的，其自出生之日起产生的医药费用纳入新农合基金补偿范围；新生儿出生后15个工作日内，其父母未为其参加新农合的，自补办之日起计算，3个月后发生的医药费用纳入新农合基金补偿范围。新生儿父母未为其缴纳全额参合费用，又未将新生儿户籍申报在盐都区的，当年所发生的医药费用不予报销。婚进人员上一年度在原户籍地参合的，可视为连续参合。

3.跨年度住院患者，仅参合年度发生的医药费可予补偿。未连续参合和新参合人员，参合年度4月1日以后发生的医药费方可按政策补偿。

4.实施乡村（家庭）医生签约服务的人群按每人每年不超过2次、慢病等重点人群不超过4次的就诊比例，核算年度诊疗总人次和一般诊疗费。

5.接受的医疗服务有专项资金补助的、有相关机构减免费用的，以实际支付的合规部分为基数给予补偿，减免费用从合规费用中扣除。

6.参合人员经民政、总工会、劳动保障等部门审定为医疗救助对象的，就诊医药费除按新农合、大病保险规定补偿外，再根据医疗救助补偿标准同时进行相应的"一站式"补偿。

七、规范定点医疗服务机构管理

1.严格执行分级诊疗规定。各定点医疗机构要将新农合补偿实施方案以通俗语言和模拟案例进行解读，并制作宣传板，进行长期宣传、公布，着力引导参合人员首选当地基层医疗机构就诊，理性选择定点医疗机构就诊，减少医疗广告对参合人员就医的误导。在区内镇、村医疗机构就医无需转诊，就诊医药费实时结报。镇卫生院因条件所限不能诊治的患者，应视病情就近转诊到具备服务能力的中心卫生院进行治疗，按镇级卫生院补偿标准补偿。实行双向转诊住院起付线累积计算政策，引导参合人员主动在基层首诊或向基层转诊。先住院后办理转诊手续者、在下一级医疗机构诊疗范围内的病例自行到上一级医院诊治者，视为未转诊。

盐城市第三人民医院负责全区转区外就医患者的审批，公示审批流程，制订转外就医审批制度和规范，确保区外转诊率控制在10%以内。

各级定点医疗机构收治不符合本级医疗机构入院标准的参合病人所产生的补偿支出由定点医疗机构全额承担，收治应由下级定点医疗机构承担的非急危重症患者、择期手术病人，所产生的补偿支出由定点医疗机构承担50%。

2.严格执行公示制度。定点医疗服务机构应公示服务项目收费标准、药品价格、监督举报电话等。镇级定点医疗机构每月15日前公示辖区内上月参合人员大额医药费补偿情况。村卫生室应及时、准确录入参合群众就医信息，向就医群众出具电脑处方，并由患者或家属签名，留有联系电话；每月6—20日公示上月参合人员的补偿明细情况，公示的位置要醒目，内容要清晰，保证参合群众的知情权和监督权，未如实公示的，当月基金不予支付。

3. 推进新农合基金管理方式改革。新农合基金实行"总额控制、按月下拨、年终考核、超支自负"。扩大"按病种付费"病种范围，推行"按床日付费"制度，做到机构和病种全覆盖。基金拨付与定点医疗机构信用等级挂钩。

4. 对定点医疗机构实行绩效考核管理。对不能履行合作医疗职责，不遵守合作医疗有关规定，发生不合理检查、用药、治疗、将门诊病人转作住院病人、"挂床"住院或分解住院、重复收取签约服务对象一般诊疗费等行为的单位，按实际费用的3倍予以处罚。定点医疗机构对住院病人身份信息、"挂床"、分解住院等情况的督查率要达100%。定点医疗机构要不断改善服务态度，提高服务质量和效率，使参合群众综合满意度保持在95%以上。

5.对定点医疗机构医师实行新农合服务协议管理。强化医疗保障对医疗服务的监控作用，建立激励与惩戒并重的有效约束机制，提高定点医疗机构执业医师新农合服务质量，促进合理检查、合理用药、合理治疗，实现以低廉的费用提供优质服务的目标。对徇私舞弊、弄虚作假（包括冒名使用他人身份证或新农合卡、违规套用重大疾病、特殊门诊等病种结报标准，意外伤害高套普通疾病结报标准）为自己或他人骗取结报资金的相关人员，除责令其退回骗取的基金外，处骗取金额3倍的罚款，并追究相关人员责任。对责任单位通报批评、限期整改，逾期不改或整改不到位的，暂停或取消定点医疗机构服务资格。

6.参合群众未持证（卡）就医发生的医药费用不予结报（急诊患者除外）；冒名使用他人身份证、农合卡就医，一经发现，停用该证（卡），除追回基金外，给予违规发生额的3倍罚款，并按相关规定追究医疗机构、责任医生、出借人和使用人的责任。

7. 参合群众在定点医疗机构就医，按补偿方案直接办理医药费用补偿，费用由定点医疗机构先行垫付，逐月统计报区合管办，经核实后，按各定点医疗机构全年核定的总额序时拨付。

8.各定点医疗机构按参合群众住院医药费总额的1%结算上解资金，每年年底统一汇到区合管办，作为合作医疗工作考核奖励基金。

附表

新农合诊疗项目表

表31

类别	内容
一、不予补偿范围	（一）综合医疗服务类。挂号费、体检费、救护车费、陪护床费、会诊费、静脉氧输液仪给氧、家庭病床费、家庭巡诊费、围产保健访视、传染病访视、出诊费、建立健康档案、疾病健康教育、尸体料理费等。包床费、特护费、病区消毒费、远程诊疗费、中药煎药费、中药加工费等
	（二）医技诊疗类。尸体解剖与防腐处理、性病、各种不育（孕）症、性功能障碍的诊疗项目、自身免疫病的实验诊断蛋白芯片法、遗传疾病的分子生物学诊断、分子病理学诊断技术等、医疗鉴定及各种科研性临床验证诊疗项目、正电子发射计算机断层显象（PET）、电子束CT、照相与录像监测、省物价部门未定价的项目（除医用特殊材料外）

续表31

类　别	内　　容
一、不予补偿范围	(三)临床诊疗及手术项目类。皮肤、血管、骨、骨髓、角膜、瓣膜、肾、肝以外的组织移植(移植手术后服用抗排异药物纳入新农合支付范围)。口腔科类正畸、正颌、口腔种植、口腔修复、镶牙、牙列不齐矫治等诊疗项目;涉及义眼、助听器、眼镜、近视眼的诊疗项目。各种美容、健美项目,减肥、增胖、增高项目以及非功能性整容、矫形手术、运动和康复治疗等。各种纠正生理缺陷(如鞍鼻、隆鼻、隆胸、视力矫正、脱发(含斑秃)、治疗腋臭、口吃、斜视、"O"形腿、"X"形腿等)项目等。特需服务类。未开展项目及其他功效不确切、科研性、临床验证性的诊疗项目
	(四)中医及民族医学诊疗类。磁热疗法、微波治疗、射频、内科病推拿、中药蒸汽浴、足底反射治疗、医疗气功治疗、辩证施膳指导、煎药等
	(五)特殊医用材料类。各类进口材料;物价、卫生部门规定不可单独收费的一次性医用材料。属于美容、健美、保健项目及非功能性整容、矫形手术使用的特殊医用材料类。自费治疗项目使用的医用材料。各种自用、家用检查检测仪、治疗仪、理疗仪、按摩器和磁疗用品等器械;如健脑器、皮(钢)背心(背甲)、各种围腰、钢头颈、胃托、肾托、阴囊托、子宫托、拐杖、轮椅、畸形鞋垫、矫形鞋、药枕、药垫、热敷袋、压脉带、输液网、提睾带、疝气带、护膝带等器具;腹带、牵引带、气垫床、一次性卫生洁具。各类器官或组织移植的器官源或组织源
	(六)生活服务项目和服务设施类。空调(含取暖)费、电视费、电话费、食品保温箱费、电炉费、电冰箱费及损坏公物赔偿费。膳食费。文娱活动费以及其他特需生活服务费用
	(七)其他。省市物价、卫生部门未明确规定的医疗服务项目及价格的医疗费用。超过物价部门规定标准多收取的各项费用。因酗酒、吸毒、自伤自残、自杀、工伤、交通事故、医疗事故、打架斗殴、违规违章、违法、犯罪、计划生育手术及后遗症、法规规定的其他情形所发生的医药费用。按照规定应当由工伤或者生育保险基金、第三人、公共卫生负担的医药费用。各种医疗咨询(包括心理咨询、健康咨询、饮食咨询、疾病咨询)、各种预测(包括中风预测、健康预测、疾病预测)、健康指导等项目;糖尿病决策支持系统、睡眠呼吸监测系统、人体信息诊断、电脑选择最佳妊娠期、胎儿性别与胎儿发育检查等诊疗项目。各种预防、保健(除围产期保健)的诊疗等项目。区外单纯大型设备检查费用。挂名住院或不符合条件住院的医疗费用;与参合人病情无关的药品、检查、治疗费以及其他不属于合作医疗基金支付范围的费用;参合住院病人不遵医嘱拒不出院者,自通知出院第二天起的一切费用。已参加城镇职工、城镇居民、工厂企业或单位医保者的费用。境外就医发生的医药费
二、60%纳入补偿范围的项目	应用立体定向放射装置(伽马刀、X-刀)、中子刀、超声刀、细胞刀、聚焦刀、心脏射频消融、X-射线计算机体层摄影装置(CT)、心脏及血管造影X线机(含数字减影设备)、核磁共振成像装置(MRI)、单光子发射电子计算机扫描装置(SPECT)、彩色多普勒仪、动态脑电图、动态心电图、血液流变分析、脑地形图等大型医疗仪器进行检查治疗的诊疗项目
	涉及各类电子内窥镜和腔镜的诊疗项目、经心脏、血管介入的诊疗项目、核素内照射类诊疗项目、体外震波碎石、高压氧治疗等诊疗项目
	各种体内置换人工器官、置放材料的安装或放置项目
	心脏搭桥、心导管球囊扩张、心脏射频消融、冠状动脉造影、心脏激光打孔术、超声乳化、肿瘤生物治疗中的T淋巴细胞回输法、肿瘤热疗法等诊疗项目
	肝脏、肾脏、角膜、皮肤、血管、骨、骨髓移植手术项目
	各种微波、频谱、远红外线等辅助治疗项目,特殊放射治疗
	手术中使用的电切、电凝、超声刀、氩气刀等;手术后的镇痛项目
	各种材料,如永久性心脏起博器、各类介入诊疗用的一次性导管和支架、吻合器、缝合器、人工瓣膜、人工关节、人工晶体、人造血管、埋植式给药装置等体内置换或安装的人工器官以及骨关节内固定材料等,按60%折价后记入合规费用,每次住院医用材料折价后合规费用不超过10000元
三、床位费	一级医疗机构(含乡镇卫生院):每人每天超过25元的,按每人每天25元计算。每人每天25元以下的,据实计算;二级及二级以上医疗机构:每人每天超过28元的,按每人每天28元计算。每人每天28元以下的,据实计算

盐城市盐都区人民政府
关于加强非物质文化遗产保护工作的意见

都政发〔2016〕10号　2016年1月9日

一、充分认识非物质文化遗产保护工作的重要性和紧迫性

非物质文化遗产是指各种以非物质形态存在的与群众生活密切相关、世代相承的传统文化表现形式，包括口头传统、传统表演艺术、民俗活动和礼仪与节庆、有关自然界和宇宙的民间传统知识和实践、传统手工艺技能等以及与上述传统文化表现形式相关的文化空间。我区历史悠久，文化底蕴深厚，拥有丰富的非物质文化遗产。多年来区委、区政府在加强非物质文化遗产保护方面采取了一系列措施，取得了良好成效。同时也要清醒地看到，我区非物质文化遗产保护工作还存在薄弱环节和问题。一些依靠口授和行为传承的文化遗产正在失传，有的传统技艺濒临消亡，不少珍贵实物与资料遭到破坏或流失，加强我区非物质文化遗产保护刻不容缓。各地各部门要充分认识保护非物质文化遗产的重要性和紧迫性，进一步增强责任感和使命感，切实做好非物质文化遗产保护工作。

二、加强非物质文化遗产保护的指导思想和总体目标

指导思想：坚持以邓小平理论、“三个代表”重要思想、科学发展观为指导，深入贯彻落实党的十八大、十八届三中、四中、五中全会和习近平总书记视察江苏重要讲话精神，正确处理经济社会发展与文化遗产保护的关系，认真贯彻“保护为主、抢救第一、合理利用、传承发展”的非物质文化遗产保护方针，坚持保护非物质文化遗产的真实性和完整性，坚持依法和科学保护，统筹规划、分类指导、突出重点、分步实施，充分发挥非物质文化遗产在传承中华民族优秀传统文化、提高人民群众思想道德素质和科学文化素质、促进社会主义先进文化建设、构建社会主义和谐社会中的重要作用。

总体目标：构建科学有效的非物质文化遗产保护体系，提高全社会非物质文化遗产保护意识，非物质文化遗产保护工作得到全面加强。到2020年，全区建立比较完备的非物质文化遗产资源档案和数据库，非物质文化遗产保护工作队伍素质有较大提高，非物质文化遗产保护长效管理机制基本建立，使我区珍贵、濒危并具有历史、文化和科学价值的非物质文化遗产得到有效保护、传承和发扬，为加快建设创业开放生态幸福的美丽盐都作出新贡献。

三、扎实做好非物质文化遗产保护工作

（一）认真做好非物质文化遗产普查和保护规划制定工作。要进一步普查摸底，将普查作为非物质文化遗产保护的基础性工作来抓，统一部署、认真组织，全面了解和掌握非物质文化遗产资源的种类、数量、分布状况、生存环境、保护现状及存在问题，及时向社会公布普查结果。运用文字、录音录像、数字化多媒体等方式，对非物质文化遗产进行真实、系统和全面的记录，建立档案和数据库。

（二）建立非物质文化遗产名录体系。对具有保护价值的非物质文化遗产，在列入区级非遗保护名录的同时积极推荐和申报国家、省、市级非物质文化遗产保护名录。建立和完善评审标准，严格评审工作，认真贯彻实施《江苏省非物质文化遗产项目申报评定暂行办法》，建立健全国家、省、市、区四级非物质文化遗产代表作名录体系，实行分级保护。

（三）加强非物质文化遗产的研究、认定、保存和传播。组织各类文化单位、科研机构、大专院校及专家学者对非物质文化遗产的理论和实践问题进行研究，加强对非物质文化遗产的科学认定，注重科研成果和现代技术的应用。对非物质文化遗产代表作所涉及的建筑物、场所、遗迹及其附属物，划出保护范围，作出标志说明，建立专门档案，并在城乡规划建设中采取有效措施予以保护。对列入国家、省名单的非物质文化遗产保护项目，要及时制定抢救保护方案，进行科学、有效的保护。2020年前建成融展示与互动相结合、传习与实践相结合、传统技艺与现代表现手段相结合于一体的非物质文化遗产专题博物馆或展示中心。鼓励有条件的单位和个人成立研究机构，兴办非遗展示馆，开展对非物质文化遗产的研究工作，展示有代表性的非物质文化遗产。鼓励和扶持相关单位和个人在有效保护的非物质文化遗产项目的前提下，合理利用非物质文化遗产资源，开发具有民间和地方特色的传统文化产品，运用互联网商务平台进行非物质文化遗产产品的宣传、推介，拓展民间民俗文化旅游服务。加强非物质文化遗产知识产权的保护。纳入保密范围的传统工艺、制作技艺和艺术表现方法以及其他技艺，必须依照有关规定进行传播、传授和转让。

（四）建立科学有效的非物质文化遗产传承机制。对列入各级名录的非物质文化遗产项目，要制定具体、科学的保护计划，明确保护的责任主体，进行有效保护；对其代表性传承人和代表性保护单位，可采取命名、授予称号、表彰奖励、提供场所、资助扶持等方式，鼓励和支持其开展传承活动。对做出重要贡献的代表性传承人和保护单位，由区级文化行政部门报区人民政府核准，授予杰出传承人和优秀传承单位称号。获得杰出传承人称号的代表性传承人可以终生享受传承人补助经费。通过社会教育和学校教育，使非物质文化遗产代表作的传承后继有人。在传统文化特色鲜明、具有广泛群众基础的社区、乡村，开展创建民间传统文化之乡的活动。

四、切实加强文化遗产保护工作的组织领导

（一）建立协调有效的保护工作机制。各地各有关部门要将非物质文化遗产保护列入重要议事日程，纳入经济社会发展规划以及城乡规划、纳入财政预算、纳入体制改革、纳入各级领导责任，充分发挥政府主导作用。区里成立非物质文化遗产保护领导小组，定期研究非物质文化遗产保护工作的重大问题，统一协调文化遗产保护工作。各地也要建立相应的非物质文化遗产保护协调机构。建立健全文化遗产保护责任制度、考核制度和责任追究制度。“十三五”期间，区财政每年在预算中安排专项资金，重点支持国家、省、市、区级非物质文化遗产保护项目和代表性传承人，并视财力逐年增加。各地也要加大投入，为重点非物质文化遗产保护提供经费保障。

（二）加强非物质文化遗产保护人才队伍建设。大力培养非物质文化遗产保护和管理所需的各类专门人才，完善人才激励机制，造就一支高素质、懂专业、会管理的非物质文化遗产保护工作人才队伍。拓宽引进渠道，积极引进各类非物质文化遗产保护管理专业人才，加大对在职人员的培养力度，加强非物质文化遗产保护科技研究、运用和推广工作，不断提高非物质文化遗产保护工作水平。

（三）动员社会力量参与非物质文化遗产保护。利用多种形式广泛宣传非物质文化遗产保护知识，提高全社会保护非物质文化遗产的意识。区图书馆、文化馆、博物馆、美术馆、各镇（区、街道）文化服务中心等公共文化机构和各级各类非物质文化遗产保护机构要经常举办展览、讲座等活动，展示和传播本地有代表性的非物质文化遗产，使公众更多地了解非物质文化遗产的丰富内涵。教育部门要将优秀非物质文化遗产内容纳入教学计划，编入教材，邀请传承人进校授艺，组织参观学习活动，激发青少年热爱优秀传统文化的热情。各类媒体要通过开设专题、专栏等方式，介绍非物质文化遗产和保护知识，大力宣传保护非物质文化遗产的先进典型，营造保护文化遗产的良好氛围。鼓励、支持单位和个人依法开展非物质文化遗产保护工作的合作和交流活动，充分调动社会力量参与非物质文化遗产保护的积极性。

盐城市盐都区人民政府
关于加强环境监管网格化建设的实施意见

都政发〔2016〕27号　2016年2月28日

一、指导思想

深入贯彻党的十八大和十八届三中四中五中全会精神，认真落实党中央、国务院关于推进生态文明体制改革、加强环境监管执法的系列部署要求，以改善环境质量为目标，以落实环境保护主体责任为重点，按层级定区域、按职责定任务，通过属地管理、分级负责、全面覆盖、无缝衔接、责任到人的网格监督，确保排污单位得到有效监管、环境违法行为得到及时查处、突出环境问题得到稳妥解决、环境秩序得到有力维护，为推进我区生态文明建设提供坚实支撑。

二、基本原则

（一）党政同责、齐抓共管。区委、区政府对全区环境保护工作负总责，各镇（区、街道）、大纵湖旅游经济区管委会党政领导机构对辖区内环境保护工作负总责。党委要定期研究环境保护重点工作，加强对网格化环境监管的组织领导，政府（管委会）具体负责网格的划分和运行管理，着力形成党委组织领导、政府（管委会）具体实施、部门各司其职、社会广泛参与的环境监管格局。

（二）属地管理、责任到人。按行政区域将全区划为区、镇、村居（社区）三级网格。各级网格力求将监管职责明确到相关职能部门，监管任务分解到工作组，监管责任落实到具体人头，横向到边，纵向到底，不留盲区。

（三）各有侧重、差别监管。一级网格主要负责组织、协调、指导、监督，承担重点环境监管任务，切实履行政府及相关部门的法定职责。二级网格承担基础性环境监管任务，负责日常巡查和现场处置。区每年确定重点监管对象，采取差别化监管措施，突出重点，兼顾一般，确保监管全覆盖。

（四）强化基础、提升能力。建立重心下移、力量下沉的监管机制，突出加强基层环境监管队伍建设，建立完善环境监管信息平台，着力提高整体监管效能水平。

三、网格划分及主要职责

（一）一级网格。以区为单元划分一级网格，共1个，责任主体为区委、区政府，成立盐都区环境监管网格化工作领导小组，由区政府主要领导担任领导小组组长（网格长），副组长由相关分管副区长担任，成员由环保局、发改委、经信委、商务局、安监局、住建局、城管局、市场监管局、公安局、卫生局、农委、国土局、水务局、交通运输局、信访局、城工办等部门领导人员组成。领导小组下设办公室，分管环保副区长担任办公室主任，分管副主任、环保局局长担任副主任，负责组织推进辖区内网格化环境监管体系建立和相关工作的落实。领导小组下设7个监管工作组。

主要职责：1. 负责本级网格运行管理，构建职权清晰、分工协作、运转高效的环境监管机制；2. 负责对本级网格大气、水和土壤等环境质量有效监管，严防较大以上环境污染、生态破坏等环境事件的发生；3. 发布本网格重点监管对象名单，负责其日常监管，督促其依法公开环境信息、严格遵守环保法律法规；4.负责调处突出环境问题、重点环境信访与污染纠纷等，查处环境违法行为；5.对二级网格进行指导、督查、考核。

（二）二级网格。以镇（区、街道）划分，共18个，分别是：高新区盐龙街道、高新区盐渎街道、高新区潘黄街道、龙冈镇、鞍湖街道、大冈镇、张庄街道、大纵湖镇、秦南镇、郭猛镇、楼王镇、学富镇、尚庄镇、农村经济开发区、大纵湖旅游经济区管委会、北龙港街道、中兴街道、北蒋街道。责任主体为当地党委、政府，由当地政府主要领导担任网格长。成立网格工作部门，配备工作人员4人以上，下设若干巡查工作组，组长由当地政府分管领导担任，成员由负有环境监管职责机构的人员组成（鞍湖街道、北龙港街道、中兴街道、北蒋街道人员配备不少于2人）。

主要职责：1. 负责本级网格运行管理；2. 对网格内有环境影响的各类建设项目和污染物排放、集中式饮用水源地保护、工地道路扬尘污染、畜禽养殖污染、焚烧垃圾和秸秆烟尘污染，废气、废水、废渣污染等开展日常巡查，及时制止、处置各类环境污染和生态破坏行为，涉嫌环境违法的，及时向上级网格报告；3.严格按照省环委会《关于全面清理整治环境保护违法违规建设项目的通知》（苏环委办〔2015〕26号）做好环境保护违法违规建设项目清理整治工作；4.制定畜禽养殖规划，严格划定禁养区、限养区和适养区，规范提升规划适养区内畜禽养殖点，限养区内原则上不新建、扩建畜禽养殖场，禁养区内严禁从事畜禽养殖。对因无规划或规划落实不力导致畜禽养殖乱布点引发的污染投诉，负责全过程处理；5.按照环保部《关于改革信访工作制度依照法定途径分类处理信访问题的意见》，对环保业务类、复议诉讼类、信访类、非环保部门职能类，分类导入法定途径；对非环保部门职能类信访问题（群众从“大环保”概念出发，为市容环境卫生、水土保持、河湖管理、畜禽养殖无序布点、淘汰落后产能、社会生活噪声、动植物死亡减产等提供违法线索、提出请求或者意见建议），分流到其他负有环境保护监督管理的部门核查，确定适用何种程序处理；6. 及时调查核实三级网格上报的环境违法线索；7.对三级网格进行指导、督查、考核。

（三）三级网格。以村居（社区）划分，网格长由村居（社区）委员会主要领导担任，工业污染源相对集中的工业村居（社区）可划分多个单独网格，设立专职网格员；农业生产为主的村居（社区）可设立兼职网格员。

主要职责：1.开展网格内日常巡查，在网格内水体、空气等环境要素的颜色、气味等表观指标发生异常变化时，及时报告，并填写检查日志；2.在日常巡查中，观察网格内排污单位所排废水、废气等的感官指标，发生异常时，及时报告，并填写检查日志；3. 在日常巡查中，发现网格内土地性质、房屋用途发生变化，企业内部进行改建、扩建时，要求其提供基本情况和必要手续，并与上级网格下发的资料相对照，发现非法建设时，应及时提醒、制止，并向上级网格报告；4. 调处各类环境初级信访和矛盾纠纷；5. 落实上级网格下达的环境问题整改要求；6. 负责向网格内相关单位和群众宣传环境保护法律、法规、政策和环保知识。

各级网格可根据区域特征、监管任务等实际，进一步细化网格、加密网格、做实网格，进一步明确监管职责、落实监管要求、提高监管实效。充分发挥基层村民委员会、社区居民委员会以及企业、社会组织的作用，吸纳有时间、有热情、有能力的村民（居民）担任环境监管协管员或志愿者，参与网格环境监管工作。

四、网格监管运行机制

（一）计划管理。各级网格要制定日常监管、督查、巡查计划，定人员、定任务、定责任、定奖惩，建立相应的工作制度、工作流程，做到监管活动有章可循、规范透明、全程留痕。

（二）沟通反馈。建立上下级网格互联互通、信息共享机制，确保网格运行顺畅高效；对环境违法行为的查处情况、整改要求，上级网格应及时反馈下级网格；对巡查发现的环境违法线索、环境问题整改动态情况，下级网格应及时报告上级网格。

（三）部门联动。一、二级网格接到环境违法线索报告后，及时组织依法调查处理；对涉及多个环境监管职责部门的，组织联合调查，加强部门联动；对涉嫌环境犯罪的，依照相关规定及时移送司法部门。

（四）信息公开。利用媒体、网络、公告栏等多种形式，公开各级环境监管网格划分方案、网格长和网格监管组、巡查组名单，动态调整和公开重点监管对象，定期公布网格监管信息，广泛接受社会监督。

（五）监督考评。依法接受人大法律监督、政协民主监督和社会舆论监督，聘请网格群众监督员，对网格环境监管开展情况、实施效果进行监督；上级网格要运用随机抽查、专项督查等方式，加强对下一级网格监管情况的监督；制定网格环境监管工作考评办法，每年对下一级网格监管情况组织考评，评价结果逐级上报。

五、保障措施

（一）加强组织领导。各级网格要定期研究部署网格监管工作，协调解决工作中遇到的困难和问题，配齐配强网格监管人员，所需工作经费由同级财政予以保障。推进环境监管网格与现有社会综合治理、安全生产监管、城市管理等基层网格融合式建设，有效整合力量。

（二）提升监管能力。加强基层环境监管队伍建设，重点做实二级网格。二级网格应建立巡查队伍，利用现有资源和购买服务等方式，配备4人以上的专门巡查人员，组织开展网格监管人员业务培训和职业操守教育，提升监管人员素质和履职能力。支持基层环境监管能力建设，保障网格监管所需的车辆和装备，保证网格监管工作顺利开展。

（三）夯实监管基础。结合环境保护大检查，整合现有污染源数据库和移动执法系统，完善“一企一档”环境管理基础台账，逐步建立要素齐全、数据准确、动态更新、信息共享的数字化监管信息平台，提高网格监管的智能化、信息化水平。

（四）严格责任追究。各地要积极推进网格化环境监管体系建设，严格落实各级网格对辖区内环境质量负责的要求，于2016年2月28日前将网格化实施方案报区政府，并报送区环保局。对网格监管责任履行不到位，发生严重环境污染和生态破坏事件等情形的，严格追究相关领导和监管人员责任。对各镇

(区、街道)及相关部门不履行或者不正确履行环境保护职责的行为，区政府将严格考核奖惩，对涉嫌犯罪的，将依法追究刑事责任。

本实施意见从2016年1月1日起正式实施。

特此通知。

附件：1. 盐都区环境监管网格化工作领导小组成员名单

2.盐都区环境监管网格化监管工作组名单

附件1

盐都区环境监管网格化工作领导小组成员名单

组　长(网格长)：吴本辉　区政府区长
副组长：陈志会　区委常委、常务副区长
张建洋　区委常委、副区长
商建明　区委常委
陈育群　区委常委、政法委书记
肖乐农　区政府副区长
张云云　区政府副区长
方　平　区政府副调研员
成　员：王玉平　区政府办副主任、金融办主任
吕明光　区环保局局长
李庆銮　区发改委主任
徐洪顺　区经信委主任
迮大猛　区公安局局长
陈少华　区商务局局长
王　勇　区住建局局长
范龙华　区城管局局长
冯国超　区市场监管局局长
张鸿新　区农委主任
冯一飞　盐都国土分局局长
朱金标　区水务局局长
顾　勇　区交通运输局局长
蔡金道　区卫生局局长
崔学祥　区信访局局长
万光清　区安监局局长
吴正龙　区城市工业办公室主任

领导小组办公室设在区环保局，肖乐农兼办公室主任，王玉平、吕明光担任副主任。

附件2

盐都区环境监管网格化监管工作组名单

第一监管工作组(龙冈镇、秦南镇、鞍湖街道、北蒋街道)
组　长：陈志会　区委常委、常务副区长
成　员：卞金信　区发改委副主任
蔡长荣　盐都国土分局副局长
刘　洪　区环保局副局长
徐震云　区发改委产业发展科科长
联络员：王浩波　区环境监察局水源分局分局长

第二监管工作组(大纵湖镇、滨湖街道、北龙港街道)
组　长：张建洋　区委常委、副区长
成　员：江志栋　区农委副主任、水产局局长
封书清　区水务局副局长
蔡强胜　区环保局副局长
左其海　区农委植地质量保护站站长
联络员：侍红彬　区环境监察局滨湖分局分局长

第三监管工作组(高新区盐龙街道、高新区潘黄街道)
组　长：商建明　区委常委
成　员：刘旺军　区交运局副局长
龚福柏　区安监局副局长
唐保山　区环保局副书记
姚文海　区安监局安全监管一科科长
联络员：俞文广　区环境监察局盐龙分局分局长

第四监管工作组(尚庄镇、郭猛镇、农村经济开发区)
组　长：陈育群　区委常委、政法委书记
成　员：胥向前　区卫生局副局长
陈兆根　区经信委副主任
蒋明林　区环保局副主任科员
孙书全　区卫生局医政科科长
联络员：宋　毅　区环境监察局尚庄分局分局长

第五监管工作组(区直、张庄街道)
组　长：张云云　区政府副区长
成　员：周镇彬　区商务局副局长
陈　兵　区市场监管局副局长
明　霞　区城市工业办公室副主任
吕鸿忠　区环境监察局局长
韦　剑　区商务局商贸市场科科长
联络员：蔡　强　区环境监察局直属分局分局长

第六监管工作组(学富镇、楼王镇、中兴街道)
组　长：肖乐农　区政府副区长
成　员：戚师军　区信访局副局长
薛启堂　区公安局副局长
高　峰　区环保局纪检组长
徐逸群　区信访局人民来信来访接待中心主任
联络员：吴　平　区环境监察局中兴分局分局长

第七监管工作组(高新区盐渎街道、大冈镇)
组　长：方　平　区政府副调研员
成　员：庄凤兵　区住建局副局长
周立根　区城管局副局长
周书法　区环保局副局长
周爱民　区住建局村镇科科长
联络员：仇安军　区环境监察局大冈分局分局长

各监管小组负责对所有监管的网格加以巡查、抽查、督查，每半年不少于一次。发现问题及时督促属地查处或者直接查处，督导属地政府落实网格化监管措施。

盐城市盐都区人民政府关于建立健全粮食安全责任制的实施意见

都政发〔2016〕76号　2016年6月6日

一、强化粮食安全责任

（一）增强粮食生产和保供意识。粮食是人民群众最基本的生活资料，粮食安全是实现经济发展、社会稳定和国家安全的重要基础。党中央、国务院始终高度重视粮食安全，把这项工作摆在突出的位置，强调中国人的饭碗任何时候都要牢牢端在自己手上，确保谷物基本自给、口粮绝对安全。我区作为粮食主产区，表面上看立足自身解决吃饭问题不难，但我们必须清醒地看到，面对粮食大流通大市场的新形势，粮食安全保供压力依然较大，容不得半点松懈。生产上，扩大种植面积空间有限，单产已处于较高水平，持续增产的难度加大；流通上，我区粮食仓储陈旧且容量不足，物流等基础设施薄弱，粮食质量安全质检体系不健全；需求上，随着人民生活水平提高，对粮食质量要求越来越高，粮食需求量呈刚性增长趋势，保供稳价任务十分艰巨，一旦发生自然灾害、突发事件、食品安全事故，极易造成粮食市场波动并影响社会稳定。各镇（区、街道）、各部门要切实增强大局意识和责任意识，紧紧围绕全区粮食安全保供的目标，切实筑牢耕地保护、产能提升、流通储备三道防线，把保障粮食安全放在经济社会发展的突出位置，作为保障民生工作的基本任务，常抓不懈，毫不动摇。

（二）区政府的粮食安全责任。根据省政府规定，我省实行粮食安全省长负责制下的市县长分级负责制。区政府在维护粮食安全方面承担的具体责任是：坚决守住耕地红线，确保实现耕地保有量目标，加强农田基础设施建设，推动农业科技成果转化应用，提高粮食综合生产能力；落实和完善粮食生产扶持政策，抓好粮食收购，调动农民种粮积极性；加强粮食流通能力建设，推动粮食产业转型升级；深化国有粮食企业改革，积极发展粮食现代物流产业；落实地方粮食储备计划，创新储备机制，储足管好地方粮食储备；健全粮食区域调控机制和应急保供体系，强化粮食市场监管，维护粮食市场稳定；落实粮食质量安全监管责任，提升监管水平；大力推进节粮减损，引导城乡居民健康消费。

（三）落实部门责任。区政府建立落实粮食安全责任制联席会议制度，负责协调处理保障粮食安全中的重要事项。区粮食局负责做好粮食收购、地方储备粮油管理、市场调控、应急保供，推进粮食流通体制改革、现代粮食流通产业发展和粮食市场体系建设，并依法履行监管职能。区发改委负责粮食总量平衡，组织实施粮食进出口计划，会同区粮食局制定实施粮食仓储物流发展规划。区财政局负责安排粮食仓储、物流建设等资金，并实施监管；安排区级储备粮油补贴资金；安排粮食直补等资金。区委农办负责培育粮食生产新型经营主体和农业产业化龙头企业，推进土地流转，创新社会化服务，落实财政扶持奖补。区农委负责督促各镇（区、街道）完成区政府下达的粮食播种面积、产量，指导和服务粮食生产，负责监督耕地质量，负责健全重要农资储备制度、稳定农资价格，负责粮食生产质量安全。区国土局负责监督基本农田保护面积和耕地保有量目标的实现。区水利局负责农田水利设施建设、农业节水等。区物价局负责贯彻落实国家最低收购价等粮食价格政策，组织开展粮食市场价格监督检查，规范市场价格秩序；会同区粮食局负责主要粮食品种成本调查、价格监测预警工作。区市场监管局和区粮食局按照职责分工，负责粮食市场和粮食质量、卫生的监督检查。区统计局负责与粮食安全相关的统计监测。区农发行负责地方粮油储备信贷资金需要及政策性用粮贷款安排。区委宣传部负责科学储粮、节粮减损等宣传教育。其它涉及的部门和单位依据工作职责，履行工作任务。

二、巩固提高粮食综合生产能力

（一）坚决守住耕地红线。区各有关部门及各镇（区、街道）要切实履行耕地保护责任，落实最严格的耕地保护制度。划定永久基本农田，实行特殊保护，稳定耕地数量，提高耕地质量。强化地力建设，大力推进深耕深松、秸秆还田、测土配方施肥、施用有机肥等措施，不断提升耕地质量水平。严格非农建设占用耕地管理，严格耕地占补平衡，实行耕地“占一补一”“先补后占”“占优补优”。要积极推广剥离耕作层土壤再利用，开展补充耕地土壤改良和培肥。严格执行领导干部耕地和基本农田保护离任审计制度，加强对耕地和基本农田保护的审计监督。（责任单位：区国土局、区农委、区农办、区审计局）

（二）加强农田基础设施建设。坚持把农田水利作为基础设施建设的首要任务，积极推广应用节水灌溉技术，扩大有效灌溉面积，解决好农田灌溉“最后一公里”问题。统筹规划农业综合开发，积极改造中低产田，建设旱涝保收、稳产高产的高标准农田，强化农田基础设施建设，提高粮食综合生产能力。加强气象基础设施建设，提高灾害性天气预测预报预警水平，增强粮食防灾减灾能力。（责任单位：区发改委、区农委、区国土局、区水务局、区气象局）

（三）提高粮食生产水平。发挥财政资金引导作用，重点加强良种、良法、良田等新技术研发，鼓励引导社会资本参与粮食生产科技创新与推广运用，努力提高科技对粮食生产的贡献率。深化种业体制改革，积极培育具有自主知识产权的优良品种，建立“育繁推一体化”机制，培育具有竞争力的育种企业。推广应用“高产、优质、多抗”粮油品种，提高优良品种覆盖率。推广普及水稻机插秧、小麦精量播种、肥水精准运筹等关键技术，提高粮食单产水平。加强重大病虫害防控,提高高产稳产能力。落实农机具购置补贴政策,强化农机农艺深度融合,实现粮食作物品种、栽培技术和机械装备的集成配套。建立农技推广机构和人员绩效激励机制,推动先进适用农业技术落地见效。(责任单位:区农委、区科技局、区人社局、区财政局)

(四)全面推行粮食标准化生产。建立健全农业标准化体系,从以提高粮食产量为主向产量、质量、效益并重转变,不仅要稳定产量,更要保证质量和调优品种,健全农产品标准化生产、投入品监管、安全可追溯、质量诚信、安全监管和检测“六大体系”,让老百姓吃上优质放心粮,确保老百姓“舌尖上的安全”。积极推广土壤测土配方,精准施肥,推广使用高效、低残留农药,逐步减少化肥、农药使用量,努力实现“十三五”全区化肥、农药减量化、零增长,走出一条产品安全、产出高效、资源节约、环境友好的农业生产新路子。(责任单位:区农委、区科技局、区环保局)

(五)发展粮食适度规模经营。大力发展各种形式的适度规模经营,积极推广联耕联种。积极培育种粮大户、家庭农场、农民合作社、农业产业化龙头企业等新型粮食生产经营主体,鼓励发展规模化、专业化、现代化粮食生产经营。对各类粮食经营主体用于晾晒、烘干、仓储和农机库棚等配套设施用地给予支持。建立健全承包土地经营权流转市场,鼓励有条件的农户在自愿的前提下,依法有偿将承包土地经营权流转给新型粮食生产主体,重点支持土地经营规模 100 亩至 300 亩的农户家庭农场。在流转过程中,严禁农田“非农化”,一旦发现要立即制止,并由属地负责确保整改复耕到位。采取财政扶持、信贷支持等措施,推广“联耕联种”“代种代管”“订单种植”“示范全程托管”等粮食生产经营服务模式,对种粮大户和粮食生产社会化服务组织进行奖补。(责任单位:区委农办、区农委、区国土局、区财政局、区粮食局)

(六)落实和完善粮食生产扶持政策。完善和落实粮食补贴政策,提高补贴精准性、指向性。加强补贴资金监管,确保资金及时、足额补贴到粮食生产者手中。引导和支持金融机构为粮食生产者提供信贷等金融服务。完善农业保险制度,对粮食作物保险给予支持。发挥政策资金引导作用,通过贴息、奖励、风险补偿等措施,带动更多的金融资本和社会资本投入粮食产业。健全重要农资储备制度,稳定农资价格。(责任单位:区委农办、区农委、区粮食局、区财政局、区供销社)

三、抓好粮食收购储备管理

(一)落实粮食收购政策。严格执行国家粮食收购政策,充分发挥国有粮食企业主导作用,鼓励和引导符合条件的多元市场主体参与粮食收购。优化粮食库点布局,改善仓储设施,扩大收储能力,满足农民售粮需要。支持建立以政府为主导、财政性资金注入等多渠道筹集的粮食收购共同担保基金,搭建企业自主收购融资平台。制定实施非正常年景和粮食质量异常情况下粮食收购应急处置预案,帮助农民减轻损失,防止不符合质量安全标准的粮食流入市场。农业发展银行等金融机构要安排落实粮食收购资金,足额及时发放政策性粮食收购贷款,对符合贷款条件的企业可根据其风险承受能力加大对自主收购粮食的支持力度。加强粮食市场监管,严格执行收购市场准入制度,规范各类主体的粮食收购行为,维护良好的粮食收购市场秩序,严厉打击“转圈粮”“打白条”、压级压价、抬级抬价等收购行为,保障好国家和粮农的利益。(责任单位:区粮食局、区市场监管局、区物价局、区财政局、盐都国税局、盐都地税局、农业发展银行盐都支行)

(二)加强粮食产销合作。加强域内粮食产销合作,发展订单农业,采取技术支持、品牌共建、战略合作、基地种植等多种方式,通过政策、资金扶持,推进本地粮源“订单种植”、“订单收购”,培育和支持粮食产业化龙头企业,推广建立“公司+基地+合作社农户”的模式,切实掌控本地粮源。积极开展省内、省际间粮食产销合作,为企业搭建合作平台,落实用好国家有关粮食运输补贴政策,积极争取和支持主销区在我区投资建设粮源基地和仓储物流设施,鼓励企业在主销区建设稳定的销售渠道和营销网络。农发行等金融部门要为产销合作、代购代储等提供信贷支持。建立多形式、深层次、长期稳定的粮食产销合作关系,促进粮食经济繁荣稳定发展。(责任单位:区粮食局、区委农办、区农委、区财政局、农业发展银行盐都支行)

(三)储足管好地方粮食储备。认真落实省、市政府下达的粮食储备计划,完善储备粮管理制度,保证储备粮数量充足、结构合理、质量良好、调用高效。根据辖区内人口数量和消费需求的变化,适时调整优化储备粮布局和品种结构,逐年适当增加成品粮油应急储备规模,保障调控市场和应急供应的需要。要确保省、市政府下达的粮食储备规模到位,确保储备费用和利息补贴资金及时足额到位。加强储备粮油日常管理,严格库存和质量管理,推行储备粮油月报季查制度,落实封闭运行管理要求,完善轮换管理和库存监管机制。支持地方储备粮可视化信息监管系统建设,增强粮食仓储、粮情等信息共享、实时监控能力。落实地方储备粮企业税收优惠政策,对承担粮食收储任务的国有粮食购销企业销售的粮食免征增值税;对改制重组后的国有和国有控股粮食企业,继续给予原国有粮食购销企业免征增值税等优惠;对从事地方粮油储备、最低收购价等政策性业务的国有和国有控股粮食企业,参照中央粮油储备企业免征城镇土地使用税、房产税、印花税、营业税。对困难国有粮食购销企业落实有关免征或减征税收政策。(责任单位:区粮食局、区发改委、区财政局、盐都国税局、盐都地税局、农业发展银行盐都支行)

(四)创新地方粮食储备机制。探索建立政府储备和社会储备相结合的粮食储备新机制。按照粮权与事权相统一的原则,探索建立政府储备粮统一管理体系,明确管理责任主体,加快推行地方储备粮贷款集中统一管理。运用财政、金融、投资等政策手段,建立政府掌控的社会粮食周转储备。鼓励符合条件的多元市场主体参与地方粮食储备工作。完善地方储备粮油轮换奖惩机制,激励承储企业减少保管环节损失,提高仓储管理效益。推广地方储备轮换公开市场竞拍销售机制,把握轮换时机、优化轮换节

奏，发挥储备经营对粮食市场的调控稳价效应。(责任单位：区粮食局、区财政局、区发改委、农业发展银行盐都支行)

四、积极推动粮食产业改革转型

(一) 加强粮食物流市场体系建设。对接国家和省、市粮食物流通道建设，优化粮食仓储物流布局，加快发展现代粮食物流体系，打通粮食物流通道，降低粮食物流成本，提升粮食物流效率。将成品粮油供应网络建设纳入城镇建设规划和商业网点规划。积极打造地方大米品牌，培育建设一批成品粮批发市场，制定实施成品粮批发市场建设用地、进场交易客户税费、物流运输等优惠政策，支持发展分级储运、流通加工、配送、电子商务和期货贸易等现代服务方式。(责任单位：区粮食局、区发改委、区财政局、区商务局、区住建局、区国土局)

(二)提升粮食仓储设施建设管理水平。组织实施粮食收储供应安全保障工程，将粮食仓储物流设施作为现代农业重要基础设施抓紧建设，到"十三五"末国有粮食企业总仓容达到30万吨，其中现代型仓容达70%以上，粮食烘干装备能力达10万吨。将产粮大县奖励资金，优先保障粮食产能规划建设项目的相关配套，重点保障粮食仓储物流、粮油生产和产业发展支出，用于粮食仓储物流、质量检测、烘干设施等支出达到50%以上。要积极争取中央、省、市用于粮食仓储物流等各项财政资金，引导社会资本参与，加快粮食仓储物流设施的改造和建设。同时要加强国有粮食仓储建设，发挥其在收购中的主渠道作用，确保不出现"卖粮难"。落实粮库仓储建设新征用地，保障粮食仓储物流项目设施的改造和建设。对因区划调整，河流、道路闭塞丧失吸纳功能的国有粮食企业要盘活资产，对新建粮库执行相关税费减免政策。配置先进适用的粮食收储专用设备，推广应用散装、散卸、散储、散运技术，提高作业效率。确保新建粮库的仓容和仓型满足储粮需要，符合安全、绿色和节能减排的要求。利用现代信息技术，全面推进智慧粮库和粮食流通管理平台建设，加快提高智慧粮库覆盖率和粮政管理部门互联互通率，形成覆盖全区国有粮食企业的信息化管理体系。建立国有粮食仓储物流设施保护制度，政府投资为主建设的粮食仓储、物流、市场等设施，未经粮食行政管理部门同意，不得擅自处置和变更用途。(责任单位：区粮食局、区财政局、区发改委、区国土局、区住建局、盐都地税局)

(三)推动粮食产业转型升级。开展现代粮仓科技应用示范，支持粮食收储企业广泛应用机械通风、粮情检测、环流熏蒸、低温储粮等新技术。落实国有粮食购销企业、粮油加工企业和产业化龙头企业的有关税收政策。对粮库粮食仓储、粮食初加工用电，执行农业生产电价。培育壮大粮食类农业产业化龙头企业。扶持大型粮食流通领军企业建立质检监测和科技研发中心。鼓励争创"中国驰名商标"、省著名商标、市知名商标，加强品牌建设，形成一批以地产粮油为主的有影响力的产品品牌，推动粮食企业对外合作，培育具有区域市场竞争力的大型粮食企业集团。鼓励企业延伸粮食加工产业链，开发新型优质健康粮油产品，推进粮油深加工和副产品循环利用，提高产品附加值。(责任单位：区粮食局、区委农办、区农委、区市场监管局、区经信委、区科技局)

(四) 深化地方国有粮食企业改革。贯彻深化国有粮食企业改革的部署要求，积极推进国有粮食企业兼并重组，优化产权结构，转换经营机制，建立现代企业制度。区政府授权粮食行政主管部门履行国有资产出资人职责，负责国有粮食企业的资产运营与管理。在改制重组过程中，根据实际情况选择有利于企业改革的土地使用权处置方式，对地方国有粮食企业现有划拨土地，通过补交土地出让金的方式办理土地出让手续，企业补交确有困难的，区政府积极协调财政国土等部门支持解决；将划拨土地使用权评估后作价入股新成立的粮食集团；土地挂牌出让处置收益，全额纳入地方基金预算管理，实行"收支两条线"，用于粮食流通基础设施建设，支付人员分流补偿，妥善解决国有粮食企业欠缴职工社会保险费等问题。对国有粮食购销企业仓储用地由划拨改出让的，按照出让程序从简从快办理手续。对土地资产处置过程中，国有粮食企业办理企业房产证、土地证等需要交纳的有关收费，予以减免或按最低标准收取。坚持稳定公益性和放活经营性相结合，国有粮食储备企业对政策性储备业务，要切实加强管理，做强做实主业，坚持公益优先，注重社会效益、兼顾经济效益；对经营性业务，要放开搞活，创新体制机制，鼓励和支持民间资本参与，积极发展混合所有制经济，坚持效率优先，注重经济效益。加强粮食企业国有资产监管，建立经营业绩考核和责任追究制度，强化国有企业经营投资责任，防范国有资产流失，保障企业职工合法权益。支持发展民营粮食企业和粮食经纪人。鼓励粮食企业利用期货市场规避经营风险。加强政策扶持和要素保障，推动粮食企业改革发展，着力培育对区域粮食安全保供具有"压舱石"作用的国有或民营粮食企业集团和大粮商。(责任单位：区粮食局、区发改委、区财政局、区人社局、区国土局、区住建局、区市场监管局、盐都国税局、盐都地税局)

五、保障区域粮食市场稳定

(一)健全粮食调控机制。发挥储备粮稳价保供功能，把握地方储备轮换销售节奏，充分发挥调控市场、稳定粮价效应。健全粮食市场监测预警，建立粮食生产、流通、加工和消费统计调查体系，准确反映粮食供需状况。落实粮食经营信息统计报告制度，督促各类涉粮企业建立经营台账，定期向粮食行政管理部门报送统计数据。发挥物联网、大数据信息技术在粮食调查统计、监测预警中的作用，加强粮食市场监测、分析。发展面向全社会的粮食市场信息服务体系，促进粮食流通和市场稳定，引导粮食生产和消费。认真执行国家粮食进出口政策，加强进口粮食质量安全把关，严厉打击粮食走私。(责任单位：区粮食局、区统计局、区物价局、区发改委)

(二)健全粮食应急保供体系。制定实施粮食应急供应保障体系建设规划，加大财政投入，力争经过3年努力，基本建立全区粮食应急供应保障体系，原则上每个镇(区、街道)建有1个以上应急供应网点，大市区盐都辖区每3万人至少有1个应急供应网点，并配套相应的应急加工企业、储备设施和配送中心。成品粮油要按照省下达的储备规模充实到位。整合现有放心粮油店、应急供应网点资源，拓展服务领域，拓宽服务项目，建设保障网点。积极实施“放心粮油店”政府为民办实事工程，建设覆盖辐射各镇（区、街道）的放心粮油网点，便于居民就近购买放心粮油产品。按照政府引导、分级负担、社会参与的原则，采取企业自愿、政府认定、部门监管、合同约束、动态调整的方式，选择符合条件的粮食加工、运输和经营企业承担应急供应任务，实行统一挂牌，给予政策扶持。建立对特殊群体的粮食供应保障制度，保证贫困人口和低收入阶层等对粮食的基本需要。每年组织粮食应急保供的安全演练，保证平时可控，急时可用。（责任单位：区粮食局、区财政局、区民政局、区商务局、区市场监管局）

（三）强化粮食市场监管。健全粮食市场监测预警和监管协调机制，完善相关部门联动执法和信息共享制度，提高执法效能。强化对粮食收购、批发、粮油加工和零售等重点环节经营行为的监督检查，坚决打击不执行国家最低收购价收购政策、囤积居奇、哄抬粮价、压级压价、以次充好、掺杂使假、计量作弊等扰乱市场秩序的行为。组织开展粮食库存和地方储备粮油专项检查，落实粮食经营者最低和最高库存制度。建立粮食经营者信用评价体系，加大信用信息成果运用，建立粮食经营企业失信名单制度，褒扬诚信，惩戒失信。（责任单位：区粮食局、区市场监管局、区物价局）

六、加强粮食质量安全监管

（一）强化粮食质量源头治理。建立耕地生态环境监测网络，加强对耕地土壤、灌溉用水等农业生态环境监管、检测、保护和修复，加强对农业污染源的监测预警，控制工业“三废”和农业面源污染。加强以重金属污染为重点的耕地与农产品调查监测，从源头上防治粮食污染。健全化肥、农药等农业投入品监督管理制度，大力推广有机肥、高效缓释肥和低毒低残留农药，逐步减少化肥、农药用量。建设农村垃圾、农药包装废弃物、污水等处理系统，加强农作物秸秆、畜禽粪便污水的资源利用，有效解决耕地面源污染问题。（责任单位：区农委、区国土局、区水务局、区市场监管局、区环保局）

（二）完善粮食质量安全监管体系。严格执行粮食质量安全标准，建立健全农业、粮食、市场监管等部门质量安全监测机构并充分发挥其作用，加强粮食生产、收购、入库、出库和入市质量检测，实行从田间到餐桌的全过程监管，加强预警，严防发生区域性、系统性粮食质量安全风险。建立健全粮食识别代码，实现粮食流通全程可追溯管理。加强对农药残留、重金属、真菌毒素超标粮食的管控，探索超标粮食处置渠道，建立超标粮食处置长效机制，禁止不符合食品安全标准的粮食进入口粮市场。（责任单位：区粮食局、区农委、区法制办、区市场监管局）

（三）落实粮食质量安全监管责任。实行粮食质量安全监管责任制和责任追究制度，落实地方政府属地管理责任和企业生产经营主体责任。建立粮食质量安全监管部门协调联动和信息通报机制，粮食、农业、市场监管等部门要切实担负起粮食质量安全监管责任。要按照“五有”（有机构、有人员、有场所、有检测设施、有经费保障）要求，加强粮油质量检测能力建设，提升基层粮食质量安全监管能力，强化区、镇（区、街道）两级监管责任。开展粮食质量安全治理整顿，完善不合格粮食处理和有关责任者处罚机制。（责任单位：区粮食局、区市场监管局、区农委）

七、落实各项保障措施

（一）加强制度建设。建立粮食安全目标管理制度，分解落实盐城市人民政府下达的保障粮食安全相关任务，并层层签订责任状。建立联席会议制度，每半年召开一次责任单位会议，通报粮食安全责任制落实情况。建立报告制度，区政府每年年初向盐城市政府报告上一年度区域耕地变化以及粮食生产、流通、储备、保供等方面的应急情况。建立重点工作督查落实制度，每年年中对粮食安全责任制落实中的重点和难点组织督查推进。建立人才保障制度，加快引进和培养粮食生产、流通、加工等经营管理人才和专业人才，并纳入全区人才工作规划。（责任单位：区政府办、区粮食局、区发改委、区农委、区财政局、区人社局、区国土局）

（二）强化监督考核。建立粮食安全工作绩效考核机制，由区政府办牵头，会同区有关部门，抓紧制定具体监督考核办法，确保责任落实到位，每年组织有关部门对各镇（区、街道）落实粮食安全责任制情况进行考核。对成绩突出的给予表扬和奖励，对不合格的予以通报批评、责令整改，重大情况及时向区政府汇报。（责任单位：区粮食安全责任制联席会议各成员单位）

（三）严格责任追究。建立责任追究制度，对没有完成责任制规定任务并造成严重影响，或者发生重大粮食质量安全事件的，依照有关规定追究相关部门和责任人员的责任。（责任单位：区粮食安全责任制联席会议各成员单位）

（四）全面实施节粮减损。建立中小学爱粮节粮教育社会实践基地和未成年人社会实践基地，深入开展爱粮节粮宣传教育，让爱粮节粮走进社区、家庭、学校、军营、机关、企业，形成人人爱粮惜粮的良好风尚。推行科学文明餐饮消费方式，抵制和反对浪费粮食行为，形成人人爱惜粮食的良好风尚。在粮食生产、流通、消费领域全面推广节粮减损新设施、新技术、新装备，大幅度降低粮食损耗。大力推广农户科学储粮。引导粮食加工企业合理控制加工精度，避免过度加工造成粮食浪费和营养流失，提高成品粮出品率和副产品综合利用率。（责任单位：区委宣传部、区文明办、区粮食局、区教育局、区总工会、区科协、区妇联、区工商联、团区委）

盐城市盐都区人民政府
印发关于加强投融资工作和重点工程建设资金管理的意见的通知

都政发〔2016〕109号　2016年9月5日

一、强化资源整合，推进平台提升

（一）按功能定位差别化推进投融资平台建设。加强国家产业政策研究，按照现代企业制度要求，合理定位各融资平台功能和发展方向。盐高新集团要在年内实现实质化运作，并加快做好高新区三个街道投融资平台的整合工作。市城镇化公司要加快推进对全区城镇化方面资源和有效资产的整合进度，逐步打造成集团公司。区国投公司、交建公司、水投公司要在巩固现有业务基础上积极谋求新的发展思路。滨湖街道盐城市大纵湖湖区资源开发有限公司、潘黄街道江苏盐西新城投资发展有限公司、盐渎街道盐城市盛州实业有限公司要通过对所属区域资源进行整合做大做强。其他镇（区、街道）要对规模小、承载能力弱的投融资平台公司进行整合，原则上每家至多保留1个投融资平台。各农村街道要全面完成投融资平台清理。[区财政局牵头，相关部门、各镇（区、街道）和投融资平台配合]

（二）加快整合区内资产资源。结合全区行政事业单位资产清查工作，对全区现有资产和资源进行全面摸底统计。区国土、住建、规划等部门负责协调解决确权发证；相关资产委托中介机构评估并经区财政、国资、审计等部门认定后，结合各投融资平台资产负债状况及今后承担的建设任务，分类逐步注入相关投融资平台。其中：区财政局负责教育、卫生、文化等行政事业单位的经营性资产资源和其他区级行政事业单位的资产资源；市城镇化公司负责盐都驻市老城区相关资产的评估和划转；区住建局负责城建管养范围内的绿化、路灯，城建投资建设的基础设施、大马沟生态公园等资产资源；区交运局负责交通系统管养范围内的道路、桥梁、交通广告资源、交通投资建设的基础设施、公交基础设施以及房屋土地等资产资源；区水务局负责防汛抗旱工程及水务系统管理的河道闸站、水利工程设施、上下水综合管网和污水处理厂等资产资源；区城管局负责城市空间广告、环境卫生设施、垃圾处理设施等资产资源；区农委负责生态林木资源。镇级投融资平台代建的公益性资产由所属镇（区、街道）负责。（区国资办牵头，区国土分局、区住建局、区规划分局、区交运局、区水务局、区城管局、区农委、区财政局、区审计局、市城镇化公司等部门配合）

（三）促进投融资平台信用等级提升。各投融资平台要着力做好信用等级巩固和提升工作，盐高新集团力争年内通过AA+级信用评审，区国投公司确保维护好现有AA级信用等级，市城镇化公司年内确保通过AA级信用评审，盐渎街道盛州实业、潘黄街道盐西新城、滨湖街道湖区开发公司、龙冈镇盐龙湖公司要力争通过AA级信用评审，其他板块也要提前为评级工作做好准备。〔区财政局牵头，区发改委、区交运局、相关镇（区、街道）和投融资平台配合〕

（四）增强投融资平台实体化运营能力。对投融资平台代建的公益性项目逐步回购，由区政府（或委托区财政局）依据财力情况与投融资平台签订回购协议，形成应收应付账款机制。推行农业、水利、交通等重点工程及城市公用基础设施、社会民生保障等公益性项目资金拨付方式改革，增加投融资平台的经营收入和现金流。投融资平台要超前谋划转型发展，积极开拓新产品新市场。盐高新集团要加快银行体系建设，发起成立村镇银行，入股其他股份制银行及有海外背景的金融机构，同时加快推动有条件的子公司进入资本市场进程；市城镇化公司要积极探索园区建设、养老旅游、资本运作等多元化发展途径，有效提升经营收益；其他有条件的投融资平台要依据自身功能定位和区域特点，积极创造实体化运营条件。（区财政局牵头，区住建局、区交运局、区水务局、区民政局、各投融资平台等部门配合）

二、提升筹资能力，支持城市建设

（五）加强重点工程和融资的计划管理。与年度财政预算同步编制、同步审核、同步报批重点工程建设计划和融资计划，并积极探索中期规划编制。每年10月份，由区发改委牵头编制次年重点工程建设计划，由区财政局牵头编制次年债务预算，报区政府确定后，于次年2月份前下达。年度内需新增的重大城乡建设项目，经区政府同意后，纳入年度计划统一管理。（区发改委、区财政局负责）

（六）完善土地出让和指标使用体系。合理把控全区土地出让节奏，2016年经营性用地出让面积不低于800亩，以后年度依据土地经营效益和用量情况，逐年增加。建立区级土地计划指标交易平台，通过有偿收购和转让方式促进各镇（区、街道）增减挂钩、工矿废弃地整治及占补平衡指标合理配置。高新区盐龙街道要充分利用好市政府支持政策，确保每年经营性用地出让面积不低于400亩并进行实质性建设，增加相关投融资平台有效资产。〔区国土分局牵头，区规划分局、区住建局、区财政局、各镇（区、街道）配合〕

（七）合理确定土地出让收入区级统筹比例。经济主体板块区级统筹的10%经营性用地出让金，其他镇（区、街道）区级统筹的8%经营性用地出让金，专项用于区重点工程和基础设施建设。（区国土分局牵头，区财政局配合）

（八）建立重点工程和公益性项目财政投入机制。从2016年起，区财政每年按不低于新增财力20%比例，安排专项资金用于重点工程建设；同时，每年在一般公共预算和政府性基金预算中，适度安排公益性项目回购资金。逐步提高投融资平台国有资本经营收益上缴比例，

2016—2017年为20%,2018—2019年为25%,2020年达到30%,形成上缴后由区财政根据需要安排支出的机制。(区财政局牵头,区国资办、各投融资平台配合)

(九)清理整合专项资金。牢固确立“集中财力办大事”的思想,大力整合区级财政专项资金。从2016年起,除支持产业发展专项资金外,对其他各类专项资金,通过清理取消一批、调整合并一批、压缩削减一批的办法,每年将资金规模缩减5%~10%,力争2018年总体规模比2015年减少20%,节约资金主要用于重点工程建设。(区财政局牵头,各相关部门配合)

(十)设立重点工程风险资金池。通过区财政安排偿债准备金、整合地方政府存量债务置换债券资金和土地出让收入等方式,设立重点工程风险资金池,按照“救急不救穷”原则,主要用于投融资平台续贷“过桥”和突发风险处置,确保到2017年底规模达10亿元。由区财政安排部分注册资金,寻求与信誉好、实力强、资金成本低的金融和基金机构合作,探索设立重点工程发展基金,用于引导社会资本支持城市基础设施建设。(区财政局负责)

(十一)面向市场直接融资。投融资平台要大力争取金融机构借基金和信托渠道发行的直接融资产品,积极扩大与保险资金的合作,进一步扩宽融资渠道。对投融资平台的直接融资项目,相关部门要在项目立项、审批、材料上报等过程中给予支持帮助。盐高新集团、区国投公司每年都要实现直接融资目标,并尽快在境外资本市场融资方面取得突破,其他区级投融资平台从2017年起要逐步在直接融资方面取得实质性进展。(区财政局牵头,区发改委、区金融办、区住建局、区环保局、区规划分局、区国土分局、各投融资平台配合)

(十二)扩大与政策性银行合作。与中国农业发展银行、国家开发银行和中国进出口银行签署全面战略合作协议。重点在棚户区旧城改造、旅游、养老、水利河道疏浚、改善农村人居环境、土地综合整治、新农村城乡统筹发展等项目上,寻求政策性银行中长期贷款、农发基金、项目资本金专项基金和地方债券资金持续突破。(区财政局牵头,各投融资平台配合)

(十三)积极开拓其他筹资渠道。大力推广和应用PPP模式,对投资规模大、有稳定现金流、收费定价机制灵活透明的重点工程优先应用PPP模式。积极研究产业基金模式,充分发挥农业、旅游、社会事业、城市道路以及镇(区、街道)特色产业优势,重点洽谈旅游产业基金、社会事业产业基金以及特色产业的产业基金,为全区特色产业注入引导基金。进一步提升与商业银行合作水平,积极挖掘产业资源,选择棚户区改造、地下管廊、城市供水和污水处理、电商、物流商贸等金融部门重点支持项目,在期限长、综合成本低的信贷产品方面寻求提升。积极研究上级政策导向,不断加大向上争取资金力度,强化对争取资金工作的考核激励。〔区发改委和区财政局牵头,各相关部门和镇(区、街道)及投融资平台配合〕

三、加强债务管理,防范财政风险

(十四)明确债务管理职责。各相关部门、镇(区、街道)和各投融资平台的融资行为需报区政府审批后方可实施。要严格按照政府债务性质厘定偿还主体责任,逐步剥离有经营收益项目债务的政府偿债责任。区财政局负责重点工程融资计划的编制和审核,政府性债务举借审批和成本控制,办理和完善融资支持和服务手续,加强对投融资平台日常管理监督,严格对外投资管理,防范经营风险。建立常态化的政府债务报表制度,及时掌握债务资金筹集、分配、使用和偿还情况;强化债务负担率、偿债率、债务率等指标分析,对债务风险实行动态监控。区国资办要进一步完善投融资平台法人治理结构,实施薪酬制度改革,建立与经营实绩、债务压降、风险控制等量化指标相关的投融资平台考核体系。区发改委要及时开展公益性项目投资评审工作。(区财政局、区发改委、区国资办牵头,区审计局和各投融资平台配合)

(十五)强化财政资金借出和归还责任。区直行政事业单位和镇(区、街道)因履行职责急需资金确需借款的,应向区政府提出书面申请,经区政府批准后,由区财政局与借款单位签订借款协议。借款单位若不能按时还款,区财政局采取扣减财政预算往来等措施回收借款,逾期借款未偿还的,不予新增借款。(区财政局负责)

(十六)完善对外担保和过桥资金管理办法。规范担保和过桥行为,防范财政金融风险。严禁各投融资平台和镇(区、街道)财政擅自为企业进行担保和过桥,严格各投融资平台之间互相担保行为,非经区政府批准,投融资平台之间不得相互担保。区国投公司和区中小企业担保公司的担保和过桥资金业务,由区财政局牵头建立审查委员会专家库,负责审查事宜。审委会表决通过的过桥资金和单户企业总担保额1000万元(含)以上或涉及政府直接债务的担保项目,由区财政局核准后报区政府审批;单户企业总担保额1000万元(不含)以内的项目,由区财政局负责审批。其他投融资平台和镇(区、街道)要依据自身实际,参照建立相应制度和方案。高新区所属企业的担保和过桥资金业务,单户总额在1000万元以内的,由高新区负责;单户总额1000万元以上的,报区政府审批。〔区财政局牵头,区国投公司、中小企业担保公司、各镇(区、街道)和投融资平台配合〕

(十七)调整优化债务结构。全面实行债务增长限额管理,高新区可根据发展需要适量举债,其他镇(区、街道)和部门要严控债务增量。大力推进以期限长、成本低的中长期贷款和直接融资置换成本较高、期限短的存量债务,积极争取国家和省置换存量债务的债券资金,置换到期政府债务。全面清理置换现有社会借资债务,严禁新发生社会个人直接借资或以转存本金形式变相增加社会个人借资,严禁借用非政府平台类企业融资,违反规定的,区纪委和监察局要及时介入查处。〔区财政局、区纪委、区监察局牵头,各镇(区、街道)和投融资平台配合〕

四、创新工作举措,强化机制保障

(十八)加强对投融资平台财务监管。区级及以上投融资平台财务业务由区财政局管理和指导,区级以下投融资平台由同级镇(区、街道)财政所管理和指导。财政部门负责督促投融资平台执行财经法律法规,支持财务、内部审计人员依法行使职权,及时发现和制止可能造成国有资产损失的经营行为；督促、指导、协助建立健全内部财务管理监督制度；及时做好重要财务报表审核和参与重大投资项目财务决策；参与拟定涉及财务方面的重大计划和方案等。(区财政局负责)

(十九)实施全过程审计监督。发挥审计部门职能作用，对区委、区政府确定的重点工程，区审计局要全程跟踪审计监督，严格执行审计复核制度。加强工程竣工决算审计，重点工程竣工验收后，及时出具工程决算审计报告，保障重点工程资金安全、高效使用。加强对全区投融资平台公司财务审计，每年至少对区级以上投融资平台进行一次全面审计，确保财务管理透明、合规、安全。(区审计局负责)

(二十) 加强投融资管理人才和机构建设。大力实施专业人才引进战略，有计划、有步骤地引进一批掌握现代金融理论和企业资本运作的专门人才，探索实施投融资平台高管人员契约化试点，逐步建立职业经理人制度，通过多元化的运作方式，努力帮助投融资平台建立一支熟悉资本运行规律、具备风险管控能力、富有创新能力和实践经验的融资团队，其中区级投融资平台主要财务监管人员由区政府统一委派或招录并加强培训，形成有效的监管机制。设立债务和重大项目专门管理机构，负责年度重点工程和融资计划编制执行、重点工程建设情况分析，政府性债务统计、审核汇总及投融资情况分析。(区委组织部、区编办牵头，区发改委、区财政局、区人社局配合)

附件

加强投融资工作和重点工程建设资金管理工作任务分解表

表32

序号	工作任务	具体实施内容	责任部门
一、强化资源整合，推进平台提升			
1	按功能定位差别化推进投融资平台建设	年内实现实质化运作，同时加快做好高新区内相关投融资平台整合	盐高新集团牵头，盐龙街道、盐渎街道、潘黄街道配合
		加快推进对全区城镇化方面资源和有效资产整合进度，逐步打造成集团公司	市城镇化公司
		巩固现有业务，积极谋求新的发展思路	区国投公司、区交建公司、区水投公司
		高新区之外的镇(区、街道)要对所属投融资平台公司进行整合，原则上每家至多保留1个投融资平台。各农村街道要全面完成投融资平台清理	相关镇(区、街道)
2	加快整合区内资产资源	教育、卫生、文化等行政事业单位的经营性资产资源和其他区级行政事业单位的资产资源的统计、评估、确权发证工作	区财政局牵头，区国资办、区住建局、区国土分局、区规划分局配合
		盐都驻市老城区相关资产评估和划转工作	市城镇化公司牵头，区国资办、区住建局、区国土分局、区规划分局配合
		城建管养范围内的绿化、路灯，城建投资建设的基础设施，以及大马沟生态公园等资产资源的统计、评估、确权发证工作	区住建局牵头，区国土分局、区规划分局配合
		交通系统管养范围内的道路、桥梁、交通广告资源、交通投资建设的基础设施、公交基础设施以及房屋土地等资产资源的统计、评估、确权发证工作	区交运局牵头，区住建局、区国土分局、区规划分局配合
		防汛抗旱工程及水务系统管理的河道闸站、水利工程设施、上下水综合管网和污水处理厂等资产资源的统计、评估、确权发证工作	区水务局牵头，区住建局、区国土分局、区规划分局配合
		城市空间广告、环境卫生设施、垃圾处理设施等资产资源的统计、评估、确权发证工作	区城管局牵头，区住建局、区国土分局、区规划分局配合
		生态林木资源的统计、评估、确权发证工作	区农委牵头，区住建局、区国土分局、区规划分局配合
		镇级投融资平台代建的公益性资产的统计、评估、确权发证工作	相关各镇(区、街道)负责
3	促进投融资平台信用等级提升	盐高新集团力争年内通过AA+级信用评审	盐高新集团负责，区财政局、区发改委配合
		区国投公司确保维护好现有AA级信用等级	区国投公司负责，区财政局、区发改委配合
		市城镇化公司确保年内通过AA级信用评审	市城镇化公司负责，区财政局、区发改委配合
		盐渎街道盛州实业、潘黄街道盐西新城、滨湖街道湖区开发公司、龙冈镇盐龙湖公司要力争通过AA级信用评审；其他板块提前做好投融资平台工作信用评级相关准备工作	相关投融资平台负责，区财政局、区发改委配合

续表32

序号	工作任务	具体实施内容	责任部门
4	增强投融资平台实体化运营能力	实行公益性项目回购，形成投融资平台应收应付账款机制；改革重点工程和公益性项目资金拨付方式，增加投融资平台的经营收入和现金流	区财政局
		加快银行体系建设，发起成立村镇银行，入股其他股份制银行及有海外背景的金融机构，推动有条件的子公司进入资本市场	盐高新集团
		探索多元化发展途径，有效提升经营收益	市城镇化公司
		积极创造实体化运营条件	相关投融资平台
二、提升筹资能力，支持城市建设			
5	加强重点工程和融资的计划管理	做好重点工程建设计划编制和管理工作	区发改委
		做好债务预算编制和管理工作	区财政局
6	完善土地出让和指标使用体系	2016年全区经营性用地出让面积不低于800亩，以后年度依据土地经营效益和用量情况，逐年增加	区国土分局
		建立区级土地计划指标交易平台，通过有偿收购和转让方式促进土地指标资源合理配置	区国土分局牵头，区规划分局、区住建局、区财政局、各镇(区、街道)配合
		充分利用好市政府支持政策，确保每年经营性用地出让面积不低于400亩并进行实质性建设，增加相关投融资平台有效资产	盐龙街道、盐渎街道、潘黄街道及相关投融资平台
7	合理确定土地出让收入区级统筹比例	经济主体板块经营性土地出让金区统筹10%；其他镇(区、街道)统筹8%	区国土分局、区财政局
8	建立重点工程和公益性项目财政投入机制	每年按不低于新增财力20%比例，安排专项资金用于重点工程建设；在一般公共预算和政府性基金预算中，适度安排公益性项目回购资金	区财政局
		逐步提高投融资平台国有资本经营收益上缴比例，2016—2017年为20%，2018-2019年为25%，2020年达到30%，形成上缴后由区财政根据需要安排支出的机制	区财政局和区国资办牵头，各投融资平台配合
9	清理整合专项资金	除产业扶持类资金外的其他专项资金，每年缩减规模5%~10%，力争2018年总体规模比2015年减少20%	区财政局牵头，相关部门配合
10	设立重点工程风险资金池	设立重点工程风险资金池，按照"救急不救穷"的原则，用于投融资平台续贷"过桥"和突发风险处置，确保到2017年底资金池规模达到10亿元；安排部分注册资金，与金融和基金机构合作，探索设立重点工程发展基金	区财政局
11	面向市场直接融资	大力争取金融机构借基金和信托渠道发行的直接融资产品，积极扩大与保险资金的合作，进一步扩宽融资渠道	各投融资平台
		帮助投融资平台做好直接融资过程中的项目立项、审批、材料上报等工作	各相关部门
		盐高新集团、区国投集团每年都要实现直接融资目标并尽快在境外资本市场融资方面取得突破，其他区级投融资平台从2017年起要逐步在直接融资方面取得实质性进展	相关投融资平台
12	扩大与政策性银行合作	与中国农业发展银行、国家开发银行和中国进出口银行签署全面战略合作协议，在棚户区旧城改造、旅游、养老、水利河道疏浚、改善农村人居环境、土地综合整治、新农村城乡统筹发展等项目方面争取政策性银行中长期贷款、农发基金、项目资本金专项基金和地方债券资金	区财政局、各投融资平台
13	积极开拓其他筹资渠道	大力推广和应用PPP模式，投资规模大、有稳定现金流、收费定价机制灵活透明的重点工程优先应用PPP模式	区财政局、各投融资平台
		积极研究产业基金模式，重点洽谈旅游产业基金、社会事业产业基金以及特色产业的产业基金；提升与商业银行合作水平，优选期限长、综合成本低的信贷产品；积极研究上级政策导向，不断加大向上争取资金力度，强化对争取资金工作的考核激励	区发改委、区财政局、相关部门和镇(区、街道)及投融资平台

续表32

序号	工作任务	具体实施内容	责任部门
三、加强债务管理，防范财政风险			
14	明确债务管理职责	编制和审核重点工程融资计划，对政府性债务进行举借审批和成本控制，办理和完善融资支持和服务手续，监督投融资平台日常管理，严格对外投资管理，防范经营风险；建立常态化的政府债务报表制度；实行动态监控债务风险	区财政局牵头，各投融资平台配合
		完善投融资平台法人治理结构，实施薪酬制度改革，建立投融资平台考核体系	区国资办牵头，各投融资平台配合
		及时开展公益性项目投资评审工作	区发改委牵头，各投融资平台配合
15	强化财政资金借出和归还责任	区直行政事业单位和镇（区、街道）急需资金确需借款的，应向区政府提出书面申请，经区政府批准后，由区财政局与借款单位签订借款协议	区财政局
		借款单位不能按时还款，采用扣减预算往来方式回收借款，逾期借款未偿还的，不予新增借款	
16	完善对外担保和过桥资金管理办法	严禁各投融资平台和镇（区、街道）财政擅自为企业进行担保和过桥，严格各投融资平台之间互相担保行为，非经区政府批准，投融资平台之间不得相互担保	各镇（区、街道）和投融资平台
		区财政局牵头建立审查委员会专家库，负责审查国投公司和中小企业担保公司的担保和过桥资金业务；表决通过的过桥资金和单户企业总担保额1000万元（含）以上或涉及政府直接债务的担保项目，由区财政局核准后报区政府审批；单户企业总担保额1000万元（不含）以内的项目，由区财政局负责审批。其他投融资平台和镇（区、街道）应参照建立相应制度和方案	区财政局、各镇（区、街道）和投融资平台
		高新区所属企业的担保和过桥资金业务，单户总额在1000万元以内的，由高新区负责；单户总额1000万元以上的，报区政府审批	高新区
17	调整优化债务结构	严格控制融资平台债务规模	区财政局、区纪委、区监察局、各投融资平台
		积极争取更多的政策性银行贷款、资本市场直接融资和长期贷款，置换成本较高的存量债务	
		全面清理置换现有社会借资债务，严禁新发生社会个人直接借资或以转存本金形式变相增加社会个人借资，严禁借用非政府平台类企业融资；对违反规定行为及时介入查处	
四、创新工作举措，强化机制保障			
18	加强对投融资平台财务监管	区财政局管理和指导区级及以上投融资平台财务业务，同级镇（区、街道）财政所管理和指导区级以下投融资平台	区财政局、各镇（区、街道）
		督促投融资平台执行财经法律法规，支持财务、内审人员依法行使职权；帮助建立健全内部财务管理监督制度；及时做好重要财务报表审核和参与重大投资项目财务决策；参与拟定涉及财务方面的重大计划和方案等	
19	实施全过程审计监督	对区委、区政府确定的重点工程，要全程跟踪审计监督，严格执行审计复核制度；加强工程竣工决算审计，重点工程竣工验收后，及时出具工程决算审计报告；每年至少对区级以上投融资平台进行一次全面审计	区审计局牵头，相关部门、镇（区、街道）和投融资平台配合
20	加强投融资管理人才和机构建设	实施专业人才引进战略，实施投融资平台高管人员契约化试点，建立职业经理人制度，帮助投融资平台建立融资团队，	区组织部、区编办、区人社局
		由区政府统一委派或招录投融资平台的主要财务监管人员，并加强培训，形成有效的监管机制	区组织部、区编办、区财政局、区人社局
		设立债务和重大项目专门管理机构，明确工作职责	区财政局、区发改委

盐城市盐都区人民政府
关于推进2017年度农村水利工作的意见

都政发〔2016〕134号　2016年12月26日

附件：加强投融资工作和重点工程建设资金管理工作任务分解表

一、指导思想及目标任务

全面贯彻党的十八大及十八届四中、五中、六中全会精神和习近平总书记系列重要讲话精神，牢固树立创新、协调、绿色、开放、共享的发展理念，推进供给侧结构性改革，围绕水利现代化建设的要求，以建设旱涝保收高标准农田、改善农村水环境、推进农业水价综合改革、健全长效管护机制和完善基层水利服务体系为重点，全面提升安全度汛防御能力，全力推进节水灌溉设施建设，着力破解农田水利“最后一公里”难题，加大“农村河道整治三年行动计划”推进力度，加强组织领导，广泛宣传发动，加大资金投入，强化建设管理，严格监督考核，全面提升农业综合生产能力、防灾减灾能力、供水保障能力和水土资源利用效率，为全区农村经济社会又好又快发展提供更加有力的水利基础支撑和保障。

2017年度全区农村水利工作总体目标：疏浚整治农村河道269条、234.54公里；完成排涝闸站32座、防洪闸119座、灌溉站17座、低压管道3.30公里、防渗渠2.20公里，小沟建筑物54座；完成蟒蛇河综合治理21公里；加固加修圩堤18.99公里；完成农桥100座；推进农业水价综合改革。

二、工作重点

1.蟒蛇河整治工程。初步概算投资约5.8亿元，其中建设投资2.62亿元、征迁投资3.18亿元。工程主要建设内容包括：干法拓浚蟒蛇河中段河道21公里，水下疏浚张庄段河道0.9公里，加固两岸堤防42公里，全线生态防护44.67公里，新建拆建防洪闸50座、排涝闸站25座，拆建跨河桥梁4座。

2.农村河道疏浚整治工程。根据《盐城市农村河道整治三年实施方案(2015—2017)》要求，继续对大、中沟实施轮浚，对小沟集中连片推进、整镇整村治理。全区计划疏浚农村河道269条、234.54公里。

3.小型农田水利重点县。主要实施楼王、学富2个项目区，新(拆)建排涝闸站7座、防洪闸8座、灌溉站17座、低压管道3.30公里、防渗渠2.20公里，小沟建筑物54座。其中楼王项目区：排涝闸站3座、灌排闸站1座、防洪闸3座、灌溉站9座、低压管道3.30公里、防渗渠2.20公里、小沟建筑物42座；学富项目区：排涝闸站2座、灌排闸站1座、防洪闸5座、灌溉站8座、小沟建筑物12座。

4.重点隐患圩堤加固工程。对圩堤损毁比较严重的重点患工险段，采取加高扩宽、新建防洪墙等方式，进行维修加固。建设资金区镇各半承担，区级资金实行以奖代补。全年计划整治圩堤18.99公里，涉及大纵湖、楼王、北龙港、秦南、龙冈、郭猛、大冈、张庄等镇(街道)。

5.病危圩口闸拆建工程。计划用两年时间将全区范围内的闸门高程不足、防渗长度不够、挡墙破损严重等存在问题的143座病危圩口闸进行改造。建设资金区镇各半承担，区级资金实行以奖代补。2017年计划拆建61座病危圩口闸。

6.农村小型桥梁建设。依据规划和项目建设管理要求，继续加快实施农村小型公益设施桥梁建设，全年计划新建改造农村小型桥梁100座。进一步规范农桥建设管理程序，提高农桥建设质量标准，落实管护主体，发挥应有效益。

7.稳步推进农业水价综合改革。贯彻落实上级农业水价综合改革实施意见，制定实施方案和年度计划，稳步推进农业水价综合改革。实行农业灌溉用水总量控制和定额管理，加快明确农业水权，稳步开展农业水权确权登记，积极探索和规范农业节余水量交易转让和回购。合理制定农业水价并适时调整，探索实行农业用水分类定价，逐步实行超定额累进加价制度。加强高效节水灌溉工程和农业用水计量设施配套建设，建立农业用水精准补贴机制和节水奖励机制，深化小型水利工程管理体制改革，实现农业节水增效减排和农田水利工程良性运行。

三、主要措施

1.强化组织领导，全面落实责任。各镇(区、街道)要抢抓当前有利时机，大兴农村水利建设。主要负责人作为农村水利建设第一负责人，要亲自过问，抓好组织发动；分管负责人具体负责，要亲临一线，抓好工作协调和措施落实，确保2017年农村水利建设顺利推进。各有关部门要加强配合，协同推进。水务部门要积极当好政府的参谋，切实履行职能，做好项目规划、施工组织、技术服务和运行管理等工作，同时要迅速落实全区重点隐患圩堤和病危圩口闸的规划设计工作，保证项目顺利开工建设；农办、发改、财政等部门要做好政策、计划指导、资金等工作；农委、开发、国土等部门要做好高标准农田建设、植树造林、土地整理等项目与农村水利建设整合工作，统一规划，统筹安排，提高涉农项目建设综合效益；住建、环保、卫生等部门要做好农村河道控源减排工作。

2.多方筹措资金，加大投入力度。各镇(区、街道)要充分发挥在农村水利建设中的主体作用，将农村水利作为公共财政投入的重点领域，建立健全公共财政对农田水利投入的稳定增长机制。水务等部门要认真研究国家、省市补助政策，组织项目包装，争取上级项目资金。严格“一事一议”程序，形成全社会共同兴修水利的良好局面。

3.严格建设管理，保证工程质量。对照年度目标，进一步细化分解任务，落实工作责任，统筹协调推进。加快建设进度，明确竣工时间，倒排工程工期，强化节点控制，保证时序进度，确保工程及早开工建设，及时投入使用发挥效益。对农村水利重点工程，全面落实项目法人负责、监理单位控制、施工企业保证、政府部门监督相结合的水利工程质量管理体系，正确处理好设计、施工、管理与质量安全的关系，进一步加大水利工程质监和安监力度，防止发生质量和安全事故。

4.深化水利改革，创新管理模式。贯彻落实《农田水利条例》，推进农田水利法治化。加快推进农业水价综合改革，坚持典型引路，进一步整合资源，积极打造具有较强创新性、先进性和影响力的改革典型，以乡镇为单位，先行先试，总结经验，通过示范引导、典型引路，全面推动改革工作。继续深入推进小型水利工程管理体制改革工作，强化管护主体责任意识，加大区级督查考核力度，全面提升小型水利工程管护水平。

5.严格督查考核，注重宣传引导。各镇(区、街道)要按照全区统一部署，细化实施方案。区政府建立严格的考核奖惩机制，将2017年农村水利工作完成情况纳入镇(区、街道)年度目标考核，加大工程质量、工程进度、资金使用督查考核力度，定期通报，及时督促落实整改，对整改不到位和连续督查进度较慢的镇（区、街道)，要适时启动约谈机制。要利用多种方式和媒体，全方位做好信息报送和典型宣传工作，大力营造全社会关心、各部门支持和参与农田水利基础建设的浓烈氛围。

附件：盐都区2017年度农村水利建设任务分解表

附件

盐都区2017年度农村水利建设任务分解表

表33

镇　别	农村河道三年行动			防洪闸(座)				排涝闸站(座)	灌溉站(座)	圩堤加固(公里)	备注
	条数(条)	长度(公里)	疏浚土方(万立方米)	合计	病危圩口闸拆建工程	小型农田水利重点县工程	蟒蛇河整治工程				
合　计	269	234.54	216.27	119	61	8	50	32	17	18.99	
大纵湖				9	4		5	4		1.50	
滨　湖								2			
楼　王	40	40.54	50.74	12	8	3	1	6	9	2.23	
北龙港				1	1					2.00	
学　富	18	11.05	9.72	23	4	5	14	6	8		
中　兴	14	13.7	8.23	4	4						
尚　庄	41	44.55	36.48								
秦　南	25	24.71	24.71	16	2		14	8		1.50	
北　蒋											
龙　冈	50	42.17	29.76	14	8		6	2		4.20	
鞍　湖	6	8.15	4.48	6			6	4			
郭　猛				5	5					4.86	
大　冈	25	7.41	6.54	11	11					0.70	
盐渎(冈中)	8	2.95	1.37								
盐　龙				4			4				
张　庄	27	28.04	33.65	10	10					2.00	
潘　黄											
台创园(葛武)	15	11.27	10.59	4	4						

盐城市盐都区人民政府
关于整合妇幼保健和计划生育技术服务资源的实施意见

都政发〔2016〕141号　2016年12月30日

一、指导思想和基本原则

（一）指导思想

贯彻落实党的十八大、十八届三中、四中、五中、六中全会和习近平总书记视察江苏重要讲话精神，认真执行《中华人民共和国母婴保健法》、《中华人民共和国母婴保健法实施办法》和《江苏省实施<中华人民共和国母婴保健法>办法》，坚持计划生育基本国策，坚持保健与临床相结合的妇幼卫生工作方针，坚持以妇女儿童健康为中心，优化资源配置，严格依法管理，构建优质高效、群众满意的妇幼健康服务体系，提升妇幼健康服务能力，保障全面两孩政策顺利实施，推动出生人口素质和妇女儿童健康水平进一步提高。

（二）基本原则

1.坚持政府主导，强化公益性质。强化政府在资源统筹、工作协调和财政投入等方面的责任，健全服务体系，提高妇幼健康服务水平，突出妇幼保健计划生育服务机构的公益性质。

2.坚持完善功能，实现公平可及。坚持妇幼卫生工作方针和保健与临床相结合的机构发展方向，完善区级妇幼保健计划生育服务机构保健和临床服务功能，加强医疗卫生机构妇幼健康相关服务能力建设，实现妇幼健康服务的公平可及。

3.坚持深化改革，着力提高效能。优化资源配置，推动妇幼保健和计划生育技术服务实现资源共享、优势互补。改革妇幼保健计划生育服务机构管理体制和运行机制，完善妇幼健康服务和管理模式，提升服务效率。

4.坚持积极稳妥，体现因地制宜。从满足群众需求出发，在区确定的总体框架下，根据本地工作实际制订切实可行的优化整合方案，积极妥善推进妇幼保健和计划生育技术服务资源优化整合工作，确保妇幼保健与计划生育工作同步加强。

二、主要任务

（一）整合建立妇幼保健计划生育服务机构

妇幼保健机构和计划生育技术服务机构整合的总体要求是“区合、镇增强、村共享”。区、镇（街道）妇幼保健机构和计划生育技术服务机构资源整合后，原机构的房屋、设备等各类资产，原则上全部划归整合后的妇幼保健计划生育服务机构，实行统一管理、调配和使用，防止国有资产流失。

1.区级。合并区妇幼保健所和区计划生育指导站，组建新的区妇幼保健所，增挂“盐都区妇幼保健计划生育服务中心”牌子，策应全面两孩政策的实施。区级妇幼保健计划生育服务中心要进一步增强与妇女儿童健康密切相关的基本医疗服务功能，提高相关服务能力，积极创造条件在符合大市区医疗机构设置规划的基础上开展区妇幼保健院建设。加强妇幼健康服务机构标准化建设，不得以租赁、合作、组建医疗集团等形式改变妇幼健康服务机构的独立法人资格和所有权性质，不得以其他名称进行执业登记，确保有一所政府举办、独立建制的妇幼保健院或妇幼保健计划生育服务中心。

2.镇级。将原来的镇（街道）计划生育服务中心技术服务职能划入镇卫生院（社区卫生服务中心），在镇卫生院（社区卫生服务中心）增挂“××镇（街道）妇幼保健计划生育服务站”牌子，接受区卫生计生行政部门和镇政府（街道办事处）双重管理，以区卫生计生行政部门管理为主。镇卫生院（妇幼保健计划生育服务站）领导干部由区卫生计生行政部门征求镇政府（街道）意见后任用。镇级计划生育管理工作仍由镇政府（街道办事处）负责，加强镇（街道）卫生计生办计划生育管理职责。

3.村级。在村卫生室（社区卫生服务站）增挂“××镇（街道）××村（居）计划生育服务室”牌子。保留计划生育专干，与村医共同做好妇幼保健和计划生育技术服务相关工作，巩固基层卫生计生工作网底。

（二）明确妇幼保健计划生育服务机构职责

1.区妇幼保健所（区妇幼保健计划生育服务中心）主要承担辖区内妇女保健、儿童保健、孕前和孕产期保健、婚前医学检查、产前筛查（诊断）、新生儿疾病筛查、计划生育技术服务、信息咨询、避孕药具管理与不良反应监测和出生缺陷综合防治等公共卫生服务以及妇女儿童常见疾病防治等临床医疗服务；开展辖区内妇女儿童健康状况及影响因素调查，提出健康促进计划的建议，并负责妇幼健康信息管理、服务质量监测、技术培训和适宜技术推广等工作；受主管行政部门委托，对下级机构的业务进行指导与评价，并做好辖区妇幼健康服务工作检查与考核等；承担母婴保健相关法律证件管理、妇幼重大公共卫生服务项目管理。区级妇幼保健计划生育服务机构要加强对下级机构的技术指导与培训，接受下级转诊。

2.镇卫生院或街道社区卫生服务中心（妇幼保健计划生育服务站）。承担辖区内妇女保健、儿童保健、孕前和孕产期保健服务以及妇女儿童常见疾病防治等临床医疗服务。承担计划生育技术服务、优生指导、药具发放、随访服务等任务。落实基本公共卫生服务项目，协助开展妇幼重大公共卫生服务项目。协助采集相关信息，做好流动人口计划生育相关服务工作，对村级计划生育专干提供业务培训指导。对村级妇幼保健人员做好业务培训和指导。

3.村卫生室（计划生育服务室）。积极推动妇幼保健与计划生育技术服务工作融合，鼓励开展与妇幼保健、计划生育相关的健康管理服务，并纳入个性化签约服务内容，提升村级妇幼健康水平。计划生育专干主要负责计划生育政策宣传教育、药具发放、组织动员、优惠政策落实、信息收集上报等相关事务与群众工作。

（三）增强妇幼保健计划生育技术服务力量

区妇幼保健所（区妇幼保健计划生育服务中心）依据国家标准，结合区域卫生和计划生育事业发展规划以及承担的功能任务等因素合理配备专职保健、临床医疗、护理以及医技和后勤管理等相关人员。整合后，各级妇幼保健机构计划生育服务机构人员编制总数应不低于原有妇幼保健机构和计划生育技术服务机构人员编制总和，保持人员队伍稳定。人员配备不足、服务能力弱的地方应予以加强。区级机构卫生技术人员比例应当不低于总人数的80%。

区原有计划生育技术服务人员实行“老人老办法”，不改变原有编制性质及经费形式，在职时实行同工同酬。新进人员按照整合后确定的人员编制管理。镇级妇幼保健和计划生育技术服务资源整合后，原计划生育技术服务机构的编制和人员原则上按照“编、人随事走”的要求划转和安置，对非专业技术人员，在尊重其个人意愿基础上，结合其能力与实际工作需要，妥善分流安置。

三、保障措施

（一）加强组织领导。各地要充分认识机构改革、转变职能的重要意义，切实加强对技术服务资源优化整合工作的领导，加强调研摸底，适时组织学习考察，结合当地实际，科学制定具体可行的实施方案，做好干部职工思想工作，保证整合工作顺利进行。要坚持正确的舆论导向，宣传计划生育基本国策和开展资源整合的重要意义，形成有利于改革发展的良好舆论环境。市政府已将资源整合工作纳入对县（市、区）政府年度卫生计生目标责任制考核，明确要求县、镇级整合工作在2016年12月底前完成。各地也要将优化整合妇幼保健和计划生育技术服务资源工作纳入当地经济社会发展规划和政府目标责任制考核，明确时序、倒排工期，定期进行督导评估，确保整合工作稳妥有序推进。

（二）落实财政投入。妇幼保健计划生育服务机构是提供公共卫生服务的公益性事业单位，省财政厅、卫计委、人社厅联合印发的《关于进一步完善政府卫生投入政策的指导意见》（苏财社〔2015〕127号）明确规定，其基本建设、设备购置等发展所需经费由政府根据公共卫生事业发展需要足额安排，所需人员经费、公用经费和业务经费根据人员编制、任务完成及考核情况，由政府预算全额安排，并随经济社会发展相应调整保障标准。机构承担的围产保健、妇女保健、儿童保健、计划生育基本技术服务、出生缺陷预防等免费公共卫生服务费用由各级财政承担。认真贯彻落实财政投入政策，加强和省、市发改等相关部门对接，积极争取省、市项目资金支持，确保妇幼保健计划生育服务机构健康发展。

（三）强化服务监管。卫生计生行政部门要依法及时审批整合后妇幼保健计划生育服务机构的医疗机构和母婴保健技术服务等执业资格，变更相关人员执业信息，加强对机构、人员、技术等服务要素准入管理，确保整合后新成立的机构和从业人员持证执业率100%。要以助产技术、计划生育技术、产前诊断技术和人类辅助生殖技术等为重点，全面强化依法执业观念，定期组织质量评价，规范妇幼健康服务行为，确保服务质量和安全。认真组织开展妇幼健康优质服务示范工程创建活动，推动妇幼保健和计划生育技术服务工作持续健康发展。

（四）夯实计生工作。在优化整合妇幼保健和计划生育技术服务资源过程中，要严格执行计划生育政策，确保计划生育工作责任到位、措施到位、投入到位。要稳定和加强基层计划生育管理工作力量，进一步强化镇（街道）卫生计生办和村计生专干职责的履行，妥善解决好镇、村两级计划生育管理人员的相关待遇问题。全面落实免费基本计划生育技术服务，严格计划生育药具规范管理，提高计划生育技术服务水平，维护育龄群众身心健康。认真落实计划生育奖励政策，维护群众合法权益。

（五）推进标准化建设。要将妇幼保健计划生育服务机构标准化建设纳入各级“十三五”卫生计生事业发展规划、妇女儿童发展规划，和区域医疗服务体系建设规划一并统筹谋划；列为深化医改暨综合医改试点重点工作和政府为民办实事工程项目以及供给侧结构性改革补短板工作的重要内容，扎实加以推进。各地要以资源优化整合为契机，按照《转发国家卫生计生委关于妇幼健康服务机构标准化建设与规范化管理的指导意见和各级妇幼健康服务机构业务部门设置指南的通知》以及《江苏省基层医疗卫生机构妇幼健康规范化门诊评审标准（试行）》要求，加强妇幼健康服务机构和基层医疗卫生机构妇幼健康服务门诊规范化建设。改善业务用房和装备条件，提升机构建设水平。加快推进妇幼保健计划生育技术服务信息化建设，完善预约挂号、候诊时间预告和实时叫号、结果查询、远程会诊以及妇幼健康业务技术服务和信息收集、汇总、分析等功能，年内实现与市卫生信息平台的互联互通。“十三五”末，基层医疗卫生机构妇幼规范化门诊建成率80%以上。

（六）加强人才培养。制定妇幼保健计划生育技术人才队伍建设规划，并纳入全区卫生计生人才队伍建设的总体规划。完善机构、人员准入标准和管理制度，加强妇幼保健和计划生育技术服务人员配备。紧抓省卫计、教育、发改、财政、人社、编办六部门开展农村订单定向医学生免费培养的政策机遇，出台措施，解决基层专业人才短缺问题。强化在职教育和培训，积极选派技术人员参加国家、省、盐城举办的人才培训项目。对从事妇幼保健、计划生育技术服务人员的职称晋升、薪酬分配给予政策倾斜，健全计划生育药具管理与宣传教育职称评定制度。

（七）创新服务模式。区、镇、村三级妇幼保健计划生育服务机构要坚持“连续服务、主动服务、上门服务、责任到人”的服务模式，为群众提供优质便捷的妇幼健康服务。充分发挥妇幼保健计划生育技术服务相关行业协会等社会组织的优势和作用，做好政府转移服务职能的衔接工作，提高服务可及性。鼓励妇幼保健计划生育服务机构采用中医药技术提供妇幼保健和计划生育相关服务。

·主要文件目录·

表34

文　　号	发文时间	文　　件　　标　　题
都发〔2016〕1 号	1 月 18 日	关于印发 2016 年全区八大类重点工程项目任务的通知
都发〔2016〕2 号	1 月 30 日	关于加强招商选资工作的意见
都发〔2016〕3 号	2 月 20 日	关于加快推进农业现代化促进农民持续增收的政策意见
都发〔2016〕4 号	2 月 23 日	关于加强供给侧改革促进工业经济转型发展的意见
都发〔2016〕5 号	3 月 14 日	关于区委常委会"三严三实"专题民主生活会情况的通报
都发〔2016〕6 号	4 月 13 日	关于落实省委巡视反馈意见整改情况的报告
都发〔2016〕7 号	6 月 7 日	关于加强区镇人大工作和建设的实施意见
都发〔2016〕8 号	6 月 12 日	印发《关于推进供给侧结构性改革的实施方案》的通知
都发〔2016〕9 号	7 月 22 日	关于"十三五"期间人口和计划生育工作考核评估意见
都发〔2016〕10 号	10 月 14 日	转发《中共盐城市盐都区人大常委会党组关于做好全区区镇两级人民代表大会换届选举工作的意见》的通知
都发〔2016〕11 号	12 月 2 日	批转《区委组织部、区委统战部关于政协盐都区第十四届委员会人事安排的意见》的通知
都发〔2016〕12 号	12 月 5 日	关于加快发展服务业促进产业升级的若干意见
都发〔2016〕13 号	12 月 13 日	关于 2016 年度全区目标任务综合考核的意见
都发〔2016〕14 号	12 月 22 日	印发《中共盐城市盐都区委关于运用监督执纪"第一种形态"的实施细则(试行)》的通知
都发〔2016〕15 号	12 月 29 日	转发《区委宣传部、区司法局关于在全区公民中开展法治宣传教育的第七个五年规划(2016–2020 年)》的通知
都委发〔2016〕1 号	1 月 22 日	关于认真组织开展 2015–2016 年度全区基层党员干部冬训工作的通知
都委发〔2016〕2 号	2 月 3 日	关于区委常委工作分工的通知
都委发〔2016〕3 号	2 月 3 日	关于区四套班子领导挂钩联系镇(区、街道)工作的通知
都委发〔2016〕4 号	2 月 17 日	关于表彰 2015 年度全区先进纪检监察组织和优秀纪检监察干部的决定
都委发〔2016〕5 号	2 月 4 日	关于表彰 2015 年度全区目标任务综合考核先进集体和先进个人的决定
都委发〔2016〕6 号	2 月 29 日	关于选派省第九批科技镇长团的请示
都委发〔2016〕7 号	2 月 29 日	关于命名表彰 2014–2015 年度文明创建工作先进集体的决定
都委发〔2016〕8 号	4 月 5 日	关于同意设立区人大常委会盐渎街道工作委员会的批复
都委发〔2016〕9 号	4 月 8 日	关于成立盐城高新区建设推进领导小组的通知
都委发〔2016〕10 号	4 月 15 日	关于认真做好镇领导班子换届工作的通知
都委发〔2016〕11 号	4 月 15 日	关于成立区镇党委换届工作领导小组的通知
都委发〔2016〕12 号	5 月 9 日	关于召开中国共产党盐城市盐都区第十四次代表大会的请示
都委发〔2016〕13 号	5 月 30 日	关于区四套班子领导挂钩联系镇(区、街道)禁毒工作的通知
都委发〔2016〕14 号	6 月 28 日	关于表彰优秀共产党员、优秀房屋工作者和先进基层党组织的决定
都委发〔2016〕15 号	6 月 29 日	关于调整国防动员委员会成员的通知
都委发〔2016〕16 号	6 月 30 日	关于区委常委工作分工的通知
都委发〔2016〕17 号	7 月 2 日	关于成立盐城智能终端产业发展领导小组的通知
都委发〔2016〕18 号	7 月 5 日	关于调整区委政法委员会成员的通知
都委发〔2016〕19 号	7 月 26 日	关于调整盐都区预防职务犯罪工作领导小组的通知
都委发〔2016〕20 号	9 月 5 日	关于确定盐都区出席中国共产党盐城市第七次代表大会代表候选人预备人选的情况报告
都委发〔2016〕21 号	10 月 14 日	关于成立创建国家全域旅游示范区工作指挥部的通知
都委发〔2016〕22 号	10 月 18 日	关于申报新一轮农村改革试验区的请示

续表34

文　　号	发文时间	文　件　标　题
都委发〔2016〕23 号	10 月 27 日	关于成立创建全国文明城市领导小组和指挥部的通知
都委发〔2016〕24 号	11 月 1 日	关于成立第十一届村委会和第六届社区居委会换届选举工作指导小组的通知
都政发〔2016〕2 号	1 月 18 日	关于实施 2016 年为民办实事项目的通知
都政发〔2016〕3 号	1 月 4 日	关于加快建设阜兴泰高速公路建湖至兴化段的请示
都政发〔2016〕4 号	1 月 5 日	关于印发区级行政权力事项目录清单管理办法(试行)的通知
都政发〔2016〕5 号	1 月 6 日	关于调整 2016 年度新型农村合作医疗筹资标准和补偿方案的通知
都政发〔2016〕6 号	1 月 16 日	关于印发盐城市盐都区国民经济和社会发展第十三个五年规划纲要的通知
都政发〔2016〕7 号	1 月 7 日	关于同意成立盐城智能终端产业研究院的请示
都政发〔2016〕9 号	1 月 11 日	关于印发盐都区政府文艺奖评审办法的通知
都政发〔2016〕10 号	1 月 11 日	关于加强非物质文化遗产保护工作的意见
都政发〔2016〕11 号	1 月 11 日	关于盐都区非物质文化遗产项目保护单位和代表性传承人管理暂行办法
都政发〔2016〕12 号	1 月 27 日	关于进一步做好防范和处置非法集资工作的实施意见
都政发〔2016〕13 号	1 月 13 日	关于请求安排城西片区城市河道综合整治首批分担资金的请示
都政发〔2016〕14 号	1 月 15 日	关于拟承办 2016 年中国盐城沿海湿地国际公路自行车赛盐都站的请示
都政发〔2016〕15 号	1 月 20 日	关于申请江苏省同一乡镇范围内村庄建设用地布局调整试点的请示
都政发〔2016〕16 号	1 月 29 日	关于请求将腾飞路西延至 204 国道的请示
都政发〔2016〕17 号	2 月 1 日	关于申报江苏省第二批农村电子商务示范县的请示
都政发〔2016〕18 号	2 月 17 日	关于公布 2015 年度农村环境管理工作考核结果的通知
都政发〔2016〕19 号	2 月 17 日	关于表彰 2015 年度目标任务综合考核先进单位的决定
都政发〔2016〕20 号	2 月 20 日	关于印发 2016 年政府工作报告主要目标任务分解表的通知
都政发〔2016〕21 号	2 月 22 日	关于兑现 2015 年度全民创业和民营经济发展奖扶资金的通知
都政发〔2016〕22 号	2 月 29 日	关于请求将家家爱棚户区改造地块国有土地收益基金用于该地块征地拆迁补偿的请示
都政发〔2016〕23 号	2 月 29 日	关于将保障性安居工程建设和旧城区改建项目纳入 2016 年度国民经济和社会发展计划的请示
都政发〔2016〕24 号	2 月 29 日	关于撤销原新都街道办事处的请示
都政发〔2016〕25 号	2 月 29 日	关于印发盐城市盐都区危险化学品事故应急救援预案的通知
都政发〔2016〕26 号	2 月 29 日	关于印发盐城市盐都区烟花爆竹事故应急救援预案的通知
都政发〔2016〕27 号	3 月 1 日	关于加强环境监管网格化建设的实施意见
都政发〔2016〕28 号	3 月 1 日	关于请求将潘黄街道棚改安置房建设项目投资收益和回购资金列入财政预算的请示
都政发〔2016〕29 号	3 月 2 日	关于明确 2016 年度财政收入目标的通知
都政发〔2016〕30 号	3 月 4 日	关于请求同意盐城顺丰速运有限公司分批缴纳住房公积金的请示
都政发〔2016〕31 号	3 月 8 日	关于下达盐都区 2016 年国有土地上房屋征收计划的通知
都政发〔2016〕32 号	3 月 9 日	关于请求批准新建 66 路公交停车场的请示
都政发〔2016〕33 号	3 月 11 日	关于下达 2016 年人力资源和社会保障工作目标任务的通知
都政发〔2016〕38 号	3 月 14 日	关于兑现 2015 年度建筑企业获奖项目奖励资金的通知
都政发〔2016〕39 号	3 月 16 日	关于请求对我区秦南等乡镇土地利用总体规划进行修改的请示
都政发〔2016〕40 号	3 月 21 日	关于申请设立江苏盐城盐都台湾农民创业园管委会的请示
都政发〔2016〕48 号	3 月 23 日	关于盐城高新区拟发行中票和短融的请示
都政发〔2016〕49 号	3 月 23 日	关于请求解决廉租房和经济适用房指标的请示
都政发〔2016〕50 号	3 月 23 日	关于请求解决盐城小马沟体育公园有关问题的请示
都政发〔2016〕51 号	3 月 26 日	关于请求批准盐城万达广场项目地下室出土夜间运输的请示
都政发〔2016〕52 号	3 月 29 日	关于

续表34

文　　号	发文时间	文　　件　　标　　题
都政发〔2016〕53 号	4 月 6 日	关于请求同意我区镇村布局规划审批的请示
都政发〔2016〕54 号	4 月 8 日	关于请求同意我区申报地下综合管廊省级试点城市的请示
都政发〔2016〕55 号	4 月 8 日	关于申报 2016 年地下综合管廊省级设点城市的报告
都政发〔2016〕56 号	4 月 11 日	关于成立盐都区(高新区)规划建设委员会的通知
都政发〔2016〕57 号	4 月 12 日	关于提请将大纵湖(盐城市域)退圩(围)还湖项目贷款本息纳入区财政预算的请示
都政发〔2016〕58 号	4 月 13 日	关于做好 2016 年民兵组织整顿工作的通知
都政发〔2016〕59 号	4 月 19 日	关于印发盐城市盐都区食品安全事故应急预案的通知
都政发〔2016〕60 号	4 月 21 日	关于请求安排城建重点项目康庄大道工程建设土地指标的请示
都政发〔2016〕61 号	4 月 29 日	关于公布 2015 年度
都政发〔2016〕62 号	4 月 29 日	关于请求召开盐城高新区总体发展战略规划(2015–2030)专家评审会的请示
都政发〔2016〕65 号	4 月 29 日	关于申请 285.7 亩融资用地挂牌上市的请示
都政发〔2016〕6 号	5 月 5 日	关于请求对蟒蛇河水上旅游线路总体规划进行评审的请示
都政发〔2016〕67 号	5 月 6 日	关于下达 2016 年度城建工作任务的通知
都政发〔2016〕68 号	5 月 11 日	关于请求将我区四所高中或有债务转化为一般债务的请示
都政发〔2016〕69 号	5 月 14 日	关于加快江苏大吉发电有限公司垃圾焚烧发电项目搬迁的请示
都政发〔2016〕70 号	5 月 17 日	2015 年度地方政府债券自查及整改情况汇报
都政发〔2016〕71 号	5 月 18 日	关于请求同意我区大纵湖镇总体规划审批的请示
都政发〔2016〕72 号	5 月 18 日	关于申请新建生猪定点屠宰厂的请示
都政发〔2016〕73 号	5 月 30 日	关于报请审批盐城市盐都区郭猛镇同一乡镇范围内村庄建设用地布局调整试点工作实施方案的请示
都政发〔2016〕75 号	6 月 2 日	关于对金融机构信贷投放进行考核奖励的意见
都政发〔2016〕76 号	6 月 6 日	关于建立健全粮食安全责任制的实施意见
都政发〔2016〕77 号	6 月 6 日	关于对盐城市江洲染整有限公司地块进行收储的请示
都政发〔2016〕78 号	6 月 7 日	关于进一步做好新形势下就业创业工作的实施意见
都政发〔2016〕79 号	6 月 12 日	关于下达 2016 年全区教育事业招生计划的通知
都政发〔2016〕80 号	6 月 12 日	关于请求安排盐城小马沟体育公园农用地转征用指标的请示
都政发〔2016〕81 号	6 月 12 日	关于请求出具关于保障性安居工程直接债务融资工作函的请示
都政发〔2016〕82 号	6 月 12 日	关于请求出具盐城市盐都区国有资产投资经营有限公司注册发行非公开定向债务融资工具说明的请示
都政发〔2016〕85 号	6 月 12 日	关于请求出具盐城市盐都区国有资产投资经营有限公司注册发行短期融资券说明的请示
都政发〔2016〕86 号	6 月 14 日	关于盐城高新区和盐城技师学院合作办学的请示
都政发〔2016〕87 号	6 月 16 日	关于申报中国曲艺之乡的请示
都政发〔2016〕88 号	6 月 22 日	关于调整盐城市盐都区楼王镇省级生态公益林部分小班的请示
都政发〔2016〕89 号	6 月 28 日	关于做好城乡建设用地增减挂钩与工矿废弃地复垦利用工作的实施意见
都政发〔2016〕92 号	6 月 30 日	关于请求解决盐城高新区连接线工程项目用地指标的请示
都政发〔2016〕93 号	7 月 4 日	关于印发征兵工作量化考评暂行办法的通知
都政发〔2016〕94 号	7 月 23 日	关于盐都区水上集中居住区综合整治工作情况总结的报告
都政发〔2016〕95 号	7 月 23 日	关于请求解决盐城市第三人民医院北院全科医师临床培养基地建设相关问题的请示
都政发〔2016〕96 号	7 月 25 日	关于公布 2015 年度征兵工作考核结果的通知
都政发〔2016〕97 号	7 月 27 日	关于请求帮助办理汽车后服务市场规划布点的请示
都政发〔2016〕98 号	8 月 4 日	关于申报全国休闲农业和乡村旅游示范县的请示

续表34

文　　号	发文时间	文　　件　　标　　题
都政发〔2016〕99 号	8 月 9 日	关于请求尽快启动卧龙路建设的请示
都政发〔2016〕100 号	8 月 12 日	关于加强盐城龙冈森林公园建设和管理的意见
都政发〔2016〕101 号	8 月 12 日	关于设立江苏盐城龙冈国家森林公园的请示
都政发〔2016〕102 号	8 月 15 日	关于上报盐城高新区对标找差争先进位工作推进方案的请示
都政发〔2016〕103 号	8 月 16 日	关于请求返还社会福利院项目土地出让金市集中部分的请示
都政发〔2016〕104 号	8 月 26 日	关于请求将盐都区 2016-2017 年部分棚户区改造工程项目资金纳入财政预算的请示
都政发〔2016〕105 号	8 月 29 日	关于申请创建国家全域旅游示范区的报告
都政发〔2016〕106 号	8 月 29 日	关于审批我区 2014 年度工矿废弃地(第一批)实施规划的请示
都政发〔2016〕107 号	8 月 29 日	关于审批我区 2014 年度工矿废弃地(第二批)实施规划的请示
都政发〔2016〕108 号	9 月 3 日	关于将城西片区鹿鸣路、奋进路建设项目列入 2017 年城建重点工程的请示
都政发〔2016〕109 号	9 月 6 日	印发关于加强投融资工作和重点工程建设资金管理的意见的通知
都政发〔2016〕110 号	9 月 8 日	关于表彰优秀教育工作者、优秀教师和优秀班主任的决定
都政发〔2016〕111 号	9 月 12 日	关于兑现 2015 年度服务业引导资金的通知
都政发〔2016〕112 号	9 月 22 日	关于调整盐城市盐都区华都森林公园省级生态公益林部分小班的请示
都政发〔2016〕113 号	9 月 22 日	
都政发〔2016〕114 号	9 月 23 日	关于首届休闲中国高峰论坛暨"中国休闲 30 人"盐都金秋行有关活动事项的请示
都政发〔2016〕115 号	10 月 10 日	关于请求将盐都区老年社会活动院二期工程项目资金纳入财政预算的请示
都政发〔2016〕116 号	10 月 10 日	关于请求盐城市盐都区蟒蛇河河道整治项目资金纳入财政预算的请示
都政发〔2016〕117 号	10 月 11 日	关于 2015 年度区级旅游业发展专项引导资金奖励补助的通知
都政发〔2016〕118 号	10 月 26 日	关于请求对青年华都保障性住房项目红线外受日照影响的民房实施征收的请示
都政发〔2016〕119 号	10 月 27 日	关于请求尽快启动腾飞路西延工程建设的请示
都政发〔2016〕120 号	10 月 31 日	关于印发盐城市盐都区畜禽养殖区域划定方案的通知
都政发〔2016〕121 号	11 月 24 日	关于印发盐城市盐都区水污染防治工作实施方案的通知
都政发〔2016〕122 号	11 月 25 日	关于推进"先照后证"改革后加强事中事后监管的实施意见
都政发〔2016〕123 号	11 月 25 日	关于申请江苏省盐城龙冈国家生态公园的请示
都政发〔2016〕124 号	11 月 25 日	关于请求同意燕铭华庄项目 26# 单体商办楼调整为商住楼的请示
都政发〔2016〕126 号	12 月 5 日	关于盐泰线(盐都--兴化)行政区域界线联合检查的报告
都政发〔2016〕127 号	12 月 6 日	关于请求帮助解决盐城高新区智能终端产业园用地指标的请示
都政发〔2016〕128 号	12 月 14 日	关于申请验收"国家知识产权强县工程试点区"的请示
都政发〔2016〕129 号	12 月 15 日	关于申请创建全省生态保护引领区的请示
都政发〔2016〕130 号	12 月 19 日	关于对盐城市江洲染整有限公司按征收政策进行补偿的请示
都政发〔2016〕131 号	12 月 21 日	关于 2016 年推进依法行政建设法治政府工作情况的报告
都政发〔2016〕132 号	12 月 22 日	关于请求支持盐城高新区集团公司直接融资的请示
都政发〔2016〕133 号	12 月 24 日	关于提请审议《盐城市盐都区 2016 年区级预算调整方案(草案)》的议案
都政发〔2016〕134 号	12 月 26 日	关于推荐 2017 年度农村水利工作的意见
都政发〔2016〕135 号	12 月 26 日	关于推进 2017 年度绿色盐都建设的意见
都政发〔2016〕136 号	12 月 26 日	关于调整 2017 年度新兴农村合作医疗筹资标准和补偿方案的通知
都政发〔2016〕137 号	12 月 26 日	关于请求协调解决盐城万达广场建设和运营等相关事宜的请示
都政发〔2016〕139 号	12 月 29 日	关于调整蟒蛇河饮用水源一级保护区范围的请示
都政发〔2016〕140 号	12 月 30 日	关于印发盐城市盐都区冶金等工贸企业生产安全事故应急预案的通知
都政发〔2016〕141 号	12 月 30 日	关于整合妇幼保健和计划生育技术服务资源的实施意见

统计资料

Statistical Data

2016年全区国民经济和社会发展主要指标

表35

指标名称	单位	2016年	增幅(%)	指标名称	单位	2016年	增幅(%)
一、人口、村居、土地及耕地面积				工业主营业务收入	亿元	985.69	10.1
土地面积	平方公里	1015.00	0.0	利润总额	亿元	51.49	6.1
耕地面积	万亩	84.70	0.0	建筑业总产值	亿元	234.97	12.2
年末总人口(户籍)	万人	71.49	0.0	房屋建筑施工面积	万平方米	4582.00	22.2
#城镇人口	万人	47.80	13.1	六、批发零售贸易、外经			
年末常住人口	万人	63.75	-0.7	社会消费品零售总额	亿元	208.79	11.2
#城镇人口	万人	39.60	1.0	进出口总额(海关数)	亿美元	6.29	23.9
居委会	个	80	0.0	#出口总额	亿美元	3.32	23.4
村委会	个	170	0.0	实际到帐外资(商务部口径)	万美元	6835	-21.1
二、综合经济				七、人民生活			
地区生产总值	亿元	443.62	9.3	从业人员平均工资	元	58712	14.9
第一产业	亿元	41.46	0.8	全体居民人均可支配收入	元	27145	9.2
第二产业	亿元	216.32	9.5	#生活消费支出	元	19779	7.0
#工业	亿元	185.49	9.2	城镇居民人均可支配收入	元	32796	8.2
第三产业	亿元	185.84	11.4	农村居民人均可支配收入	元	18827	9.0
人均地区生产总值(按常住人口计算)	元	69587	9.7	八、农业产品产量			
三、固定资产投资				农作物总播种面积	万亩	153.6	-0.6
固定资产投资	亿元	354.81	15.4	其中:粮食播种面积	万亩	122.3	-1.0
#工业投资	亿元	215.00	15.0	粮食产量	万吨	60.4	-4.4
#服务业投资	亿元	127.60	23.0	棉花产量	万吨	0.2	0.0
房地产开发投资	亿元	25.58	10.2	油料产量	万吨	1.5	-7.5
商品房销售面积	万平方米	78.06	31.0	蔬菜产量	万吨	43.4	0.5
四、财政				生猪饲养量	万头	51.7	-35.5
财政总收入	亿元	54.32	-9.2	生猪存栏	万头	17.7	-38.8
#一般公共预算收入(同口径)	亿元	33.79	-7.4	生猪出栏	万头	34.0	-33.6
一般公共预算支出	亿元	57.92	9.0	家禽饲养量	万只	1290	-39.2
#一般公共服务	亿元	5.05	3.4	家禽存栏	万只	450	-52.2
五、规模以上工业、建筑业				家禽出栏	万只	840	-28.9
工业总产值	亿元	1005.82	10.5	肉类总产量	万吨	3.9	-38.3
工业增加值	亿元	227.09	9.7	水产品产量	万吨	12.7	0.1

2016 年各镇(区、街道)主要统计指标

表 36

镇别	地区生产总值		服务业增加值		规上工业增加值		固定资产投资		工业投资		服务业投资		批零住餐销售额		城镇居民可支配收入		农村居民可支配收入		一般公共预算收入	
	实绩(万元)	增幅(%)	实绩(万元)	增幅(%)	实绩(万元)	增幅(%)	实绩(万元)	增幅(%)	实绩(万元)	增幅(%)	实绩(万元)	增幅(%)	实绩(万元)	增幅(%)	实绩(元)	增幅(%)	实绩(元)	增幅(%)	实绩(万元)	增幅(%)
盐渎街道	392858	9.0	242000	11.3	278562	10.3	508332	17.6	77670	17.3	422231	18.0	1513926	12.4	36889	7.8	20083	9.1	92150	6.1
张庄街道	237385	9.1	61660	11.1	150607	10.2	182034	17.0	112240	16.7	49794	17.4	41210	11.5	35154	8.0	20262	9.2	12590	3.7
盐龙街道	727200	9.0	77300	11.4	748535	10.5	778520	17.7	532880	17.5	96640	17.5	179311	11.7	35889	7.8	20668	9.0	60008	20.0
潘黄街道	559480	9.2	300000	11.3	186990	10.4	468314	17.7	235725	17.4	212589	18.2	467821	12.6	37953	7.9	21849	9.0	40004	4.1
大纵湖镇	253356	8.9	127200	10.8	109933	10.3	202515	16.5	141975	15.9	24540	16.6	43186	11.6	35418	8.2	20413	9.3	7675	5.7
滨湖街道	80520	8.3	66000	10.4	7659	9.1	85271	15.4	0	0.0	75226	17.1	14652	11.9	36119	8.2	20795	9.5	1582	3.5
楼王镇	234835	8.8	80800	10.5	45370	10.7	92331	15.9	59836	15.6	19895	16.3	71963	11.5	31632	8.4	18212	9.4	3612	4.7
北龙港街道	72890	8.7	27080	10.4	42194	10.0	54438	15.5	31865	15.3	12573	16.0	11325	11.1	32474	8.4	18189	9.4	1545	5.0
学富镇	95351	8.9	46160	10.7	32524	10.6	90339	15.7	55910	15.4	20429	16.1	57841	11.6	32614	8.3	18759	9.4	3567	6.5
中兴街道	45218	9.1	23200	10.5	4648	10.9	30541	15.6	13519	15.3	17022	16.0	7141	11.2	32809	8.5	18869	9.4	1193	13.5
尚庄镇	221679	8.7	126300	10.7	60997	10.5	94906	15.6	61860	15.7	20046	16.4	52263	11.7	32109	8.4	18437	9.3	3499	4.5
葛武街道	25220	8.4	14900	10.2	4816	10.3	25273	15.2	16328	14.9	8946	15.6	6521	10.6	32626	8.5	18051	9.4	842	3.9
秦南镇	384160	8.8	150900	10.9	106478	10.2	142109	16.2	89645	15.8	42464	16.5	49214	11.9	34390	8.2	19759	9.3	6488	5.1
北蒋街道	68250	8.7	27400	10.3	12319	9.8	54730	15.5	38565	15.2	6165	15.9	8963	11.0	31695	8.5	18217	9.3	1904	4.3
龙冈镇	545860	8.5	225000	10.9	254848	10.0	383143	17.2	212230	16.9	150913	17.9	110633	12.0	38066	8.0	21887	9.1	13369	3.6
郭猛镇	299510	8.8	113460	10.9	99242	10.2	171874	16.1	106753	16.2	45121	16.9	87932	11.8	35775	8.2	20548	9.1	7762	5.3
大冈镇	333200	8.6	146000	11.2	137948	10.1	165215	17.2	104024	16.8	51192	17.6	98125	12.1	33916	8.1	19516	9.1	7759	4.9

红梅争春　　　　顾正山　摄

索 引

Index

◆说 明

◆A B C……

说 明

一、条目索引采用主题分析法编制，按标引词第一个汉字拼音字母顺序排列。同音字按声调排列，音调相同按所在页码先后顺序排列。

二、区情总貌中的特载、大事记，附录中的荣誉栏、文件选编、统计资料，总目、分目、综述、概述和图照表格未编索引。

三、条目索引标引词后数字表示内容数字的页码，数字 a、b、c 表示左、中、右版面区域。

四、索引标引词一般采用中心词或简称。

A

B

C

D

E

F

G

H

J

K

L

M

N

P

Q

R

S

T

W

X

Y

Z